Introdução às ciências humanas

Wilhelm Dilthey

Introdução às ciências humanas

Tentativa de uma fundamentação para o estudo da sociedade e da história

Tradução:
Marco Antônio Casanova

1ª edição – 2010

Traduzido de:
Einleitung in die Geisteswissenschaften

© *Copyright* da Tradução:
Editora Forense Universitária Ltda.

A edição desta obra foi fomentada pelo Goethe-Institut, que é financiado pelo Ministério Alemão de Relações Internacionais.

CIP-Brasil. Catalogação-na-fonte
Sindicato Nacional dos Editores de Livros, RJ.

D575i   Dilthey, Wilhelm, 1833-1911
Introdução às ciências humanas: tentativa de uma fundamentação para o estudo da sociedade e da história / Wilhelm Dilthey; tradução [e prefácio] Marco Antônio Casanova. – Rio de Janeiro: Forense Universitária, 2010.

Tradução de: Einleitung in die Geisteswissenschaften
ISBN 978-85-218-0470-3

1. Ciências sociais – Filosofia. 2. História – Filosofia. 3. Humanidades. 4. Metodologia. 5. Hermenêutica. I. Título.

10-2586.
CDD: 193
CDU: 1(43)

O titular cuja obra seja fraudulentamente reproduzida, divulgada ou de qualquer forma utilizada poderá requerer a apreensão dos exemplares reproduzidos ou a suspensão da divulgação, sem prejuízo da indenização cabível (art. 102 da Lei nº 9.610, de 19.02.1998).

Quem vender, expuser à venda, ocultar, adquirir, distribuir, tiver em depósito ou utilizar obra ou fonograma reproduzidos com fraude, com a finalidade de vender, obter ganho, vantagem, proveito, lucro direto ou indireto, para si ou para outrem, será solidariamente responsável com o contrafator, nos termos dos artigos precedentes, respondendo como contrafatores o importador e o distribuidor em caso de reprodução no exterior (art. 104 da Lei nº 9.610/98).

A EDITORA FORENSE UNIVERSITÁRIA se responsabiliza pelos vícios do produto no que concerne à sua edição, aí compreendidas a impressão e a apresentação, a fim de possibilitar ao consumidor bem manuseá-lo e lê-lo. Os vícios relacionados à atualização da obra, aos conceitos doutrinários, às concepções ideológicas e referências indevidas são de responsabilidade do autor e/ou atualizador.

As reclamações devem ser feitas até noventa dias a partir da compra e venda com nota fiscal (interpretação do art. 26 da Lei nº 8.078, de 11.09.1990).

Reservados os direitos de propriedade desta edição pela
EDITORA FORENSE UNIVERSITÁRIA LTDA.
Uma editora integrante do GEN | Grupo Editorial Nacional
Travessa do Ouvidor, 11 – 6º andar – 20040-040 – Rio de Janeiro – RJ
Tels.: (0XX21) 3543-0770 – Fax: (0XX21) 3543-0896
e-mail: editora@forenseuniversitaria.com.br
http://www.forenseuniversitaria.com.br

Impresso no Brasil
Printed in Brazil

APRESENTAÇÃO À EDIÇÃO BRASILEIRA

"A vida é uma misteriosa trama de acaso, destino e caráter."
(Wilhelm Dilthey. *A construção do mundo histórico nas ciências humanas*)

Wilhelm Dilthey é um dos autores mais importantes para os desdobramentos da filosofia contemporânea. Sua posição histórica o coloca justamente no ponto de confluência de duas vias centrais da filosofia moderna tanto quanto na preparação de uma abertura radical de todo um novo campo de questionamentos, de toda uma nova gama de possibilidades não apenas de resolução de problemas, mas também de formulação de questões. Por um lado, Dilthey se encontra ligado de maneira visceral ao projeto kantiano da filosofia crítica, ao projeto de fundamentação transcendental do conhecimento nas faculdades puras e *a priori* da subjetividade com vistas à demarcação dos limites de pleno funcionamento do conhecimento humano. Sua filosofia tem desde o princípio a pretensão de funcionar também como uma "crítica da razão", como uma teoria das faculdades subjetivas em jogo no movimento do conhecimento. Essa crítica da razão, contudo, é pensada por Dilthey no âmbito de uma "crítica da razão histórica", ou seja, no âmbito de uma descrição das estruturas transcendentais que condicionam radicalmente a experiência histórica dos homens e que tornam possível uma fundamentação efetiva dessa experiência. No momento em que o projeto crítico diltheyano se faz presente, surge então de imediato a sua conexão com a outra via central da filosofia moderna, com a filosofia do espírito levada a termo por Hegel. Trata-se de um lugar-comum afirmar que Hegel empreendeu uma historicização das categorias kantianas, produzindo uma inserção dessas categorias na dinâmica da própria realidade efetiva e estabelecendo para cada uma delas um espaço particular no movimento de desenvolvimento do espírito. Em meio a esse lugar-comum, porém, deparamos com elementos importantes para a compreensão do modo como a filosofia crítica foi propriamente recebida. O que o pensamento hegeliano empreende não é apenas uma transposição de categorias transcendentais para um campo determinado chamado "história", o que ele faz é antes criar a partir das categorias transcendentais kantianas uma possibilidade de considerar efetivamente a história como um campo de concretização de estruturas universais. Dito de maneira mais expressa, Hegel foi o primeiro a abrir a possibilidade de uma filosofia da história em toda a amplitude do termo, na medida em que foi o primeiro a fazer verdadeiramente da história campo de realização da filosofia. Esse passo hegeliano possui uma importância decisiva para Dilthey, porque abriu a possibilidade de se pensar uma *verdade histórica* que não esteja simplesmente circunscrita ao campo de aparências desprovidas de caráter científico e em essência contingentes, mas que se mostre em si mesma como dotada rigorosamente de cientificidade. Bem, mas como é que Dilthey pensa uma tal possibilidade? Em que medida ele considera necessário escapar de problemas intrínsecos aos projetos filosóficos de Kant e Hegel em meio a uma hermenêutica das ciências humanas (ciências do espírito)? Em que ponto essa via de escape se articula com uma "introdução às ciências humanas"?

Para Dilthey, o problema do projeto crítico kantiano reside fundamentalmente no esquecimento da base histórico-material que constitui todo conhecimento humano. Ele nos diz em uma passagem da *Introdução às ciências humanas*: "...do conhecimento das leis naturais de produção dos sons deduz-se uma parte importante da gramática e da teoria musical, e, por sua vez, o gênio da língua ou da música está ligado a essas leis naturais e o estudo de suas realizações é, por isso, condicionado pela compreensão dessa dependência. Nesse ponto, podemos perceber... o fato de o conhecimento das condições, que se encontram na natureza e são desenvolvidas pela ciência natural, formar em um amplo espectro a base para o estudo dos fatos espirituais".[1] Há, para Dilthey, em outras palavras, um ponto de conexão incontornável entre as ciências humanas e as ciências naturais, porque não é possível escapar em momento algum do lado eminentemente material dos fenômenos em geral. Esse lado material

---

[1] Wilhelm Dilthey, *Introdução às ciências humanas*, p. 31.

inviabiliza, porém, a realização estrita da filosofia transcendental kantiana, uma vez que essa filosofia procurava justamente escapar desde o princípio de um tal âmbito de realização do conhecimento. O problema da filosofia do espírito hegeliana, por sua vez, é uma desconsideração similar do caráter efetivamente material da história. Hegel torna efetivamente possível uma real filosofia da história, na medida em que pensa o próprio processo histórico como submetido a um princípio universal de articulação. De acordo com Hegel, a história é movimento de realização do espírito absoluto e é precisamente no espírito que a história encontra o elemento de determinação universal das diversas figuras históricas. Com Hegel, surge por assim dizer a possibilidade de se pensar em momentos históricos universais, em concreções particulares do espírito e, por conseguinte, em um espírito do tempo. Essa possibilidade é decisiva para Dilthey, uma vez que ele procura justamente elaborar a sua hermenêutica a partir da ideia de que cada tempo é marcado por uma visão de mundo específica e de que essa visão de mundo se mostra como a concreção do espírito objetivo do tempo. Mas é aqui justamente que a filosofia hegeliana se revela em toda a sua problematicidade em meio à hermenêutica diltheyana. Ao reduzir as determinações particulares do espírito à vida do próprio espírito em seu movimento de autoconcretização, Hegel reduz a história a uma ontologia do espírito, na qual a única coisa que realmente se dá são as determinações do universal. Para Dilthey, uma filosofia da história precisa ir além de tal redução e considerar as concreções epocais do espírito objetivo em toda a sua amplitude, com toda a gama de determinações empíricas e materiais. Ela precisa ser mais do que uma filosofia do espírito: ela precisa ser uma *filosofia da vida*. Esse é efetivamente o conceito que torna possível ao mesmo tempo para Dilthey uma superação das restrições presentes tanto no projeto transcendental kantiano quanto na filosofia do espírito hegeliana. Bem, mas o que Dilthey entende afinal por *vida*? Em que medida se ganha efetivamente algo ao sair de uma filosofia do espírito para uma filosofia da vida?

Dito de maneira a princípio bastante sintética, a vida se mostra aqui como a unidade físico-espiritual em jogo em todos os fenômenos em geral. Todos os fenômenos em geral possuem, por um lado, uma dimensão física que precisa ser analisada em suas mais diversas ramificações e que constitui o campo propriamente dito das ciências naturais. Não há como prescindir, portanto, do trabalho realizado pelas ciências naturais, sem ao mesmo tempo cindir a vida de uma parte constitutiva dela mesma. O problema é que as ciências naturais tratam dessa dimensão a partir de um procedimento analítico originário, que produz de imediato um isolamento artificial da unidade mesma dos fenômenos. Nas palavras de Dilthey: "Nas ciências naturais, os sujeitos com os quais o pensamento articula necessariamente as predições por meio das quais todo conhecimento ocorre são elementos que só são conquistados hipoteticamente por meio de uma decomposição da realidade exterior, de uma destruição e de um esfacelamento das coisas."[2] As ciências naturais constroem-se aqui a partir de uma desarticulação inicial dos fenômenos em geral de sua relação com a vida mesma desses fenômenos, com a base histórico-espiritual que é a deles e com o homem como o ponto nodal de estruturação desses fenômenos. Por isso, o próprio reconhecimento do caráter inexorável das ciências naturais torna ao mesmo tempo necessária a superação de seu caráter paradoxalmente abstrato. Essa superação, por sua vez, depende do recurso a um outro tipo de ciências e a fundamentação plena dessas ciências para além daquilo que constitui a cientificidade nas ciências naturais. Dilthey prossegue no texto: "Nas ciências humanas, eles são unidades reais, dadas na experiência interna como fatos. A ciência natural constrói a matéria a partir de partículas elementares pequenas, não mais passíveis de nenhuma existência autônoma, que só permanecem pensáveis como componentes das moléculas; as unidades, que atuam umas sobre as outras no todo maravilhosamente entrelaçado da história e da sociedade, são indivíduos, todos psicofísicos, dos quais cada um é diverso do outro, dos quais cada um é um mundo."[3] A própria consideração das ciências naturais, portanto, impele para a consideração de um outro tipo de ciência que escapa justamente do caráter unilateral e abstrato das ciências naturais em geral, pensando a unidade complexa de todos os fenômenos. No momento em que ganha clareza quanto à necessidade dessas ciências, a hermenêutica diltheyana conquista seu campo de trabalho propriamente dito.

    Como vimos anteriormente, todo fenômeno possui em meio à compreensão diltheyana uma dimensão físico-material e uma dimen-

---

[2] Wilhelm Dilthey, *Introdução às ciências humanas*, p. 43.
[3] Idem.

são psíquico-espiritual. No campo das ciências naturais, os fenômenos são considerados para além dessa segunda dimensão e isolados do horizonte propriamente dito de sua manifestação. As ciências naturais explicam fenômenos, na medida em que fixam os fenômenos espaciotemporalmente e criam subsequentemente modelos explicativos para eles. No momento em que elas criam tais modelos explicativos, porém, elas desvivificam, por assim dizer, os fenômenos, ou seja, quebram a sua unidade originária com a vida. Assim, é preciso necessariamente que entre em cena um outro tipo de ciências para que esse caráter desvivificante das ciências naturais seja superado: ciências que não lidem de maneira analítico-explicativa com os fenômenos, mas que procurem reconstruir inversamente a unidade vital absolutamente complexa desses fenômenos. Essas ciências são aqui as ciências do espírito (ciências humanas), que não se movimentam a partir de modelos explicativos de fenômenos abstraídos de seu todo articulado, mas que compreendem inversamente a base vital e o todo relacional propriamente ditos desses fenômenos. Não explicação, mas compreensão: esse é o traço primordial da hermenêutica diltheyana como uma fundamentação das ciências humanas. A questão, contudo, é que precisamos entender afinal por compreensão e qual a relação propriamente dita entre vida, espírito e compreensão. Nesse ponto, o mais decisivo é que sintetizemos de maneira breve alguns elementos já expostos aqui anteriormente, articulando-os de imediato com o que foi dito. Mais ainda: é preciso descrever de um modo ainda mais claro o que significam em última instância as tais "unidades reais" estudadas pelas ciências humanas.

    Todo fenômeno possui uma ligação originária com a base material da vida. Essa base material não se encontra isolada em uma dimensão qualquer da totalidade, de tal modo que poderíamos considerá-la incessantemente nela mesma para além de toda articulação com as outras dimensões da vida em geral. Ao contrário, cada fenômeno e cada parte de um fenômeno já sempre se acham em uma conexão essencial una com um feixe de relações que compõem o horizonte globalizante a partir do qual apenas eles se mostram e podem se mostrar. Do mesmo modo que nenhum fenômeno pode ganhar corpo sem qualquer articulação com a base material que é a sua, nenhum fenômeno pode tampouco vir à tona sem qualquer conexão com o horizonte maior de sua manifestação. Esse horizonte, por sua vez, não pode prescindir de uma unidade temporal específica. Se não houvesse desde o princípio uma tal unidade, os fenômenos estariam imersos em redes relacionais infinitas e jamais poderiam ser realmente apreendidos em sua particularidade e em sua conexão. É por isso que Dilthey nos fala do "todo maravilhosamente entrelaçado da história e da vida". Por mais entrelaçado que seja esse todo, contudo, ele é *um* todo que pode ser restabelecido e descrito em sua *unidade* plural. Essa unidade possui aqui uma relação direta com o espírito, na medida em que é este que se concretiza objetivamente em uma época e entrega às múltiplas possibilidades significativas de uma época a sua unidade. Dilthey falou certa vez de maneira paradigmática sobre esse estado de coisas em uma passagem de seu importante texto *A construção do mundo histórico nas ciências humanas*. Ele nos diz aí: "O ponto de partida é o vivenciar. Este vivenciar mostra-se, porém, como uma conexão estrutural e, em cada representação estabelecida nas ciências humanas, esta conexão vital está sempre presente. Ela está presente quando escuto uma narrativa, quando leio sobre um feito histórico, quando reflito detidamente sobre uma conexão conceitual como a conexão econômico-nacional do trabalho ou do valor, sobre a jurídica do código, sobre a política de uma constituição. Sempre existe na constituição essa conexão vital e esta provoca a sua compreensão, representações chamam de volta a conexão vital. Do mesmo modo, o fluxo do tempo, um fluxo que atravessa todas as coisas humanas, é sempre efetivo na apreensão. Ele é o mesmo no mundo histórico que para em mim que considero este mundo. E o artifício do espírito é reuni-lo, acelerá-lo e, contudo, possuir ele mesmo a medida da duração junto ao transcurso vital. Assim, em uma ordem temporal ideal, o dramaturgo faz com que se passe em algumas horas aquilo que tinha durado anos."[4] Vemos nessa passagem claramente os elementos fundamentais do projeto diltheyano. Por um lado, todas as coisas, desde as mais diminutas até as mais complexas, se encontram em uma unidade mais ampla, elas imergem naquilo que Dilthey chama de uma conexão vital. Essa conexão vital encontra no homem um ponto nodal de articulação de si mesma. E isso por duas razões: em primeiro lugar,

---

[4] Wilhelm Dilthey, *A construção do mundo histórico nas ciências humanas*, Anexo, p. 179.

porque o homem é aquele ser que se acha desde o princípio articulado de maneira apreensiva e compreensiva com a conexão vital; em segundo lugar, porque ele é o único capaz de considerar essa conexão vital a partir de seu caráter espiritual. Bem, mas como é que precisamos pensar aqui essa articulação e essa consideração? Até que ponto essa concepção traz consigo todo um novo campo de atuação para as ciências humanas em geral e mesmo para a filosofia em particular? Como é que Dilthey leva a termo esse novo projeto em sua obra capital, na *Introdução às ciências humanas* aqui pela primeira vez traduzida para o português?

"O ponto de partida é o vivenciar." Essa sentença repetida à exaustão nos mais diversos contextos da obra diltheyana contém em si muito mais do que poderíamos supor à primeira vista. Ao afirmar o vivenciar como o ponto de partida, Dilthey procura pensar desde o princípio a unidade entre o indivíduo particular e a vida em sua realidade psicofísica, entre o homem singular e a visão de mundo de seu tempo. Essa unidade precisa ser mesmo garantida desde o princípio, uma vez que ela não faria sentido algum se fosse considerada como uma aquisição posterior do homem, alcançada por meio da educação ou da formação cultural. Como a visão de mundo (a concreção do espírito objetivo em uma época) é constituída por uma miríade de elementos e como a unidade dessa multiplicidade não tem jamais como ser conquistada por meio de uma dedução paulatina daquilo que é comum a uma diversidade de contextos, se a unidade não fosse dada originariamente, não haveria como chegar até ela *a posteriori*. Dizer isso é ao mesmo tempo afirmar que o homem se encontra de imediato ligado à visão de mundo de seu tempo de maneira intuitiva. A vivência é nesse contexto justamente o elemento que produz uma tal ligação. O problema da vivência, porém, está justamente em seu caráter imediato e intuitivo. Na medida mesmo em que se vê ligado à visão de mundo de seu tempo imediatamente por meio de suas vivências, ou seja, por meio de sua participação na unidade psicofísica da vida em uma época, o homem experimenta essa unidade de uma maneira incontornavelmente unilateral e restrita. As vivências que nos articulam imediatamente com o mundo histórico também nos inserem em uma experiência por demais particular desse mundo, obscurecendo a princípio o caráter comum que é o dele. Exatamente por isso, à vivência precisa corresponder subsequentemente um movimento que retire da vivência justamente esse seu traço particularizante e mesmo alienante, uma vez que as vivências nos dão a impressão de que a única coisa em questão aqui seríamos nós mesmos em nossa determinação peculiar. Esse movimento correspondente se vale, então, de uma característica oriunda do próprio modo de ser das vivências em geral.

As vivências são pontos de articulação inicial com a visão de mundo de uma época. Exatamente por conta desses pontos de articulação, não há como pensar de modo algum uma experiência que já não seja tomada por essa ligação originária com o mundo. Mesmo a ciência natural não pode se mostrar senão como uma tentativa abstracional de desvivificação do homem, uma tentativa que não tem, contudo, como empreender essa desvivificação às últimas consequências, mas que apenas dá a impressão de trabalhar sem qualquer base vivencial. Assim, há uma vinculação essencial e originária para Dilthey entre vivência e visão de mundo. Essa vinculação é concebida por ele por meio da noção de expressão. Na verdade, como toda vivência está inexoravelmente ligada a seu mundo, todas as vivências são expressões de seu mundo. O problema é que essa expressão vivencial do mundo carrega de início o caráter próprio às vivências elas mesmas, ou seja, ela é tão unilateral e particular quanto as vivências. Por isso, surge da própria unilateralidade das vivências e de sua determinação como expressões do mundo a tarefa propriamente dita das ciências humanas. Tal como encontramos formulado no prefácio à *Introdução às ciências humanas*: "(...) na medida em que o desenvolvimento histórico mostra em cada nível uma relação dessas pesquisas (das pesquisas intrínsecas às ciências sociais e históricas em geral/ M. C.) com as grandes posições da consciência humana e, fluindo a partir daí, uma fundamentação e uma organização das ciências em questão; na medida em que as pesquisas são dependentes dessas grandes posições da consciência e encontram em sua expressão, que são as visões de mundo, seu lugar, surge pela primeira vez a tarefa de todas a mais importante, a tarefa que a história aqui buscada tem de preencher". Bem, mas que tarefa seria essa? Dito de maneira simples: a tarefa de reconstruir a base comum histórica que está presente desde o princípio em todas as nossas vivências e em todas as expressões dessas vivências, mas que nós só experimentamos de início de maneira unilateral. Essa reconstrução, porém, depende fundamentalmente de um redirecionamento das ciências do espírito (ciências humanas) para a compreensão e interpretação da visão de mundo vigente em cada época e para uma assunção plena de sua base histórica incontornável, uma base que possui um traço diacrônico indelével. Com isso, chegamos propriamente à essência da obra capital de Dilthey. Em sua *Introdução às ciências humanas*, Dilthey divide o texto em duas partes. Na primeira parte, proporcionalmente muito menor do que a segunda, ele apresenta o contexto das ciências humanas e a necessidade daí oriunda de realização de uma fundamentação dessas ciências. Com isso, procura antes de mais nada ressaltar a tarefa das ciências humanas: a construção de um sistema voltado para a vida, ou seja, para a unidade psicofísica dos fenômenos em geral, que acompanhe compreensivamente a unidade de todos os acontecimentos culturais e sociais. A essa primeira parte segue-se, então, uma segunda parte, na qual Dilthey apresenta uma história do pensamento ocidental, desde a representação mitológica e o surgimento da ciência europeia até os primórdios da cosmologia e da filosofia modernas. Por meio dessa segunda parte, Dilthey procura nos lembrar do caráter eminentemente histórico de cada visão de mundo, de cada unidade psicofísica concretizada em uma época, assim como da articulação dessas visões de mundo com a historicidade propriamente dita de seu movimento. A *Introdução às ciências humanas* transforma-se, assim, por meio daí, em um espaço não apenas de fundamentação e apreensão da vida de nosso tempo, mas também e essencialmente de hermenêutica de nossa vida histórica. Ao introduzir-nos em sua fundamentação nas ciências humanas, Dilthey abre uma via de acesso ao cerne propriamente dito de seu projeto hermenêutico, à vida da interpretação na história de seu caminho vital. A importância desse projeto ainda está para ser considerada em toda a sua extensão. Pensadores como Heidegger, Gadamer e Ricoeur deram início a essa consideração, por mais que tenham muitas vezes assumido uma postura crítica em relação a Dilthey. Falta ainda assumir, porém, esse trabalho por nós mesmos e levarmos a nós mesmos até onde Dilthey pode nos levar.

PROF. DR. MARCO ANTÔNIO CASANOVA

ÍNDICE GERAL

Ao Conde Paul Yorck Von Wartenburg 1

Prefácio 3

PRIMEIRO LIVRO INTRODUTÓRIO
VISÃO DE CONJUNTO DA CONEXÃO DAS CIÊNCIAS HUMANAS PARTICULARES, NA QUAL SE APRESENTA A NECESSIDADE DE UMA CIÊNCIA FUNDANTE

I – OBJETIVO DESTA INTRODUÇÃO ÀS CIÊNCIAS HUMANAS 13

II – AS CIÊNCIAS HUMANAS COMO UM TODO AUTÔNOMO
AO LADO DAS CIÊNCIAS NATURAIS 14

III – A RELAÇÃO DESSE TODO COM AS CIÊNCIAS NATURAIS 26

IV – AS VISÕES GERAIS SOBRE AS CIÊNCIAS HUMANAS 34

V – SEU MATERIAL 38

VI – TRÊS CLASSES DE ENUNCIADOS NAS CIÊNCIAS HUMANAS ... 40

VII – DISTINÇÃO DAS CIÊNCIAS PARTICULARES ORIUNDAS
DA REALIDADE EFETIVA HISTÓRICO-SOCIAL 41

VIII – CIÊNCIAS DO HOMEM PARTICULAR COMO
O ELEMENTO DESTA REALIDADE EFETIVA 42

IX – POSIÇÃO DO CONHECIMENTO EM RELAÇÃO
À CONEXÃO DA REALIDADE EFETIVA HISTÓRICO-SOCIAL 50

X – O ESTUDO CIENTÍFICO. A ARTICULAÇÃO NATURAL DA
HUMANIDADE TANTO QUANTO DOS POVOS PARTICULARES 55

XI – DISTINÇÃO ENTRE DUAS OUTRAS CLASSES DE CIÊNCIAS 57

XII – AS CIÊNCIAS DOS SISTEMAS DA CULTURA 65

A relação entre os sistemas da cultura e a organização externa
da sociedade. O direito. 68

O conhecimento dos sistemas da cultura. A doutrina moral é uma ciência
de um sistema da cultura 75

XIII – AS CIÊNCIAS DA ORGANIZAÇÃO EXTERNA
DA SOCIEDADE 81
As bases psicológicas... 81
A organização externa da sociedade como estado de fato histórico 88
A tarefa da apresentação teórica da organização externa da sociedade........ 94
XIV – FILOSOFIA DA HISTÓRIA E SOCIOLOGIA NÃO
SÃO CIÊNCIAS REAIS 106
XV – SUA TAREFA É INSOLÚVEL 113
Determinação da tarefa da ciência histórica no nexo das ciências humanas... 113
XVI – SEUS MÉTODOS SÃO FALSOS 126
XVII – ELES NÃO RECONHECEM A POSIÇÃO DAS CIÊNCIAS
HUMANAS EM RELAÇÃO ÀS CIÊNCIAS PARTICULARES
DA SOCIEDADE 132
XVIII – EXTENSÃO E APERFEIÇOAMENTO CRESCENTE
DAS CIÊNCIAS PARTICULARES 135
XIX – A NECESSIDADE DE UMA FUNDAMENTAÇÃO
EPISTEMOLÓGICA PARA AS CIÊNCIAS HUMANAS
PARTICULARES 138

SEGUNDO LIVRO
METAFÍSICA COMO BASE DAS CIÊNCIAS
HUMANAS: SEU DOMÍNIO E SUA DECADÊNCIA

PRIMEIRA SEÇÃO – A REPRESENTAÇÃO MÍTICA E O
SURGIMENTO DA CIÊNCIA NA EUROPA 147
Primeiro Capítulo – A tarefa que surgiu a partir do resultado
do primeiro livro 147
Segundo Capítulo – O conceito de metafísica. O problema da relação
com os fenômenos mais imediatamente aparentados 151
Terceiro Capítulo – A vida religiosa como base da metafísica.
O espaço de tempo da representação mítica 159
Quarto Capítulo – O surgimento da ciência na Europa 168
Quinto Capítulo – O caráter das mais antigas ciências gregas 172
SEGUNDA SEÇÃO – ESTÁGIO METAFÍSICO NO
DESENVOLVIMENTO DOS POVOS ANTIGOS 177
Primeiro Capítulo – Vários pontos de vista metafísicos são testados
e se mostram por enquanto incapazes de serem desenvolvidos............. 177
Segundo Capítulo – Anaxágoras e o surgimento da metafísica
monoteísta na Europa... 186

Terceiro Capítulo – A visão mecânica do mundo fundamentada por meio
de Leucipo e Demócrito. As causas de sua impotência prévia ante
a metafísica monoteísta 198

Quarto Capítulo – A era dos sofistas e de Sócrates. O método
da constatação do fundamento do conhecimento é introduzido 203

Quinto Capítulo – Platão 209

    Progresso do método metafísico 210

    *A doutrina das formas substanciais do cosmos
    entra em cena na metafísica monoteísta* 213

    *A fundamentação dessa metafísica das formas substanciais.
    Sua conclusão monoteísta* 218

Sexto Capítulo – Aristóteles e a apresentação de uma ciência
metafísica isolada 224

    As condições científicas 225

    *A separação da lógica em relação à metafísica e a ligação
    entre as duas* 229

    Apresentação de uma ciência autônoma da metafísica 232

    O nexo metafísico do mundo 234

    Metafísica e ciência natural 243

    A divindade como o último e mais elevado objeto metafísico . 245

Sétimo Capítulo – A metafísica dos gregos e a realidade efetiva
histórico-social 250

Oitavo Capítulo – Dissolução da metafísica no ceticismo. Os povos
antigos entram na fase das ciências particulares 272

    O ceticismo 273

    A metafísica pós-aristotélica e seu caráter subjetivo 280

    A autonomia das ciências particulares 284

TERCEIRA SEÇÃO – ESTÁGIO METAFÍSICO DOS POVOS
EUROPEUS MODERNOS 288

Primeiro Capítulo – Cristianismo, teoria do conhecimento e metafísica 288

Segundo Capítulo – Agostinho 294

Terceiro Capítulo – A nova geração de povos e seu estágio metafísico 308

Quarto Capítulo – Primeiro período do pensamento medieval 315

    *A antinomia entre a representação do Deus onipotente
    e onisciente e a representação da liberdade do homem* 322

    *As antinomias na representação de Deus segundo
    suas propriedades* 330

XVII

Quinto Capítulo – A teologia é associada com o conhecimento
da natureza e com a ciência aristotélica do cosmos....................... 335

Sexto Capítulo – Segundo período do pensamento medieval.............. 345

    1. Conclusão da metafísica das formas substanciais............. 346

    2. A fundamentação intelectiva do mundo transcendente.......... 348

    *3. Contradição interna da metafísica medieval emergente
da ligação da teologia com a ciência do cosmos*.............. 364

    Caráter dos sistemas assim emergentes....................... 364

    *Antinomia entre a representação do intelecto divino
e a representação da vontade divina*......................... 364

    Antinomia entre a eternidade do mundo e sua criação no tempo.... 372

    *Essas antinomias não podem ser resolvidas
em nenhuma metafísica*....................................... 375

Sétimo Capítulo – A metafísica medieval da história e da sociedade........ 377

QUARTA SEÇÃO – A DISSOLUÇÃO DA POSIÇÃO METAFÍSICA
DO HOMEM EM RELAÇÃO À REALIDADE EFETIVA............... 401

Primeiro Capítulo – As condições da consciência científica moderna....... 401

Segundo Capítulo – As ciências naturais............................. 410

Terceiro Capítulo – As ciências humanas............................. 426

Quarto Capítulo – Consideração final sobre a impossibilidade da posição
metafísica do conhecimento.. 440

    A conexão lógica do mundo como ideal da metafísica............ 440

    *A contradição da realidade efetiva ante esse ideal
e a insustentabilidade da metafísica*......................... 446

    *Os laços da conexão metafísica do mundo não podem
ser determinados de modo inequívoco pelo entendimento*....... 453

    *Uma representação de conteúdo da conexão do mundo
não pode ser comprovada*..................................... 459

ADIÇÕES ORIUNDAS DOS MANUSCRITOS........................ 466

Observação Prévia... 466

I – Prefácio... 467

II – Adições ao Primeiro Livro..................................... 468

O contexto da introdução às ciências humanas........................ 470

Sociologia.. 479

III – Adições ao Segundo Livro..................................... 482

XVIII

AO CONDE PAUL YORCK VON WARTENBURG

Em uma de nossas primeiras conversas, apresentei ao senhor o plano deste livro que ainda ousava designar outrora como uma crítica da razão histórica. Nos bons anos decorridos desde então gozei da sorte única de filosofar conjuntamente com o senhor em diálogos quase diários com base no parentesco de nossas convicções. Como poderia querer isolar o que o contexto de pensamento que apresento lhe deve? Considere esta obra, uma vez que nos vemos separados agora em termos espaciais, como um sinal de um respeito imutável. O belo pagamento pelo longo trabalho, em que o livro surgiu, será para mim a aprovação do amigo.

PREFÁCIO

O livro, cuja primeira parte publico aqui, articula um procedimento histórico com um procedimento sistemático, a fim de resolver a questão acerca das bases filosóficas das ciências humanas com o grau de certeza mais elevado que me é alcançável. O procedimento histórico segue o curso do desenvolvimento, no qual a filosofia até aqui lutou por uma tal fundamentação; ele busca determinar o lugar histórico das teorias particulares no interior desse desenvolvimento e orientar quanto ao valor, condicionado pela conexão histórica, de tal desenvolvimento; sim, a partir da imersão nessa conexão do desenvolvimento até aqui, ele quer conquistar um juízo sobre o impulso mais intrínseco ao movimento científico atual. Assim, a apresentação histórica prepara a base epistemológica, que será objeto da outra metade deste ensaio.

Como a apresentação histórica e a sistemática devem se complementar de um tal modo, a indicação do pensamento sistemático fundamental facilitará certamente a leitura da parte histórica.

Com o fim da Idade Média teve início a emancipação das ciências particulares. No entanto, a ciência da sociedade e a ciência histórica continuaram por um longo tempo, até o cerne do século passado, a serviço da metafísica. Sim, para essas ciências, o poder crescente do conhecimento da natureza teve como consequência uma nova relação de submissão, que não foi menos opressora do que a anterior. Somente a escola histórica – essa expressão tomada aqui em um sentido mais abrangente – levou a termo a emancipação da consciência histórica e da ciência histórica. Ao mesmo tempo, como o sistema das ideias sociais desenvolvido na França nos séculos XVII e XVIII como direito natural, religião natural, teoria do estado abstrata e economia política abstrata retirou as suas conclusões práticas na revolução, como os exércitos dessa revolução se apossaram e destruíram o antigo edifício do império alemão, um edifício estranhamente mal construído e envolto pela névoa de uma história milenar, formou-se em nossa terra pátria uma intuição do crescimento histórico como o processo no qual surgem todos os fatos espirituais, que demonstrou o caráter inverídico de todo aquele sistema de ideias sociais. Passando pela escola histórica, essa intuição estendeu-se de Winckelmann e Herder até Niebuhr, Jacob Grimm, Savigny e Böckh. Ela foi intensificada pela reação à revolução. Difundiu-se na Inglaterra por meio de Burke, na França por meio de Guizot e Tocqueville. De maneira hostil, encontrou-se por toda parte nas batalhas da sociedade europeia, quer essas batalhas dissessem respeito ao direito, ao Estado ou à religião, com as ideias do século XVIII. Vivia nessa escola um modo de consideração puramente empírico, um aprofundamento afetuoso na particularidade do processo histórico, um espírito universal voltado para a consideração histórica que procura definir o valor do estado de fato singular a partir apenas da conexão do desenvolvimento, assim como um espírito histórico próprio à teoria da sociedade, que busca esclarecimento para a vida do presente e regra no estudo do passado, um espírito para o qual, por fim, a vida espiritual é em todos os seus pontos histórica. Fluiu a partir dessa intuição para todas as ciências particulares uma corrente de novas ideias por meio de inumeráveis canais.

Mas a escola histórica não rompeu até hoje as barreiras internas que acabaram inevitavelmente por obstruir a sua formação teórica tanto quanto a sua influência sobre a vida. Faltou ao seu estudo e ao seu aproveitamento dos fenômenos históricos a conexão com a análise dos fatos da consciência, por conseguinte uma fundamentação com vistas ao único saber que é em última instância seguro, em suma, uma fundamentação filosófica. Faltou uma relação saudável com a teoria do conhecimento e com a psicologia. É por isso que ela também não chegou a um método explicativo, nem conseguiu tampouco erigir, em virtude de uma intuição histórica e de um comportamento comparativo, uma conexão autônoma entre as ciências humanas ou conquistar uma influência sobre a vida. As coisas permaneceram assim, até que Comte, St. Mill e Buckle, então, procuraram resolver de novo o enigma do mundo histórico por meio da transposição de princípios e métodos científico-naturais; e isso em meio ao protesto inútil de uma intuição mais viva e mais profunda, que não conseguia nem se desenvolver nem se fundamentar, contra uma intuição mais pobre e inferior, que era senhora da análise. Temos um sinal dessa situação na força do ódio tanto quanto no caráter afiado da língua e da linguagem presente na oposição de um Carlyle e de outros espíritos cheios de vida contra a ciência exata. E em tal insegurança quanto às bases das ciências humanas, os pesquisadores particulares logo se retiraram para o campo da mera descrição, logo encontraram satisfação em uma concepção subjetiva engenhosa, logo se lançaram nos braços de uma metafísica que promete aos homens confiantes sentenças que possuem a força de reconfigurar a vida prática.

Do sentimento deste estado das ciências humanas surgiu a tentativa de fundamentar o princípio da escola histórica e o trabalho das ciências particulares da sociedade que são hoje inteiramente determinadas por tal escola, apaziguando, assim, a contenda entre essa escola histórica e as teorias abstratas. Torturavam-me em meus trabalhos questões que com certeza todo historiador, todo jurista ou todo político reflexivo têm em seu coração. Assim, cresceram em mim por si mesmos a necessidade e o plano de uma fundamentação das ciências históricas. Qual é a conexão proposicional que se encontra na base tanto do juízo do historiógrafo quanto das conclusões do economista nacional e dos conceitos do juristas e que permite definir a sua segurança? Será que uma tal conexão se estende retroativamente até a metafísica? Há, por exemplo, uma filosofia da história suportada por conceitos metafísicos ou um tal direito natural? Ora, mas se isso pode ser refutado: onde está o apoio firme para uma conexão proposicional, que dá às ciências particulares articulação e certeza?

As respostas de Comte e dos positivistas, assim como de Stuart Mil e dos empiristas a essas questões pareciam-me mutilar a realidade histórica efetiva, a fim de adequar os conceitos e os métodos às ciências naturais. A reação a essa mutilação, cuja representação genial constitui o microcosmo de Lotze, parecia-me sacrificar a autonomia justificada das ciências particulares, a força frutífera de seus métodos experimentais e a segurança da fundamentação de um estado de humor sentimental que a satisfação para sempre perdida do ânimo cobiça nostalgicamente por meio da ciência. Foi exclusivamente na experiência interior, nos fatos da consciência, que encontrei um solo firme de ancoragem para o meu pensamento, e estou confiante de que ne-

5

nhum leitor se subtrairá nesse ponto à condução da demonstração. Toda ciência é ciência experimental, mas toda experiência possui a sua conexão originária nas condições de nossa consciência, uma consciência no interior da qual essa conexão vem à tona, no todo de nossa natureza. Nós designamos esse ponto de vista, que percebe de maneira consequente a impossibilidade de remontar a um ponto por detrás dessas condições, de ver por assim dizer sem olhos ou de dirigir o olhar do conhecimento para um ponto por detrás dos olhos, um ponto de vista epistemológico; a ciência moderna não pode reconhecer nenhum outro ponto de vista. Em seguida, porém, mostrou-se-me além disso que a autonomia das ciências humanas só encontra justamente a partir desse ponto de vista uma fundamentação tal como a de que escola histórica necessita. Pois sobre esse ponto de vista a nossa imagem de toda a natureza se mostra como mera sombra projetada por uma realidade efetiva que nos permanece velada. Em contrapartida, só possuímos a realidade efetiva tal como ela é junto aos fatos da consciência dados na experiência interna. A análise desses fatos é o centro das ciências humanas e, assim, permanece, de acordo com o espírito da escola histórica, o conhecimento dos princípios do mundo espiritual no âmbito desse mundo mesmo, e as ciências humanas formam um sistema autônomo em si mesmo.

Se em muitos aspectos me encontrava nesses pontos em concordância com a escola epistemológica de Locke, Hume e Kant, precisei conceber de maneira diversa à dessa escola justamente a conexão dos fatos da consciência, uma conexão na qual reconhecemos conjuntamente todo o fundamento da filosofia. Se nos abstrairmos de umas poucas abordagens que não chegaram a alcançar uma conformação científica, por exemplo, se nos abstrairmos das abordagens de Herder e de Wilhelm von Humboldt, a teoria do conhecimento até aqui, tanto a empírica quanto a de Kant, explica a experiência e o conhecimento a partir de um estado de fato que pertence à mera representação. Nas veias do sujeito cognoscente, que foi construído por Locke, Hume e Kant, não corre sangue real, mas o suco diluído da razão como uma mera atividade de pensamento. A lida tanto histórica quanto psicológica com o homem em seu todo conduziu-me a, na multiplicidade de suas forças, colocar na base mesmo da explicação do conhecimento e de seus conceitos (conceitos tais como mundo exterior, tempo, substância, causa) esse ser que, querendo e sentindo, representa; e isso por mais que, como esses seus conceitos, o conhecimento só parece tecer a partir da matéria da percepção, da representação e do pensamento.

O método do presente ensaio é por isso o seguinte: mantenho cada componente do pensar abstrato e científico atual junto a toda a natureza humana tal como a experiência, o estudo da linguagem e da história a revelam, e busco ao mesmo tempo a sua conexão. Daí resulta o fato de os componentes mais importantes de nossa imagem e de nosso conhecimento da realidade efetiva, componentes tais como a unidade pessoal da vida, o mundo exterior, os indivíduos fora de nós, a sua vida no tempo e a sua ação recíproca, poderem ser todos explicados a partir dessa natureza humana como um todo, uma natureza cujo processo de vida real não possui senão os seus diversos lados no querer, no sentir e no representar. Não é a hipótese de um *a priori* rígido de nossa faculdade cognitiva, mas apenas a história do desenvolvimento que parte da totalidade de nosso ser, que todos nós temos de dirigir para a filosofia.

Aqui, o mais tenaz de todos os mistérios relativos a essa fundamentação, a questão acerca da origem e do direito de nossa convicção da realidade efetiva do mundo exterior, parece se resolver. Para a mera representação, o mundo exterior permanece sempre apenas fenômeno. Em contrapartida, em todo o nosso ser que, querendo e sentindo, representa, a realidade efetiva exterior (isto é, um outro independente de nós, abstraindo-nos totalmente de suas determinações espaciais) nos é dada juntamente com o nosso si próprio de maneira simultânea e tão segura quanto ele; desse modo, ela é dada como vida, não como mera representação. Não conhecemos esse mundo exterior por força de uma conclusão que parte dos efeitos para as causas ou por força de um processo que corresponde a essa conclusão. Ao contrário, mesmo essas representações de efeito e causa não são senão abstrações da vida de nossa vontade. Assim, amplia-se o horizonte da experiência que de início só parecia nos informar sobre os nossos próprios estados internos; juntamente com a nossa unidade vital nos é dado ao mesmo tempo um mundo exterior: outras unidades vitais estão presentes. Todavia, permanece resguardado ao posterior julgamento do leitor acerca da própria fundamentação até que ponto posso comprovar esse fato e até que ponto é além disso possível em geral produzir a partir do ponto de vista retrodesignado uma conexão assegurada dos conhecimentos da sociedade e da história.

Pois bem, não receei um certo caráter pormenorizado, a fim de colocar a ideia central e os princípios dessa fundamentação epistemológica das ciências humanas em uma relação com os diversos lados do pensamento científico do presente, fundamentando-os reiteradamente por meio desse procedimento. Assim, este ensaio parte inicialmente de uma visão de conjunto das ciências particulares do espírito, uma vez que é nelas que reside a matéria-prima extensa e o motivo de todo este trabalho, e se conclui retrospectivamente a partir delas (primeiro livro). Em seguida, o presente volume acompanha a história do pensamento filosófico, que busca bases firmes do saber, através do espaço de tempo, no qual se decide o destino da fundamentação metafísica (segundo livro). Procura-se demonstrar que uma metafísica universalmente reconhecida era condicionada por uma conjuntura das ciências que deixamos para trás, e, com isso, que o tempo da fundamentação metafísica das ciências humanas passou completamente. O segundo volume se dedicará inicialmente ao transcurso histórico no estágio das ciências particulares e da teoria do conhecimento e apresentará e julgará os trabalhos epistemológicos até o presente (terceiro volume). Ele procurará, então, empreender uma fundamentação epistemológica própria das ciências humanas (quarto e quinto livro). A minuciosidade da parte histórica não proveio apenas da necessidade prática de uma divisão, mas também de minha convicção do valor da autorreflexão histórica ao lado da autorreflexão epistemológica. A mesma convicção expressa-se na predileção que se mantém a muitas gerações pela história da filosofia, tal como essa predileção se apresenta nas tentativas de Hegel, do Schelling tardio e de Comte de fundamentar historicamente o seu sistema. A justificação dessa convicção ainda se tornará mais evidente sobre o ponto de vista da história do desenvolvimento. Pois a história do desenvolvimento intelectual mostra o crescimento da mesma árvore sob a luz clara do sol, uma árvore cujas raízes têm de procurar sob a terra a sua fundamentação epistemológica.

Minha tarefa conduziu-me através de campos muito diversos do saber, de modo que alguns erros precisarão ser corrigidos. Espero que a obra possa corresponder ao menos em alguma medida à sua tarefa de unificar a suma conceitual das intelecções históricas e sistemáticas, das quais necessitam o jurista e o político, o teólogo e o pesquisador histórico como base para um estudo frutífero de suas ciências particulares. Essa tentativa veio à tona antes de eu pagar uma antiga dívida por meio da conclusão da biografia de Schleiermacher. Depois do término dos trabalhos prévios para a segunda metade dessa biografia percebi em meio à elaboração do texto que a apresentação e a crítica do sistema schleiermacheriano pressupõem incessantemente discussões sobre as questões derradeiras da filosofia. Assim, a biografia foi posta de lado até a publicação do presente livro, o qual me poupará tais discussões.

Berlim, Páscoa de 1883.
WILHELM DILTHEY

PRIMEIRO LIVRO INTRODUTÓRIO

VISÃO DE CONJUNTO DA CONEXÃO DAS CIÊNCIAS HUMANAS PARTICULARES, NA QUAL SE APRESENTA A NECESSIDADE DE UMA CIÊNCIA FUNDANTE

"Aliás, a realidade sempre se revelou até aqui de maneira mais sublime e mais rica para a ciência que pesquisa de maneira fiel as suas leis do que souberam pintá-la os esforços extremos da fantasia mítica e da especulação metafísica."

Helmholtz

I

OBJETIVO DESTA INTRODUÇÃO ÀS CIÊNCIAS HUMANAS

Desde as famosas obras de Bacon, os escritos que discutem as bases e os métodos das ciências naturais e nos introduzem, assim, nessas ciências foram redigidos em particular por pesquisadores da natureza. Desses escritos, o mais famoso é o de *Sir* John Herschel. Parecia uma necessidade prestar um serviço semelhante àqueles que trabalham com a história, a política, a jurisprudência ou a economia política, a teologia, a literatura ou a arte. A partir das necessidades práticas da sociedade, a partir da finalidade de uma formação profissional que dote os órgãos diretrizes da sociedade dos conhecimentos necessários para a sua tarefa, aqueles que se dedicam às ciências designadas costumam se aproximar dessa tarefa. Todavia, essa formação profissional só chegará efetivamente a capacitar o singular para realizações mais eminentes quando ultrapassar a medida de uma retificação técnica. A sociedade é comparável ao funcionamento de uma grande máquina, que é mantida em atividade por meio dos serviços de inúmeras pessoas: aquele que é dotado da técnica isolada de sua profissão particular no interior de sua sociedade, por mais primorosamente que possa dominar essa técnica, desempenha o papel de um trabalhador, que se ocupa durante toda a sua vida com um único ponto desse funcionamento, sem conhecer as forças que o colocam em movimento, e, ao mesmo tempo, sem ter uma ideia das outras partes desse funcionamento e de sua ação conjunta com vistas à finalidade do todo. Ele é um instrumento a serviço da sociedade, não o seu órgão conscientemente coconfigurador. A presente introdução gostaria de tornar mais fácil para o político e o jurista, para o teólogo e o pedagogo a tarefa de conhecer a posição dos princípios e regras diretrizes para a realidade efetiva abrangente da sociedade humana, uma sociedade à qual, por fim, no ponto em que o particular intervém, está de fato dedicado o trabalho de sua vida.

Está na natureza do objeto o fato de as intelecções das quais se necessita para a solução dessa tarefa remontarem a verdades que precisam ser colocadas na base do conhecimento tanto quanto da natureza como o mundo historicamente social. Concebido de tal modo, essa tarefa, que está fundada nas necessidades da vida prática, depara com um problema colocado pelo estado da pura teoria. As ciências que têm como objeto a realidade efetiva histórico-social buscam hoje de maneira mais intensa do que jamais aconteceu a sua conexão mútua e a sua fundamentação. Causas, que residem no estado das ciências positivas, atuam nessa direção juntamente com os impulsos mais poderosos, que emergiram dos abalos da sociedade desde a Revolução Francesa. O conhecimento das forças, que vigoram na sociedade, das causas que produziram os seus abalos, dos meios para um progresso saudável presentes na sociedade, transformou-se em uma questão de vida ou morte para a nossa civilização. Por isso, cresce cada vez mais a significação das ciências da sociedade ante as ciências da natureza; nas grandes dimensões de nossa vida moderna vem se realizando uma transformação dos interesses científicos, que é semelhante àquela que teve lugar nas pequenas pólis gregas nos séculos V e IV a.C., quando as revoluções nessa sociedade composta por Estados produziram as teorias negativas do direito natural sofístico e, em contraposição a elas, os trabalhos das escolas socráticas sobre o Estado.

II

AS CIÊNCIAS HUMANAS COMO UM TODO AUTÔNOMO
AO LADO DAS CIÊNCIAS NATURAIS

O todo das ciências que têm a realidade efetiva histórico-social por seu objeto é concebido conjuntamente na presente obra sob o nome de ciências humanas. O conceito dessas ciências, um conceito em virtude do qual elas formam um todo, a demarcação desse todo em relação às ciências naturais, só pode ser definitivamente esclarecido e fundamentado no interior da própria obra; aqui, em seu início, apenas fixamos a significação, na qual a expressão é usada, e apontamos provisoriamente para a suma conceitual dos fatos, na qual a demarcação de um tal todo das ciências humanas em relação às ciências naturais está fundada.

O uso linguístico compreende por ciência a quintessência de proposições, cujos elementos são conceitos, o que significa dizer, de maneira completamente determinada, cujos elementos em toda a conexão de pensamento são constantes e universalmente válidos, cujas ligações são fundamentadas. Para ele, na ciência as partes componentes são articuladas a um todo com vistas à comunicação, seja porque uma parte da realidade efetiva é pensada por meio dessa ligação de proposições em sua completude ou porque um ramo da atividade humana é regulado por ela. Por isso, designamos aqui com a expressão "ciência" toda e qualquer suma conceitual de fatos espirituais, na qual as características citadas se encontram presentes e à qual, com isso, em seu conjunto, o nome "ciência" é aplicado: por conseguinte, representamos provisoriamente a abrangência de nossa tarefa. Esses fatos espirituais, que se desenvolveram historicamente na humanidade e para os quais a designação de ciências do homem, da história e da sociedade foi aduzida segundo um uso linguístico comum, formam a realidade efetiva, da qual não nos assenhoreamos, mas queremos inicialmente compreender. O método empírico exige que, nesse conjunto das ciências, mesmo o valor dos modos particulares de procedimento, dos quais o pensamento se serve para a resolução de sua tarefa, seja desenvolvido histórico-criticamente, que junto à intuição desse grande processo, cujo sujeito é a própria humanidade, a natureza do saber e do conhecimento seja esclarecida nesse âmbito. Um tal método encontra-se em contraposição a um método recentemente exercitado de maneira por demais frequente pelos assim chamados positivistas, um método que, de uma definição conceitual do saber que surgiu na maioria das vezes a partir de experimentos científico-naturais, deduz o conteúdo do conceito de ciência e decide a partir desse conteúdo quais são as ocupações intelectuais que merecem o nome e o *status* do conceito de ciência. Assim, uns, partindo do conceito arbitrário do saber, de maneira míope e obscura, negaram à historiografia, tal como ela foi exercitada por grandes mestres, o *status* de ciência; outros acreditaram precisar converter as ciências que têm imperativos por sua base, e de modo algum juízos sobre a realidade efetiva, em conhecimento da realidade efetiva.

 A suma conceitual dos fatos espirituais, que caem sob esse conceito de ciência, costuma ser dividida em dois ramos, dos quais um é designado pelo nome de ciência natural; para o outro, de modo bastante peculiar, não há nenhuma designação genericamente reconhecida. Procuro me articular com a terminologia daqueles pensadores que designam essa outra metade do *globus intellectualis* como ciências humanas (ciências do espírito).[1] Por um lado, sem dever pouco à ampla difusão da lógica de J. St. Mill, essa designação tornou-se habitual e genericamente compreensível. Por outro lado, comparada com todas as outras designações inapropriadas entre as quais podemos escolher, ela se mostra a menos inapropriada. Ela expressa de maneira extremamente imperfeita o objeto do presente estudo. Pois nesse estudo os fatos da vida intelectual não estão cindidos da unidade psicofísica da natureza humana. Uma teoria que quer descrever e analisar os fatos histórico-sociais não pode se abstrair dessa totalidade da natureza humana e se restringir ao elemento espiritual. Todavia, a expressão "ciências humanas (ciências do espírito)" compartilha essa falha com todas as outras que foram empregadas; ciências da sociedade (sociologia), ciência morais, ciências históricas ou ciências da cultura: todas essas expressões padecem do mesmo erro de serem restritas demais em relação ao objeto que devem exprimir. E o nome aqui escolhido tem ao menos a vantagem de designar de maneira apropriada a esfera central dos fatos, uma esfera a partir da qual, em realidade, vista a unidade dessas ciências, esboçada a sua extensão, a sua demarcação ante as ciências naturais, ainda que de modo por demais imperfeito, foi levada a termo.

O fundamento do movimento justamente, do qual partiu o hábito de delimitar as ciências como uma unidade das ciências da natureza, alcança a profundidade e a totalidade da autoconsciência humana. Ainda sem ser tocado pelas investigações sobre a origem do espírito, o homem encontra nessa autoconsciência uma soberania da vontade, uma responsabilidade das ações, uma capacidade de submeter tudo ao pensamento e de resistir a tudo no interior da liberdade civil de sua

---

[1] Traduzido ao pé da letra, o termo *Geisteswissenschaften* não significa "ciências humanas", mas "ciências do espírito". Como Dilthey se vale no presente contexto da presença da palavra *Geist* (espírito) na explicitação de sua compreensão do termo, tomamos por bem inserir a tradução literal de *Geisteswissenschaften* entre parênteses. No todo, porém, evitamos a tradução por "ciências do espírito" para aproveitar a expressão corrente em português para designar um tal conjunto de ciências. (N.T.)

pessoa, da pessoa por meio da qual ele se destaca de toda a natureza. Ele se encontra nessa natureza de fato. Para usar uma expressão de Espinoza, como *imperium in imperio*.[2] E como para ele não há senão aquilo que se mostra como um fato de sua consciência, reside nesse mundo espiritual que atua autonomamente nele todo valor, toda finalidade da vida; reside na produção de estados de fato espirituais toda a meta de suas ações. Assim, ele cinde do reino da natureza um reino da história, no qual, em meio à conexão de uma necessidade objetiva que é a natureza, reluz em inumeráveis pontos desse todo a liberdade; aqui, os atos da vontade, em contraposição ao transcurso mecânico das transformações da natureza, um transcurso que já contém no início tudo aquilo que acontece nele, produzem realmente algo, eles obtêm um desenvolvimento na pessoa e na humanidade: para além da repetição árida e vazia do transcurso da natureza na consciência, em cuja representação se deleitam os idólatras do desenvolvimento intelectual como um ideal de progresso histórico.

Foi certamente em vão que a época metafísica, para a qual essa diversidade dos fundamentos explicativos se mostrou imediatamente como uma diversidade substancial na articulação objetiva da conexão mundana, buscou fixar e fundamentar fórmulas para a base objetiva dessa diferença entre os fatos da vida espiritual e os fatos relativos ao transcurso da natureza. Dentre todas as transformações que a metafísica dos Antigos experimentou junto aos pensadores medievais, nenhuma foi mais rica em consequências do que o fato de, desde então, em conexão com os movimentos religiosos e teológicos dominantes nos quais esses pensadores se encontravam, a definição da diversidade entre o mundo dos espíritos e o mundo dos corpos, e, com isso, a ligação desses dois mundos com a divindade, ter ganhado o ponto central do sistema. A principal obra metafísica da Idade Média, a *Summa de veritate catholicae fidei*, de São Tomás, projeta a partir de seu segundo livro uma divisão do mundo criado, na qual a essencialidade (*essentia quidditas*) é diversa do ser (*esse*), enquanto em Deus mesmo essas duas

---

[2] De maneira extremamente genial, Pascal expressa esse sentimento vital: "*Pensées Art. 1: 'Toutes ces misères – prouvent sa grandeur. Ce sont misères de grand seigneur, misères d'un roi dépossédé. (3) Nous avons une si grande idée de l'âme de l'homme, que nous ne pouvons souffrir d'en être méprisés, et de n'être pas dans l'estime d'une âme' (5)*" (Œuvres Paris 1866, I, 248, 249).

dimensões compõem uma unidade;[3] na hierarquia do ser criado, o livro apresenta como um membro necessário supremo as substâncias espirituais, que não são compostas de matéria e forma, mas são *per se* desprovidas de corpo: os anjos; deles, o livro cinde as substâncias intelectuais ou as formas subsistentes não corporais, que carecem do corpo para a complementação de sua espécie (a saber, da espécie: homem), desenvolvendo nesse ponto uma metafísica do espírito humano em luta contra os filósofos árabes, cuja influência pode ser perseguida até os últimos escritores metafísicos de nossos dias;[4] em relação a esse mundo de substâncias imperecíveis, ele delimita a parte do ente criado que tem a sua essência na ligação entre forma e matéria. A metafísica do espírito (psicologia racional) foi, então, no momento em que a concepção mecânica da conexão da natureza e filosofia corpuscular se tornaram dominantes, colocada em relação com essas duas metafísicas por outros metafísicos eminentes. Mas toda tentativa de formar uma ideia sustentável da relação entre espírito e corpo com base nessa doutrina das substâncias e com os meios da nova concepção da natureza fracassou. Se Descartes desenvolveu, com base nas propriedades claras e distintas dos corpos como grandezas espaciais, a sua representação da natureza como um mecanismo descomunal, se ele considerou a grandeza do movimento presente nesse todo como constante, então a suposição de que mesmo apenas uma única alma geraria de fora um movimento nesse sistema material acaba por inserir uma contradição no sistema. E a irrepresentabilidade de um efeito de substâncias imateriais sobre esse sistema extenso não foi reduzida em nada por meio do fato de ele reunir em um ponto as posições espaciais de uma tal ação recíproca: como se ele pudesse fazer com que a dificuldade desaparecesse por meio daí. O caráter aventuresco da opinião de que a divindade mantém por meio de intervenções que sempre se repetem esse jogo de ações recíprocas, assim como o caráter aventuresco da outra visão de que é muito mais Deus como o mais habilidoso artista que coloca desde o início os dois relógios do sistema material e do mundo do espírito de um tal modo que um processo da natureza parece provocar uma sensação, que um ato de vontade parece causar uma transformação do mundo exterior, eviden-

---

[3] Summa c. gent. (cura Uccelli, Romae, 1878) I, c. 22. Cf.II, c. 54.
[4] Lib. II, c. 46 sq.

ciam com isso de maneira tão distinta quanto possível a incompatibilidade da nova metafísica da natureza com a metafísica tradicional das substâncias. Desse modo, esse problema atuou como um aguilhão constantemente estimulante para a dissolução do ponto de vista metafísico em geral. Essa dissolução se realizará no conhecimento a ser mais tarde desenvolvido de que a vivência da autoconsciência é o ponto de partida do conceito de substância, que esse conceito emerge da adequação dessa vivência às experiências externas que o conhecer, progredindo segundo o princípio da razão suficiente, executou. Assim, essa doutrina das substâncias espirituais não se mostra senão como uma retroversão do conceito formado em uma tal metamorfose para a vivência, na qual o seu ponto de partida foi originariamente dado.

No lugar da contradição entre substâncias materiais e espirituais entrou a oposição entre o mundo exterior, como o mundo dado por meio dos sentidos na percepção exterior (sensação), e o mundo interior, como aquilo que é oferecido primariamente por meio da apreensão interna dos acontecimentos e atividades psíquicos. Com isso, o problema passou a receber uma versão mais modesta que, porém, inclui a possibilidade do tratamento empírico. E, em face dos novos métodos que são ao mesmo tempo melhores, fazem-se valer as mesmas vivências que tinham encontrado na doutrina da substância característica da psicologia racional uma expressão cientificamente insustentável.

De início, para a constituição das ciências humanas, é suficiente que, sob esse ponto de vista crítico, se destaquem daqueles processos que são formados a partir do material daquilo que é dado nos sentidos e apenas a partir deles os outros processos como uma esfera particular de fatos que são dados primariamente na experiência interna, portanto, sem qualquer colaboração dos sentidos, e que, assim, são formados a partir do material da experiência interna que é primariamente dado desse modo por ocasião dos eventos naturais; e isso para atribuir um sentido a esse material por meio de um certo procedimento equivalente à conclusão analógica no desempenho. Com isso, surge um reino próprio de experiências que possui o seu material e a sua origem autônoma na vivência interna, e que, por conseguinte, é naturalmente o objeto de uma ciência empírica particular. E enquanto alguém não afirmar que está em condições de deduzir a quintessência de paixão, figuras poéticas e ideação pensante, que denominamos a vida de Goethe, a partir da estrutura de seu cérebro e das propriedades de seu corpo, tornando-a, assim, melhor cognoscível, a posição autônoma de tal ciência também não será contestada. No entanto, como o que está presente para nós existe em função dessa experiência interna e o que possui valor ou é uma finalidade para nós só é dado na vivência de nosso sentimento e de nossa vontade, residem nessas ciências os princípios de nosso conhecimento, que definem em que medida a natureza pode existir para nós, além dos princípios de nosso agir, que explicam a presença de fins, bens e valores, na qual todo trânsito prático está fundado.

A fundamentação mais profunda da posição autônoma das ciências humanas ao lado das ciências naturais, uma posição que se mostra na presente obra como o ponto central da construção nas ciências humanas, realiza-se aqui gradualmente, na medida em que se leva a termo a análise da vivência conjunta do mundo espiritual em sua incomparabilidade com toda experiência sensível sobre a natureza. Só elucido aqui esse problema apontando para o sentido duplo, no qual a incomparabilidade dessas duas esferas de fatos pode ser afirmada: de maneira correspondente, mesmo o conceito de limites do conhecimento natural recebe uma significação ambígua.

Um de nossos primeiros pesquisadores naturais procurou determinar esses limites em um ensaio muito comentado. Com isso, ele tentou discutir mais detidamente a definição dos limites de sua ciência.[5] Se imaginássemos todas as transformações no mundo dos corpos dissolvidas em movimentos dos átomos, que seriam provocados por forças centrais constantes, o universo seria cognoscível em termos científico-naturais. "Um espírito" – é dessa representação que parte Laplace – "que conhecesse por um instante dado todas as forças ativas na natureza e a conjuntura recíproca dos seres, a partir dos quais essa situação subsiste, se fosse suficientemente abrangente para submeter essas indicações à análise, compreenderia na mesma fórmula os movimentos dos maiores corpos do mundo e do átomo mais leve".[6] Como a inteligência humana na ciência astronômica é uma fraca re-

---

[5] Emil Du Boid-Reymond, *Über die Grenzen des Naturerkennens* (Sobre os limites do conhecimento da natureza). 1872. Cf.: *Die sieben Welträtsel* (Os sete segredos do mundo), 1881.
[6] Laplace, *Essai sur les probabilités*. Paris, 1814, p. 3.

produção de tal espírito, Du Bois-Reymond designa o conhecimento representado por Laplace de um sistema material como um conhecimento astronômico. A partir dessa representação, alcançamos de fato uma concepção bastante clara dos limites, nos quais a tendência do espírito científico-natural está encerrada. Permitam-me introduzir uma distinção em relação à expressão "limites do conhecimento natural" segundo um tal modo de consideração. Como a realidade efetiva, enquanto o correlato da experiência, é dada na conjunção de uma articulação de nossos sentidos com a experiência interna, emerge da diversidade da proveniência de seus componentes, uma diversidade condicionada por meio dessa articulação, uma incomparabilidade no interior dos elementos de nosso cálculo científico. Essa incomparabilidade exclui a dedução do caráter fático de uma determinada proveniência a partir do caráter fático de uma outra. Assim, a partir das propriedades do elemento espacial, só chegamos à representação da matéria por intermédio da facticidade da sensação táctil, na qual se experimenta a resistência; cada um dos sentidos está inserido em uma esfera de qualidades que lhe é própria; e precisamos passar das sensações sensíveis para a percepção de estados internos, se quisermos apreender um estado de consciência em um momento dado. De acordo com isso, não podemos senão acolher os dados a partir da incomparabilidade, com a qual eles aparecem em consequência de sua proveniência diversa; o seu caráter fático é insondável para nós; todo o nosso conhecimento é restrito à constatação de uniformidades na sequência e na concomitância, uma sequência e uma constância segundo as quais essas uniformidades se encontram, tal como nos diz a nossa experiência, em relações mútuas. Esses são limites que estão colocados nas próprias condições de nossa experiência, limites que estão presentes em todos os pontos da ciência da natureza: não barreiras externas, com as quais o conhecimento natural depara, mas condições imanentes à experiência e constitutivas do próprio conhecimento natural. A presença dessas barreiras imanentes do conhecimento não constitui, portanto, de maneira alguma um obstáculo para a função do conhecer. Se designamos com a palavra conceber uma transparência plena na apreensão de uma conexão, então temos de lidar aqui com barreiras, com as quais se choca o conceber. No entanto, independentemente de saber se a ciência submete ou não ao seu cálculo, um cálculo que faz as transformações na realidade efetiva remontarem aos movimentos dos átomos, qualidades ou fatos de consciência, caso essas qualidades e esses fatos não se deixem apenas submeter a ele, o fato da inderivabilidade não constitui nenhum obstáculo às suas operações; eu não consigo encontrar uma passagem nem da mera determinação matemática ou da grandeza do movimento para uma cor ou um tom, nem para um processo de consciência. Assim como o juízo negativo não é explicado por um processo no cérebro, a luz azul também não é explicada por meio da frequência correspondente. No que a física deixa que a psicologia explique a qualidade sensível azul e no que essa qualidade sensível, porém, não possuindo tampouco no movimento das partes materiais nenhum meio para trazer à tona por um passe de mágica o azul, entrega essa tarefa à psicologia, tudo permanece, por fim, como em um enigma, parado junto à psicologia. Em si, contudo, a hipótese que deixa surgir qualidades no processo da sensação é de início apenas um meio para o cálculo, que extrai a raiz das transformações na realidade efetiva, tal como essas transformações são dadas na experiência, com vistas a uma certa classe de transformações no interior delas, que forma o conteúdo parcial de minha experiência, a fim de planificá-las em certa medida para a finalidade do conhecimento. Se fosse possível subsumir fatos definidos de maneira determinada, que assumem uma posição fixa no contexto da consideração mecânica da natureza, a fatos da consciência definidos de maneira constante e determinada, estabelecendo a partir daí, de acordo com o sistema de uniformidades no qual os primeiros fatos se encontram, a entrada em cena dos processos de consciência de modo totalmente ressonante com a experiência, esses fatos de consciência seriam inseridos tão efetivamente na conexão do conhecimento natural quanto qualquer som ou cor.

    Justamente aqui, porém, a incomparabilidade entre processos materiais e espirituais se faz valer em uma compreensão totalmente diversa e retira do conhecimento natural limites dotados de um caráter inteiramente diverso. A impossibilidade da dedução de fatos espirituais a partir da ordem mecânica da natureza, uma impossibilidade que está fundada na diversidade de sua proveniência, não impede a inserção dos fatos espirituais no sistema da ordem mecânica. É somente quando as relações entre os fatos do mundo espiritual se mostram como incomparáveis em seu modo de ser com as uniformidades do transcurso da natureza que uma subordinação dos fatos espirituais aos fatos constatados pelo conhecimento mecânico da natureza é excluída; é somente nesse caso que não se mostram barreiras imanentes do conhecimento empírico, mas limites junto aos quais finda o conhecimento da natureza e se inicia uma ciência humana (uma ciência do espírito) autônoma que se forma a partir de seu próprio ponto central. Desse modo, o problema fundamental está na fixação do tipo determinado de incomparabilidade entre as relações dos fatos espirituais com as uniformidades dos processos materiais, uma incomparabilidade que exclui uma inserção dos fatos espirituais em tais uniformidades, uma apreensão desses fatos como propriedades ou lados da matéria e que precisa ser, por isso, de um tipo totalmente diferente da diversidade que existe entre as esferas particulares relativas às leis da matéria, tal como essas esferas são expostas na matemática, na física, na química e na fisiologia em uma relação de subordinação que se desenvolve de maneira cada vez mais consequente. Uma exclusão dos fatos do espírito da conexão da matéria, de suas propriedades e leis, sempre pressuporá uma contradição, que se insere entre as relações dos fatos com a outra região junto à tentativa de uma tal subordinação. E essa é, de fato, a opinião que surge, quando a incomparabilidade da vida espiritual se mostra junto aos fatos da autoconsciência e à unidade que se encontra conectada com ela, junto à liberdade e aos fatos da vida ética que estão ligados a ela, em contraposição à articulação espacial e à divisibilidade da matéria, assim como em contraposição à necessidade mecânica, sob o domínio da qual se encontra o desempenho da parte singular da matéria. Quase tão antigas quanto a reflexão mais rigorosa acerca da posição do espírito em relação à natureza são as tentativas de formulação desse tipo de incomparabilidade do elemento espiritual com toda a ordem da natureza, uma formulação que tem por base os fatos da unidade da consciência e da espontaneidade da vontade.

Na medida em que essa distinção entre barreiras imanentes à experiência, por um lado, e limites da subordinação dos fatos à conexão do conhecimento natural, por outro, é introduzida na exposição do célebre pesquisador da natureza, os conceitos de limite e de inexplicabilidade recebem um sentido exatamente definível, e, com isso, desaparecem as dificuldades que se tornaram bastante notáveis na controvérsia provocada pelo presente escrito sobre os limites do conhecimento natural. A existência de barreiras imanentes da experiência não decide de maneira alguma quanto à questão acerca da subordinação de fatos espirituais à conexão do conhecimento da matéria. Se, tal como acontece com von Haeckel e outros pesquisadores, se apresenta uma tentativa de produzir uma tal inserção dos fatos espirituais na conexão da natureza por meio da suposição de uma vida psíquica nos componentes, a partir dos quais o organismo se constrói, então não existe entre uma tal tentativa e o conhecimento das barreiras imanentes de toda experiência simplesmente nenhuma relação de exclusão; é só o segundo tipo de investigação dos limites do conhecimento da natureza que decide sobre uma tal tentativa. Por isso, mesmo Du Bois-R. se encaminhou para essa segunda investigação e se serviu, em sua demonstração, tanto do argumento da unidade da consciência quanto do outro argumento acerca da unidade da vontade. A sua prova de "que os processos espirituais nunca podem ser concebidos a partir de suas condições materiais"[7] é conduzida da forma seguinte. Em um conhecimento mais completo de todas as partes do sistema material, de sua conjuntura mútua e de seu movimento, permanece totalmente inconcebível como é que uma quantidade de átomos de carbono, de hidrogênio, de azoto e de gás carbônico não deve se manter indiferente ao modo como eles se encontram e ao modo como se movimentam. Essa inexplicabilidade do elemento espiritual fica totalmente na mesma, quando já se dotam singularmente esses elementos, segundo o modo de ser das mônadas, com consciência; e a partir dessa suposição, a consciência una do indivíduo não pode ser explicada.[8] O princípio

---

[7] Ele começa: *Über die Grenzen* (Sobre os limites), 4. ed., p. 28.
[8] Op. cit. 29, 30. Cf. Enigma 7. Com certeza, essa argumentação só é concludente se se anexa à mecânica atomística uma validade por assim dizer metafísica. Também podemos comparar com a história tratada por Du Bois-R. a formulação do clássico da psicologia racional, Mendelssohn. Por exemplo, *Escritos* (Leipzig, 1880) I, p. 277: "Tudo aquilo que o corpo humano tem de diverso do bloco de mármore pode ser reconduzido ao movimento. E o movimento não é outra coisa senão a transformação de lugar ou de estado. Salta aos olhos que, por meio de todas as transformações de lugar possíveis no mundo, por mais compostas que elas possam ser, não há como manter nenhuma percepção dessas transformações de lugar". 2. "Toda matéria é composta a partir de muitas partes. Se as representações particulares fossem isoladas assim nas partes da alma, tal como os objetos na natureza, então nunca se encontraria o todo. Não compara-

a ser demonstrado por Du Bois-R. já contém na expressão "nunca pode ser concebido" um sentido duplo, e esse sentido tem por consequência, no interior da própria demonstração, a aparição de dois argumentos de uma amplitude totalmente diversa. Ele afirma, por um lado, que a tentativa de deduzir fatos espirituais de transformações materiais (uma tentativa que desapareceu atualmente como um materialismo tosco e só continua sendo levada a termo como o acolhimento de propriedades psíquicas nos elementos) não consegue suspender a barreira imanente de toda experiência; o que é certo, mas não decide nada quanto à subordinação do espírito ao conhecimento da natureza. E ele afirma, então, que essa tentativa precisa fracassar junto à contradição que há entra a nossa representação da matéria e a propriedade da unidade, que chega à nossa consciência. Em sua polêmica posterior contra Häckel, Du Bois-R. acrescenta a esse argumento o outro de que, a partir de uma tal suposição, surge uma outra contradição entre o modo como um componente material é condicionado mecanicamente na conexão natural e a vivência da espontaneidade da vontade; uma "vontade" (nos componentes da matéria) que "deve querer, por mais que queira ou não, e isso na relação direta do produto da massa e na relação inversa do quadrado das distâncias", é uma *contradictio in adjecto*.[9]

---

ríamos as impressões de diversos sentidos, não manteríamos contrapostas as representações, não perceberíamos nenhuma relação, não poderíamos conhecer nenhuma ligação. A partir daí fica claro que não apenas para o pensamento, mas também para a sensação, muitas coisas precisam se unificar. Na medida em que, porém, a matéria nunca se torna um único sujeito etc."
Kant desenvolve esse "calcanhar de Aquiles de todas as conclusões dialéticas da teoria pura da alma" como o segundo paralogismo da psicologia transcendental. Em Lotze, esses "atos do saber articulador" como uma "razão impassível de ser controlada, à qual seguramente pode se reportar a convicção da autonomia de um ser psíquico", foram desenvolvidos em muitos escritos (pela última vez em *Metaphysik* – Metafísica, 476) e formam a base dessa parte de seu sistema metafísico.
[9] *Welträtsel* (Enigmas do mundo), p. 8.

III

A RELAÇÃO DESSE TODO COM AS CIÊNCIAS NATURAIS

Não obstante as ciências humanas abarcarem em uma extensão ampla os fatos naturais em si, elas têm por base o conhecimento da natureza.

Se pensássemos um ser puramente espiritual em um reino pessoal que se constitui apenas de um tal ser, então a sua aparição, a sua manutenção e o seu desenvolvimento, tanto quanto o seu desaparecimento (representações que também fazemos em relação ao pano de fundo, a partir do qual eles viriam à tona e para o interior do qual eles se retrairiam uma vez mais), estariam ligados a condições de um tipo espiritual; o seu bem-estar estaria fundado em sua situação em relação ao mundo espiritual; a sua ligação mútua, assim como as ações de uns sobre os outros se realizariam através de um meio puramente espiritual, e os efeitos duradouros de suas ações seriam de um tipo puramente espiritual; mesmo a sua saída do reino das pessoas teria o seu fundamento no elemento espiritual. O sistema de tais indivíduos seria reconhecido em ciências humanas puras. Na realidade, um indivíduo surge, se mantém e se desenvolve com base nas funções do organismo animal e das ligações dessas funções com o transcurso natural que o envolve; o seu sentimento de vida está ao menos parcialmente fundado nessas funções; as suas impressões são condicionadas pelos órgãos sensoriais e por suas afecções vindas do mundo exterior; nós encontramos a riqueza e a mobilidade de suas representações e a força tanto quanto a direção de seus atos volitivos em uma relação múltipla de dependência em relação ao seu sistema nervoso. O seu impulso volitivo produz o encurtamento das fibras musculares, e, assim, uma atuação no exterior está ligada a transformações nas relações conjunturais das partículas de massa do organismo; sucessos duradouros de suas ações volitivas só existem sob a forma de transformações no interior do mundo material. Com isso, a vida espiritual de um homem é uma parte que só pode ser destacada por meio de abstração da unidade vital psicofísica, que determina o modo como a existência humana e a vida humana se apresentam. O sistema dessas unidades vitais é a realidade efetiva, que constitui o objeto das ciências histórico-sociais.

E, em verdade, em virtude do ponto de vista duplo de nossa apreensão (independentemente de qual seja o estado de fato metafísico), até onde alcança a percepção interna, o homem como unidade vital se apresenta para nós como uma conexão de fatos espirituais; em contrapartida, até onde o apreendemos com os sentidos, ele se apresenta para nós como um todo corporal. A percepção interna e a apreensão externa nunca têm lugar no mesmo ato, e, por isso, o fato da vida espiritual nunca é dado simultaneamente para nós com o nosso corpo. Daí resultam necessariamente dois pontos de vista diversos, não passíveis de serem subsumidos um ao outro, para a apreensão científica que quer conceber em sua conexão os fatos espirituais e o mundo dos corpos, uma conexão cuja expressão é a unidade vital psicofísica. Se parto da experiência interior, então encontro o mundo exterior em seu conjunto em minha consciência, uma vez que as leis desse todo da natureza se encontram sob as condições de minha consciência e, com isso, dependem dessas condições. Esse é o ponto de vista, que a filosofia alemã no limite entre o século XVIII e o século XIX designou como filosofia transcendental. Se tomo, ao contrário, a conexão da natureza, tal como essa conexão se encontra diante de mim em minha apreensão natural, e percebo fatos psíquicos coinseridos na sequência temporal desse mundo exterior tanto quanto em sua distribuição espacial; se descubro transformações espirituais como dependentes da intervenção feita pela própria natureza ou pelo experimento, uma intervenção que consiste em transformações materiais quando essas transformações penetram o sistema nervoso; e se a observação do desenvolvimento da vida e dos estados doentios amplia essas experiências até a imagem abrangente da condicionalidade do espiritual por meio do corporal, então surge a concepção do pesquisador da natureza, que avança de fora para dentro, da transformação material para a transformação espiritual. Assim, o antagonismo entre o filósofo e o pesquisador da natureza é condicionado pela oposição entre os seus pontos de partida.

Por enquanto, tomaremos por ponto de partida a consideração da ciência da natureza. Na medida em que esse modo de consideração permanece consciente de seus limites, os seus resultados são incontestáveis. É só a partir do ponto de vista da experiência interior que eles recebem uma definição mais próxima de seu valor cognitivo. A ciência da natureza decompõe a conexão causal do transcurso natural. Onde essa decomposição alcança os pontos, nos quais um estado de fato ou uma transformação materiais estão ligados a um estado de fato ou a uma transformação psíquicos, sem que seja possível encontrar um elo intermediário entre eles, só se pode constatar essa ligação regular mesma. A relação entre causa e efeito, porém, não pode ser aplicada a essa ligação. Nós encontramos uniformidades de uma esfera vital articuladas regularmente com tais uniformidades da outra esfera, e o conceito matemático da função é a expressão dessa relação. Uma concepção dessa relação, que conseguisse promover uma comparação entre o transcurso das transformações espirituais ao lado do das transformações corporais e o curso de dois relógios ajustados, estaria em uma consonância tão plena com a experiência quanto uma concepção que apenas assume o mecanismo de um relógio como um fundamento explicativo, de maneira ignorante, uma concepção que considera as duas esferas da experiência como manifestações diversas de um fundamento. Portanto, a dependência do elemento espiritual ante a conexão da natureza é a relação, de acordo com a qual a conexão geral da natureza condiciona de maneira causal aqueles estados de fato e transformações materiais, que são regulares para nós e estão ligados sem uma outra mediação reconhecível a estados de fato e transformações espirituais. Assim, o conhecimento da natureza vê o encadeamento das causas atuando até a vida psicofísica: aqui surge uma transformação, na qual a ligação entre o material e o espiritual se subtrai à apreensão causal, e essa transformação provoca retrospectivamente o surgimento de uma transformação no mundo material. Nesse contexto, a significação da estrutura do sistema nervoso se abre para o experimento do fisiólogo. As manifestações confusas da vida são decompostas em uma clara ideia de dependências, em cujo prosseguimento o curso da natureza introduz transformações que chegam até o homem. Essas transformações, então, por meio dos portais dos órgãos sensíveis, entram no sistema nervoso, fazendo com que surjam sensações, representações, sentimentos, desejos que repercutem no transcurso da natureza. A unidade vital mesma, que nos preenche com o sentimento imediato de nossa existência indivisa, é dissolvida em um sistema de ligações que podem ser constatadas empiricamente entre os fatos de nossa consciência e a estrutura tanto quanto as funções do sistema nervoso; pois nenhuma ação psíquica se mostra senão por intermédio do sistema nervoso como ligada a uma transformação no interior de nosso corpo, e uma tal transformação, por sua vez, só é acompanhada de uma mudança de nossos estados psíquicos por intermédio de seu efeito sobre o sistema nervoso.

A partir dessa decomposição das unidades vitais psicofísicas, então, surge uma representação mais clara da dependência dessas unidades em relação a toda a conexão da natureza, uma conexão no interior da qual elas aparecem e atuam, assim como a partir da qual elas voltam uma vez mais a se retrair; e, com isso, uma representação mais clara também da dependência do estudo da realidade efetiva histórico-social em relação ao conhecimento da natureza. De acordo com isso, pode-se fixar o grau de legitimidade que cabe às teorias de Comte e de Herbert Spencer sobre a posição dessas ciências na hierarquia por eles apresentada da ciência como um todo. Assim como o presente escrito procurará fundamentar a autonomia relativa das ciências humanas, ele tem de desenvolver como o outro lado da posição dessas ciências, na totalidade do conjunto das ciências, o sistema de dependências em virtude do qual elas são condicionadas pelo conhecimento da natureza, formando, assim, o último e mais elevado elo na construção que se inicia na fundamentação matemática. Fatos do espírito são o limite supremo dos fatos da natureza. Os fatos da natureza formam as condições inferiores da vida espiritual. Justamente porque o reino das pessoas ou a sociedade humana e a história são o fenômeno mais elevado dentre os fenômenos do mundo empírico terreno, o seu conhecimento necessita em inúmeros pontos do conhecimento do sistema de pressupostos que são estabelecidos no todo da natureza para o seu desenvolvimento.

E, em verdade, o homem, de acordo com a sua posição assim exposta na conexão causal da natureza, é condicionado pela natureza em uma *dupla relação*.

Por intermédio do sistema nervoso, assim o vimos, a unidade psicofísica recebe constantemente influências oriundas do transcurso geral da natureza e reage uma vez mais sobre esse transcurso. Reside em sua natureza, contudo, o fato de os efeitos que partem dela

29

surgirem preponderantemente como um agir, que é dirigido por fins. Para essa unidade psicofísica, portanto, o transcurso da natureza e a sua constituição podem ser, por um lado, diretrizes com vistas à configuração dos próprios fins. Por outro lado, ele é codeterminante para essa configuração como um sistema de meios para atingir esses fins. E, com isso, nós mesmos estamos onde *queremos*, onde atuamos sobre a natureza justamente porque não somos forças cegas, mas vontades, que fixam seus fins refletindo, em dependência ante a conexão da natureza. Por conseguinte, as unidades psicofísicas encontram-se em uma dupla relação de dependência ante o transcurso da natureza. A partir da posição da terra no todo cósmico, esse transcurso condiciona, por um lado, como um sistema de causas a realidade efetiva histórico-social, o que faz com que o grande problema da relação entre conexão da natureza e liberdade decomponha-se para o pesquisador empírico em inúmeras questões particulares, que dizem respeito à relação entre fatos do espírito e influências da natureza. Por outro lado, porém, surgem dos fins desse reino pessoal reações sobre a natureza, sobre a terra que o homem considera nesse sentido como a sua morada, a morada na qual ele é capaz de se instaurar ativamente; e essas reações, então, também estão ligadas à utilização da conexão das leis naturais. Para o homem, todos os fins residem exclusivamente no interior do próprio processo espiritual, uma vez que é apenas nesse processo que algo se apresenta para ele; mas o fim busca os seus meios na conexão da natureza. O quão inaparente é com frequência a transformação, que o poder criador do espírito produziu no mundo exterior! E, contudo, é apenas nesse poder que reside a mediação através da qual o valor assim criado está presente também para outros. Assim, as poucas páginas que, como um resíduo material do mais profundo trabalho de pensamento dos Antigos em direção à hipótese de um movimento da Terra, chegaram às mãos de Copérnico se tornaram o ponto de partida de uma revolução em nosso modo de ver o mundo.

Neste ponto podemos perceber o quão relativa é a demarcação dessas duas classes de ciências uma em relação à outra. Contendas tais como as que foram conduzidas sobre a posição da ciência linguística geral são infrutíferas. Nas duas posições de transição, que conduzem do estudo da natureza para o estudo do espírito, nos pontos junto aos quais a conexão da natureza exerce um efeito sobre o desenvolvimento do elemento espiritual e nos outros pontos junto aos quais a conexão da natureza sofre o efeito do elemento espiritual ou mesmo forma a posição de transição para a produção de um efeito sobre outro elemento espiritual, por toda parte mistura-se aí o conhecimento das duas classes. Conhecimentos das ciências naturais misturam-se com os conhecimentos das ciências humanas. E, em verdade, de acordo com uma dupla ligação na qual o transcurso da natureza condiciona a vida espiritual, com frequência se entretece nessa conexão o conhecimento do efeito formador da natureza com a constatação da influência que a natureza exerce como material do agir. Assim, do conhecimento das leis naturais de produção dos sons deduz-se uma parte importante da gramática e da teoria musical, e, por sua vez, o gênio da língua ou da música está ligado a essas leis naturais e o estudo de suas realizações é, por isso, condicionado pela compreensão dessa dependência.

Neste ponto, podemos perceber, além disso, o fato de o conhecimento das condições, que se encontram na natureza e são desenvolvidas pela ciência natural, formar em um amplo espectro a base para o estudo dos fatos espirituais. Tal como o desenvolvimento do homem particular, a extensão da espécie humana sobre toda a superfície da Terra e a configuração de seus destinos na história também são condicionadas por toda a conexão cósmica. As guerras formam, por exemplo, uma parte central de toda a história, na medida em que essa história tem algo em comum, como história política, com a vontade dos Estados. Essa vontade, porém, vem à tona juntamente com armas e se impõe por meio de tais armas. A teoria da guerra depende, contudo, em primeira linha do conhecimento do elemento físico, que apresenta a base e os meios para as vontades em luta. Pois com os meios da violência física a guerra persegue o fim de impor ao inimigo a nossa vontade. Isso envolve o fato de o adversário na linha que leva até a impossibilidade de defesa, a finalidade teórica do ato de violência designado como guerra, ser impelido ao ponto no qual sua situação é mais desvantajosa do que o sacrifício que é exigido dele e só pode ser confundida com uma situação ainda mais desvantajosa. Nesse grande cálculo, portanto, os números mais importantes para a ciência, os números que a ocupam na maioria das vezes, são as condições e os meios físicos. Em contrapartida, fala-se muito pouco de fatores psíquicos.

E, em verdade, as ciências do homem, da sociedade e da história possuem, por um lado, por base a ciência da natureza, na medida em que as próprias unidades psicofísicas só podem ser estudadas com o auxílio da biologia, e, por outro lado, porquanto o meio no qual ocorre seu desenvolvimento e sua atividade conforme a fins, um meio a cujo domínio se liga em grande parte uma tal atividade, é a natureza. No primeiro aspecto, as ciências do organismo formam sua base; no segundo, preponderantemente, a ciência da natureza inorgânica. E, com efeito, a conexão que precisa ser assim esclarecida consiste, por um lado, no fato de essas condições naturais determinarem o desenvolvimento e a distribuição da vida espiritual na superfície da Terra, e, por outro, no fato de a atividade conforme a fins do homem estar vinculada às leis da natureza e, com isso, ser condicionada por seu conhecimento e por seu aproveitamento. Por isso, a primeira relação não mostra senão a dependência do homem diante da natureza, mas a segunda só contém essa dependência como o outro lado da história do crescente domínio humano sobre o todo terrestre. Aquela parte da primeira relação que envolve as ligações do homem com a natureza circundante foi submetida por Ritter a um método comparativo. Visões brilhantes, tais como encontramos em particular na sua avaliação comparativa das partes da Terra segundo a divisão de seus relevos, tornam possível pressentir uma predestinação da história universal fixada às relações espaciais do todo terrestre. Os trabalhos seguintes, contudo, não ratificaram essa noção, pensada em Ritter como uma teleologia da história universal, de uma corcunda colocada a serviço do naturalismo: no lugar da ideia de uma dependência homogênea do homem ante as condições naturais vem à tona a ideia mais cautelosa de que a luta das forças ético-espirituais com as condições da espacialidade morta junto aos povos históricos, em contraposição aos a-históricos, produziu a diminuição da dependência. E assim, mesmo aqui uma ciência autônoma da realidade efetiva histórico-social, uma ciência que utiliza as condições naturais para a explicação, se afirma. A outra relação, porém, juntamente com a dependência que é dada por meio da adaptação às condições, mostra o apoderamento da espacialidade por meio do pensamento científico e a técnica de tal modo articulados, que a humanidade conquista o domínio em sua história por intermédio da subordinação. *Natura enim non nisi parendo vincitur.*[10]

No entanto, o problema da relação das ciências humanas com o conhecimento da natureza só pode ser considerado como resolvido se aquela oposição da qual partimos, a oposição entre o ponto de vista transcendental, para o qual a natureza se encontra sob as condições da consciência, e o ponto de vista objetivamente empírico, para o qual o desenvolvimento do espírito se encontra sob as condições do todo natural, for dissolvida. Essa tarefa constitui uma parte do problema do conhecimento. Se isolarmos esse problema para as ciências humanas, então uma solução convincente para todos não parece impossível. As condições para essa solução seriam: comprovação da realidade efetiva objetiva da experiência interior; confirmação da existência de um mundo exterior; em seguida, a presença de fatos e seres espirituais nesse mundo exterior por força da transposição de nosso interior para esse mundo; tal como o olho ofuscado, que olhou para o sol, repete sua imagem nas diversas cores, nas diversas posições no espaço, a imagem de nossa vida interior multiplica nossa concepção e a transpõe para diversas posições do todo circundante da natureza; esse processo, porém, pode ser representado e justificado logicamente como uma conclusão analógica dessa vida interna mais originária, que é a única a nos ser dada imediatamente, por intermédio das representações das exteriorizações com ela encadeadas, uma conclusão que leva a algo aparentado que corresponde a manifestações aparentadas do mundo exterior, a algo que se encontra na base. O que quer que a natureza possa ser, o estudo das causas do elemento espiritual pode se satisfazer com o fato de, em todo caso, suas manifestações poderem ser concebidas e utilizadas como sinais do real, de as uniformidades em seu ser conjunto e em sua consequência poderem ser concebidas e justificadas como um sinal de tais uniformidades no real. Se adentrarmos, contudo, o mundo do espírito, enquanto ele está marcado como fim ou como meio, para o espírito esse mundo é o que ele é nele, e aquilo que ele pode ser em si é aqui totalmente indiferente. É suficiente que o espírito, tal como o mundo lhe é dado, conte com a sua conformidade a leis em suas ações e possa gozar da bela aparência de sua existência.

---

[10] *Baconis aphorismi de interpretatione naturae et regno hominis.* Aforismo 3.

IV

AS VISÕES GERAIS SOBRE AS CIÊNCIAS HUMANAS

Precisamos tentar fornecer àquele que adentra a presente obra sobre as ciências humanas (ciências do espírito) uma visão geral provisória acerca da abrangência dessa outra metade do *globus intellectualis*, e, por meio dessa visão, definir a tarefa da obra. As ciências do espírito (ciências humanas) ainda não estão constituídas como um todo; elas ainda não estão em condições de apresentar uma conexão, na qual as verdades particulares pudessem ser ordenadas segundo suas relações de dependência diante de outras verdades e da experiência. Essas ciências nasceram na própria práxis da vida, elas foram desenvolvidas pelas exigências da formação profissional e, por isso, a sistemática das faculdades que servem a essa formação é a forma natural da própria conexão. De qualquer modo, seus primeiros conceitos e regras foram encontrados na maioria das vezes no exercício das próprias funções sociais. Iehring demonstrou como o pensar jurídico criou os conceitos fundamentais do direito romano por meio de um trabalho espiritual consciente que se realizou na própria vida do direito. Assim, a análise das constituições gregas mais antigas mostrou nessas constituições a sedimentação de uma força admirável do pensamento político consciente com base em conceitos e sentenças claros. A ideia fundamental, de acordo com a qual a liberdade do indivíduo é estabelecida a partir de sua participação no poder político, apesar de a participação ser regulada pela ordem pública de acordo com a capacidade do indivíduo para o todo, foi de início diretriz para a própria arte política. Em seguida, ela foi desenvolvida pelos grandes teóricos da escola socrática apenas no contexto científico. O progresso até teorias científicas abrangentes apoiou-se, então, preponderantemente na necessidade de uma formação profissional das camadas dirigentes. Assim, já na Grécia, a retórica e a política emergiram das tarefas de um ensino político mais elevado na época da sofística, e a história da maioria das ciências humanas nos povos modernos mostra a influência dominante da mesma relação fundamental. A bibliografia dos romanos sobre sua república encontrou sua mais antiga articulação no fato de ela ter sido desenvolvida para os sacerdotes e os magistrados em particular.[11] Por isso, a sistemática dessas ciências do espírito (ciências humanas) que contêm a base da formação conceitual dos órgãos diretrizes da sociedade, tanto quanto a apresentação dessa sistemática nas enciclopédias, proveio finalmente da necessidade de uma visão panorâmica do que é indispensável para uma tal preparação, e a forma mais natural dessas enciclopédias sempre será, tal como mostrou Schleiermacher de maneira magistral a partir da teologia, aquela que articula a sua conexão a partir desse fim. Entre essas condições restritivas, aquele que adentra o espaço das ciências humanas encontrará nessas obras uma visão panorâmica sobre grupos particulares primorosos dessas ciências.[12]

As tentativas de, ultrapassando tais realizações, descobrir a articulação conjunta das ciências que possuem a realidade efetiva histórico-social por objeto partiram da filosofia. Na medida em que procuraram deduzir essa conexão de princípios metafísicos, elas se tornaram vítimas do destino de toda metafísica. Bacon já tinha se servido, porém, de um método melhor, uma vez que, com o problema de um conhecimento da realidade efetiva por meio da experiência, ele colocou em ligação as ciências do espírito (ciências humanas) existentes, medindo suas capacidades tanto quanto suas falhas a partir dessa tarefa. Em sua pansofia, Comenius procurou derivar da relação de dependência interna das verdades entre si a ordem gradual, na qual elas precisam aparecer na aula; e, como ele descobriu assim, em contraposição ao conceito falso da formação formal, a ideia fundamental de um sistema educacional futuro (que infelizmente continua sendo ainda hoje futuro), ele preparou uma articulação apropriada entre as ciên-

---

[11] Momsen, *Röm. Staatsrecht I* (Direito civil romano I), p. 3 e segs.
[12] Para que se alcance uma visão panorâmica tão condicionada sobre regiões particulares das ciências humanas, podemos remeter às seguintes enciclopédias: Mohl, *Enzyklopädie der Staatswissenschaften* (Enciclopédia das ciências do estado), Tübingen, 1859. 2. ed. inalterada (3. 1881, edição do título). Cf. quanto a isso a visão geral e o julgamento de outras enciclopédias em sua *Geschichte und Literatur der Staatswissenschaften* (História e literatura das ciências do estado), v. I, p. 111-164. Warnkörnig, *Juristische Enzyklopädie oder organische Darstellung des theologischen Studiums* (Enciclopédia jurídica ou apresentação orgânica do estudo teológico). Primeiramente Berlim, 1810. 2. ed. inalterada de 1830. Böckh, *Enzyklopädie und Methodologie der philologischen Wissenschaften* (Enciclopédia e metodologia das ciências filológicas), organizada por Bratuschek, 1877.

cias por meio do princípio da dependência mútua. Como Comte submeteu à investigação a ligação entre essa relação lógica de dependência, na qual verdades se encontram umas em conexão com as outras, e a relação histórica de sequencialidade na qual elas aparecem, ele criou a base para uma verdadeira filosofia das ciências. A constituição das ciências das realidades efetivas histórico-sociais foi considerada por ele como a meta de seu grande trabalho, e, de fato, sua obra produziu um forte movimento nessa direção; Mill, Littré e Herbert Spencer assumiram o problema das ciências histórico-sociais.[13] Esses trabalhos permitem àquele que adentra as ciências humanas um tipo de visão panorâmica totalmente diverso daquele que é dado pela sistemática dos estudos profissionais. Eles colocam as ciências humanas no contexto do conhecimento, apreendem o problema dessas ciências em toda a sua abrangência e empreendem a solução em uma construção científica que abrange toda a realidade efetiva histórico-social. Não obstante, preenchido pelo ousado prazer construtivo nas ciências, um prazer que hoje impera entre os ingleses e franceses, mas sem o sentimento íntimo da realidade efetiva histórica, que só se forma a partir de uma ocupação de muitos anos com a história em meio à pesquisa particular, esses positivistas não encontraram precisamente aquele ponto de partida para os seus trabalhos, que teria correspondido ao seu princípio da associação das ciências particulares. Teria sido preciso que

---

[13] Uma visão geral dos problemas das ciências humanas segundo a conexão interna, na qual elas se encontram e na qual sua dissolução é capaz de ser coerentemente introduzida, pode ser encontrada em esboço em: Augusto Comte, *Cours de philosophie positive* 1830-1842, do volume 4 ao volume 6. Suas obras mais tardias, que contêm um ponto de vista transformado, não servem a uma tal finalidade. O contraprojeto mais significativo em relação ao sistema das ciências é o de Herbert Spencer. Ao primeiro ataque a Comte em Spencer, um ataque feito em *Essays*, primeiras séries, 1858, seguiu-se a exposição mais exata em: *The classification of the sciences*, 1864 (cf. a defesa de Comte em Littré, *Auguste Comte et la philosophie positive*). A apresentação consumada da articulação das ciências humanas é dada em seguida pelo seu *System der synthetischen Philosophie* (Sistema da filosofia sintética), do qual apareceram pela primeira vez em 1855 os "Princípios da psicologia", que se distinguem desde 1876 (em relação à obra: *Sociologia descritiva*) da parte conclusiva, os "Princípios da ética" (uma parte sobre a qual o próprio Spencer declara que a "considera como a parte para a qual todas as partes anteriores não formam senão a base), tratados em um primeiro volume de 1879 intitulado "Fatos da ética". Ao lado desses esforços pela constituição de uma teoria da realidade histórico-social, é ainda digna de nota a tentativa de John Stuart Mill; ela está contida no sexto livro da *Lógica*, um livro que trata da lógica das ciências humanas ou das ciências morais, e no escrito: Mill, *Auguste Comte and positivism*, 1865.

eles iniciassem os seus trabalhos pela sondagem da arquitetônica descomunal, constantemente ampliada por acréscimos, do edifício das ciências humanas, um edifício que sempre pode ser modificado internamente e que surgiu paulatinamente através de milênios; teria sido preciso que eles se tornassem compreensíveis por meio do aprofundamento no plano construtivo, e, assim, tivessem feito jus ao caráter multifacetado, no qual essas ciências faticamente se desenvolveram. Eles erigiram uma construção emergencial, que não é mais sustentável do que as ousadas especulações de um Schelling e de um Oken sobre a natureza. E foi assim que se chegou ao ponto de as filosofias do espírito alemãs, desenvolvidas a partir de um princípio metafísico, as filosofias de Hegel, de Schleiermacher e do Schelling tardio, utilizarem as conquistas das ciências humanas positivas com um olhar mais profundo do que o fazem os trabalhos desses positivistas.

Outras tentativas de uma articulação abrangente no âmbito das ciências humanas partiram na Alemanha do aprofundamento nas tarefas das ciências do Estado, algo por meio do que surgiu naturalmente uma unilateralidade do ponto de vista.[14]

As ciências humanas não formam um todo dotado de uma constituição lógica, que seria análogo à articulação do conhecimento natural; sua conexão desenvolveu-se de maneira diversa. Assim, precisamos considerar agora como é que ela despontou historicamente.

---

[14] As discussões sobre o conceito de sociedade e a tarefa das ciências sociais constituíram o ponto de partida. Nelas buscou-se um complemento para as ciências do Estado. O impulso foi dado por L. Stein, *Der Sozialismus und Kommunismus des heutigen Frankreichs* (O socialismo e o comunismo da França atual), 2. ed., 1848, e R. Mohl, Tübingen Zeitschrifft für Staatswissenschaft, 1851; esse impulso foi prosseguido em sua *Geschichte und Literatur der Staatswissenschaften* (História e literatura das ciências do Estado), v. I, 1855, p. 67 e segs.: As ciências do Estado e as ciências da sociedade. Nós destacamos duas tentativas de articulação como particularmente notáveis: Stein, *System der Staatswissenschaften* (Sistema das ciências do Estado), 1852, e Schäffle, *Bau und Leben des sozialen Körpers* (Construção e vida do corpo social), 1875 e segs.

V

SEU MATERIAL

O material das ciências humanas é formado pela realidade efetiva histórico-social, na medida em que elas se mantiveram como conhecimento histórico na consciência da humanidade e se tornaram acessíveis como conhecimento social da ciência, um conhecimento que se estende para além do estado atual. Por mais imenso que seja esse material, sua incompletude é de qualquer modo evidente. Interesses que não correspondem de maneira alguma à necessidade da ciência e condições tradicionais que não se encontram em relação nenhuma com essa necessidade determinaram a consistência de nosso conhecimento histórico. A partir do momento em que, reunidos em torno da fogueira, companheiros de raça e guerra passaram a narrar os feitos de seus heróis e a origem divina de sua raça, o forte interesse dos coexistentes elevou e conservou fatos para além do obscuro fluxo da vida humana habitual. O interesse de um tempo posterior e o destino histórico decidiram o que dentre esses fatos deveria chegar até nós. A historiografia, como uma livre arte da apresentação, reúne uma parte singular desse imenso todo, que parece digno do interesse sob um ponto de vista qualquer. A isso alia-se o seguinte: a sociedade de hoje vive, por assim dizer, sobre as camadas e as ruínas do passado; as sedimentações do trabalho cultural na língua e na crença, na ética e no direito, tal como, por outro lado, em transformações materiais que vão além de anotações, contêm uma tradição que, de maneira inestimável, apoia a anotação. A mão do destino histórico também decidiu quanto à sua conservação. Somente em dois pontos há um estado do material que corresponde às exigências da ciência. O transcurso dos movimentos espirituais na Europa moderna conservou-se com uma perfeição suficiente nos escritos que são seus componentes. E para o estreito espaço de tempo e para a estreita esfera de países no interior dos quais os trabalhos da estatística chegaram a ser empregados, esses trabalhos permitem uma visão numericamente fixa dos fatos por eles abarcados da sociedade: eles tornam possível dar uma base exata para o conhecimento do estado atual da sociedade.

A ausência de plasticidade na conexão desse material imensurável tem por consequência esse caráter lacunar, sim, essa ausência não contribuiu pouco para que esse caráter se elevasse. Quando o espírito humano começou a submeter a realidade efetiva aos seus pensamentos, ele se lançou, primeiramente, atraído pela admiração, ao encontro do céu; essa abóbada sobre nós, que parece repousar na curva do horizonte, o ocupou: um todo espacial em si articulado, que envolve o homem constantemente por toda parte. Assim, a orientação no edifício do mundo foi o ponto de partida da pesquisa científica, nos países orientais tanto quanto na Europa. Em sua imensidão, o cosmos dos fatos espirituais não é visível aos olhos, mas apenas ao espírito sintético do pesquisador; ele vem à tona em alguma parte singular, na qual um erudito articula, coloca à prova e constata fatos: ele se constrói, então, no interior do ânimo. Um exame crítico das tradições, da constatação e da reunião dos fatos constitui, por isso, um primeiro trabalho abrangente das ciências humanas. Depois que a filologia desenvolveu uma técnica paradigmaticamente válida junto ao material mais difícil e mais belo da história, a Antiguidade clássica, esse trabalho foi realizado em parte por inúmeros pesquisadores particulares; em parte ele se mostra como um componente de investigações que levam além. O contexto dessa descrição pura da realidade efetiva histórico-social, que tem por meta estabelecer em termos de espaço e tempo, com base na geofísica e apoiada na geografia, a distribuição do elemento espiritual e de suas diferenças sobre a totalidade da Terra, nunca pode alcançar sua plasticidade senão por meio da recondução a claras medidas espaciais, relações numéricas, determinações temporais; e isso por meio dos expedientes da representação geográfica. A mera reunião e exame do material não passam aqui paulatinamente para uma elaboração e articulação pensante desse material.

VI

TRÊS CLASSES DE ENUNCIADOS NAS CIÊNCIAS HUMANAS

As ciências humanas, tal como são e atuam, por força da razão própria à coisa que estava em ação em sua história (não como desejam os ousados arquitetos que querem construí-las novamente), articulam em si três classes de enunciados. Os primeiros deles enunciam algo real, que é dado na percepção; eles contêm o componente histórico do conhecimento. Os outros desenvolvem o comportamento uniforme de conteúdos parciais dessa realidade efetiva, que são isolados por abstração: eles formam o componente teórico. Os últimos expressam juízos de valor e prescrevem regras: neles temos o componente prático das ciências humanas. Fatos, teoremas, juízos de valor e regras: é a partir dessas três classes de proposições que se constituem as ciências humanas. E a ligação entre o direcionamento histórico na concepção, o direcionamento teórico-abstrato e o prático atravessa como uma relação fundamental as ciências humanas. A concepção do singular, do individual, constitui nas ciências humanas (uma vez que elas são a constante refutação do princípio de Espinoza: "*omnis determinatio est negatio*") um fim último tanto quanto o desenvolvimento de uniformidades abstratas. Desde a primeira raiz na consciência até o ápice mais elevado, a conexão entre os juízos de valor e os imperativos é independente da conexão das duas primeiras classes. A ligação entre essas três tarefas umas em relação às outras na consciência pensante só pode ser desenvolvida no curso da análise epistemológica (de maneira mais abrangente: da automeditação). Em todo caso, enunciados sobre a realidade efetiva de juízos de valor e imperativos permanecem distintos mesmo na raiz: assim, surgem dois tipos de proposições que são primariamente diversas. E ao mesmo tempo precisa ser reconhecido que essa diversidade no interior das ciências humanas tem por consequência uma dupla conexão. Pelo modo como elas surgiram, elas contêm, além do conhecimento daquilo que é, a consciência da conexão entre os juízos de valor e imperativos, uma conexão na qual se encontram articulados valores, ideais, regras e o direcionamento para a configuração do futuro. Um juízo político, que rejeita uma instituição, não é nem verdadeiro nem falso, mas correto ou incorreto, na medida em que seu direcionamento e seu fim são avaliados; em contrapartida, verdadeiro ou falso só pode ser um juízo político que discute as relações dessa instituição com outras instituições. Somente na medida em que essa intelecção se torna diretriz para a teoria da proposição, do enunciado e do juízo, surge uma base epistemo-lógica, que não comprime o estado de fato das ciências humanas na estreiteza de um conhecimento de uniformidades segundo uma analogia com as ciências naturais e desse modo o mutila, mas que concebe e fundamenta como elas se desenvolveram.

VII

DISTINÇÃO DAS CIÊNCIAS PARTICULARES ORIUNDAS DA REALIDADE EFETIVA HISTÓRICO-SOCIAL

As metas das ciências humanas de apreender o singular, o individual da realidade efetiva histórico-social, de reconhecer as uniformidades efetivas em sua configuração, de fixar finalidades e regras de sua formação constante, só podem ser alcançadas por meio dos artifícios do pensamento, por meio da análise e da abstração. A expressão abstrata, na qual se deixa de considerar lados determinados do conjunto de fatos enquanto outros são desenvolvidos, não é a finalidade derradeira e exclusiva dessas ciências, mas o seu recurso indispensável. Assim como o conhecimento abstracional não pode dissolver em si a autonomia das outras metas dessas ciências, nem o conhecimento histórico, nem o teórico, nem o desenvolvimento das regras que efetivamente guiam a sociedade podem prescindir desse conhecimento abstracional. A contenda entre a escola histórica e a escola abstrata surgiu no momento em que a escola abstrata cometeu o primeiro erro e a escola histórica o outro. Toda ciência particular só vem à tona por meio do artifício da extração de um conteúdo parcial da realidade efetiva histórico-social. Mesmo a história abstrai-se dos traços na vida do homem particular e da sociedade que, na época a ser por ela apresentada, equivalem àqueles que são iguais a todas as outras épocas; sua visão está voltada para o elemento diferenciador e singular. O historiógrafo particular pode se enganar quanto a esse ponto, uma vez

41

que já emerge de um tal direcionamento do olhar a escolha dos traços em suas fontes; mas quem compara a o seu desempenho real com todo o conjunto de fatos da realidade efetiva histórico-social precisa reconhecê-lo. Daí resulta o princípio importante de que toda ciência do espírito (ciência humana) particular só reconhece a realidade efetiva histórico-social relativamente, conscientemente apreendida em sua relação com as outras ciências do espírito (ciências humanas). A articulação dessas ciências, seu crescimento saudável em sua particularização, está por conseguinte vinculada à intelecção da ligação de cada uma de suas verdades com o todo da realidade efetiva, na qual elas estão contidas, tanto quanto à consciência incessante da abstração, em função da qual essas verdades existem, e do valor de conhecimento limitado que lhes cabe de acordo com o seu caráter abstrato.

Pois bem, é possível imaginar agora quais são as decomposições fundamentais, por força das quais as ciências particulares do espírito (as ciências humanas particulares) procuraram dominar seu objeto descomunal.

VIII

CIÊNCIAS DO HOMEM PARTICULAR COMO O ELEMENTO DESTA REALIDADE EFETIVA

É nas unidades vitais, nos indivíduos psicofísicos, que a análise encontra os elementos a partir dos quais a sociedade e a história se constroem, e o estudo dessas unidades vitais constitui o grupo na maioria das vezes fundamental de ciências do espírito (ciências humanas). Para as ciências naturais, como ponto de partida de suas investigações, está dada a aparência sensível de corpos dotados de diversos tamanhos, que se movimentam no espaço, se estendem e se ampliam, se compactam e diminuem, nos quais acontecem transformações de suas qualidades. Elas só foram se aproximando lentamente de posições mais corretas sobre a constituição da matéria. Há nesse ponto uma relação muito mais propícia entre a realidade efetiva histórico-social e a inteligência. A unidade que se mostra como o elemento vigente no construto muito intrincado da sociedade está imediatamente dada para a inteligência nela mesma, enquanto esse elemento precisa ser descoberto nas ciências naturais. Nas ciências naturais, os sujeitos com os quais o pensamento articula necessariamente as predições por meio das quais todo conhecimento ocorre são elementos que só são conquistados hipoteticamente por meio de uma decomposição da realidade exterior, de uma destruição e de um esfacelamento das coisas. Nas ciências humanas, eles são unidades reais, dadas na experiência interna como fatos. A ciência natural constrói a matéria a partir de partículas elementares pequenas, não mais passíveis de nenhuma existência autônoma, que só permanecem pensáveis como componentes das moléculas; as unidades, que atuam umas sobre as outras no todo maravilhosamente entrelaçado da história e da sociedade, são indivíduos, todos psicofísicos, dos quais cada um é diverso do outro, dos quais cada um é um mundo. O mundo, porém, não é em parte alguma para além justamente da representação de um tal indivíduo. Essa imensidão de um todo psicofísico, no qual está contida finalmente a imensidão da natureza, pode ser elucidada a partir da análise do mundo representacional como o mundo no qual uma visão particular se constrói a partir de sensações e representações; em seguida, contudo, qualquer que seja a profusão de elementos que a constitua, como um elemento entre a ligação e a cisão consciente das representações. E essa singularidade de todo indivíduo como tal, que atua em um ponto qualquer do cosmo espiritual imenso, pode ser perseguida em seus componentes particulares segundo o princípio de que *individuum est ineffabile*, algo por meio do que a singularidade se torna conhecida em toda a sua significação.

A teoria dessas unidades vitais psicofísicas são a antropologia e a psicologia. Seu material é formado por toda a história e experiência de vida, e justamente as chaves oriundas do estudo dos movimentos psíquicos das massas alcançarão nessa teoria uma significação constantemente crescente. A verdadeira psicologia tem em comum com as teorias das quais falaremos em seguida tanto quanto com a história o aproveitamento de toda a riqueza dos fatos que constituem a matéria-prima das ciências humanas. Nesse caso, é preciso insistir que, além das unidades psíquicas que formam o objeto da psicologia, não há absolutamente nenhum fato espiritual para a nossa experiência. Como a psicologia, porém, não encerra em si de maneira alguma todos os fatos que se mostram como objetos das ciências humanas, ou (o que é o mesmo), que tornam possível para nós conceber a experiência de unidades psíquicas, resulta daí que a psicologia só tem por objeto um conteúdo parcial daquilo que ocorre em cada indivíduo particular. Por isso, ela só pode ser isolada da ciência conjunta da realidade efetiva histórico-social por meio de uma abstração e só pode ser desenvolvida em uma relação constante com essa realidade efetiva. Naturalmente, a unidade psicofísica é fechada em si pelo fato de só poder ser considerado meta para ela aquilo que está estabelecido em sua própria vontade, de só poder ser valioso para ela aquilo é dado em seu sentimento e de só poder ser real e verdadeiro para ela aquilo que se comprova como certo, como evidente ante a sua consciência. Mas esse todo assim fechado e certo na autoconsciência de sua unidade só veio à tona, por outro lado, no contexto da realidade efetiva social; sua organização o mostra como sofrendo a ação de fora e reagindo para fora; todo o seu caráter de conteúdo é apenas uma forma particular que entra em cena de modo passageiro em meio ao caráter de conteúdo abrangente do espírito na história e na sociedade; sim, é por força do traço mais elevado de sua essência que ele vive em algo que não é ele mesmo. Portanto, o objeto da psicologia é sempre apenas o indivíduo, que é isolado do contexto vital da realidade efetiva histórico-social, e a psicologia depende da fixação, por meio de um processo de abstração, das propriedades genéricas que seres psíquicos particulares desenvolvem nesse contexto. Ela nem encontra o homem, tal como ele por assim dizer se apresenta *diante* dela, abstraindo-se da ação recíproca na sociedade e na experiência, nem é capaz de descobri-lo; se esse fosse o caso, então a construção das ciências humanas teria se configurado de maneira por vezes mais simples, por vezes mais complexas, dependendo das ciências. Mesmo a esfera totalmente estreita dos traços fundamentais indeterminadamente expressáveis, que tendemos a atribuir ao homem em si e por si, está submetida à contenda não resolvida entre hipóteses que se entrechocam intensamente.

Pode-se recusar aqui, então, imediatamente um procedimento que torna insegura a construção das ciências humanas, na medida em que introduz hipóteses em seus alicerces. A relação das unidades individuais com a sociedade foi tratada construtivamente a partir de duas hipóteses opostas. Desde que o direito natural dos sofistas se contrapôs à concepção platônica do Estado como o homem ampliado, essas duas teorias passaram a se combater, de maneira similar ao que aconteceu com a teoria atomística e a dinâmica, em vista da construção da sociedade. Com certeza, elas se aproximaram uma da outra em sua formação. Todavia, a dissolução da oposição só é possível se o método construtivo que a produziu for abandonado, se as ciências particulares da realidade efetiva social forem concebidas como partes de um procedimento analítico abrangente e as verdades particulares como enunciados sobre conteúdos parciais dessa realidade. No interior desse curso analítico da investigação, a psicologia não pode, tal como acontece por meio da primeira dessas hipóteses, ser desenvolvida como a apresentação de uma dotação inicial de um indivíduo desprendido da linhagem histórica da sociedade. Ora, mas as relações fundamentais da vontade, por exemplo, têm realmente o palco de sua atuação nos indivíduos, mas não no fundamento da explicação. Um tal isolamento, e, então, uma composição mecânica de indivíduos, foi o principal erro da antiga escola do direito natural. A unilateralidade desse direcionamento foi sempre combatida uma vez mais por uma unilateralidade oposta. Ante uma composição mecânica da sociedade, essa unilateralidade oposta projetou fórmulas que expressam a unidade do corpo social e que deveriam satisfazer, com isso, a outra parte do estado de fato. Temos uma tal fórmula na subordinação da relação do indivíduo com o Estado à relação da parte com o todo que é anterior à parte, uma fórmula presente na teoria política de Aristóteles; temos uma outra na realização da ideia do Estado como um organismo animal bem organizado, própria aos publicistas da Idade Média, uma ideia que foi defendida por escritores atuais significativos e desenvolvida mais detalhadamente; e uma outra no conceito de uma alma e de um espírito do povo. Foi somente por meio da oposição histórica que essas tentativas de submeter a unidade dos indivíduos na sociedade a um conceito encontraram uma justificação provisória. À alma do povo falta a unidade da autoconsciência e da atuação que expressamos no conceito de alma. O conceito do organismo substitui um problema dado por um outro, e, em verdade, como já observara J. St. Mill, a solução do problema da sociedade talvez aconteça antes e de maneira mais plena do que a solução do problema do organismo animal. Já agora, porém, podemos mostrar a extraordinária diversidade desses dois tipos de sistemas, nos quais funções que se condicionam mutuamente recorrem a um desempenho conjunto. A relação das unidades psíquicas com a sociedade não pode ser submetida, por conseguinte, a nenhuma construção. Categorias como unidade e multiplicidade, todo e parte, não são utilizáveis em uma construção; mesmo onde a apresentação não pode prescindir delas, não se pode esquecer que elas tiveram a sua origem viva na experiência que o indivíduo faz de si mesmo, que elas não podem encontrar, consequentemente, um esclarecimento em alguma reaplicação junto à vivência que o indivíduo possui de si mesmo na sociedade que seja maior do que aquilo que a experiência está em condições de dizer por si mesma.

O homem como um fato que antecede a história e a sociedade é uma ficção da explicação genética; aquele homem, que a saudável ciência analítica tem como objeto, é o indivíduo como um componente da sociedade. O difícil problema que a psicologia tem de resolver é: o conhecimento analítico das propriedades gerais desse homem.

Assim concebidas, a antropologia e a psicologia formam a base de todo conhecimento da vida histórica, assim como de todas as regras de condução e formação da sociedade. Elas não representam apenas um aprofundamento do homem na consideração de si mesmo. Há sempre um tipo de natureza humana entre o historiógrafo e as suas fontes – fontes a partir das quais ele procura despertar figuras para a vida pulsante; esse tipo não se encontra menos entre o pensador político e a realidade efetiva da sociedade, uma vez que quer projetar para essa sociedade regras de sua formação. A ciência não quer outra coisa senão dar a esse tipo subjetivo correção e fertilidade. Ela quer desenvolver proposições gerais, cujo sujeito é essa unidade individual e cujos predicados são todos os enunciados sobre ela, que podem ser frutificados para a compreensão da sociedade e da história. Essa tarefa da psicologia e da antropologia encerra em si, contudo, uma ampliação de sua amplitude. Para além da investigação até aqui sobre as uniformidades da vida espiritual, ela precisa reconhecer diferenças típicas, submeter à descrição e à análise a imaginação do artista, o elemento natural do homem de ação, completando o estudo das formas da vida espiritual por meio da descrição da realidade de seu transcurso tanto quanto de seu conteúdo. Por meio daí, preenche-se a lacuna que existe nos sistemas até aqui da realidade efetiva histórico-social entre a psicologia, por um lado, e a estética, a ética, as ciências do corpo político assim como a ciência histórica, por outro: um lugar que só foi assumido até aqui pelas generalizações inexatas da experiência de vida, pelas criações dos poetas, pelas exposições dos homens do mundo dotados de caracteres e destinos, verdades gerais indeterminadas, que o historiógrafo entrelaça em sua narrativa.

A psicologia só está em condições de resolver as tarefas de uma tal ciência fundamental, uma vez que ela se mantém nos limites de uma ciência descritiva que constata fatos e uniformidades nos fatos, distinguindo simplesmente de si, em contrapartida, a psicologia explicativa, que procura tornar todo o conjunto da vida espiritual derivável de certas hipóteses. É somente por meio desse procedimento que é possível conquistar para a psicologia explicativa um material exato, constatado sem pressupostos, que permite uma verificação das hipóteses psicológicas. Antes tudo, porém, é só assim que as ciências particulares do espírito obtêm uma fundamentação que é ela mesma sólida. Hoje, por outro lado, até mesmo as melhores apresentações da psicologia se constroem sobre hipóteses.

O resultado para o contexto da presente exposição é o seguinte: a mais simples descoberta que a análise da realidade efetiva histórico-social consegue alcançar se encontra na psicologia. Por conseguinte, a psicologia é a primeira e a mais elementar dentre todas as ciências particulares do espírito (ciências humanas particulares); de acordo com isso, suas verdades formam a base da construção ulterior. Suas verdades, porém, contêm apenas um conteúdo parcial destacado dessa realidade e, por isso, têm por pressuposto a ligação com uma tal realidade efetiva. Consequentemente, é só por meio de uma fundamentação epistemológica que a ligação da ciência psicológica com as outras ciências do espírito (ciências humanas) e com a própria realidade efetiva da qual elas são conteúdos parciais pode ser esclarecida. Para a psicologia mesma, contudo, no contexto das ciências humanas, resulta desse posicionamento o fato de ela precisar se distinguir como ciência descritiva (um conceito que precisa ser mais detidamente desenvolvido no interior da fundamentação) da ciência explicativa que, segundo sua natureza de maneira hipotética, procura submeter os fatos da vida espiritual a suposições simples.

A biografia é uma apresentação de cada unidade de vida psicofísica. A memória da humanidade tem muitas existências individuais dignas de interesse e de preservação. Carlyle disse certa vez sobre a história o seguinte: "Tudo depende de lembrar o que é sábio e de um sábio esquecer." O singular da existência humana acaba mesmo por nos arrebatar, segundo a violência com a qual o indivíduo conquista para si o apreço e o amor de outros indivíduos, de maneira mais intensa do que qualquer outro objeto ou generalização. A posição da biografia no interior da ciência histórica em geral corresponde à posição da antropologia no interior das ciências teóricas da realidade efetiva histórico-social. Por isso, o progresso da antropologia e o conhecimento crescente de sua posição fundamental também propiciam a intelecção de que a apreensão de toda a realidade efetiva de uma existência individual, a descrição de sua natureza em seu meio ambiente histórico, representa um ápice da historiografia, equivalente, por meio da profundidade da tarefa, a toda apresentação histórica configurada a partir de uma matéria-prima mais extensa. A vontade de um homem, em seu transcurso e em seu destino, é aqui apreendida em sua dignidade como fim em si mesmo, e o biógrafo deve olhar o homem *sub specie aeterni*, tal como ele mesmo se sente em momentos em que tudo o que há entre ele e a divindade é véu, roupagem e meio e em que ele se sente tão próximo do céu estrelado quanto qualquer outra parte da Terra. Assim, a biografia apresenta de maneira pura e integral os fatos históricos fundamentais em sua realidade efetiva. E só o historiador, que constrói a história por assim dizer a partir dessas unidades vitais, que procura se aproximar da concepção de linhagens, de associações sociais em geral, de épocas por meio do conceito de tipo e de representação, que encadeia percursos vitais por meio do conceito de gerações, aprenderá a realidade efetiva de um todo histórico; e isso em oposição às abstrações mortas, que na maioria das vezes são retiradas dos arquivos.

 Se a biografia é um recurso importante para o desenvolvimento ulterior de uma verdadeira psicologia real, então ela tem, por outro lado, sua base no estado atual desta ciência. Pode-se designar o verdadeiro procedimento do biógrafo como a aplicação da ciência da antropologia e da psicologia ao problema de tornar viva e compreensível uma unidade vital, seu desenvolvimento e seu destino.

As regras para a condução pessoal da vida constituíram em todos os tempos um outro ramo da literatura; alguns dos mais belos e mais profundos escritos de toda a literatura são dedicados a esse objeto. Se eles devem alcançar, porém, o caráter da ciência, então uma tal aspiração reconduz à autorreflexão sobre a conexão entre nosso conhecimento da realidade efetiva da unidade vital e nossa consciência das relações dos valores entre si que nossa vontade e nosso sentimento encontram na vida.

No limite das ciências da natureza e da psicologia destacou-se uma região de investigações que foi designada por seu primeiro elaborador genial como psicofísica e que se ampliou por meio da ação conjunta de excelentes pesquisadores no projeto de uma psicologia fisiológica. Essa ciência partiu do anseio por constatar da maneira mais exata possível as relações fáticas entre essas duas regiões de fenômenos, sem qualquer consideração da contenda metafísica sobre corpo e alma. O conceito neutro, que permanece na mais extrema abstração aqui pensável, da função em seu significado matemático foi colocado por Fechner na base dessa ciência, e a constatação das dependências existentes e assim apresentáveis em duas direções foi mantida como a sua finalidade. O centro de suas investigações foi formado pela relação funcional entre impulso e sensação. Não obstante, se a ciência quiser preencher completamente a lacuna que subsiste entre fisiologia e psicologia, se ela quiser abranger todos os pontos de contato entre a vida corporal e a vida anímica, produzindo da maneira mais completa e efetiva possível a ligação entre fisiologia e psicologia, então ela se verá obrigada a inserir essa ligação na representação abrangente da conexão causal da realidade efetiva como um todo. E, em verdade, a dependência unilateral de transformações e fatos psíquicos em relação a transformações e fatos fisiológicos constitui o objeto principal de uma tal psicologia fisiológica. Ela desenvolve a dependência da vida espiritual em relação à sua base corporal; ela investiga os limites, no interior dos quais uma tal dependência é comprovável; ela também apresenta em seguida as reações, que partem das transformações espirituais para as transformações corporais. Assim, ela persegue a vida espiritual desde as ligações que imperam entre a capacidade fisiológica dos órgãos sensoriais e o processo psíquico da sensação e da percepção, passa pelas ligações entre a aparição, o desaparecimento e o encadeamento das representações, por um lado, e entre a estrutura e as funções do cérebro, por outro, até chegar àquelas ligações que existem entre o mecanismo reflexo e o sistema motor e, de modo correspondente, entre a formação dos sons, a língua e o movimento regulado.

IX

POSIÇÃO DO CONHECIMENTO EM RELAÇÃO À CONEXÃO DA REALIDADE EFETIVA HISTÓRICO-SOCIAL

Aquela análise que tem por objeto o todo da realidade efetiva histórico-social é distinta dessa análise. Franceses e ingleses esboçaram o conceito de uma ciência conjunta que desenvolve a teoria desse todo e a designaram em seguida como sociologia. De fato, o conhecimento do desenvolvimento da sociedade não pode ser cindido do conhecimento de seu *status* atual. As duas classes de fatos formam um conjunto. O estado atual, no qual a sociedade se encontra, é o resultado do anterior, e ele é ao mesmo tempo a condição para o próximo. O seu *status* verificado no momento atual já pertence no próximo momento à história. Por isso, logo que nos alçamos acima do momento, toda média que apresente o *status* da sociedade em um dado instante precisa ser considerada como um estado histórico. Portanto, o conceito de sociedade pode ser utilizado para designar esse todo se desenvolvendo.[15]

Em comparação com o indivíduo como um objeto de consideração, muito mais enredado e enigmático do que o nosso próprio organismo, do que as suas partes na maioria das vezes enigmáticas, como o cérebro, é essa sociedade, isto é, toda a realidade efetiva histórico-social. A corrente do acontecimento na sociedade flui incessante-

---

[15] O conceito da sociologia ou da ciência social, tal como ele é concebido por Comte e Spencer, entre outros, precisa ser totalmente diverso do conceito que sociedade e ciência social mantiveram junto aos mestres da teoria do Estado alemães, que distinguem no *status* de um tempo dado sociedade e Estado, partindo da necessidade de designar a organização exterior da vida conjunta que constitui o pressuposto e a base do Estado.

mente para frente, enquanto os indivíduos particulares, a partir dos quais essa corrente subsiste, aparecem no palco da vida e desaparecem uma vez mais de tal palco. Assim, o indivíduo se encontra nesse palco como um elemento em uma relação de interação com outros elementos. Ele não construiu esse todo no qual nasceu. Das leis, nas quais indivíduos atuam aqui uns sobre os outros, ele só conhece umas poucas concebidas de maneira indeterminada. Com certeza, trata-se dos mesmos processos que nele, em virtude de uma percepção interna, são conscientes segundo todo o seu conteúdo, e que construíram esse todo fora dele; mas sua complicação é tão grande, as condições da natureza sob as quais eles aparecem são tão múltiplas, os meios da medição e do experimento tão estreitamente limitados, que o conhecimento dessa construção da sociedade foi retido por dificuldades que não parecem quase superáveis. Daí emerge a diversidade entre a nossa relação com a sociedade e a nossa relação com a natureza. Os estados de fato na sociedade nos são compreensíveis por dentro, podemos até certo ponto reconstruí-los em nós, com base na percepção de nossos próprios estados. Além disso, com amor e ódio, com alegria apaixonada, com todo o jogo de nossos afetos, acompanhamos intuitivamente a representação do mundo histórico. A natureza é muda para nós. É somente o poder de nossa imaginação que derrama um brilho de vida e de interioridade sobre ela. Pois, na medida em que somos um sistema de elementos corporais que se encontra em uma ação recíproca com a natureza, nenhuma percepção interna acompanha o jogo dessa ação recíproca. Por isso, a natureza também pode ter para nós a expressão de uma quietude sublime. Essa expressão desapareceria, se percebêssemos nos elementos naturais ou se fôssemos obrigados a representar nesses elementos o mesmo jogo alternante da vida interior, que a sociedade preenche para nós. A natureza nos é estranha. Pois ela é para nós apenas um fora: ela não é nada interior. A sociedade é nosso mundo. Covivenciamos o jogo das ações recíprocas nela, com toda a força de nosso ser, uma vez que percebemos em nós mesmos desde dentro, na mais viva inquietude, os estados e forças, a partir dos quais seu sistema se constrói. Somos obrigados a controlar a imagem de seu estado em juízos de valor sempre móveis, transformando-a ao menos em representação com um impulso volitivo que nunca se aquieta.

Tudo isso marca o estudo da sociedade com certos traços fundamentais, que o distinguem radicalmente do estudo da natureza. As uniformidades que podem ser constatadas no âmbito da sociedade encontram-se, no que diz respeito à quantidade, ao significado e à determinação da concepção, muito aquém das leis que puderam ser produzidas com segurança sobre a natureza com base nas relações espaciais e nas propriedades do movimento. Os movimentos dos astros, não apenas de nosso sistema solar, mas de estrelas cuja luz só encontra nossos olhos depois de muitos anos, podem ser indicados como submetidos à tão simples lei da gravidade e podem ser calculados de antemão em longos períodos de tempo. As ciências da sociedade não conseguem propiciar uma tal satisfação ao entendimento. As dificuldades do conhecimento de uma unidade psíquica particular são multiplicadas pela grande diversidade de caráter e singularidade dessas unidades, pelo modo como elas atuam conjuntamente na sociedade, pela confusão das condições naturais, sob as quais elas são ligadas, pelo somatório das ações recíprocas que se realiza na sequência de muitas gerações e que não permite deduzir da natureza humana tal como nós a conhecemos hoje os estados de tempos mais antigos ou derivar os estados atuais de um tipo genérico de natureza humana. E, contudo, tudo isso é mais do que compensado pelo fato de eu mesmo, que me vivencio e conheço desde dentro, ser um componente desse corpo social e de os outros componentes serem idênticos a mim, sendo por conseguinte igualmente concebíveis para mim em seu interior. Eu compreendo a vida da sociedade. O indivíduo é, por um lado, um elemento nas ações recíprocas da sociedade, um ponto de cruzamento dos diversos sistemas dessas ações recíprocas, reagindo em um direcionamento volitivo e em um agir consciente às influências de tais ações; e ele é ao mesmo tempo a inteligência que investiga e considera tudo isso. O jogo das causas efetivas inanimadas para nós é aqui destacado do jogo das representações, sentimentos e motivos. E a singularidade, a riqueza no jogo da ação recíproca que se abre aqui, é ilimitada. A queda d'água compõe-se a partir de partículas de água homogêneas que se chocam; mas uma única proposição, que não é senão um sopro da boca, é capaz de abalar toda uma sociedade animada em uma parte do mundo por meio de um jogo de motivos em puras unidades individuais: a ação recíproca que aqui entra em cena, a saber, o motivo que emerge na representação, é diversa de todo e qualquer tipo diverso de causa. Outros traços fundamentais distintivos seguem-se a partir daí. A capacidade de apreensão, que atua nas ciências humanas, é todo o homem; grandes realizações nelas não partem da mera força da inteligência, mas antes de uma potência da vida pessoal. Essa atividade espiritual encontra-se, sem qualquer outra finalidade relativa a um conhecimento da conexão total, atraída e satisfeita pelo elemento singular e factual nesse mundo espiritual, e está associada para ela com a apreensão de uma tendência prática no julgamento, no ideal, na regra.

A partir dessas relações fundamentais vem à tona para o indivíduo ante a sociedade um ponto de partida duplo para a sua reflexão. Ele realiza sua atividade nesse todo com consciência, forma regras para ela, busca condições para ela no contexto do mundo espiritual. Por outro lado, contudo, ele se comporta como inteligência intuitiva e gostaria de apreender o todo em seu conhecimento. Assim, as ciências da sociedade partiram, por um lado, da consciência do indivíduo sobre a sua própria atividade e sobre as condições dessa atividade; dessa maneira, desenvolveram-se inicialmente a gramática, a lógica, a estética, a ética e a jurisprudência; e é aqui que está fundamentado o fato de sua posição no conjunto das ciências humanas permanecer em um ponto médio incerto entre a análise e a regulamentação, cujo objeto é a atividade particular do indivíduo, e aquela análise e regulamentação que têm por objeto um sistema social integral. Se, ao menos de início de maneira preponderante, a política também tinha esse interesse, então ele logo se associou nela com o interesse por uma visão panorâmica dos corpos políticos. A historiografia surgiu, então, exclusivamente a partir de uma tal necessidade de uma visão panorâmica livre, intuitiva, mobilizada internamente pelo interesse pela humanidade. No entanto, na medida em que os tipos de profissão no interior da sociedade se subdividiram de maneira cada vez mais plural e em que a formação técnica prévia para essas profissões desenvolveu e abarcou em si cada vez mais teoria, essas técnicas teóricas penetraram cada vez mais profundamente na essência da sociedade a partir de sua necessidade prática; o interesse do conhecimento tranformou-as paulatinamente em ciências reais que, juntamente com seu anseio prático, colaboraram na tarefa de um conhecimento da realidade efetiva histórico-social.

Por conseguinte, o isolamento das ciências particulares da sociedade não se realizou por meio de um artifício do entendimento teórico, que teria procurado resolver o problema do mundo histórico-social por meio de uma decomposição metódica do objeto a ser investigado: a vida mesma levou a termo um tal isolamento. Com a mesma frequência com que se destacou um círculo social efetivo e com que esse círculo produziu uma organização de fatos com os quais a atividade do indivíduo se relacionou, havia condições presentes sob as quais uma teoria pôde surgir. Com isso, o grande processo de diferenciação da sociedade, um processo no qual surgiu a sua construção maravilhosamente entrelaçada, portava em si mesmo as condições e ao mesmo tempo as necessidades, em virtude das quais o reflexo de cada um de seus círculos vitais relativamente autônomo se realizou em uma teoria. E assim apresentou-se por fim até certo grau completamente a sociedade na qual, por assim dizer como a mais poderosa de todas as máquinas, cada uma dessas engrenagens, desses cilindros, trabalha segundo suas propriedades e, contudo, tem sua função no todo, na existência conjunta e na interpenetração de teorias tão múltiplas.

No interior das ciências positivas tampouco se fez valer de início uma necessidade de fixar as relações dessas teorias particulares entre si e delas com o contexto abrangente da realidade efetiva histórico-social, cujos conteúdos parciais elas consideravam separadamente. Mais tarde e singularmente, entraram nessas lacunas a filosofia do espírito, a filosofia da história e a da sociedade, e nós mostraremos as razões pelas quais elas não conquistaram a consistência de ciências que se desenvolvem sempre de maneira segura. Assim, as ciências reais e inteiramente formadas se distinguem particularmente e por simples articulações do pano de fundo amplo do grande fato da realidade efetiva histórico-social. É somente por meio da ligação com esse fato vivo e sua apresentação descritiva, mas não por meio da relação com uma ciência geral, que sua posição é determinada.

X

O ESTUDO CIENTÍFICO. A ARTICULAÇÃO NATURAL DA HUMANIDADE TANTO QUANTO DOS POVOS PARTICULARES

Essa apresentação descritiva, que pode ser designada como investigação histórica e como investigação social em sentido maximamente amplo, abarca em sua conexão os fatos complexos do mundo espiritual; e isso tal como essa conexão é apreendida na arte da historiografia e na estatística do presente. Vimos anteriormente (p. 38) como a mera reunião e inspeção do material em uma multiplicidade colorida de trabalhos se converte paulatinamente em uma elevação contínua própria à elaboração pensante, em ciência. A posição da historiografia nesse contexto, entre a coletânea de fatos e o isolamento em uma teoria particular do que possui entre esses fatos o mesmo modo de ser, foi expressamente destacada em sua significação autônoma. A historiografia mostrou-se para nós como uma arte, porque nela, tal como na fantasia do próprio artista, o universal é intuído no particular – ainda não apartado dele por meio da abstração e representado por si, o que só acontece na teoria. O particular é aqui apenas saciado e configurado pela ideia no espírito do historiógrafo; e onde entra em cena uma generalização, ela só ilumina como um raio os fatos, libertando por um momento o pensamento abstrato. Assim, a generalização também auxilia o poeta, na medida em que suspende por um instante, retirando da impetuosidade, dos sofrimentos e afetos que a impetuosidade apresenta, a alma de seu ouvinte e a projeta em direção à região livre dos pensamentos.

Dessa visão panorâmica genial do historiógrafo, uma visão que se estende sobre a vida múltipla da humanidade, destaca-se agora, porém, uma primeira organização conjunta descritiva daquilo que possui o mesmo modo de ser. Ela se articula naturalmente com a antropologia do homem individual. Se tal antropologia desenvolve esse tipo humano universal, as leis universais da vida das unidades psicológicas, as diferenças entre os tipos individuais que são estabelecidas nessas leis, então a *etnologia* ou a antropologia comparativa prosseguem a partir daqui; seu objeto é formado por similaridades qualitativas de uma abrangência mais estreita, por meio das quais os grupos se delimitam no interior do conjunto e se apresentam como membros particulares da humanidade: a divisão geral da espécie humana e a distribuição da vida espiritual e de suas diferenças na superfície da Terra, uma distribuição que surge sob as condições do todo da Terra. Essa etnologia investiga, portanto, como é que sobre a base do laço familiar e do parentesco, em círculos concêntricos formados por meio do grau de ascendência, a espécie humana é articulada naturalmente, isto é, como entram em todo círculo mais estreito, conjuntamente com o parentesco mais próximo, novas características comuns. A partir da pergunta acerca da unidade da ascendência e do tipo, acerca das mais antigas moradias e das características conjuntas do gênero humano, essa ciência se volta para a delimitação das raças particulares e para a determinação de suas características, para os grupos que cada uma dessas raças reúne em si; com base na geografia, ela desenvolve a distribuição da vida espiritual e de suas diferenças na superfície da Terra; vê-se a corrente da população se difundir, seguindo a direção da mais simples satisfação, tal como a rede de água que se adapta às condições do solo.

O fato e o destino históricos se entrelaçam com essa divisão genealógica e, assim, se formam os *povos*, centros vivos e relativamente autônomos da cultura no contexto social de um tempo, portadores do movimento histórico. Com certeza, o povo tem a sua base no contexto genealógico da natureza, que também pode ser reconhecido corporalmente; mas enquanto povos aparentados mostram um parentesco do tipo corporal que se mantém com uma firmeza espantosa, a sua fisionomia espiritual histórica vai assumindo uma forma que, em todos os âmbitos diversos da vida do povo, se diferencia e se ramifica cada vez mais.

Essa unidade individual da vida, que se anuncia no parentesco de todas as exteriorizações vitais, exteriorizações tais como as de seu direito, de sua língua, de sua interioridade religiosa, é expressa misticamente por meio de conceitos como alma do povo, nação, espírito do povo e organismo. Esses conceitos são tão inúteis para a história quanto o conceito de força vital para a fisiologia. O significado do termo povo só pode ser esclarecido analiticamente (no interior de certos limites) com o auxílio de investigações, que podem ser designadas no contexto metodológico das ciências humanas como teoria de segunda ordem. Essas teorias pressupõem as verdades da antropologia e empregam essas verdades nas ações recíprocas dos indivíduos submetidos às condições da conexão da natureza. Assim, surgem as ciências dos sistemas da cultura e de suas configurações, da organização exterior da sociedade e das associações particulares em seu interior. Entre o indivíduo e o transcurso confuso da história, a ciência encontra em si três grandes classes de objetos que são estudados: a organização externa da sociedade, os sistemas da cultura na sociedade e os povos particulares – estados de fato duradouros entre os quais está aquele que, considerando povos como um todo, é o mais complexo e difícil. Como os três não são senão conteúdos parciais da vida real, nenhum deles pode ser apreendido historicamente ou tratado teoricamente sem a relação com o estudo científico do outro. Não obstante, de uma maneira que corresponde ao grau de confusão, o fato do povo particular só pode ser trabalhado com o auxílio da análise dos dois outros fatos. O que é designado por meio da expressão alma do povo, espírito do povo, nação e cultura nacional só pode ser representado e analisado plasticamente por meio do fato de se conceberem, de início, os diversos lados da vida popular, por exemplo, a língua, a religião e a arte, em sua ação recíproca. Isso nos obriga a dar o próximo passo na análise da realidade efetiva histórico-social.

XI

DISTINÇÃO ENTRE DUAS OUTRAS CLASSES DE CIÊNCIAS

Quem estuda os fenômenos da história e da sociedade depara por toda parte com essencialidades abstratas, coisas do gênero da arte, da ciência, do estado, da sociedade e da religião. Essas essencialidades assemelham-se a névoas concentradas que impedem a visão de penetrar o real e que não podem ser agarradas. Assim como outrora as formas substanciais, os espíritos astrais e as essências se encontravam entre o olho do pesquisador e as leis que vigem sob o átomo e as moléculas, essas essencialidades velam a realidade efetiva da vida histórico-social, a ação recíproca das unidades psicofísicas da vida sob as condições do todo da natureza e sob a divisão genealógica naturalmente inata. Gostaria de ensinar a ver essa realidade efetiva – uma arte que precisa ser exercitada por tanto tempo quanto a arte da intuição de formas espaciais – e a afugentar essa névoa e esses fantasmas. Tal como no caso de um raio solar no mundo físico, no caso da imensa multiplicidade de efeitos pequenos, aparentemente ínfimos, que irradiam de indivíduo para indivíduo por intermédio de processos materiais, também não há a perda de efeito algum. Quem conseguiria, porém, seguir o curso dos efeitos desse raio solar? É somente onde efeitos do mesmo tipo se unificam no mundo social que surgem os fatos que nos falam em uma língua forte e clara. Desses fatos, alguns emergem de uma tensão do mesmo tipo, mas passageira, que tem lugar entre as forças em uma determinada direção ou mesmo por meio da violência singular de uma única força de vontade poderosa que, contudo, só está em condições de produzir grandes efeitos na direção de tais energias acumuladas na história e na sociedade. Assim, irrompem e passam na história abalos violentos e repentinos, tais como revoluções e guerras. Efeitos duradouros surgem desses abalos, uma vez que produzem uma modificação em um construto social constante já presente: assim, a partir da personalidade poderosa de Rousseau, por exemplo, a época do *Sturm und Drang* exerceu um efeito sobre as energias acumuladas na vida do povo alemão e deu à poesia alemã uma outra figura. Justamente esses construtos constantes são o outro fato que vem à tona na realidade efetiva social, mas emergem de relações duradouras entre os indivíduos e foram eles os únicos a encontrar até aqui uma elaboração teórica realmente científica.

Vimos que a base natural da divisão social, uma base que se estende retroativamente até o mais profundo segredo metafísico e que nos mantém juntos a partir daí em um amor genérico, em um amor infantil e em um amor ao solo materno dotado de fortes vínculos obscuros estabelecidos por sentimentos naturais violentos, produz nas relações fundamentais da divisão genealógica e do assentamento a equitipicidade de grupos menores e maiores e da comunidade entre eles; a vida histórica desenvolve essa equitipicidade por força da qual em especial os povos particulares se expõem ao estudo como unidades demarcadas. Para além daí, então, construtos duradouros, objetos da análise social, surgem ou bem quando uma finalidade que se baseia em um elemento da natureza humana e é por isso duradoura coloca atos psíquicos nos indivíduos particulares em uma relação mútua e os articula, assim, com uma conexão final; ou bem quando causas duradouras unificam vontades e fazem com que elas formem uma ligação em um todo, quer essas causas sejam estabelecidas na divisão natural ou nas finalidades que movimentam a natureza humana. Na medida em que concebemos aquele primeiro estado de fato, distinguimos na sociedade os sistemas da cultura; na medida em que consideramos esses sistemas, torna-se visível a organização externa que a humanidade forneceu para si mesma: estados, associações, e, se nos lançarmos mais à frente, a estrutura de vinculações duradouras das vontades, segundo as relações fundamentais de domínio, dependência, propriedade, comunidade, algo que foi recentemente designado em um entendimento mais restrito como sociedade em contraposição ao estado.

Os particulares tomam parte na ação recíproca da vida histórico-social, uma vez que buscam realizar no jogo vivo de suas energias uma multiplicidade de fins. Em função do caráter restrito da existência humana, as necessidades que estão estabelecidas na natureza humana não são satisfeitas pela atividade isolada do particular, mas pela divisão do trabalho humano e pelo decurso da herança das gerações. Isso é possível por meio do fato de a natureza humana possuir o mesmo modo de ser e de a razão contemplativa nessa natureza se encontrar a serviço desses fins. Dessas propriedades emerge a adequação do agir ao produto do trabalho da vida prévia, à colaboração da atividade dos contemporâneos. Assim, as finalidades essenciais da vida do homem atravessam a história e a sociedade.

A ciência empreende, então, segundo o princípio de razão suficiente que reside na base de todo conhecimento, a constatação das dependências existentes no interior de uma tal conexão regida por fins que repousa em um componente da natureza humana e se lança para além do indivíduo, uma conexão entre elementos psíquicos e psicofísicos que constituem a conexão tanto quanto as dependências que têm lugar entre as suas propriedades. Ela determina como um elemento condiciona o outro nessa conexão regida por fins, como o surgimento de uma outra propriedade depende da aparição de uma propriedade nessa conexão. Uma vez que esses elementos são conscientes, eles podem ser em certos limites expressos em palavras. Por issso, essa conexão se reproduz em um todo de proposições. Não obstante, essas proposições são de natureza muito diversa; de acordo com se os elementos psíquicos que estão ligados na conexão final pertencem preponderantemente ao pensar, ao sentir ou à vontade, surgem distintamente verdades, enunciados ligados a sentimentos e regras. E a essa diversidade da natureza das proposições corresponde a diversidade de sua associação, e, consequentemente a diversidade das dependências que a ciência encontra entre elas. Já neste ponto se pode perceber que um dos maiores erros da escola abstrata foi conceber todas essas associações uniformemente como lógicas, e, com isso, dissolver, por fim, todas essas atividades espirituais conformes a fins na razão e no pensamento. Escolho para uma tal conexão regida por fins o termo *sistema*.

As dependências, que subsistem de um tal modo em relação com a conexão final entre elementos psíquicos ou psicofísicos no interior de um sistema particular, existem de início em relação àquelas ligações fundamentais do sistema que lhe são próprias em todos os pontos uniformemente. Tais ligações formam a *teoria geral de um sistema*. No interior do sistema da religião, Schleiermacher apresentou dependências desse tipo maximamente genérico entre o fato do sentimento religioso e os fatos da dogmática e da visão de mundo filosófica, entre o fato desse sentimento e aqueles do culto tanto quanto da bem-aventurança religiosa. A lei tueneniana expressa a relação na qual a distância do mercado, uma vez que influencia o aproveitamento dos produtos do solo, condiciona a intensidade da agricultura. Tais dependências são encontradas naturalmente e apresentadas na ação conjunta da análise do sistema com a conclusão a partir da natureza da ação recíproca dos elementos psíquicos ou psicofísicos, assim como nas condições da natureza e da sociedade, condições sob as quais esses elementos ocorrem. Portanto, há dependências de um espectro mais restrito entre as modificações dessas propriedades gerais de um sistema que formam uma *de suas figuras particulares*. Dessa forma, um dogma no interior de um sistema religioso particular não é dependente dos outros que estão reunidos com ele nesse sistema; sim, a tarefa principal da história dos dogmas e da dogmática, tal como essa tarefa alcançou a consciência clara por meio da análise mais profunda que Schleiermacher empreendeu com vistas à religião, consistirá em colocar nas duas ciências, no lugar de uma relação lógica imputada de dependência, em virtude da qual não surge senão um sistema teórico, o tipo de dependência dos dogmas entre si, que está fundada na natureza da religião, em particular na natureza do cristianismo. E, em verdade, essas ciências dos sistemas culturais baseiam-se em conteúdos psíquicos ou psicofísicos e a esses conteúdos correspondem conceitos, que são especificamente diversos daqueles, que são empregados pela psicologia individual, e podem, comparados com eles, ser designados como *conceitos de segunda ordem* na construção das ciências humanas. Pois a determinação de conteúdo, tal como ela está estabelecida no elemento da natureza humana sobre o qual se baseia a conexão final de um sistema, produz na ação recíproca dos indivíduos sob as condições do todo da natureza, na intensificação histórica, fatos complexos que se distinguem da própria determinação basilar de conteúdo desenvolvida na psicologia e que formam o ponto de sustentação para a análise do sistema. Assim, o conceito de certeza científica em suas diversas figuras, como convicção de realidade efetiva na percepção, como evidência no pensamento e como consciência de necessidade de acordo com o princípio da razão suficiente no conhecimento, domina toda a teoria da ciência. Assim, os conceitos psicofísicos de necessidade, caráter econômico, trabalho, valor, entre outros, formam a base necessária para a análise a ser realizada pela economia política. E como acontece entre os conceitos, também há do mesmo modo (segundo a relação que liga conceitos a proposições) entre as proposições fundamentais dessas ciências e os resultados da antropologia uma relação, segundo a qual elas podem ser designadas como *verdades de segunda ordem* no contexto ascensional das ciências humanas.

Podemos inserir agora um outro elo no contexto da argumentação à qual se dedica a presente análise das ciências particulares do espírito. Os fatos que formam os sistemas culturais só podem ser estudados por intermédio dos fatos que são conhecidos pela análise psicológica. Os conceitos e proposições que constituem a base do conhecimento desses sistemas encontram-se em uma relação de dependência com os conceitos e proposições que são desenvolvidos pela psicologia. Mas essa relação é tão confusa que só uma fundamentação lógica e epistemológica coerente, que parta da posição particular do conhecer para a realidade efetiva histórica, social, poderá preencher a lacuna que até hoje existe entre as ciências particulares das unidades psicofísicas e aquelas da economia política, do direito, da religião entre outras. Essa lacuna é pressentida por todos os pesquisadores. Em parte alguma a doutrina anglo-francesa da ciência, que tampouco vê aqui mais do que uma mera relação da operação dedutiva com a indutiva, e, por isso, acredita resolver sobre o caminho puramente lógico e por meio da investigação da amplitude dessas duas operações a difícil questão, expôs mais claramente o seu caráter infrutífero do que nos extensos debates sobre este ponto. Os pressupostos metodológicos desses debates induzem em erro. A questão não é saber como esses pesquisadores a colocam, se tais ciências são capazes de um desenvolvimento dedutivo, qual estaria então submetida a uma verificação e a um ajuste indutivo às relações complexas da vida factual ou se elas precisariam ser indutivamente desenvolvidas e, em seguida, confirmadas por meio de uma dedução a partir da natureza humana. Essa problemática mesma está fundada na transposição de um esquema abstrato a partir das ciências naturais. Só o estudo do trabalho do conhecimento que se encontra sob as condições da tarefa particular das ciências humanas pode dissolver o problema do nexo aqui existente.

Poder-se-ia imaginar, então, que haveria seres cuja ação recíproca só transcorreria em tal entretecimento de atos psíquicos em um sistema ou em uma pluralidade de sistemas. Pensar-se-iam, com isso, todos os efeitos de tais seres como capazes de interferir em um tal nexo entre fins e se restringiria toda a sua relação entre si a essa capacidade de adequar sua atividade regida por fins a um ou mais de tais nexos. Apesar de cada um desses seres adequar sua ação à ação daquele que se encontra antes dele ou ao seu lado, a fim de erigi-la em conformidade com os fins, cada um deles permaneceria por si e somente a inteligência instauraria um nexo entre eles. Eles contariam uns com os outros, mas não haveria nenhum sentimento vivo de comunidade entre eles; como átomos conscientes, eles realizariam de maneira tão pontual e completa as tarefas de seus nexos entre fins, que não seriam necessárias nenhuma coerção e nenhuma ligação entre eles.

O homem não é um ser de um tal tipo. Há outras propriedades de sua natureza que, na ação recíproca desses átomos psíquicos, acrescentam ainda outras relações constantes àquelas apresentadas. Dentre essas relações, as que nos chamam mais a atenção são designadas por nós como Estado. Por conseguinte, há uma outra perspectiva teórica da vida social, que tem seu ponto central nas ciências do Estado. A violência desregrada de suas paixões tanto quanto a sua necessidade e o seu sentimento interno de comunidade tornam o homem, uma vez que ele é um elemento na estrutura desses sistemas, um elo na *organização exterior* da humanidade. Da estrutura que um conjunto de elementos psíquicos apresenta no todo dos fins de um sistema e da análise desses elementos que investiga as relações em um tal sistema, nós distinguimos a estrutura que surge na união de unidades volitivas e a análise das propriedades da organização exterior da sociedade, dos pontos em comum, das associações, da armação estrutural que emerge em relações de domínio e na ligação externa da vontade.

A base, na qual repousa essa outra forma de relações duradouras em meio à ação recíproca, alcança uma dimensão tão profunda quanto a base que produz o fato dos sistemas. Ela reside inicialmente na propriedade humana, graças à qual ele se mostra como um ser sociável. Com a conexão natural na qual o homem se encontra, com as identidades específicas que assim emergem, com as relações duradouras entre atos psíquicos em um ser humano e atos psíquicos em outros estão ligados sentimentos duradouros de copertinência, não apenas uma representação fria dessas relações. Outras forças que atuam de maneira mais violenta obrigam as vontades a se reunirem em associações: interesse e obrigação. Se esses dois tipos de forças atuarem um ao lado do outro, então a questão litigiosa antiquíssima sobre que parcela tem cada uma delas no surgimento da ligação, do Estado, só pode ser resolvida por meio da análise histórica de cada caso.

A natureza e a abrangência das ciências que assim emergem só são obtidas de maneira mais detalhada a partir da explicitação dos sistemas culturais e de suas ciências. Antes de entrarmos nessas ciências, tiraremos outras duas conclusões no contexto da demonstração que atravessa esta análise das ciências humanas.

Evidentemente, também há nesse âmbito das ciências da organização externa da sociedade a mesma relação em virtude da qual conceitos e sentenças das ciências da cultura se mostraram como dependentes dos conceitos e sentenças da antropologia. Os fatos de segunda ordem que formam aqui a base serão discutidos em um momento posterior, na medida em que só podem ser vistos com clareza suficiente depois de uma análise mais detida dos sistemas da cultura. Mas como quer que venhamos a determiná-los, eles precisam envolver o mesmo problema, cuja existência é uma prova da necessidade de uma ciência que, sob as condições gerais do conhecimento humano, investigue a configuração do processo de conhecimento dirigido para a realidade efetiva histórica e social, apresentando seus limites, seus meios e o nexo entre as verdades. Para avançar, por sua vez, a vontade de conhecimento na humanidade precisa estar vinculada a esse nexo. A lacuna na conexão do pensamento científico tornou-se tão sensível para as ciências do Estado como para as ciências da religião ou da economia política.

Assim, se considerarmos atentamente a relação recíproca entre essas duas classes de ciências, então surgirá aqui para o lógico uma exigência de consciência metodológica acerca da conexão própria ao processo de conhecimento no qual essas ciências particulares surgiram, uma exigência que nos leva mais além. De acordo com a natureza do processo de fragmentação no qual elas se separam, as ciências de uma dessas duas classes só podem ser desenvolvidas na relação constante de suas verdades com as verdades encontradas na outra classe. E no interior de cada uma dessas classes há a mesma relação: se não como é que as verdades da estética poderiam ser desenvolvidas sem ligação com as verdades da moral tanto quanto com as da religião, uma vez que, de qualquer modo, a origem da arte, o fato do ideal, aponta retroativamente para essa conexão viva? Também conhecemos aqui, na medida em que analisamos e desenvolvemos abstratamente o conteúdo parcial; mas a consciência sobre essa conexão e a utilização dessa conexão são a grande requisição metodológica que emerge desse fato. Não se tem o direito de esquecer jamais a relação do conteúdo parcial assim em certa medida extraído com o organismo da realidade efetiva no qual apenas a vida mesma pulsa. Ao contrário, é só a partir dessa relação que o conhecer pode dar a forma exata aos conceitos e sentenças, atribuindo-lhes o seu valor cognitivo apropriado. O erro fundamental da escola abstrata foi deixar de considerar a relação do conteúdo parcial abstraído com o todo vivo e tratar, por fim, essas abstrações como realidades efetivas. O erro complementar, mas não menos fatídico, da escola histórica foi fugir do mundo da abstração a partir do sentimento profundo da realidade efetiva viva, irracionalmente violenta, que ultrapassa todo conhecimento regido pelo princípio de não contradição.

XII

AS CIÊNCIAS DOS SISTEMAS DA CULTURA

A riqueza vital do próprio indivíduo particular que, como elemento da sociedade, é objeto do primeiro grupo de ciências constitui o ponto de partida para a compreensão. Pensemos por um momento essa riqueza vital do indivíduo como incomparável com a riqueza vital de um outro e como impassível de ser transferida para o outro. Nesse caso, esses indivíduos poderiam dominar e subjugar uns aos outros por meio da violência física, mas não possuiriam nenhum conteúdo comum: cada um deles estaria em si mesmo fechado ante todos os outros. De fato, há em todo indivíduo um ponto no qual ele simplesmente não se inscreve em uma tal coordenação de suas atividades com outros. O que a partir desse ponto é condicionado na plenitude vital do indivíduo não imerge em nenhum dos sistemas da vida social. A igualdade dos indivíduos é a condição para que exista uma comunhão de seu conteúdo vital. – Se pensarmos então a vida em cada um desses indivíduos como certamente comparável e transferível, mas simples e indecomponível, a atividade da sociedade formaria, neste caso, um único sistema. Deixemos claras as propriedades mais simples de um tal sistema fundamental. Esse sistema baseia-se inicialmente na ação recíproca dos indivíduos na sociedade, na medida em que essa ação, com base em um elemento da natureza humana comum aos indivíduos, tem por consequência uma interpenetração das atividades na qual esse elemento da natureza humana é satisfeito. Por meio daí distingue-se um tal sistema fundamental de toda organização que guarda em si apenas um sistema de meios para as necessidades da sociedade. Se partirmos da ação recíproca dos indivíduos, então a ação recíproca direta, na qual um indivíduo A estende seu efeito a B C D e acolhe os efeitos deles, se distingue das indiretas, que se baseiam nos efeitos constantes da transformação de B em R Z. Por meio da primeira situação surge um horizonte de ações recíprocas diretas dos indivíduos particulares, e esse horizonte é para eles um horizonte bastante diverso. As ações recíprocas indiretas são muito limitadas na sociedade por conta das condições do mundo exterior que as medeiam. Um tal sistema, assim como ele se baseia nas ações recíprocas diretas e indiretas de indivíduos na sociedade, tem necessariamente as propriedades da elevação e do desenvolvimento. Pois se alia às leis da unidade psíquica da vida, leis essas que condicionam a elevação e o desenvolvimento, a relação fundamental correspondente de suas ações recíprocas, uma relação de acordo com a qual sensações, sentimentos e representações permanecem em sua transposição do indivíduo A para o indivíduo B em A com a sua antiga força, enquanto passam para B. – Se houvesse agora um único sistema como esse, então ele constituiria toda a vida da sociedade; o processo da transferência nele e o seu conteúdo seriam algo uno e simples. Em realidade, a riqueza vital do indivíduo está cindida em percepções e pensamentos, em sentimentos e em atos volitivos. Independentemente, portanto, de que separações e ligações continuam de resto ocorrendo nele, já por meio daí, em virtude da divisão natural da vida psíquica, esse conteúdo vital permite uma diversidade dos sistemas na vida da sociedade.

Esses sistemas persistem, enquanto os indivíduos particulares mesmos aparecem no palco da vida e desaparecem dele uma vez mais. Pois cada indivíduo está fundado em um elemento determinado da pessoa, um elemento que retorna em meio a modificações. A religião, a arte, o direito são imperecíveis, enquanto os indivíduos, nos quais eles vivem, mudam. Assim, em cada geração, fluem novamente para o interior desse sistema fundado a densa interioridade e a riqueza da natureza humana, na medida em que essa interioridade e essa riqueza estão presentes em um elemento da natureza ou se acham em relação com ela. Se mesmo a arte, por exemplo, está fundada na capacidade humana da fantasia, como um elemento particular da natureza humana, então toda a riqueza da natureza humana está presente em suas criações. O sistema, porém, só alcança sua plena realidade efetiva, sua objetividade, por meio do fato de o mundo exterior ter a capacidade de conservar e mediar de uma maneira mais duradoura ou recriadora os efeitos de indivíduos que passam rapidamente. Essa ligação de elementos do mundo exterior configurados valiosamente segundo a finalidade de um tal sistema com as atividades de pessoas vivas, mas passageiras, gera uma duração externa ela mesma independente dos indivíduos, assim como o caráter de objetividade maciça desses sistemas. E dessa forma configura-se cada um desses sistemas como um modo de atividade que se baseia em um elemento da natureza das pessoas, que é multiplamente desenvolvido a partir desse elemento e que satisfaz no todo da sociedade a uma de suas finalidades. Além disso, esse modo de atividade é dotado com aqueles meios produzidos no mundo exterior que duram e se renovam em conjunto com a atividade, meios que servem à finalidade dessa atividade.

O indivíduo singular é um ponto de cruzamento de uma pluralidade de sistemas que se especializam cada vez mais refinadamente no curso do progresso da cultura. Sim, o mesmo ato vital de um indivíduo pode mostrar esse caráter multifacetado. Na medida em que um erudito redige uma obra, o processo da redação pode se mostrar como um elo na ligação de verdades que constituem a ciência. Ao mesmo tempo, esse elo é o elo mais importante do processo econômico que se realiza na compra e venda de exemplares; para além do cumprimento de um contrato, esse elo tem um lado jurídico e pode ser um componente das funções profissionais do erudito no contexto administrativo. Assim, a fixação por escrito de cada letra dessa obra é um componente de todos esses sistemas.

A ciência abstrata coloca a partir daí um ao lado do outro esses sistemas entretecidos na realidade efetiva histórico-social. Se o singular, porém, nasceu em meio a esses sistemas e os encontra por isso contrapostos como uma objetividade que era anterior a ele, que permanece depois dele e que atua sobre ele com seus modos de estabelecimento, então eles se apresentam à imaginação científica como objetividades que se baseiam em si mesmas. Não apenas a ordenação econômica ou a religião, mesmo a ciência se encontra como tal imageticamente diante de nós. A conclusão abrangente que sai da abóbada celeste aparente, do movimento diário e anual do sol, dos movimentos em parte tão amarrados dos astros com o sol, para as reais posições, massas, formas de movimento, velocidades dos corpos no espaço sideral se mostra em seus elos para o homem atual como um estado de fato objetivo, parte do estado de fato mais abrangente da ciência da natureza, totalmente independente das pessoas nas quais se realiza:

um estado de fato com o qual o particular se relaciona como com uma realidade efetiva espiritual.

Na medida em que esses sistemas são submetidos um ao lado do outro à análise, tais investigações só podem ser estabelecidas a partir de uma ligação constante com a outra classe de investigações que têm por seu objeto os pontos em comum e laços no interior do mundo histórico-social. Com vistas a essa ligação vem à tona uma diferença entre os sistemas particulares que é rica em consequências para a constituição dessas ciências. Cada um desses sistemas se desenvolve no interior do todo da realidade efetiva histórico-social. Pois cada um deles é o produto de um elemento da natureza humana, de uma atividade estabelecida nesse elemento que é determinada de maneira mais detida por meio da conexão de fins própria à vida social. Ele é estabelecido sobre essa base comum à sociedade de todos os tempos, ainda que só alcance um desenvolvimento isolado e internamente mais rico em um nível cultural mais elevado. Em um grau mais forte ou mais fraco, porém, esses sistemas se encontram em ligação com a organização exterior da sociedade, e essa relação condiciona sua configuração mais detalhada. Em particular, o estudo dos sistemas nos quais o agir prático da sociedade se decompôs não pode ser cindido do estudo do corpo político, uma vez que sua vontade influencia todas as ações exteriores dos indivíduos que se acham submetidos a ele.

A RELAÇÃO ENTRE OS SISTEMAS DA CULTURA E A ORGANIZAÇÃO EXTERNA DA SOCIEDADE. O DIREITO

O último capítulo foi dedicado à apresentação da diferença entre os sistemas da cultura e a organização externa da sociedade. O capítulo, no qual o leitor ora se encontra e que trata das ciências dos sistemas da cultura, desenvolveu de início o conceito de um sistema da cultura com base nessa apresentação. A partir da concepção da diferença entre os sistemas da cultura e a organização externa da sociedade, nós nos voltamos agora para a concepção das relações entre eles.

Em seu período de maturidade, no qual sua perspectiva científico-natural se ampliou pela primeira vez por meio do progresso em direção à análise do mundo histórico até chegar a um modo de ver o mundo, Goethe, depois da morte de seu amigo Karl August, da solidão de Dornburg (julho de 1828), expressa da seguinte maneira o seu modo de ver o mundo histórico. Ele parte da visualização do castelo e da região abaixo do castelo; assim, surge para ele uma imagem plástica para a verdade abstrata: "de geração para geração, o mundo racional dependeria decididamente de uma ação consequente". Ele sintetiza o modo de ver a realidade efetiva histórico-social que resulta daí na "sentença elevada de um sábio": "o mundo racional precisa ser considerado como um grande indivíduo imortal, que produz incessantemente o necessário e se assenhora por meio daí até mesmo do casual".

Como uma fórmula, essa proposição compreende em si aquilo que a aqui buscada visão panorâmica da realidade efetiva histórico-social e de suas ciências conquistou e ainda conquistará pela via de uma análise paulatina que parte dos indivíduos como elementos da realidade efetiva histórico-social. A ação recíproca dos indivíduos parece casual e desprovida de conexão; nascimento e morte tanto quanto toda a casualidade do destino, as paixões e o egoísmo cego que tanto se espraia no primeiro plano do palco da vida: tudo isso parece confirmar a opinião daqueles que conhecem os homens, daqueles que não veem na sociedade senão o jogo e a resposta ao jogo de interesses dos indivíduos sob a influência do acaso, ou seja, a opinião do historiador pragmático, para quem o transcurso da história também se dissolve no jogo das forças pessoais. Na realidade, porém, *por intermédio dessa ação recíproca dos indivíduos particulares*, de suas paixões, de suas vaidades, de seus interesses, *realiza-se a conexão de fins necessária da história da humanidade*. O historiador pragmático e Hegel não se compreendem mutuamente, uma vez que falam um com o outro como que da terra firme para altitudes aéreas. Cada um dos dois, contudo, possui uma parte da verdade. Pois tudo aquilo que é efetuado pelo homem nessa realidade efetiva histórico-social acontece por intermédio da mola impulsionadora da vontade: na vontade, porém, a finalidade atua como motivo. Esta é sua constituição, este é seu elemento universalmente válido que se lança para além do particular, independentemente da fórmula com a qual a apreendamos, um elemento no qual se baseia a conexão de fins que atravessa a vontade. Nessa conexão de fins, a mobilização habitual dos homens, uma mobilização que só está ocupada consigo mesma, leva a termo o que ela precisa fazer. E a história deixa desaparecer como desprovidas de sucesso até mesmo as ações de seus heróis que não se submetem a essa conexão. Essa grande conexão de fins, porém, dispõe em primeira linha de *dois meios*. O primeiro é a interpenetração correta das ações particulares dos diversos indivíduos, uma interpenetração a partir da qual provêm os sistemas da cultura. O outro é o poder das grandes unidades da vontade na história, que produzem uma ação consequente no interior da sociedade por intermédio das vontades particulares que lhe estão submetidas. Os dois efetivam uma conexão de fins, os dois são uma conexão de fins viva. Mas essa conexão de fins realiza-se no primeiro caso por meio da ação de indivíduos autônomos, mutuamente ajustados em sua ação em virtude da natureza da coisa. No segundo caso, por meio do poder que uma unidade de vontade exerce sobre os indivíduos por ela ligados. Ação livre e regulamentação da atividade, ser-por-si e comunidade encontram-se aqui mutuamente contrapostos. Esses dois grandes estados de fato, contudo, se encontram, como tudo na história viva, em relação um com o outro. A atividade autônoma consequente dos particulares logo configura associações para o fomento de suas metas, logo procura e encontra pontos de apoio na organização presente da sociedade ou é submetida a essa organização mesmo contra a sua vontade. Por toda parte, no entanto, ela está efetivamente sob a condição geral da organização externa da sociedade, que assegura e delimita uma margem de manobra para a ação autônoma e consequente dos indivíduos particulares.

Assim, as relações nas quais se encontram os sistemas da cultura e a organização externa da sociedade na conexão de fins viva do mundo histórico-social remontam a um fato que constitui a condição de toda ação consequente dos indivíduos e no qual os dois, sistemas da cultura e organização externa da sociedade, ainda estão inseparavelmente juntos. Esse fato é o *direito*. Nele, aquilo que se dissocia em sistemas da cultura e organização externa da sociedade encontra-se em uma unidade não separada: assim, o fato do direito esclarece a natureza da separação que ocorre aqui e das múltiplas relações entre os elementos separados.

No fato do direito, como junto à raiz da convivência social do homem, os sistemas da cultura ainda não estão separados da organização externa da sociedade. O traço característico desse estado de fato é que todo e qualquer conceito jurídico contém em si o momento da organização externa da sociedade. Neste ponto esclarece-se uma parcela das dificuldades, que se apresentam àquele que tem por intuito derivar da realidade efetiva do direito um conceito geral do direito. Esclarece-se ao mesmo tempo como se contrapõe à tendência de uma parte dos pesquisadores positivos de destacar um dos dois lados no fato do direito a tendência de uma outra parte, que faz valer o lado desconsiderado pela outra. O direito é uma conexão de fins fundada na consciência do direito como um fato psicológico constantemente atuante. Quem contesta isso cai em contradição com a descoberta real da história do direito, na qual a crença em uma ordem mais elevada, a consciência do direito e o direito positivo se encontram em mútua conexão interna. Ele cai em contradição com a descoberta real da potência viva da consciência do direito, que se lança para além do direito positivo, sim, que se contrapõe a ele. Ele mutila a realidade efetiva do direito (tal como ela aparece, por exemplo, na posição histórica do direito consuetudinário), a fim de poder absorvê-lo em sua esfera representacional. Assim, o espírito sistemático que tem tão pouca consciência nas ciências humanas dos limites de sua realização sacrifica aqui a realidade efetiva plena da exigência abstrata por simplicidade do desenvolvimento de ideias.

Mas essa conexão de fins própria ao direito está orientada por um condicionamento externo das vontades em uma dimensão firme e universalmente válida, por meio da qual as esferas de poder dos indivíduos são determinadas em suas relações recíprocas, em sua relação com o mundo das coisas, assim como em sua relação com a vontade conjunta. O direito só existe nessa função. Mesmo a consciência do direito não é um estado de fato teórico, mas um estado de fato volitivo.

Mesmo visto extrinsecamente, a conexão de fins do direito possui um correlato com o fato da organização externa da sociedade: os dois fatos nunca se dão senão um ao lado do outro, um com o outro; e, em verdade, eles não estão ligados um ao outro como causa e efeito, mas cada um tem o outro como condição de sua existência. Essa relação é uma das formas mais difíceis e mais importantes de ligação causal; ela só pode ser esclarecida em uma fundamentação epistemológica e lógica das ciências humanas; e, assim, insere-se aqui uma vez mais um elo na cadeia de nossa demonstração, que mostra como as ciências positivas do espírito (as ciências humanas positivas), precisamente nos pontos decisivos para a sua configuração científica mais rigorosa, remetem para uma ciência fundamental. Os pesquisadores positivos, que buscam clareza, mas não querem comprá-la ao preço da platitude, acham-se constantemente remetidos a uma tal ciência fundamental. Agora, na medida em que existe essa relação correlativa entre a conexão de fins do direito e a organização externa da sociedade, o direito como conexão de fins na qual a consciência do direito é efetiva tem por pressuposto a vontade conjunta, isto é, a vontade una de todos e o seu domínio sobre uma parte limitada das coisas. O princípio teórico de que a conexão de fins do direito, quando o representamos de maneira hipotética juntamente com a ausência de todo tipo de vontade conjunta, precisaria ter por consequência o surgimento de uma tal vontade conjunta não possui nenhum conteúdo utilizável. Ele enuncia apenas o fato de, na natureza humana, serem efetivas forças e de essas forças estarem em ligação com a conexão de fins que parte da consciência do direito, forças que essa conexão de fins conseguiria concomitantemente capturar, a fim de criar os pressupostos para a sua efetividade. Como essas forças estão presentes, onde há natureza humana, aí também há uma organização externa da sociedade e não se precisa esperar por necessidades de ordenação jurídica. E, de acordo com a duplicidade indicada no fato do direito, uma duplicidade que se estende a todo conceito jurídico, tão verdadeira quanto esse princípio seria o princípio correspondente, que partiria do outro lado no fato do direito. Se pensarmos a organização externa da sociedade, por exemplo, como associação familiar ou como Estado, funcionando sozinha, então ela se apossaria dos elementos da natureza humana que são efetivos na consciência do direito. A associação desenvolveria em si uma ordenação jurídica, ela organizaria nas dimensões firmes e universalmente válidas do direito as esferas de poder daqueles que se lhe acham submetidos uns contra os outros, no que se refere às coisas, em relação com ela mesma.

Portanto, os dois fatos, o fato da conexão de fins no direito e o da organização externa da sociedade, são correlativos. Mas mesmo essa intelecção não esgota a verdadeira natureza de sua conexão. O direito só vem à tona sob a forma de imperativos, por detrás dos quais se encontra uma vontade, que tem o intuito de impô-los. Essa vontade é uma vontade conjunta, isto é, a vontade una de um conjunto; ela possui sua sede na organização externa da sociedade: assim, na comunidade, no Estado, na Igreja. Quanto mais retornamos às condições mais arcaicas da sociedade e nos aproximamos de sua articulação genealógica, tanto mais claramente deparamos com o fato: as esferas de poder dos indivíduos em sua relação recíproca e em sua relação com as coisas estão em conexão com as funções desses indivíduos na sociedade, e, por conseguinte, são reguladas pela organização externa dessa sociedade. A autonomização do direito privado ante as funções dos indivíduos e de seus bens na sociedade designa um estágio tardio, no qual o individualismo crescente determina o desenvolvimento do direito, e ela permanece sempre apenas relativa. Como a vontade conjunta regula assim os direitos dos particulares, levando em conta a sua função no interior da organização que ela domina, a formação do direito tem a sua sede nessa vontade conjunta. De acordo com isso, é também essa vontade conjunta que mantém os imperativos apresentados por ela e que contém obviamente em si o impulso para punir desrespeitos a tais imperativos. E, em verdade, esse impulso existe e ele aspira a se impor, por mais que se ofereçam ou faltem à vontade conjunta órgãos particulares regulares para a formulação e a promulgação tanto quanto para a realização de seus imperativos. Tal como, por exemplo, segundo uma direção, esses órgãos não estão presentes no direito consuetudinário, segundo a outra direção, no direito internacional público, assim como no direito público com vistas aos princípios que dizem respeito ao próprio soberano.

    Assim, na formação do direito, a vontade conjunta portadora do direito e a consciência do direito dos particulares atuam juntas. Esses particulares são e se mantêm como forças vivas formadoras do direito; em sua consciência do direito baseia-se, por um lado, a configuração do direito, do mesmo modo que essa configuração depende, por outro lado, da unidade da vontade que se formou na organização externa da sociedade. Por isso, o direito não possui nem completamente as propriedades de uma função da vontade conjunta nem completamente a função de um sistema da cultura. Ele unifica propriedades essenciais de duas classes de fatos sociais em si.

Para além do direito, o *agir dos particulares* que se encontra mutuamente articulado e no qual um sistema da cultura se forma e as *realizações da vontade conjunta*, que são elos da organização externa da sociedade, se dissociam em um *crescente* processo de separação.

O sistema, que analisa a *economia política*, não manteve em verdade a sua disposição por meio da vontade pública, mas é muito influenciado por toda a articulação da totalidade histórico-social e é significamente codeterminado pelas disposições vindas da vontade pública no interior dos corpos políticos particulares. Assim, sob um ponto de vista, ele se apresenta como objeto de uma teoria geral, como objeto da doutrina da economia, e, sob um outro ponto de vista, como modelo das figuras particulares, das totalidades de economias populares. Dentre essas totalidades, cada uma delas é condicionada por tudo aquilo que influencia todos os membros do povo, assim como pela vontade pública e pela ordem jurídica. O estudo das propriedades gerais do sistema, que provêm do elemento da natureza humana no qual ele está fundado e das condições gerais da natureza e da sociedade sob as quais ele atua, é aqui completado pelo estudo da influência exercida pela organização nacional e pelo efeito regulador da vontade pública.

Na *eticidade*, no âmbito do agir prático, a cultura interior da organização exterior já se destaca da sociedade. Se abandonamos os sistemas nos quais o agir prático da sociedade se decompôs, encontramos essa separação por toda parte. Sob a influência da ramificação da humanidade, das correntes da história, das condições da natureza exterior, *linguagem* e *religião* se desenvolveram e formaram múltiplas totalidades determinadas, no interior das quais o elemento e a finalidade da atuação espiritual que atravessa em sua homogeneidade um sistema e o outro se desdobram em uma pluralidade de figuras particulares em sua disposição. *Arte* e *ciência* são fatos do mundo, que não são retidos por nenhuma barreira dos Estados, dos povos ou das religiões, por mais poderosamente que essas demarcações do cosmo social exerçam um efeito sobre elas e apesar de continuarem ainda hoje exercendo um efeito sobre elas. O sistema da arte tanto quanto o sistema da ciência podem ser desenvolvidos em seus traços fundamentais, sem que seja necessária a introdução da organização externa da sociedade na investigação para o desenvolvimento desses traços fundamentais. Nem as bases da estética, nem as da doutrina da ciência incluem a influência do caráter nacional sobre a arte e a ciência, ou o efeito do Estado e das associações cooperativas sobre elas. A partir da discussão da relação na qual os sistemas da cultura, de cujo conhecimento se trata aqui, se encontram com a organização exterior da sociedade, nós nos voltaremos agora para as propriedades universais das ciências dos sistemas da cultura, assim como para as questões acerca da demarcação da abrangência dessas ciências.

O CONHECIMENTO DOS SISTEMAS DA CULTURA. A DOUTRINA MORAL É UMA CIÊNCIA DE UM SISTEMA DA CULTURA

O conhecimento de um sistema particular realiza-se em uma conexão de operações metodológicas, que são condicionadas pela posição dessa conexão no interior da realidade efetiva histórico-social. Seus expedientes são múltiplos: análise do sistema, comparação entre as figuras particulares que ele abarca em si, aproveitamento das relações nas quais esse campo de investigação se encontra, por um lado, com o conhecimento psicológico das unidades vitais, que são os elementos das ações recíprocas formadoras do sistema, e, por outro, com a conexão histórico-social a partir da qual ele é isolado para a investigação. Mas *o processo de conhecimento mesmo é apenas um*. A insustentabilidade da separação entre uma investigação filosófica e positiva resulta simplesmente do fato de os conceitos, dos quais esses conhecimentos se servem (por exemplo, no direito, a vontade, a imputabilidade etc.; na arte, a imaginação, o ideal etc.), assim como os princípios elementares aos quais eles acedem ou dos quais eles partem (por exemplo, o princípio da economia na economia política, o princípio da metamorfose das representações sob a influência da vida do ânimo na estética, as leis de pensamento na doutrina da ciência), só poderem ser suficientemente constatados com a colaboração da psicologia. Sim, as grandes oposições mesmas, que cindem os pesquisadores positivos com vistas à concepção desses sistemas, só podem encontrar uma solução com o auxílio de uma psicologia verdadeiramente descritiva, porque elas estão concomitantemente fundamentadas na diversidade da imagem típica da natureza humana, que paira diante dos pesquisadores. Posso elucidar esse ponto importante com um exemplo excelente. A derivação da linguagem, dos costumes, do direito a partir da invenção intelectual dominou durante muito tempo até mesmo as ciências positivas desses sistemas; essa teoria psicológica foi substituída pela grandiosa intuição de um espírito do povo que é inconscientemente criador sob o modo do gênio artístico, pela intuição de um crescimento orgânico de suas principais exteriorizações vitais. Essa teoria, suportada pela fórmula metafísica de um mundo do espírito inconscientemente criador, desconheceu, contudo, com a mesma unilateralidade psicológica daquela teoria mais antiga, a diferença entre as criações que se baseiam em uma capacidade elevada da intuição e aquelas que são produzidas pelo trabalho duro do entendimento e pelo cálculo. A primeira teoria atua inconscientemente no desenvolvimento normativo de suas imagens, como já se podia estudar junto aos processos elementares descobertos pela primeira vez por Johannes Müller: a compreensão das configurações no sistema da arte é co-condicionada pelas investigações psicológicas nessa direção.[16] O entendimento, que trabalha com conceitos, fórmulas e instituições, é de outro tipo. Assim, Ihering comprovou que os conceitos e fórmulas do antigo direito romano são o resultado da arte jurídica consciente e intelectivamente formada, do trabalho duro do pensamento jurídico, cujo processo não foi conservado em sua figura fluida originária, mas "objetivado e comprimido em seu espaço mais restrito, isto é, sob a figura de conceitos jurídicos". O método jurídico como o método do entendimento analítico, ante o seu material, as reais relações vitais, é apresentado por Ihering primeiramente a partir da estrutura do processo romano mais antigo e do negócio jurídico, e, em

---

[16] Joh. Müller primeiramente em seu escrito sobre as aparições fantásticas do rosto, Coblenz, 1826. Fiz uma tentativa de esclarecer a imaginação do poeta por meio de uma associação entre o fato histórico e os fatos psicológicos e psicofísicos: Über die Einbildungskraft der Dichter (Sobre a imaginação dos poetas), *Zeitschrift für Völkerpsychologie und Sprachwissenschaft*, v. X, 1878, p. 42-104 (Reelaborado para "Goethe und die dichterische Phantasie" [Goethe e a fantasia poética]. In: *Das Erlebnis und die Dichtung* [A vivência e a poesia], p. 175-267, cf. p. 468, a indicação da reelaboração).

seguida, a partir da estrutura dos conceitos materiais do direito dessa jurisprudência romana mais antiga. Se concebermos esse problema para o sistema do direito de maneira geral e comparativa, então não poderemos prescindir da colaboração da psicologia; e o próprio Iehring, na medida em que avançou de seu espírito do direito romano para a obra sobre a finalidade no direito e comprovou que "a finalidade seria a base de todo o sistema do direito", precisou se decidir a "fazer filosofia em sua área", isto é, a buscar uma fundamentação psicológica.

Esses sistemas particulares e sua conexão na vida da sociedade só podem ser encontrados no contexto das investigações mesmas, em cujo início nos encontramos. Entrementes, esses sistemas se encontram para a nossa consideração como fatos objetivos intuitivos poderosos. O espírito humano os configurou e os transformou em tais sistemas, antes de os ter considerado cientificamente. Há um estágio no desenvolvimento desses sistemas, no qual a reflexão teórica ainda é distinta da ação e da formação práticas. Assim, foi o mesmo entendimento que se dedicou mais tarde à fundamentação e à explicação meramente teórica do direito, da vida econômica, ocupado inicialmente com a configuração desses sistemas. Algumas dentre essas poderosas realidades efetivas (como tais elas aparecem ao menos à imaginação científica), tais como a religião e o direito, se transformaram em sistemas muito abrangentes de ciências.

Até onde vejo, a consideração das áreas do direito e da eticidade só parece poder oferecer dificuldades, se se emprega a concepção aqui apresentada dos sistemas fundamentais da sociedade à existência das ciências positivas do espírito. – Em relação ao direito, essas dificuldades são totalmente diversas do que elas são em relação à eticidade; e nós tentamos resolvê-las na parte precedente. De acordo com o que foi desenvolvido, as ciências do direito só podem ser cindidas das ciências da organização externa da sociedade de uma maneira imperfeita; pois, no direito, o caráter de um sistema da cultura não pode ser separado do sistema de um componente da organização externa, e esse sistema unifica propriedades essenciais das duas classes de fatos sociais em si. – Uma consideração de um tipo totalmente diverso parece vir à tona, quando se concebe a eticidade como um tal sistema, que também possui uma função na vida social, quando se concebe a ética como uma ciência de um tal sistema da cultura. Ela foi apreendida precisamente por alguns pesquisadores muito profundos não como uma tal objetividade, mas como um imperativo da vida pessoal. Mesmo um filósofo com a orientação de um Herbert Spencer cindiu, no plano de sua obra descomunal, a ética, "a teoria sobre a vida reta" como a parte final da obra, da sociologia. Assim, é incontornável considerar essa instância em contraposição à representação que temos diante de nós.

De fato, existe um *sistema da eticidade*, multiplamente nivelado, surgido em um longo desenvolvimento histórico, talhado de maneira em muitos aspectos autônoma, cunhado em uma pluralidade de formas: uma realidade efetiva não menos poderosa e verdadeira do que a religião ou o direito. Costumes, como as regras, como o que retorna, como a forma do constante e geral nas ações, não formam senão a base neutra, que encerra em si tanto a aquisição de uma descoberta conformidade a fins própria ao agir, que quer alcançar a sua meta com a menor resistência possível, quanto a riqueza acumulada de máximas da eticidade, mesmo um lado do direito consuetudinário, segundo o qual ele abarca o modelo de convicções jurídicas comuns, na medida em que elas se manifestam por meio do exercício como poder dominante sobre os indivíduos particulares. Tal como Ulpiano define, afinal, as *mores*: como *tacitus consensus populi, longa consuetudine inveteratus*.[17,18] O costume é demarcado claramente segundo povos e Estados. Em contrapartida, a eticidade forma um sistema ideal único, que só é modificado por meio da diferença de articulações, comunidades, associações. A pesquisa desse sistema ideal realiza-se na ligação de uma automeditação psicológica com a comparação de suas modificações nos diversos povos, para os quais de todos os historiógrafos Jacob Burckhardt mostrou o olhar mais profundo.

Esse sistema da eticidade não consiste em ações dos homens, sim, não pode ser nem mesmo estudado junto a essas ações. Ao contrário, consiste em um determinado grupo de fatos da consciência e naquele componente das ações humanas que é trazido à tona por elas.

---

[17] Ulpiani fragm. Princ. § 4 (Huschke).
[18] Em latim no original: costumes são o acordo tácito do povo que se torna permanente em função da longa prática. (N.T.)

Nós procuramos, de início, apreender esses fatos da consciência em sua completude. O elemento ético está presente em uma forma dupla, e as duas figuras nas quais ele aparece se tornaram pontos de partida para duas escolas unilaterais da moral. Ele está presente como juízo do espectador sobre as ações e como um componente nos motivos, que lhes dão um conteúdo independente do sucesso das ações no mundo exterior (assim segundo a conformidade a fins dessas ações). Trata-se, nas duas figuras, do mesmo. Em uma, ele aparece como força viva na motivação, na outra, como força que reage de fora contra as ações de outros indivíduos em aprovações ou desaprovações imparciais. Esse princípio importante pode ser demonstrado da seguinte maneira. Em todos os casos em que me encontro como agente sob a coação de uma obrigatoriedade moral, essa obrigatoriedade pode ser expressa no mesmo princípio que se encontra na base de meu juízo como espectador. Uma vez que a ética sempre colocou até aqui em sua base uma dessas duas figuras, em Kant e Fichte temos o ético como uma força viva na motivação, nos excepcionais moralistas ingleses e em Herbart como uma força que reage de fora contra as ações de outros: ela perdeu de vista a intelecção universal e totalmente fundamental. Pois a aprovação e a desaprovação do espectador contêm, em verdade, o ético sem ser isolado (uma vantagem inestimável), mas em uma forma esvaecida. Sobretudo a ligação interna do motivo com todo o conteúdo do espírito, tal como essa ligação é trazida com tal violência à luz nas lutas éticas do agente, é aqui totalmente enfraquecida. Por outro lado, onde o ético é transformado em objeto da investigação na própria motivação, a análise é muito difícil. Pois só a conexão entre motivo e ação nos é dada com uma clara consciência; os motivos, contudo, vêm à tona de maneira enigmática. Por isso, o caráter do homem é para o homem mesmo um enigma, que somente o seu modo de agir torna visível parcialmente para ele. A transparência da conexão entre caráter, motivo e ação é própria das figuras do poeta, não da visão característica da vida real, e, assim, mesmo o estético na aparição do homem real reside no fato de, sobre as suas ações, ainda haver um reflexo da alma produtora mais iluminador do que sobre as ações dos outros homens.

Nessa dupla figura, então, a consciência ética atua em um jogo infinitamente ramificado de ações e reações sobre toda a sociedade animada. Correspondendo ao que foi desenvolvido, o elemento mobilizador na consciência pode ser decomposto em duas formas. Ele atua de início diretamente, como formação de uma consciência moral e como regulação das ações, uma regulação que se encontra sob o seu impulso. Tudo aquilo que torna a vida digna de ser vivida para os homens baseia-se no fundamento da consciência moral: pois quem tem o sentimento de sua dignidade e, de maneira contida, considera nos olhos aquilo que pode se transformar não precisa desse fundamento apenas para si mesmo, mas também para aqueles que ama, para poder viver. A outra forma de força psicológica, por meio da qual a consciência ética atua na sociedade, é indireta. A consciência moral, que se forma na sociedade, atua como uma pressão sobre os outros. É justamente aqui que se funda o fato de a eticidade imperar como um sistema sobre a mais ampla esfera da sociedade e submeter a si os motivos mais múltiplos. Tal como escravos, mesmo os motivos mais inferiores servem obrigatoriamente a esse poder do sistema ético. A opinião pública, o juízo dos outros homens, a honra: esses são os fortes laços que mantêm a sociedade coesa, quando a compulsão exercida pelo direito fracassa. E se um homem estivesse mesmo totalmente convencido de que a maioria daqueles que o condenam agiriam totalmente assim como ele mesmo agiu, caso eles conseguissem se subtrair ao julgamento do mundo, mesmo isso não suspenderia o encantamento sob o qual se encontra sua alma. Assim como o predador se acha sob o encanto do olhar de um homem corajoso, o criminoso se encontra sob o encanto dos mil olhos da lei. Se ele quisesse realmente se subtrair a essa massa total da opinião pública ética, então ele só suportaria o peso de seu choque, quando estivesse junto com outros, em uma outra atmosfera de uma opinião pública que o sustenta. Essa violência reguladora da consciência ética conjunta provoca, por outro lado, no começo do desenvolvimento pessoal tanto quanto para aqueles que não sentem de maneira eticamente autônoma, sim, em particular, por fim, mesmo para aqueles que se encontram no ponto mais elevado eticamente, a transposição de resultados conjuntos da cultura ética, que ninguém conseguiria destacar a cada momento da vida dinâmica de maneira totalmente autônoma em suas múltiplas manifestações.

    Assim, forma-se na sociedade um sistema autônomo da eticidade. Ao lado do sistema do direito, que depende da coerção externa, ele regula o agir com uma espécie de coerção interna. E, com isso, a moral não tem o seu lugar nas ciências humanas como mero modelo de imperativos, um modelo que regula a vida do singular, mas seu objeto é um dos grandes sistemas que têm a sua função na vida da sociedade. Os sistemas de meios que se encontram a serviço dos fins diretos da vida social se articulam com a conexão desses sistemas, que realizam de maneira direta fins, os quais estão estabelecidos nos componentes da natureza humana. Um tal sistema de meios é a educação. A partir de necessidades da sociedade surgiram os corpos escolares particulares, como realização de pessoas privadas tanto quanto de associações, a partir de inícios inaparentes: em seguida, eles se diferenciaram, se ligaram uns aos outros e só paulatinamente, só parcialmente, o sistema educacional foi acolhido no contexto da própria administração pública.

Em virtude do ajuste constante de uma atividade particular presente neles às outras atividades tanto quanto em virtude da atividade una com vistas a fins das associações que pertencem a eles, esses sistemas assumem na sociedade um ajuste geral de suas funções e realizações umas às outras, um ajuste que dá à sua ligação interna certas propriedades de um organismo. Os fins da vida humana são forças formadoras da sociedade, e assim como os sistemas se dissociam por meio de sua articulação, esses sistemas formam entre si uma articulação correspondente de uma ordem superior. O último regulador dessa atividade conforme a fins racional na sociedade é o estado.

XIII

AS CIÊNCIAS DA ORGANIZAÇÃO EXTERNA DA SOCIEDADE

AS BASES PSICOLÓGICAS

Um processo de abstração realizado por toda parte de maneira homogênea cinde as outras ciências, cujo objeto é a organização externa da sociedade, dessas ciências que têm por objeto os sistemas da cultura assim como o conteúdo formado nesses sistemas e que os investigam em uma apreensão histórica, em teoria e em regulação. Nas ciências dos sistemas da cultura, os elementos psíquicos são inicialmente apreendidos apenas como ordenados em uma conexão de fins. Há um modo de consideração diverso deste: um modo que considera a organização externa da sociedade e, assim, as relações de comunidade, de vinculação externa, de domínio, de subordinação das vontades na sociedade. A mesma direção da abstração é efetiva, quando a história política é distinta da história da cultura. Em particular as configurações duradouras que vêm à tona na vida da humanidade, com base na articulação dessas configurações nos povos, e que são sobretudo os portadores de seu progresso, transformam-se, sob esse ponto de vista duplo, de relações de elementos psíquicos em diversos indivíduos no interior de uma conexão de fins em um sistema cultural, e de uma vinculação das vontades segundo as relações fundamentais de comunidade e dependência em uma organização externa da sociedade.

Explicitemos esse conceito da organização externa. A *vivência*, *vista* a partir do *sujeito*, é o fato de o sujeito encontrar sua vontade em uma conexão de vinculações externas e de relações de dependência ante pessoas e coisas, em ligações de comunidade. A mesma pessoa individual é ao mesmo tempo membro de uma família, diretora de uma empresa, membro de uma comunidade, cidadã de um Estado, membro em uma associação eclesiástica e, além disso, sócia em uma sociedade baseada na reciprocidade e membro de um partido político. Desse modo, a vontade da pessoa pode estar entrelaçada de uma maneira extremamente múltipla, e ela só atua sobre cada um desses entrelaçamentos por meio da associação na qual se encontra. Esse fato, composto como ele é, tem por consequência a mistura de um sentimento de poder e de uma pressão, de um sentimento comunitário e de um ser-por-si, de uma vinculação externa e de uma liberdade, uma mistura que constitui um componente essencial do sentimento de nós mesmos. *Visto objetivamente*, nós encontramos os indivíduos ligados uns aos outros na sociedade não apenas por meio de uma correspondência de suas atividades, não como seres individuais que repousam em si ou mesmo como seres individuais entregues uns aos outros a partir da profundidade ética e livre de sua essência. Ao contrário, essa sociedade forma um contexto de relações de comunidade e vinculação, nas quais estão inseridas ou por assim dizer coligadas as vontades dos indivíduos. E, em verdade, uma visualização da sociedade nos mostra de início uma quantidade imensurável de relações infimamente pequenas, rapidamente passageiras, nas quais as vontades aparecem como reunidas e em relações de vinculação. Em seguida, emergem relações duradouras desse tipo a partir da vida econômica e dos outros sistemas culturais. Sobretudo, porém, é na família, no Estado e na Igreja, nas corporações e nas instituições que as vontades se reúnem em associações, por meio das quais surge uma unidade parcial entre elas: esses são construtos constantes de duração de vida naturalmente bastante diversa, que persistem, enquanto indivíduos entram e saem, tal como um organismo persiste apesar da entrada e saída de moléculas e átomos a partir dos quais é constituído. Quantas gerações de homens, quantas formas de sociedade, a mais poderosa organização já sustentada até aqui pelo solo desta Terra, a Igreja Católica, não viu surgirem e desaparecerem, desde o tempo em que os escravos entravam furtivamente juntamente com seus senhores nas criptas subterrâneas dos mártires, passando pelo tempo em que o nobre senhor feudal e o servo, e, entre eles, um camponês livre, o membro da corporação de ofício da cidade e o monge estavam unidos em suas poderosas catedrais, até os dias de hoje, quando essa diversidade colorida desapareceu em sua maior parte no Estado moderno! Assim, associações de durações de vida as mais variadas estão entrelaçadas entre si na história. Na medida em que a vida gregária da humanidade liga uma geração à outra em um construto que dura mais do que elas, reúne-se na forma mais firme que assim emerge, de uma maneira mais segura, mais resguardada, como sob uma capa protetora, a aquisição que cresce por meio do trabalho da espécie humana no interior de sistemas culturais. Com isso, a associação é um dos expedientes mais poderosos do progresso histórico. Na medida em que articula os indivíduos presentes com aqueles que vieram antes deles e que virão depois deles, surgem unidades volitivas poderosas, cujo jogo e contrajogo preenche o grande teatro do mundo da história. Nenhuma fantasia pode extinguir o caráter frutífero desse princípio na configuração futura da sociedade. Ah, se a observação humana de um Kant tivesse conseguido deixar de afugentar a imagem onírica de sua alma, a imagem que acresenta ao sentimento de parentesco que a humanidade encerra, à coordenação de nossas atividades e de nossos fins, à unificação locativa sobre esta Terra, como a nossa morada conjunta, também a ligação externa: uma associação que abarcava toda a espécie humana!

Dois fatos psíquicos encontram-se por toda parte na base dessa organização externa da sociedade. De acordo com o dito anteriormente, esses fatos pertencem aos fatos psíquicos de segunda ordem, que são fundamentais para essas ciências teóricas particulares da sociedade. Um deles está presente em todo tipo de *comunidade* e de *consciência de comunidade*. Se o designarmos com a expressão "sentido comunitário" ou "impulso social", então é preciso insistir que, tal como acontece na distinção de capacidades com vistas a fatos psíquicos de primeira ordem, essa é apenas uma expressão sintética para o X que se encontra na base desse fato; esse X pode ter tanto uma pluralidade de fatores quanto uma base una. – O próprio fato, porém, é o seguinte: sempre está associado em algum grau com relações psíquicas muito diversas entre indivíduos, com a consciência de uma origem comum, com o morar junto em um mesmo lugar, com a identidade dos indivíduos, uma identidade que está fundada em tais relações (pois diferença não é um laço comunitário como tal, mas apenas na medida em que permite uma interpenetração dos diversos para uma realização, ainda que essa realização se resuma a um diálogo espirituoso ou a uma impressão refrescante na uniformidade da vida), com a coordenação múltipla por meio das tarefas e fins estabelecidos na vida psíquica, com o fato da união, um sentimento de comunidade, uma vez que esse sentimento não é passível de ser suspenso por meio de um ação psíquica oposta. Assim, com a representação de fins própria a uma ação e com os impulsos ligados a ela em A, impulsos que contam com o processo correspondente coatuante em B e C, está entrelaçado em A um sentimento de copertinência e comunidade: uma solidariedade dos interesses. Nós podemos separar claramente os dois estados de fato psíquicos um do outro, a relação que se acha na sua base e o sentimento de comunidade em virtude do qual essa relação, em certa medida, se reflete na vida sentimental. – A multiplicidade extraordinária, a *finesse* das diferenças na qual esse sentimento tão importante para a vida histórico-social faz vibrar a organização externa da humanidade e a anima com sua intimidade, escarnece em seguida da arte da análise. A análise desse sentimento forma, por isso, um dos problemas fundamentais dessas teorias particulares da sociedade.

Também neste ponto encontra-se a névoa obscurecedora de uma abstração, de um impulso ou de um sentido, que costuma vir à tona como uma essencialidade nas ciências do Estado e da história, entre o observador e a multiplicidade do fenômeno. Carece-se das análises particulares. O quão extraordinário não foi o efeito sobre a ciência teológica daquela análise particular, na qual o célebre quarto discurso de Schleiermacher sobre religião procurou deduzir das propriedades da vida do sentimento religioso a necessidade de uma sociabilidade religiosa e as propriedades da consciência comunitária em sua diferença específica em relação a outras formas desse sentimento universal de comunidade, mostrando, assim, as ligações entre o sistema cultural mais importante e a organização externa que emerge dele. Sua tentativa mostra de maneira particularmente clara, que há aqui inicialmente um aprofundamento na própria vivência, um aprofundamento que corresponde à auto-observação na psicologia individual, e que pode entrar em cena separadamente da investigação comparativa dos fenômenos históricos tanto quanto da análise psicológica, ainda que isso também tenha por consequência naturalmente uma unilateralidade do resultado.

O outro desses fatos psíquicos e psicofísicos fundamentais para a compreensão da organização externa da sociedade é formado por meio da relação de *dominação* e *dependência* entre vontades. Tal como a relação comunitária, mesmo essa relação não é senão relativa; consequentemente, cada associação também é apenas relativa. Mesmo a maior elevação da intensidade de uma relação de poder externa é limitada e pode ser ultrapassada em certas circunstâncias por uma ação contrária. Pode-se mobilizar alguém que apresenta uma resistência de um lugar para o outro; mas só poderemos obrigá-lo a se dirigir para esse lugar se colocarmos em movimento um motivo nele, que atua de maneira mais forte do que os motivos que o determinam a ficar. O elemento quantitativo nessa relação de intensidades, um elemento cujo resultado é a vinculação externa de uma vontade em uma elevação até o ponto em que nenhum motivo reativo tem alguma perspectiva de sucesso, isto é, a compulsão exterior, e o nexo entre essas relações quantitativas com o conceito de uma mecânica da sociedade tornam essa série conceitual uma das séries mais frutíferas na classe das séries designadas por nós como conceitos de segunda ordem. – Na medida em que uma vontade não está atada externamente, nós denominamos seu estado liberdade.

Aqui retomamos as conclusões, que dirigem para a intelecção da constituição da fundamentação das ciências humanas. O que estava diante de nós como suposição era o fato de se encontrarem na base das ciências da organização externa da humanidade conceitos de fatos psíquicos ou psicofísicos e proposições sobre eles, que correspondem àqueles nos quais estão fundadas as ciências dos sistemas da cultura. Sentimento comunitário, sentimento do ser-por-si (um fato para o qual não temos nenhuma palavra), domínio, dependência, liberdade, compulsão: tais são os fatos psíquicos ou psicofísicos de segunda ordem, cujo conhecimento em conceitos e proposições se encontram na base do estudo da organização externa da sociedade. Aqui é de se perguntar, inicialmente, qual é a relação que esses fatos possuem entre si. Será que o sentimento da comunidade, por exemplo, não é dissolvível no sentimento da dependência mútua? Surge em seguida a pergunta sobre em que amplitude a análise desses fatos e sua recondução a fatos psíquicos de primeira ordem seriam possíveis. Assim, concluímos então: na base das duas classes das ciências teóricas da sociedade residem fatos que só podem ser analisados por intermédio dos conceitos e proposições psicológicos. Com isso, o centro de todos os problemas de uma tal fundamentação das ciências humanas é: a possibilidade de um conhecimento das unidades vitais psíquicas e os limites de um tal conhecimento; trata-se, então, da ligação do conhecimento psicológico com os fatos de segunda ordem, por meio dos quais se decide quanto à natureza dessa ciência teórica da sociedade.

Os fatos psíquicos expostos que são relativos à comunidade, por um lado, e ao domínio e à dependência, por outro (incluindo aí, naturalmente, a dependência mútua), fluem como sangue coronariano no mais fino sistema de veias através da organização externa da sociedade. Todas as *relações de associação* são, considerando-se *psicologicamente*, *compostas a partir desses fatos*. E, em verdade, a presença desses sentimentos não está de modo algum sempre articulada com a presença de uma associação. Ao contrário, esses componentes psíquicos e psicofísicos de toda vida associativa estendem-se muito para além dessa vida mesma na sociedade. – Assim, na estruturação surgida naturalmente na sociedade que é determinada inicialmente pela conexão genealógica, na medida em que grandes grupos sempre abarcam os menores segundo as relações fundamentais de proveniência e parentesco, encontramos esses pequenos grupos alinhados segundo o seu parentesco: a modificação integral constatável nos grupos maiores é sempre determinada de maneira mais próxima na abrangência dos grupos menores por meio de novos traços de uma uniformidade mais estreita: e sobre essa base natural, uma ação alternante mais íntima e um determinado grau de consciência da copertinência segundo identidade assim como segundo a lembrança da proveniência liga, então, cada um desses grupos, formando um todo relativo. Mesmo onde eles não encerram em si nenhuma associação, essas comunidades existem. – Com o assentamento surge uma nova estruturação, que é diversa da genealógica, um novo sentimento de comunidade, que é condicionado pela terra natal, pelo solo comum e pela existência de um trabalho comum, e mesmo essa comunidade é independente da existência de uma associação. – O poder histórico de grandes personalidades e a intervenção histórica de grandes ações populares alteram, destroem e articulam de maneira diversa e mais próxima aquilo que, assim, por meio da estruturação natural da conexão genealógica da humanidade tanto quanto do solo sobre o qual essa conexão se propaga, seria dado como a esfera interpenetrante de comunidades. Sobretudo os povos se formaram por meio de um ato histórico-mundial, que rompe a estruturação natural. Mas se eles também conservaram normalmente (não sempre, como mostra o exemplo das pólis gregas ligadas pelo sentimento nacional) o sentimento pleno de copertinência pela síntese na unidade do Estado, essa comunidade nacional, que se reflete como sentimento nacional na vida sentimental dos indivíduos que pertencem ao grupo, consegue sobreviver em muito à existência do Estado, e, assim, aqui também a comunidade não é dependente da existência de uma associação. – Com esses círculos comunitários, que são fundados em uma estruturação genealógica e em assentamento, continuam se cruzando em seguida mais amplamente os pontos em comum e as relações de dependência de um tipo duradouro, que surgem com base nos sistemas culturais da humanidade. A comunhão da língua articula-se com a estruturação genealógica e a vida nacional; familiaridade na naturalidade, na propriedade e na profissão traz à tona a copertinência da posição; a igualdade das relações econômicas de propriedade, da situação social e da formação condicionadas por essas relações liga os indivíduos em uma classe que se sente copertinente e que contrapõe seus interesses àqueles das outras classes; a identidade de convicções e de direções ativas fundamenta partidos políticos e eclesiásticos, dentre os quais nenhum deles inclui em si e por si uma associação. Por outro lado, da conexão de fins nos sistemas surgem relações de dependência, que o Estado também não produz diretamente, mas que se fazem valer nele a partir daqueles sistemas culturais. Sua relação com a violência compulsiva, que parte do próprio Estado, forma um dos problemas centrais de uma mecânica da sociedade. Os dois tipos mais efetivos de dependência desse tipo são aqueles que emergiram da vida econômica e da vida eclesiástica.

Assim, essas duas relações psicológicas fundamentais formam todo o tecido da organização exterior da humanidade. A relação volitiva entre domínio e dependência encontra seus limites na esfera da liberdade exterior; a relação volitiva da comunidade, no fato de um indivíduo só estar aí por si. À guisa de clareza, pode-se destacar expressamente o seguinte: totalmente diverso de todas essas relações volitivas extrínsecas é o processo que emerge das profundezas da liberdade humana, um processo no qual uma vontade sacrifica a si mesma parcial ou totalmente, não se une como vontade com uma outra vontade, mas se entrega parcialmente como vontade. Esse lado em uma ação ou em uma relação as torna uma vontade ética.

A ORGANIZAÇÃO EXTERNA DA SOCIEDADE
COMO ESTADO DE FATO HISTÓRICO

Nós entendemos por uma *associação* uma unidade volitiva duradoura de muitas pessoas fundada sobre um nexo final. Por mais multifacetadamente que as formas de associações tenham se configurado, é próprio de todas elas o seguinte: a unidade nelas vai além da consciência amorfa de uma copertinência e de uma comunidade, assim como da ação recíproca mais íntima abandonada ao processo particular no interior de um grupo. Uma tal unidade volitiva possui uma estrutura: as vontades estão ligadas de uma forma determinada e compõem uma ação conjunta. Entre essas características de toda e qualquer associação existe, porém, uma ligação muito simples. Já o fato de a unidade das vontades entre muitas pessoas estar fundada em um nexo final pode ser interpelado como tautológico. Pois qualquer que seja a influência que a violência possa ter na configuração de uma tal unidade volitiva, a violência é de qualquer modo apenas um modo segundo o qual pode ser realizada a coordenação do conjunto: o braço da violência é colocado em movimento por uma vontade que é dirigida por um fim, e essa vontade retém aquilo que é subjugado, porque ele é um meio para um nexo final produzido por ela. Por isso, Aristóteles tem razão ao dizer no começo de sua *Política* de maneira significativa: πᾶσα κοινωνία ἀγαθοῦ τινὸς ἕνεκα συνέστηκεν. A violência subjuga, mesmo visto historicamente, apenas para inserir os escravizados no nexo final de seu próprio fazer. Um nexo final duradouro, porém, traz à tona uma estrutura no arranjo dos indivíduos que lhe estão submetidos, assim como dos bens dos quais precisa. Com isso, o traço característico da estrutura é uma vez mais condicionado pelo traço característico do nexo final: o nexo final atua como lei de formação para a configuração da associação. Que fato curioso! A ligação entre fim, função e estrutura, que só dirige a investigação no reino do ser orgânico como um expediente hipoteticamente introduzido, é aqui um fato vivenciado, historicamente indicável, acessível à experiência social. E que inversão, portanto, da relação: querer usar o conceito de organismo, tal como ele pode ser constatado nos fatos da natureza orgânica nos quais ele é obscuro e hipotético, como fio condutor para as relações que surgem na sociedade por meio dessa ligação, relações que são vivenciadas e que são elas mesmas claras.

Por isso, é muito mais compreensível quando a pesquisa natural se serve agora da analogia com os fatos sociais todas as vezes em que fala em organismo animal. A única questão é que surge assim o risco de que se introduza suavemente um novo jogo filosófico-natural com a vida na matéria por meio desta linguagem imagética. No que diz respeito a isso, porém, a tarefa das ciências do Estado está claramente prelineada. Como as ciências naturais possuem um padrão intuitivo junto a algo sensível, como elas desenvolveram uma terminologia intuitiva, sim, penetrante, por meio da qual é bastante atrativo preencher as lacunas na terminologia das ciências, é importante constatar expressões claras e propriamente ditas nas ciências humanas, que preencham as lacunas presentes, e, assim, formem um uso linguístico puro e em si consequente, que protege as ciências humanas da mistura linguística com as ciências naturais e exige o desenvolvimento de conceitos mais firmes e mais universalmente válidos na região dos fatos intelectuais também pelo lado da terminologia.

Os limites, que cindem a associação das outras formas de ação conjunta na sociedade, não podem ser constatados conceitualmente de uma maneira inequívoca e, contudo, homogeneamente válida para todas as ordens jurídicas.

A característica da duração só distingue a associação de relações passageiras entre as vontades em um nexo final, em particular no contrato, na medida em que não reside na natureza do contrato em si e por si produzir relações duradouras. Além disso, essa característica é em si indeterminada e se encontra em ligação com a conexão final, cuja natureza influi na duração da união. Assim, porém, essa ligação não viabiliza uma clara demarcação da associação de formas mais provisórias de unificação das vontades. Pois de início nem todo fim produz uma associação. Muitas de nossas exteriorizações vitais, por mais que elas sejam imediatamente conforme a fins, não intervêm de maneira alguma no agir conforme a fins de outras pessoas. Quando esse é o caso, o fim pode ser com frequência alcançado por meio de uma coordenação de atividades particulares de pessoas que atuam umas depois das outras e umas ao lado das outras. Desse modo, reside na essência da criação artística que suas figuras emerjam para o artista a partir da profundidade solitária do ânimo e, então, assumam uma posição determinada no reino das sombras, que preenchem a fantasia da humanidade e tomem um lugar nesse reino tranquilo segundo um nexo final que se lança para uma posição mais elevada do que a do artista. Quando um tal nexo final conta, enfim, com outras pessoas, na maioria das vezes o contrato é suficiente, na medida em que ele produz um acordo sobre um negócio particular ou uma série de negócios. Um movimento progressivo conduz do contrato para a associação, um movimento no interior do qual o corte conceitual é impossível de ser realizado de uma maneira válida na mesma medida para as condições de vida e as ordens jurídicas dos mais diversos níveis culturais. Pois esse limite entre um contrato, que se liga a um único negócio ou a uma série de negócios, e a fundamentação de uma associação é fixado por meio do direito; de acordo com isso, segundo sua natureza, é só juridicamente que ele pode ser expresso de uma maneira inequívoca; e como as ordens jurídicas são diversas, uma construção, por exemplo, que deriva da oposição romana entre *societas* e *universitas* a determinação do ponto, no qual relações contratuais se transformam em relações associativas, é evidentemente inútil para designar o ponto no direito alemão, no qual uma forma qualquer de associação entra em cena.

Assim como o ponto limítrofe, uma divisão das associações também não pode ser fixada em uma concepção conceitual de uma maneira válida para todas as ordens jurídicas.

O conceito que constrói essas demarcações pertence necessariamente como conceito jurídico a uma ordem jurídica particular qualquer. Por isso, é só a função que um tal conceito possui em uma ordem jurídica determinada que pode ser comparada com a função que é atribuída a um conceito correspondente em uma outra ordem jurídica. Assim, a função que é atribuída aos conceitos de *municipium*, *collegium*, *societas publicanorum* na ordem jurídica romana pode ser comparada com a função que os conceitos de comunidade, corporação, sociedade aquisitória possuem no direito alemão. Fatos como a família e o Estado, porém, tal como a fundamentação epistemológica nos mostrará, não podem ser de maneira alguma submetidos a uma construção real por meio dos conceitos. Todo procedimento, que se coloca essa tarefa, compõe um mecanismo. Sempre se renova sob outras formas o erro fundamental do direito natural que, partindo do conhecimento correto de que o direito é um sistema fundado em um componente da natureza humana e, por isso, um sistema que não surgiu do arbítrio do Estado, avança em seguida por si mesmo para uma construção do Estado a partir do direito: um desconhecimento fatídico do outro lado do fato, da originariedade violenta da vida associativa dos homens. O procedimento de uma construção compositiva é bastante frutífero para a derivação das relações jurídicas no interior de um sistema jurídico determinado em seus elementos; mas ele possui aqui os seus limites. Essa grande realidade efetiva histórica só pode ser compreendida como tal, só pode ser compreendida em seu contexto histórico; e sua lei fundamental é: a vida associativa da humanidade não se formou sobre a via da composição, mas se diferenciou e desenvolveu a partir da associação familiar. Retrocedendo a partir dessa articulação da vida associativa, tal como a encontramos nos níveis da organização social externa que são acessíveis para nós o mais próximo possível dos estados primários, todo o nosso conhecimento só consegue intepretar os restos que uma luz projeta sobre o grande *processo histórico* no qual a *organização externa* da sociedade se *diferenciou* a partir da *unidade* vital e poderosa *da associação familiar*, e submeter a um procedimento comparativo a vida associativa, o desenvolvimento associativo nas diversas famílias de povos e povos. A significação extraordinária do desenvolvimento associativo germânico para uma tal investigação comparativa provém do fato de cair aí uma luz histórica suficiente em um nível relativamente primevo do desenvolvimento associativo, que foi determinado para um desdobramento extraordinariamente rico da existência corporativa.[19] No campo da organização externa da humanidade, a lei fundamental abrangente da vida histórica em sua eficácia é ainda mais claramente sensível, uma lei segundo a qual, como mostrarei, mesmo a totalidade da vida interna regida por fins só se diferenciou paulatinamente, transformando-se em sistemas culturais particulares, e segundo a qual esses sistemas culturais só alcançaram paulatinamente a sua plena autonomia e a sua formação particular.

A família é o colo terrível de toda ordem humana, de toda vida associativa: comunidade sacrificial, unidade econômica, associação voltada para a proteção, estabelecida com base no laço natural poderoso de amor e piedade, ela contém aquilo que é a sua função permanente em uma unidade entrelaçada e ainda não diferenciada com o direito, o Estado e a associação religiosa. Todavia, mesmo essa forma mais concentrada de unidade volitiva entre indivíduos que existe no mundo é apenas relativa; os indivíduos, a partir dos quais ela se compõe, não imergem completamente nela: em sua profundeza derradeira, o indivíduo é por si mesmo. Se a concepção que mergulha a liberdade e a ação humanas na vida natural do organismo concebe a famí-

---

[19] Cf. a apresentação de Gierke no primeiro volume de sua obra sobre o direito corporativo alemão (Berlim, 1868).

lia como "célula do tecido social",[20] então, em um tal conceito, logo no começo da ciência da sociedade, o ser-por-si livre do indivíduo já é eliminado na associação familiar; e quem começa com a vida celular da família não pode terminar senão com a configuração socialista da sociedade. Na medida em que, em seguida, as famílias continuam formando as associações oriundas da ordem sexual; na medida em que essa ordem sexual entra nas associações de uma outra estrutura, como a estrutura do assentamento, ou são abarcadas por uma outra associação, a função estatal precisa, de acordo com a função fundamental do Estado de ser poder, algo que torna a soberania seu traço específico, possuir sua sede respectivamente na associação mais ampla possível; assim, a associação familiar e a associação estatal se dissociam. No momento em que os germanos entram na história, já encontramos essa cisão há muito estabelecida, a associação doméstica alemã já tinha se configurado por si. Do tempo em que o clã pode ter outrora articulado a família e a transformado em uma associação autônoma só há restos, e as comunidades populares se mostram como coletividades públicas autônomas. Os estágios que foram percorridos aqui, sem serem percebidos por nenhum observador até que um César ou um Tácito assinalam o que acontecera nas florestas do norte, só estão parcialmente acessíveis nos relatos dos viajantes acerca da vida associativa dos povos naturais. Mas enquanto os restos da mais antiga vida associativa germânica apontam para o fato de que a violência patriarcal (*mundium*), que imperava na associação doméstica, não era constitutiva da associação sexual, encontramos aqui em muitas linhagens uma constituição pautada pelo chefe, uma constituição que surgiu da ordem doméstica patriarcal. Assim, o processo da diferenciação, que produz a organização social externa nas diversas famílias dos povos e nos diversos povos, é distinto logo em seu ponto de partida. Isso faz com que um procedimento comparativo, que se serve das condições de povos naturais para o esclarecimento das nações europeias atuais, estabeleça limites fixos.

---

[20] Schäffle, *Bau und Leben des organischen Körpers I* (Estrutura e vida do corpo orgânico I), p. 213 e segs.

A organização externa da sociedade desenvolve-se, porém, em família, ordem sexual, associação locativa, em cada associação dominante, na Igreja e em outras associações eclesiásticas, nas múltiplas modificações dessas formas, com uma originariedade e imensurabilidade poderosamente naturais, com uma flexibilidade e adaptação, de acordo com as quais cada uma dessas associações alimenta em si uma multiplicidade indeterminada e alternante de fins, deixa sucumbir esse nexo final e assume aquele outro, sim, só deixa que um fim sucumba por hoje, a fim de acolhê-lo em seguida amanhã uma vez mais, e tem a tendência subsidiária de satisfazer toda necessidade comum.

Assim, na vida associativa da humanidade, existe certamente a diferença na maioria das vezes uniformemente radical entre essas associações e as outras, que foram constituídas por meio de um determinado ato de unificação consciente das vontades para um fim estabelecido e delimitado com consciência e que, por isso, pertencem naturalmente a um estágio posterior da vida associativa em cada povo.

Se olharmos para o todo da organização externa, que a humanidade criou assim para si, então a riqueza das formas é imensurável. Em todas essas formas, é a ligação entre fim, função e estrutura que oferece a sua lei de formação e, com isso, os pontos de partida para o método da comparação. E em uma média histórica qualquer, o estágio da vida associativa da humanidade sempre encontra uma associação qualquer na base de quase todo grau de abrangência do nexo final, desde a comunidade de vida da família até a sociedade de asseguramento mútuo contra prejuízos causados por tempestades de granizo: ela encontra quase toda forma de estrutura, desde os Estados despóticos no coração da África até a sociedade anônima moderna, na qual cada participante afirma completamente a sua personalidade particular e só dedica contratualmente uma parte exatamente limitada de seu patrimônio ao fim comum.

A TAREFA DA APRESENTAÇÃO TEÓRICA DA ORGANIZAÇÃO EXTERNA DA SOCIEDADE

A discussão até aqui determinou os fatos psíquicos fundamentais, que se encontram na base de todo o tecido social da organização externa da sociedade por toda parte de maneira uniforme e por toda parte em uma ligação qualquer entre si. Ela circunscreveu em uma visão histórica a vida intelectiva da humanidade, uma vida construída sobre essa base, abdicando de uma delimitação e de uma divisão conceituais dessa vida. A partir daí, podemos agora ao menos visualizar o problema, que reside nesse todo histórico para a teoria. Duas questões são particularmente importantes para o posicionamento e a estruturação das ciências particulares, nas quais se decompõe essa teoria da organização externa da sociedade. Uma delas diz respeito à posição da organização externa, em particular do Estado, em relação ao direito; a outra, à relação do Estado com a sociedade.

Na medida em que tratamos inicialmente da questão acerca da *posição do direito em relação à organização externa da sociedade*, o importante é ligar o produto das discussões até aqui sobre o direito[21] com o conceito desenvolvido a partir daí da organização externa da sociedade.

Como vimos,[22] nem todo fim produz uma associação; muitas de nossas exteriorizações vitais não interferem de maneira alguma nas exteriorizações vitais de outras pessoas formando um nexo final. Onde um tal nexo vem à tona, além disso, ele pode ser alcançado em muitos casos pela mera coordenação de atividades particulares sem o apoio de uma associação. No entanto, há fins que são mais bem alcançados por uma associação ou que só podem ser alcançados por uma associação. Daí resulta a relação que existe entre a atividade vital dos indivíduos, os sistemas da cultura e a organização externa da sociedade. Algumas das exteriorizações vitais não produzem nenhuma conexão duradoura entre as unidades vitais psicofísicas; as outras têm por consequência um tal nexo final e se apresentam consequentemente em um sistema; e, em verdade, a tarefa que é efetiva nelas é realizada em alguns casos pela mera coordenação das pessoas em um nexo final, enquanto em outros casos o cumprimento da tarefa é sustentado pela unidade volitiva da associação.

Nas raízes da existência humana e do nexo social, os sistemas e a organização externa estão tão interpenetrados, que só a diversidade

---

[21] P. 68 e segs.
[22] P. 65 e segs., 69 e 90.

dos modos de consideração os separa. Os interesses mais vitais do homem são a submissão dos meios ou bens que servem à satisfação de suas necessidades às suas vontades e sua transformação de acordo com essas necessidades, mas ao mesmo tempo o asseguramento de sua pessoa e da propriedade que assim surgiu. Aqui está estabelecida a relação entre o direito e o Estado. O corpo do homem pode resistir por muito tempo às intempéries da natureza, mas sua vida e aquilo de que ele necessita para viver são ameaçados de uma hora para outra por seus iguais. Por isso, a consideração da articulação de elementos psíquicos em muitas pessoas sob um nexo final em um sistema é uma abstração. A violência sem regras da paixão não permite ao homem se inserir na ordem de um tal nexo final em uma clara autorrestrição: uma mão forte mantém cada um em seus limites: a associação, que leva a termo essa tarefa, que precisa ser superior, portanto, a todo poder na região sobre a qual se estende a sua mão forte e, por isso, dotada com o atributo da soberania, é o Estado, sem se importar se ele ainda está encerrado em uma unidade familiar ou em uma conjunção dos sexos ou em comunidades, ou se suas funções já se destacaram daquelas de suas associações. O Estado não realiza, por exemplo, por meio de sua unidade volitiva, uma tarefa, que seria realizada pior por meio da coordenação de atividades particulares: ele é a condição de toda coordenação como tal. Essa função da proteção volta-se para fora na defesa dos súditos; para o interior, na exposição e manutenção coercitiva de regras do direito.

De acordo com isso, o direito é uma função da organização externa da sociedade. Ele possui sua sede na vontade conjunta no interior dessa organização. Ele mensura as esferas de poder dos indivíduos na conexão com a tarefa, que eles possuem no interior dessa organização externa de acordo com a sua posição nela. Ele é a condição de todo fazer consequente dos indivíduos nos sistemas da cultura.[23]

Não obstante, o direito possui um outro lado, por meio do qual ele é aparentado com os sistemas da cultura.[24] Ele é um nexo final. Toda vontade traz à tona um tal nexo; com isso é válida mesmo a vontade pública, em cada uma de suas manifestações, por mais que ela cons-

---
[23] P. 69 e segs.
[24] P. 70 e 73.

trua caminhos, organize exércitos ou crie o direito. Mas o nexo final do direito tem propriedades particulares, que fluem a partir da relação da consciência do direito com a ordem jurídica.

O Estado não cria esse nexo por meio de sua pura vontade, nem *in abstracto*, tal como ele retorna uniformemente em todas as ordenações jurídicas, nem como o nexo concreto em uma única ordem jurídica. Segundo esse ponto de vista, o direito não é feito, mas encontrado. Por mais paradoxal que possa soar: essa é a *ideia profunda do direito natural*. A crença de todas a mais antiga, de acordo com a qual a ordem jurídica do Estado particular provém dos deuses, converte-se durante o curso progressivo do pensamento grego no princípio de que uma lei divina do mundo é o fundamento produtor de toda ordem pública e de toda ordem jurídica.[25] Essa é a forma mais antiga da hipótese de um direito natural na Europa. Ela ainda concebia o direito como a base de toda legislação particular positiva. Arquelaos e Hipias vêm à tona como os primeiros teóricos a, em meio às ruínas do direito natural grego mais antigo, colocar a legislação da natureza em oposição às leis positivas do Estado particular e a autonomizar, assim, o direito natural; a significação histórica de Hipias estava no fato de, evidentemente em conexão com seus estudos arqueológicos, ter cindido como direito natural as leis não escritas, que se encontram na mesma medida nos mais diversos povos separados por suas línguas e que, por isso, não podem ser transmitidas de um povo para o outro por meio de recepção, das leis positivas, negando a essas leis imperatividade.[26] Um monumento significativo desse estágio do direito natural é formado

---

[25] Esse estágio do pensamento grego sobre o direito e o Estado ainda está conservado no fragmento de Heráclito: τρέφονται γὰρ πάντες οἱ ἀνθρώπινοι νόμοι ὑπὸ ἑνὸς τοῦ θίου: κρατέει γὰρ τοιοῦτον ἐθέλει καὶ πᾶσι καὶ περιγίγνεται (Stob. Flor. III, 84), assim como nas posições semelhantes de Ésquilo e Píndaro. A posição de Píndaro: κατὰ φύσιν νόμος ὁ πάντων βασιλεύς etc. (fr. XI, 48) é particularmente notável para o desenvolvimento do conceito. Uma posição de Demóstenes, na qual o νόμος é concebido e explicado em sua imperatividade em primeira linha como um εὕρημα καὶ δῶρον θεῶν, em segunda linha como πόλεως συνθήκH κοινή, chegou por meio de Marciano aos Pandectos.

[26] A influência de seus estudos arqueológicos sobre uma tal coletânea comparativa encontro em Clemens Strom. VI, 624. A relação por meio do diálogo entre Hipias e Sócrates (Xenofonte, *Memorabília*, 4,4) é sem dúvida alguma autêntica, mas deslocada e confusa, uma vez que a visão de Hipias tinha sido formada nele no começo do diálogo, como a abertura também o demonstra, algo que fez com que a condução do diálogo precisasse ser representada de maneira correspondentemente diversa.

pelas tragédias de Sófocles, que acolheram essa oposição entre as normas não escritas do direito e a legislação positiva sem dúvida alguma a partir dos debates daquele tempo, mas deram a essa oposição uma expressão clássica. Se o direito natural formava, com isso, a ideia de um nexo final no direito, de acordo com o qual ele se mostrava como um sistema – quer esse sistema fosse concebido como um nexo divino ou natural –, diferenciava-se dele naturalmente aquilo que a vontade da associação tinha acrescentado. Assim, os mestres do direito natural medieval contrapuseram ao sistema natural o direito positivo que emergia da violência da associação.[27]

Um lado da relação entre ciências do direito e ciências políticas baseia-se no fato que o direito natural procura exprimir assim: o lado da autonomia relativa das ciências jurídicas. A consciência do direito atua no processo de surgimento e manutenção da ordem jurídica juntamente com as vontades conjuntas organizadas. Pois se trata de um conteúdo volitivo, cujo poder remonta à profundeza da personalidade e da vivência religiosa.

A concepção do direito natural tornou-se equivocada, na medida em que esse nexo final foi considerado no direito de maneira isolada, sem contato com as suas ligações – em particular com aquelas ligações com a vida econômica tanto quanto com a organização externa da sociedade –, e transposto para uma região para além do desenvolvimento histórico. Assim, abstrações assumiram o lugar das realidades efetivas; a maioria das figuras da ordem jurídica permaneceu inacessível à explicação.

O cerne dessas teorias abstratas só permite uma elaboração científica por meio do método que é comum a todas as ciências da sociedade, a saber, a junção de uma análise histórica com uma psicológica. Neste ponto, é possível chegar a uma outra conclusão na cadeia de ideias que nos reportam à posição das ciências humanas particulares em relação à sua fundamentação. Esse *problema*, que foi colocado pelo *direito natural*, só pode ser *resolvido em conexão com as ciências positivas do direito*. Essas ciências, por sua vez, só podem alcan-

---

[27] Para evitar incompreensões, é preciso observar o seguinte: temos de distinguir totalmente dessa teoria do direito natural a outra teoria, que se desenvolveu na escola negativa dos teóricos da violência dos interesses, cujo principal representante foi, na Antiguidade, Trasímaco e da qual Platão nos legou uma apresentação deveras sistemática.

çar uma consciência clara da posição das abstrações, por meio das quais elas conhecem, em relação à realidade efetiva por intermédio de uma ciência epistemológica fundamental: por intermédio da constatação da relação dos conceitos e proposições dos quais elas se servem com os conceitos e proposições psicológicos e psicofísicos. Daí se segue que não há uma filosofia particular do direito, mas que a tarefa da filosofia do direito precisará caber muito mais ao nexo filosoficamente fundado das ciências humanas positivas. Isso não exclui a possibilidade de que a divisão do trabalho e o funcionamento escolar façam parecer útil que a tarefa da ciência geral do direito seja sempre resolvida uma vez mais sob a forma do direito natural; mas isso determina o nexo metodológico, no qual precisa se encontrar pura e simplesmente a resolução de uma tal tarefa.

E como é que essa ciência geral do direito poderia conhecer o direito senão em seu nexo vital com as vontades conjuntas no interior da organização da sociedade? A amplitude dos fatos oriundos das convicções jurídicas e das emoções psíquicas elementares com elas associadas, do direito consuetudinário, do direito internacional público só pode chegar até o ponto de mostrar a existência de um componente na natureza humana, no qual se baseia o caráter do direito como um fim em si mesmo. Essa demonstração alcançará um complemento importante por meio da discussão histórica das relações dos conceitos e das instituições jurídicas com as ideias religiosas, que vemos nos primórdios apreensíveis de nossa cultura. Mas – este é o outro lado dessa relação entre direito e Estado – nenhuma argumentação pode ter a amplitude necessária para comprovar a existência de um direito de fato independente da organização externa da sociedade. A ordem jurídica é a ordem das finalidades da sociedade, uma ordem que é mantida coercitivamente por meio de sua organização externa. E, em verdade, (p. 96-97), a coerção do Estado forma (a palavra entendida no sentido geral desenvolvido na p. 96) o apoio decisivo para a ordem jurídica; mas vimos que o laço externo das vontades se acha difundido através de toda a sociedade organizada (p. 85 e segs.), e assim se explica o fato de, nessa sociedade, outras vontades conjuntas além do Estado também formarem e conservarem o direito. Todo conceito jurídico contém, portanto, o momento da organização externa da sociedade em si. Por outro lado, cada associação só pode ser construída em con-

99

ceitos jurídicos. Isso é tão verdadeiro quanto o fato de a vida associativa da humanidade não ter surgido da necessidade de uma ordem jurídica e de a vontade pública não ter criado primeiramente a consciência do direito com as suas ordenações jurídicas.

Assim, o outro lado da relação entre ciências jurídicas e ciências políticas torna-se visível: todos os conceitos das ciências jurídicas só podem ser desenvolvidos por meio dos conceitos nas ciências políticas e vice-versa.

As investigações oriundas dos dois lados do direito no interior da ciência geral do direito levam a um problema ainda mais geral, que se lança para além do direito. O nexo final que o direito contém desenvolveu-se, como vimos, historicamente, por intermédio das vontades conjuntas particulares, no trabalho dos povos particulares. A oposição entre o século XVIII, que dissolveu a realidade efetiva histórico-social em um modelo de sistemas naturais, que estavam submetidos aos efeitos do pragmatismo histórico, e a escola histórica do século XIX, que se contrapunha a essa abstração, mas, apesar de seu ponto de vista mais elevado, em consequência da falta de uma filosofia verdadeiramente empírica, não alcançou um conhecimento claro e assim aproveitável da realidade efetiva histórico-social, só pode ser resolvida em uma fundamentação das ciências humanas, que, mesmo ante o empirismo, faça valer o ponto de vista da experiência, da empiria imparcial. A partir de uma tal fundamentação, os problemas que vêm à tona no direito se aproximam de uma solução: questões que cresceram junto com a humanidade, que já ocupavam os espíritos no século V a.C. e continuam dividindo hoje a jurisprudência em diversos acampamentos militares, e outras questões, que pairam hoje entre o espírito do século XVIII e o do século XIX.

Para além dessas raízes da existência humana e da convivência social, os *sistemas* e as *associações divergem*, então, claramente. *A religião*, como um sistema da fé, é em tal grau separável da associação na qual ela habita que um teólogo excepcional e crente da última geração pôde negar a conveniência de associações eclesiásticas para a nossa vida cristã atual. Na *ciência* e na *arte*, porém, a coordenação de atividades particulares autônomas atinge um tal grau de formação que a significação das associações, que se formaram para a realização das finalidades artísticas e científicas, fica bem atrás de sua significação. De maneira correspondente, as ciências que têm esses sistemas por objeto, a estética e a doutrina da ciência, se desenvolvem sem jamais levar em conta tais associações.

Desse modo, uma arte da abstração inconsciente em relação a si mesma cindiu uma da outra essas duas classes de ciências. Ela fez isso, apesar de a preparação do particular, sua atividade nas associações articular naturalmente o estudo do sistema com o estudo da associação.

Do que foi exposto aqui sobre a relação da associação com o sistema emerge, por fim, uma consequência metodologicamente importante no que se refere à *natureza das ciências*, que têm por seu objeto a *organização externa* da humanidade.

Assim como as ciências dos sistemas culturais, as ciências da organização externa da sociedade também não possuem por seu objeto a própria realidade efetiva concreta. Todas as teorias só conseguem apreender conteúdos parciais da realidade efetiva complexa; as teorias da vida histórico-social separam a facticidade imensuravelmente intrincada da qual se aproximam, a fim de penetrar nela. Com isso, a ciência também destaca da realidade efetiva da vida a associação como seu objeto. Um grupo de indivíduos que está ligado em uma associação nunca imerge completamente nessa associação. Na vida moderna, um homem é normalmente membro de muitas associações, que não estão simplesmente coordenadas umas às outras. Mas, mesmo se um homem só pertencesse a uma associação, toda a sua essência não se imiscuiria nela. Se pensarmos na mais antiga associação familiar, então teremos diante de nós o corpo social elementar, a forma mais concentrada de unidade da vontade que é pensável entre os homens. E, contudo, a unificação das vontades não é senão relativa; os indivíduos, a partir dos quais elas se compõem, não imergem completamente nessa unificação como em sua unidade. Aquilo que involuntariamente concebemos de maneira delimitadora em termos de espaço como país, povo e Estado e assim representamos pelos nomes Alemanha ou França não é o Estado, não é o objeto das ciências políticas. Por mais profundamente que a mão forte do Estado atue na unidade da vida do indivíduo, arrastando-o para si, o Estado só liga e submete os indivíduos parcialmente, só de maneira relativa: há algo neles que só está nas mãos de Deus. Por mais que as ciências políticas encerrem as condições da unidade da vontade, diretamente, elas só tratam de um fato parcial apresentável apenas de maneira abstrata e deixam para trás um resíduo da realidade efetiva, que é formada pelos homens que vivem em um território, dotado de uma grande significação. A própria violência do Estado abarca apenas uma quantidade determinada submetida à finalidade pública pelo conjunto da força popular, uma força que precisa ser naturalmente maior do que qualquer outra força em seu território, mas que só recebe a preponderância do poder que lhe é necessário por meio de sua organização e por meio da ação conjunta de motivos psicológicos.[28]

No interior da organização externa, *a sociedade* foi recentemente *distinta* do *Estado* (a palavra concebida em um sentido mais restrito).

Desde que surgiu na Europa, o estudo da organização externa da sociedade possui o seu centro na *ciência política*. No crepúsculo da vida das pólis gregas, vêm à tona os dois grandes teóricos do Estado que estabeleceram o fundamento dessa ciência. Com certeza, ainda existiam outrora os *phyleí*[29] e as *phrátrias*, por um lado, e os *demos*, por outro, como os restos das antigas ordenações entre os sexos e as comunidades. Além disso, eles possuíam uma personalidade jurídica e uma capacidade, e, ao seu lado, existiam também corporações livres. No direito positivo de Atenas, contudo, não parece[30] ter existido nenhuma diferença entre a resolução de uma corporação e a recusa de um empreendimento conjunto da ação. Toda a vida associativa foi concebida sob o conceito geral de κοινωνία[31] e não tinha sido desenvolvida uma distinção como a romana entre *universitas* e *societas*.

---

[28] Essa concepção que parte da abstração levada a termo no conceito de Estado encontra-se em sintonia com a definição conceitual de Mohl, oriunda de uma empiria refletida, tal como lhe era próprio: "O Estado é um organismo permanentemente uniforme formado a partir daquelas *instalações* que, dirigidas por uma *vontade conjunta*, assim como mantidas e levadas a termo por uma *força conjunta*, possuem a tarefa de fomentar as respectivas finalidades de vida permitidas de um povo determinado e espacialmente demarcado e sobretudo do particular até a sociedade, na medida em que essas finalidades não podem ser satisfeitas pelos concernidos com suas próprias forças e na medida em que eles são objeto de um carecimento conjunto." Segue-se dessa necessidade o fato de as ciências políticas só poderem conceber o conteúdo parcial da realidade, que elas têm por objeto, em referência a essa realidade.
[29] Do grego *phylé*, que significa "gênero", "espécie". Designa-se com ele uma antiga forma de associação entre os gregos, uma subdivisão no interior de uma estirpe ou de um Estado. (N.T.)
[30] Cf. a lei atribuída a Sólon Corp. Jur. 1.4 Dig. De coll. 47,22.
[31] Consonância. (N.T.)

Por isso, Aristóteles não formula senão o resultado do desenvolvimento da associação grega, ao partir do conceito de κοινωνία em sua *Política* e desenvolver a relação genética, que leva da associação familiar para a associação na aldeia (κώμη), da associação na aldeia para a cidade-estado (πόλις), fazendo em seguida, porém, com que a associação na aldeia, como um estágio que não possui senão um interesse histórico em sua teoria política, desaparecesse, e não atribuindo nenhum lugar em seu Estado para as corporações livres. Mas toda vida associativa tinha mesmo sucumbido na vida grega sob a forma de domínio da cidade-estado! – Desenvolveram-se, então, outros componentes de uma teoria da organização externa da sociedade na ciência jurídica, na ciência eclesiástica: em pleno dia da história vemos crescer a maior associação produzida pela Europa, a Igreja Católica, e exprimir sua natureza em fórmulas teóricas, criando para si a partir dessa natureza sua ordem jurídica.

Depois da Revolução Francesa, quando os aparatos inibidores que tinham existido em sua organização externa mais antiga entre as paixões fortes das classes trabalhadoras e o Poder Público que mantém a organização das propriedades e do direito tinham, por assim dizer, desaparecido em sua maior parte e quando o crescimento rápido da indústria e das ligações estabelecidas pelos meios de transporte contrapôs ao poder do Estado uma massa diariamente crescente de trabalhadores, ligados por uma comunidade de interesses para além dos limites dos Estados particulares e cada vez mais claramente conscientes de seus interesses por meio do progresso do esclarecimento, a sociedade europeia deparou com um fenômeno totalmente novo. Da apreensão desse novo fato emergiu a tentativa de uma nova teoria, a tentativa da *ciência social*. Na França, a sociologia significou a realização da gigantesca ideia visionária que consistia em deduzir da ligação de todas as verdades encontradas pela sociedade o conhecimento da natureza verdadeira da sociedade e esboçar, com base nesse conhecimento, uma nova organização externa da sociedade que correspondesse aos fatos dominantes da ciência e da indústria, dirigindo por intermédio desse conhecimento a nova sociedade. Foi nesse sentido que, durante as violentas crises na virada do século XVIII para o século XIX, o conde Saint-Simon desenvolveu o conceito de sociologia. Com uma persistência consequente, seu aluno Comte dedicou o trabalho penoso de toda uma vida à construção sistemática dessa ciência.

Em reação a esses trabalhos e sob a influência da mesma conjuntura social, surgiram na Alemanha o conceito e a tentativa de uma teoria da sociedade.[32] Em um sentido saudável, cientificamente positivo, essa teoria não procurou substituir as ciências políticas por meio de uma totalidade de dimensões descomunais: ela queria complementá-las. O caráter insuficiente do conceito abstrato de Estado, desde as primeiras visões de Schlözer, ganhou cada vez mais a consciência dos homens por meio da escola histórica. Por meio de seus trabalhos, a escola histórica viu com uma profundidade totalmente nova o fato do povo. Hegel, Herbart e Krause atuaram na mesma direção. É incontestável que, progredindo da vida particular dos indivíduos para o Poder Público, encontramos entre os dois um amplo campo de fatos, que contêm relações duradouras desses indivíduos entre si e o mundo dos bens. Os indivíduos não se acham contrapostos ao Poder Público como átomos isolados, mas como um conjunto. No sentido de nossas exposições até aqui, será preciso reconhecer de mais a mais que, sobre a base da associação familiar e do assentamento, na interpenetração das atividades da vida cultural em suas relações com os bens, surge uma organização que o Estado desde o princípio suporta e possibilita, mas que não se encontra totalmente articulada, tal como ela é, com o contexto da violência pública. As expressões "povo" e "sociedade" possuem uma relação evidente com esse fato.

A pergunta acerca do direito à existência de uma ciência social particular não é a pergunta sobre a existência desse fato, mas sobre a conveniência de torná-lo objeto de uma ciência particular. – Em seu todo, a pergunta sobre se um conteúdo parcial qualquer da realidade efetiva seria apropriado para desenvolver a partir dele proposições demonstradas e frutíferas é similar à pergunta sobre se uma faca que se encontra diante de mim está afiada. É preciso cortar. Uma nova ciência é constituída por meio da descoberta de verdades importantes, não pela demarcação de um terreno ainda não ocupado no amplo mundo dos fatos. Isso

---

[32] No que diz respeito à visão panorâmica detalhada da bibliografia na *História e bibliografia das ciências políticas I*, 1855, p. 67 e segs., observo que o primeiro esboço (algo que Mohl não destacou na p. 101) retorna a um ponto anterior a 1850 e se encontra no *Socialismo francês* de Stein, 2. ed., 1848, p. 14 e segs.

deve fazer com que levantemos objeções ao esboço de Robert von Mohl. Mohl pressupõe que, entre pessoas particulares, famílias, estirpes e comunidades,[33] existam relações uniformes e, por conseguinte, configurações permanentes entre componentes particulares da população: tais relações e configurações são formadas pela comunhão da descendência de famílias privilegiadas, pela comunhão da significação pessoal, das relações de posse e de aquisição tanto quanto pela comunhão da mesma religião. Só se poderia demonstrar se uma "teoria geral da sociedade, isto é, uma fundamentação do conceito e das leis gerais"[34] da sociedade, é ou não necessária por meio da descoberta dessas leis. Todos os outros tipos de elucidação não parecem nada auspiciosos em termos dos resultados. – Em um trabalho de muitos anos, Lorenz von Stein tentou desenvolver um tal conjunto de verdades; o que ele procura, com isso, é uma teoria explicativa real, que possa entrar em cena entre a teoria das mercadorias,[35] em sua última versão, entre o conhecimento da atividade econômica, o trabalho da consciência divina e o trabalho do saber,[36] por um lado, e a ciência política, por outro. Se transpusermos isso para o contexto aqui desenvolvido, então essa ciência seria o elo entre as ciências dos sistemas da cultura e a ciência política. Para ele, consequentemente, a sociedade é um aspecto duradouro e geral em todos os estados da comunidade humana, um elemento essencial e poderoso de toda a história do mundo.[37] Somente quando submetermos mais à frente a sua teoria profundamente pensada a uma prova lógica, poderemos decidir a questão de saber se as verdades por ele desenvolvidas legitimam ou não o isolamento de uma doutrina da sociedade.

Também nesse ponto vem à tona a necessidade de uma fundamentação teórico-cognitiva e lógica, que esclareça a relação entre os conceitos abstraídos e a realidade efetiva histórico-social da qual eles se mostram como conteúdos parciais. Pois entre os eruditos em ques-

---

[33] Foi o que ele fez depois de, com base nas objeções de Treitschke (*Gesellschaftswissenschaft* – Ciência da sociedade, 1859), excluir as comunidades de sua teoria da sociedade. Cf. quanto a isso *Enzyklopedie der Staatswissenschaften* (Enciclopédia das ciências políticas), 2. ed., 1872, p. 51 e segs.
[34] Mohl, *Staatswissenschaften*, p. 51.
[35] Stein, *Sozialismus*, 1848, p. 24.
[36] Stein, *Volkswirtschaftsleher* (Teoria da economia política), 2. ed., Viena, 1878, p. 465.
[37] Stein, *Gesellschaftslehre* (Teoria da sociedade). Seção I, p. 269.

tões ligadas ao Estado é possível notar a tendência em considerar a sociedade como uma realidade efetiva que subsiste por si. No entanto, se Mohl procura compreender, por um lado, a sociedade precisamente como "uma vida real, como um organismo que se encontra fora do Estado",[38] como se qualquer uma de suas esferas vitais pudesse alcançar a duração que, segundo ele mesmo, é uma de suas características fora da violência pública que a tudo conserva, fora da ordem jurídica criada pelo Estado, Stein constrói, por outro, organizações e associações sociais, deixando que a unidade se eleve acima delas no Estado em uma absoluta autoafirmação e assuma o nível da forma suprema de personalidade geral. Se vemos a sociedade e o Estado se contraporem mutuamente nele como poderes isolados, então o homem empírico não pode submeter essa contraposição senão à distinção entre o Poder Público existente em um momento determinado e as forças livres que se encontram em sua esfera de domínio, mas não são reunidas por essa esfera, forças que se encontram em um sistema próprio de relações. Em uma consideração teórica sobre as relações de força na vida política, podem-se visualizar tanto as relações de força entre unidades estatais quanto a relação de forças entre o Poder Público e as forças livres. Nesse sentido, porém, a sociedade também encerra em si restos de organizações públicas mais antigas. Ela não se compõe, como no caso da sociedade de Stein, a partir de relações oriundas de uma proveniência determinada.

XIV

FILOSOFIA DA HISTÓRIA E SOCIOLOGIA NÃO SÃO CIÊNCIAS REAIS

Nós nos encontramos na fronteira das ciências particulares da realidade efetiva histórico-social que alcançaram até aqui sua formação. Essas ciências investigaram inicialmente a construção e as funções dos fatos duradouros mais importantes no mundo das ações recíprocas entre os indivíduos no interior do todo da natureza. É preciso

---

[38] Mohl, *Lit. der Staatswiss.* I, 1855, p. 82.

um exercício contínuo para imaginar essas conexões mais restritas que se superpõem umas às outras e que se entrecortam umas com as outras, conexões entre ações recíprocas que se cruzam em seus portadores, nos indivíduos, ao mesmo tempo como conteúdos parciais da realidade efetiva, não como abstrações. Há pessoas diversas em cada um de nós: membros da família, cidadãos, companheiros de profissão. Nós nos encontramos em conexão com compromissos éticos, em uma ordem jurídica, em um nexo final próprio à vida em seu anseio por satisfação: é só na autorreflexão que encontramos a unidade vital e a sua continuidade em nós, a unidade que sustenta e mantém todas essas relações. Assim, a sociedade humana também possui sua vida na produção e configuração, na especificação e articulação desses fatos duradouros, sem que ela ou um dos indivíduos que ela comporta possuam, por isso, uma consciência da conexão entre esses fatos. Que processo de diferenciação não aconteceu no momento em que o direito romano separou a esfera privada e a Igreja medieval auxiliou a esfera religiosa a atingir a sua autonomia plena! Desde as instituições que servem ao domínio do homem sobre a natureza até os construtos supremos da religião e da arte, o espírito trabalha, assim, constantemente na cisão, na configuração desses sistemas, no desenvolvimento da organização externa da sociedade. Uma imagem não menos sublime do que cada uma daquelas que as ciências naturais podem projetar acerca do surgimento e da construção do cosmos: por mais que os indivíduos estejam sempre chegando e partindo, cada um deles é, de qualquer modo, portador e coescultor nessa construção descomunal da realidade efetiva histórico-social.

Pois bem, mas se a ciência particular destaca esses estados duradouros do jogo incansável e turbulento das transformações, um jogo que preenche o mundo histórico-social, esses estados só encontram o seu surgimento e o seu alimento no solo comum dessa realidade efetiva. Sua vida transcorre nas relações com o todo, do qual eles são abstraídos, com os indivíduos que são seus portadores e escultores, com as outras configurações duradouras que a sociedade abarca. O problema da relação das *performances* desses sistemas entre si na administração da realidade efetiva social vem à tona. Nós gostaríamos de conhecer essa realidade mesma como um todo vivo. E, assim, somos incessantemente impelidos ao encontro do problema mais geral e derradeiro das ciências humanas: há um *conhecimento desse todo* da realidade efetiva histórico-social? A elaboração científica dos fatos, que é levada a termo por qualquer uma das ciências particulares, conduz efetivamente os estudiosos para o interior de muitos contextos, cujos fins não parecem poder ser por eles nem descobertos, nem articulados. Gostaria de elucidar esse fato a partir do exemplo do estudo das obras poéticas. – O mundo múltiplo das poesias, na sequência de suas aparições, só pode ser inicialmente compreendido na e a partir da realidade efetiva abrangente do contexto cultural. Pois o argumento, a motivação e os personagens de uma grande obra poética são condicionados pelo ideal de vida, pela concepção de mundo, assim como pela realidade efetiva social do tempo no qual ela surgiu; retrospectivamente, por meio da transposição e do desenvolvimento histórico-mundiais de matéria, motivações e personagens poéticos. – Por outro lado, a análise de uma obra poética e de seus efeitos nos faz remontar às leis gerais, que se encontram na base dessa parte do sistema da cultura presente na arte. Pois os conceitos mais importantes, por meio dos quais uma obra poética é reconhecida, e as leis, que atuam em sua configuração, encontram-se fundados na fantasia do poeta e em sua posição em relação ao mundo das experiências e só podem ser conquistados por meio de sua análise. A fantasia, porém, que vem de início ao nosso encontro como um milagre, como um fenômeno totalmente diverso da vida cotidiana dos homens, é para a análise apenas a organização mais poderosa de determinados homens, uma organização que está fundada na força excepcional de determinados processos. De acordo com isso, a vida intelectual, em conformidade com as suas leis gerais, se insere nessas organizações mais poderosas, formando um todo de forma e realização, que se desvia totalmente da natureza do homem mediano e, contudo, está fundado nas mesmas leis. Portanto, somos remetidos para a antropologia. O correlato de fato da fantasia é constituído pela receptividade estética. Elas se comportam uma em relação à outra como o juízo ético em relação à motivação da ação. Esse fato, que explica os efeitos das poesias, a técnica fundada sobre o cálculo desses efeitos, a transposição de emoções estéticas para uma época, é um fato que se mostra como consequência das leis gerais da vida espiritual. – De acordo com isso, o estudo da história de obras poéticas e das literaturas nacionais é condicionado em dois pontos pelo estudo da vida espiritual em geral. Um dia, nós pensamos encontrá-la justamente como dependente do conhecimento do todo da realidade efetiva histórico-social. O nexo causal concreto está entretecido com o nexo da cultura humana em geral. Em um segundo momento, porém, nós descobrimos: a natureza das atividades espirituais, que produziram essas criações, atua segundo as leis que dominam a vida espiritual em geral. Por isso, uma verdadeira poética, que deve se mostrar como a base para o estudo da bela literatura e de sua história, precisa conquistar seus conceitos e proposições a partir da articulação da pesquisa histórica com esse estudo geral da natureza humana. – Nada desprezível é, por fim, a antiga tarefa de uma tal poética: a tarefa de esboçar regras para a produção e o julgamento de obras poéticas. Os dois trabalhos clássicos de Lessing mostraram como é que regras claras podem ser deduzidas das condições, sob as quais nossa receptividade estética entra em cena em função da natureza geral de uma determinada tarefa artística. De maneira intencional, Lessing deixou naturalmente sem ser esclarecido o pano de fundo de uma metodologia geral de avaliação daquilo que determina a impressão de obras poéticas – e isso segundo a estratégia que lhe era própria de divisão das questões e de isolamento dos problemas particulares que atualmente eram passíveis de ser resolvidos por ele. Mas é claro que o tratamento de problemas concebidos de uma forma tão genérica por intermédio da análise dos efeitos estéticos nos reporta às propriedades mais gerais da natureza humana. Portanto, não podemos cindir o juízo estético da concepção dessa parte da história; esse juízo já se encontra na base do interesse que destaca uma obra, para que a consideremos, da corrente daquilo que é indiferente. Não podemos produzir um conhecimento causal exato, que excluísse o julgamento. Enquanto o cognoscente se mantiver um homem integral, esse julgamento não poderá ser separado do conhecimento histórico por nenhum tipo de química espiritual. E, contudo, o julgamento e as regras, segundo o modo como elas estão entretecidas no nexo desse conhecimento, formam uma terceira classe autônoma de proposições, que não pode ser deduzida das outras duas. Já nos deparamos com isso no começo dessa visão panorâmica. É só na raiz psicológica que pode existir um tal nexo: só a autorreflexão que se lança para além das ciências particulares chega a essa raiz.

Essa ligação tripla de cada investigação particular, de cada ciência particular com o todo da realidade efetiva histórico-social e de seu conhecimento pode ser comprovada em todos os outros pontos: ligação com o nexo causal concreto de todos os fatos e transformações dessa realidade efetiva, com as leis gerais sob as quais essa realidade efetiva se encontra e com o sistema dos valores e imperativos que estão estabelecidos na relação do homem com o nexo de suas tarefas.

Assim, podemos nos indagar agora de maneira mais concreta: há uma ciência que conheça esse *nexo triplo que excede as ciências particulares*, que apreenda as relações existentes entre o fato histórico, a lei e a regra que dirige o juízo?

Duas ciências dotadas de títulos que enchem de orgulho, a *filosofia da história* na Alemanha, a *sociologia* na Inglaterra e na França, supõem serem um conhecimento desse tipo.

A origem de uma dessas ciências encontra-se na ideia cristã de um nexo interno presente na educação progressiva na história da humanidade. Clemente e Agostinho a prepararam, Vico, Lessing, Herder, Humboldt e Hegel levaram-na a termo. Ela ainda se acha hoje sob o impulso poderoso, que recebeu da ideia cristã de uma educação conjunta de todas as nações por meio da providência, de um reino de Deus que se realiza assim. A origem da outra ciência aponta para os abalos da sociedade europeia desde a última terça parte do século XVIII; uma nova organização da sociedade acabou por se realizar sob a direção do espírito científico que cresceu poderosamente no século XVIII. A partir dessa necessidade acabou por ser fixado o nexo de todo o sistema das verdades científicas, partindo da matemática, e a nova ciência redentora da sociedade foi fundamentada como o seu elo derradeiro. Condorcet e Saint-Simon foram os precursores, Comte o fundador dessa ciência abrangente da sociedade, Stuart Mill seu lógico; com a apresentação detalhada de Herbert Spencer, ela começa a menosprezar as fantasias que tinham movido sua juventude impetuosa.[39]

---

[39] Com certeza, podemos deduzir de Saint-Simon as seguintes ideias na sociologia de Comte: o conceito da sociedade, diferentemente do conceito do Estado, como uma comunidade que não é restrita pelos limites dos Estados; cf. seu escrito: "*Réorganisation de la société européenne ou de la nécessité et des moyens de rassembler les peuples de l'Europe en un seul corps politique, en conservant à chacun sa nationalité*" (redigido juntamente com Augustin Thierry), 1814; em seguida, a ideia de uma organização social necessária depois da dissolução da sociedade, por in-

Com certeza, não passaria de uma crença mesquinha supor que o modo segundo o qual é dado à arte do historiógrafo (como tivemos a oportunidade de perceber) ver em particular o elemento geral do nexo das coisas humanas seria a forma única e exclusiva na qual o nexo desse mundo histórico-social imensurável se apresentaria para nós. – Sempre teremos nessa *apresentação artística* uma grande *tarefa da historiografia*, uma tarefa que não tem como ser desvalorizada pelo afã de generalização de alguns pesquisadores ingleses e franceses mais recentes. Pois nós queremos descobrir a realidade efetiva, e o transcurso da investigação epistemológica mostrará que ela só existe para nós como ela é, em sua facticidade impassível de ser alterada por qualquer expediente, neste mundo do espírito. E, em verdade, em nossa visão, não há apenas um interesse representacional em tudo aquilo que é humano, mas também um interesse do ânimo, da simpatia, do entusiasmo no qual Goethe via com razão o mais belo fruto da consideração histórica. A entrega transforma o interior do verdadeiro historiador cogenial em um universo, que reflete todo o mundo histórico. Nesse universo de forças éticas, o elemento único e singular possui um significado totalmente diverso do que ele possui na natureza exterior. Sua apreensão não é um meio, mas um fim em si mesmo: pois a necessidade na qual ela se baseia é inextinguível e é dada com o elemento mais elevado de nosso ser. Por isso, a visão do historiógrafo também traz consigo uma predileção natural pelo extraordinário. Sem querer, sim, com frequência sem saber, ele também realiza constantemente uma abstração. Pois os seus olhos perdem a receptividade vivaz para as partes do estado de fato que retornam em todos os fenômenos históricos, tal como se embota o efeito de uma impressão que toca constantemente um determinado ponto de nossa retina. Precisou-se das motivações filantrópicas do século XVIII para tornar uma

---

termédio de um poder espiritual diretriz, que teria de encontrar como filosofia das ciências positivas o encadeamento das verdades nessas ciências, deduzindo delas as ciências sociais; cf. *Nouvelle Encyclopédie* 1810, assim como as memórias sobre ela etc.; por fim, o plano segundo o qual Saint-Simon, desde 1797, estudou primeiramente as ciências matemáticas e físicas na escola politécnica, então as ciências biológicas na escola de medicina, foi realizado por seu colaborador e aluno Comte nas ciências humanas. Comte associou com essa base a teoria dos três estágios da inteligência desenvolvida por Turgot desde 1750 e a teoria de de Maistre da necessidade de uma força espiritual que mantivesse a sociedade coesa em contraposição à tendência dissolutora do protestantismo.

vez mais realmente visível o elemento cotidiano, comum a todos em uma época, os "hábitos" tal como se expressa Voltaire, assim como as transformações que ocorrem com esse elemento cotidiano, ao lado do extraordinário, das ações dos reis e dos destinos dos Estados. E o subsolo daquilo que é igual em todos os tempos na natureza humana e na vida do mundo não aparece de maneira alguma na apresentação artística da história. Portanto, mesmo ela se baseia em uma abstração. Mas essa abstração é involuntária; e como ela emerge das mais fortes motivações da natureza humana, nós normalmente não nos conscientizamos dela. Na medida em que covivenciamos algo do passado por meio da arte de atualização histórica, somos instruídos tal como por meio do próprio espetáculo da vida; sim, nossa essência se amplia e as forças psíquicas que são mais poderosas do que as nossas próprias forças elevam nossa existência.

Por isso, são falsas as teorias da sociologia e da filosofia da história que veem na apresentação do singular uma mera matéria bruta para as suas abstrações. Essa superstição, que submete os trabalhos dos historiógrafos a um processo misterioso, a fim de transformar alquimisticamente a matéria-prima singular previamente encontrada neles no ouro mais puro da abstração e obrigar a história a revelar seu derradeiro segredo, é tão marcada por um caráter aventureiro quanto o sonho de todos os filósofos naturais alquimistas, que procuravam arrancar da natureza a sua grande palavra. Nem há uma tal palavra derradeira e simples da história, uma palavra que exprimiria seu sentido verdadeiro, nem a natureza tem algo desse gênero a revelar. E exatamente tão equivocado quanto essa superstição é o procedimento, que está normalmente associado com ele. Esse procedimento pretende reunir as visões já formadas pelos historiógrafos. Mas o pensador, que tem o mundo histórico por objeto, precisa conquistar sua força em uma ligação direta com a matéria bruta imediata da história e com todos os seus métodos. Junto à matéria-prima bruta, ele precisa se submeter à mesma lei do trabalho árduo à qual se submete o historiógrafo. Colocar a matéria-prima que já está ligada por meio dos olhos e do trabalho do historiógrafo com um todo engenhoso, seja com proposições psicológicas, seja com proposições metafísicas: essa operação continuará sempre marcada por seu caráter infrutífero. Se se fala de uma filosofia da história, então ela não passa de uma pesquisa histórica com uma intenção filosófica e com expedientes filosóficos.

Mas esse é agora o outro lado da coisa. O laço entre o *singular* e o *universal*, um laço que consiste na visão genial do historiógrafo, é dilacerado pela *análise* que submete um componente particular desse todo à consideração teórica; cada teoria, que surge assim nas ciências particulares da sociedade por nós discutidas até aqui, é um outro passo na resolução de uma conexão explicativa geral do tecido dos *fatos*; e esse processo não retém nada: o *nexo conjunto*, que a realidade efetiva histórico-social constitui, precisa se tornar objeto de uma consideração teórica que está dirigida para o que é explicável no interior desse nexo.

Pois bem, mas a filosofia da história ou a sociologia são uma tal consideração teórica? O nexo de toda essa apresentação contém as premissas, a partir das quais essa questão precisa ser respondida de maneira negativa.

XV

SUA TAREFA É INSOLÚVEL

DETERMINAÇÃO DA TAREFA DA CIÊNCIA
HISTÓRICA NO NEXO DAS CIÊNCIAS HUMANAS

Há uma contradição insolúvel entre a tarefa que essas duas ciências apresentam para si mesmas e os expedientes que se encontram à sua disposição para a resolução dessas tarefas.

Compreendo por *filosofia da história* uma teoria que procura conhecer a conexão da realidade efetiva histórica por meio de uma conexão correlata presente na unidade de proposições coligadas. Essa característica da unidade do pensamento é indissolúvel de uma teoria, que tem sua tarefa diferenciadora justamente no conhecimento da conexão do todo. Por isso, a filosofia da história encontrou essa unidade ora em um plano do transcurso histórico, ora em um pensamento fundamental (uma ideia), ora em uma fórmula ou em um conjunto de fórmulas que expressam a lei do desenvolvimento. A *sociologia* (falo aqui apenas da escola francesa da sociologia) eleva ainda mais essa pretensão do conhecimento, na medida em que, em virtude da apreensão dessa conexão, espera produzir uma direção científica da sociedade.

Então, surgiu do aprofundamento no nexo entre as ciências humanas particulares a seguinte compreensão. A sabedoria de muitos séculos levou a termo nessas ciências uma decomposição do problema conjunto da realidade efetiva histórico-social em problemas particulares. Nelas, os problemas particulares foram submetidos a um tratamento rigorosamente científico; o cerne do conhecimento real criado nelas por meio desse trabalho persistente foi concebido em meio a um crescimento lento, mas constante. – Com certeza, é necessário que essas ciências se conscientizem da relação de suas verdades com a realidade efetiva da qual elas só representam, de qualquer modo, conteúdos parciais. Consequentemente, é necessário que elas se conscientizem das ligações nas quais se encontram com as outras ciências apartadas da mesma realidade efetiva por meio da abstração; justamente essa é a necessidade: que, a partir da natureza da tarefa que essa realidade efetiva apresenta ao saber e ao conhecimento humanos, os artifícios por meio dos quais esse saber e esse conhecimento se entrincheiram nela, a esgarçam e a decompõem, sejam compreendidos. O que o conhecer pode dominar com os seus instrumentos, o que resiste e resta como fato insubstituível, precisa se mostrar aqui: em suma, carece-se de uma teoria do conhecimento das ciências humanas ou, mais profundamente, da autorreflexão, que assegura aos conceitos e proposições dessas ciências a sua relação com a realidade efetiva, sua evidência, sua relação entre si. Só essa teoria do conhecimento consuma o direcionamento autenticamente científico desses trabalhos positivos para verdades claramente delimitadas e em si seguras. Ela estabelece pela primeira vez as bases para a ação conjunta das ciências particulares em direção ao conhecimento do todo. – Mas, assim como essas ciências particulares, tendo se tornado em si mais conscientes por meio de uma tal teoria do conhecimento, seguras do seu valor e de seus limites, acolhendo em seus cálculos suas relações, avançam desse modo em todas as direções, *elas também se mostram como os únicos recursos para a explicação da história*; e não há nenhum sentido imaginável em pensar uma solução do problema do nexo da história para além delas. Pois conhecer esse nexo significa decompô-lo – a ele que se mostra como algo imensuravelmente composto – em seus elementos, procurar uniformidades no que é mais simples e, então, se aproximar do mais complicado por meio dessas uniformidades. Por isso, se *emprega* em um grau cada vez mais elevado as ciências particulares até aqui apresentadas para a explicação do nexo da história na *ciência histórica em progresso*. A compreensão de cada parte da história exige o emprego dos recursos reunidos de diversas ciências particulares do espírito, partindo da antropologia. Se Ranke disse certa vez que gostaria de eliminar o seu si mesmo para ver as coisas como elas eram, essa sua afirmação expressa de maneira bela e intensa a aspiração profunda do historiógrafo pela realidade efetiva objetiva. Essa aspiração, porém, precisa se equipar com o conhecimento científico das unidades psíquicas que constituem essa realidade efetiva, das configurações permanentes que se desenvolvem na ação mútua entre essas unidades e que se mostram como portadoras do progresso histórico: senão ela não se apoderará dessa realidade efetiva, que não é agora apreendida em uma mera visualização, em uma mera percepção, mas apenas por meio da análise, da decomposição. Se há algo que se esconde como cerne da verdade por detrás da esperança de uma filosofia da história, então esse algo é: a pesquisa histórica com base no domínio mais abrangente possível das ciências particulares do espírito. Assim como a física e a química são os recursos do estudo da vida orgânica, a antropologia, a ciência do direito e as ciências políticas são os recursos do estudo do transcurso da história.

Esse contexto claro pode ser expresso metodologicamente da seguinte forma: a realidade efetiva extremamente composta da história só pode ser conhecida por meio das ciências que investigam as uniformidades dos fatos mais simples, nos quais podemos decompor essa realidade. E, assim, respondemos, de início, à questão colocada anteriormente da seguinte forma: o conhecimento do todo da realidade efetiva histórico-social, com o qual deparamos como o problema mais geral e derradeiro das ciências humanas, realiza-se sucessivamente em um nexo de verdades que se baseia em uma autorreflexão epistemológica, um nexo sobre o qual se constroem as teorias particulares da realidade efetiva social com vistas à teoria do homem. Essas teorias particulares, porém, são aplicadas em uma verdadeira ciência histórica progressiva, a fim de explicar cada vez mais a realidade efetiva histórica fática, ligada na ação recíproca dos indivíduos. Nesse nexo de verdades, a ligação entre fato, lei e regra é conhecida por

115

meio da autorreflexão. Nele também vem à tona o quanto ainda estamos distantes de toda possibilidade abarcável de alcançar uma teoria geral do transcurso histórico, o quão modesto é o sentido segundo o qual podemos falar agora de uma tal teoria. A história universal, na medida em que não é algo sobre-humano, constituiria a conclusão desse todo formado pelas ciências humanas.[40]

Um tal procedimento não consegue naturalmente reconduzir o transcurso histórico à *unidade de uma fórmula* ou de *um princípio*, assim como a psicologia não o consegue fazer com a vida. A ciência não pode senão se aproximar da descoberta de princípios mais simples de explicação por meio da análise e do emprego de uma pluralidade de razões explicativas. Com isso, a filosofia da história precisaria abandonar suas pretensões, se quisesse se servir do procedimento com o qual todo conhecimento real do transcurso histórico está pura e simplesmente vinculado. Assim, tal como ela é, a filosofia da história fica presa ao problema da quadratura do círculo. É por isso que o seu artifício também é suficientemente transparente para o lógico. – Mantendo-me junto à aparição de um nexo de realidade, posso ligar os traços que se oferecem à minha intuição em uma abstração que mantém esses traços coesos, uma abstração na qual a lei de formação desse nexo está contida como em uma espécie de representação genérica. Uma representação genérica da realidade efetiva histórica, ainda que bastante precária e confusa, surge em todos aqueles que se ocupam com ela; e, com isso, unifica o nexo dessa realidade em uma imagem intelectual. Tais abstrações avançam em todas as regiões do trabalho característico da análise. Temos uma essencialidade desse tipo no movimento circular perfeito e misterioso, que se encontrava na base da astronomia antiga, assim como na força vital com a qual a biologia de dias passados expressou a causa das principais propriedades da vida orgânica. E todas as fórmulas que Hegel, Schleiermacher ou Comte apresentaram para expressar a lei da história pertencem a esse pensar natural, que antecede incessantemente a análise e, justamente – é metafísica. Esses conceitos complexos da filosofia da história não são outra coisa senão *notiones universales*, que Espinoza descreveu de

---

[40] Tratei detalhadamente da história universal em meu ensaio sobre Schlosser, *Preussische Jahrbücher*, abr. 1862.

maneira tão magistral em sua origem natural e em seu efeito fatídico sobre o pensamento científico.[41] – Naturalmente, essas abstrações que expressam o transcurso da história jamais destacam senão um lado desse transcurso que move a alma com a consciência de uma riqueza imensurável, e, assim, cada filosofia isola uma abstração algo diversa a partir desse elemento violento, real.[42] Se quiséssemos deduzir da série aristotélica que se estende desde as forças naturais até o homem um princípio da filosofia da história, então esse princípio se diferenciaria do de Comte no que diz respeito ao seu conteúdo propriamente dito mais ou menos pelo modo como temos diversas visões da mesma cidade a partir de altitudes diversas. Do mesmo modo, esse princípio se distinguiria da humanidade de Herder,[43] da penetração da razão por meio da natureza em Schleiermacher ou do progresso de Hegel na consciência da liberdade. – E assim como definições amplas demais são verdadeiras como proposições e só são falsas como definições, aquilo que se esconde na roupagem drapeada dessas fórmulas também não costuma ser falso, só uma expressão mesquinha e insuficiente da realidade efetiva poderosa cujo conteúdo ela pretende exprimir.

Como a filosofia da história pretende expressar em suas fórmulas toda a essencialidade do transcurso do mundo, ela também procura exprimir ao mesmo tempo com o nexo causal o *sentido do transcurso histórico*, isto é, seu valor e sua meta, na medida em que reconhece um tal sentido ao lado do nexo causal. Os polos finais de nossa consciência, o saber da realidade efetiva e a consciência do valor e das regras estão unificados em sua representação genérica: ainda que apenas na medida em que, segundo ela, essa unidade está estabelecida no fundamento metafísico do mundo, como uma realização da meta do mundo por meio do sistema das causas atuantes, ou ainda na medida em que as metas que o homem estabelece para si mesmo e os valores que ele dá aos fatos da realidade efetiva são vistos com Espinoza e os

---

[41] Escólios à proposição 40 do segundo livro da *Ética*, assim como *De intellectus emendatione*.
[42] Ex. gr. *qui saepius cum admiratione hominum staturam contemplati sunt, sub nomine hominis intelligunt animal erectae staturae; qui vero aliud assueti sunt contemplari, aliam hominum communem imaginem formabunt* etc.
[43] Cf. o quarto e o quinto livro das ideias com os quais, então, o décimo quinto se articula, assim como o esboço do último volume anunciado por Joh. Müller por volta da conclusão.

naturalistas como uma forma efêmera da vida interna em certos produtos da natureza, que não remontam ao seu poder cego. Portanto, quer a filosofia da história seja teleológica ou naturalista, sua característica ulterior é o fato de, em sua fórmula do transcurso do mundo, também se representar o sentido, a meta e o valor, que ela vê realizados no mundo. Expresso negativamente, ela não se satisfaz com a pesquisa do nexo causal acessível, na medida em que deixa imperar o sentimento do valor do transcurso do mundo tal como ele entra em cena como fato em nossa consciência, sem mutilá-lo e sem misturá-lo curiosamente na pesquisa. É isso que faz o verdadeiro pesquisador individual. Ela também não retorna a partir dos valores e regras para o ponto na autoconsciência em que esses valores e regras estão articulados com a representação e o pensamento. É isso que faz o pensador crítico. De outro modo, ela reconheceria que valor e regra só se apresentam na relação com o nosso sistema de energias e que, sem relação com um tal sistema, ela não tem mais nenhum sentido imaginável. Um arranjo da realidade efetiva nunca pode ter valor em si, mas sempre apenas em sua relação com um sistema de energias. Daí vem à tona, além disso, o seguinte: naturalmente reencontramos aquilo que sentimos no sistema de nossas energias, aquilo que é representado como regra para a vontade, no transcurso histórico do mundo como o seu conteúdo valorativo e significativo; cada fórmula, na qual expressamos o sentido da história, é apenas um reflexo de nosso próprio interior animado; mesmo o poder que o conceito de progresso possui reside menos na ideia de uma meta do que na autoexperiência de nossa vontade combativa, de nosso trabalho de vida e da consciência alegre da energia nela: que experiência de si se projetaria na imagem de um progresso geral, mesmo se um tal progresso não pudesse ser de modo algum indicado de maneira clara na realidade efetiva do transcurso histórico do mundo! Assim, reside nesse fato o sentimento inesgotável do valor e do sentido da vida histórica do mundo. E, com sua representação geral da humanidade, um escritor como Herder nunca foi além da consciência confusa dessa riqueza da existência humana, dessa profusão de seus alegres desenvolvimentos. A partir daí, porém, a filosofia da história, progredindo ainda mais na autorreflexão, precisaria ter concluído: é a partir de uma multiplicidade imensurável que se constrói o sentido da realidade efetiva histórica, assim como é a partir da mesma multiplicidade de ações recíprocas que se constrói seu nexo causal. O sentido da história é, portanto, algo extraordinariamente composto. Desse modo, teria surgido uma vez mais aqui a mesma tarefa, uma autorreflexão que investiga na vida do ânimo a origem do valor, das regras e sua relação com o ser e com a realidade efetiva, e uma análise paulatina, lenta, que decompõe esse lado do todo histórico complicado. Pois é somente com o auxílio da pesquisa histórica com alguma perspectiva de uma apreensão universalmente válida que se podem investigar aquilo que é valioso para o homem e quais são as regras que devem dirigir a ação da sociedade. E, com isso, encontramo-nos uma vez mais diante da mesma situação fundamental: a filosofia da história, ao invés de se servir dos métodos da análise histórica e da automeditação (que também é, segundo a sua natureza, do mesmo modo analítica), permanece em representações gerais, que ou bem apresentam a impressão total do transcurso histórico do mundo em uma abreviação como uma essencialidade, ou bem projetam essa imagem composta a partir de um princípio metafísico geral.

Com uma clareza e distinção mais simples do que qualquer outro componente da metafísica, podemos mostrar agora sobre essa filosofia da história que suas raízes residem na vivência religiosa e que ela, destacada desse contexto, se resseca e degenera. O pensamento acerca de um plano uniforme da história humana, acerca de uma ideia divina de educação nessa história foi criado pela *teologia*. Para ela, estavam presentes no começo e no fim de toda a história pontos firmes para uma tal construção: assim surgiu uma tarefa realmente passível de ser resolvida, a tarefa de encontrar os fios unificadores através do transcurso histórico do mundo entre o pecado original e o juízo final.
– No poderoso escrito *de civitate dei* (*A cidade de Deus*), Agostinho fez emergir do mundo metafísico o transcurso da história sobre a Terra e o dissolveu, então, uma vez mais nesse mundo metafísico. Pois, segundo ele, a luta entre os estados celestes e terrestres já se iniciara nas regiões do mundo espiritual; demônios se contrapõem a anjos; Caim como o *civis huius seculi* a Abel como o *peregrinus in seculo*; a monarquia mundana de Babilônia e de Roma, que a substitui no domínio do mundo, a segunda Babilônia, se contrapõe à Cidade de Deus, que se desenvolve no povo judeu, teve o ponto central de sua história na aparição de Cristo e vem se desenvolvendo desde então

como uma espécie de essencialidade metafísica, como um corpo místico sobre a Terra. Até que essa luta dos demônios e das *civitas* terrenas contra o Estado de Deus sobre a Terra termine no julgamento do mundo e tudo retorne uma vez mais ao mundo metafísico. – Essa filosofia da história forma o ponto central da metafísica medieval do espírito. Por meio da teoria das substâncias espirituais que a metafísica geral da Idade Média desenvolveu, ela recebe uma base dotada de uma atitude metafísica mais rigorosa; na reforma da Igreja papal e em sua luta com o império, ela obtém uma enorme atualidade e um caráter presente elucidativo; na teoria canônica da natureza jurídica desse corpo místico, ela alcança as consequências mais incisivas para a concepção da organização externa da sociedade. Enquanto mantêm a sua validade, as duras realidades com as quais ela opera não permitem a ninguém chegar a ter as dúvidas que normalmente sobrecarregam toda e qualquer tentativa de exprimir o sentido da história em um nexo que se mostre como uma fórmula. Ninguém pode perguntar por que a escalada da humanidade era necessária, uma vez que o pecado original se encontra diante de seus olhos. Ninguém pode perguntar por que a benção da história só favorece uma minoria, uma vez que a resolução de Deus e a vontade má encerram em si mesmas a resposta de um modo ou de outro. O nexo dessa história, um nexo por meio do qual o transcurso do mundo possui um sentido uno e a humanidade se mostra como uma unidade real, também não pode ser colocado em questão por ninguém: uma vez que, segundo a representação maciça do tradicionalismo (intensificado pela concepção da geração como um ato oriundo do desejo mau), o sangue degradado de Adão corre nas veias de cada elemento desse todo, tingindo-os com sua cor escura; e uma vez que, por outro lado, no corpo místico da Igreja ocorre desde cima uma direcionamento igualmente real da graça. – A literatura que permanece no interior das linhas fundamentais traçadas por Agostinho estende-se até o *Discours sur l'histoire universelle* de Bossuet e, na medida em que o bispo de Meaux acrescenta aí uma representação mais rigorosa do nexo causal, assim como um conceito de espírito nacional conjunto, ele constitui o elo entre essa filosofia teológica da história e as tentativas do século XVIII. O plano de Turgot de uma história universal desdobrou-se a partir da ideia de resolver racionalmente a tarefa tratada por Bossuet: Turgot secularizou a filosofia da história. Os *Principi di scienza nuova* de Vico retêm o arcabouço externo da filosofia teológica da história: no interior desse edifício descomunal, o seu trabalho positivo, a sua pesquisa histórica real, se dedicou à antiga história dos povos e perseguiu o problema da história do desenvolvimento dos povos, das épocas desse desenvolvimento histórico que são comuns a todos os povos.

A ideia de um plano uniforme no transcurso histórico do mundo transforma-se, na medida em que essa ideia é retida no século XVIII sem uma articulação com as sólidas premissas do sistema teológico: de sua realidade maciça surge um teatro de sombras metafísico. Da obscuridade de um início desconhecido emergem, desde então, os processos enigmaticamente enredados do transcurso do mundo histórico, para se perderem na mesma obscuridade caminhando para frente. Para que essa escalada da humanidade? Para que a miséria do mundo? Para que a restrição do progresso a um número mínimo? A partir do ponto de vista de Agostinho, tudo isso era fácil de entender; a partir do ponto de vista do século XVIII, um enigma para o qual não se tinha nenhuma base de resolução. Por isso, todas as tentativas do século XVIII de apresentar o plano e o sentido da história humana não passam de uma transformação do antigo sistema: a educação do gênero humano em Lessing, o autodesenvolvimento de Deus em Hegel, a transformação da organização hierárquica em Comte não são nada além disso. Como o corpo místico, que encerrava em si na Idade Média o nexo da história mundial, se dissolveu no modo de pensar do século XVIII em indivíduos, é preciso encontrar um susbtituto para ele em uma representação que mantenha essa unidade da humanidade. Entram em cena *dois rumos* que pedem os dois o auxílio da metafísica para a realização dessa meta e que excluem as duas todo tratamento realmente científico do problema.

O primeiro substitui *unidades essenciais metafísicas* tais como a *razão geral* ou o espírito do mundo e considera a história como o desenvolvimento dessas unidades. É certamente válido dizer aqui uma vez mais que tais fórmulas abrigam em si uma verdade. A ligação do indivíduo com a humanidade é uma realidade efetiva. Justamente este, porém, é o problema psicológico mais profundo que a história nos apresenta, assim como o meio do progresso na história é em última instância a entrega abnegada do indivíduo a pessoas que ele ama, ao nexo final de um sistema da cultura com o qual a sua vocação interna está articulada, à vida conjunta das associações das quais ele se sente como um elo, sim, a um futuro que lhe é desconhecido ao qual serve o seu trabalho: eticidade, portanto; pois essa eticidade não tem mesmo nenhuma outra característica para além do sacrifício de si mesmo. Mas as fórmulas do nexo do particular com o todo histórico, verdadeiras naquilo que elas enunciam sobre o sentimento pessoal desse nexo, entram em contradição com toda a sensação saudável, na medida em que mergulham todos os valores da vida em uma unidade metafísica que se desenvolve na história. O que um homem vivencia inteiramente em sua alma solitária, lutando com o seu destino, na profundeza de sua consciência está presente para ele, não para o processo do mundo e não para um organismo qualquer da sociedade humana. Para essa metafísica, porém, a realidade efetiva comovente da vida só é visível em uma silhueta.

Se, por assim dizer, em uma outra volatilização, essa razão geral é substituída pela *sociedade* como uma unidade, esse fato não altera nada no que dissemos. O laço usado para formar a unidade, um laço transformado em uma fórmula a partir da vivência, é um laço metafísico. Por isso, o progresso de Comte de sua filosofia positiva e de seu método para uma espécie de religião como base da sociedade futura não foi uma virada arbitrária em seu espírito, uma virada que teria vindo à tona a partir dos fatos de sua vida ou mesmo a partir da decadência de sua inteligência, mas um destino que estava estabelecido na contradição originária entre sua fórmula para o nexo uno na história, assim como a tendência fundada nela para a organização da sociedade por intermédio de um poder espiritual e seu método positivo. A discrepância entre seus discípulos em relação a esse ponto não faz outra coisa senão elucidar essa contradição própria a um sistema, que procurou deduzir das leis do nexo natural o imperativo para a sociedade.

O *individualismo alemão* foi obrigado a buscar um outro rumo de pensamento: esse rumo também levou-o a uma metafísica. O desenvolvimento infinito do indivíduo em sua relação com o desenvolvimento da espécie humana tornou-se para ele o recurso para chegar a uma solução do problema da filosofia da história. Mas a metafísica já luta aqui com a consciência crítica dos limites do conhecimento histórico, e essa luta atravessa todo o trabalho de pensamento dessa corrente.

O próprio Kant encontra no plano da providência o nexo da história. Pois "o meio do qual a natureza se serve para levar a cabo o desenvolvimento de todas as suas disposições é o antagonismo entre essas disposições no interior da sociedade" – a "sociabilidade insociável"[44] do homem. Sua hipótese limita-se à investigação do modo como, na história, se resolve o problema de encontrar uma sociedade civil que administre universalmente o direito. "O que se mantém estranho em tudo isso, porém, é o fato de as gerações mais antigas só parecerem realizar seus trabalhos penosos em virtude das gerações posteriores, a fim de preparar para essas gerações precisamente um nível a partir do qual elas poderiam elevar o edifício que a natureza tem por intuito alcançar; e o fato de só as últimas gerações deverem ter a felicidade de morar no edifício no qual uma longa série de seus antepassados (naturalmente sem sua intenção) tinha trabalhado, sem poder ter nem mesmo uma parcela da felicidade que eles prepararam. Mas, por mais enigmático que isso seja, ele também é de qualquer modo ao mesmo tempo necessário se aceitarmos o seguinte: um gênero animal que deve ser dotado de razão e se mostrar como a classe dos seres racionais que são em seu todo mortais, mas imortais como gênero, precisa alcançar a plenitude do desenvolvimento de suas disposições."[45]

Lessing resolveu essa dificuldade por meio da ideia da metempsicose: "Como? O que aconteceria se estivesse agora praticamente decidido que a roda grande e lenta, a qual aproxima a espécie de sua perfeição, só seria colocada em movimento por meio de rodas menores e mais rápidas, dentre as quais cada uma entregaria aí o que lhe é particular? Nada além disso! Justamente a via na qual o gênero alcança a sua perfeição precisa ter sido percorrida por cada homem particular."[46]

Herder comporta-se de maneira mais realista e mais crítica do que os dois. Por mais que tenha logo designado a sua obra como *Ideias para uma filosofia da história*, ele tomou de outra forma a expressão da qual se serve Voltaire, e não apresenta uma fórmula so-

---

[44] Kant, Obras, Rosenkr., v. 7, p. 321 (*Da ideia de uma história universal de um ponto de vista cosmopolita*).
[45] Kant, Obras , Rosenkr., v. 7, p. 320.
[46] Lessing, *Educação do homem* §§ 92, 93. Quanto à minha opinião mais detalhada sobre a conexão da doutrina da metempsicose com o sistema de Lessing, eu remeto para minha investigação: Lessing, Preuss. Jahrbücher, 1867 (agora em: *Das Erlebnis und die Dichtung* – A vivência e a poesia), além das discussões de Const. Rössler idem, e minha réplica.

bre o sentido da história. Sua grande e permanente contribuição emergiu de uma combinação das ciências positivas no espírito filosófico, isto é, sintetizador. Com o punho do gênio, ele associou as ciências naturais daquela época com a ideia de uma história universal, tal como ela se encontrava diante do espírito de um Turgot, tal como tinha sido concebida por Voltaire, mas assumida por Schloezer na Alemanha em sua estranha *Vorstellung der Universalhistorie* (Ideia da história universal). Em virtude dessa associação surgiram, então, das observações altamente valorizadas já na Antiguidade sobre o nexo das condições naturais com a vida histórica aquelas ideias diretrizes que se encontram na base da geografia geral de Ritter. Além disso, ele articulou com as considerações sobre a série ascendente das organizações que se estendem até o homem considerações que ele compartilhou com Goethe e que atuaram sobre a filosofia da natureza, uma conclusão analógica com níveis mais elevados do reino espiritual e desse reino com a imortalidade: Kant já havia criticado nessa conclusão o fato de ela só poder aludir no máximo à existência de outros seres mais elevados. A partir desse ponto, seu trabalho é essencialmente o trabalho do historiador universal. Na atuação conjunta dos dois fatores relativos às condições naturais e à essência humana, ele procura desenvolver a história do homem em um nexo causal rigoroso. Ele é naturalmente um estudante de Leibniz e foi ainda mais fortemente marcado por Espinoza contra os fins últimos exteriores.[47] A conformidade a fins, que impera na história do mundo tanto quanto no reino da natureza, realiza-se, segundo ele, apenas sob a forma do nexo causal. Corresponde a essa sábia reserva o fato de ele ter reconhecido, em verdade, o problema de Lessing – mas de o ter deixado para trás como transcendente. "Se alguém disse que não se educa o homem particular, mas apenas a espécie, o que ele disse me parece algo incompreensível, uma vez que espécie e gênero são conceitos somente universais; a não ser na medida em que existem em seres particulares – como se eu falasse da animalidade, da pedridade em geral." Ele rejeita isso expressamente como meta-

---

[47] *Ideen*, Livro 14, 6: "A filosofia dos fins últimos não trouxe nenhuma vantagem para a história natural. Ao invés de satisfazer a pesquisa, ela satisfez muito mais apenas seus adoradores com uma ilusão aparente; muito mais ainda a história do homem com os seus mil fins que se interpenetram mutuamente."

física medieval e se encontra, portanto, com Lessing sobre o solo saudável do realismo, que só conhece indivíduos e, com isso, só conhece também como sentido do transcurso do mundo o desenvolvimento dos indivíduos. No que se refere a toda essa representação do tipo desse desenvolvimento, ele observa com um aceno claro para Lessing: "Por que via isso acontecerá – que filosofia da Terra estaria em condições de fornecer quanto a isso uma certeza?"

Não desenvolverei aqui o quanto a concepção lotziana da filosofia da história se aproxima da de Herder; e isso tanto no que diz respeito à ligação de uma consideração causal com uma teleológica quanto no que diz respeito ao realismo que só reconhece indivíduos e que serve ao seu desenvolvimento. Nesse ponto, porém, Lotze acreditou que era preciso ir além de Herder. Ele vai além, na medida em que aplica por assim dizer o método no qual Kant tinha fundamentado a crença em Deus e na imortalidade ao nexo planejado da história e, assim, procura mostrar como condição desse nexo uma parcela daqueles que se foram no interior do progresso da história. "Nenhuma educação da humanidade é pensável sem que seus resultados finais se tornem algum dia o bem comum daqueles que ficaram para trás nessa corrida terrena em diversos pontos; nenhum desenvolvimento de uma ideia tem significado se não fica claro ao final para todos evidentemente o que eles sofreram anteriormente sem saber como portadores desse desenvolvimento."[48] Sentimento contra sentimento (pois é em meio a um tal sentimento que desvanece aqui ao final a consideração do plano da história, uma consideração que começou outrora em Agostinho com tão duras realidades, e parece se dissolver assim em uma névoa fina): essa representação elegíaca de uma parcela significativa dos que se foram naquilo que nós nos esforçamos por alcançar agora, uma representação que nos faz lembrar as cabeças de anjos que olham nas antigas imagens da abóbada celeste como os mártires precisam continuar se esfalfando, nos parece demasiada nas horas de uma crítica sóbria, mas parca nas horas de sonho, uma vez que o resultado final do desenvolvimento da humanidade só pode ser alcançado na vivência, não em uma contemplação ociosa.

---

[48] Lotze, *Mikrokosmos 3*, 52 (1. ed.).

XVI

SEUS MÉTODOS SÃO FALSOS

Se a tarefa que as ciências se colocam é, de acordo com isso, insolúvel, então os seus métodos são, além disso, certamente utilizáveis para produzir obnubilamentos por meio de generalizações, mas não para produzir uma ampliação duradoura do conhecimento. O método da *filosofia da história alemã* emergiu de um movimento que, em contraposição ao sistema natural das ciências humanas criado pelo século XVIII, imergiu na facticidade do elemento histórico. Os representantes desse movimento foram Winckelmann, Herder, os irmãos Schlegel e W. v. Humboldt. Eles serviram-se de um procedimento, que designo como o procedimento da intuição genial. Esse procedimento não era nenhum método particular, mas o processo da própria efervescência frutífera, na qual as ciências humanas particulares passaram a trabalhar de maneira entrelaçada: um mundo deveniente. Essa intuição genial foi reconduzida pela escola metafísica a um princípio. Com certeza, o conteúdo da intuição genial recebe a curto prazo, por meio dessa concentração, uma energia incomum em termos de efeito; mas essa concentração só chegou a termo na medida em que as *notiones universales* propagaram em seguida a sua rede cinzenta. O "espírito" de Hegel, que chega na história à consciência de sua liberdade, ou a "razão" de Schleiermacher, que penetra e configura a natureza, mostram-se como essencialidades abstratas, que resumem o transcurso histórico do mundo em uma abstração sem cor, como um sujeito sem lugar e sem tempo, comparável às mães em direção às quais Fausto desce. As representações universais abstraídas da intuição são, portanto, as épocas da história universal de Hegel, e, em verdade, a abstração que as conquista é dirigida pelo princípio metafísico; pois a história mundial é para ele "uma série de determinações da liberdade, que provêm do conceito de liberdade". Representações universais abstraídas da intuição são as figuras fundamentais do agir da razão esboçada por Schleiermacher, figuras nas quais esse agir é reconhecido "como algo múltiplo, abstraído das determinações espaço-temporais, isolado por determinações conceituais". Hegel, que partia da história, ordena essas representações universais em uma ordem temporal; Schleiermacher, que parte da vivência na sociedade atual, as estende umas ao lado das outras, como um outro reino natural.

Os métodos dos quais se serviu a *sociologia* entram em cena naturalmente junto com a requisição de que a época metafísica fosse por ela tratada com menosprezo e de que a época da filosofia positiva fosse inaugurada. Todavia, o fundador dessa filosofia, Augusto Comte, criou apenas uma metafísica naturalista da história que, como tal, era muito menos apropriada para os fatos do transcurso histórico do que a metafísica de Hegel ou de Schleiermacher. Por isso, seus conceitos gerais também são muito mais infrutíferos. Se Stuart Mill rompeu com os erros toscos de Comte, os erros mais finos nele continuaram aí presentes. A partir da subordinação do mundo histórico ao sistema do conhecimento natural, a filosofia de Comte surgiu no espírito da filosofia francesa do século XVIII; ao menos a subordinação do método de estudo de fatos espirituais aos métodos das ciências naturais foi mantida e defendida por Stuart Mill.

A concepção comtiana considera o estudo do espírito humano dependente da ciência biológica, das uniformidades passíveis de serem percebidas na sequência dos estados espirituais como o efeito das uniformidades nos estados do corpo. Assim, ela nega que se possa estudar por si a estrutura normativa dos estados psíquicos. A essa relação lógica de dependência em relação às ciências corresponde, então, segundo ele, a sequência histórica por meio da qual as ciências da sociedade veem determinado o seu lugar histórico. Como a sociologia tem por seu pressuposto as verdades de todas as ciências naturais, ela só chega depois de todas elas ao estágio de sua maturidade, isto é, à constatação das proposições que articulam as verdades particulares encontradas para formar um todo científico. A química entrou em um tal estágio na segunda metade do século XVIII com Lavoisier; a fisiologia, só no começo do século XIX, com a teoria dos tecidos de Bichat: assim, parecia a Comte que a constituição das ciências sociais como a classe suprema dos trabalhos científicos cabia a ele mesmo.[49] – Com certeza, ele reconhece (apesar de sua tendência para a regulamenta-

---

[49] Este contexto é expressamente reconhecido como decisivo para o desenvolvimento da sociologia: *Philosophie positive 4*, 225.

ção uniforme da ciência) que existe uma outra relação entre a sociologia e as ciências que a precederam, em particular a biologia, que abarca em si também o nosso parco conhecimento dos estados corporais, uma relação diversa daquela que se encontra entre alguma das ciências anteriores e aquelas que elas condicionam. A relação característica entre a dedução e a indução é invertida nesse ponto extremo das ciências; a generalização a partir da matéria dada na história é o ponto forte do procedimento da ciência da sociedade, e a dedução a partir dos resultados da biologia serve à verificação das leis assim encontradas.

– Na base dessa inserção dos fenômenos espirituais sob o nexo do conhecimento natural encontram-se duas hipóteses, da qual a primeira é indemonstrável e a outra, evidentemente falsa. A hipótese da condicionalidade exclusiva dos estados psíquicos por meio dos estados fisiológicos é uma conclusão apressada estabelecida a partir de fatos, que não permitem, segundo o julgamento dos próprios pesquisadores fisiológicos imparciais, nenhuma decisão.[50] A afirmação de que a percepção interna seria em si impossível e infrutífera, "um empreendimento, que nossos descendentes verão um dia entrar em cena para a sua diversão", é deduzida de maneira equivocada de uma deturpação do processo perceptivo e será minuciosamente refutada.

Nesse contexto da hierarquia das ciências, Comte desenvolveu a partir da visão do transcurso histórico do mundo e de uma verificação por meio da biologia "a direção necessária do nexo conjunto do desenvolvimento humano",[51] uma direção que serviu em seguida como princípio para ele para a direção da sociedade. – Na verificação biológica, nós tocamos evidentemente o nó vital de sua sociologia. Qual é, portanto, a base biológica, cuja produção possibilitou pela primeira vez a criação da sociologia? Comte explica: o método, do qual se serve a sociologia, precisou ser formado primeiramente no campo da ciência natural. O meio (*milieu*), no qual o homem se encontra, precisou ser reconhecido primeiramente nas ciências da natureza inorgânica. Mesmo que as coisas sejam assim, porém, precisamos de um nexo que se estenda até o ponto central da sociologia mesma. É difícil reter

---

[50] Assim também uma vez mais Hitzig nas pesquisas sobre o cérebro, p. 56, op. cit; cf., além disso, a *Physiol. Psychologie* (Psicologia fisiológica) de Wundt, sexta seção do segundo volume, 2. ed., 1880.
[51] 4, 631.

um sorriso: ele consiste no fato de a constância da organização biológica externa mostrar claramente a constância de uma certa estrutura fundamental psíquica. Em seguida, porém, citemos as próprias palavras de Comte: "*nous avons reconnu, que le sens général de l'évolution humaine consiste surtout à diminuer de plus en plus l'inévitable prépondérance, nécessairement toujours fondamentale, mais d'abord excessive, de la vie affective sur la vie intellectuelle, ou suivant la formule anatomique, de la région postérieure du cerveau sur la région frontale*".[52,53] Uma grosseira metafísica naturalista – essa é a base real de sua sociologia. – Por outro lado, o "sentido geral do desenvolvimento humano", tal como esse sentido é deduzido da visão do transcurso histórico do mundo, não é uma vez mais outra coisa senão uma *notio universalis*, uma representação geral confusa e indeterminada, que é abstraída da mera visualização do nexo histórico. Uma abstração não científica, sob cuja capa se encontra reunido o domínio crescente do homem sobre a natureza, a influência crescente das capacidades mais elevadas sobre as inferiores, da inteligência sobre os afetos, de nossas inclinações sociais sobre as nossas inclinações egoístas.[54] Essas imagens abstratas dos filósofos da história apresentam o transcurso histórico do mundo apenas por meio de reduções sempre diversas.

Se passarmos para a exposição, por intermédio da qual o aluno do mestre fundamenta o seu papado da inteligência científico-natural, então essa exposição constituirá uma estranha confirmação de nossas afirmações. A lei, que Comte realmente encontrou, uma lei que expressa as relações de dependência lógica das verdades entre si com a sua sequência lógica (ainda que ela continue sendo formulada por ele de maneira incompleta), pertence a uma ciência humana particular, e foi descoberta por ele em função de uma ocupação constante e penetrante com esse círculo da realidade efetiva social. A generalização das três épocas foi constatada por Turgot em seus verdadeiros traços

---

[52] *Phil. pos.* 5, 45.
[53] Em francês no original: "nós reconhecemos que o sentido geral da evolução humana consiste sobretudo em diminuir cada vez mais a inevitável preponderância, sempre necessariamente fundamental, mas de início excessiva, da vida afetiva sobre a vida intelectual, ou, seguindo a fórmula anatômica, da região posterior do cérebro sobre a frontal". (N.T.)
[54] *Phil. pos.* 4, 623 e segs.

fundamentais, e a exposição de Comte fracassa, uma vez que ele não conheceu em detalhes a história da teologia e da metafísica. Assim, sua sociologia não consegue abalar a posição que o estudo positivo da vida histórico-social sempre requisitou para si: a posição de uma metade do cosmo das ciências, baseando-se em suas condições próprias e independentes, crescendo em primeira linha a partir de meios próprios de conhecimento, codeterminada nesse caso pelo progresso das ciências do todo terrestre e pelas condições e formas da vida sobre esse todo.

Se Comte colocou assim, por um lado, a sua sociologia em uma relação brilhante, mas falsa com as ciências naturais, ele não reconheceu e não utilizou, por outro, a relação verdadeira e frutífera de cada consideração histórica com as ciências particulares do homem e da sociedade. Em contradição com o seu princípio da filosofia positiva, tirando a sua teoria sobre o nexo do desenvolvimento da inteligência, ele derivou as suas generalizações impetuosas fora da conexão com o aproveitamento metodológico das ciências humanas positivas.

O tipo de subordinação defendido por Stuart Mill em seu célebre capítulo sobre a lógica das ciências humanas precisa ser considerado como uma atenuação desse princípio da subordinação dos fenômenos históricos às ciências naturais, tal como ele se encontra em Comte. Se Mill volta, por um lado, as costas para o elemento metafísico em Comte e se ele teria certamente conseguido, por conseguinte, preparar um direcionamento mais saudável da consideração da história, a subordinação das ciências humanas às ciências da natureza continua atuando em seu método de uma maneira fatídica. Ele se distingue de Comte, assim como o sistema natural das funções sociais e das esferas de vida baseado na psicologia que os ingleses tinham apresentado no século XVIII se distingue do sistema baseado nas ciências naturais que os materialistas franceses tinham defendido no século XVIII. Mill reconhece completamente a autonomia das razões explicativas das ciências humanas. Mas ele subordina demais os seus métodos ao esquema, que desenvolveu a partir do estudo das ciências naturais. "Se", como ele diz, "alguns objetos deram resultados, com os quais todos concordam por fim unanimemente, atentando para a demonstração, enquanto em relação a outros, porém, não se foi muito feliz e os espíritos mais perspicazes se ocuparam deles desde tempos imemoriais sem conseguir fundamentar um sistema considerável de verdades, assegurado contra dúvidas e objeções, então podemos esperar afastar essa mancha negra da face da ciência, generalizando os métodos seguidos com sucesso nas primeiras investigações e os adaptando às outras".[55] Essa conclusão é tão contestável quanto foi infrutífera a "adaptação" dos métodos às ciências humanas, uma "adaptação" que é fundamentada por meio dessa conclusão. Em Mill, particularmente, é possível perceber o taramelar uniforme e cansativo das palavras indução e dedução, que chega até nós de maneira ressonante a partir de todos os países que nos cercam. Toda a história das ciências humanas é uma contrademonstração em relação à ideia de uma tal "adaptação". Essas ciências possuem uma base e uma estrutura totalmente diversas da base e da estrutura da natureza. Seu objeto é composto a partir de unidades dadas, não descobertas, que nos são compreensíveis internamente; nós sabemos que aqui compreendemos primeiro, para então paulatinamente conhecermos. Uma análise progressiva de um todo desde o princípio possuído por nós em um saber e em uma compreensão imediatos: este é, portanto, o caráter da história dessas ciências. A teoria dos Estados ou da poesia, tal como os gregos no tempo de Alexandre a possuíam, relaciona-se com a nossa ciência política ou com a nossa estética de maneira totalmente diversa da que as representações científico-naturais daquela época com as nossas. E o que ocorre aqui é um tipo próprio de experiência: o próprio objeto constrói-se primeiramente cada vez mais diante dos olhos da ciência progressiva; indivíduos e fatos são os elementos dessa experiência, o mergulho de todas as forças do ânimo no objeto é sua natureza. Essas alusões mostram de maneira suficiente que, em contraposição aos métodos em certa medida trazidos de fora para as ciências humanas de um Mill e de um Buckle, é preciso resolver a seguinte tarefa: fundamentar as ciências humanas por meio de uma teoria do conhecimento, justificar e apoiar a sua configuração autônoma, assim como afastar definitivamente a subordinação de seus princípios tanto quanto de seus métodos às ciências naturais.

---

[55] Mill, *Lógica* 2, 436.

XVII

ELES NÃO RECONHECEM A POSIÇÃO DAS CIÊNCIAS HUMANAS EM RELAÇÃO ÀS CIÊNCIAS PARTICULARES DA SOCIEDADE

Com esses erros quanto à tarefa e ao método, a posição falsa desses sonhos de ciências se encontra na mais imediata conexão com as ciências particulares. Elas esperam de suas aspirações tumultuosas o que só pode se mostrar como a obra do trabalho constante de muitas gerações. Por isso, todos esses esboços isolados se assemelham a materiais de construção que imitam por meio de uma caiadura os blocos, as colunas e os adornos em granito, que só surgem na elaboração paciente e lenta de uma frágil matéria-prima.

Nas inúmeras modulações que são próprias à diversidade de unidades individuais, no jogo imensuravelmente distribuído e alterável de causas, efeitos e ações recíprocas entre eles como a realidade efetiva do mundo histórico-social, a ciência sintetiza, procurando apenas conceber essa realidade, o elemento idêntico dos fatos, a uniformidade das relações na *sucessão* dos fatos, por um lado, e na sua *justaposição*, por outro.

Um lado do problema relativo ao nexo geral dessa realidade é constituído, portanto, pelo todo extremamente complexo do avanço da sociedade desde o seu estado de vida (*status societatis*) em uma média determinada até o estado de vida em uma média diversa, por fim desde o seu primeiro estado de vida concebível por nós para aquele estado que constitui a sociedade do presente (um *status* cuja concepção formou o conceito mais antigo de estatística). Como a *teoria do progresso histórico*, esse lado do problema forjou desde o início o centro da filosofia da história: Comte o designa como a dinâmica da sociedade. – Pois bem, a filosofia da história nunca conseguiu deduzir diretamente uma lei geral desse progresso a partir da realidade efetiva histórico-social com uma determinação suficiente. Uma tal teoria precisaria ou bem conter a relação entre fórmulas que expressassem cada uma por si a quinta-essência de um determinado *status societatis* e cuja comparação, com isso, trouxesse consigo a lei do progresso conjunto; ou uma tal teoria precisaria expressar em uma fórmula a quinta-essência de todas as relações causais, que produzem as transformações no interior do nexo total da sociedade. Não se precisa desenvolver mais detidamente o fato de a derivação de uma fórmula de um tipo ou de outro a partir da visão conjunta da realidade efetiva histórico-social ultrapassar totalmente o poder de visualização humano.

Se o nexo da vida histórico-social, considerado a partir do aspecto dos estados nele contidos, deve ser submetido ao método experimental, então o todo desse nexo precisa ser *dissolvido* em conexões particulares que são mais nítidas e mais simples. Precisa ser aplicado aqui o mesmo procedimento, por intermédio do qual as ciências humanas decompuseram o seu problema abrangente acerca do nexo da natureza externa e construíram na doutrina do equilíbrio e movimento dos corpos, do som, da luz, do calor, do magnetismo e da eletricidade, assim como na doutrina do comportamento químico dos corpos sistemas particulares de leis naturais, por intermédio das quais elas se aproximaram da resolução de seu problema geral. – Agora, contudo, existem ciências particulares que aplicaram esse procedimento. O único caminho possível de uma investigação do nexo histórico, a decomposição do nexo histórico em nexos particulares, foi tomado há muito tempo no interior das teorias particulares dos sistemas da cultura e no interior da organização externa da sociedade. O estudo do indivíduo como a unidade vital na composição da sociedade é a condição para a investigação dos fatos, que podem ser retirados por abstração da ação recíproca dessas unidades vitais na sociedade; somente sobre essa base dos resultados da antropologia, por intermédio das ciências teóricas da sociedade nas suas três classes principais, por intermédio da etnologia, das ciências dos sistemas da cultura assim como das ciências voltadas para a organização externa da sociedade, o problema do nexo entre os estados sucessivos da sociedade pode se aproximar paulatinamente de uma solução. – Também foram encontradas de fato por essa via todas as leis exatas e frutíferas, às quais as ciências humanas chegaram até hoje, como a lei grimmiana na ciência da linguagem, a thueneniana na economia política, as generalizações sobre estrutura, sobre história do desenvolvimento e perturbações da vida pública desde Aristóteles, as proposições conquistadas por Winckelmann, Heyne e os irmãos Schlegel para a história do desenvolvimento das artes, a lei comtiana da relação entre a dependência lógica das ciências entre si e das ciências em relação à sua sequência histórica.

O outro lado desse problema acerca do nexo geral na realidade efetiva histórico-social, o estudo das *relações* entre os *fatos* e as *transformações simultâneos*, também exige do mesmo modo uma decomposição do fato complexo de um tal *status societatis*. As relações de dependência e familiaridade, tal como ocorrem entre os fenômenos de uma época e se anunciam na perturbação que entra em cena nas alterações em um componente do estado social conjunto, podem ser comparadas com a relação que tem lugar entre os componentes, entre as funções de um organismo. Elas se encontram na base do conceito da cultura de uma era ou de uma época, e cada descrição histórico-cultural sempre parte delas. Hegel as apreendeu de maneira extremamente enérgica; seu artifício foi utilizar produtos literários de uma época, a fim de lançar luz a partir deles sobre a constituição espiritual dessa época. Assim, a sua teoria equivocada sobre o caráter representativo dos sistemas filosóficos para todo o espírito de um povo também estava fundada aí. Os sociólogos franceses e ingleses sintetizaram essas relações no conceito do consenso entre fenômenos sociais simultâneos. No entanto, a expressão exata para a familiriadidade entre os componentes diversos, para a dependência de um componente em relação ao outro, também pressupõe aqui a olhos vistos a distinção entre os elos e os sistemas particulares, que formam o *status societatis*; uma visão panorâmica do caráter da cultura em uma época já precisa mostrar como relações fundamentais de um mesmo tipo se manifestam na diversidade dos elos e sistemas da sociedade.

A consistência fática das *verdades gerais* na filosofia da história e na sociologia corresponde a essa relação que terá de ser desenvolvida mais profundamente pela metodologia das ciências humanas. Vico, Turgot, Condorcet, Herder eram em primeira linha historiadores universais movidos por um intuito filosófico. A visão abrangente, por meio da qual eles combinam as ciências umas com as outras, o modo como Vico combina a jurisprudência com a filologia, Herder as ciências naturais e a história, Turgot a economia política, as ciências naturais e a história, abriu pela primeira vez o caminho para a ciência histórica moderna. O nome da filosofia da história, sim, não raramente a mesma obra, abarca, porém, com esses trabalhos que realizaram combinações frutíferas na direção de uma verdadeira história universal, ao mesmo tempo teorias de um tipo totalmente diverso, que devem à comunidade com aqueles trabalhos a maior parte de seu prestígio. Dessas fórmulas que pretendem exprimir o sentido da história não emana nenhuma verdade frutífera. Tudo névoa metafísica. Em nenhum deles, essa névoa é mais espessa do que em Comte, que transformou o catolicismo de de Maistre no teatro de sombras de um direcionamento hierárquico da sociedade por meio das ciências.[56] E onde quer que ideias claras se destacam dessa névoa, nós deparamos aí com proposições sobre função, estrutura e história do desenvolvimento dos povos, religiões, Estados, ciências, artes particulares ou sobre as relações entre eles no nexo do mundo histórico. Cada imagem mais exata por meio da qual uma filosofia da história fornece algo de sangue e carne para as suas ideias fundamentais vagas se compõe a partir dessas proposições sobre a vida dos elos e sistemas da humanidade.[57]

XVIII

EXTENSÃO E APERFEIÇOAMENTO CRESCENTE DAS CIÊNCIAS PARTICULARES

Neste ínterim, as ciências humanas particulares vêm submetendo a si cada vez mais novos grupos de fatos. Elas obtêm cada vez mais, por meio do método comparativo e da fundamentação psicológica, o caráter de teorias gerais; e se elas têm se conscientizado com uma clareza cada vez maior de suas relações mútuas na realidade efetiva, então é preciso certamente que fique claro o fato de, em sua conexão, aqueles dentre os problemas da sociologia, da filosofia do espírito ou da história que são acessíveis a uma tal teoria geral se aproximarem de uma solução.

---

[56] Comte, *Phil. pos.* 4, 683 e segs.
[57] Particularmente claro na grandiosa *Ética* de Schleiermacher, uma vez que aqui a "ação da razão sobre a natureza, com base em sua inter-relação, tal como ela é construída como algo conceitualmente múltiplo" (§ 75 e segs.), só recebe o seu conteúdo por meio da relação com os sistemas, que formam a vida da sociedade, e por meio dos resultados das ciências particulares sobre ela.

Nós vimos como essas ciências particulares foram isoladas da conexão total por meio de um processo de análise e de abstração. Sua verdade só se encontra na relação com a realidade efetiva, na qual suas proposições abstratas estão contidas. Somente na medida em que essa relação é coapreendida em suas proposições, essas proposições são válidas para essa realidade. No desprendimento dessa conexão surgiram os equívocos fatídicos, que degradaram a ciência e prejudicaram a sociedade como direito natural abstrato, como economia política abstrata, como sistema da religião natural, em suma, como o sistema natural dos séculos XVII e XVIII. Na medida em que, a partir de uma consciência epistemológica, as ciências particulares retêm a posição de suas proposições em relação à realidade efetiva da qual são abstraídas, essas proposições obtêm, por mais abstratas que sejam, a medida de sua validade a partir da realidade efetiva. – Mas vimos, além disso, que não nos é permitido alcançar nenhum conhecimento do nexo total concreto da realidade efetiva histórico-social para além daquele que é conquistado por meio da decomposição desse nexo em nexos particulares, ou seja, senão por intermédio dessas ciências particulares. Em última instância, nosso conhecimento desse nexo não é senão uma clarificação e uma conscientização do nexo lógico, no qual as ciências particulares o possuem ou permitem conhecê-lo. Em contrapartida, as ciências humanas particulares isoladas acabam por decair necessariamente em uma abstração morta; a filosofia do espírito isolada é um fantasma; a separação do modo filosófico de consideração da realidade efetiva histórico-social é a herança perniciosa da metafísica.

O desenvolvimento das ciências particulares do espírito mostra um progresso que está em concordância com isso. Análises imparciais, livres das abstrações de dias passados, das configurações particulares oriundas da região da organização externa da sociedade ou dos sistemas da cultura, tal como obtivemos em uma grande quantidade desde os trabalhos gloriosos de Tocqueville, descobrem o nexo interno dos construtos históricos. O procedimento da comparação passou na prova no interior das ciências linguísticas, estendeu-se vitoriosamente à mitologia e promete gradualmente a todas as ciências humanas particulares o caráter de teorias reais. A conexão com a antropologia não é mais desprezada por nenhum pesquisador positivo.

As ciências voltadas para os sistemas da cultura e para a organização externa da sociedade encontram-se, porém, em conexão com a antropologia principalmente por meio daqueles fatos psíquicos ou psicofísicos que designei anteriormente como fatos de segunda ordem. A análise desses fatos, que se formam na ação recíproca dos indivíduos na sociedade e de maneira alguma são passíveis de ser diluídos nos fatos da antropologia, condiciona em um grau considerável o rigor teórico das ciências particulares, das quais ela se encontra na base. Os fatos ligados à necessidade, ao trabalho, à dominação e à satisfação são de natureza psicofísica; eles são componentes das bases da economia política, da ciência política e da ciência jurídica, e sua decomposição permite penetrar, por assim dizer, na mecânica da sociedade. Poder-se-ia pensar um modo de consideração geral, em certa medida uma psicofísica da sociedade, que tivesse por objeto as relações entre a distribuição da massa conjunta alterável da vida psíquica sobre a superfície terrestre e a distribuição daquelas forças que já se encontram na natureza, que servem a essa massa conjunta e satisfazem, por fim, com suas realizações, suas necessidades. Outros fatos psíquicos importantes se encontram na base dos sistemas da cultura espiritual mais elevada, tal como o fato da transferência e da transformação que se realiza nela. Na transferência, um estado permanece em A enquanto passa para B; aqui se baseiam as relações quantitativas em cada sistema de um movimento espiritual. Se partirmos do fato de existir na ciência uma transferibilidade completa dos conceitos e proposições dos pensadores que os conceberam para aqueles cujo poder de apreensão é apropriado à tarefa de sua compreensão, então surgirá daí o problema interessante de investigar as causas das perturbações que permitiram um tal progresso regular na história do saber.

Também há no interior do mundo histórico, que, como o mar, traz sempre consigo o movimento de suas ondas, ao lado dos fatos permanentes que, conteúdos parciais das ações recíprocas psicofísicas, representam, tal como eles são, construtos permanentes como religiões, Estados e artes e são investigados como tais pelas ciências humanas particulares, processos abrangentes e em si coesos de um tipo mais passageiro, que entram em cena, crescem e se estendem no interior da ação histórica recíproca, para logo em seguida desaparecerem uma vez mais. Revoluções, épocas, movimentos: esses são nomes para esses fenômenos históricos, que são muito mais difíceis de serem apreendidos do que as figuras duradouras trazidas à tona pela organização externa da sociedade ou pelos sistemas da cultura. Já Aristóteles tinha dedicado uma investigação perspicaz às revoluções. No entanto, são em particular os movimentos espirituais que precisam se tornar acessíveis com o tempo a um tratamento bem exato, uma vez que esses movimentos admitem determinações quantitativas. Desde a época histórica, na qual a tipografia entra em cena e conquista uma mobilidade suficiente, estamos em condições de, por meio da aplicação do método estatístico ao acervo das bibliotecas, medir a intensidade dos movimentos espirituais, a distribuição do interesse em um determinado momento da sociedade. Assim, somos postos em condições de tornar representável todo o processo, desde as condições de um círculo cultural, o grau de tensão e interesse nele existente, através das primeiras tentativas tateantes, até uma criação genial. A apresentação dos resultados de uma tal estatística ganha muito em plasticidade por meio da representação gráfica.

Assim, a ciência positiva também se esforçará por submeter ao tratamento teórico os nexos mais passageiros em meio à ação recíproca geral dos indivíduos na sociedade. Todavia, chegamos ao limite no qual aquilo que alcançamos conduz a tarefas futuras – um limite a partir do qual é possível lançar os olhos para costas distantes.

XIX

A NECESSIDADE DE UMA FUNDAMENTAÇÃO
EPISTEMOLÓGICA PARA AS CIÊNCIAS
HUMANAS PARTICULARES

Todos os fios de nossas ponderações até aqui confluem para a seguinte intelecção: o conhecimento da realidade efetiva histórico-social realiza-se nas ciências humanas particulares. Essas ciências, porém, carecem de uma consciência sobre a relação de suas verdades com a realidade efetiva, uma realidade da qual elas são conteúdos parciais, assim como com as outras verdades, que também são abstraídas como elas dessa realidade. Além disso, só uma tal consciência pode conferir a seus conceitos a plena clareza, a suas proposições a plena evidência.

A partir dessas premissas surge a tarefa de desenvolver uma *fundamentação epistemológica das ciências humanas*, usando em seguida o recurso criado em uma tal fundamentação, para determinar o nexo interno das ciências humanas particulares, os limites no interior dos quais um conhecimento é possível nelas, assim como a relação de suas verdades entre si. A resolução dessa tarefa poderia ser designada como crítica da razão histórica, isto é, como a faculdade do homem de conhecer a si mesmo tanto quanto a sociedade e a história criadas por ele.

Uma tal fundamentação das ciências humanas, se quiser alcançar sua meta, precisará se distinguir em dois pontos dos trabalhos congêneres até aqui. Ela precisará *articular* mutuamente *teoria do conhecimento e lógica* e preparar, assim, a resolução da tarefa, que é designada no funcionamento escolar com os termos enciclopédia e metodologia. Mas ela precisará *restringir*, por outro lado, seu *problema ao campo das ciências humanas*.

Configurar a *lógica como uma teoria do método* é a direção comum a todos os trabalhos lógicos excelentes de nosso século XIX. O problema da teoria do método, contudo, alcança uma forma particular por meio do nexo no qual ele entra na filosofia alemã moderna. Essa forma da tarefa está estabelecida objetivamente em todo o nexo de nossa filosofia e precisa distinguir toda teoria do método que aparece entre nós dos trabalhos de um Stuart Mill, de um Whewell ou de um Jevons.

A análise das condições sob as quais se encontra a consciência dissolveu a certeza imediata do mundo exterior, a verdade objetiva da percepção e, em seguida, das proposições que expressam as propriedades do elemento espacial, assim como a certeza imediata dos conceitos de substância e causa que exprimem a natureza do real; e, em verdade, ela foi em parte sustentada, em parte confirmada pelos resultados da física e da fisiologia. Assim, surge a tarefa de preencher essas ciências particulares com essa consciência crítica. Satisfizeram-se as exigências por evidência, nas quais as ciências positivas da época anterior se encontraram com a lógica formal daqueles dias, na medida em que os fatos e proposições que se apresentam de maneira imediatamente certa na consciência foram colocados sob o domínio das leis do pensar discursivo. Desde então, porém, a partir do ponto de vista crítico, passou a ser preciso colocar outras exigências à configuração de um nexo de pensamento claramente consciente de sua segurança no interior das ciências particulares. A partir daí emerge para a lógica a tarefa de desenvolver essas exigências, tal como elas precisam ser apresentadas para a configuração de um nexo de pensamento claramente consciente de sua segurança no interior das ciências particulares.

Uma lógica que cumpre essas exigências constitui o elo central entre o ponto de vista conquistado pela filosofia crítica e os conceitos e proposições fundamentais das ciências particulares. Pois as regras que essa lógica projeta procuram garantir a segurança de proposições oriundas das ciências particulares por meio de um nexo que está fundado nos elementos para os quais a análise da consciência reconduz a segurança do conhecimento. Vemos aqui uma vez mais o movimento incapaz de ser retido da ciência de nosso século, o seu ímpeto por derrubar os limites que um empreendimento disciplinar tinha erigido entre a filosofia e as ciências particulares.

A lógica só consegue corresponder, contudo, às exigências da consciência crítica, na medida em que amplia seu campo para além da análise do pensamento discursivo. A lógica formal restringe-se às leis do pensamento discursivo, que puderam ser abstraídas do sentimento convicto que acompanha os julgamentos e as conclusões que transcorrem em nossa consciência. A lógica, em contrapartida, que retira a consequência do ponto de vista crítico, acolhe em si as investigações designadas por Kant como estética transcendental e analítica transcendental, isto é, o nexo dos processos que se encontram na base do pensamento discursivo; ela penetra, assim, retroativamente na natureza e no valor cognitivo de processos, cujos resultados já se encontram em nossa mais tenra memória. E, em verdade, pode colocar na base do nexo que assim emerge e que abarca o processo interno e externo da percepção, tanto quanto o pensamento discursivo, o princípio da equivalência, de acordo com o qual a realização, que faz com que o processo perceptivo vá além daquilo que lhe é dado, equivale ao pensamento discursivo. O conceito profundo das conclusões inconscientes que é desenvolvido por Helmholtz encontra-se na direção de uma ampliação da lógica.[58] Essa ampliação precisa ter em seguida

---

[58] Cf. a última versão de *Tatsachen in der Wahrnehmung* (Fatos na percepção – 1879), p. 27.

uma reação sobre as fórmulas, nas quais os componentes e as normas do pensamento discursivo são apresentados. O ideal lógico mesmo se transforma. Sigwart transformou as fórmulas da lógica a partir desse ponto de vista e fundamentou, com isso, uma doutrina do método sob o ponto de vista crítico.[59] Depois que a consciência crítica se fez presente, passou a ser impossível haver uma evidência de primeira e de segunda classe ou homens do saber do primeiro e do segundo nível hierárquico; a partir de agora, o único conceito pleno em termos lógicos é aquele que contém em si uma consciência de sua proveniência; só possui certeza aquela proposição cuja fundamentação remonta a um saber incontestável. As exigências lógicas ao conceito só são cumpridas a partir do ponto de vista crítico quando está presente no nexo do conhecimento no qual o conceito se mostra uma consciência do próprio processo de conhecimento, por meio do qual ele é formado, e quando está inequivocamente determinado para ele por meio dessa consciência o seu lugar no sistema dos sinais, que se referem à realidade efetiva. Só se faz frente às exigências lógicas feitas a um juízo quando a consciência de seu fundamento lógico no nexo do conhecimento no qual ele se mostra inclui a clareza epistemológica sobre validade e amplitude de todo o nexo dos atos psíquicos, que constituem esse fundamento. Por isso, as exigências da lógica aos conceitos e proposições remontam ao problema central de toda teoria do conhecimento: à natureza do saber imediato acerca dos fatos da consciência e à relação desse saber com o conhecimento progressivo segundo o princípio da razão suficiente.

Essa ampliação do campo de visão da lógica está em consonância com o direcionamento das próprias ciências positivas. Na medida em que o pensamento científico natural vai além da relação natural de nossas sensações com coisas particulares no espaço e no tempo, ele se encontra por toda parte remetido à determinação exata dessas sensações mesmas, e, em seguida, à determinação de sua sequência de acordo com um critério de medida temporal universalmente válido, às determinações locativas e quantitativas universalmente válidas assim como à eliminação dos erros de observação, em suma, aos méto-

---

[59] Em 1873 no primeiro volume de sua *Lógica*, ao qual seguiu então em 1878 no segundo volume a *Doutrina do método*.

dos por meio dos quais a formação dos próprios juízos perceptivos pode ser levada à sua perfeição lógica. No que diz respeito às ciências humanas, porém, ficou claro para nós que fatos psíquicos e psicofísicos não formam a base da teoria apenas do indivíduo, mas também dos sistemas da cultura tanto quanto da organização externa da sociedade, e que eles se encontram na base da visão e da análise histórica em cada um de seus estágios. Por isso, só a investigação epistemológica sobre o tipo de tais fatos, tal como eles nos são dados, e sobre a evidência que lhes cabe pode fundamentar uma real doutrina do método das ciências humanas.

Assim, a lógica entra em cena entre a fundamentação epistemológica e as ciências particulares como um elo central. Com isso, surge aquele *nexo* interno *da ciência moderna*, que precisa vir à tona no lugar do antigo nexo metafísico de nosso conhecimento.

A segunda peculiaridade na determinação da tarefa da presente introdução reside na sua *limitação à fundamentação das ciências humanas*.[60] – Se as condições entre as quais o conhecimento da natureza se encontra fossem no mesmo sentido fundamentais para a construção das ciências humanas; se todos os modos de procedimento por meio dos quais o conhecimento da natureza é alcançado sob tais condições fossem aplicáveis ao estudo do espírito, e, em verdade, nenhum outro senão eles; e se, por fim, o tipo de dependência das verdades entre si tanto quanto o tipo de relação das ciências umas com as outras fosse o mesmo aqui e lá, então, a separação da fundamentação das ciências humanas em relação à fundamentação das ciências da natureza seria inútil. – Na realidade, precisamente as condições mais questionáveis dentre aquelas sob as quais se encontra o conhecimento científico-natural, a saber, a disposição e o movimento espacial no mundo exterior, não possuem nenhum efeito sobre a evidência das ciências humanas, uma vez que[61] o mero fato de tais fenômenos existirem e serem sinais de algo real é suficiente para a construção de suas proposições. Portanto, se ganhamos essa base mais estreita, então se abre a possibilidade de conquistar uma segurança para o nexo das verdades nas ciências do homem, da sociedade e da história, uma segu-

---

[60] P. 33.
[61] P. 33.

rança à qual as ciências naturais, na medida em que querem ser mais do que descrição de fenômenos, nunca poderão aceder. – Na realidade, mesmo antes de serem conhecidos,[62] e, em verdade, no todo do ânimo,[63] os modos de procedimento das ciências humanas como os modos nos quais seu objeto é compreendido são, além disso, muito diversos daqueles das ciências naturais.[64] E só se precisa levar em conta a posição que a concepção dos fatos como tais[65] possui aqui, e, em seguida, o modo como essa concepção atravessa diversos graus de elaboração sob a influência da análise,[66] para reconhecer a estrutura totalmente diversa do nexo nessas ciências. – Por fim, fato, lei, sentimento valorativo e regra encontram-se aqui em uma conexão interna, que não ocorre no interior das ciências naturais. Esse nexo só pode ser conhecido na autorreflexão,[67] e a autorreflexão também tem de resolver aqui um problema particular das ciências humanas, um problema que, como vimos, não encontrou sua solução no ponto de vista metafísico da história.

Por isso, um tal tratamento isolado permite que a natureza verdadeira das ciências humanas venha à tona por si e, assim, talvez contribua para quebrar as correntes, nas quais sua irmã mais velha e mais forte tinha mantido presa essa irmã mais jovem desde o momento em que Descartes, Espinoza e Hobbes transferiram os seus métodos amadurecidos a partir da matemática e das ciências naturais para essas ciências que tinham ficado para trás.

---

[62] P. 112 e segs.
[63] P. 117 e segs.
[64] P. 130 e segs.
[65] P. 47.
[66] P. 38 e segs., 55 e segs., 113 e segs.
[67] P. 110.

SEGUNDO LIVRO

METAFÍSICA COMO BASE DAS CIÊNCIAS HUMANAS: SEU DOMÍNIO E SUA DECADÊNCIA

Deusas aqui imperam em solidão,
Ao seu redor nenhum lugar, nem tampouco um tempo estão;
Falar delas é um embaraço vão.

Fausto: Para onde leva o caminho?
Não há nenhum caminho! Para o ainda não desbravado
Para o que não pode ser desbravado.

Goethe

PRIMEIRA SEÇÃO

A REPRESENTAÇÃO MÍTICA E O SURGIMENTO DA CIÊNCIA NA EUROPA

PRIMEIRO CAPÍTULO

A TAREFA QUE SURGIU A PARTIR DO RESULTADO DO PRIMEIRO LIVRO

O primeiro livro introdutório apresentou, inicialmente, o objeto da presente obra a partir de uma visão panorâmica: a realidade efetiva histórico-social, no contexto em que ela se constrói no interior da articulação natural do gênero humano a partir de unidades individuais, assim como as ciências da realidade efetiva, isto é, as ciências humanas, em sua posição separada e nas relações internas nas quais elas surgiram a partir da luta do conhecimento com essa realidade; e isso para que aquele que se lance nessa introdução perceba antes de mais nada o objeto mesmo em sua realidade efetiva.

Isso foi oferecido pelas ideias científicas que dirigem nossa obra. Pois nela cada conhecimento divergente em relação aos resultados até aqui da reflexão filosófica se mostra como o produto do pensamento fundamental de que a filosofia é inicialmente uma instrução para a apreensão da realidade e da efetividade em uma experiência pura e uma decomposição nos limites prescritos pela crítica ao conhecimento. Para aquele que se ocupa das ciências humanas, essa obra quer formar, por assim dizer, os órgãos necessários para a experiência do mundo histórico-social. Pois a alma poderosa da ciência atual é uma exigência insaciável por realidade que quer, depois de reconfigurar as ciências naturais, se apoderar agora do mundo histórico-social, a fim de, se possível, abarcar o todo do mundo e conquistar os meios para interferir no curso da sociedade humana.

Essa experiência total e plena, contudo, nunca foi colocada até aqui na base do filosofar. Ao contrário, o empirismo não é menos abstrato do que a especulação. O homem, composto por escolas empiristas influentes a partir de sensações e representações como a partir de átomos, se encontra em contradição com a experiência interna, cujos elementos tornam possível a representação do homem: essa máquina não teria a capacidade de se manter um dia no mundo. O nexo social, que é deduzido dessa concepção empirista, não é menos uma construção esboçada por elementos abstratos do que aquela que as escolas especulativas apresentaram. A sociedade real não é nem um mecanismo nem, como outros a representam de maneira algo mais nobre, um organismo. A análise da realidade que corresponde às exigências rigorosas da ciência e o reconhecimento da realidade da efetividade que se lança para além dessa análise são apenas os dois lados diversos do mesmo ponto de vista da experiência. "Na contemplação tanto quanto no agir", observa Goethe, "é preciso que se distinga o acessível do inacessível; sem isso, não se pode realizar muita coisa nem na vida nem na ciência".

Em contraposição ao empirismo dominante tanto quanto à especulação, portanto, é preciso tornar visível inicialmente em sua plena realidade a realidade efetiva histórico-social; é a essa realidade efetiva que se referem todas as investigações seguintes. Em contraposição aos esboços de uma ciência que abarca todo o nexo dessa realidade efetiva, é preciso mostrar o entrelaçamento das realizações das ciências particulares frutíferas que se tornaram históricas; nelas vem a termo o grande processo de um conhecimento em verdade relativo, mas progressivo da vida social. E como encontramos o leitor ocupado com as ciências particulares ou ativo na técnica da vida profissional com elas associada, foi preciso demonstrar, em contraposição a essa particularização, a necessidade de uma ciência fundante que desenvolvesse as relações das ciências particulares com o processo cognitivo progressivo; todas as ciências humanas remontam a uma tal fundamentação.

Nós nos voltaremos a partir de agora para essa fundamentação. Para a sua construção, ela deduz daquilo que foi dito até aqui apenas a demonstração da necessidade de uma ciência geral que fundamente as ciências humanas. Em contrapartida, ela precisa apresentar agora pela primeira vez a fundamentação rigorosa para a visão da realidade efetiva histórico-social e do progresso no qual ocorre o seu conhecimento, até o ponto em que essa visão é mais do que uma disposição conjunta de fatos.

Na literatura das ciências humanas, nós encontramos agora *duas formas* diversas de *uma tal fundamentação*. Se apenas um número pequeno de trabalhos promovidos pela primeira vez pela filosofia crítica do século XVIII tentou, por um lado, até aqui fundamentar as ciências humanas na *autorreflexão* e, com isso, na teoria do conhecimento e na psicologia, sua fundamentação baseia-se, por outro, há mais de dois mil anos, na *metafísica*. Pois durante todo esse tempo o conhecimento do mundo espiritual foi reduzido ao conhecimento de Deus como o seu criador e à ciência do nexo interno geral da realidade efetiva como o fundamento tanto da natureza quanto do espírito. Particularmente até o século XV, a metafísica (excluindo daí o tempo da fundamentação da ciência alexandrina até a construção da metafísica cristã) imperou sobre as ciências particulares como uma rainha. A metafísica subordina a si mesma, porém, de acordo com o seu conceito de maneira necessária, todas as ciências particulares quando é efetivamente reconhecida. Esse reconhecimento, contudo, foi durante tanto tempo óbvio, que o espírito estava certo de conhecer o nexo interno e geral da realidade efetiva. Pois a metafísica é justamente o sistema natural, que emerge da subordinação da realidade efetiva à lei do conhecimento. A metafísica, portanto, é, em geral, a constituição da ciência sob cujo domínio se desenvolveu o estudo do homem e da sociedade e sob cuja influência ela se encontra hoje, ainda que com uma abrangência e com um grau reduzidos.

Nos portais das ciências humanas, nós deparamos, por isso, com a metafísica, acompanhada pelo ceticismo, que é dela inseparável, que se mostra por assim dizer como a sua sombra. A demonstração de sua insustentabilidade constitui a parte negativa da fundamentação das ciências humanas particulares, que reconhecemos no primeiro livro como necessária. E, em verdade, procuramos completar a realização abstrata da demonstração própria ao século XVIII por meio do conhecimento histórico desse grande fenômeno. Com certeza, o século XVIII refutou a metafísica. Mas o espírito alemão vive, diferentemente do espírito inglês e francês, na consciência histórica da continuidade, cujos fios não se rompem para nós desde os séculos XVI e XVII. É aqui que se baseia a sua profundidade histórica, uma profundidade na qual o passado constitui um momento da consciência histórica presente. Assim, o amor à grande Antiguidade, por um lado, apoiou em espíritos nobres mesmo no século XIX na Alemanha a metafísica refletida; mas, justamente por meio da mesma imersão fundamental no espírito do passado, na pesquisa da história do pensamento, nós conquistamos agora, por outro lado, os meios para reconhecer historicamente a metafísica em sua origem, em seu poder e em sua decadência. Pois a humanidade só superará completamente esse grande fato espiritual, assim como todos os outros que sobreviveram, mas que arrastam consigo a sua tradição, quando conseguir compreendê-lo.

Na medida em que o leitor, porém, seguir a presente apresentação, ele se preparará historicamente para a fundamentação em termos de uma teoria do conhecimento. Como a apresentação seguinte procurará fundamentar, a metafísica como sistema natural era um *estágio necessário* no desenvolvimento espiritual dos povos europeus. Por isso, o ponto de vista da metafísica não pode ser de modo algum posto de lado por meio de meros argumentos pelo ponto de vista que entra nas ciências, mas ele precisa ser por ele, se não vivenciado inteiramente, de qualquer modo pensado totalmente e de tal modo resolvido. Suas consequências estendem-se através de todo o nexo dos conceitos modernos; a bibliografia voltada para a religião e o Estado, para o direito tanto quanto para a história surgiu em sua maior parte sob seu domínio, e mesmo a parte restante encontra-se quase totalmente, ainda que contra a sua vontade, sob sua influência. Só quem tiver esclarecido para si mesmo esse ponto de vista em toda a sua força, isto é, só quem tiver compreendido historicamente a sua necessidade, que está enraizada na natureza imutável do homem; só quem tiver reconhecido o seu poder constante em seus fundamentos e desenvolvido suas consequências para si conseguirá destacar totalmente seu próprio modo de pensamento desse solo metafísico e conhecer tanto quanto eliminar os efeitos da metafísica na bibliografia presente nas ciências humanas. Mas a própria humanidade tomou esse caminho. Por conseguinte, só quem tiver reconhecido a forma simples e dura da *prima philosophia* em sua história descobrirá a insustentabilidade da metafísica atualmente dominante, que está ligada às ciências empíricas ou adaptada a elas: a insustentabilidade da filosofia dos monistas da filosofia da natureza, de Schopenhauer e de seus discípulos tanto quanto de Lotze. Por fim, só quem tiver reconhecido os fundamentos do isolamento das ciências humanas filosóficas e empíricas que estão contidos justamente nessa metafísica, assim como só quem tiver perseguido as consequências desse isolamento na história da metafísica reconhecerá nesse isolamento em meio a ciências racionais e empíricas o coração estagnado do espírito metafísico e o afastará decididamente, a fim de criar um solo livre para a compreensão saudável do nexo das ciências humanas.

SEGUNDO CAPÍTULO

O CONCEITO DE METAFÍSICA. O PROBLEMA DA RELAÇÃO COM OS FENÔMENOS MAIS IMEDIATAMENTE APARENTADOS

A consideração do mundo histórico trouxe consigo uma difícil questão. A ação recíproca das unidades individuais, de sua liberdade, sim, mesmo de seu arbítrio (essas palavras tomadas no sentido de nomes para uma vivência, não para uma teoria), a diversidade dos caracteres nacionais e das individualidades, por fim, os destinos provenientes do nexo natural no qual tudo isso entra em cena: todo esse pragmatismo da história implica um *nexo final histórico-mundial composto*, por intermédio da identidade da natureza humana assim como por intermédio dos traços presentes nela, que possibilitam uma colaboração do indivíduo em algo que se lança para além dele mesmo, para o interior das grandes formas dos sistemas fundados na mútua intervenção livre das forças tanto quanto da organização externa da sociedade: no Estado e no direito, na vida econômica, na língua e na religião, na arte e na ciência. Assim, unidade, necessidade e lei surgem na história de nossa espécie. O historiógrafo pragmático pode se regalar com o jogo das forças particulares, com os efeitos da natureza e do destino ou mesmo de uma mão superior; o metafísico pode substituir as suas fórmulas abstratas por essas forças atuantes, como se elas prescrevessem à espécie humana o seu caminho, como o fazem os espíritos astrais da astrologia, alimentados do mesmo modo por representações metafísicas: os dois não conseguem nem mesmo se aproximar dessa questão. O mistério da história e da humanidade é mais profundo do que uma coisa e outra. Seu véu se ergue onde quer que se veja a vontade ocupada consigo mesma do homem, contra a sua intenção, atuar em um nexo final que se lança para além dele ou onde quer que se veja sua inteligência limitada realizar algo nesse nexo; algo de que esse nexo precisa, mas que não tinha sido nem previsto nem visado pela inteligência particular. O cego Fausto no último trabalho ilusório de sua vida é o símbolo de todos os heróis da história, assim como Fausto que com os olhos e as mãos do imperador dá forma à natureza e à sociedade.

No interior desse nexo vivo que está fundado na totalidade da natureza humana, o *desenvolvimento intelectual* da espécie humana se destacou paulatinamente na ciência. – Esse desenvolvimento constitui um nexo racional, que se estende para além do indivíduo. A atividade regida por fins dos homens individuais, uma atividade que Schleiermacher designou como "querer saber", outros como "impulso ao saber" (nomes para um fato da consciência, mas não um esclarecimento desse fato), precisa contar com, acolher em si e se lançar até a atividade correspondente regida por fins de outros homens. E, em verdade, precisamente representações, conceitos e proposições podem ser simplesmente transferidos. É por isso que ocorre nesse contexto ou nesse sistema um desenvolvimento tão constante quanto em nenhum outro campo da ação humana, apesar de esse nexo final do trabalho científico não ser dirigido por nenhuma vontade conjunta, mas de se realizar na atividade livre dos indivíduos particulares. – A teoria geral desse sistema é uma teoria do conhecimento e uma lógica. Ela tem por seu objeto a relação entre os elementos nesse nexo racional do processo cognitivo que se realiza na espécie humana, na medida em que essa relação é passível de uma apreensão genérica.[1] Com isso, ela busca necessidade, uniformidade e lei no nexo desse processo cognitivo que se estende para além do indivíduo. Seu material é a história do conhecimento humano como fato e seu ponto final é constituído pela lei composta de formação nessa história do conhecimento. – Pois, apesar de a história da ciência ser feita, por um lado, em parte por indivíduos bastante poderosos, em parte por indivíduos extremamente obstinados; apesar de as diversas disposições das nações produzirem um efeito nessa história e de o meio social no qual se realiza esse processo cognitivo codeterminá-lo o tempo todo, a história

---

[1] Cf. p. 59.

do espírito científico se mostra, por outro lado, como uma unidade consequente que se estende para além de um tal pragmatismo. Pascal considera a espécie humana como um único indivíduo que aprende incessantemente. Goethe compara a história das ciências com uma grande fuga, na qual as vozes dos povos vão se tornando cada vez mais audíveis.

Nesse nexo final da história das ciências, no século V a.C., a *metafísica* veio à tona em um determinado ponto junto aos povos europeus, dominou em dois grandes períodos de tempo o espírito científico da Europa e entrou, em seguida, há muitos séculos, em um processo paulatino de dissolução.

A expressão metafísica é usada em um sentido tão diverso, que a quinta-essência dos fatos que é designada aqui por meio desse nome precisa ser delimitada de início historicamente.

Todos nós sabemos que a expressão designava originariamente apenas a posição da "filosofia primeira" de Aristóteles, o fato de ela vir depois de seus escritos sobre ciências naturais, mas que, em seguida, ela foi interpretada, de uma maneira que correspondia à orientação do tempo, como uma ciência daquilo que transcende a natureza.[2]

Aquilo que Aristóteles compreendia por filosofia primeira é, por isso, o que há de mais conveniente para ser colocado na base da determinação desse conceito, porque essa ciência alcançou por meio de Aristóteles a sua figura autônoma, claramente diversa das ciências particulares, e porque o conceito de metafísica, tal como foi cunhado por Aristóteles, foi adotado no transcurso subsequente do processo do conhecimento. Aquilo que veio à tona aqui historicamente pode ser ao mesmo tempo comprovado como o que foi condicionado no nexo final da história das ciências. – Segundo Aristóteles, a ciência distingue-se da experiência pelo fato de conhecer o fundamento que está estabelecido na causa eficiente. Segundo Aristóteles, a ciência parti-

---

[2] Bonitz, *Aristotelis Metaphysica* II, p. 3 e segs., discute à exaustão o fato de Aristóteles designar essa ciência como πρώτη φιλοσοφία, de a expressão μετὰ τὰ φυσικά vir à tona a princípio na época de Augusto para denominar essa parte dos escritos de Aristóteles (algo que pode ser provavelmente reportado a Andrônico) e significar inicialmente a quinta-essência dos escritos, que se seguiram aos escritos sobre ciências naturais na coletânea e no nexo sistemático indicado suficientemente por Aristóteles, mas, em seguida, de ela ter sido interpretada, de maneira correspondente à orientação da época, como uma ciência do transcendente.

cular distingue-se da sabedoria na qual o impulso ao saber encontra sua satisfação posta em si mesmo (a palavra sabedoria tomada aqui em seu sentido mais rigoroso e mais elevado, portanto, como a primeira sabedoria) pelo fato de reconhecer os primeiros fundamentos que dão sustentação de maneira completamente genérica a toda a realidade efetiva. Ela contém os fundamentos do círculo particular da experiência e domina por intermédio desses fundamentos o agir conjunto. Essa primeira sabedoria perfeita é justamente a filosofia primeira. Enquanto as ciências particulares, por exemplo, a matemática, possuem por seu objeto regiões particulares do ente, essa filosofia primeira possui por objeto o todo do ente ou o ente como ente, isto é, as determinações comuns do ente. E enquanto cada ciência particular, correspondendo à sua tarefa de conhecer uma determinada região do ente, só retorna a um certo ponto na constatação dos fundamentos, um ponto que é ele mesmo condicionado retroativamente no nexo do conhecimento, a filosofia primeira tem por seu objeto os fundamentos de todo ente, fundamentos que não são ulteriormente condicionados no processo do conhecimento.[3]

Essa determinação conceitual da filosofia primeira ou da metafísica esboçada por Aristóteles é mantida pela maioria dos excelentes metafísicos da Idade Média.[4] Na filosofia moderna, prepondera cada vez mais a mais abstrata dentre as fórmulas aristotélicas, aquela que determina a metafísica como ciência dos fundamentos que não são ulteriormente condicionados no processo do conhecimento. Assim, Baumgarten define a metafísica como a ciência dos fundamentos primeiros do conhecimento. E mesmo Kant define de maneira totalmente consonante com Aristóteles o conceito daquela ciência que ele designa como a metafísica dogmática e cuja dissolução buscou levar a termo. Em sua crítica da razão, ele se articulou precisamente com o conceito aristotélico de fundamentos que não são eles mesmos mais condicionados. Toda proposição universal (diz Kant), na medida em que pode servir como premissa maior em um silogismo, é um princí-

---

[3] Essa determinação conceitual da πρώτη φιλοσοφία de Aristóteles é deduzida principalmente de *Met.* I, I.2 III, I e segs.. VI. No que concerne à relação dos conceitos de σοφία, πρώτη σοφία, ὅλως σοφός com a πρώτη φιλοσοφία, remeto para o comentário de Schwegler à *Metafísica*, p. 14, e o índice de Bonitz. V. σοφία.
[4] *Thomae Aquinatis summa de veritate 1.* I, c. I.

154

pio segundo o qual é conhecido aquilo que é subsumido à sua condição. Essas proposições universais, como tais, só são princípios comparativos. A razão submete, então, porém, todas as regras do entendimento à sua unidade; ela busca o incondicionado para o conhecimento condicionado do entendimento. Nesse caso, é guiada por seu princípio sintético: se o condicionado é dado, então também está dada toda a série de condições subordinadas umas às outras que é consequentemente ela mesma condicionada. Esse princípio é, segundo Kant, o princípio da metafísica dogmática, e esse princípio é para ele um estágio necessário no desenvolvimento da inteligência humana.[5] Em seguida, a maioria dos escritos filosóficos da última geração concorda com a determinação conceitual aristotélica.[6] Nesse sentido, o materialismo ou o monismo científico-natural é tão metafísico quanto a teoria das ideias de Platão; pois também neles o que está em questão são as determinações universais necessárias do ente.

A partir da determinação conceitual aristotélica da metafísica surge por intermédio das intelecções seguras da filosofia crítica uma característica da metafísica, que não pode ser contestada do mesmo modo. Kant destacou corretamente essa característica. Toda metafísica ultrapassa a experiência. *Ela completa o que é dado na experiência por meio de um nexo interno objetivo e geral*, que só vem à tona na elaboração da experiência sob as condições da consciência. Herbat apresentou de maneira magistral esse verdadeiro caráter de toda metafísica, tal como é obtido a partir da consideração de sua história sob o ponto de vista de um pensamento crítico. Toda doutrina atomista, que não considera o átomo apenas como um recurso conceitual metodológico, completa a experiência por meio de conceitos que surgiram na elaboração dessa experiência sob as condições da consciência. O monismo científico-natural acrescenta àquilo que é experimentado uma relação que não se encontra em nenhuma experiência, mas que antes a completa do mesmo modo, entre processos materiais e psíquicos. De acordo com o que é experimentado, ou bem a vida psíquica

---

[5] Kants Werke (Rosenkr.) 2, 63 e segs., 341 e segs. – I, 486 e segs.
[6] Trendelenburg, *Logische Untersuchungen* (Investigações lógicas – 3. ed.) I, 6 e segs. Ueberweg, *Logik* (3. ed.), p. 9 e segs. Schelling, que retorna em seus últimos trabalhos a Aristóteles, *Philosophie der Offenbarung* (Filosofia da revelação), W. W. II, 3, 38. Lotze, *Metaphysik*, p. 6 e segs.

está por toda parte difundida nos componentes da matéria ou bem as razões da aparição da vida psíquica se acham nas propriedades universais desses componentes.

Alguns autores usam a expressão metafísica em um sentido divergente em relação a esse uso terminológico dominante, porque perseguem *relações particulares*, nas quais entra em cena naturalmente o fato assim historicamente concebido da metafísica.

O conceito kantiano de metafísica dogmática parecia, em suas determinações elementares, apenas acolher e levar adiante o conceito aristotélico de metafísica. Isso está fundado no fato de o conhecimento, de acordo com o seu ponto de vista, movimentar-se segundo sua essência na direção que sai das verdades condicionadas encontradas para o nexo último, incondicionado; dessa direção do conhecimento surgiu a metafísica de Aristóteles como fato histórico, assim como o conceito de fundamentos que não podem ser mais retroativamente condicionados, um conceito por meio do qual se descobre, por assim dizer, a mola impulsionadora no nexo final do pensamento, um nexo que coloca em movimento esse direcionamento espiritual metafísico; e o olhar profundo de Kant também apreendeu a mesma necessidade no fundo das condições da consciência. Ele, em seu ponto de vista crítico, assim o vimos um pouco mais, vislumbrou também o pressuposto epistemológico que estava contido na metafísica dogmática. – Mas aqui começa a sua divergência em relação a Aristóteles. De acordo com o seu ponto de vista epistemológico, Kant procura esboçar o conceito da metafísica a partir de sua origem no conhecimento. Agora, contudo, ele pensa a partir do pressuposto indemonstrável de que verdades universais e necessárias teriam por sua condição um modo de conhecimento *a priori*. Por isso, a metafísica como a ciência que aspira a propiciar ao nosso conhecimento a mais elevada unidade da razão que nos é possível obtém, consequentemente, a característica de ser um *sistema da razão pura*, isto é, um "conhecimento filosófico a partir da pura razão em uma conexão sistemática".[7] E assim, para ele, a metafísica é determinada por sua origem na razão pura, uma origem que é a única a possibilitar um conhecimento filosófico, apodítico. Ele distingue da metafísica *dogmática* o seu próprio sistema como

---

[7] Kant 2, 648 – I, 490.

uma metafísica *crítica*; mas também violenta, de resto, as expressões da escola antiga para que possam entrar no elemento da teoria do conhecimento. Sua versão do conceito de metafísica passou para a sua escola.[8] Mas essa divergência em relação à terminologia histórica enreda Kant em contradições, uma vez que mesmo a metafísica de Aristóteles não se mostra como uma tal ciência pura da razão. Além disso, ela traz para o interior da sua terminologia uma obscuridade que foi notada mesmo por seus admiradores.

Uma outra terminologia destaca uma relação no interior da metafísica que ganha na maioria das vezes o primeiro plano na representação geral dos eruditos, e essa terminologia é, por isso, bastante difundida no interior da vida. Com certeza, os sistemas monistas da filosofia da natureza também são metafísicos. Mas o ponto forte da grande massa histórica de metafísica traz consigo naturalmente especulações violentas, que não ultrapassam apenas a experiência, mas supõem a existência de um reino de essencialidades espirituais diverso de tudo aquilo que possui caráter sensível. Essas especulações, portanto, olham para algo *essencial velado por detrás do mundo dos sentidos*: um segundo mundo. Por isso, o nome metafísica faz com que essa representação se sinta atraída da maneira mais forte possível pelo mundo das ideias de um Platão ou de um Aristóteles, de um Tomás de Aquino ou de um Leibniz. E essa ideia é apoiada pelo próprio nome, que mesmo Kant associou a um objeto que estaria estabelecido *trans physicam*.[9] Mesmo aqui é destacada de maneira unilateral uma relação particular da metafísica; algumas das raízes mais profundas da classe designada de sistemas metafísicos se estendem até o interior do mundo da crença, e a partir dessas raízes esses sistemas absorvem uma parte de suas forças para se tornarem dominantes no espírito de épocas como um todo.

Por fim, os autores designam como metafísica *todo estado marcado pela convicção* sobre o nexo geral objetivo da realidade efetiva ou mais rigorosamente sobre aquilo que ultrapassa a realidade efetiva. Assim, eles falam de uma metafísica natural, de uma metafísica popular. Eles expressam corretamente um parentesco existente entre essas convicções e a metafísica como ciência, mas a consciência des-

---

[8] Apelt, *Metaphysik*, p. 21 e segs.
[9] Kant I, 558.

se parentesco torna-se mais apropriada por meio de uma aplicação das expressões designadas em um sentido figurado do que por meio de uma tal ampliação do sentido literal de metafísica, que suspende a restrição histórica desse sentido à ciência.

Portanto, nós usamos a expressão metafísica no sentido supradesenvolvido, cunhado por Aristóteles. Enquanto a ciência só pode sucumbir uma vez mais juntamente com a própria humanidade, essa *metafísica* é, no interior de seu sistema, *um fenômeno historicamente limitado*. Outros fatos da vida espiritual a antecedem no interior do nexo final de nosso desenvolvimento intelectual: ela é acompanhada por outros fenômenos e substituída por eles na posição de domínio. O transcurso histórico mostra como tal outros fenômenos: a religião, o mito, a teologia, as ciências particulares da natureza e da realidade efetiva histórico-social e, por fim, a autorreflexão e a teoria do conhecimento que emerge nessa autorreflexão. Assim, o problema que nos ocupa também assume a seguinte forma: quais são as relações da metafísica com o nexo final do desenvolvimento intelectual e com os outros grandes fatos da vida espiritual que constituem esse nexo?

Comte tentou exprimir essas relações em uma lei simples, de acordo com a qual um estágio da teologia teria sido substituído no desenvolvimento intelectual da espécie humana por um estágio da metafísica, e esse estágio por um das ciências positivas. Para ele e para a sua escola amplamente difundida, portanto, a metafísica também é um fenômeno passageiro do espírito científico progressivo, assim como ela o é para Kant e para a sua escola na Alemanha e para John Stuart Mill na Inglaterra.

Kant também se confrontou, por fim, com a metafísica, e esse espírito de todos o mais profundamente arguto já tinha reconhecido que existia na história da inteligência um nexo necessário, fundamentado na própria natureza da capacidade humana de conhecimento. O espírito humano atravessou três estágios: "o primeiro foi o estágio do dogmatismo" (na terminologia habitual figurada: um estágio da metafísica), "o segundo, o estágio do ceticismo, o terceiro, o estágio do criticismo da razão pura; essa ordem temporal está fundada na natureza da capacidade humana do conhecimento".[10] O nó nesse drama do

---
[10] Kant I, 493.

processo do conhecimento residiria, segundo Kant, na natureza supradesenvolvida da razão, da qual emerge uma ilusão natural e inevitável, e, assim, o espírito humano é enredado no conflito dialético entre dogmatismo (metafísica) e ceticismo; o criticismo, porém, é a resolução desse conflito por meio de uma teoria do conhecimento. Tanto essa teoria de Kant quanto a de Comte contêm uma concepção unilateral do estado de fato. Comte não investigou de maneira alguma as relações históricas da metafísica com aquela parte importante do movimento intelectual, que é constituída por ceticismo, autorreflexão e teoria do conhecimento; ele tratou as relações da metafísica com a religião, o mito e a teologia sem a decomposição aqui necessária do estado de fato composto, e sua teoria encontra-se, por isso, em contradição com os fatos da história e da sociedade. Sim, sua concepção da própria metafísica carece da intelecção histórica das verdadeiras bases do poder da metafísica. Kant, por sua vez, nos fornece uma construção, não uma apresentação histórica, e essa construção é determinada de maneira unilateral por seu ponto de vista epistemológico, e, no interior desse ponto de vista, por sua dedução de todo saber apodítico a partir das condições da consciência. A exposição subsequente analisa apenas o fato histórico; em uma passagem posterior, o resultado da análise da consciência pode servir para ele como uma confirmação.

TERCEIRO CAPÍTULO

A VIDA RELIGIOSA COMO BASE DA METAFÍSICA.
O ESPAÇO DE TEMPO DA REPRESENTAÇÃO MÍTICA

Ninguém pode duvidar de que o surgimento das ciências na Europa foi precedido por um tempo no qual se realizou o desenvolvimento intelectual no interior da linguagem, da poesia e da representação mítica, assim como no interior do progresso das experiências da vida prática, um tempo no qual, em contrapartida, ainda não havia uma metafísica ou uma ciência.[11] – No século VI a.C., encontramos a hu-

---

[11] Turgot foi o primeiro a tentar desenvolver o elemento normativo no desenvolvimento da inteligência, uma vez que a *Scienza nuova* (1725) de Vico se refere ao desenvolvimento das nações.

manidade europeia misturada com os gregos da Ásia Menor, em íntima relação de ação recíproca com os países e as culturas vizinhas, em uma transição para o estágio da ciência do cosmos tanto quanto para o estágio da metafísica. A ciência e a metafísica surgiram na Europa, portanto, em um tempo constatável, acessível em seu caráter à pesquisa, depois que a representação mítica tinha imperado durante um tempo incalculável, que se perde na total obscuridade. Essa época longa e obscura só recebe em seu último estágio uma luz direta por meio de obras poéticas que foram conservadas e por meio de legados tradicionais, que permitem uma reconstrução ao menos parcial do que se perdeu. O que nelas se encontra antes desses monumentos só é acessível a uma história cultural comparativa. E, em verdade, com o auxílio da linguagem, essa história cultural pode descortinar para os povos indo-germânicos etapas de sua situação exterior, da civilização exterior emergente, sim, talvez mesmo do desenvolvimento das representações; com o auxílio da mitologia comparada, ela pode mostrar as metamorfoses dos mitos fundamentais indo-germânicos, desvendar os traços fundamentais da ordenação externa e do direito. Mas a interioridade dos próprios homens naquele período que poderíamos denominar, em contraposição ao período pré-histórico, um período pré-literário, isto é, em um período no qual as obras poéticas ficam para trás para nós, resiste a uma reprodução histórica. Quando Lubbock tenta evidenciar o fato de todos os povos terem atravessado um estágio de ateísmo, isto é, de completa ausência de todo tipo de representação religiosa,[12] ou quando Herbert Spencer o fato de todas as re-

---

Ele parte corretamente da linguagem; a representação mítica designa para ele, então, o primeiro nível da pesquisa dirigida para as causas. "*La pauvreté des langues et la nécéssité des métaphores, qui résultaient de cette pauvreté, firent qu'on employa les allégories et les fables pour expliquer les phénomènes physiques. Elles sont les premiers pas de la philosophie*" (A pobreza das línguas e a necessidade de metáforas, que resultavam dessa pobreza, fizeram com que se empregasse as alegorias e as fábulas para explicar os fenômenos físicos. Elas são os primeiros passos da filosofia), *Oeuvres 2*, 272 (Paris, 1808), a partir das anotações de Turgot, que se referem a seus discursos sobre a história de 1750. "*Les hommes, frappés des phénomènes sensibles, supposèrent que tous les effets indépendans de leur action étaient produits par des êtres semblables à eux, mais invisibles et plus puissants*" (Os homens, acossados pelos fenômenos sensíveis, supuseram que todos os efeitos independentes de suas ações seriam produzidos por seres semelhantes a eles, mas invisíveis e mais potentes), 2, p. 63.

[12] Lubbock, *Entstehung der Zivilisation* (Surgimento da civilização), edição alemã de 1875, p. 172, cf. p. 170.

ligiões terem surgido de ideias sobre os mortos,[13] então temos aqui as orgias de um empirismo que não atenta para os limites do conhecimento. Só se pode trabalhar criativamente nos pontos limítrofes da história como em qualquer outro ponto limítrofe da experiência. Portanto, nós nos restringiremos inicialmente ao período no interior do qual monumentos literários permitem vislumbrar a interioridade do homem.

Na medida em que mantemos esses limites do conhecimento histórico, nos é dada, no interior do modo como ele realiza a justaposição e a sequência dos grandes fatos da vida espiritual, uma *distinção entre mito e religião*. A falta dessa distinção é a primeira razão para o caráter falho da lei comtiana. A vivência religiosa encontra-se em uma relação muito mais complicada com o mito e a teologia, com a metafísica e a autorreflexão do que Comte supôs. É disso que nos convence a consideração do estado espiritual atual. Comte mesmo precisou fazer, afinal, a experiência em seu próprio sistema do século XIX de que esse sistema não ia além do segundo nível da metafísica nas ciências humanas, mas que, por fim, por meio de uma espécie de atavismo científico, recaía no primeiro nível. A história ainda fala mais claramente contra Comte. O período do domínio solitário da representação mítica passou rapidamente pelas linhagens gregas; mas a vida religiosa permaneceu e continuou produzindo seus efeitos. A ciência despertou lentamente; a representação mítica continuou existindo ao seu lado, e onde a vida religiosa constituiu o ponto central dominante dos interesses, ela se serviu de algumas sentenças desenvolvidas pela ciência. Sim, aconteceu agora o fato de, em naturezas profundamente mobilizadas por ela, naturezas como Xenófanes, Heráclito e Parmênides, a vida religiosa encontrar no pensamento metafísico uma nova linguagem. Pois a metafísica também é perecível, e a autorreflexão que dissolve a metafísica encontra em suas profundezas uma vez mais – a vivência religiosa.

Assim, a relação empírica da existência conjunta e da sequência dos grandes fatos que se encontram entretecidos na história da inteligência mostra o seguinte: a *vida religiosa* é um fato que está *ligado na mesma medida com a representação mítica*, com a *metafísica* e com a *autorreflexão*. A vida religiosa precisa, por mais estreita que seja a

---

[13] Spencer, *System der Philosophie* (Sistema da filosofia), v. VI, versão resumida, p. 504 e segs.

sua ligação com estes últimos fenômenos, ser separada deles como um fato dotado de uma difusão muito mais abrangente. E, em verdade, não se encontram reunidos apenas no mesmo período, mas na mesma cabeça, sem contradições, vida religiosa, representação mítica e pensamento metafísico; este era o caso de muitos pensadores gregos. Com uma seriedade grandiosa, um Heráclito, um Parmênides e um Platão lutam para configurar de maneira adequada a linguagem mítica de seu mundo de ideias. Na mesma cabeça, a teologia e a vivência religiosa também se encontram ligadas à metafísica: este era o caso de muitos pensadores medievais. O único ponto é que o mesmo fato não pode ser ao mesmo tempo representado miticamente e explicado em termos de pensamento. Essas relações ainda separam claramente vida religiosa de representação mítica.

Para a presente finalidade de uma apresentação consonante com a experiência, uma determinação do conceito de vida religiosa nos exporia facilmente à suspeita de estarmos realizando uma construção: basta para nós, contudo, *circunscrever e designar o fato existente dessa vida*. A existência da vivência, da experiência interna em geral, não pode ser negada. Pois esse conhecimento imediato é o conteúdo empírico, cuja análise é consequentemente um conhecimento e uma ciência do mundo espiritual. Essa ciência não existiria, se a vivência interna e a experiência interna não existissem. Portanto, experiências de um tal tipo são a liberdade do homem, a consciência moral e a culpa; em seguida, a oposição que atravessa todas as áreas da vida interior entre o perfeito e o imperfeito, o perecível e o eterno tanto quanto a nostalgia do homem pelo eterno. E, em verdade, essas experiências internas são componentes da vida religiosa. Essa vida abarca, porém, ao mesmo tempo a consciência de uma dependência incondicionada do sujeito. Schleiermacher mostrou a origem dessa consciência na vivência. Recentemente, Max Müller buscou dar a essa teoria uma base empírica mais firme: "Se nos soa ousado demais dizer que o homem realmente vê o invisível, digamos que ele nota a pressão do invisível, e esse invisível é justamente apenas um nome particular para o infinito, com o qual o homem natural conquista, assim, seu primeiro contato."[14] E, com isto, a consideração dos estados de ânimo religiosos nos

---

[14] Max Müller, *Ursprung und Entwicklung der Religion* (Origem e desenvolvimento da religião), p. 41.

reporta incessantemente para a experiência de dependência em relação a uma vida mais elevada e independente da natureza.

O *traço característico da vida religiosa* é o fato de ela se afirmar por força de um tipo de convicção diverso da evidência científica. Perante todos os ataques, a crença religiosa remete para a experiência interior, para aquilo que o ânimo ainda pode vivenciar em si atualmente e para aquilo que aconteceu com ele historicamente. Ela não é nem suportada por raciocínio, nem pode ser refutada por ele. Ela emerge na totalidade de todas as forças do ânimo, e mesmo depois que o processo de diferenciação da vida espiritual desenvolveu a poesia, a metafísica tanto quanto a ciência, transformando-as em formas relativamente autônomas dessa vida espiritual, a vivência religiosa continuou existindo na profundeza do ânimo e exercendo um efeito sobre essas formas. Pois o conhecimento que é ativo nas ciências nunca se apodera da vivência originária, que está presente para o ânimo no saber imediato. O conhecimento trabalha nessa vivência por assim dizer de fora para dentro. Mas, por mais que novos fatos sejam sempre submetidos ao pensamento e à necessidade – e esta é a sua função –: com força tenaz da resistência mantêm-se diante dele na consciência a vontade livre, a imputabilidade, o ideal, a vontade divina; eles permanecem, ainda que se mostrem como contraditórios em relação ao nexo necessário no conhecimento. Com certeza, de acordo com a lei existente nele, o conhecimento precisa submeter seu objeto à necessidade. Mas será que por isso tudo precisa ou pode se transformar para ele em objeto, será que tudo precisa ou pode ser conhecido por ele?

Essa intelecção de que *a vida religiosa* é *o subsolo duradouro do desenvolvimento intelectual*, não uma fase passageira nos sentidos da humanidade, será aprimorada mais tarde pela análise psicológica. Historicamente, essa relação só é comprovável para o desenvolvimento já transcorrido no interior de um período de tempo limitado. Nós podemos constatar a figura que a vida religiosa assumiu ao se determinar como o subsolo da vida histórica na Europa. No entanto, não podemos mostrar historicamente que a vida religiosa constituiu em todos os tempos um componente da natureza humana. Este é o único resultado daquilo que foi desenvolvido até aqui: se os fatos nos obrigam a assumir, em um ponto qualquer da linha do transcurso histórico que se estende retroativamente, um *estado religioso* (religião considerada no sentido da vivência religiosa originária, na qual ela já contém a consciência de bem e mal e a relação a partir daí com um nexo do qual o homem é dependente) – o que, contudo, não é o caso –, então esse ponto seria ao mesmo tempo um *ponto limite da compreensão histórica*. Nós podemos ter naturalmente registros históricos sobre um tal tempo, mas esse tempo se encontraria para além dos limites de nossa compreensão histórica. Pois nós só compreendemos por meio da transmissão de nossa experiência interior para uma facticidade exterior em si morta. Onde componentes indedutíveis próprios à experiência interna, componentes por meio dos quais apenas é possível o nexo dessa experiência em nossa consciência, devem ser concebidos em uma situação histórica como ausentes, chegamos justamente aí ao limite da própria concepção histórica. Com isso, não se está excluindo a possibilidade de que uma tal situação tenha existido. Ainda que indedutíveis imediatamente para nós, seria possível que componentes da experiência interior não fossem primários, e a teoria do conhecimento tem de checar essa possibilidade. Mas está fora de questão a possibilidade de que nós o compreendamos e que possamos tornar compreensível a partir dele uma situação, na qual esse componente indedutível apareceria; está fora de questão, portanto, a compreensão histórica de uma situação em que a religião não se faça presente, assim como a compreensão histórica do surgimento do estado religioso a partir dela. Excelentes escritos empiristas mais recentes sobre os primórdios da cultura na Inglaterra e na Alemanha caem, por isso, na contradição seguinte. Eles ainda não encontram presentes fatos indedutíveis próprios à experiência interna no estado primário da humanidade, mas não querem nem abdicar de compreender historicamente esse estado, nem de deduzir dele os seguintes.

Portanto, até o ponto em que a ligação entre os fatos brutos se estende em geral à experiência social, não houve nenhum tempo no qual o indivíduo, tal como ele se encontrava, não tivesse se sentido apenas como subsistente, como retroativamente determinado, e, com isso, como incondicionadamente dependente. Nesse sentido, o horizonte do próprio mundo foi sempre concebido, visto em termos sensíveis, como causal segundo todos os aspectos e como se diluindo em direção à infinitude.[15] Não houve nenhum tempo no qual a espontaneidade livre do homem não tivesse lutado contra o outro, cuja pressão o envolvia, e mesmo as representações míticas têm as suas fortes raízes na vontade. Não houve nenhum tempo no qual o homem, em contraposição à sua pobre vida, não tenha possuído imagens de algo mais puro e mais pleno. E tudo aquilo que exerceu um efeito sobre o homem mostrou uma dupla face ao seu ânimo que sente prazer e dor, que espera e teme, e à sua vontade que ama e odeia. Tudo isso é vida, não um conhecimento conclusivo. Logo que esses componentes indedutíveis de minha própria vida, de minha própria experiência, se reuniram com os fatos históricos, e, em verdade, com os fatos garantidos por conclusões seguras, não mais para uma compreensão histórica, cheguei ao limite do procedimento histórico. Nesse ponto começa o reino do transcendente histórico. Pois também o procedimento histórico possui um limite interno, que reside no processo da própria consciência e que é, por isso, irremovível, tanto quanto o conhecimento científico-natural possui um tal limite. Como ele deixa aparecer na consciência atual, por intermédio dos fatos históricos, as sombras do passado, ele só consegue lhes comunicar a sua realidade efetiva a partir da vida e da realidade dessa consciência.

Foi a esse ponto que, antes da análise psicológica, pôde ser constatada aqui a importante sentença, segundo a qual a vida religiosa é o subsolo constante do desenvolvimento intelectual que nos é histori-

---

[15] Schleiermacher fixou o ponto de partida desse fato psicológico de uma maneira incontestável. Esse é o seu mérito imperecível; ele mostrou como secundária a fundamentação intelectualista da religião com base no raciocínio do entendimento, um raciocínio que procede com o auxílio dos conceitos de causa, entendimento e finalidade; ele mostrou como a autoconsciência contém fatos que constituem o ponto de partida de toda vida religiosa. *Dogmatik* (Dogmática) § 36, I (3. ed.): "Nós nos encontramos sempre apenas subsistindo, nossa existência já é sempre concebida em transcurso; com isso, mesmo a nossa autoconsciência, na medida em que, abstraindo-nos de todo o resto, só nos posicionamos com ser finito, só pode representar esse ser finito em sua subsistência constante. Nessa subsistência, porém, ela o faz de um modo tão completo – a saber, porque o sentimento puro e simples de dependência é um componente tão universal de nossa autoconsciência – que podemos dizer, qualquer que seja o tipo de vida conjunta e o momento do tempo em que venhamos a ser colocados, o seguinte: sempre que refletirmos completamente, nunca nos encontramos senão assim e nós também transmitimos esse fato para todo o ser finito." Seu erro foi não ter deixado que essa visão profunda o determinasse a romper a partir de então com a metafísica intelectualista e a dar para a filosofia uma base que correspondensse ao seu ponto de partida, uma base psicológica. Assim, ele decaiu no platonismo e na poderosa corrente da filosofia da natureza da época.

camente conhecido. Nós encontramos, então, a *vida religiosa ligada de uma maneira determinada* com a *representação mítica* no período de tempo que vai desde a poesia épica dos gregos ainda conservada até o aparecimento da ciência. A partir daquilo que pode ser ainda constatado sobre o modo de ser dessa ligação, deduzimos uns poucos traços totalmente genéricos, que são necessários para a visão do nexo final da história intelectual.

A *representação mítica* configura-se como um *contexto real e vivo* dos fenômenos particularmente significativos para os homens daqueles tempos. Com isso, ela realizou algo que a percepção, a representação, a atuação, que se encontram em um contato diário com os objetos tanto quanto com a linguagem, não podem realizar. Com certeza, a percepção e a representação articulam incessantemente as impressões com as coisas, para as quais cabem propriedades, estados, atividades; entre essas propriedades, estados e atividades, elas estabelecem relações, em particular a relação de causa e efeito. Assim, de modo tão enfático quanto possível, é preciso se precaver contra concepções que representam esses traços de nossas representações emergentes do pequeno contato diário com objetos como se eles estivessem dispersos no período de formação do mito em meio a uma vitalidade geral do nexo mundano. Sem dúvida alguma, a consciência primeva das relações assim emergentes está expressa na linguagem. A relação etimológica, a divisão segundo os tipos de palavras, o caso, os tempos etc., a articulação sintática, a subordinação de fatos a nomes de representações gerais: tudo isso retrata relações, que são concebidas e distintas na realidade efetiva. O pensamento filosófico posterior se articula em muitos pontos com a linguagem; a representação mítica está entretecida com a linguagem em referências profundas. Não obstante, aquilo que é realizado aqui é totalmente diverso da produção do contexto real e geral entre os fenômenos significativos para os homens daqueles dias, um contexto que é levado a termo na representação mítica. Por isso, a função da representação mítica nessa época é o análogo daquilo que a metafísica apresenta para um espaço de tempo posterior. Não é a religião, não é a consciência de Deus assentada na religião que determina um tal primeiro estágio, e, por conseguinte, também não é a representação do supranatural: essas constituem muito mais a condição constante da vida espiritual da humanidade. O teorema de Comte sobre o primeiro estágio do desenvolvimento espiritual, um estágio que ele designa como o estágio teológico, é, portanto, insustentável, porque não distingue a função da representação mítica no contexto do desenvolvimento espiritual da posição da religião nesse contexto. E a hipótese da influência de representações religiosas sobre a sociedade europeia, uma influência que decresce constantemente na história e que vai paulatinamente desaparecendo diante da ciência, não foi confirmada pelo transcurso da história.

E, em verdade, a *representação mítica* mostra uma *autonomia relativa ante a vida religiosa*. Em verdade, o nexo real dos fenômenos que é configurado pela representação mítica baseia-se na vida religiosa: essa vida é na representação mítica o poder vital que ultrapassa tudo aquilo que é visível. Mas esse nexo não está fundado apenas na experiência religiosa. Ele também é condicionado pelo modo como a realidade efetiva se dá para o homem daquela época. Essa realidade efetiva está presente para ele como vida, não se transformando em um objeto do entendimento por meio do conhecimento. Por isso, ela é em todos os pontos vontade, facticidade, história, isto é, realidade vital originária. Uma vez que está presente para todo homem vivente e não é submetida ainda a nenhuma análise e abstração intelectivas, e, por conseguinte, a nenhuma diluição, ela mesma é correspondentemente vida. E como de tal modo o nexo formado pela representação mítica não emerge unicamente da vida religiosa, o conteúdo da vida religiosa também não pode ser totalmente esgotado na forma de representação do mito. Vida nunca se confunde com representação. A vivência religiosa permanece muito mais o elemento eternamente interior; portanto, não encontra nenhuma expressão adequada em um mito ou em uma representação de Deus. Do mesmo modo como tem lugar em um nível mais elevado a relação entre religião e mito.

Assim, a linguagem mítica possui uma *significação* para o período pré-científico, por exemplo, das estirpes gregas que *vai além da expressão da vida religiosa*. Os mitos fundamentais dos povos indo-germânicos, tal como a mitologia comparativa se esforçou por constatar, se assemelham às raízes de suas línguas, na medida em que são meios relativamente autônomos de expressão que se mantêm no interior da mudança dos estados religiosos como meios constantes de representação. Eles perduram em metamorfoses sempre novas (cujas leis fluem das leis da fantasia), e mesmo as representações dos deuses e a consciência religiosa que se encontra na base dessas representações experimentam tais mudanças. Eles imperam tão autonomamente na fantasia dos povos, que não se extinguem nessa fantasia nem mesmo quando a crença que se expressava neles já se apagou. Os mitos fundamentais dos povos servem a uma necessidade que vai além da consciência religiosa, à necessidade de conectar os fenômenos da natureza tanto quanto da sociedade e fornecer uma espécie de primeira explicação para eles. Vem ao nosso encontro aqui a forma mais antiga da relação genérica, na qual o subsolo religioso do desenvolvimento intelectual da Europa se encontra ante o direcionamento nele efetivo para uma ligação conectora e para uma explicação dos fenômenos. O modo da explicação é extremamente imperfeito; o nexo entre os fenômenos é experimentado e visto como um nexo volitivo, como uma interpenetração de emoções e ações vitais. Por isso, esse modo de explicação só conseguiu captar em si por um período de tempo limitado o desenvolvimento intelectual dessas estirpes cheias de juventude: em seguida, o direcionamento para a explicação explodiu a capa imperfeita.

QUARTO CAPÍTULO

O SURGIMENTO DA CIÊNCIA NA EUROPA

O transcurso histórico no qual isso aconteceu, no qual surgiu a partir da representação mítica a explicação científica do cosmos, só nos é conhecido de maneira bastante imperfeita segundo o seu nexo causal. De acordo com os relatos dos ilustres pesquisadores do período alexandrino, há no mínimo pouco mais de três séculos entre os poemas homéricos e o nascimento do primeiro homem a ter procurado, segundo a tradição, uma explicação científica do mundo: Tales. Contemporâneo de Sólon, Tales viveu na segunda metade do século VII a.C. e nos primeiros anos do século VI a.C. Nesse período de tempo longo e obscuro desde os poemas homéricos até Tales, o *desenvolvimento do espírito voltado para o esclarecimento* avançou, ao mesmo isto podemos julgar, *em duas direções*.

A experiência, que cresceu em meio às tarefas da vida, em particular da indústria e do comércio, submeteu ao seu domínio, isto é, à intelecção do caráter necessário do nexo, uma *região espacial cada vez maior da Terra* e, no interior dessa região, um *círculo cada vez maior de fatos*. E ela utilizou para tanto as aquisições de povos de culturas mais antigas, com os quais os gregos se encontravam em ligação. A questão de saber se houve algum dia um tempo no qual não ocorreu em alguma abrangência e com uma forma qualquer o isolamento de uma região da experiência pela representação mítica é transcendente. Mas o progresso é um fato constatável, que é visível no transcurso ulterior da representação mítica e que, por um lado, preparou a ciência, e, por outro, *reconfigurou* o mundo mítico em seu íntimo: as forças vitais, que o homem afetivamente movido sentia, temia e amava como a mão do infinito sobre ele, foram impelidas cada vez mais para o interior do horizonte relativo à esfera do acontecimento natural, uma esfera que se amplia constantemente; um horizonte a partir do qual elas se perderam na obscuridade.

Já na poesia homérica, nós encontramos o mundo mítico concebido em um processo de retração. As forças divinas formam uma ordem por si, um nexo familiar divino com estruturas públicas ligadas às relações entre as vontades; suas sedes propriamente ditas são cindidas do âmbito do trabalho habitual de um grego de outrora no campo, na indústria e no comércio; elas só permanecem temporariamente nesse âmbito, principalmente na visita passageira aos seus templos. Seu efeito sobre a região submetida à experiência e ao pensamento, por sua vez, torna-se uma intervenção sobrenatural. Na época dos acontecimentos troianos e pós-troianos nas poesias homéricas, não há mais relatos de casamentos entre os deuses gregos e os homens. Assim, o esclarecimento progressivo continuou expandindo cada vez mais a esfera dominada pela explicação natural e tornou os espíritos cada vez mais céticos em relação à hipótese de intervenções sobrenaturais.

E, em verdade, esse curso progressivo encontra-se em uma conexão com uma transformação do sentimento vital. A ordem de vida da monarquia heróica decaiu, a poesia épica que tinha sido sua expressão cristalizou-se. O sentimento vital que correspondia às ordenações políticas e sociais anunciou-se na elegia e no iambo com toda a força: o interior mobilizado da pessoa tornou-se o ponto central do interesse. Na poesia lírica, ao menos da época de Tales, há até mesmo rastros que indicam uma retirada da confiança nos deuses para um ponto por detrás do sentimento autônomo de vida.[16] E com o florescimento da poesia sentimental articulou-se a consideração ética, na qual o espírito submeteu a si o âmbito das experiências éticas.

A *outra direção* na qual o espírito avançou ainda se acha visível nos resíduos da literatura das *teogonias*. A teogonia que chegou até nós, a teogonia de Hesíodo, dentre as teogonias a mais importante, já se encontrava como base, ao menos em seu cerne, para os primeiros filósofos. A partir da matéria-prima do círculo mítico de representação, a direção esclarecedora configurou nessas teogonias uma conexão interna do processo do mundo, uma conexão que avança por meio da procriação. E, em verdade, esse processo não transcorre nem como uma mera relação de forças volitivas, nem com um nexo articulado a partir de representações naturais. Noite, céu e eros são representações que se encontram entre o fato natural e o poder pessoal em um lusco-fusco alvorescente. A partir do elemento pessoal, representações gerais se desprenderam de um contexto natural.

Essas duas direções do espírito *destruíram* o nexo do *mundo* que tinha sido projetado pelo *pensamento mítico*. O outro elemento, o qual contrapomos ao nosso si mesmo como natureza, recebe o seu nexo vital da autoconsciência na qual se apresenta. Esse nexo é apreendido em plena vitalidade pelo pensamento mítico, mas sua verdade não resiste ao pensamento; a experiência da regularidade nas transformações das matérias-primas, na sequência dos estados do mundo, no jogo dos movimentos exige uma outra explicação; é necessário um outro nexo da natureza, um nexo diverso daquele que é estabelecido entre as vontades das pessoas. E assim começa o trabalho de projetar esse nexo de maneira pensante, de um modo que corresponda à realidade efetiva. As coisas encadeadas umas às outras ao agirem e ao sofrerem os efeitos de uma ação, as transformações ligadas a transformações, o movimento no espaço: tudo isso é dado à visão e deve ser, então, conhecido em sua conexão.

Um caminho longo e penoso do pensar que experimenta e testa, e, chegando ao seu fim, diremos: assim como não pode ser penetrado na

---

[16] Mimnermus fragm. 2. Bergk II4, 26.

representação mítica, esse elemento diverso que é a natureza também não pode ser dissolvido nos elementos do pensamento e conhecido plenamente por ele. Ele permanece impenetrável, uma vez que é uma fatualidade dada na totalidade das forças de nosso ânimo. Não há nenhuma metafísica do conhecimento da natureza.

Tudo isso é aqui iminente; mas perseguiremos de início a questão de saber como é que, preparado paulatinamente pelas duas direções designadas, *veio à tona a partir de então o grande fato de uma explicação científica do cosmos*. No século VI a.c. surgiu esse fato, na medida em que, nas colônias jônicas e italianas dos gregos daquela época, intelecções e modos de procedimento elementares matemáticos e astronômicos foram aplicados ao problema, que também tinha ocupado a representação mítica: o surgimento do cosmos. As cidades coloniais jônicas avançaram em um desenvolvimento rápido em direção a constituições democráticas e a um desencadeamento de todas as forças. Por meio da organização de seu direito ao culto, o movimento espiritual nessas cidades era menos dependente da classe dos sacerdotes do que nos Estados culturais do antigo Oriente que se encontravam ao seu redor. E, então, a riqueza nelas acumulada de homens independentes forneceu o ócio e os meios para a pesquisa. Pois o desenvolvimento autônomo dos nexos finais particulares na sociedade humana está ligado à realização desses nexos por meio de uma classe particular de pessoas. Agora, porém, com o crescimento das riquezas, havia sido criada pela primeira vez a condição para que pessoas individuais se dedicassem totalmente e em uma continuidade histórica ao conhecimento da natureza. Por meio de uma destinação histórico-mundial de um tipo muito raro naquela época, abriram-se para esses homens independentes e versados nas coisas do mundo os sítios antiquíssimos da cultura no Oriente, em particular do Egito da segunda metade do século VII a.C. A geometria, tal como tinha se desenvolvido como uma arte prática e como uma soma de proposições particulares no Egito, e a tradição de uma longa observação e apontamento astronômicos foram, então, utilizadas por eles para uma orientação no universo cuja imagem tinha sido legada pela representação mítica.

Com isso, os gregos entraram em um movimento espiritual cujo contexto maior remonta ao Oriente e nos é até hoje conhecido de maneira apenas insuficiente. No entanto, esse contexto é condicionado pelo nexo final do conhecimento. A realidade efetiva só pode ser submetida ao pensamento por meio do isolamento de conteúdos parciais particulares, assim como por meio do conhecimento separado desses conteúdos; pois, em sua forma complexa, ela nunca pode ser abordada pelo conhecimento. A primeira ciência a surgir por meio desse procedimento foi a *matemática*. Espaço e número foram bem cedo cindidos da realidade efetiva e se tornaram totalmente acessíveis a um tratamento racional. A contemplação de superfícies e corpos limitados é facilmente abstraída da visão das coisas efetivamente reais; a investigação geométrica partia de tais construtos fechados. De acordo com a natureza de seu objeto, a geometria e a aritmética foram as primeiras ciências a alcançarem verdades claras. Esse curso da análise da realidade efetiva já tinha sido tomado antes de os gregos entrarem no contexto do conhecimento, agora veio ao encontro desse contexto a peculiaridade excepcional do espírito grego. Poder de visão e sentido formal constituíam as peculiaridades excepcionais desse espírito; isso se mostra de maneira extremamente acentuada na imagem plasticamente clara e consequente do universo, que os poemas épicos homéricos já continham. Assim, a ciência grega emergente, em particular na escola pitagórica, liberou totalmente a investigação das relações numéricas e espaciais das tarefas práticas e pesquisou essas relações sem levar em consideração a sua aplicabilidade. De maneira análoga, a *astronomia* emergente partiu da construção do globo terrestre e começou a traçar linhas sobre ele. A matemática, em particular a geometria, tanto quanto a astronomia descritiva, com a adesão posterior da lógica, como teorias que em certa medida permanecem intuitivamente no interior da região de formas puras e aplicadas, constituem as realizações intelectuais mais perfeitas do espírito grego.

QUINTO CAPÍTULO

O CARÁTER DAS MAIS ANTIGAS CIÊNCIAS GREGAS

Cem anos desse desenvolvimento da ciência grega se passaram antes de esses físicos submeterem a natureza das primeiras causas, das causas a partir das quais eles deduziram o cosmos, a uma consideração geral. E essa era, contudo, a condição para o surgimento de uma ciência separada chamada metafísica. Se encontramos Tales na primeira terça parte do século VI a.c. no ápice de sua atividade, então a vida e o trabalho efetivo de Heráclito e Parmênides que fizeram esse progresso se estendem por um longo espaço de tempo no século V a.c. Durante esses cem anos, a orientação progressiva no universo levada a termo por meio dos expedientes da matemática e da astronomia se encontra no primeiro plano dos interesses; com ela se articulam tentativas de fixar um estado inicial e um fundamento real do universo. Os olhos do homem, olhos voltados para o mundo, se encontram, sobretudo onde o mar concede uma vista ampla, em um plano que se fecha no círculo do horizonte, um plano sobre o qual se arqueia a semiesfera do céu. A pesquisa geográfica determina a extensão desse círculo terrestre e a distribuição de água e terra sobre ele. Já de acordo com uma visão típica dos gregos aclimatados com o mar do tempo de Homero, a água (o mar) passou a ser vista agora como o local de nascimento de tudo. – É aqui que Tales entra em cena. O oceano homérico, que flui ao redor do disco terrestre, se estende segundo o seu modo de ver: é sobre a água que flutua esse disco terrestre, tudo proveio da água. Foi sobretudo a obra de orientação nesse espaço cósmico que foi fomentada por Tales, e aqui residia o cerne essencial daquilo que aconteceu. Anaximandro deu prosseguimento a essa obra. Ele projetou uma tábua terrestre e introduziu o uso do gnomo, que naquela época era o recurso mais importante da astronomia. Partindo da situação de uma enxente geral, uma hipótese com a qual ele e Tales concordavam, ele remontou a algo infinito que tinha precedido temporalmente a essa situação; desse infinito teria se cindido tudo aquilo que é determinado e delimitado; além disso, imperecível, o infinito abarca espacialmente tudo isso e o dirige. E, em verdade, de acordo com um testemunho fidedigno, Anaximandro designou esse infinito, que está vivo em tudo, esse elemento imortal como princípio,[17] introduzindo, assim, essa expressão tão importante para o pensamento metafísico (de início certamente no sentido de começo e causa). Essa

---

[17] Ἀρχή. Simplício em phys. S. 6r36-54. – Hipólito, Refut. Haer. I, 6. – Remontando a Teofrasto cf. Diels Doxographi 33, 476; Zeller I, 4. ed., 203.

expressão dizia que, a partir de então, o conhecimento estava consciente de sua tarefa e que, por isso, a ciência tinha alcançado uma posição destacada.

Para as *outras tentativas cosmológicas* dos físicos jônicos, os fenômenos da atmosfera móvel também contêm os meios para a explicação. Como na sedimentação úmida característica dessa atmosfera calor e ar móvel estão ligados um ao outro, tudo logo parece provir, para essas tentativas primitivas de explicação, do ar, logo do fogo, logo da água.

Mesmo a ciência das colônias subitalianas, uma ciência que foi cultivada no *grupo dos pitagóricos*, tinha o seu ponto de partida, o seu interesse essencial e a sua significação para o desenvolvimento intelectual na orientação progressiva no interior do universo, uma orientação possibilitada com os recursos da matemática e da astronomia. Nessa escola desenvolveu-se uma consideração das relações numéricas e das figuras espaciais independentemente da finalidade da utilização; por conseguinte, desenvolveu-se uma ciência matemática pura. Sim, suas investigações já tinham por objeto as relações entre os números e as grandezas espaciais. Com isso, surgiu para eles a ideia do irracional no campo da matemática. Mesmo o *seu* esquema do cosmos era astronômico: no centro do mundo estava o elemento delimitador, configurador, que era para eles, em sintonia com o mais belo espírito grego, o divino; na medida em que atrai para si o ilimitado, surge a ordem numérica do cosmos.

Todas essas explicações do universo, por mais que elas trabalhem imediatamente na dissolução paulatina da representação mítica, estavam *misturadas com um componente muito significativo da crença mítica*. O princípio, do qual esses pesquisadores faziam suas deduções, ainda tinha muitas propriedades do contexto mítico. Ele continha em si uma força formadora similar às forças míticas, capacidade de transformação, conformidade a fins, por assim dizer os rastros das pegadas dos deuses em sua atividade. Assim, com uma crença mítica nos deuses que é mantida pelos físicos, ele também tinha sido tragado para o interior de raízes que são pouquíssimo visíveis para nós. A convicção de Tales de que o universo estava repleto de deuses não pode ser convertida em um panteísmo moderno. A crença mítica de Anaximandro faz com que, por meio de seu declínio, todas as coisas paguem umas às outras castigo e expiação pela injustiça de sua existência separada, segundo a ordem do tempo. Nenhuma outra doutrina pode ser tão seguramente atribuída a Pitágoras quanto a da transmigração das almas, e a associação por ele fundada se atinha ao culto de Apolo e aos ritos religiosos com uma firmeza conservadora. Representações do perfeito determinam a imagem cósmica das escolas subitalianas. E, em verdade, vem à tona aqui a ideia tão distintiva do espírito grego, a ideia de que o limitado seria o divino – em contrapartida, temos a sentença de Espinoza: *omni determinatio est negatio*.[18] Assim, essa visão arcaica do mundo não pode ser de modo algum simplesmente reconduzida, como acontece frequentemente desde Schleiermacher, a uma forma primitiva do panteísmo.

Assim, de modo lento e paulatino, mesmo depois de uma ciência explicativa ter conseguido se libertar, essa ciência continuou dissolvendo o poder dos fundamentos míticos de explicação, do contexto mítico. Em um trabalho muito árduo, a partir da primeira vinculação à vida espiritual conjunta na qual a realidade efetiva é dada ao homem e sempre continua sendo dada, o nexo final do conhecimento na ciência conseguiu alcançar sua autonomia. Como vemos, portanto, foi muito difícil para a ciência a substituição das representações originárias por tais representações dotadas de uma adequação maior aos seus objetos. Pois o nexo entre as coisas foi originariamente produzido pela totalidade das forças do ânimo. A vida é o que se faz presente em primeiro lugar e sempre. Com isso, emergem traços fundamentais importantes do pensamento arcaico. Ele não começa com o relativo, mas com o absoluto, e, em verdade, concebe o absoluto com as determinações que provêm da vivência religiosa; o efetivamente real é para ele algo vivo; o nexo entre os fenômenos é para ele algo psíquico ou, de qualquer modo, algo análogo ao psíquico.

Não obstante, a inteligência humana não fez em tempo algum um progresso maior do que no século que a partir de então se transcorreu, no século em que Heráclito e em seguida Parmênides apareceram. Em sua regularidade e em seu nexo, os fenômenos passaram a ser deduzidos preponderantemente das causas naturais. O correlato da autonomia agora inserida da ciência grega é a expressão: cosmos. Ela é

---

[18] Em latim no original: toda deteminação é negação. (N.T.)

reportada pelos Antigos aos pitagóricos: "Pitágoras foi o primeiro a ter denominado o universo comos, por causa da ordem nele imperante."[19] Essa palavra é, por assim dizer, o espelho da inteligência grega aprofundada na regularidade pensante e no nexo harmônico das relações e dos movimentos no universo. Nela expressa-se o caráter estético do espírito grego de um modo tão originário e profundo quanto nos corpos esculpidos por Fídias e Praxíteles. Não se persegue mais, portanto, na natureza o rastro de um deus arbitrário e interveniente; os deuses imperam no nexo belo e regular das formas do cosmos. No mesmo sentido, as expressões *lei* e *discurso racional* são transportadas da sociedade ordenada pela ideia e transformada em formas regularmente atuantes para as relações do universo.[20]

Mas *o modo como se dava a dedução* dos fenômenos, tal como ela se constituía na ciência do universo, *não era suficiente para satisfazer as requisições progressivas do conhecimento*. Se se atribui a um componente qualquer do todo da natureza chamado vida a capacidade de se transformar em outros componentes, de se estender e de se comprimir, então é indiferente de qual desses componentes parte a explicação; pois tudo pode ser assim deduzido de tudo. E esses físicos não tinham explicado alternadamente, mas com igual desenvoltura, a partir da água, do fogo e do ar as outras partes do nexo da natureza por meio de transformação? Em Heráclito, a especulação desenvolve essa visão de uma capacidade interna de transformação como a propriedade universal de todos os estados no universo; em Parmênides, ela contrapõe a essa mudança sem fim as exigências do pensamento. Com isso, surgiu a metafísica no sentido mais restrito do termo.

---

[19] Ps. Plutarco, de plac. II, I. Stob. Ecl. I, 21 p. 450 Heer. – Diels 327.
[20] Νόμος. Λόγος.

SEGUNDA SEÇÃO

ESTÁGIO METAFÍSICO NO DESENVOLVIMENTO DOS POVOS ANTIGOS

PRIMEIRO CAPÍTULO

VÁRIOS PONTOS DE VISTA METAFÍSICOS SÃO TESTADOS E SE MOSTRAM POR ENQUANTO INCAPAZES DE SEREM DESENVOLVIDOS

No nexo final do conhecimento *alcança-se um novo nível*; o espírito progressivo procura, na geração de Heráclito e Parmênides, a constituição universal do nexo no cosmos, assim como a constituição de um princípio desse nexo. Ele desenvolve as propriedades de um princípio, propriedades que tornam esse princípio utilizável para a explicação dos fenômenos naturais. Isso pressupõe que o espírito torne *objetivas* para si a partir de agora as tentativas realizadas até aqui de deduzir os fenômenos do cosmos.

Por um século, a ciência recém-surgida procurou ligar e explicar os fenômenos do mundo exterior por intermédio das visões da transformação e do movimento. Ela tinha criado, para tanto, o conceito do princípio, isto é, de algo primeiro que se mostra como o estado temporal inicial e como a causa primeira dos fenômenos e a partir do qual esses fenômenos podem ser deduzidos. Esse conceito era a expressão da vontade do próprio conhecimento. Muitas causas se impuseram a partir de então à reflexão sobre as *propriedades universais de um tal princípio*, em geral, porém, do nexo do mundo: a mudança nos princípios, a impossibilidade de demonstrar um desses princípios, as dificuldades na visão da transformação, que tinha servido de base para os procedimentos até aqui, as dificuldades que não eram em nada menores nas representações particulares, tal como uma tal explicação as tinha para a sua aplicação. Nós denominamos *metafísica* a reflexão que tem de tal modo por pressuposto explicações particulares e deduz as determinações universais de um nexo do mundo apresentável a qualquer um.

Essa reflexão metafísica analisou junto ao mundo exterior o nexo da realidade efetiva. Com certeza, esse nexo estava fundado em última instância na consciência, só ele constituía juntamente com o mundo histórico o todo da realidade efetiva. No entanto, o pensamento metafísico dos gregos *concebeu esse nexo a partir do estudo do mundo exterior*. Isso teve por consequência o fato de os conceitos metafísicos terem permanecido ligados à intuição espacial. O princípio racionalmente formador já era para os pitagóricos algo delimitador. Nos eleatas e em Platão, ele tinha um caráter análogo. A explicação do cosmos dissolveu tudo, indo até o conceito mais elevado ao qual o espírito grego alcançou, o conceito do motor imóvel, em movimentos e fenômenos no espaço.

Será que conseguimos expressar agora a lei interna que, no interior desse estágio do conhecimento, forneceu a direção para a análise do nexo da realidade efetiva? – O mundo mostrou inicialmente ao pensamento científico emergente uma multiplicidade de coisas particulares, vinculadas de maneira cambiante ao fazer e ao sofrer os efeitos da ação, móveis no espaço, crescendo e definhando, sim, surgindo e perecendo. Os helenos, foi isso que observou um metafísico que surgiu recentemente, falavam de maneira equivocada sobre surgimento e perecimento. De fato, já a linguagem prova que essas representações dominavam a concepção simples da natureza. Assim como as nuvens parecem se formar e se dissolver no ar, o mesmo parece acontecer com as coisas particulares. Mesmo os deuses do mito grego tinham surgido no tempo. – Por meio da representação de uma matéria primeira dotada de um poder formador e da representação de suas transformações, na Itália inferior por meio da oposição entre a força delimitadora, formadora, e o ilimitado, o século que tinha se transcorrido desde o surgimento da ciência grega produziu, então, um nexo subjacente a essas visões. É difícil compreender a constituição intelectual de um grego culto daquela época, um grego que estava começando a duvidar dos deuses e que se via nesse redemoinho das mutações da matéria-prima. Pois a religião e a ciência positiva fornecem para um homem de hoje pontos de referência fixos para a sua representação do mundo. No jogo dos fenômenos, porém, um grego daquela época não possuía nenhum ponto fixo. Nem a religião mítica podia lhe oferecer um tal ponto, nem existia uma ciência positiva que pudesse lhe fornecer pontos de apoio. – Pois bem, o homem daquela época percebeu que suas ações e seus estados estavam fundados em seu eu. Ele não podia imaginar que esse eu era um estado ou um fazer de algo que se encontrava por detrás do eu. Esse é o seu sentimento de vida. E o outro, o fora, que ele achava contraposto à sua vontade, era do mesmo modo para ele, em todas as suas transformações, um estado e uma manifestação de uma base, que não era ela mesma um estado e um fazer de algo por detrás dela. Não importa se essa base autônoma é encontrada nas coisas particulares ou na substância una de Espinoza ou nos átomos: o fora, que nos é dado na consciência, tem necessariamente esse caráter. Se definirmos a *substância* como aquilo que é sujeito para todas as determinações predicativas, base para todos os estados e atividades, então o homem olha, por assim dizer, através do redemoinho e do jogo de cores dos fenômenos para o elemento substancial, que está por detrás; ele não pode fazer outra coisa. Mesmo a representação da produção de um efeito, o conceito de causalidade, está subordinada a esse elemento substancial. E em si, na mudança de seus atributos, de suas mobilizações internas e finalidades, ele precisa buscar um *ponto fixo*, que *regule seu agir*. E, assim, nele e naquilo que fora dele se contrapõe à sua pessoa, estes são os dois pontos fixos que constituem a meta natural de sua reflexão: a base substancial do fora e, em seu agir, a finalidade que não é um meio, mas o bem supremo de sua vontade.

Esse estado de fato explica por que, para a filosofia dos Antigos, o *ser verdadeiro* e o *bem supremo* constituem as duas questões centrais. Essas questões não são derivadas. Não é a firmeza subjetiva do enunciado, a necessidade dos pensamentos, que o homem busca em primeiro lugar. Essa firmeza do enunciado é, por assim dizer, o lado subjetivo, lógico, da firmeza objetiva da finalidade em nós mesmos, da substância fora de nós. Isso se mostra historicamente no fato de somente a insegurança e a dúvida que perturbam a certeza do pensamento terem trazido à tona a pergunta acerca do nexo lógico entre fundamento e consequência, a pergunta acerca do fundamento que é firme em si.

E, em verdade, no processo que temos de apresentar a partir de agora, mesmo o *conhecimento* da substância do mundo *ainda não* consegue se *libertar do nexo* que mantinha o *conhecimento* anteriormente, por assim dizer, ligado na *totalidade das forças humanas do ânimo*. Os deuses ainda tinham encontrado lugar no mundo dos físicos jônicos tanto quanto dos pitagóricos. Na medida, contudo, em que o nexo do cosmos foi determinado segundo as suas propriedades mais universais, não se encontrou mais no fundo nenhuma posição para os deuses. Xenófanes, Heráclito, Parmênides, Anaxágoras, os espíritos dirigentes do novo tempo, desenvolveram um nexo do mundo que passou a ocupar por meio da consciência clara de seu caráter geral, de sua abrangência que compreendia todos os fenômenos, por assim dizer, todo o terreno da realidade. Este ainda não tinha sido o caso no mundo de Anaximandro ou de Pitágoras. Também era indiferente para as transformações que assim entraram em cena o fato de os deuses continuarem existindo em meio à necessidade pessoal de um ou outro desses homens, como era evidentemente o caso, por exemplo, de Xenófanes. Mas qual foi, então, a consequência dessa transformação para a concepção metafísica da ordem do mundo? Toda a quinta-essência dos sentimentos mais elevados, a vida religiosa, a consciência moral, o sentimento da beleza e do valor infinito do mundo passaram a se fazer presentes agora nesse nexo do mundo. Todas as propriedades, que a vida religiosa e a vida moral tinham atribuído aos deuses, passaram a se mostrar agora na ordem cósmica. O próprio bem mais elevado e a finalidade que não é mais nenhum meio foram reconduzidos a esse nexo do mundo. Assim, naquilo que mantinha os fenômenos coesos residia o perfeito, o bom, o belo, o pleno em contraposição ao caráter insuficiente da realidade efetiva, o firme e internamente bem-aventurado em contraposição à sua imaturidade.

Xenófanes determina o ser uno, que esse nexo para ele é, teologicamente. A lei, que segundo Heráclito impera no fluxo dos fenômenos, não é determinada apenas por meio das oposições ou do caminho ascensional ou descensional, mas possui um pano de fundo profundamente religioso. O começo do poema doutrinário de Parmênides revela com um caráter sublime próprio ao mundo antigo uma verdade que está em conexão com a crença religiosa. Os pitagóricos mostram o mesmo caráter.

Portanto, corresponde ao espírito do desenvolvimento intelectual, assim como ao espírito dessa época antiga, o fato de a reflexão mais profunda sobre o princípio do cosmos provir da *vida religiosa* e, correspondentemente, ter se feito valer como exigência a ideia de divindade. – Na *escola pitagórica*, a cisão entre o que é dado na percepção e uma ordem metafísica do mundo foi preparada. O cosmos foi decomposto em dois fundamentos explicativos com relação à sua origem; ao ilimitado se contrapôs aquilo que tem figura e é configurador, o princípio da forma; esse princípio foi concebido pelos pitagóricos matematicamente, apresentado nas relações entre número e grandezas espaciais, perseguido no mundo real dos sons, assim como nas relações harmônicas das massas cósmicas. – Xenófanes apresentou a partir da consciência religiosa o princípio do ser uno. A representação da morte dos deuses não é casta; mas aquilo que surgiu no tempo também é perecível; por isso, é preciso atribuir à divindade uma consistência *eterna* e imutável. Do mesmo modo, uma multiplicidade de deuses não é compatível com a consciência do poder e da perfeição da divindade; a divindade eterna, portanto, é *una*. Assim, em Xenófanes, o começo de uma polêmica radical contra a representação mítica que supõe uma pluralidade de deuses que nascem e morrem está ligado à reflexão sobre as propriedades do universo; Xenófanes já vislumbra o elemento antropomórfico na crença nos deuses e sua insustentabilidade.

O desenvolvimento mais rigoroso desse princípio do universal parece ter sido fomentado pelo fato de Heráclito ter deduzido da visão da natureza dos físicos jônicos, finalmente, como base para ela, a fórmula da mutabilidade universal. – A consciência da diferença entre a consciência metafísica emergente e toda a investigação até aí o enche de um orgulho seco e de uma crítica aniquiladora. Essa consciência metafísica relaciona-se, segundo a intelecção profunda de Heráclito, precisamente com aquilo que envolve constantemente o homem, com o que ele constantemente ouve e vê: enquanto o estado habitual do homem é estar presente e, contudo, não estar tomando parte aí, essa reflexão metafísica concebe justamente aquilo que retorna por toda parte com uma consciência desperta e o enuncia. Assim, além de se opor ao ir vivendo vulgar que se assemelha ao sono, ela se contrapõe à empiria, que se propaga em determinações e em uma orientação particulares sobre o cosmos, e que, de qualquer modo, não instrui o sentido: ela se opõe à falsa arte, cujos tipos característicos são para Heráclito Pitágoras, Xenófanes, Hecateu entre os seus contemporâneos e os seus antecessores. – Para essa consciência metafísica desponta, então, a lei do mundo, a lei da mudança, que é efetiva de maneira homogênea em cada ponto do universo. O universal que se transforma não é apenas presente como o mesmo nas oposições, em cada fenômeno particular mesmo já está contido seu oposto, em nossa vida está a morte, em nossa morte, a vida. – Nessas ideias que dissolvem todo ser já residia o fundamento para a recusa de Heráclito à ciência positiva de seu tempo. Heráclito também submeteu a sua física à ideia fundamental da mutação, e inseriu mesmo o sol em seu movimento ritmado de conversão: todo dia ele deve surgir novamente.

Essa ideia, segundo a qual a constância consiste apenas na lei das transformações, continha sem dúvida alguma um ponto de partida importante para uma verdadeira compreensão; no interior da situação das ciências de outrora, porém, Heráclito precisou violentar tanto a ideia quanto os fatos, e sua escola, a sociedade dos "fluentes", se viu naturalmente vítima do ceticismo. Pois se só existe o fluxo das coisas, isto é, a conversão de um estado da matéria em outro, então a constância só recai, por conseguinte, na lei dessa conversão: portanto, não se pode distinguir um princípio que seria portador desse movimento de conversão. Assim, ainda que Heráclito só designe simbolicamente o fogo como um tal princípio, seu sistema cai, com isso, em contradição interna. Além disso, os movimentos circulares regulares e constantes dos astros foram submetidos a uma explicação a partir do princípio da transformação, e aqui acabou por se mostrar que a causa constante, imutável, que eles exigem, se encontra em uma contradição com o movimento ritmado das conversões. Desse modo, Heráclito se viu imerso em uma contenda com as representações astronômicas de seu tempo; com isso, ele chegou às suas próprias afirmações astronômicas paradoxais, que só podem ser interpretadas como um retrocesso.

Em oposição às fórmulas de Heráclito, é provável que Parmênides tenha desenvolvido a ideia de Xenófanes em sua plena clareza metafísica. Como Heráclito, ele trabalhou para alcançar uma consciência mais profunda do conteúdo da representação do mundo. Também ele não quer mais em primeira linha se orientar no universo ou fixar o nexo factual dos movimentos de suas grandes massas. Com certeza, Parmênides foi o primeiro a defender a grande descoberta da forma esférica da Terra como escritor, se é que ele não pode ser designado como o seu próprio descobridor; pois não está fora de questão o fato de ele já ter encontrado essa compreensão que fez época em sua terra natal subitaliana junto aos pitagóricos. Mas o início de seu poema doutrinário mostra que uma reflexão metafísica sobre as propriedades mais gerais do nexo do mundo também se mostrava para ele como a grande tarefa de sua vida. O mesmo início torna ao mesmo tempo visível que esse nexo do mundo encerrava para ele em si toda a profundidade religiosa da época mística, exatamente como esse era o caso em Heráclito. Todo o brilho do mundo mítico, a sede das divindades e de suas figuras resplandecentes confluíram agora para esse mundo metafísico. Assim, é também uma boca divina que sintetiza nesse começo de seu poema toda a oposição entre verdade e erro nas seguintes sentenças: o ente é, o não ente não é; o erro está fundado na suposição de que o não ente possui existência, de que o ser não existe.

Os fragmentos não são suficientes para que possamos constatar o sentido exato, que tinham a elucidação e a fundamentação parmenídica dessa sua sentença principal.[21] Não há dúvida de que ele fundamentou essa sentença por meio do fato de o ser não poder ser cindido do pensar; o não ente não pode ser nem conhecido nem enunciado. Essa demonstração contém evidentemente em si o fato de a representação, na qual realidade efetiva está presente, não continuar subsistindo, logo que se suspende a realidade efetiva dada na representação. Todavia, uma tal expressão moderna corre naturalmente o risco de não apreender o sentido simples e total desse pensamento antigo. Nós dizemos algo mais simples e mais próximo da terminologia de Parmênides, se dissermos: se o *ser* não existe (uma designação abstrata para o "é" que expressa a objetividade dada na representação), então nenhum pensamento pode tampouco estar presente. – Portanto, como nada existe além do ser, então o próprio pensamento não é algo diverso do ser. Pois fora do ser não há absolutamente nada; ele é, por assim dizer, o lugar no qual mesmo o enunciado ocorre. Não ente é, com isso, um contrassenso, um *nonsens* no sentido mais rigoroso possível.[22]

---

[21] Segundo a natureza de nossas informações sobre Parmênides, a explicitação de sua posição eminente na história da metafísica só pode ser infelizmente estabelecida por intermédio de uma espécie de reprodução subjetiva, que em outras circunstâncias não seria permitida.
[22] Assim se esclarece o sentido da tão discutida sentença: τὸ γὰρ αὐτὸ νοεῖν ἐστίν τε καὶ εἶναι (em Mullach fr. Graec. I, 118, v. 40). Se Zeller (I4, 512) lê ἔστιν e traduz: "pois o mesmo pode ser pensado e ser", então era de se esperar νοεῖσθαι. O "poder", contudo, não corresponde em quase nada à ideia de Parmênides. E o sentido da sentença é assegurado por v. 94 τωὐτὸν δ'ἐστὶ νοεῖν τε καὶ οὕνεκέν ἐστι νόημα e pela justificativa subsequente.

Essas sentenças contêm com certeza em germe o princípio lógico do pensamento chamado princípio de não contradição; mas sua amplitude vai além desse princípio. Nelas, se expressa com uma profundidade não desenvolvida o resultado do nexo de consciência no qual o objeto está ligado indissoluvelmente com o sujeito e no qual o objeto possui o caráter de uma firmeza substancial.

E, assim, essas sentenças são, por um lado, a *base suficiente para verdades* que o pensamento grego acrescentou inicialmente ao pensamento matemático e que possibilitaram a passagem do pensamento matemático para uma consideração científica do cosmos; na obscuridade com que elas emergem inicialmente para a consciência, porém, elas são, por outro lado, o *ponto de partida para exigências exageradas do pensamento* em relação às propriedades mais universais do nexo do mundo.

Essas *verdades* contidas implicitamente nas sentenças supracitadas de Parmênides são simples. A primeira reside na concepção da propriedade de nosso nexo de consciência que Aristóteles, em sua fórmula acerca do *princípio de não contradição*, trouxe para uma forma mais exatamente determinada que se tornou por meio daí sustentável. A outra reside no princípio físico segundo o qual: *não há nenhum surgimento e nenhum perecimento*;[23] surgimento e perecimento estão excluídos do verdadeiramente ente; pois ser não pode surgir a partir do não ente, uma vez que esse justamente não é; o ente, porém, não seria outra coisa senão gerar a si mesmo. Também esse princípio só recebeu uma configuração mais exatamente restrita e sustentável bem mais tarde, de início por meio de Anaxágoras e Demócrito. Os dois princípios, liberados da indeterminação e dos exageros que se atrelaram a eles em Parmênides, aliaram-se às verdades da matemática e possibilitaram, assim, um ponto de partida sólido para o conhecimento da natureza.

Não obstante, em consequência do modo imperfeito e indeterminado com o qual concebeu essas verdades, Parmênides chegou a partir delas a conclusões que tornaram essa visão do mundo *inútil para a*

---

[23] Nós registramos aqui a forma mais antiga dessa ideia, que foi tão importante para a ciência natural: Parmênides v. 77 (em Mullach fr. phil. graec. I, 121) τῶν γένεσις μὲν ἀπεσται καὶ ἄπιστος ὄλεθρος ε α. 69 τοὔνεκεν οὔτε γενέσθαι οὔτ̓ ὄλλυσθαι ἀν̃κε δίκη.

pesquisa positiva, só lhe restando, por fim, a aplicabilidade para a demonstração do ceticismo. A ciência natural moderna, na medida em que parte da conservação da matéria-prima e da força, transpõe toda a transformabilidade e multiplicidade dos predicados para as relações. Parmênides exagera demais a amplitude do *ex nihil nihil fit* válido como a lei fundamental do conhecimento e constrói um ser eterno que se estende continuamente no espaço e exclui toda transformção e todo movimento, um ser no qual imerge toda a perfeição da ordem divina do mundo. Ele nega a partir desse ser em seguida o mundo efetivamente real, mutável e múltiplo, e, assim, mesmo a aparência se lhe torna, então, inexplicável.

Assim, Parmênides, Zenão e Melissos alteraram fundamentalmente toda a explicação do mundo que a ciência física anterior a eles tinha criado. Essa física mais antiga tinha explicado o cosmos a partir de um princípio formador, que possuía em si uma transformabilidade indeterminada, com o recurso das representações do movimento da matéria-prima no espaço, da transformação qualitativa, do surgimento do múltiplo a partir do uno. Agora, *todos os princípios construtivos com os quais essa física trabalhava são colocados em questão.* – O que possui uma grandeza é divisível; assim, eu nunca alcanço o elemento simples, a partir do qual o composto se constitui, se eu não abandono antes a região do elemento espacial. Mas se eu abandono esse elemento, nunca posso compor o elemento espacial a partir do a-espacialmente simples. De maneira correspondente, todo espaço intermediário entre duas grandezas espaciais pode ser dividido ao infinito.

De fato, as dificuldades que se apresentaram a esses pensadores de um tal modo em relação ao espaço, ao movimento, ao múltiplo são insuperáveis no interior da metafísica; somente o ponto de vista epistemológico, que remonta à origem dos conceitos, pode resolver essas contradições. Um tal ponto de vista reconhece como a realidade efetiva é dada à intuição e como a liberdade infinita da vontade pode dividir e compor arbitrariamente essa realidade efetiva, como ela, por intermédio da abstração, pode reproduzir o contínuo real e o movimento através dos pontos, por meio da decomposição da via do movimento em tais pontos, sem jamais alcançar com isso, porém, a realidade do fato intuitivo mesmo.

A todo teorema metafísico se segue, como a sua sombra, a consciência do resto obscuro dos fatos não deriváveis a partir dele. O devir de Heráclito contradiz a sua concepção do fogo como substrato vivo ao qual o devir se aferroa; ao ser de Parmênides contradiz o mundo mutável. O progresso da metafísica é naturalmente o progresso em direção a hipóteses cada vez mais complicadas, que na mesma relação são mais apropriadas para explicar os fatos, mas, por outro lado, também contêm um número crescente de dificuldades internas.

SEGUNDO CAPÍTULO

ANAXÁGORAS E O SURGIMENTO DA METAFÍSICA MONOTEÍSTA NA EUROPA

Ao lado de Zenão e Melissos, que, a partir da nova base, dirigiram sua dialética aniquiladora contra todos os recursos da explicação física do mundo, surgiram Leucipo, Empédocles e Anaxágoras, que reconfiguraram sobre um tal solo a explicação física do mundo. Na mesma geração surgiram paralelamente aquela corrente cética e essa progressiva. Já outrora havia se mostrado que o efeito útil na ciência pertencia àqueles que não possuem, por exemplo, a verdade em contraposição ao erro, mas que, impelidos pela crença no conhecimento, fazem uma nova tentativa de se aproximar da verdade, mesmo na medida em que empregam para tanto pressupostos que, de acordo com o entendimento daquele tempo, não podiam ser constituídos de maneira isenta de contradição. Assim, o movimento e o espaço vazio foram usados outrora para a explicação, apesar de, sem dúvida alguma, nenhum dos pesquisadores que fizeram uso dessas representações estar em condições de afastar as dificuldades a partir delas. Pois esse é o nexo final da ciência humana: na realidade efetiva surge uma tentativa depois da outra de se aproximar dessa realidade e de tornar explicável o seu estado de fato; as tentativas perfeitas sobrevivem às imperfeitas. Assim, surgiu então outrora o novo conceito metafísico fundamental do *elemento*, o conceito cunhado de maneira mais exata do *átomo*. As consequências que foram retiradas dos dois princípios apresentados para o conceito do ser na escola eleática iam além do estabelecido nesses princípios; enormes foram de início as consequências negativas: a visão de mundo do ente uni-versal aniquilou o cosmos múltiplo. Por isso, então, a vontade do conhecimento ultrapassou-a; Leucipo, Empédocles, Demócrito tentaram adequar o princípio do ser à tarefa de uma explicação do mundo mutável, múltiplo. Seu teorema fundamental iniciou-se, portanto, em Parmênides. Não há nem surgimento, nem perecimento, mas – assim eles prosseguiram – apenas *ligação* e *separação de partículas de massa por meio do movimento no universo*. Esse teorema vem à tona neles de modo totalmente uniforme. – Podemos demonstrar que ele proveio da escola eleática.[24] Em verdade, as referências históricas nas quais esses homens se encontravam não podem ser mais constatadas. Também não conhecemos infelizmente o tipo de argumentação, por meio do qual Leucipo, Empédocles, Anaxágoras e Demócrito justificaram suas teorias das partículas imutáveis de massa em relação ao ser eleático. Como quer que seja, desenvolveu-se agora na construção da metafísica europeia, a partir do conceito do ente, uma das muitas possibilidades existentes, e, em verdade, a mais natural: a decomposição da realidade em elementos que, por um lado, satisfaziam às exigências do pensamento por pontos de referência imutáveis, e, por outro, não excluíam uma explicação da transformação, da pluralidade e do movimento. Com isso, realizou-se um progresso significativo. Ao invés de uma força atuante em uma transformação indedeterminada ou da relação de uma tal força com uma matéria-prima ilimitada (pitagóricos), entraram em cena agora elementos iguais e imutáveis. Tudo podia ser explicado a partir daquela força, esses elementos permitem um cálculo claro, abrangente na explicação do mundo.

Com isso, entra em cena na explicação do cosmos *um novo tipo de conceitos*. Tais conceitos eram o átomo de Leucipo, os germes das coisas de Anáxagoras, os elementos de Empédocles, assim como as figuras matemáticas, a partir das quais Platão construiu o mundo dos corpos. A causa primeira como razão explicativa (ἀρχή) era uma categoria metafísica, que podia ser colocada na base de toda a realidade efetiva como um conteúdo parcial dado nela por toda parte de maneira homogênea. O conceito do elemento ou da partícula de massa (áto-

---

[24] Simpl. em phys. s. 7r 6 e segs. (Diels Doxogr. 483), com certeza retirado de Teofrasto: Λεύκιππος δὲ ὁ Ἐλεάτης ἢ Μιλήσιος... κοινωνήσας Παρμενίδῃ τῆς φιλοσοφίας οὐ τὴν αὐτὴν ἐβάδισε Παρμενίδῃ καὶ Ξενοφάνει περὶ τῶν ὄντων ὁδόν.

mo) foi desenvolvido a partir da natureza exterior e só possui, por conta da sua característica de uma imutabilidade rígida, uma realidade para essa natureza. Ele também não é um *componente* da realidade efetiva natural, isto é, um conceito simples contido nela; tais conceitos são movimento, velocidade, força, massa. Ao contrário, ele é uma criação construtiva para a explicação dos fenômenos naturais, exatamente como o conceito da ideia platônica.

Na medida em que entrou em cena o conceito do elemento como realidade metafísica e em que esse conceito foi considerado, surgiram *dificuldades que eram insuperáveis sob tais condições*. – Uma tal dificuldade residia na hipótese já atribuída a Leucipo de que, ao lado do ente, também se precisaria atribuir existência ao não ente, isto é, ao espaço vazio. E, contudo, sem essa hipótese, o movimento não era possível. Anaxágoras nega, sim, ele combate o espaço vazio,[25] mas não consegue, então, explicar evidentemente a evasão de suas partículas de massa. – Uma outra dificuldade residia na hipótese da indivisibilidade de pequenos corpos, tal como essa hipótese era ensinada pelos atomistas. Contra uma tal hipótese, Anaxágoras dirigia, ao que parece, a sua doutrina profunda e perspicaz sobre a relatividade da grandeza.[26] – Por fim, havia uma dificuldade na inexplicabilidade das transformações qualitativas a partir dos átomos; diante dessa dificuldade, Anaxágoras desenvolveu uma teoria muito complexa, e nesse ponto se observa qual foi a significação que teve a aparição de Protágoras para o desenvolvimento ulterior da atomística. Pois Protágoras encontra-se entre Leucipo e Anaxágoras, por um lado, e a consumação do sistema atomista, por outro. Sua teoria da percepção sensorial possibilitou pela primeira vez o alijamento cientificamente fundamentado das representações do elemento qualitativo dos átomos, e o fato de Demócrito, talvez em um escrito particular, ter se confrontado com Protágoras nos foi expressamente legado pela tradição.[27] – A teoria do átomo de Demócrito, envolvida por tantas dificuldades, encontrou em Metrodoro e Nausifânio uma atitude ainda mais cética.

---

[25] Aristóteles, *Física*, IV, 6.
[26] Simpl. em phys. s. 35r. (Mullach I, 251 fr.15). Quanto a isso comparar a demonstração elucidativa de Zeller de que Anaxágoras teria se referido polemicamente a Leucipo em seu escrito (I4, 920 e segs.).
[27] Plut. Adv. Colot. C. 4. p. 1109A. Cf. Sexto Empírico adv. Math. VII, 389.

Assim, por meio de Nausifânio, ela chegou até Epicuro.[28] Ela se manteve apesar de todas as dificuldades porque, como o próximo transcurso mostrará, é um componente legítimo da explicação da natureza. Se o conceito de partículas de massa já era um conceito metafísico construtivo, surgiu agora para esses teóricos das partículas de massa o problema constitutivo de saber se o cosmos poderia ser explicado a partir delas apenas. Nesse ponto do desenvolvimento, no período mais belo de Atenas, veio à tona, então, em conexão com a situação das ciências, aquela construção do cosmos na primeira realização a ser grandiosamente pensada, a construção que criou para a metafísica europeia o seu poder longamente duradouro sobre o espírito de nossa parte do mundo. Estou falando da doutrina de uma razão do mundo diversa do próprio cosmos, uma razão que, como primeiro motor, é a causa do nexo regular, sim, conveniente no cosmos.

O monoteísmo, isto é, a ideia do Deus uno que é totalmente diferente da natureza não apenas em conceito, mas como factualidade, surgiu no Ocidente em conexão com as investigações astronômicas; ele foi sustentado dois mil anos por um raciocínio que tinha sua base de apoio na concepção do edifício do mundo. Com veneração me aproximo do homem que pensou pela primeira vez essa conexão simples entre os movimentos regulares dos astros e um primeiro motor. Sua pessoa se mostrou para a Antiguidade como representativa de um direcionamento do espírito para aquilo que era digno de ser conhecido, sem levar em consideração aquilo que nos torna inteligentes com vistas à utilidade própria: "A alguém que lhe perguntou por que é que se preferia o ser ao não ser, Anáxagoras parece ter respondido: por causa da contemplação do céu assim como da ordem que se estende sobre o cosmos."[29] Essa passagem elucida o nexo que os Antigos viam entre o espírito de suas pesquisas astronômicas e a sua metafísica monoteísta. A partir daí derramou-se por todo o seu ser o caráter da dignidade comedida, sim, o caráter sublime, que Anaxágoras comunicou, segundo a versão de bons narradores, ao seu amigo Péricles.[30]

---

[28] Zeller, idem 857 e segs.
[29] *Ética Eudemiana*, I, 5; cf. *Ética a Nicômaco*, X, 9.
[30] Além das conhecidas passagens de Plutarco, cf. o diálogo *Fedro* de Platão.

As ruínas de sua obra sobre a natureza respiram o mesmo caráter simples e majestoso. Não se costuma aceitar de bom grado que se coloque lado a lado o início dessa obra e o grande documento do monoteísmo israelita, a história da criação: "Juntas estavam todas as coisas, imensuráveis em quantidade e pequenez; pois mesmo o pequeno era algo imensurável. E como tudo estava junto, nada vinha à tona distintamente, por causa da pequenez."[31] Anaxágoras, porém, decompõe o estado inicial da matéria com os recursos da metafísica subitaliana. A mais antiga representação de uma matéria concebida em uma transformação espontânea que permite deduzir tudo e, com isso, no fundo nada, foi alijada nessa metafísica subitaliana. De acordo com ela e em sintonia com Empédocles e Demócrito, Anaxágoras colocou a seguinte sentença na base de seu pensamento: "Os helenos não falam com razão de surgimento e perecimento. Pois coisa alguma surge, nem chega a perecer."[32] Ligação e cisão, em seguida movimento e substância, assumiram o lugar do surgimento e do perecimento. Essas partículas de massa, que Anaxágoras, Leucipo e Demócrito fundamentaram, se mantiveram como a base para toda teoria sobre o nexo natural, que exige um ponto de partida firme, acessível ao cálculo. Em muitos pontos se distinguem agora "os germes das coisas",[33] mesmo simplesmente as "coisas" de Anáxagoras (por assim dizer as coisas em dimensão diminuta) dos átomos de Demócrito. Anaxágoras, segundo o estado da pesquisa em seu tempo, desenvolveu o realismo mais duro que se pode pensar. Em suas partículas de massa está dada toda gradação qualitativa, que a percepção sensorial em algum lugar pode nos oferecer. E como lhe faltava, então, toda representação do processo químico, ele precisou apelar para duas sentenças auxiliares, cujo caráter paradoxal a tradição não mais compreendeu em seu contexto. Em cada objeto natural estão contidos todos os germes das coisas; nossos sentidos, porém, têm limites estreitos em termos de sua capacidade sensorial; a partir daí, ele explicou a aparência ilusória das transformações qualitativas.[34] Em seguida, porém, encon-

---

[31] Simplício em: phys. s. 33v. (Mullach I, 248 fr. 1).
[32] Simplício em: phys. s. 34v. (Mullach I, 251 fr. 17).
[33] Simplício em: phys. s. 35. (Mullach I, 248 fr. 3).
[34] É notável o fato de ele ter usado nesse contexto como prova o mais antigo experimento sobre ilusões dos sentidos de que temos informações. Se adicionamos gota a gota ao branco um líqui-

tra-se já em Anaxágoras o teorema da relatividade da grandeza, um teorema que a sofística explorou na época em sentido negativo e cuja amplitude Hobbes desenvolveu mais tarde autonomamente. Parece que, em conexão com isso, Anaxágoras supôs que cada mínima parte por nós representável precisaria ser por sua vez considerada como um sistema, que abarca em si uma pluralidade das partes. Diversos experimentos foram legados por ele, experimentos por meio dos quais ele procurou dar consistência a representações físicas fundamentais. Ele foi designado em sentido eminente pela tradição como físico.

Por intermédio de uma indução ousada, então, ele transpôs a física da Terra para a abóbada celeste.

À luz do dia ocorreu em Aegos Potamoi a queda de uma grande pedra de um meteorito. Anaxágoras partiu do fato de essa pedra provir do mundo dos astros e concluiu, então, a partir de sua queda, a identidade física específica de todo o edifício do mundo.[35] Como ele estabeleceu que o curso da Lua em torno da Terra era mais próximo do que o curso do Sol, deduzindo correspondentemente os eclipses do Sol a partir da aparição da Lua entre a Terra e o Sol, ele também concluiu que a Lua precisaria ser uma massa grande e espessa.[36] Não se podem mais estabelecer de maneira elucidativa as conclusões, por intermédio das quais ele determinou posições, grandezas e causas do brilho dos astros particulares. Os eclipses lunares, ele explicou em parte em função da sombra da Terra, em parte em função de corpos escuros que se encontravam entre a Terra e a Lua. A via mais próxima da Terra dentre os astros que nos são conhecidos é descrita pela Lua, evidentemente na medida em que ela aparece nos eclipses solares entre a Terra e o Sol. Anaxágoras apresentou uma teoria das fases da Lua e, como Platão destacou como sua afirmação

---

do de cor escura, então as sensações não conseguem diferenciar as graduais transformações da coloração, apesar de, na realidade, essas transformações ocorrerem. Sua paradoxia da neve negra faz parte do mesmo contexto. – Quanto a outros experimentos de Anaxágoras, cf. Aristóteles, *Física* IV, 6.

[35] Essa conclusão de Anaxágoras de Sileno está conservada em Diógenes Laércio II, 11.s. Observemos quanto ao que se segue que, de acordo com a finalidade da presente exposição, nos abstraímos de saber se Anaxágoras foi ou não o primeiro a apresentar todas essas teorias.

[36] Hipólito, philos. VIII, 9 (Diels 562): e, em verdade, Hipólito associa as duas coisas em seu relato: Anaxágoras foi o primeiro a determinar exatamente eclipses e fases da Lua e ele explicou que a Lua era um corpo terreno e supôs a presença de montanhas e vales nela.

sensacional,[37] ele deduziu a luz da Lua (ao menos parcialmente) através de sua irradiação por meio do Sol; "uma vez que o sol gira em círculos em torno da Lua, ele lança sempre uma luz nova sobre ela".[38] Em conexão com isso, ele considera que a Lua, com suas gargantas e montanhas, devia ser habitada; ele se lembra da pedra do meteorito quando interpreta da seguinte forma a fábula de que o leão nemaico tinha caído do céu: o leão pode muito bem ter caído da Lua.

– O sol era pensado por ele como uma massa de pedra em brasa, percorrendo uma trajetória circular em uma região muito afastada do céu; na medida em que comparou claramente a sua grandeza com a da Lua, ele a declarou muito maior do que o Peloponeso, que equiparou à Lua. – Também as estrelas eram para ele tais massas em brasa, cujo calor nós só não sentimos pela distância.

Esse conhecimento da identidade física na constituição de todos os corpos lhe serve como premissa maior, a fim de, com base no fato que constitui a premissa menor, o fato do giro dos astros, retirar a sua grande conclusão metafísica. Pois no teorema da identidade física de todos os corpos do mundo também estava contida a intelecção de que a gravidade atua neles todos. A partir daí obteve-se a necessidade da hipótese de uma força que atuasse na direção contrária de uma força extraordinária, que trouxesse à tona e mantivesse a reviravolta circular desses corpos pesados e poderosos. No caso do grande meteorito citado, Anaxágoras associou com ele a explicação de que todo o mundo estelar seria constituído de pedras: se a reiravolta violenta parasse, então eles precisariam cair.[39] A tradição compara, sem atribuir essa comparação a Anaxágoras, essa relação que se encontra na base da reviravolta dos astros entre a gravidade que puxa os corpos do mundo para baixo e a força que produz a reviravolta e que impede a sua queda com aquilo em virtude do que a pedra não sai do estilingue e a água não é derramada em um vaso quando a mexemos e quando esse movimento é mais rápido do que o movimento da água para baixo.[40]

---

[37] Cf. quanto a isso o diálogo *Parmênides* v. 144 (Mullach I, 128).
[38] Em *Crátilo* 409a.
[39] Diógenes, op. cit.
[40] Humboldt, *Cosmos* (1. ed.) II, 348m 501. Cf. I, 139, op. cit., segundo os manuscritos de Jacobi sobre o saber matemático dos gregos, anotações que mencionam as anotações de Humboldt, mas que se perderam ou se encontram ocultas em algum lugar. Plut. De facie in orbe Lunae c. 6, p. 923C, Ideler, Metereologia Graec. 1832, p. 6.

Com essa conclusão se associa, então, no ponto agora alcançado, uma segunda, cujos elos talvez ainda possam ser completados de maneira convincente. Em virtude dessa segunda conclusão, ele determinou essa força que produziria as rotações dos astros no universo como uma força constante e convenientemente atuante, que provocaria de fora, totalmente separada da matéria do mundo, o curso circular dos astros. Assim, surge na história o princípio do mundo da razão (do νοῦς), sustentado por um raciocínio astronômico.

A rotação justamente, que Anaxágoras faz remontar à força que atua contrariamente à gravidade, é expressamente equiparada por ele com a rotação (περιχώρησις), "na qual giram atualmente astros, Sol e Lua, ar e éter".[41] Essa rotação é naturalmente a rotação aparente, na qual se movimenta diariamente todo o céu com os seus astros do Leste para o Oeste em torno de nossa Terra. Anaxágoras conhecia a rotação de toda a esfera celeste em torno de seu eixo, ainda que esse conceito de eixo ainda não tivesse sido pensado em seu rigor matemático. Se ele perseguiu, então, os círculos paralelos nos quais alguns astros circulam parcialmente sobre o horizonte, outros totalmente, até os círculos mais ínfimos da Ursa ou da estrela β que se encontrava outrora provisoriamente no polo, então ele precisou formar uma representação, por mais imperfeita que ela tenha se mostrado, do ponto final norte desse eixo.[42] Aqui aparece de modo incontornável uma combinação das informações, uma combinação por intermédio da qual se consegue produzir pela primeira vez o nexo entre elas.[43] *Essa posição* que constituiria o ponto final norte de um bastão, em torno do qual pensaríamos ocorrer, por exemplo, a rotação, *é o ponto cósmico a partir do qual o nous* (a ra-

---

[41] Simplic. em: phys. s. 33v. 35r (Mullach I, 249 fr. 6).
[42] Com o que se acha em consonância o modo com o qual o polo é mencionado no artigo de Diógenes sobre Anaxágoras; Diógenes II, 9. A parte do céu na qual se encontra essa posição já era de qualquer modo particularmente importante desde o tempo de Homero: "a Ursa, que é normalmente chamada a carruagem do céu e que gira na mesma posição... e sozinha nunca submerge para banhar-se no Oceano". Aratus observa (phaen. 37 e segs.) que os gregos em suas navegações precisavam da grande Ursa, porque ela é mais clara e pode ser vista de maneira mais fácil na irrupção da noite. Os fenícios se mantinham junto à pequena Ursa, que, em verdade, é mais escura, mas é mais útil aos navios, porque descreve um círculo menor.
[43] É precioso para mim encontrar essa combinação que há muitos anos venho apresentando em minhas preleções nas *Mémoires de l'institut*, v. XXIX, p. 176 e segs., *Martin, hypothèses astronomiques des plus anciens philosophes de la Grèce étrangers à la notion de la sphéricité de la terre.*

zão do mundo) *iniciou o movimento rotativo na matéria*, e a partir do qual esse movimento ainda é efetuado hoje. O *nous* começou com o diminuto; a posição, na qual isso aconteceu, foi o polo. Portanto, o polo foi a posição na qual a rotação começou; a partir dela, a rotação se propagou, então, de maneira cada vez mais ampla, e a partir dela se efetuou ao mesmo tempo a separação das partículas de massa. A reprodução da visão fundamental de Anaxágoras é, nesse sentido, apenas a representação mais clara daquilo que está contido na seguinte sentença: a rotação produzida pelo *nous* é idêntica à rotação atual da esfera celeste, mas o *nous* produziu essa rotação a partir de um pequeno local de intervenção, e, a partir daí, a rotação foi se expandindo cada vez mais. Pois essas sentenças levam a um ponto inicial, no qual o menor círculo é descrito na esfera celeste.

Se partirmos agora dessa representação fundamental, então deixaremos de ver como Anaxágoras descobriu o seu monoteísmo. Se ele tinha partido da propagação do efeito da gravidade em direção a todos os corpos celestes e tinha postulado uma força contrariamente atuante, então concluiu agora de maneira mais imediata, com base na rotação comum de todas as posições da esfera celeste (na medida em que ele reservou para si uma razão explicativa particularmente mecânica para os movimentos próprios ao Sol, à Lua e aos planetas), a existência de *uma matéria independente desses corpos*, consonante a fins que, com isso, *atuava inteligentemente*. "O outro tem uma parte de tudo ligada a si. O *nous*, porém, é algo imensurável e autocrático e não está misturado com coisa[44] nenhuma, mas se baseia por si apenas em si mesmo."[45] E, em verdade, uma tal força autônoma que traz à tona a rotação conjunta foi pensada em geral da maneira mais simples como espacialmente cindida da esfera celeste e como provocando fora dela o surgimento da rotação e da formação do mundo; para Anaxágoras, para quem o *nous* era o elemento "mais simples" e "mais puro" dentre todas as "coisas", portanto, um elemento material refinado ou, de qualquer modo, um elemento que se encontrava *no limite* da materialidade, essa representação era inevitável. – Por conseguinte: o conhecimento dos movimentos conjuntos em toda a esfera celeste comple-

---

[44] Anaxágoras diz: com nenhum Χρήματι, com nenhuma partícula de massa.
[45] Simplício idem s. 33v. (Mullach I, 249 fr. 6).

tou essa conclusão com vistas ao fato de essa ser uma força que atuava de fora. – Por fim: a consideração da consonância interna a fins do edifício do mundo tanto quanto das organizações particulares da Terra torna possível reconhecer esse primeiro motor como um *nous* que atua segundo uma consonância interna a fins. Essa consonância a fins do universo, porém, não significa a sua apropriação para as finalidades do homem, mas uma consonância imanente a fins, cuja expressão é a beleza, cujo fato consequente é o nexo uniforme para o entendimento que, por isso, remonta a um entendimento ordenador, mas por assim dizer impessoal.[46]

Assim, na mais bela época da história grega, a partir da ciência do cosmos, e, em particular, a partir da pesquisa astronômica, surgiu o monoteísmo grego, isto é, a ideia da finalidade consciente como diretriz da quinta-essência uniforme e consonante a fins do movimento no cosmos e da razão como o motor autônomo que atua de maneira consonante a fins. O homem que o projetou foi chamado pela população de Atenas daquela época, com uma mistura de consciência de seu caráter estranhamente sublime e de bricadeira, de o *Nous*. Essa grande doutrina envolveu o círculo de Anaxágoras, Péricles e Fídias com uma estranheza, que foi fortemente sentida pelo povo ligado às crenças antigas, e isso o tornou impopular. No Zeus de Fídias, essa ideia recebeu a sua expressão artística.

Aqui não é o lugar para apresentarmos como Anaxágoras superou as dificuldades que a execução de seu grande pensamento ofereceu em particular. – Uma dificuldade imaginária o obrigou a dar o primeiro passo em sua construção mais exata do surgimento do mundo. A coisa é bastante característica para o predomínio das representações da regularidade geométrica no espírito grego. A posição divergente do polo e dos círculos paralelos dos astros em relação ao horizonte determinou-o a assumir a hipótese de que, originariamente, a rotação dos astros teria ocorrido paralelamente ao horizonte que ia de Leste para Oeste, ficando, por conseguinte, o eixo de rotação da esfera terrestre em uma posição de noventa graus em relação à superfície

---

[46] Aristóteles, *De anima* I, 2, p. 404b I de Anaxágoras: πολλαχοῦ μὲν γὰρ τό αἴτιον τοῦ καλῶς καὶ ὀρθῶς τὸν νοῦν λέγειν. O próprio Anaxágoras (Mullach I, 249 fr. 6): καὶ ὁκοῖα ἔμελλε ἔσεθαι καὶ ὁκοια ἦν καὶ ἄσσα νῦν ἔστι καὶ ὁκοια ἔσται, πάντα διεκόσμησε νόος.

da Terra (à qual ele emprestou a forma de um cilindro raso); o ponto final desse eixo encontra a cúpula que se alçava, assim, acima do horizonte no centro (no zênite). Na medida em que a superfície terrestre se inclinou, então, para o Sul, o polo recebeu a sua posição atual; e, em verdade, isso aconteceu logo depois da aparição da vida orgânica na superfície da Terra. Os narradores colocam esse fato em relação com o surgimento de diversos climas e regiões habitadas em contraposição a não habitadas da Terra.[47]

A representação de Anaxágoras de como, então, surgiram, por meio da reviravolta que o *nous* produziu na matéria do mundo, os astros e suas vias é bastante imperfeita. Também se vê aqui tanto quanto na atomística que: a partir de premissas particulares que estão em conformidade com a ciência moderna, ainda não emerge nenhum resultado correspondente, uma vez que faltam outras premissas necessárias e são inseridas representações físicas falsas abstraídas da aparência dos sentidos. – Aquilo que é articulado no estado inicial de Anaxágoras é dilacerado por meio da inversão, e, de acordo com a sua natureza, o calor, o elemento brilhante, ígneo, que Anaxágoras designa como o éter, se eleva; a partir da atmosfera, o elemento fluido se deposita descensionalmente, e, a partir dele, o elemento sólido, que aspira, segundo uma outra representação fundamental, ao repouso. Desse elemento em queda, a reviravolta arranca partes, que giram agora como astros.

Agora, porém, vem à tona pela primeira vez a questão vital dessa cosmogonia. Anaxágoras tinha antes de tudo de resolver a tarefa de explicar os movimentos por ele conhecidos no céu, movimentos que *não* podem ser subordinados à rotação geral diária: assim, o movi-

---

[47] Diels 337 e segs.; quanto às passagens paralelas de Plutarco e Stobeu, cf. Diógenes II, 9. O fato de a Terra ter se inclinado segundo Anaxágoras para o Sul e de não terem sido, ao contrário, o eixo celeste e o polo que sofreram uma inclinação precisa ser assumido segundo o conteúdo literal das passagens paralelas e das indicações sobre a teoria correspondente dos atomistas. Humboldt, *Cosmos* 3, 451, parece associar a passagem com a divergência da eclíptica. "A Antiguidade grega", diz ele, "se ocupou bastante da divergência da eclíptica...". Segundo Plutarco, plac. II, 8, Anaxágoras acreditava "que o mundo, depois de ter surgido e depois de os seres vivos terem aparecido de seu colo, tinha se inclinado por si mesmo para o lado do meio-dia....". "O surgimento da divergência da eclíptica era imaginado como um evento cósmico." Essa incompreensão surgiu certamente por conta da relação da inclinação da superfície terrestre com o surgimento dos climas.

mento anual do Sol, o curso lunar, os movimentos aparentemente tão irregulares das outras estrelas peregrinas que lhe eram conhecidas. Ele explicou esse movimento mecanicamente, na medida em que introduziu na pressão contrária do ar comprimido por meio da reviravolta dos astros uma terceira causa cósmica.[48] Aqui estava o ponto a partir do qual essa cosmogonia grandiosamente pensada já não parecia possível na época de Platão. O conhecimento mais exato das vias aparentes dos cinco planetas visíveis com os olhos apenas, cujo número já tinha sido determinado no tempo de Platão, fez com que a explicação estabelecida a partir da pressão contrária do ar se mostrasse como totalmente insuficiente. E, assim, a metafísica monoteísta de Anaxágoras experimentou uma transformação notável.

Uma direção cindiu do movimento próprio dos planetas o movimento diário comum de todo o céu no plano do equador como um movimento aparente e reconduziu-o a um movimento diário da Terra. Em consequência disso, ela não precisou inserir esses movimentos próprios dos planetas em uma rotação conjunta. A outra direção inventou um mecanismo descomunal, por meio do qual, no interior do movimento conjunto do céu, o movimento reunido das estrelas peregrinas seria produzido, e abandonou correspondentemente a hipótese de uma força única e simples para a explicação desse sistema. A primeira coisa foi feita de início pelos pitagóricos; nos fragmentos de Filolau, encontramos diante de nós essa visão cósmica. A segunda foi empreendida pela escola astronômica, com a qual se associou Aristóteles; e em parte nessa, em parte na nova tentativa de Hiparco e Ptolomeu, se apoiou, então, a metafísica dominante na Idade Média. Assim, portanto, essa metafísica europeia dominante continuou sendo dirigida na formação dessa representação da força que move o mundo dos astros pela análise das vias mais complexas dos planetas. Essa análise aconteceu segundo a regra da pesquisa astronômica que já tinha sido formulada por Platão:

---

[48] Essa causa é fornecida pelo Sol e pela Lua. No entanto, pode-se supor que ele também remeteu os outros movimentos irregulares percebidos por ele no céu à mesma causa que assumiu em relação ao Sol e a Lua. Ele e seus contemporâneos distinguiram planetas como astros que mudavam de lugar, Aristótele, meteriol. I, 6 p. 342b27, e ele explicou os cometas a partir de sua colisão. Mas mesmo Demócrito ainda não conhecia exatamente o seu número e os seus movimentos, Sêneca, nat. quaest., 7, 3. Cf. Schaubach Anax. fr. p. 166 e segs.

se partimos das vias que as estrelas peregrinas descrevem no céu, então é preciso procurar os movimentos homogêneos e regulares que explicam as vias dadas, sem violentar os fatos.[49] A formulação da tarefa encerra em si a concepção correta do problema e do método, mas também ao mesmo tempo aquela pressuposição arbitrária sobre os movimentos, que aferroa a astronomia antiga à recondução a movimentos circulares. Na medida em que essa formulação é aplicada, a doutrina anaxagórica do *nous* que movimenta o mundo se transforma na doutrina aristotélica de um mundo de astros no qual, sob o motor imóvel que provoca imediatamente o movimento perfeito da esfera das estrelas fixas, é provocada a rotação das outras esferas numerosas de seres igualmente eternos e incorpóreos.

TERCEIRO CAPÍTULO

A VISÃO MECÂNICA DO MUNDO FUNDAMENTADA POR MEIO DE LEUCIPO E DEMÓCRITO. AS CAUSAS DE SUA IMPOTÊNCIA PRÉVIA ANTE A METAFÍSICA MONOTEÍSTA

Em vão se colocou outrora no caminho dessa grande doutrina da razão que move de maneira consonante a fins o universo a visão do mundo dos atomistas, que foi fundamentada por Leucipo e Demócrito e que chegou através de Epicuro e Lucrécio até Gassendi e às modernas teorias das partículas de massa. Dentre as razões que se contrapunham à influência de Demócrito em seu tempo encontrava-se certamente em primeira linha o fato de, a partir de suas premissas, ainda ser totalmente impossível outrora uma explicação mais exata dos movimentos dos corpos do mundo.

Foi mostrado como surgiu a teoria das partículas de massa juntamente com a situação geral da ciência grega depois da aparição da metafísica parmenídica; essa teoria foi representada por Empédocles, Anaxágoras, Leucipo e Demócrito.[50] Também pode ser ainda consta-

---

[49] Relato de Sosigenes em Simplício, de caelo Schol. P. 498b2: τίνων ὑποτεθειῶν ὁμαλῶν καὶ τεταγμένων κινήσεων διασωθῇ τὰ περὶ τὰς κινήσεισ τῶν πλανωμένων φαινόμενα.
[50] P. 186 e segs.

tado como a teoria atomista dos dois últimos pensadores citados foi fundamentada inicialmente nas considerações metafísicas. Pois Leucipo e Demócrito demonstram suas teorias a partir da pressuposição da realidade do movimento e da divisão, a partir do conceito eleata do ser como uma unidade indivisível tanto quanto a partir da negação de surgimento e perecimento ligado a esse conceito:[51] assim, eles deduziram o átomo e o espaço vazio.

Procuramos deixar clara para nós a significação da teoria atomista em sua forma estabelecida outrora por Leucipo e Demócrito. Abstraímo-nos nesse contexto totalmente de sua fundamentação metafísica justamente destacada e separamos a consideração de seu valor científico universal de sua utilidade para a situação da ciência outrora. A teoria atomista, tal como foi fundamentada por Leucipo e Demócrito, é, avaliada a partir de sua *utilidade científica, a teoria metafísica mais significativa* de toda a Antiguidade. Ela é a expressão simples da exigência do conhecimento ao seu objeto de ter um substrato constante, resistente para o jogo das transformações, do surgimento e do perecimento. Isso é alcançado pela teoria atomista, na medida em que ela segue com um sentido natural os processos de divisão e composição das coisas particulares, de desaparecimento aparente de uma coisa na mudança do estado do agregado e no tornar-se-uma-vez-mais-visível desse agregado; assim, a teoria atomista chega às coisas pequenas, substâncias que são como todos indivisíveis que preenchem constantemente o espaço. Pois se a dilaceração de uma coisa é representada como possível, porque essa coisa é constituída por partes discretas, então os limites dessa decomposição são formados por partes que não são mais divisíveis, porque não são mais compostas de partes discretas. A teoria atomista pode, portanto, determinar as unidades indivisíveis como imutáveis, por assim dizer como as verdadeiras substâncias parmenídicas; pois a transformação só é para ela explicável por meio do deslocamento de partes. Por fim, ela pode transpor aquilo que é o verdadeiro sentido de toda autêntica atomística, *a imagem plástica de movimentos* no espaço, de distâncias, expansões e massas, para *esse mundo do qu*e é *pequeno e do que se subtrai à visibilidade.* Dentre os componentes da imagem plástica também se

---

[51] P. 184, observação 2.

encontra o espaço vazio; pois antes de formarmos conceitos suficientes da atmosfera, acreditamos que podemos ver as coisas nesse espaço; e, mesmo depois da correção dessa representação, só podemos pensar o movimento por intermédio desse conceito auxiliar de um vazio, do qual os objetos se desviam. Essa plasticidade simples consuma-se por meio de dois outros teoremas: todo efeito que ocorre no cosmos remonta a toque, pressão e choque; consequentemente, toda transformação é reduzida ao movimento dos átomos que permanecem iguais no espaço, e, portanto, todas as impressões de qualidade, afora a espessura, a dureza e o peso, são atribuídas à sensação e recusadas aos objetos.[52] Um tal modo de consideração precisou aceitar o entendimento ocupado com os objetos dos sentidos, ainda que ele só tivesse inicialmente o valor de uma metafísica, enquanto a sua aplicabilidade para o problema da ciência natural ainda era tão pequena. Por isso, depois de se fazer presente, esse modo de consideração não desapareceu mais do pensamento grego.

Mas a teoria atomística no tempo de Leucipo e Demócrito não conseguiu se tornar dominante, porque *faltavam as condições para a sua utilização na explicação dos fenômenos*. Os movimentos das massas no universo constituíam o problema principal da ciência natural daquela época, e, desde a aparição de Anaxágoras, a investigação dos planetas ganhou cada vez mais o primeiro plano. Apesar disso, Demócrito ainda se apoia em Anaxágoras em pontos decisivos da construção astronômica, em Anaxágoras, um homem cuja teoria acabou por se mostrar de qualquer modo insuficiente. Sim, em geral em seus pressupostos, Demócrito não possuía nenhum meio para uma explicação astronômica.

Se supusermos[53] que ele considerou a queda dos átomos no espaço vazio de cima para baixo em consequência de seu peso e a relação

---

[52] Neste ponto importante, a fundamentação mais exata de Protágora veio ao auxílio dos atomistas.
[53] O que faz Zeller I, 3. ed. 779-791, cuja concepção foi determinante (por exemplo, Lange, *Geschichte des Materialismus* I – História do materialismo, 2. ed., 38 e segs.). Só posso indicar porque suas razões não me convencem. As passagens em Aristóteles *De caelo* IV, 2, p. 308b 35, Teofrasto, *De sensibus* 61. 71 (Diels 516 e segs.) mostram apenas as sentenças dadas no texto sobre as ligações entre os átomos. Mas não se justifica a transposição do peso e da queda vertical desses corpos compostos para o comportamento dos átomos que giram no δῖνος. Se evitarmos isso, então tais passagens estão em sintonia com aquelas que excluem a queda vertical dos átomos

proporcional da velocidade desse seu movimento de queda em relação à sua massa como pressupostos para a explicação do cosmos, projetando, por conseguinte, uma visão mecânica correlata, então os fundamentos explicativos por ele utilizados se revelam totalmente insuficientes; a incompreensão dessa teoria para a explicação do cosmos ordenado de maneira pensante só muito dificilmente provocaria outra coisa senão riso na escola matemática de Platão. Já a via de um corpo jogado podia mostrar o quão provisório é o efeito do peso que puxa constantemente para baixo.

Não obstante, essa concepção das informações sobre Demócrito é pouquíssimo sustentável. Demócrito permanece aí junto à afirmação de que o movimento eterno dos átomos no espaço vazio seria condicionado pelo movimento nesse espaço. Ele teria pensado o primeiro estado do movimento como um movimento circular de todos os átomos, como δῖνος. Nesse *Dinos*, os átomos se chocam uns com os outros, se ligam e, a partir de sua agregação, forma-se um cosmos, que é, então, finalmente desintegrado por um cosmos constituído a partir de massas mais poderosas. Onde surge, com isso, uma ligação particular entre átomos, existe em seu interior uma determinada relação qualitativa das massas dos átomos com o espaço vazio contido na ligação; por meio daí, a diversidade do peso no interior de uma mesma grandeza é condicionada, a ascensão de umas ligações de átomos, a queda das outras de cima para baixo, e, em verdade, com uma velocidade respectivamente diversa. A indeterminação e a falibilidade dessas representações fundamentais fez com que um tal movimento dos átomos acabasse por se mostrar totalmente desprovido de valor para a explicação do mundo.

As coisas não se comportam de maneira diferente no campo biológico, no qual ainda se pode deduzir das fontes e reconhecer um progresso original de Demócrito: aqui, porém, Demócrito é evidentemente o único precursor de Aristóteles. Até onde o estado aqui ainda por demais desordenado dos fragmentos e relatos nos permite reconhecer, o mérito de Demócrito consistiu na formação de uma ciência

---

como um estado inicial e que estabelecem o δῖνος enquanto tal: Aristóteles *De coelo* III, 2 p. 300b 8. *Metafísica* I, 4, p. 985b 19. Teofrasto, em Simplício, *phys.* S. 7r 6 e segs. (Diels 483s.). Diógenes Laércio IX, 44. 45. Plutarco *plac.* I, 23, com uma passagem paralela (Diels 319). Epicuro. Ep. 2 em Diógenes Laércio X, 90. Cícero, *De fato*, 20, 46.

cuidadosa e descritiva; sim, ele não despreza nem mesmo a necessidade de tornar compreensível esse estado de fato por meio da representação de uma relação conveniente entre os órgãos do corpo animal e as tarefas de sua vida. A partir daí, podemos compreender o que aconteceu então. A metafísica monoteísta europeia não colocou de lado como construções insatisfatórias apenas os elementos panteístas da época antiga, elementos que continuavam atuando em Diógenes de Apolônia, mas também a explicação mecânica do mundo. Não obstante, ela não conseguiu aniquilá-los. *A visão mecânica do mundo* deu voz a uma possibilidade correspondente ao entendimento e permaneceu de pé, com uma forte consciência de sua força enraizada no cálculo dos fatos sensíveis; o dia de sua vitória só irrompeu, porém, quando os métodos experimentais se apoderaram dela. A *visão panteísta do mundo* correspondia a um estado do ânimo que logo provocou na escola estoica a sua renovação. Contudo, mais forte do que essas duas visões metafísicas fundamentais era o *espírito cético*. Ele tinha desenvolvido no interior da escola eleática contradições nas representações fundamentais da física do cosmos, contradições que não podiam ser resolvidas por nenhuma metafísica. Por intermédio da contradição no devir, ele fez da escola de Heráclito uma arena do ceticismo. Esse espírito cético tinha crescido com cada nova tentativa metafísica e passou a inundar, então, toda a ciência grega. Ele foi favorecido pelas transformações na vida social e política de Atenas, que desde Anaxágoras tinha passado a centralizar a ciência grega. Ele foi fomentado por uma transformação dos interesses científicos, que colocou no primeiro plano a ocupação com fatos espirituais, com a linguagem, com a retórica, com o Estado. Em contraposição à ciência do cosmos entrou em cena agora sob tais circunstâncias o início de uma teoria do conhecimento.

Lancemos um olhar antecipativo. Qual será sob tais circunstâncias o *destino da visão monoteísta do mundo*? A metafísica monoteísta não foi perturbada nem mesmo pelo movimento cético; ela tinha sido fundamentada independentemente das posições metafísicas particulares na visão do contexto pensante do cosmos; além disso, era sustentada por um desenvolvimento interior da vida religiosa. Assim, sobre a nova base criada pelos sofistas e por Sócrates, ela será plenificada por meio de Platão e Aristóteles. Surge a expressão mais elevada encontrada pelo espírito grego para o contexto do mundo, um espírito que se mostrou na intuição como belo e diante do conhecimento como consonante com o pensamento.

Isso acontecerá no momento em que o pensamento fundamental monoteísta se ligar com uma *nova determinação* sobre o essencial, no qual o *nexo do cosmos* pode ser encontrado. Se se procura o verdadeiramente ente, então se oferece um duplo caminho. O mundo mutável pode ser decomposto, por um lado, em componentes constantes, cujas relações se alteram. Por outro lado, pode-se buscar a constância na uniformidade, que o pensar concebe na própria mudança. Longos períodos de tempo vão se passar, nos quais a inteligência humana persiste preponderantemente nesse nível do conhecimento. Foi somente em consequência de uma análise mais profunda dos fenômenos que ela encontrou as regras das transformações na lei, e, com isso, deu-se a possibilidade de achar pontos de ataque para essa lei nos componentes constantes.

O que também acontece, contudo, é que cada figura do pensamento europeu segue a consciência cética das dificuldades e contradições existentes no interior dos pressupostos basilares. A metafísica sempre recomeça uma vez mais, incansavelmente, o trabalho de sua construção em um ponto estabelecido em uma dimensão mais profunda da abstração. Será que não retornam também aí a cada vez as dificuldades e contradições que acompanham a metafísica, só que de uma maneira ainda mais complicada?

QUARTO CAPÍTULO

A ERA DOS SOFISTAS E DE SÓCRATES. O MÉTODO DA CONSTATAÇÃO DO FUNDAMENTO DO CONHECIMENTO É INTRODUZIDO

Mais ou menos a partir da metade do século V a.C. ocorreu uma revolução na Grécia, que mobilizou os espíritos de maneira tão profunda como nenhuma outra transformação das ideias desde o processo do surgimento da própria ciência.

O espírito cético tinha crescido com cada novo projeto metafísico. Assim, ele se fez valer agora com uma consciência soberana. As transformações políticas e sociais fortaleceram o sentimento da independência nos indivíduos. Elas produziram uma mudança na direção dos interesses, por meio da qual a técnica da atividade articulada com a vida pública no interior da realidade social ganhou o primeiro plano. Elas deram vida a uma classe profissional brilhante que, como por um passe de mágica, atraíram para si a atenção de toda a Grécia, os *sofistas*, que passaram a fazer frente à necessidade recém-surgida por meio de um ensino mais elevado para os negócios políticos. O mundo espiritual começou a emergir para os gregos ao lado da natureza.

No começo desse abalo de todos os conceitos científicos, Protágoras, a cabeça dirigente dessa nova classe profissional antes de Górgias, deu voz à fórmula do tempo. O relativismo, ao qual essa fórmula deu expressão, continha o primeiro ponto de partida para uma teoria do conhecimento.

O homem é "a medida de todas as coisas, das que são, como elas são, das que não são, como elas não são"; assim se achava formulado no célebre início de seu escrito filosófico capital. Aquilo que aparece para cada um também é para ele. – Mas essas sentenças de Protágoras precisam ser concebidas de maneira exata com referência aos limites no interior dos quais elas podem ser comprovadas com segurança a partir do caráter precário do que restou. Elas não são a expressão de uma teoria geral da consciência, uma teoria à qual cada fato dado nela foi submetido. Por isso, elas também não contêm o nosso ponto de vista crítico atual. Ao contrário, são apenas uma fórmula para a sua genial doutrina da percepção, que tinha se desenvolvido evidentemente sob a impressão das considerações médicas de seu tempo; e restringem-se em seu contexto a determinações predicativas sobre o mundo exterior. Em contrapartida, não colocam um tal mundo exterior em questão. – Elucidemos esse fato mais detidamente. A premissa maior do silogismo, uma premissa que levou à sua fórmula, era: saber é percepção exterior. Não temos mais como constatar se essa premissa maior era a pressuposição, não trazida expressamente por ele à consciência, de seu ponto de vista ou se ela foi apresentada por ele com uma clareza consciente. A premissa menor mostra no processo da percepção que esta não podia ser cindida de seu oposto, que o objeto não podia ser afastado dela, ou seja, que o objeto percebido não podia ser isolado do subjeito percipiente para o qual ele está aí. Assim, Protágoras é o fundador da teoria do relativismo, uma teoria que continuou sendo desenvolvida posteriormente pelos céticos.[54] – Mas esse seu relativismo afirmava, em verdade, algo sobre as qualidades das coisas, o fato de elas só consistirem na relação, mas não tocava, em contrapartida, na própria coisidade. Doce, quando se elimina por abstração o sujeito que sente a doçura, não significa mais nada; ele só consiste na relação com a sensação. Sua teoria mais detida da percepção mostrava, porém, que, para ele, com a dissipação dessa sensação do doce, o objeto mesmo não desaparecia. Se um objeto toca o órgão dos sentidos e se esse objeto se comporta assim de maneira ativa, aquele de maneira passiva, então surge, por um lado, nesse órgão dos sentidos visão, audição, a sensação sensorial determinada, e, por outro, o objeto aparece desde então como colorido, sonoro, em suma, em diversas qualidades sensíveis. Só essa explicação do processo possibilitava ao relativismo de Protágoras uma teoria da percepção, e, vê-se claramente, ele não podia suspender uma vez mais a realidade do movimento fora do sujeito, a realidade por meio da qual surgia para ele a percepção, colocando em questão até mesmo toda coisidade.[55] – Ele desenvolveu em seguida os diversos estados do sujeito sensorial e mostrou, assim, o caráter condicionado das qualidades do objeto que aparece através desses estados. Com isso, veio à tona a partir de sua doutrina da percepção o paradoxo de supor que as percepções estariam em contradições umas com as outras, mas que tudo seria igualmente verdadeiro.[56]

---

[54] Já Sexto Empírico o designa como um relativista, adv. Math. VII, 60: φησὶ... τῶν πρός τι εἶναι τὴν ἀλήθειαν.

[55] A ligação da doutrina da percepção de Protágoras com Heráclito e a explicação da percepção por meio de um encontro dos movimentos, ou seja, por meio de um toque, já parecem asseguradas pelo fato de que Protágoras só podia dar plasticidade ao seu teorema por meio de uma análise detida do processo perceptivo, mas está fora de questão que ele o tenha feito. Platão, porém, atribuiu a ele uma possibilidade totalmente diversa. Ela é confirmada pela apresentação do Sexto Empírico. Hipótese I, 216 e segs. *Adv. Mat.* VII, 60 e segs., que não pode ser reconduzida a Platão como fonte exclusiva (Zeller I, 4. ed., 984). Abstraindo-se dessa diferença, aponto aqui também para a apresentação em Laas, *Idealismus und Positivismus* I (Idealismo e positivismo I), 1879.

[56] Aristóteles, *Metafísica* IV, 4 p. 1007b 22.

Em ligação com o ceticismo dos eleatas e dos heraclitianos, esse *relativismo* determinou Platão a buscar o conhecimento para além dos fenômenos mutáveis; ele pôde ser repelido corajosamente por Aristóteles, mas não refutado; ele manteve seus adeptos e aparece depois de Aristóteles na couraça, impenetrável para a metafísica grega do comos, da escola cética.

Em número muito menor apareceram os escritos dos sofistas que retiraram consequências céticas da direção negativa da escola eleática. Um desses escritos foi o escrito incendiário niilista de Górgias "sobre o não ser ou a natureza". Ele designa o ponto extremo ao qual atingiu um ceticismo sem substância. Mas é importante firmar que os pressupostos da metafísica dos Antigos também não foram superados nesse ponto. Não temos nenhuma indicação de que Górgias tivesse afirmado a fenomenalidade do mundo exterior. *Nenhum grego o fez*; pois isso teria implicado em si que ele tivesse *passado* do ponto de vista objetivo *para o ponto de vista da autoconsciência*. Ao contrário, a sentença combativa de Górgias pressupõe justamente que *exista um outro ser além do mundo exterior*. Ele suspende – de maneira autenticamente grega – o ser, na medida em que mostra que o mundo exterior não pode ser pensado por meio dos conceitos que estão contidos nele. E, em verdade, ele faz isso por intermédio de uma pressuposição sobre o ser, que o revela preso à ciência objetiva do cosmos. Ele destrói justamente a possibilidade de que o ser seja pensado como sem início e uno, uma possibilidade que os eleatas tinham legado, por meio de conclusões estabelecidas a partir da espacialidade do ente. Assim, essa espacialidade do ser aparece como o pressuposto de seu pensamento.[57] A isso corresponde o fato de ele atribuir a todo ente ou ser movido ou estar em repouso, concebendo, porém, o movimento no sentido de algo que encerra divisão. Não se acha de maneira alguma em seu campo de visão a ideia de que, depois da destruição dos conceitos por meio dos quais o mundo exterior pode ser pensado, o sujeito, no qual se dão a percepção e o pensamento, resta como realidade. Assim, vê-se o ceticismo nessa cabeça se chocando com as barreiras do espírito grego: ele não ultrapassa essas barreiras.

Pois antes de a autorreflexão no próprio sujeito ter descoberto uma realidade que não estivesse submetida a nenhuma dúvida, a rea-

---

[57] Ps. Arist. de Melisso etc. p. 979b 21 e segs.

lidade só foi buscada no aprofundamento no nexo da natureza. Por isso, onde a realidade foi negada na Antiguidade, essa negação estava ou bem ligada à consciência trágica da cisão do conhecimento em relação ao seu objeto, ou bem à consciência frívola que brincava com a aparência e se pensava nela.[58]

Na poderosa organização intelectual de Sócrates,[59] realizou-se um trabalho profundo e contínuo de pensamento, por meio do qual foi alcançado um novo nível no nexo final do conhecimento. Sócrates encontrou previamente na sofística o sujeito que tudo coloca à prova e que de tudo duvida, um sujeito diante do qual a metafísica existente não resistiu. No abalo descomunal de todas as representações, ele procurou um apoio; por meio desse elemento positivo em sua grandiosa natureza sedenta da verdade, ele se distinguiu dos sofistas. Ele foi o primeiro a aplicar de maneira persistente o método *segundo o qual se deve retornar a partir do saber e da crença de seu tempo para o fundamento de direito de cada sentença*.[60] No lugar de um procedimento deduzido de colocações geniais, ele estabelece um método que reconduz cada posição à sua fundamentação lógica. – E, em verdade, como no povo grego mesmo a vida científica era uma vida pública, a forma mais simples, mais imediata de investigação do fundamento de direito precisou ser a *pergunta* sobre esse fundamento de direito, que

---

[58] A concepção de Lange do nexo do desenvolvimento intelectual grego alcança a antítese: "Nós mostramos acima como, *considerado abstratamente*, o ponto de vista dos sofistas tinha podido ser ulteriormente desenvolvido, mas se tivéssemos precisado demonstrar as forças motrizes que talvez sem intervenção da reação socrática teriam realizado algo assim, então cairíamos em um impasse." *Geschichte des Materialismus* I (História do materialismo I), p. 43. Assim, segundo Lange, as premissas da teoria do conhecimento moderna teriam sido construídas no século V a.C.: só faltavam as pessoas que tirariam as consequências!

[59] As dificuldades críticas que emergem da diversidade entre a relação de Xenofonte e a imaginação platônica não são resolvidas suficientemente por intermédio do cânone estabelecido por Schleiermacher e desde então aceito pela pesquisa (cf. literatura adicional em Zeller II, 3. ed., 85 e segs.), mas apenas na medida em que se emprega a *Apologia de Sócrates* de Platão para a decisão crítica entre aquela relação e os outros escritos platônicos. A defesa só teria um sentido se fornecesse uma imagem fiel de Sócrates, ao menos em relação aos objetos da acusação. Essa fidelidade da apresentação é aqui, por um lado, garantida, enquanto ela só pode ser, por outro, constatada em outras obras por meio de uma investigação mais aberta à discussão.

[60] No que concerne a esse fato fundamental, há uma consonância entre a apresentação direta na *Apologia*, entre toda a apresentação que Platão faz de seu Sócrates, e a passagem central de Xenofonte sobre o procedimento de Sócrates em *Memorabilia* IV, 6; cf. em particular § 13: ἐπὶ τὴν ὑπόθεσιν ἄν πάντα τὸν λόγον ε 14 οὕτω δὲ τῶν λόγων ἐπαναγομένων καὶ τοῖς ἀντιλέγουσιν αὐτοῖς φανερὸν ἐγίγνετο τἀληθές. Ελε βυσχου ἀσφάλειαν λόγου (§ 15).

não abandona o questionado até que ele tenha dito a última coisa: *o discurso socrático*. Nele deu-se à luz ao procedimento analítico na história da inteligência, que remonta ao último fundamento do conhecimento da consistência científica, por fim da convicção científica em geral. E, por isso, esse diálogo transformou-se, depois de o questionador incansável ter sido silenciado por seus juízes, no estilo da filosofia de sua escola. – No que ele colocou assim à prova a ciência e as convicções existentes com vistas ao seu fundamento de direito, ele comprovou que *ainda não havia uma ciência*, e, em verdade, em campo algum.[61] De toda a ciência do cosmos, a única coisa que resistiu ao seu método foi a recondução do nexo consonante a fins do cosmos a uma razão formadora do mundo. Mas ele também não encontrou aí nenhuma consciência clara da necessidade científica no campo da vida ética, da vida social. Ele viu o agir do político, o procedimento do poeta como desprovidos de clareza quanto ao seu fundamento de direito e, por isso, como incapazes de se justificar diante do pensamento. Mas ele também descobriu ao mesmo tempo que *justo* e *injusto*, *bom* e *mau*, *belo* e *feio* possuíam um sentido imutável, subtraído à contenda entre as opiniões.

Aqui, no campo do agir, o poder da autorreflexão que entrou com ele na história chegou a resultados positivos. O fundamento epistemológico das proposições e conceitos nessa área reside inicialmente na consciência ética. Na medida em que Sócrates partiu das representações gerais que eram válidas, das sentenças que eram dominantes, ele colocou essas sentenças à prova a partir de casos particulares e a partir do comportamento da consciência ética em relação a elas, e, com isso, avançando através de instâncias opostas, projetou conceitos éticos. Seu procedimento determina-se aqui, por isso, mais proximamente a partir do questionamento da consciência ética, a fim de, a partir das representações universais, desenvolver e justificar o fundamento epistêmico, conceitos que podiam ser a clara medida para a vida.[62]

---

[61] Platão, *Apologia*, 22-24.
[62] Cf. a relação estabelecida por Xenofonte entre os diálogos particulares tanto quanto a sua caracterização desajeitada do procedimento socrático em: IV, 6. Segundo essa caracterização, Sócrates decide questões éticas e políticas por meio da recondução a conceitos que são demonstrados a partir do fundamento epistêmico da consciência ética. É preciso levar em conta nesse contexto a natureza particular desses conceitos valorativos que encerram princípios em si. Cf., além disso, Aristóteles (passagens em Bonitz ind. Arist. P. 741); se Aristóteles, em *Metafísica* XIII,

Ora, mas Sócrates ultrapassou afinal os limites que designamos como os limites do homem grego em geral? Mesmo para a autorreflexão socrática não se revela o fato de o mundo exterior ser fenômeno da autoconsciência, mas nessa autoconsciência mesma nos ser dado um ser, uma realidade efetiva, por meio de cujo conhecimento descobrimos pela primeira vez uma realidade inatacável. Com certeza, essa autorreflexão foi o ponto mais profundo que o homem grego atingiu em meio ao retrocesso à verdadeira positividade, assim como o frívolo nada de Górgias designa o limite extremo ao qual seu comportamento cético alcançou. Ela é, porém, apenas o retrocesso ao fundamento epistêmico do saber; por isso, emerge dela a lógica como doutrina da ciência, tal como Platão a viu como possibilidade e Aristóteles a realizou. Em conexão com isso encontra-se, então, a busca do fundamento epistêmico para princípios éticos na consciência: e dela emerge a ética platônico-aristotélica. Por isso, a autorreflexão é lógica e ética; ela projeta regras para a relação do pensamento com o ser externo no conhecimento do mundo exterior e para a relação da vontade com ele no agir; mas ainda não se vislumbra nela o fato de despontar na autoconsciência uma realidade poderosa, sim, a única realidade que podemos perceber imediatamente, e menos ainda de que toda realidade só seria dada em nossa vivência. Pois essa realidade só se faz presente para a reflexão metafísica, onde a vontade entra em seu horizonte.

QUINTO CAPÍTULO

PLATÃO

Por meio do novo método de Sócrates, Platão levou adiante a configuração da ciência do cosmos, de seu nexo pensante e de sua causa racional uniforme. Assim, surgiu a *metafísica* que correspondia ao resultado científico de Sócrates, a *metafísica como ciência racio-*

4, p. 1078b 27, atribui a indução e a determinação conceitual (não apenas essa determinação) a Sócrates, então precisamos levar em conta que Aristóteles não conhece um procedimento analítico como componente da operação lógica, e, por isso, precisa classificar o procedimento socrático com o auxílio do conceito de indução.

nal. Só destacamos de seus escritos esse progresso no contexto do conhecimento, resistindo aqui à sua magia, que emerge precisamente da fusão de tais sentenças com as sensações de um gênio repleto da beleza do mundo grego.

Progresso do método metafísico

O progresso foi realizado na escola socrática. Ciência, outrora se dizia: filosofia, não é mais dedução de fenômenos a partir de um princípio, mas um nexo de pensamento, no qual a *sentença* é *garantida por seu fundamento epistêmico*. Para essa consciência lógica de Platão, todos os pensadores anteriores a Sócrates se mostravam como narradores de contos de fadas: "Cada um deles, é o que parece, nos contou suas histórias, como se fôssemos crianças. Um dizia: o ente é triplo, por vezes algumas coisas se encontram em luta entre si, em seguida tudo se irmana uma vez mais, uma vez que há, então, casamentos e procriação e educação do procriado. Um outro assume que há duas coisas, úmido e seco ou quente e frio, prepara para elas uma cama comum e as casa. Nosso povo eleata, porém, a partir de Xenofonte e mesmo antes, apresenta sua história como se tudo aquilo que denominamos fosse apenas um."[63] Em contraposição a isso, contudo, para o aluno de Sócrates, o traço característico do real conhecimento é o nexo entre a sentença e o fundamento epistêmico e a *necessidade de pensamento* condicionada por esse nexo.[64] Por isso, esse nexo epistêmico segundo fundamento e consequência ganha agora a consciência como o elemento constituinte da ciência. E, em verdade, o espírito orgânico de Platão não dirige a questão socrática acerca do nexo entre as sentenças por ele afirmadas e o que se encontra firmemente na consciência àqueles que ele encontra na praça pública, mas aos narradores de contos de fadas dos dias passados como um todo, "como se eles mesmos estivessem presentes".[65] Ele pergunta por força do método socrático: por isso, o diálogo é seu estilo, a dialética, seu método; Sócrates é aquele que conduz o diálogo, Sócrates que foi

---

[63] Platão, *Sofista* 242cd. Cf. a descrição semelhante em *Teeteto* 180 e segs. e a passagem correspondente para a tarefa de retornar a partir *das afirmações das escolas mais antigas para os seus fundamentos epistêmicos*.

[64] *Sofista* 243 e segs., *Teeteto* 181 e segs.

[65] *Timeu* 51e. *Menon* 97 e segs. *República* VI, 506.

morto por seus inimigos, para que emudecessem suas questões, e em nome de quem Platão agora se vinga em relação a esses inimigos.

Sim, na medida em que esse espírito orgânico sintetiza a matemática de seu tempo em sua escola e transforma essa escola em um ponto central do trabalho matemático de pensamento, colocando a ciência matemática à prova, em particular a astronomia, em relação ao seu valor teórico e à sua evidência, o conceito de um cômputo sobre o nosso saber traz à tona a *primeira intelecção* da *organização* coesa *das ciências* do cosmos. A filosofia recebe agora a tarefa de retornar a partir dos pressupostos que são introduzidos nessas ciências ainda sem um cômputo sobre a sua validade aos primeiros fundamentos epistêmicos que esse cômputo contém.[66] E, assim, surge em Platão uma clara consciência do problema, cuja solução, segundo o lado formal, foi a teoria da ciência grega, segundo o lado real, a metafísica grega. Essas duas ciências filosóficas fundamentais ainda se acham unidas no espírito de Platão, e mesmo para Aristóteles elas não são senão os dois lados do mesmo nexo epistêmico. Platão designa esse nexo epistêmico como dialética.

Assim, esse cômputo acerca do saber entra na pesquisa até aqui, que estava dirigida para as primeiras causas. O conhecimento *busca as condições efetivas*, com cuja suposição o ser tanto quanto o saber, o cosmos tanto quanto o querer ético podem ser pensados. Essas condições residem para Platão nas *ideias* e em suas relações; as ideias não se encontram sob a relatividade da percepção sensível e não são tocadas pelas dificuldades de um conhecimento do mundo mutável; elas entram em cena muito mais ao lado do conhecimento dos *construtos* em repouso, sempre iguais a si mesmos e tipicamente *espaciais* e de suas *relações*, assim como dos *números* e suas *relações*. Algo igual a elas não é jamais visto em parte alguma no interior da mutabilidade do mundo como objetos externos particulares. Ao contrário, elas são em sua consistência típica as condições apresentáveis para o entendimento e acessíveis a um tratamento rigorosamente científico, que tor-

---

[66] *República* VI, 511 esboça, pela primeira vez na história das ciências, esse problema da doutrina da ciência; em seguida, dá-se na *República* VII, 523-534, uma visão panorâmica dessas ciências positivas, e, a partir dela, deriva-se o problema da dialética: "O método dialético é o único que vai, suspendendo os pressupostos (ὑποθέσεις), justamente para o próprio início, para que este seja fixado" (533c).

nam possível a existência e, da mesma maneira, o conhecimento do mundo.[67] O abalo revolucionário da ciência europeia conduziu, assim, a um *nível mais elevado do pensamento metodológico*; nós designamos assim a relação entre esse nível e as tentativas mais antigas que deixamos a partir de então para trás.

Os meios para os progressos intelectuais até aqui residiam, como bem o mostra o desenvolvimento desde Tales, na ampliação da experiência e na adequação das explicações aos fatos. O procedimento de pensamento, que permitia perceber a história das ciências aqui, eram o estabelecimento de pressupostos (substituição) e, em seguida, uma utilização experimental desses pressupostos; explicações imperfeitas perecem constantemente em grande número, tal como vemos afinal acontecendo constantemente à nossa volta por meio do exercício dessa atrocidade imposta pelo nexo final ante o trabalho penoso dos indivíduos, nós que também nos achamos ameaçados por ele; explicações robustas, em contrapartida, se ajustam gradualmente às exigências do conhecimento da realidade efetiva e experimentam um processo incessante de formação. Assim, a teoria dos átomos e a doutrina das formas substanciais se desenvolveram paulatinamente. E a matemática já era utilizada como base para essa ordenação das experiências em explicações robustas, ainda que com uma abrangência modesta. – Agora, as explicações da ciência que vão até a revolução realizada por Platão só consistem em um procedimento conclusivo não metodológico com vistas a causas, a um nexo cósmico causal. A partir de Platão, explicação é *retorno metodológico às condições*, a partir das quais é possível uma ciência do cosmos. Esse método parte da correspondên-

---

[67] Em *República* VII, 527b, *a arte de medir* é designada como uma "ciência do que é sempre" e, correspondentemente, colocada *ao lado do desenvolvimento das ideias*. O trabalho de pensamento puramente teórico de Platão é dirigido pela matemática como a ciência outrora já constituída. Se o número é inicialmente para ele o esquema sensível do puramente conceitual, então a consequência de seu sistema impele a uma subordinação das grandezas matemáticas e das ideias a um conceito comum, que, então, seria a expressão mais universal das condições para a pensabilidade do mundo. Esse conceito, ele encontrou mais tarde em um conceito abstrato de número: correspondentemente, distinguiu entre números em sentido mais restrito, que seriam constituídos a partir de unidades, de modo que cada um desses números seria diverso dos outros apenas segundo a grandeza, e os números ideais, dos quais cada um seria diverso dos outros segundo o modo de ser.

cia entre o nexo epistêmico e o nexo real no cosmos. Por isso, ele, com base na visão natural, considera ao mesmo tempo essas condições de alguma maneira como causas (por conseguinte, como pressupostos, princípios). – Se essa forma do procedimento científico é apresentada por si, então a lógica se separa do sistema metafísico, ainda que os dois permaneçam em ligação mútua por intermédio da pressuposição da correspondência. Esse passo só foi dado por Aristóteles, e, com isso, ele propiciou pela primeira vez para essa metafísica alcançada sobre o solo da visão natural de mundo uma clareza plena de seu procedimento. Sua lógica é, por conseguinte, apenas a apresentação da forma do método da metafísica exposto de maneira justamente mais plena.

A doutrina das formas substanciais do cosmos entra em cena na metafísica monoteísta

E quais são, então, os princípios que esse cômputo sobre a nossa ciência descobre e cujo desenvolvimento é a meta derradeira da ciência platônica?

A metafísica europeia dá agora um outro passo decisivo também no que diz respeito ao seu conteúdo. Na situação de outrora da ciência, uma situação na qual representações como a da originariedade e perfeição dos movimentos circulares celestes ou a da aspiração de cada corpo movido por meio de choque sobre a Terra ao seu repouso ainda não tinham sido aprimoradas por um trabalho persistente, apoiado pela experiência, de decomposição de contextos complexos em relações particulares de dependência, as condições constantes do mundo mutável não podiam ser de modo algum buscadas com uma utilidade efetivamente real para o conhecimento nos *átomos* e em suas propriedades. Pois entre esses átomos e o nexo das formas do cosmos faltava toda e qualquer ligação. No próprio *sistema das formas* e nas próprias *causas físicas* correspondentes, o espírito europeu precisou ver o nexo metafísico do mundo, um nexo que continha seu derradeiro fundamento explicativo.

Quem conseguiria deixar de sentir no brilho cativante das mais belas obras de Platão o fato de as ideias não terem consistência apenas como condições para aquilo que é dado em sua rica alma poética, eticamente violenta! Seus pontos de partida são a pessoa ética, o entusiasmo, o amor, o mundo belo, pensado, ordenado de maneira mensurada; seu ideal é o verdadeiramente ente, que encerra toda perfeição em si, que exigiu o seu direcionamento sublime do espírito. Ele *contemplou* as ideias nesse fato, não as pensou apenas como as suas condições. Nessa passagem, porém, precisamos manter afastada toda explicitação que tenha por objeto a origem dessa grande doutrina. Nós estamos interessados aqui no nexo de seus pensamentos, na medida em que esse nexo vem à tona na condução da demonstração e determina sob essa forma sistemática o progresso ulterior da metafísica europeia.

A *corrente* do espírito metafísico *que parte de Platão* encontra o ente que é subtraído ao devir e ao perecimento no pano de fundo dos fenômenos que vêm à tona no espaço e no tempo, um pano de fundo que nossas *representações universais* expressam ou ao qual elas ascendem. Assim, a metafísica dá apenas prosseguimento ao que tinha sido iniciado pela linguagem. A própria linguagem já tinha destacado essencialidades dos fenômenos particulares nos nomes para as representações universais, e, em particular, para os gêneros e espécies. A aplicação das palavras traz inevitavelmente consigo o fato de esse elemento que sempre retorna e que aproxima das coisas a representação como um tipo a ser experimentado como um poder sobre elas, um poder que obriga as coisas a realizarem uma lei. A representação universal, que recebe uma expressão fechada nos sinais linguísticos, já contém um *saber sobre aquilo que permanece idêntico a si* no ir e vir das impressões, na medida em que esse saber pode ser produzido *sem a análise dos fenômenos*, e, por conseguinte, a partir da mera intuição dos fenômenos. Não obstante, esse processo realiza-se na linguagem sem consciência do valor de seu produto para o conhecimento do nexo dos fenômenos. Uma vez que emerge a *consciência* desse valor, e, por conseguinte, as representações universais em sua relação com os fatos, que são representados por elas, assim como com as outras representações universais coordenadas, superordenadas ou subordinadas são determinadas, corrigidas e definidas, surge o *conceito* e o nexo dos conceitos. E, na medida em que a filosofia procura fixar o conteúdo e o nexo do mundo no sistema desses conceitos, surge aquela forma de metafísica que pode ser designada como filosofia conceitual; essa filosofia conceitual dominou durante tanto tempo o pensamento europeu até ser por assim dizer arrancado o véu das uniformidades mais profundas do nexo do mundo. Essa *metafísica das formas substanciais* expressou aquilo que o olhar desarmado do conhecimento vê. Aquilo que o jogo das forças no cosmos sempre produz novamente forma um conteúdo cognoscível, sempre igual do mundo. Aquilo que sempre retorna na mudança dos lugares, condições e tempos, não, aquilo que já está muito mais sempre presente e nunca desaparece, constitui um nexo das *ideias*, ao qual advém imutabilidade. Enquanto o homem particular entra em cena em uma posição particular no espaço e no tempo e desaparece, o que é expresso no conceito do homem persiste de qualquer modo. Tampouco pensamos em outra coisa de início, quando nos esforçamos por imaginar o conteúdo do mundo. Pensamos nos gêneros e espécies, nas propriedades e atividades, que constituem as letras da escrita desse mundo. Para a representação natural, essas letras são pensadas em suas relações recíprocas, a consistência imutável do mundo, uma consistência que essa representação encontra *previamente pronta*, na qual ela *não* consegue *alterar coisa alguma* e ante a qual ela se coloca, então, como ante uma consistência objetiva atemporal. Portanto, assim como elas foram cunhadas e transformadas em conceitos no interior da ciência, detiveram nosso conhecimento do conteúdo do mundo enquanto não conseguimos dissolver os fenômenos e reconduzi-los por meio de análise à ação conjunta de leis. Durante todo esse tempo, a metafísica das formas substanciais foi a última palavra do conhecimento europeu. E, mesmo depois, o pensamento metafísico encontrou na relação do mecanismo natural com esse conteúdo ideal e, em conexão com isso, concebido teleologicamente do transcurso do mundo um novo problema.

Não obstante, a partir do ponto de vista do sistema natural de nossas representações, um ponto de vista que é assumido pela metafísica, a *relação dessas ideias*, tal como elas constituem o conteúdo constante do curso do mundo, com *a realidade efetiva* não pôde ser determinada de maneira apropriada. Por um lado, só a teoria do conhecimento, na medida em que separa aquilo que é dado no pensamento como fundamento explicativo, segundo a sua origem e a sua validade condicionada por essa origem, daquilo que é dado na percepção como realidade efetiva, conseguiu expressar corretamente a relação da coisa com a ideia. Por isso, vemos toda teoria metafísica dessa relação perecer por conta de suas contradições; todas as teorias fracassaram por conta da impossibilidade de expressar conceitualmente em termos de conteúdo a relação das ideias com as coisas. Por outro lado, só a ciência positiva que buscou o universal na lei do mutável criou a base verdadeiramente científica, por meio da qual foram fixados para esses tipos da realidade efetiva os limites de sua validade e o suporte de sua consistência.

Essa era em geral a posição histórica da metafísica das formas substanciais, cujo criador foi Platão, no interior do nexo do desenvolvimento intelectual.

No interior dessa metafísica das formas substanciais, contudo, Platão desenvolveu apenas *uma das possibilidades* de expressar a relação dessas *ideias* com a *realidade efetiva* e com as *coisas particulares*, ou seja, de colocar um ser real das ideias em uma conexão objetiva interna com o ser real das coisas particulares. A *ideia platônica* é o objeto do pensar conceitual. Assim como esse pensar destaca nas coisas a ideia como arquetípica, só apreensível no pensamento, perfeita, a ideia subsiste, separada das coisas particulares que, em verdade, têm parte nela, mas que ficam aquém dela: uma essencialidade autônoma. O reino dessas ideias iningendradas e invisíveis aparece ligado à crença mítica no espírito grego como que por meio de fios de ouro.

Nós preparamos a apresentação da condução da demonstração para a teoria das ideias na medida em que destacamos alguns componentes simples de seu nexo, aos quais remetem por toda parte os escritos que se encontram abertamente presentes.

A crítica à percepção sensível tanto quanto à realidade efetiva tinha levado a resultados irrefutáveis. Assim, Platão se achou remetido ao pensar e a uma verdade dada nesse pensar. Nesse contexto, então, ele separou o objeto do pensar do objeto da percepção. Pois reconheceu a subjetividade das impressões sensíveis, mas não chegou à intelecção de que o fato do ser mesmo estava concomitantemente contido nessas impressões, na experiência, e, assim, ele não apreendeu nessa realidade efetiva dada por meio da experiência ao mesmo tempo o objeto do pensar; ele não considerou o pensar em sua relação natural com o perceber. Ao contrário, o *pensar* era para ele *captação de uma realidade particular*, justamente do ser. Por meio daí, evitou a contradição interna, na qual caiu o objetivismo de Aristóteles mais tarde, por meio da hipótese de algo real *universal* no *particular*, mas decaiu naturalmente em dificuldades de uma outra natureza. – Em seguida, a direção para a formação de uma ciência rigorosa das relações entre essas ideias incrementou-se com os anos. O processo no qual a matemática se liberou das tarefas práticas como ciência e colocou suas sentenças em ligação umas com as outras ainda se encontrava suficientemente próximo do grego daquele tempo; Platão queria constituir em sua escola ao lado, sim, acima da matemática, também, então, a *ciência das relações entre os conceitos*. – Mas por mais considerável que sejam esses motivos teóricos da teoria das ideias, essa teoria tinha para Platão um outro apoio mais remoto em outros motivos que se lançam para além do conhecimento. Mesmo depois que o contexto mítico tinha aberto lugar para o pensar científico, nós encontramos algo que provém da totalidade da vida anímica como o pano de fundo indissolúvel em todas as invenções pensantes: na lei heraclítica do mundo tanto quanto no ser eterno dos eleatas; ele constitui o pano de fundo nos números dos pitagóricos tanto quanto no amor e no ódio de Empédocles e na razão de Anaxágoras, sim, mesmo no âmbito anímico de Demócrito, um mundo estendido através do mundo. O vivenciado, o experimentado, então, foi levado a uma reflexão filosófica dotada de uma maior abrangência. A autorreflexão metodológica permitiu que os grandes *fatos éticos* viessem à tona, fatos que anteriormente já estavam igualmente presentes, mas que tinham permanecido em certa medida abaixo do horizonte da reflexão filosófica. Pode-se levantar aqui a questão de saber se a teoria das ideias ainda estava restrita em sua primeira concepção, tal como o *Fedro* a mostra, das ideias éticas. Não importa que resposta essa pergunta venha a encontrar: o elemento típico, arquetípico nas ideias demonstra qual é a parcela que a disposição sublime do espírito de Platão, o elemento ético e o estético possuem na formação de seu mundo das ideias.

Foi isso, portanto, que, com o olhar do gênio, o jovem Platão depreendeu da leitura das determinações conceituais de seu mestre. O ser verdadeiro e eterno pode ser apresentado no sistema dos conceitos, que apreendem aquilo que persiste na mudança. Esses componentes apresentáveis conceitualmente (as ideias) e suas relações entre si constituem as condições necessárias para o pensamento do dado.

Platão designa nesse contexto a teoria das ideias precisamente como uma "hipótese segura".[68] A ciência dessas ideias, sua ciência, é, por isso, como se disse corretamente, ontológica, não genética.

Aquilo, porém, que o conceito não apreende na realidade efetiva, aquilo que não pode ser, portanto, conceptualizado a partir da ideia, é a *matéria*. Uma essencialidade amorfa, ilimitada, causa e fundamento explicativo (até o ponto em que ela efetivamente explica algo) para a mudança e para a imperfeição dos fenômenos, o resto obscuro, que a ciência platônica da realidade efetiva deixa para trás como desprovida de pensamento, por fim como intangível, uma palavra para um não conceito, isto é, para o X, cuja ponderação mais própria acabou mais tarde por aniquilar toda a teoria das formas.

A fundamentação dessa metafísica das formas substanciais. Sua conclusão monoteísta

E quais são, então, os *elos do curso da demonstração*, por intermédio dos quais Platão comprovou o fato de as ideias, que ele visualizou no espírito humano eticamente poderoso e no cosmos cheio de beleza e consonante com o pensamento, serem as condições do dado? Quais são os elos por intermédio dos quais ele derivou as suas determinações e projetou a ciência de suas relações?

Estava em correspondência com o grande movimento que ele fixou o fato de se encontrar para ele no primeiro plano a exigência de mostrar a *possibilidade do saber*. Ele via à sua volta essa possibilidade contestada pelos sofistas; por meio de uma ampliação da reflexão sofística, ela foi justamente defendida por Sócrates; o seu interesse intelectual foi dirigido para ela.

O modo como Platão conduz a demonstração a partir do saber é *indireto*. Ele exclui a possibilidade de que o saber emerja da percepção externa e conclui, assim, que o saber pertencia a uma faculdade de pensamento diversa da percepção e autônoma em relação a ela. Esse modo de condução da demonstração correspondia ao outro modo de condução, segundo o qual o bem supremo não consistia no prazer, a justiça não emergia da luta de interesses de seres sensíveis, e, por conseguinte, o agir do singular tanto quanto do Estado precisa ser estabe-

---

[68] *Fédon*, 100 e segs.

lecido em um motivo independente de nosso ser sensível. As duas demonstrações como princípios supremos encontram-se na base de uma disjunção, cuja incompletude torna a fundamentação platônica insuficiente. Juntas, elas isolam uma faculdade mais elevada da razão ante a sensibilidade. A partir dessa faculdade, Platão descerra a existência das ideias como essencialidades autônomas da maneira seguinte. Independentemente da experiência sensível exterior, o homem porta em si o *mundo ideal*. A autorreflexão de Sócrates é ampliada e elevada no interior da personalidade poderosa de Platão. Na apresentação artística que Platão faz de Sócrates em seus escritos, na mais elevada criação oriunda da capacidade poética dos atenienses, essa autorreflexão se fez por assim dizer pessoa. Platão mostra em seguida analiticamente o conteúdo da natureza humana no poeta, no processo religioso, no entusiasmo. Ele deduz, por fim, uma demonstração rigorosa da *existência de um conteúdo de saber no homem*, que seria nele *independente da experiência*, a partir da ciência de seu tempo e de sua escola, e também neste ponto ele é o precursor de Kant. De maneira drástica, o diálogo *Menon* mostra como o saber matemático não é adquirido, mas como nele é apenas desenvolvida uma intuição interior existente.[69] A *condição* desse fato é para Platão o *contato transcendente da alma com as ideias*, e essa doutrina de Platão aparece como tentativa de explicação para o conteúdo, independente da percepção externa, de nossa vida espiritual, aqui, de início, de nossa inteligência, ao lado da teoria de Kant.

O estado de fato que está aqui em questão é reconduzido por Kant a uma forma do espírito, a uma forma da inteligência tanto quanto da vontade. Isso não é, no fundo, de modo algum representável. A partir de uma mera forma do pensamento, é impossível que surja uma determinação de conteúdo; a causa, o bem, porém, são evidentemente tais determinações *de conteúdo*. E se a representação relacional da causalidade ou da substância estivesse fundada em uma forma de nossa inteligência, tal como, por exemplo, a forma da igualdade ou da diversidade, então ela precisaria ser determinada de maneira igualmente inequívoca e ser tão transparente para a inteligência quanto essa. Por isso, a doutrina platônica contém a princípio uma verdade que é sustentável até mesmo diante de Kant.

---

[69] *Menon* 82 e segs. Cf. *Fédon*, 72 e segs.

Aqui, contudo, vem à tona o limite do espírito grego. A verdadeira natureza da experiência interior ainda não se achava em seu campo de visão. Para o espírito grego, todo *conhecimento* é uma *espécie de visualização*; para ele, comportamento teórico tanto quanto prático se ligam a um ser que se encontra diante da intuição e possuem esse ser por pressuposto; para ele, por conseguinte, o conhecer tanto quanto o agir se mostram como um contato da inteligência com algo fora dela, e, em verdade, o conhecer é uma apreensão daquilo que se encontra diante dele.

E, aqui, é indiferente saber se a posição do sujeito é uma posição cética ou dogmática: o espírito grego concebe o conhecer e o agir como modos de ligação desse sujeito com um ser. O ceticismo afirma apenas a incapacidade da faculdade apreendedora de captar o objeto tal como ele é; ele ensina, por isso, apenas o recolhimento teórico e prático do sujeito a si mesmo, a contenção, a sua solidão em meio ao ente. Em contrapartida, o comportamento dogmático dos pensadores gregos parte do sentimento seguro do parentesco com o todo da natureza; assim, ele está, por fim, fundamentado na religião natural grega; assim, ele se expressa na sentença que se encontra na base das teorias dogmáticas mais antigas acerca da percepção tanto quanto do pensamento: o mesmo é conhecido pelo mesmo. Desse modo de pensar grego emerge a conclusão de Platão: o conteúdo que se encontra na alma, mas não é adquirido na experiência durante a sua vida no mundo sublunar, precisa ter sido adquirido antes dela; nosso saber é uma lembrança de que contemplamos as ideias que se encontram em nós. Mesmo nossas ideias éticas estão presentes para nós, segundo Platão, em virtude de uma tal contemplação. Se partimos do surgimento mais antigo do *Fedro*, então reside aqui a fundamentação basilar da doutrina da transcendência das ideias.[70]

Todas as outras conclusões em alguma medida rigorosas de Platão que partem do saber para a teoria das ideias como a sua condição

---

[70] O limite do mítico e do científico nessa condução platônica da demonstração não pode ser constatado de maneira exata segundo a natureza da coisa. Schleiermacher, *Geschichte der Philosophie*, p. 101, reinterpretou, por isso, esse limite na seguinte direção: "Platão denominou essa morada atemporal, derivada da visão originária, μνήμη." O pressuposto da teoria das ideias, porém, também permanece na região da atemporalidade uma ligação entre um saber por toda parte e sempre igual a si mesmo e um ser atemporal que constitui seu objeto real e igual por toda parte a si mesmo. De resto cf. Zeller, II, I, 3. ed., p. 555 e segs.

repousam nas mesmas bases. O *saber não é* derivável *da percepção* e da representação, mas se acha delas separado e é *autônomo* em relação a elas; a um saber assim separado também precisa corresponder um objeto *que subsiste por si*. Assim, Platão conclui: precisa advir ao saber imutável, segundo a sua diferença em relação à percepção mutável, um objeto imutável; mas se o objeto permanece, contudo, na alma, enquanto a coisa perece, então um objeto permanente precisa corresponder a ele. – Ou ele conclui com o auxílio das sentenças eleáticas: um não ente não é cognoscível, e, como a representação se liga àquilo que unifica em si ser e não ser, então a representação é apenas parcialmente conhecimento; mas como no conceito é dado um verdadeiro saber, então o conceito precisa ter um objeto diverso do objeto da representação. – O mesmo nexo entre saber e ser também é desenvolvido, em seguida, a partir do conceito de ser: a coisa não apresenta de modo puro aquilo que está contido em seu conceito, mas seus predicados são relativos e alternantes; portanto, ela não tem nenhuma realidade efetiva plena. Essa realidade efetiva plena só cabe àquilo que o conceito expressa; esse conceito, contudo, não pode ser abstraído de nenhuma percepção das coisas.

Assim, no interior da esfera da autorreflexão que se iniciou com a escola socrática e que ampliou seu horizonte se acha no primeiro plano precisamente a reflexão acerca do saber, na medida em que se parte do saber para se chegar à conclusão de suas condições, as ideias. Não obstante, associa-se com essa conclusão a conclusão *a partir do elemento ético*. Pois todo o conteúdo da natureza humana, tal como esse espírito dotado de uma realidade poderosa o experimentou em si, é, para ele, como não derivável da sensibilidade, uma demonstração de seu nexo com o mundo superior.

De acordo com isso, o segundo componente do silogismo disjuntivo fundamental para o sistema platônico, do silogismo da autonomia da razão, tem por seu princípio supremo a disjunção: a meta do agir para o singular ou bem precisa ser derivada do prazer ou bem de um *fundamento autônomo do plano ético*, apartado de sua perecibilidade; a meta da vontade pública surgiu ou bem por meio dos interesses egoístas que se combatem mutuamente e que se acham dirigidos para o prazer, ou que estão fundados em um elemento essencial independente desses interesses. A polêmica de Platão contra os sofistas exclui o primeiro elo da disjunção, e essa exclusão constitui a premissa menor de seu silogismo. Suas discussões sobre isso desenvolvem de maneira verdadeiramente profunda e perspicaz o conteúdo de nossa consciência ética; assim, é alçado um novo círculo das mais importantes experiências (preparadas pela escola socrática) sobre o horizonte da reflexão filosófica e ele se mantém desde então na consciência da humanidade. – Mas assim como em Sócrates, nós também deparamos nessa passagem uma vez mais com as barreiras peculiares ao modo de ser do espírito grego. Mesmo onde desponta a autorreflexão para essa consciência por assim dizer inserida no cosmos, essa autorreflexão não encontra na apercepção imediata a realidade das realidades, o eu cheio de vontade, no qual pela primeira vez o mundo todo está presente; não: contemplação que só existe na entrega ao contemplado, força plástica que configura o que é visto a partir da matéria-prima da realidade efetiva, esse é o esquema a partir do qual essa autorreflexão visualiza o elemento espiritual e seu conteúdo. E onde o espírito cético abdica dessa relação com o objeto, só lhe resta "abstenção". Por isso, Platão concebe o fundamento autônomo do ético apenas como uma *contemplação dos arquétipos do belo* e do *bem*. Assim, a partir da consciência e com base na disjunção indicada, o silogismo se subordina em última instância à dedução a partir do saber. Esse silogismo derivou inicialmente a existência do ético essencial independente do prazer, e, a partir desse resultado, ele comprovou, em seguida, que o fato do ético tem por sua condição os arquétipos do belo e do bem, arquétipos a partir dos quais, contemplativamente, nós agimos.[71]

Em uma alegoria grandiosa, esse nexo platônico foi apresentado. A *ideia do bem* é a rainha do mundo espiritual, assim como o Sol é o rei do visível. O sentido da visão por si não possibilita ver o que é efetivamente real. Ao contrário, a luz que irradia do Sol precisa torná-lo

---

[71] Poder-se-ia mostrar como toda fundamentação mais rigorosa da teoria das ideias pressupõe desse modo a representação do contato com o objeto (as ideias não sensíveis) no pensar contemplativo. E está em sintonia com esse nexo interno de sua fundamentação o fato de o *Fedro* precisar ser reconhecido por razões totalmente diversas, a saber, histórico-literárias, razões que foram desenvolvidas por Schleiermacher, Spengel e Usener, como um dos primeiros escritos de Platão. Precisamente esse nexo da teoria das ideias, porém, está contido no *Fedro* em um primeiro lance, e, em verdade, partindo da recondução da consciência ética a um tal contato.

manifesto; por isso, o sentido da visão e o perceptível estão ligados um ao outro por meio do laço da luz; o mesmo Sol garante ao visível também o seu surgimento e o seu crescimento. Assim, a ideia do bem é o laço misterioso, mas real, do cosmos. Nessa alegoria está expresso o nexo no qual a metafísica articulou o fundamento último do conhecimento e a causa derradeira da realidade efetiva.

E aqui retomamos o fio da história do procedimento metafísico conclusivo a partir dos fatos *astronômicos*. Esse procedimento conclusivo revela no sistema platônico uma representação do mundo ideal, que só possui naturalmente o valor de um mito. Matemática e astronomia ainda são para Platão as únicas ciências do cosmos, e também ele conclui em primeira linha a partir da *disposição pensante do mundo dos astros*, cuja expressão é a beleza, a *causa racional* dessa disposição. "Mas dizer que a razão tudo dispôs é próprio daquele que contempla o mundo e o Sol, a Lua e as estrelas e toda a circunvolução."[72] Ele coloca a seguinte teoria na base de suas conclusões mais imediatas: todo movimento comunicado por meio de um choque passa para o repouso. Esse fato foi abstraído de maneira equivocada outrora da experiência dos movimentos de corpos impulsionados; via-se cada corpo sobre a Terra, depois de um impulso particular, retornar ao repouso e ainda não se tinha nenhuma representação de atrito e da resistência do ar. Assim, atribui-se apenas à alma a capacidade de se movimentar desde o interior e, por isso, de maneira duradoura; o movimento de meros corpos é considerado como comunicado e todo movimento comunicado como passageiro. Essas são pressuposições que o *Fedro* já desenvolve, e esse psiquismo concorda com a representação mítica. Daí chega-se, então, à conclusão, partindo dos movimentos regulares e constantes dos astros, das essencialidades psíquicas constantemente atuantes como causas desses movimentos. Tais causas inteligentes, por outro lado, precisam ser deduzidas das relações matemáticas harmônicas das rotações das esferas, nas quais podem ser decompostas as vias das estrelas peregrinas. Pois as relações das rotações segundo extensão, direção e velocidade, que se subtraíam outrora à observação mecânica, são concebidas e tornadas com-

---

[72] Platão, *Filebo* 28v. Cf. 30 e, em particular, o *Timeu* tanto quanto *As leis* em diversas passagens.

preensíveis como relações mútuas entre essencialidades psíquicas. E, para além disso, encontra-se em geral em todo o cosmos o reflexo das ideias.

A transcendência dessa ordem platônica das ideias fundiu-se mais tarde com a transcendência do mundo invisível do cristianismo. Em seu caráter mais íntimo, porém, as duas são completamente diversas. Com certeza, Platão experimentou o mundo sensível como algo que lhe era estranho; mas apenas na medida em que ele não é a expressão pura de formas essenciais. Ele foge para o reino dessas formas perfeitas, e, assim, a grande elevação de sua alma permanece ligada ao cosmos. As relações dessas essencialidades transcendentes entre si são para ele apenas pensáveis; sim, tal como as relações de construtos geométricos, elas só são conhecidas por meio de comparação, constatação de diferenças tanto quanto por meio de uma comunhão parcial. E, na medida em que procura explicar o cosmos real a partir delas sob a mediação da ideia do bem, é com um esquema deduzido dos nexos cósmicos externos de movimento que, apesar de todo o brilho que envolve a sua apresentação, ele representa a ação da divindade: um demiurgo que forma uma matéria.

SEXTO CAPÍTULO

ARISTÓTELES E A APRESENTAÇÃO DE UMA CIÊNCIA METAFÍSICA ISOLADA

Aristóteles consumou a metafísica das formas substanciais. Nessa metafísica, a ciência procurou o elemento uniforme na mudança e na transformação, mas só encontrou de início esse elemento resistente e, por isso, acessível ao conhecimento naquilo que era abarcado pela representação universal, pelo conceito. Essa metafísica correspondia a uma pesquisa da natureza, que remontava na análise principalmente a formas naturais que correspondiam à inteligência, formas consonantes com o pensamento; com isso, a explicação de tais formas naturais estava ligada à explicação a partir de causas psíquicas, que eram pensadas como dirigidas pelo pensamento; um componente da representação mítica continuou existindo nessa hipótese de causas psíquicas para o transcurso natural. E, em verdade, essa metafísica das formas substanciais se tornou o meio de submeter a realidade ao conhecimento, enquanto Platão viu nos objetos efetivamente reais apenas as sombras gigantescas projetadas pelas ideias. A intuição platônica de um ordenação imutável das ideias converte-se em Aristóteles na intuição de um *mundo efetivamente real, eterno e iningendrado*, no qual as *formas* se mantêm *em uma igualdade imutável consigo mesmas*, mesmo em meio à mudança de disposição, ao *desdobramento* e ao *perecimento* sobre esta Terra. Assim, Aristóteles possui uma posição importante na cadeia histórica dos pensamentos, que é formada pelo desenvolvimento do pensar europeu.

As condições científicas

Aristóteles pensa a partir do *pressuposto de que o processo intelectual se apoderaria do ente fora de nós*;[73] esse ponto de vista pode ser designado como dogmatismo ou como objetivismo. E, em verdade, a representação do conhecimento do mesmo pelo mesmo, que é a forma desse pressuposto para o espírito grego que se encontra sob a influência de sua religião natural e de sua mitologia, é desenvolvida por Aristóteles em um teorema conclusivo; esse teorema também guiou uma escola influente da metafísica moderna.

O próprio Aristóteles acetuou o quão significativo era o princípio de que o mesmo só é conhecido pelo mesmo para a reflexão dos filósofos gregos mais antigos.[74] Segundo Heráclito, o que é movimentado é conhecido por meio do movimentado. De Empédocles, Aristóteles cita nesta ocasião os seguintes versos:

> "Terra vemos constantemente por meio de terra, por meio da água, água
> Éter divino por meio de éter divino, fogo que consome por meio de fogo,
> Amor por meio de amor e contenda por meio de triste contenda."

Do mesmo modo, Parmênides também partia do fato de o aparentado acolher o aparentado;[75] Filolau desenvolve o fato de o número juntar as coisas harmonicamente na alma. E a mesma sentença de que

---
[73] Cf. p. 219 e segs.
[74] Aristóteles, *De anima* I, 2 p. 403bs.
[75] Cf. Teofrasto, *De sensibus* 3 em Diels p. 499.

o igual é conhecido por meio do igual, Aristóteles reencontra em seu mestre Platão.[76]

Aristóteles conclui esse desenvolvimento com o seguinte teorema. O *nous*, a razão *divina*, é o princípio, a finalidade por meio da qual o *racional nas coisas* é condicionado ao menos mediatamente em cada ponto, e, assim, pode ser conhecido por meio da razão *humana* do cosmos, aparentada com a razão divina, na medida em que o cosmos é racional.[77] A metafísica, a ciência da razão são possíveis por conta dessa correspondência.

Se Platão fazia remontar o processo no qual deduzimos por assim dizer do cosmos o seu conteúdo ideal principalmente à posse inata desse conteúdo e fazia com que, em relação a essa posse originária, o outro fator do processo, a experiência, se retraísse, então a percepção e a experiência exteriores alcançam em Aristóteles, em contrapartida, uma posição eminente e extremamente firme. O teorema da correspondência estende-se nele também à relação da percepção com o percebido. De acordo com isso, ele precisou tentar resolver as dificuldades que agora haviam surgido, as dificuldades relativas ao fato de que a razão humana porta em si o fundamento do saber da racionalidade do cosmos, mas só adquire esse saber mesmo por meio da experiência. Ele insiste no fato de que não podemos possuir um saber das ideias sem termos uma consciência desse saber,[78] e procura resolver o problema que assim emerge no contexto de sua metafísica por meio do conceito do desenvolvimento. No pensar humano, antes do processo do conhecimento, há a possibilidade (*dynamis*) do saber imediato dos princípios supremos, e essa possibilidade alcança no próprio processo do conhecimento a realidade efetiva.[79] A exposição dessa intuição epistemológica fundamental, por mais profunda que sejam as visões que ela contém, não consegue elucidar o ponto deixado obscuro por Platão, a posição da condição dada na razão humana (no

---

[76] Aristóteles, *De anima* I, 2 p. 404b 17 γιγνώσκεσθαι γὰρ τῷ ὁμοίῳ τὸ ὅμοιον. Ele se reporta com isso ao *Timeu* e a um escrito περὶ φιλοσοφίασ, no qual se fala sobre a doutrina platônica com base nas apresentações orais. Cf. com relação a toda a passagem Trendelenburg em relação a Aristóteles, *De anima* 1877, Seleta 2, p. 181 e segs.

[77] A versão foi escolhida de maneira cuidadosa por causa das conhecidas dificuldades em relação à posição do νοῦς divino em relação às formas e aos fantasmas astrais.

[78] Assim na polêmica contra a teoria das ideias em *Metafísica* I, 9 p. 993a I.

[79] Cf. as posições assim como a apresentação mais detida em Zeller II, 2, 3. ed., 188 e segs.

nous) para o conhecimento em relação ao outro conhecimento que reside na experiência. O sentido particular corresponde aos objetos de um gênero particular: o que está apto a perceber é (de acordo com o procedimento de resolução universal acima), segundo a sua possibilidade, constituído do modo como o objeto da percepção é segundo a realidade efetiva;[80] no interior de sua esfera de objetos, por isso, o saudável órgão dos sentidos guarda o verdadeiro. Sim, Aristóteles expõe o fato de possuirmos todos os sentidos efetivamente possíveis[81] e de, por conseguinte, toda a realidade também ser apreendida por meio de nossos sentidos. Essa convicção pode ser, então, considerada como a pedra de toque de seu realismo objetivo. Assim como o órgão dos sentidos se comporta em relação ao perceptível, a razão, o *nous*, se comporta em relação ao pensável. De maneira análoga, a razão também capta os princípios por meio de uma intuição imediata, que exclui todo erro;[82] um tal princípio é a lei que regula o pensamento, o princípio de não contradição. Mas nem a abrangência dos princípios do conhecimento estabelecidos no *nous*, nem a posição do processo indutivo, que parte retroativamente das percepções, em relação aos conceitos e axiomas estabelecidos no *nous* alcançam, por fim, uma clareza.

Esse ponto de vista objetivo de Aristóteles representa a posição natural da inteligência do homem no cosmos. E, em verdade, isso estava condicionado em segundo lugar *pelo estágio*, no qual se encontrava no tempo de Aristóteles a *ciência, o estágio que reconheceu* outrora a inteligência no cosmos.

Em verdade, a ciência do cosmos tinha destacado dos objetos a consideração das relações universais, que imperam entre números e figuras espaciais;[83] em contrapartida, ainda não havia nenhum estudo que se abstraísse dos objetos, que fosse isolado e em si coerente, das propriedades desses objetos, tais como, por exemplo, o movimento, a gravidade ou a luz. As escolas de Anaxágoras, Leucipo e Demócrito

---

[80] Τὸ ᾖδαἰσθητικὸν δυνάμει ἐστὶν οἷον τὸ αἰσθητὸν ἤδη ἐντελεχείᾳ, De anima II, 5 p. 418a 3.
[81] *De anima* III, 1 p. 424 b 22.
[82] Cf. a conclusão do principal escrito lógico dos dois analíticos que se encontram presentes para nós, o *Analíticos posteriores* II, 19, p. 100b.
[83] Cf. 211 e segs.

tendiam para uma perspectiva parcial ou totalmente mecânica, mas também elas não aplicaram senão representações extremamente indeterminadas, incoerentes e em parte equivocadas do movimento, da pressão, da gravidade etc. para a explicação do cosmos, e reconhecemos aqui a razão pela qual a perspetiva mecânica foi derrotada na luta contra aqueles que colocavam as formas em relação com essencialidades psíquicas.[84] Encontramos de qualquer modo pela primeira vez em Arquimedes algumas representações apropriadas e determinadas sobre a mecânica. Sob tais circunstâncias, continuou sempre preponderando na ciência natural grega a consideração dos movimentos dos astros, que se apresentavam, em consequência de suas grandes distâncias, por si mesmos destacados das outras propriedades desses corpos, em seguida a consideração comparativa dos objetos interessantes sobre a Terra, e, dentre eles, os corpos orgânicos chamavam particularmente a atenção para si.

A esse estágio da ciência positiva correspondia da melhor maneira possível uma metafísica que apresentava *conceitualmente* as formas da realidade efetiva, tal como elas se expressam nas representações universais, e as relações entre essas formas, colocando-as na base da explicação da realidade efetiva como *essencialidades metafísicas*. Em contrapartida, a atomística era menos apropriada para esse estágio. Naquela época, ela era em todo caso apenas um teorema metafísico, não um motivo para experimentos e cálculos. Suas partículas de massa eram sujeitos do nexo da natureza conceitualmente fixados, e, em verdade, elas se mostravam como infrutíferas para a explicação do cosmos. Pois faltavam os elos intermediários entre elas e as formas da natureza: representações apropriadas e determinadas sobre movimento, gravidade, pressão etc., assim como um desenvolvimento coerente de tais representações em ciências abstratas.

O espírito dominante de Aristóteles, um espírito por meio do qual ele colocou sob o seu jugo dois mil anos de história, residia, por conseguinte, no modo como ele *sistematizou a posição natural da inteligência em relação ao cosmos*, algo que satisfazia a todas as exigências que podiam ser feitas no interior *desse estágio da ciência*. Ele dominava todas as ciências positivas de seu tempo (é de seu domínio da

---

[84] Cf. as observações notáveis de Simplício em relação a *De caelo Schol.* P. 491b 3.

matemática que sabemos menos); na maioria delas, ele foi pioneiro. Em consequência disso, ele não encurtou seus pressupostos em ponto algum, de modo que teria sido necessário ir além de sua fundamentação metafísica; ele preservou o direito da percepção; reconheceu no devir, no movimento, na transformação e no múltiplo a realidade efetiva, que não precisava ser negada por meio de um raciocínio infrutífero, mas antes explicada; para ele, a coisa particular, o ser particular, tinha a realidade mais plena que nos é dada. Assim, aconteceu de as formulações particulares de seus pensamentos terem sido por um lado derrubadas pela discussão nos séculos seguintes, mas de as bases de seu sistema terem permanecido, por outro, firmes, enquanto perdurou o estágio designado da ciência. Durante todo esse tempo, ampliou-se, em verdade, sua metafísica, mas se mantiveram presentes os seus pressupostos.

*A separação da lógica em relação à metafísica
e a ligação entre as duas*

Sob tais pressupostos surgiu como uma ciência à parte a metafísica, a rainha das ciências. A realização de Aristóteles, que possibilitou a princípio um tal isolamento, foi o tratamento separado da lógica. Aristóteles submeteu o nexo necessário em termos de pensamento que é constituído pelo conhecimento a uma consideração teórica. Ele apresentou uma primeira teoria das formas e leis da condução científica da demonstração.

Nós nos articulamos com a apresentação sobre as duas classes de *verdades imediatas*: percepções e princípios. Entre os dois se move todo o outro conhecimento, como um *saber mediado*. Pois toda conclusão científica conduz por intermédio de suas premissas por fim a algo imediatamente certo, e esse algo é ou bem a percepção como aquilo que é para nós primeiro ou bem a contemplação imediata da razão como o em si primeiro. Com a referência a essa contemplação como o fundamento mais profundo do pensar mediador ou do raciocínio conclui-se a analítica aristotélica.[85]

---

[85] *Analíticos posteriores* II, 19 p. 100b 14 εἰ οὖν μηδὲν ἄλλο παρ' ἐπιστήμην γένος ἔχομεν ἀληθές, νοῦς ἄν εἴη ἐπιστήμης ἀρχή. καὶ ἡ μὲν ἀρχὴ τῆς ἀρχῆς εἴη ἄν, ἡ δὲ πᾶσα ὁμοίως ἔχει πρὸς τὸ ἅπαν πρᾶγμα.

A *significação* histórico-mundial da *lógica aristotélica* reside, portanto, no fato de, nela, as formas desse pensar mediador terem sido primeiramente resgatadas com uma completude consequente, e, em verdade, com um entendimento lógico de primeiro nível. Assim, surgiu a doutrina do silogismo.[86] Para aquele tempo, essa lógica foi de início uma chave para a dissolução das sentenças combativas dos sofistas e levou ao fim, por isso, o longo movimento revolucionário que tinha preenchido o movimento dos sofistas, de Sócrates, de Antístenes tanto quanto dos megáricos. Além disso, ela continha os recursos para a completa constituição formal das ciências particulares. Assim como a matemática precisou oferecer para Aristóteles o exemplo mais significativo de desenvolvimentos lógicos naquele tempo, seu código de leis lógicas também forneceu uma vez mais retroativamente os meios para que se desse à geometria como ciência a forma simplesmente rigorosa, exemplarmente válida, que se mostra na obra elementar de Euclides, e essa forma se tornou, então, o modelo do desenvolvimento matemático para todo o tempo subsequente.[87]

Os *limites* da lógica aristotélica eram condicionados por sua relação por demais estreita com a metafísica. No que concerne ao ente simples, a verdade é uma apreensão em pensamentos, uma espécie de contato (ϑιγγάνειν), assim como esse contato forma o último pressuposto desse objetivismo grego; no que concerne ao ente composto, a verdade é aquela ligação no pensar que é correspondente àquela ligação no ente, enquanto o erro, porém, é outra ligação que a contradiz.[88] Com isso, temos de estender a relação da *correspondência* também ao âmbito do *pensar mediador*; as formas desse pensar e as relações no ente se correspondem mutuamente. Assim, temos o conceito da expressão da essência; assim, o juízo afirmativo verdadeiro associa aquilo que se encontra associado nas coisas, e o juízo correspondentemente negativo aquilo que nas coisas se acha separado; com isso, corresponde ao conceito médio no nexo perfeito da conclusão silogística a causa no nexo da realidade efetiva. E como se apreende fi-

---

[86] Ele mesmo esclarece esse ponto com uma altivez justificada em: *Elencos sofísticos* 33 p. 183b 34, p. 184 b I.
[87] Proclus, em seu comentário a Euclides, relata que Euclides tinha redigido um escrito particular sobre os sofismas, o que comprova a sua ocupação detida com a teoria lógica.
[88] Aristóteles, *Metafísica* IX, 10 p. 1051a 34 cf. IV, 7 p. 1011b 23.

nalmente a posição dos tipos de enunciados sobre o ente (γένη τῶν κατηγοριῶν), das categorias, em relação ao contexto de pensamento em Aristóteles: essas categorias correspondem do mesmo modo às formas do ser.[89] E, em verdade, essa concepção da relação, tal como a encontramos em Aristóteles, continua tendo a sua legitimidade e o seu poder enquanto as formas lógicas que são oferecidas pelo pensamento discursivo não são dissolvidas e as relações entre o pensar e seu objeto não são acompanhadas retroativamente até um ponto por detrás do objeto pronto. Também nesse ponto Aristóteles se mostra como um metafísico, que permanece preso às formas da realidade efetiva. Sua análise da ciência permanece no interior da decomposição de formas em formas e mostra, assim, o mesmo limite que a análise astronômica do edifício do mundo por meio dos Antigos. Aquilo que o discurso, o pensar discursivo, oferece como nexo é dissolvido em uma relação mútua de formas, e essas formas são postas em uma relação na qual retratam as formas da realidade efetiva. Schleiermacher, com a sua teoria da correspondência, Trendelenburg e Ueberweg mantiveram esse ponto de vista objetivo, algo que também constitui em particular as diversidades de Aristóteles.

O conceito de corresponder, de correspondência entre percepção e pensamento, por um lado, realidade efetiva e ser, por outro, um conceito ao qual remonta de acordo com isso toda a fundamentação desse sistema natural, é *completamente obscuro*. Ninguém consegue imaginar como algo pensado poderia corresponder a um existente efetivamente real no mundo exterior. Aquilo que significa semelhança em um entendimento matemático pode ser definido; mas aqui se afirma uma semelhança que é totalmente indeterminada. Sim, poder-se-ia dizer, se não houvesse os fenômenos de espelhamento na natureza tanto quanto de imitação na arte do homem: uma tal representação quase não poderia ter surgido.

O nexo mais próximo do pensar lógico, tal como foi desenvolvido pela doutrina aristotélica do silogismo e da demonstração, é uma contraimagem em relação ao nexo metafísico por ele assumido. Isso

---

[89] Aristóteles, *Metafísica* V, 7. p. 1017a 23 ὁσαχῶς γὰρ λέγεται, τοσαυταχῶς τὸ εἶναι σημαίνει.

vem à tona a partir da representação indicada do termo correspondência. Sigwart diz de maneira pertinente: "No que Aristóteles pressupõe um sistema conceitual objetivo, que se reliza no mundo efetivamente real, de modo que o conceito aparece por toda parte como aquilo que constitui a essência das coisas e como a causa de suas determinações particulares, todos os juízos que contêm um saber verdadeiro se apresentam para ele como expressão das relações conceituais necessárias, e o silogismo existe para manifestar todo o poder e a envergadura de cada conceito particular do conhecimento, na medida em que liga os juízos particulares e os torna mutuamente dependentes por meio da unidade conceitual; e a expressão linguística dessas relações conceituais é obtida a partir do fato de elas sempre se mostrarem ao mesmo tempo como a essência do ente particular, de esse ente, portanto, ser em sua determinação conceitual o sujeito propriamente dito do juízo, e de as relações entre os conceitos, por isso, virem à luz no juízo universal ou particular, afirmativo ou negativo."[90] A partir daí surgem a posição do juízo categorial, o significado da primeira figura e a recondução das outras figuras a essa primeira, a posição do conceito médio, que deve corresponder à causa: em suma, as peculiaridades principais da analítica aristotélica.

De acordo com isso, a silogística de Aristóteles se manteve firme enquanto se reteve o pressuposto de um sistema conceitual objetivo realizado no cosmos. A partir do momento em que a lógica abandonou esse pressuposto, ela passou a necessitar de uma nova fundamentação. E se, apesar disso, empenhou-se por reter a doutrina aristotélica das formas lógicas, ela procurou proteger a sombra de algo cuja essência havia se perdido.[91]

Apresentação de uma ciência autônoma da metafísica

Assim, Aristóteles considerou por si o nexo lógico no ente pensante, separado do nexo real na realidade, mas em relação com ele; de maneira correspondente, cindiu mais claramente o conceito do funda-

---

[90] Sigwart, *Logik I* (Lógica I), p. 394.
[91] Ter apresentado pela primeira vez com uma minuciosidade fundamental a relação da lógica de Aristóteles com a sua metafísica e, consequentemente, o sentido correto da lógica aristotélica é o grande mérito de *Prantl*. Sigwart indicou, então, a partir daí, os limites do valor da silogística aristotélica.

mento do conceito de causa:[92] ele separou a *lógica* da *metafísica*. Comparada com a unidade mais antiga entre metafísica e lógica, essa separação representou um progresso importante no interior do sistema natural, e, por conseguinte, um progresso em relação às barreiras do objetivismo. O significado dessa separação para o estágio por nós apresentado tampouco é diminuído pelo fato de essa metafísica ter sido posteriormente colocada em questão a partir do ponto de vista crítico, pois o nexo real só está efetivamente presente na consciência, para e por meio da consciência, e cada componente desse nexo que é analisado pela metafísica, tal como a substância, a quantidade e o tempo, não é senão fato da consciência.

E assim como Aristóteles cindiu a sua filosofia primeira da lógica, ele também a distinguiu, *por outro lado, da matemática e da física*. As ciências particulares, tal como a matemática, têm por seu objeto regiões particulares do ente; a filosofia primeira, porém, tem por objeto as determinações conjuntas do ente. Na constatação dos fundamentos, as ciências particulares só remontam a um certo ponto, mas a metafísica vai até os fundamentos que, no processo do conhecimento, não são mais condicionados. Ela é a ciência dos *princípios* universais e imutáveis.[93] E, em verdade, Aristóteles parte *retroativamente* daquilo que é dado no cosmos e vai até os princípios. Ainda que as remissões aos escritos físicos não provem nada, esse contexto torna-se de qualquer modo claro pelo fato de a metafísica receber a indicação da causa primeira da física e, de início, é só por meio de uma inspeção histórico-crítica que a completude dos princípios encontrados na física é confirmada.[94] – Esse contexto é deduzido em primeira linha do reconhecimento e dedução do movimento. "Para nós, contudo, vige o princípio de que, dentre aquilo que existe por natureza, tudo ou ao menos algumas coisas estão em movimento; e, em verdade, isso fica claro a partir da experiência."[95] Para Aristóteles, consequentemente, que vive no interior da tarefa da explicação da natureza, a negação

---

[92] Ἀρχή: a expressão que abarca os dois. *Metafísica V*, I p. 1013a 17, a divisão: "Tudo aquilo que é ἀρχή tem em comum o fato de ser o primeiro, a partir do qual algo é ou vem a ser ou é conhecido."
[93] Cf. p. 188 e segs.
[94] *Metafísica I*, 3 e 10, uma passagem com a qual é preciso comparar a dedução gradual dos princípios na *Física*.
[95] Aristóteles, *Física* I, 2 p. 185a 12.

eleática do movimento é apenas a negação infrutífera de toda ciência do cosmos. A partir dos movimentos constantes e perfeitos dos astros, do jogo das transformações no mundo sublunar, o conhecimento retrocede às causas primeiras, que contêm ao mesmo tempo os primeiros fundamentos da explicação. Assim, o nexo real do cosmos, que é objeto da ciência rigorosa, é conhecido por meio de uma análise que, a partir dele, a partir do composto que nos é dado, estabelece uma conclusão retroativa dos princípios como os verdadeiros sujeitos do nexo da natureza.[96]

Enquanto não surgiu uma fundamentação epistemológica, a possibilidade de levar as ciências positivas ao encontro de uma consumação formal baseava-se, por um lado, na ciência metafísica autônoma e estava fundamentada, por outro, na automeditação lógica. Com isso, a metafísica se tornou a base necessária das ciências do cosmos e foi ela que lhes emprestou pela primeira vez conceitos fundamentais compreensivelmente cunhados. No interior da metafísica preparou-se, então, o ponto de vista crítico; pois só a análise intelectiva dos componentes universais daquilo que é efetivamente real tornou possível conceber neles fatos da consciência. Em seu colo também se preparou aquilo que talvez possa algum dia levar a teoria do conhecimento para além de Kant. Pois caso se revelasse, por fim, como de fato impossível dar a esses componentes da realidade efetiva uma forma logicamente clara, então se abriria para a nossa consideração histórica e psicológica uma visão da origem desses componentes, uma origem que não poderia residir no entendimento abstrato.

O nexo metafísico do mundo

Essa análise metafísica leva a termo como a sua primeira grande realização a descoberta e a apresentação pensante dos componentes universais da realidade efetiva, tal como esses componentes foram obtidos na investigação aristotélica. Tais elementos ou princípios que são reencontrados no nexo real do cosmos oferecem-se à representação habitual já na realidade, na coisa e em suas propriedades, na produção de um efeito e no sofrer a ação de um efeito. Aristóteles tentou

---

[96] Aristóteles, *Física* I, I p. 184a 21 ἔστι δ̓ὁἠμῖν πρῶτον δῆλα καὶ σαφῆ τὰ συγκεχυμένα μᾶλλον· ὕστερον δ̓ἐκ τούτων γίγνεται γνώριμα τὰ στοιχεῖα.

apresentar esses componentes universais, que estão entretecidos no cosmos, de início isoladamente e como corpos simples. Não estamos obrigados aqui a investigar a relação extremamente obscura e difícil na qual as categorias por ele descobertas se encontram com os seus princípios metafísicos; nos é suficiente o estado de fato claro de seus resultados.

O destino trágico desse trabalho grandioso e sempre contínuo da metafísica, que está ininterruptamente voltada para desenvolver os componentes comuns da realidade efetiva de modo a que seja possível um conhecimento real e objetivo do nexo do mundo, começa a se desvelar diante de nós ato por ato! As qualidades sensíveis, o espaço, o tempo, o movimento e o repouso, a coisa e a propriedade, a causa e o efeito, a forma e a matéria: esses são todos componentes universais que encontramos naquele ponto do mundo exterior e que, portanto, estão *contidos* em nossa *consciência da realidade efetiva exterior* em geral. Independentemente da diferença de pontos de vista filosóficos vem à tona a partir daí a questão: *isolada da investigação da consciência* e das condições universais dadas a ela de toda realidade efetiva, a *clareza* sobre esses *elementos* poderá ser alcançada? O curso da história da própria metafísica pode responder paulatinamente a essa questão. De início, os conceitos simples de ser e de substância se apresentam para uma tal ponderação.

1. A análise metafísica de Aristóteles encontra por toda parte *substâncias* com os seus estados, que se encontram em uma relação mútua;[97] aqui estamos no ponto central dos escritos metafísicos de Aristóteles.

"Existe uma ciência que investiga o *ente* como ente (τὸ ὄν ᾗ ὄν) e as suas propriedades fundamentalmente essenciais. Essa ciência não é idêntica a nenhuma das ciências especializadas; pois nenhuma dessas outras ciências estabelece em geral investigações sobre o ente como ente. Ao contrário, na medida em que recortam uma parte do ente como ele, elas investigam a sua constituição particular."[98] A matemtática tem por objeto o ente como número, linha ou superfície, a

---

[97] No que diz respeito à tripartição em οὐσία, πάθος e πρὸς τι, ver Prantl, *Geschichte der Logik I* (História da lógica I), 190.
[98] Aristóteles, *Metafísica* IV, I p. 1003a 21.

física como movimento, elemento; a filosofia primeira considera como o ente mesmo é por toda parte: o ente como tal.

Agora, esse conceito do ente (do objeto da metafísica) é usado com uma múltipla significação; tanto a substância (οὐσία) quanto a sua qualidade são designadas com esse nome. O conceito do ente sempre se encontra, porém, em relação com o conceito da substância.[99] Pois aquilo que pode ser designado fora da substância como sendo só o é porque cabe a algo assim, e, em verdade, a uma substância particular. Por isso, o primeiro significado no qual se fala de um ente é o significado de substância particular: todo o resto é designado como sendo, porque é a quantidade, a qualidade ou a propriedade etc. de um tal ente.[100]

Por conseguinte, a *metafísica* é em primeira linha *ciência das substâncias*; e se mostrará o fato de o ponto mais elevado que ela pode alcançar ser o conhecimento da substância divina. Só em um sentido impróprio pode-se dizer que ela teria por objeto o *ente em seus outros significados*, por mais que o ente possa se mostrar como algo qualitativo, como algo quantitativo ou como uma outra determinação predicativa.[101] Os seguintes componentes simples do enunciado ainda se distinguem da realidade efetiva correspondente: a substância é uma quantidade mensurável de determinações em termos de propriedades, que se encontram, além disso, em relação; e, em verdade, nas relações de lugar e tempo, fazer e sofrer os efeitos de uma ação.[102] Assim, a substância constitui o ponto central da metafísica de Aristóteles, tal ela tinha se constituído na metafísica entre o atomista e Platão. Somente com a aparição das ciências experimentais particulares o conceito de causalidade ganha o primeiro plano, um conceito que se encontra em relação com o conceito de lei. Pois bem, mas será que essa metafísica aristotélica pode levar a esse seu conceito fundamental de substância uma clareza compreensível?

Uma definição citada no diálogo platônico *O sofista*[103] determina o ser como o verdadeiramente-ente (ὄντως ὄν), como aquilo que possui

---

[99] Idem, IV, 2 p. 1003a e segs.
[100] *Metafísica*, VII, I p. 1028a 11,18.
[101] Cf. VII, I, p. 1028a 13 p. 1028b 6, IX, I p. 1045b 27, XII, p. 1069a 18.
[102] A isso se alia ainda, na enumeração completa das 10 categorias, ἔχει e κεῖσθαι; cf. a visão panorâmica na história da lógica de Prantl.
[103] Platão, *O sofista* 247de.

a *capacidade de atuar e de sofrer os efeitos*. Mais tarde, depois de outros indivíduos, Leibniz retomou essa definição.[104] Essa definição reconduz o conceito de substância ao conceito de força, à ligação causal, dissolvendo-o nesse conceito. No estágio posterior no qual Leibiz surgiu, uma tal determinação conceitual pôde se mostrar como útil para colocar no lugar do conceito de substância um conceito de maior aplicabilidade para a consideração científico-natural. Ela não expressa, porém, aquilo que é representado por nós no estado de fato da coisa e que, consequentemente, procura demarcar a distinção que serve ao conhecimento entre a substância e o que lhe é inerente. O espírito realista de Aristóteles estava empenhado em designar isso de modo direto.

Aristóteles determina, por um lado, aquilo que concebemos como substância no *nexo real* da realidade efetiva. A substância é aquilo que *não é acidente* de algo diverso; ela é algo de que, ao contrário, *um outro é acidente*. Onde o que está em questão é a substância particular e seu substrato, Aristóteles o expressa por meio de uma representação imagética, espacial. Ele fixa, por outro lado, aquilo que entendemos no contexto de pensamento por substância. Nesse contexto, a substância é *sujeito*; ela designa aquilo que, no juízo, é suporte de determinações predicativas; por isso, todas as outras formas do enunciado (categorias) são predicadas da substância.[105]

Se associarmos esta última determinação da substância com a anterior, então Aristóteles busca na metafísica o sujeito ou os sujeitos para todas as propriedades e transformações que vêm ao encontro no cosmos. Essa é a constituição de todo direcionamento espiritual metafísico: a metafísica não está voltada para o nexo no qual estados e transformações estão ligados mutuamente, mas se lança diretamente para o sujeito ou os sujeitos que se encontram por detrás daí.

Todavia, na medida em que procura conhecer a relação objetiva da substância com o acidente tal como essa relação existe no sujeito, a metafísica de Aristóteles trabalha com relações que ela não consegue elucidar. O que significa ser em si, o que significa ser em um outro? Em contraposição ao acidente, a substância ainda é expressa por Espinoza por meio da característica do *in se esse*; o acidente é na subs-

---

[104] *Ipsam rerum substantiam in agendi patiendique vi consistere Leibn.* Opp. I, 156. Erdm.
[105] Κατηγοροῦνται κατὰ τῶν οὐσιῶν. Cf. Bonitz índice Aristóteles, verbete οὐσία.

tância. Essa representação espacial é apenas uma imagem. Aquilo que é visado com a imagem não é, como igualdade ou diversidade, transparente para o entendimento e não pode ser indicado por nenhuma experiência exterior. Na realidade efetiva, esse ser-em-si é dado na experiência da autonomia, na autoconsciência, e nós o compreendemos porque o vivenciamos. E se pode certamente esclarecer a relação dessa expressão metafísica com a expressão lógica da ligação estabelecida na substância, sem que se remonte a um ponto por detrás da forma lógica da ligação entre sujeito e predicado?

No presente contexto, não possui nenhum interesse o sentido diverso no qual Aristóteles se serve, então, em particular, da expressão substância; esse sentido diverso provém do fato de Aristóteles falar dos sujeitos os mais diversos aos quais a metafísica retorna: da matéria como base (ὑποκείμενον), da essência que corresponde ao conceito (ἡ κατὰ τὸν λόγον οὐσία), da coisa particular (τόδε τι). De maneira acentuada, é em cada coisa como uma substância primeira que se apoiam as determinações,[106] que são cunhadas de maneira tão incompleta que nos abstraímos delas aqui.

Dentre os outros conceitos de classe de enunciados, dentre as categorias, são o fazer e o padecer que possuem para a metafísica o maior significado. O conceito de causalidade vem à tona na metafísica moderna ao lado do conceito de substância; sim, existe o anseio por dissolver a substância na força. É característico da metafísica dos Antigos que ainda se encontre retraída a investigação acerca dos problemas estabelecidos nesse conceito; são as substâncias, seus movimentos no espaço, as formas que constituem o campo de visão de sua física e, por conseguinte, de sua metafísica; produzir um efeito e sofrer as consequências de um efeito são subordinados nesse contexto à representação plasticamente clara do *movimento*.[107] E, em verdade, no contexto da explicação do mundo, o fato do movimento reconduz aos últimos conceitos explicativos do sistema aristotélico, que precisam substituir nesse sistema uma representação causal fundamental e o conhecimento das leis do movimento, da transformação; aqui, de-

---

[106] *Categorias* 5, p. 2a 11.
[107] *Física III*, 3 p. 202a 25 ἐπεὶ οὖν ἄμφω κινήσεις; cf. *De gen. et corrup.* I, 7, p. 324a 24. *Metafísica VII*, 4 p. 1029b 22. Nessa última passagem, a κίνησις é colocada como categoria no lugar de ποιεῖν e πάσχειν.

pararemos mais tarde com o conceito que conclui a dissecação da realidade efetiva, mas é insustentável: o conceito de capacidade (δύναμις). – Em particular, portanto, Aristóteles viu muito bem a dificuldade de manter sempre a diferença entre fazer e sofrer; assim, a percepção é um sofrer, e, contudo, o sentido da visão realiza sua natureza ativamente no ver.[108] Ele também notou a outra dificuldade que consiste em tornar representável o efeito daquele que atua sobre o que sofre. No entanto, é igualmente insuficiente a solução por ele encontrada de que, sobre o solo do que é comum, o diverso age mutuamente sobre si e o agente se torna semelhante ao que sofre os efeitos da ação.[109]

2. Assim, Aristóteles luta em vão por tornar realmente apreensíveis conceitos tais como substância e causa; todavia, as dificuldades se acumulam, uma vez que ele utiliza a partir de então a doutrina platônica das firmas *substanciais* para a clarificação do nexo do mundo. Com certeza, ele refuta soberanamente a doutrina platônica da existência separada das ideias; mas será que está em condições de clarificar uma outra relação das ideias com as coisas?

Aristóteles só concede realidade efetiva à substância individual em sentido estrito. Sob o ponto de vista do sistema natural da metafísica, contudo, aquilo que ele retém da teoria das ideias não é compatível com a intelecção correspondente ao pesquisador natural, ao ser empírico saudável nele. – Mesmo ele só encontra o *saber* onde se conhece por meio de *conceitos universais*; somente na medida em que o archote dos conceitos universais ilumina a substância individual essa substância consegue ser clarificada. O conceito universal torna visível a determinação essencial ou a *forma* da coisa; essa forma constitui a sua *substância em um sentido secundário*; a saber, segundo o modo como ela está presente para o entendimento (ἡ κατὰ τὸν λόγον οὐσία). O fundamento dessas sentenças sobre o saber reside no pressuposto que é a raiz de toda abstração metafísica; o saber e o experimentar imediatos, nos quais o particular está presente para nós, são considerados inferiores e mais imperfeitos do que o conceito universal ou o princípio. A esse pressuposto corresponde a hipótese metafísica: o elemento valoroso nas subs-

---
[108] *De anima* II, 5, p. 416b 33.
[109] Aristóteles, *De gen. et corrup.l*, 7, p. 323b.

tâncias individuais e o elemento que a associaria com a divindade seriam o elemento consonante com o pensamento que há nelas. – Na *contradição* entre *esses pressupostos* e a intelecção saudável de Aristóteles sobre as *substâncias individuais* mostra-se novamente a impossibilidade de determinar sob o ponto de vista da metafísica a relação da coisa particular com aquilo que os conceitos universais expressam como o conteúdo do mundo. É só a coisa individual que possui para Aristóteles a realidade plena, mas só há um saber da determinação essencial universal da qual ela participa; daí resultam duas dificuldades. O fato de o verdadeiramente real no cosmos permanecer incognoscível contradiz a ideia fundamental da cognoscibilidade do cosmos. Em seguida, de acordo com os pressupostos gerais da teoria das ideias e correspondentemente ao saber das determinações essenciais universais, supõe-se uma realidade das formas, e essa suposição conduz, então, para o pseudoconceito infeliz de uma substância que, obviamente, não possui a realidade efetiva de uma substância individual. Será que essa confusão inerente ao duplo sentido de ser, de substância, pode ser resolvida antes de a teoria do conhecimento desenvolver a verdade simples de que o modo segundo o qual o pensamento põe o universal não possui nenhuma comparabilidade com o modo como a percepção experimenta a realidade efetiva do particular? Antes, por conseguinte, de se substituir a relação falsa, metafísica, por uma relação epistemológica sustentável?[110]

No interior das ciências particulares, essa metafísica das formas substanciais tem consequências ainda mais importunas. A ciência associada a ela *abdica* do *conhecimento* do *mutável* junto ao seu objeto, pois só apreende as formas duradouras. Ela renuncia ao conhecimento do *casual*, pois só está dirigida para as determinações essenciais. Não faltavam senão poucos minutos a Kepler para corrigir o desvio entre o seu cálculo da posição de Marte e a observação, mas esses minutos não o deixaram descansar e se tornaram o impulso para a sua grande descoberta. Essa metafísica, em contrapartida, impurrou para o cerne do todo o seu resto inexplicável, assim como ela o relegou aos

---

[110] A partir do mesmo modo metafísico de tratamento do problema emerge a questão funesta, impassível de ser resolvida, de saber se a substância precisa ser buscada na forma, na matéria-prima ou na substância individual. Cf. Aristóteles, *Metafísica* VII, 3 p. 1028b 33 e a exposição pertinente em Zeller, op. cit., 309 e segs. e 344 e segs.

fenômenos mutáveis, à matéria. Com isso, Aristóteles explicou expressamente as diversidades individuais no interior de uma espécie, diversidades tais como a cor dos olhos e a altura da voz, a partir da suposição de que elas seriam indiferentes para a explicação a partir da finalidade: elas eram atribuídas às influências da matéria-prima.[111] Foi somente quando se acolheram os desvios do tipo, os elos intermediários entre um tipo e outro, as transformações no cálculo, que a ciência rompeu essas barreiras da metafísica aristotélica e o conhecimento veio à tona através da lei do mutável tanto quanto da história de seu desenvolvimento.

3. Na medida em que Aristóteles transpôs, assim, a realidade das ideias para o interior do mundo efetivamente real, surgiu a decomposição dessa realidade efetiva nos quatro princípios: matéria, forma, finalidade e causa eficiente, e vieram à tona como os últimos conceitos de seu sistema, como os conceitos que concluíram a decomposição da realidade efetiva, os conceitos de *dynamis* (capacidade) e *energeia*.

O pensamento destaca no cosmos como o imutável a *forma*, a filha da teoria da ideia platônica. Essa ideia contém a essência das substâncias individuais em si. Como as formas imutáveis estão contidas no surgimento e no perecimento, mas sua mudança exige um suporte, isolamos no cosmos, como um segundo princípio que lhe é constituinte, a *matéria*. No curso natural, portanto, a forma é tanto a *finalidade*, a cuja realização o curso da natureza aspira, quanto a *causa motriz* que, desde dentro, coloca em movimento a coisa, por assim dizer como a sua alma,[112] ou que provoca de fora seu movimento. De acordo com isso, esse modo de consideração não deduz aquilo que vem à tona no curso da natureza a partir de suas condições nesse transcurso, condições essas que atuam conjuntamente segundo leis. Ao contrário, no lugar da ação conjunta de causas, entra em cena o conceito da *dynamis*, da capacidade, e a ele corresponde o conceito da realidade efetiva consonante a fins ou *energeia*.

É nesses conceitos que consiste o nexo da ciência de Aristóteles; eles já são desenvolvidos nos primeiros livros da *Metafísica* como os meios para a concepção da natureza e conduzem através do sistema

---

[111] *D e gen. anim. V*, I p.778a 30.
[112] Aristóteles, *De gen. anim. III*, 11 p. 726a 18.

de movimento do cosmos até o motor imóvel. Pois essa é a alma da concepção aristotélica da natureza: não o isolamento de causa motriz, finalidade e forma – esse isolamento é apenas um recurso analítico –, mas muito mais a unificação da finalidade, que é forma, com a causa motriz, tanto quanto a cisão desse fator real triplo e uno em relação ao fator que é real, ainda que não ocorra isoladamente no cosmos: a matéria. E aqui se decide também o caráter de sua ciência da natureza. No pensamento moderno, o estudo do movimento é destacado da concepção da finalidade; o movimento só é determinado a partir dos elementos que lhe são próprios. Assim, a consequência da concepção moderna da natureza é o fato de, mesmo quando não se dispõe a abandonar a valorização metafísica das ideias, cindir as ideias da perspectiva mecânica, tal como o fez Leibniz. Em Aristóteles, em contrapartida, o conceito do movimento permanece preso às formas do cosmos; o cosmos não é efetivamente liberado delas, assim como a análise do pensamento na lógica aristotélica também não acede a um ponto por detrás das formas desse pensamento. Com isso, surge a sua diferença entre o movimento circular perfeito que retorna a si e um movimento retilíneo que se extingue em seu ponto final. Para essa concepção, o elemento racional do movimento circular é algo originário, condicionado imediatamente na divindade. Essa concepção fundamentou a oposição fatídica entre as formas da natureza no mundo sublunar e as formas da natureza no além-mundo, e, enquanto dominou os espíritos, não houve, por isso, nenhuma possibilidade de uma mecânica do céu. Esse é o elemento característico precisamente das correntes exitosas do estudo grego da natureza: ele permanece ligado à contemplação da beleza matemática e de sua consonância a fins em meio às formas cósmicas. Em verdade, ele decompôs as formas compostas do movimento em formas mais simples, mas nesse mais simples manteve-se o caráter estético, conforme a fins, das formas.

Assim, Aristóteles quer reconduzir em verdade o movimento no universo (um movimento no qual ele insere, em um espírito autenticamente grego, até mesmo a transformação qualitativa) às suas causas. No entanto, como toda força motriz é para ele uma ação conforme a fins que concretiza a forma, sim, como para ele é na forma que reside a causa do movimento, é sempre apenas a força contida na forma que produz desenvolvimento, que é a causa de uma forma que lhe é congênere. Por isso, essa explicação está presa ao encanto de um círculo mágico, no interior do qual já estão sempre presentes as formas de cuja explicação se trata propriamente: elas são as forças que produzem a vida do universo: elas reconduzem consequentemente para uma primeira força motriz.

Metafísica e ciência natural

As realizações de uma explicação da natureza são determinadas por meio desse seu caráter. Assim como a escola platônica funcionou como um ponto médio para a pesquisa matemática, a escola aristotélica também se mostrou agora como o ponto médio *entre as ciências descritivas e as ciências comparativas*. Precisamente porque o significado dessa escola aristotélica para o progresso das ciências é tão imenso, justamente porque o espírito da consideração científica, da pesquisa empírica que estava vivo nela tinha sido tão elevadamente desenvolvido, a pergunta sobre a razão pela qual essa escola se satisfez com representações indeterminadas, particulares e em parte equivocadas de movimento, pressão, gravidade etc., ou seja, a pergunta sobre a razão pela qual ela não prosseguiu em direção a representações mecânicas e físicas mais saudáveis possui um interesse vivaz. Pergunta-se pelas causas da restrição no interior de um espaço de tempo tão longo da *exitosa* pesquisa particular grega com vistas às ciências formais da matemática e da lógica, assim como com vistas às ciências descritivas e comparativas. Essa questão encontra-se evidentemente em conexão com a outra, fato pelo qual o domínio da metafísica das formas substanciais foi condicionado. *O caráter formal e descritivo das ciências e a metafísica das formas são fatos históricos correlativos.* Só nos movimentamos em círculo se considerarmos a metafísica como a causa, que teria impedido o progresso do espírito científico para além dessas suas barreiras de outrora; pois foi assim que o poder dessa metafísica precisou ser explicado. Isso aponta para o fato de os dois, tanto o caráter das ciências nesse estágio quanto o domínio da metafísica, estarem fundados em causas comuns, que residem em uma dimensão mais profunda.

Não faltou aos Antigos um sentido para os fatos e para a observação; sim, mesmo o experimento foi aplicado por eles com uma abrangência maior do que comumente se supõe, por mais que as condições sociais tenham sido aqui impeditivas: a oposição entre uma burguesia governante, que cultivava ao mesmo tempo a ciência, e a classe de escravos, para a qual o trabalho era realizado com as mãos, ligou-se, com isso, ao desprezo pelo trabalho corporal. O gênio da *observação* em Aristóteles e a extensão desse gênio por sobre uma região descomunal despertou de maneira cada vez maior o espanto dos pesquisadores positivos na época mais recente. Se Aristóteles confunde com muita frequência aquilo que é oferecido pelas observações e aquilo que é deduzido delas por meio do silogismo, em particular por meio da analogia, então se faz valer aqui com certeza de maneira prejudicial o predomínio do raciocínio no espírito grego. Além disso, encontra-se nos escritos de Aristóteles uma grande quantidade de *experimentos* citados, que foram realizados em parte por outros antes dele e que, em parte, foram feitos por ele mesmo. Aqui, porém, chama a atenção a inexatidão na reprodução desses experimentos, a falta de todo tipo de determinações quantitativas, mas, em particular, o caráter infrutífero da experimentação em Aristóteles e em seus contemporâneos para a resolução de questões teóricas. Não havia aí uma aversão ao experimento, mas muito mais uma incapacidade de fazer o uso correto do experimento. Essa incapacidade também não pode estar em relação com a falta de instrumentos, que possibilitassem determinações quantitativas. Somente onde a questão à natureza exige tais determinações elas são encontradas, e mesmo a falta de uma indústria empreendida por indivíduos cientificamente formados não teria conseguido senão dificultar o aparecimento de tais descobertas.

De início, não se pode contestar o fato de a constituição *contemplativa* do espírito *grego*, que concebeu o caráter pensante e estético das formas, ter retido a reflexão filosófica no âmbito da contemplação e impedido a verificação das ideias junto à natureza. O gênero humano não começa com investigações metodológicas da natureza desprovidas de pressupostos, mas com uma visão preenchida em termos de conteúdo, religiosa de início, e, então, com a consideração contemplativa do cosmos, no qual se retém permanentemente o nexo final da natureza. Orientação, concepção das formas e relações numéricas no universo são o primeiro elemento; a ordem do céu é vista com um pudor religioso e com uma bem-aventurança contemplativa em sua perfeição; os gêneros dos organismos permitem que se descubra uma consonância a fins emergente, preenchida pela vida física, possibilitando, por meio dessa consonância a fins, uma ciência descritiva.

Assim, a consideração que a crença mais antiga tinha dirigido diretamente para o céu se volta para a pesquisa particular sobre os corpos naturais na Terra, mas também continua sendo mantida aqui por meio de um pudor casto fundado na religião natural ante a decomposição do vivente. Esse círculo mágico da visão *de um nexo ideal* se encerra em si, não parece mostrar em parte alguma uma lacuna, e o triunfo da metafísica é inserir nele todos os fatos oferecidos pela experência. – Esse estado de fato histórico não pode ser colocado em dúvida, e só se pode perguntar qual é a amplitude que ele possui como fundamento explicativo. Não obstante, é permitido introduzir um *segundo fundamento explicativo* dotado de um caráter mais hipotético. A consideração isolada de um círculo de conteúdos parciais coesos, tal como eles são oferecidos pela mecânica, pela ótica, pela acústica, pressupõe um grau elevado de abstração no pesquisador, que é apenas o resultado de uma longa formação técnica das suas outras propriedades. Na astronomia, em consequência da distância dos astros, a consideração de seus movimentos se destacou de suas propriedades restantes. Mas em nenhum outro âmbito antes da escola alexandrina uma quantidade de conteúdos parciais congêneres e copertinentes dos fenômenos naturais foi submetida a uma representação determinada que fornecesse uma representação apropriada a eles. Apreensões geniais como aquela dos pitagóricos sobre as relações entre os tons não tinham nenhuma consequência radical. A ciência natural descritiva e comparativa não necessitava de uma tal abstração, ela tinha um fio condutor na representação do fim e remetia provisoriamente a causas psíquicas. Assim, explica-se a ligação das realizações brilhantes da escola aristotélica nessa área com a falta total de representações mecânicas e físicas saudáveis nela.

A divindade como o último e mais elevado objeto metafísico

O ponto final da metafísica aristotélica é formado por sua teologia. Nela realiza-se pela primeira vez a articulação completa do monoteísmo com as formas substanciais.

Desde Anaxágoras, a metafísica europeia dominante é marcada pela fundamentação de uma causa derradeira, inteligente e autônoma em relação ao mundo. Essa doutrina, porém, vem à tona aqui sob condições transformadas dos conceitos metafísicos e da situação científica em geral. Assim, ela experimentou uma série de reconfigurações nos dois mil anos que se seguiram a Anaxágoras. As reconfigurações encontram-se presentes nos escritos de Platão, Aristóteles e dos filósofos da Idade Média com uma clareza suficiente e não exigem, por isso, nenhum esclarecimento detido do estado de fato. O nexo dessa história exige apenas a comprovação de que a metafísica tinha um *apoio* científico positivo constante nas *conclusões astronômicas*, um apoio que lhe entregava a sua segurança inabalável. Essas conclusões, apoiadas pelas conclusões estabelecidas a partir da conformidade a fins dos organismos, contribuíram acentuadamente para que a metafísica mantivesse durante dois mil anos o caráter de uma potência mundial: violência imperial, não no círculo restrito de eruditos, mas sobre os ânimos de todos os homens cultos – razão pela qual mesmo as massas incultas permaneceram subordinadas a ela. A vivência religiosa, que contém a base mais profunda e mais indestrutível para a crença em Deus, só é compreendida no caso de uma minoria dos homens na reflexão de um coração fiel não perturbado pelo turbilhão dos interesses egoístas. A autoridade da Igreja foi com frequência contestada durante a Idade Média. Os meios externos da obediência eclesiástica e do sistema penal eclesiástico não tiveram como conter constantes movimentos efervescentes e o dilaceramento final da Igreja. Inabalável durante esses dois mil anos, contudo, se acha a metafísica da causa inteligente do mundo, uma metafísica que está fundada na situação da ciência europeia.

Também nesse ponto, Aristóteles determinou essencialmente a forma da metafísica europeia por meio do modo como sintetizou os fatos e conclusões mais importantes. A divindade é o motor, por meio do qual finalmente todos os movimentos no interior do cosmos (ainda que de maneira mediatizada) são condicionados; e, em verdade, os movimentos dos astros em sua conformidade ao pensamento são uma expressão da força motriz que reside no fim; a astronomia é a ciência que se encontra mais próxima da filosofia.[113] Esses pensamentos prosseguem na via que foi tomada pela primeira vez por Anaxágoras

---

[113] Aristóteles, *Metafísica* XII, 8 p. 1073b 4.

e um traço das ideias continua atuando a partir delas até as pesquisas keplerianas suportadas pelo caráter pensante, harmônico do mundo, pesquisas segundo as quais a perfeição de Deus se reflete nas medições e nos números. A teologia de Aristóteles está presente no ensaio que é inserido como o livro décimo segundo dos escritos metafísicos. Esse ensaio contém o ponto alto desses escritos; pois ele revela a existência da substância individual, que é imaterial e que foi designada desde o início como o objeto propriamente dito da filosofia primeira de Aristóteles.[114] O ensaio encontra-se em relação, por um lado, com a conclusão da *Física* tanto quanto com o escrito sobre o edifício celeste e, por outro, com as determinações fundamentais dos escritos metafísicos. Essa teologia aristotélica domina toda a Idade Média. Não obstante, no desenvolvimento filosófico posterior, a inteligência criada em primeiro lugar assumiu a posição do motor do céu das estrelas fixas, e, a partir das substâncias divinas por meio das quais Aristóteles deixou que viessem à tona os movimentos compostos dos outros corpos do mundo, surgiu um reino fantástico de fantasmas astrais. A oposição entre o mundo do éter e do movimento circular e o mundo dos quatro outros elementos e dos movimentos retilíneos, ou seja, a oposição entre a região do eterno e a região do surgimento e do perecimento, transformou-se agora no quadro espacial de uma oposição que provém do mundo interior. Assim, surgiu aquela representação que foi eternizada pelo poema imortal de Dante.

A conclusão aristotélica relativa ao motor imóvel tem dois aspectos.

O primeiro aspecto dessa demonstração mostra de maneira particularmente clara como é que, no interior dessa metafísica, não há nenhum lugar para uma vontade que se inicia internamente, de modo que aquela transcendência cuja essência é retornar da natureza para a vontade ainda não está presente. Aristóteles, portanto, ensina o seguinte: – *O movimento* é eterno, não podemos pensar um início temporal do movimento. O sistema dos movimentos no cosmos, portanto, não pode ser representado de tal modo que cada movimento possuísse retroativamente uma outra causa do movimento e essa cadeia

---

[114] Aristóteles, *Metafísica* VI, 1 p. 1026a 10.

das causas dos movimentos se transcorresse ao infinito; pois, assim, nunca chegaríamos a uma causa primeira, verdadeiramente atuante, sem a qual, contudo, todos os efeitos permaneceriam, por fim, inexplicados. Por isso, um último *ponto de apoio* precisa ser assumido. – E, em verdade, essa primeira causa precisa ser determinada como *imóvel*. Se ela movimenta a si mesma, então aquilo que é movimentado precisa ser distinto nela daquilo que movimenta e ao qual não cabe, portanto, o ser movido. Como o movimento é contínuo, ele não pode ser reconduzido a uma vontade mutável segundo o modo de ser das vontades nos seres animados, mas precisa retornar a uma primeira causa imóvel. Assim, chegamos ao motor imóvel como a pura atividade ou ao ato puro tanto quanto à construção metafísica do primeiro movimento como um movimento circular.[115]

O outro aspecto da demonstração utiliza a consideração das *formas consonantes com o pensamento*, que se realizam nos movimentos do cosmos. O movimento aparece nesse contexto como um ser determinado da matéria por meio da forma. Como o movimento no mundo dos astros é imutavelmente idêntico a si mesmo e retorna a si, então a energia que o produz precisa ser pensada como forma incorpórea ou como *pura energia*. Nessa energia, o fim último coincide com a força motriz do mundo.[116] "Alcançar essa finalidade suprema é para todos o melhor"; ela "movimenta como algo que é amado".[117] – Esse aspecto da demonstração do monoteísmo pertence à apresentação sublime que se mantém presente em Cícero. A ideia de Anaxágoras é desdobrada aqui por Aristóteles na demonstração abrangente da existência de Deus a partir da conformidade do mundo com um fim, e todo o sistema aristotélico pode ser coordenado finalmente com uma tal demonstração. "Pensemos em homens que moram desde tempos imemoriais sob a Terra em casas bonitas e claras, que estariam enfeitadas por colunas e quadros e dotadas com todas as coisas que aqueles que são considerados felizes possuem em profusão. Mas eles nunca

---

[115] Essa argumentação é conduzida com um rigor magistral no livro oito da *Física*, que conduz, assim, à metafísica.
[116] *Metafísica XII*, 7: de maneira popular e sem a utilização dos conceitos metafísicos e do elo médio do fato astronômico, Simplício reproduz em De caelo Schol. p. 487a 6 a demonstração que retorna ao mais perfeito.
[117] Aristóteles, *De coelo*, 12 p. 292b 18, *Metafísica* XII, 7 p. 1072b 3.

teriam subido à supertfície da Terra, só teriam sabido que existiria uma divindade e o poder dos deuses por meio de uma saga obscura. Se um dia a Terra se abrisse para esses homens, se eles conseguissem ascender e sair de suas moradas encobertas para os lugares habitados por nós; se eles vissem repentinamente a Terra, os mares e o céu; se eles olhassem para o Sol, se reconhecessem sua grandeza e sua beleza e mesmo o seu efeito, o fato de ser ele que cria o dia, derramando sua luz sobre todo o céu; se vissem, então, depois de a noite ter lançado sua sombra sobre a Terra, todo o céu repleto e adornado com estrelas e considerassem a luz alternante da Lua em seu crescimento e desaparecimento, o surgimento e o ocaso de todos esses corpos celestes e suas vias eternas e imutáveis, então certamente se convenceriam de que os deuses existem e de que essas obras gigantescas partiam dos deuses."[118] Mesmo essa exposição poética busca na beleza e na proporcionalidade racional das vias dos corpos celestes um apoio para o monoteísmo.

Mas o pensamento fundamental monoteísta envolve em Aristóteles tanto quanto em Platão a hipótese de muitas causas que não provêm de Deus.

O problema astronômico tornou-se muito mais complicado, as vias dos planetas constituíam a questão principal. Tentou-se remeter as vias aparentes a *rotações de esferas*, diversas segundo a duração temporal, a direção e a circunferência, e mesmo Aristóteles colocou na base de sua concepção a rotação de tais esferas, às quais os astros estão presos. Com isso, os pressupostos dessa teoria astronômica residiam na interpenetração dessas diversas rotações. Nem Aristóteles nem algum outro pensador do milênio que se seguiu a ele colocaram essa pressuposição em conexão com uma representação *mecânica*. E, assim, Aristóteles concebe a relação desses movimentos entre si miticamente como a ligação interna entre forças psíquicas, como a ligação mútua entre fantasmas astrais; cada uma dessas forças psíquicas realiza, por assim dizer, uma ideia determinada de movimento circular; cinquenta e cinco esferas (ele prefere essa hipótese à mais provável)[119] fora do céu das estrelas fixas se interpenetram com as suas ro-

---

[118] Cícero, *De natura deorum* II, 37, 95.
[119] Op. cit., p. 1073b 16.

tações. Ingênitos e imperecíveis encontram-se, por conseguinte, ao lado da razão suprema, esses cinquenta e cinco fantasmas astrais, que produzem a rotação das esferas; em seguida, as formas da realidade, e, por fim, os espíritos imortais ligados às almas humanas, que também são designados do mesmo modo como razão. E a matéria também é, do mesmo modo, um fato último, independente. De acordo com Aristóteles, a divindade se encontra em uma relação psíquica com esses princípios; eles constituem um nexo final que encontra na divindade a sua conclusão. Assim, a divindade reina como o general no exército, isto é, por meio da força em virtude da qual uma alma determina a outra. É só a partir daí que se explica o nexo racional do universo sob a sua égide como a cabeça, por mais que ela não seja de modo algum a causa produtora do universo. O espírito puro, o pensar do pensamento, só pensa a si mesmo em uma vida imutável e bem-aventurada, e o espírito puro move, na medida em que atrai para si como o fim supremo, não na medida em que desempenha a atividade de realizar aquilo mesmo que está estabelecido no fim: tal como uma alma atua, portanto, sobre outras almas inferiores. Com isso, a última palavra da metafísica grega é a relação que ocorre entre essencialidades psíquicas como fundamento explicativo do cosmos, tal como essa relação já tinha sido contemplada no Estado dos deuses de Homero.

SÉTIMO CAPÍTULO

A METAFÍSICA DOS GREGOS E A REALIDADE EFETIVA HISTÓRICO-SOCIAL

A relação da inteligência com a realidade efetiva histórico-social mostrou-se para nós de modo totalmente diverso daquela relação que existe entre ela e a natureza. Os interesses, as lutas entre os partidos, os sentimentos sociais e as paixões não influenciam aqui a teoria apenas em um grau mais elevado. O efeito atual da teoria não é aqui determinado apenas por essa relação com esses interesses e movimentos do ânimo. Mesmo quando se considera o nexo constituído pelo desenvolvimento das ciências humanas, na medida em que esse nexo não é condicionado pelo meio dos interesses e paixões da sociedade no qual ele ocorre, ele mostra uma relação com o seu objeto que é diversa daquela que vigora no interior do conhecimento científico da natureza. Isso foi discutido no primeiro livro. Em consequência dessa relação fundamental, a história das ciências humanas constitui um todo relativamente autônomo, que se desenvolveu em coordenação com o progresso das ciências naturais; esse desenvolvimento encontra-se sob condições próprias. No que diz respeito a essas condições, remetemos para o primeiro livro. E essas condições determinam, então, inicialmente a relação na qual a metafísica grega se acha com o estudo dos fatos espirituais.

O círculo de experiências da realidade efetiva histórico-social só se construiu nas gerações mesmas que refletiram sobre ele. A natureza apresentava-se como um todo fechado tanto para a escola de Mileto quanto para um pesquisador de hoje: o que importava era apenas reconhecer a natureza presente. Em contrapartida, foi só no tempo em que surgiu a ciência grega que veio à tona paulatinamente o círculo de experiências histórico-sociais que é o objeto das ciências humanas. As situações próprias aos Estados culturais circunvizinhos arcaicos eram muito pouco conhecidas e por demais estranhas para as glebas gregas, para que tivessem podido se tornar objeto de uma pesquisa efetivamente frutífera. E, em verdade, deparamos aqui uma vez mais com um limite do espírito grego, que está fundamentado no sentimento vital mais profundo do homem grego. Em sua concepção, o grego só mostra um interesse enérgico pelo grego e, em segunda linha, pela antiga Itália que lhe era aparentada. Com certeza, o círculo das sagas que envolve a cabeça de Sólon como o grande representante de uma arte da vida e do Estado moderadamente grega demonstra a parcela viva das grandes catástrofes daqueles países culturais. A historiografia de Heródoto torna visível a nova curiosidade viva nos pesquisadores gregos em relação a países e povos estrangeiros. A curopédia demonstra como a capacidade de realização dessas correntes monárquicas ocupava os cidadãos dessas cidades-estado livres, mas protegidas política e militarmente de modo insuficiente. O pesquisador grego, contudo, não mostra nenhuma necessidade de penetrar por intermédio da linguagem de povos estrangeiros em sua literatura, a fim de se aproximar dos pontos fontais de sua vida espiritual. Ele experimenta as manifestações centrais da vida desses povos como algo estranho. Para ele, a realidade cultural desses povos se encontra no limite daquilo que constitui a sua realidade efetiva histórico-social. Por outro lado, a cultura de seu próprio povo e de sua vida política só se construiu paulatinamente na medida em que se revela como objeto do saber histórico, no período em que a ciência grega se inicia. Com isso, o mundo histórico-social grego, tal como ele abarca o gênero humano e sua estruturação, ainda se achava abaixo do horizonte para o espírito grego.

Com essa primeira delimitação encontra-se ligado um erro que proveio dela. As teorias gregas alcançaram sua figura plena naquela época em que precisamente as *politeias* mais elevadas de uma origem puramente grega já tinham ultrapassado seu ápice. Por maior que tenha sido a atenção dada por Platão à vida pública dos espartanos e por mais que ele tenha podido articular as suas maiores esperanças com uma constituição que retratasse em uma corrente mais nobre a força tensa e unitária dessa ordem pública, para Aristóteles não havia mais nenhum exemplo de um Estado autenticamente grego que pudesse escapar do destino da decadência. Assim, em meio à própria experiência, surge a representação de um movimento circular das coisas humanas, das condições sociais tanto quanto políticas, ou a representação ainda mais sombria de sua paulatina derrocada. E essa ausência plena de toda e qualquer representação de progresso e desenvolvimento associa-se à restrição apresentada do espírito investigativo com vistas ao homem grego. O pesquisador grego da realidade efetiva social e histórica ainda não tinha, portanto, nenhuma consciência de um desenvolvimento interno progressivo, e foi só mais tarde e paulatinamente que ele se aproximou da sensação de sua real conexão com todo o gênero humano – por meio da intermediação do reino macedônico e do Império Romano, assim como por meio da influência do Oriente.

A essa barreira do espírito grego, que se relaciona com a abrangência de seu círculo histórico espiritual, corresponde uma outra barreira que diz respeito à posição da pessoa em relação à sociedade. E mesmo esse limite está estabelecido no âmbito mais íntimo do homem grego. A entrega ao que há de pensante no mundo está ligada a uma falta de aprofundamento nos mistérios da vida anímica, com uma apreensão da pessoa livre em contraposição àquilo que é a natureza. É somente em um período posterior, no momento em que alcança uma meditação metafísica, que a vontade como fim em si mesmo dos valores infinitos alterará a posição do homem em relação à natureza e à sociedade. A vontade particular, porém, ainda não tem para o homem grego de outrora, em virtude de si mesmo, a pretensão a uma esfera de seu domínio, que o Estado está determinado a proteger para ele e que não pode ser dele roubada. O direito ainda não tem a tarefa de assegurar ao indivíduo essa esfera de sua liberdade, no interior da qual ele emerge. A alma grega ainda não necessita de uma esfera de sua vida, que se acha para além de toda ordenação social. Escravidão, assassinato de recém-nascidos aleijados e doentios, ostracismo são traços característicos dessa avaliação imperfeita do homem. A luta incessante pela parcela de domínio político designa o efeito desse domínio sobre a sociedade.

No interior desses limites, a visão dos povos do Mediterrâneo sobre a realidade efetiva histórico-social percorreu os mesmos estágios que, em grande medida, modificada por circunstâncias alteradas, também foi atravessada pela visão dos povos modernos.

No primeiro desses estágios, durante o *domínio da representação mítica*, a *ordem da sociedade* era reconduzida a uma *instauração divina*. Os gregos compartilham essa representação da origem da ordem social com os grandes países asiáticos vizinhos, por mais diversas que as determinações mais próximas da representação nos gregos seja da representação junto aos orientais. Ela permanece dominante enquanto dura o período heroico. Todo poder era nesse tempo pessoal. O rei heroico não tinha nenhum instrumento físico de poder para impor a obediência a uma nobreza eternamente contrária; não havia nenhuma constituição escrita que tivesse fundamentado uma petição de direito. Assim, todas as representações e sentimentos daqueles dias imergiram no elemento pessoal. A poesia era um canto heroico; articular o elemento heroico do presente com algo mais elevado no passado e reconduzi-lo até as forças pessoais ingentes dos deuses, experimentar e desfrutar nas imagens do Estado dos deuses o motivo da vida própria em uma pulsação mais poderosa: esse era um traço característico dos sentimentos e representações sociais daqueles dias.

A representação do nexo da ordem social com as forças pessoais de um mundo mais elevado permaneceu, então, um componente vivo das convicções gregas.[120] A Grécia Central, isolada do continente como que por meio de uma barreira extensa de montanhas, é dividida pela ramificação das montanhas em um grande número de cantões, que são protegidos em sua autonomia com acessos elevados e estreitos: ela se abre ao mesmo tempo para o mar, que protege e liga. Pelo mar tranquilo nos conduzem as ilhas, como os pilares de uma ponte. Em muitos desses cantões o poder das representações míticas se manteve durante muito tempo com uma violência tenaz. Pois as raízes da fé mítica residiam para essas comunidades fechadas nos cultos locais, tal como elas ainda podem ser deduzidas do relato posterior de Pausânias.

As mesmas condições geográficas exerceram um efeito sobre o desenvolvimento de pequenas *politeias*, nas quais se desdobrou uma liberdade política juntamente com um vivo desenvolvimento intelectual. Por isso, a liberdade política encontrou uma expressão duradoura, artisticamente poderosa e cientificamente fundamentada nos escritos dos gregos. Por meio daí, ela se tornou pela primeira vez uma conquista imperecível para o desenvolvimento político europeu. Esse significado da literatura política dos gregos é indestrutível. Ele foi apenas muito atenuado por uma unilateralidade de sua concepção política, que logo discutiremos e que se transpôs do mesmo modo para a vida política moderna.

Os primórdios dessa literatura podem ser percebidos nas grandes cidades marítimas, cujo desenvolvimento político, social e intelectual transcorreu de maneira muito rápida. Aqui surgiu a necessidade de substituir a crença mítica na ordem social por uma *fundamentação metafísica*. E, em verdade, uma tal consideração teórica primeira da sociedade teve início, na medida em que a ordem social foi posta em relação como tal com o nexo metafísico do universo. Heráclito é o mais poderoso representante dessa fundamentação metafísica da ordem social; mesmo os resíduos das ideias pitagóricas, porém, apon-

---

[120] Além da demonstração estabelecida a partir das posições conhecidas, o poder duradouro dessas representações pode ser descoberto a partir do fato de o esclarecimento sofístico ter podido conceber a religião como uma invenção da arte política (Crítias em Sexto Empírico, *adv. Math. IX*, 54, Platão, *As leis* X, 889e).

tam para uma tal fundamentação, apesar de ela ter se misturado evidentemente com componentes míticos. Na época dos *sofistas*, a concepção grega da ordem social entrou em um novo estágio. A aparição de Protágoras e Górgias se mostra como o ponto inicial dessa grande reviravolta intelectual. Não obstante, seria equivocado tornar a classe dos sofistas (com cujo nome não se designou de início senão um sistema de ensino alterado na Grécia, não uma transformação na filosofia) responsável pela mudança nas representações políticas que agora entraram em cena. As teorias dos sofistas não seguem agora senão uma transformação total dos sentimentos sociais, e são a sua expressão. Essa transformação foi provocada pela destruição paulatina da antiga constituição dos gêneros, na qual o indivíduo ainda tinha se sentido como componente de uma divisão da sociedade e pela qual ele era abarcado segundo as suas relações vitais essenciais. A tragédia esquiliana ainda configurava de maneira extremamente profunda os mitos de um tempo passado, porque ela ainda repercutia os sentimentos e as relações que se encontravam na base desses mitos. Agora, tornou-se dominante um direcionamento individualista nos interesses, nos sentimentos e nas representações. Atenas tornou-se o ponto central dessa transformação dos sentimentos sociais. A reviravolta que assim entrou em cena foi com certeza poderosamente promovida pela centralização do movimento intelectual nessa cidade e pelo espírito cético que nela se expandia. Anaxágoras criou em Atenas um poder dominante de um esclarecimento intelectual no século V a.C.; podemos supor que, então, apareceu por lá Zenão, que conquistou influência por meio de seu direcionamento intelectual cético; a aparição de Protágoras tanto quanto a de Górgias continuaram promovendo o mesmo espírito de um esclarecimento cético na cidade. Ainda que os sofistas não tenham sido os autores da reviravolta que se realizou na vida e no pensamento da sociedade grega daqueles dias, essa reviravolta foi extraordinariamente apoiada quando, correspondendo à necessidade de um tempo no qual o discurso tinha se tornado o meio mais poderoso de conquistar influência e riqueza, essa nova classe de representantes de um ensino mais elevado atraiu para si a juventude ateniense. Surgiu um ideal de formação pessoal, em cujo sentido um Cícero viu mais tarde, a partir da figura do orador, o ideal de vida de um homem romano: o humanismo não apenas renovou no tempo subsequente a cultura dos atenienses, mas também produziu esse seu ideal de formação e, por meio daí, o predomínio funesto de uma cultura formal entre nós. Na atividade de ensino dos sofistas temos a raiz de tudo isso; dessa raiz proveio o espírito das escolas retóricas que se propagaram pelo mundo antigo. Foi em vão que Platão e Aristóteles combateram, na luta contra os sofistas e em oposição ao mesquinho orador Isócrates, essa doença da vida grega; em vão, porque os sofistas só ofereceram no sistema de ensino privado das *politeias* gregas, um sistema no qual a escola se viu presa à livre-concorrência, precisamente aquilo que correspondia às inclinações dominantes. Um sistema de ensino privado nunca pode ser melhor do que o espírito médio de um tempo. Assim, nos inúmeros canais, o espírito individualista e cético, tal como tinha se desenvolvido desde a metade do século V a.C., fluiu ao encontro do nível das massas, para se distribuir lá, por meio das assembleias populares, dos teatros, da nova instrução sofística, de início em Atenas e, então, a partir desse ponto central, por sobre toda a Grécia.

Todavia, a *primeira geração dos sofistas* ainda não mostra nenhuma posição decidida e negativa clara em relação à ordem social existente. No relativismo de Protágoras encontravam-se as premissas de uma tal postura negativa. Uma cabeça como a de Protágoras também não poderia desconhecer a amplitude dessa postura.[121] No entanto, se ele já tivesse efetivamente desenvolvido as consequências desse relativismo, então o mito que Platão apresentou em seu nome no diálogo intitulado de acordo com ele seria inexplicável. Górgias, um gênio da linguagem, marcado por uma relação sábia com a vida, uma natureza virtuosística neutra e sem ser movida por nenhum afeto forte em termos de problemas éticos e sociais, fez com que os ideais éticos da vida consistissem em sua múltipla factualidade;[122] eles constituíam para ele o pressuposto de sua técnica, que não tinha por objeto senão a força e a arte de provocar o surgimento de crenças.

Não obstante, residia no movimento que os sofistas da primeira geração provocaram o ponto de partida de uma filosofia negativa da sociedade. No que diz respeito a esse ponto, Sócrates se articulou com

---

[121] Cf. Platão, *Teeteto* 167, 172a. *Protágoras* 334.
[122] Cf. Aristóteles, *Política* I, 18 p. 1260a 24 com o *Menon* de Platão.

a transformação descomunal dos interesses espirituais, tal como essa transformação aconteceu nessa época como a grande obra dos sofistas. Essa transformação, por sua vez, fez com que os fatos espirituais, a linguagem, o pensamento, a eloquência, a vida pública e a eticidade ganhassem o primeiro plano como objeto da pesquisa científica. Junto a esses fatos espirituais e junto à sua consideração despontou pela primeira vez, em oposição às representações materiais da alma, uma imagem que foi levada a termo no espírito. A mesma transformação do desenvolvimento intelectual colocou, por outro lado, cada fenômeno sob o ponto de vista da relatividade. E, assim, a moderação astuta da primeira geração dos sofistas ante a ordem social grega e as suas bases religiosas precisou abrir gradualmente espaço para uma postura mais radical.

Entre a primeira e a segunda geração dos sofistas encontra-se Hipias. Mesmo em sua pessoa se pressente, com uma modificação em relação à personalidade de Protágoras e de Górgias, o ar de um tempo totalmente transformado. Temos aqui um caráter multifacetado virtuoso, cuja ambição intelectual se alçou para além das pequenas *politeias*, que meditou sob o brilho de um tempo, no qual a arte se tornou mundana e se transformou em uma expressão de belas necessidades vitais, no qual cada problema científico se tornou objeto de debates mais radicais e no qual se podia adquirir riqueza e fama no amplo teatro dos povos que falavam grego com uma medida totalmente diversa. Eu expus o fato de a oposição entre a lei divina, não escrita, e o estatuto humano, oposição essa expressa por Sófocles com a violência penetrante do poeta, ter recebido em Arquelau e Hipias uma formulação científica.[123] A lei divina do mundo, que tinha sido para a metafísica de um Heráclito o fundamento produtor de toda a ordem social dos Estados particulares, é colocada por Hipias em oposição a essas ordens particulares. Lei da natureza e estatuto do Estado particular são as palavras-chave do tempo, e essa oposição é buscada a partir de então nos fenômenos totalmente diversos da vida espiritual.

Ora, mas uma relação muito mais radical com a ordem social estava estabelecida no relativismo de um Protágoras, e ela foi desenvolvida na *segunda geração dos sofistas*. Agora, a ordem social é

---

[123] P. 117 e segs.

deduzida do jogo do egoísmo dos indivíduos, assim como na escola de Leucipo a ordem do cosmos é deduzida do jogo entre os átomos. Surge uma cosmogonia metafísica da ordem ética e social. Toda a maquinária metafísica desse direito natural radical, tal como ela vem ao nosso encontro uma vez mais em Hobbes e Espinoza, já se encontra aplicada nessa cosmogonia da sociedade: a *luta* de indivíduos fortes entre si, comparáveis aos animais, em uma vida anômica, por existência e poder; o *contrato*, no qual surge uma ordem anômica e no qual a ordem protege, em verdade, a partir de então, ante o pior da violentação, mas veda ao mesmo tempo o caminho para a felicidade mais elevada; o *surgimento* de *eticidade* e *religiosidade* como um *complemento* das *leis estatais* no interesse dos muitos ou dos fortes; por fim, a *persistência* do *interesse egoísta* nos indivíduos como a verdadeira alavanca dos movimentos sociais.[124] Eurípedes é o representante poético desses novos tempos individualistas, e ele apresentou em suas peças teatrais tais teoremas radicais como base das ações de certos personagens com uma energia tal, que torna possível vislumbrar seu próprio interesse pessoal. Aristófanes ridicularizou em um célebre discurso alternante a sentença segundo a qual não havia nenhum direito autonomamente fundamentado ante a violência como uma sentença polêmica de seus dias. E como no teatro, esse direito natural radical também podia ser apreendido em assembleias políticas; ao menos a partir dos discursos de Tucídides é possível deduzir qual pode ser também o grau de sua autenticidade em cada caso particular.[125]

Os *limites desse direito natural* são condicionados pelas barreiras apresentadas que caracterizam o homem e a sociedade grega. Nunca se trata no direito natural grego das esferas subjetivas do direito dos indivíduos que atuam conjuntamente na sociedade; a meta desse direito natural não é em momento algum a liberdade em um tal sentido. Se-

---

[124] As passagens de Platão podem ser utilizadas de acordo com o cânone segundo o qual, onde se retiram consequências a partir desse cânone mesmo, isto é insinuado pelo modo como elas são trazidas à tona a partir do adversário por meio de conclusões. Em contrapartida, onde as sentenças, tal como acontece no primeiro livro da *República* com Trazímaco e Glauco, são contrapostas ao Sócrates, existe um relato sobre a teoria alheia. No que concerne à exposição da teoria por meio de Glauco, Platão não a teria colocado na boca de um jovenzinho, se se tratasse de um aperfeiçoamento autônomo.

[125] Cf. em particular a discussão entre os melirianos e os enviados atenienses em Tucídides V, 85 e segs. do ano 416 a.C.

gundo esses escritos radicais, a aspiração do indivíduo só está direcionada para a parcela do átomo social no poder e na utilidade da ordem que assim surge. Assim, eles apoiaram aqui os tiranos, lá a ideia de uma equivalência democrática desses átomos sociais na ordem pública, e tanto aqui quanto lá sua última palavra era a escravidão de toda vontade mais elevada e ideal. Por outro lado, na escola moderada que Hipias representa, essa metafísica pautada pelo direito natural está dirigida apenas para o isolamento de uma ordem objetiva da natureza em relação ao estatuto do Estado particular. A teoria do Estado estoica e cínica se choca com essas barreiras, mas não as rompe. Ela se comporta nesse campo em relação à nossa visão moderna do direito exatamente do mesmo modo que o relativismo sofístico e cético se comporta em relação à teoria do conhecimento moderna.

Assim, residiam nesse movimento os *germes das diversas correntes* daquela teoria da sociedade que é designada como direito natural. Depois de ter se formado, o direito natural passou, em uma sucessão relativamente constante, dos povos antigos para os modernos. Ele também foi cultivado na Idade Média em uma ampla literatura. Mas seu domínio e sua eficácia prática também foram condicionados junto aos povos modernos pela aparição daquele estágio do desenvolvimento social no qual ele tinha surgido junto aos povos antigos. Somente com a derrocada das ordens feudais em meio a essa segunda geração de povos europeus, o seu direito natural ascendeu a uma posição diretriz na história da sociedade. Ele levou a termo, então, a sua obra negativa, em cuja resolução precisa ser visto o efeito de um Rousseau sobre a revolução, de um Pufendorf, de um Kant e de um Fichte sobre o trabalho alemão da reforma. Pois seu ponto de partida é formado justamente pelo indivíduo particular, o homem abstrato, determinado por meio de características que lhe cabem de maneira uniforme em todos os tempos, em relações abstratas que se seguem dessas características em um solo por assim dizer abstrato. A partir de tais premissas, o direito natural deduz determinações universais de toda ordem social particular. Essas determinações tornam-se para ele o critério para a crítica à antiga sociedade europeia e para a nova ordem de uma sociedade futura. Assim, essa criação conceitual obteve na revolução e na tentativa de uma construção da sociedade com vistas aos átomos humanos abstratos uma terrível realidade.

O direito natural pode ser designado como uma *metafísica da sociedade*, se é que a expressão metafísica é admitida nesse sentido mais restrito, no qual ela expressaria uma ciência que apresenta em uma teoria todo o nexo objetivo interno dos fatos sociais. Da metafísica em sentido pleno distingue-se o direito natural justamente pelo fato de sua intenção só estar dirigida para a construção do nexo interno da sociedade; por isso, justamente em sua configuração mais perfeita, ele não coloca na base do estudo da sociedade um nexo objetivo interno de todos os fenômenos, mas trata esse objeto autonomamente. Ele não analisa a realidade efetiva, mas a compõe a partir de conteúdos parciais abstratos de indivíduos como a partir de *veris causis*, considerando o nexo que assim emerge como a causa real da ordem social.[126]

Esse atomismo social na situação da ciência outrora se mostrou como *mais frutífero* para a *explicação especial dos fenômenos sociais* do que o atomismo científico-natural para os fenômenos do cosmos? Os escombros conservados do antigo direito natural não permitem nenhum julgamento totalmente suficiente. Todavia, ainda podemos constatar mesmo aqui uma relação, que é análoga à relação observada na ciência natural da mesma época.[127] O direito natural partia das unidades psíquicas e tinha por intuito uma explicação da sociedade civil, tal como uma πόλις particular a abarcava; pois esse corpo político concreto constituía o objeto da ciência política grega. Agora, as representações psicológicas fundamentais de interesse, satisfação e utilidade, das quais se serve o direito natural sofístico, são extremamente imperfeitas. Entre as representações psicológicas fundamentais e o fato complexo desse todo político encontram-se, então, elos intermediários, tal como a divisão do trabalho, a riqueza nacional, os níveis da vida científica, as formas do direito de família e da ordenação da propriedade, a crença religiosa e sua força autônoma etc., elos intermediários cuja elaboração científica só é condicionada pelo estudo exatamente científico do todo político complexo. Esses fatos, porém, só são trabalhados por ciências abstratas, que coordenam conteúdos parciais aparentados da vida psíquica, tal como a sociedade os contém; isso foi mostrado no primeiro livro. Enquanto as ciências abstra-

---

[126] Cf. p. 98 e segs.
[127] Cf. p. 198 e segs. 227.

tas correspondentes no interior da pesquisa natural só começaram a se formar na época alexandrina em impulsos iniciais muito particularizados, as teorias técnicas da gramática, da lógica, da retórica, da poética, da economia política e da técnica jurídica já existiam bem cedo; a necessidade da sociedade as tinha produzido, tal como o primeiro livro também mostrou. Apesar disso, as representações dos gregos sobre divisão do trabalho, sobre os fatores da riqueza nacional, sobre o dinheiro nunca atingiram um nível acentuadamente mais elevado do que as suas representações sobre pressão, movimento e gravidade, e, no interior dessas especulações, até onde podemos ver, os gregos nunca fizeram uso de conceitos jurídicos exatos. Por isso, sua construção da sociedade, uma construção marcada pelo direito natural, também estava tão condenada a uma esterilidade relativa quanto à sua construção atomística do cosmos. Também nesse campo, coube à escola socrática, à metafísica das formas substanciais, a vitória por longos séculos ante a metafísica dos átomos sociais.

A *escola socrática* surgiu da necessidade de descobrir em meio às verdades relativas que a sofística tinha relegado um ponto firme. No interior do esquema representativo grego, um tal ponto pode ser buscado ou bem no direcionamento da cópia do ser objetivo no pensamento ou no direcionamento da determinação do ser por meio do agir. Ele é dado na realidade efetiva ou como bem supremo no mundo da vontade e do agir, seja esse bem um bem dos particulares ou das comunidades. Sócrates desistiu de buscar um ponto firme para o conhecimento do mundo; em contrapartida, ele encontrou um tal ponto para o agir, a saber, nos *conceitos éticos*. Esse isolamento da filosofia teórica e prática designa um limite, que se segue do espírito grego em geral. O fato de no interior, na apercepção residir o ponto firme para todo conhecimento, mesmo do mundo objetivo: essa ideia se acha ela mesma fora do campo de visão de Sócrates. Somente quando essa clara compreensão se faz presente, o mundo ético, o ponto firme de todo agir nesse mundo, ganha o nexo abrangente da ciência humana. Com ela, superou-se pela primeira vez o isolamento falso das ciências teóricas e práticas, e o isolamento verdadeiro das ciências naturais em relação às ciências humanas pôde ser fundamentado.

Uma vez que Sócrates descobre nos conceitos éticos algo imutável, *a ciência política também recebe uma meta clara*. A meta do

Estado não surge, então, do jogo dos átomos que constituem o Estado. Para Sócrates, está presente no saber um ponto irremovivelmente fixo em torno do qual gravitam os indivíduos: o bem. O bem não é relativo, mas é antes incondicionadamente certo. Como a ideia que domina a divisão do Estado, portanto, a ideia do bem subordina os indivíduos particulares. Essa concepção política de Sócrates entra em oposição à democracia dominante e à igualdade de direitos de cada átomo social em relação à direção do Estado, uma direção que essa democracia expressou da maneira mais brusca possível na distribuição dos âmbitos estatais ao acaso. O saber transforma em governante; ele é a condição prévia da parcela na direção do Estado.

O grande espírito organizatório de Platão constrói, a partir dessa ideia, o *Estado ideal* como uma contraimagem do cosmos exterior, o Estado como obra de arte. Ele achou a sociedade ateniense dissolvida em átomos sociais; assim, concebeu a ideia segundo a qual não se devia inserir a relação entre saber e *know-how* político, por um lado, e, por outro, a parcela de direção do Estado na conjunção política presente, mas antes construir o Estado a partir dessa relação abstrata; junto aos povos modernos, então, essa ideia influenciou a realidade existente das ordens públicas de uma maneira constantemente formadora, e, assim, Platão se mostra como um espírito visionário no que diz respeito aos traços essenciais do Estado funcional moderno. Ele achou, em seguida, envolvido pelo embate entre as *politeias* e pela luta dos interesses, a mais elevada concentração de todos os interesses e forças particulares na vontade pública compreensiva e uniforme projetada por ele; por isso, ele dotou o seu Estado ideal dos meios mais extremos que se encontravam no âmbito do Estado grego, que comuta de qualquer modo com a propriedade tanto quanto com a liberdade, em uma perfeição engenhosa de poder, a fim de produzir essa subordinação das vontades particulares, dos interesses particulares, sob a razão diretriz. Assim, surge uma divisão, na qual os indivíduos compreensivos governam, os fortes os apoiam, a massa imersa na aquisição obedece: um retrato da *psyche*. As virtudes das partes da alma são as virtudes das classes do Estado. Assim como a aspiração pelo bem está fundada na relação da *psyche* com o mundo das ideias, o bem também configura no nexo com o mundo das ideias o ideal de um cosmos social, o Estado, como uma unidade em verdade gerada, mas estruturada de um modo ilacerável por meio da dimensão das forças nas almas. A arte política configura o cosmos exterior segundo as ideias de justiça tanto quanto das outras virtudes a partir da matéria-prima das almas, tal como o bom Deus formou o cosmos exterior. Assim, surge o homem no todo: uma unidade real tanto quanto o homem singular.

A insustentabilidade interna desse tipo de metafísica da sociedade é evidente. A analogia do homem no seu todo apenas adia o problema de saber como uma vontade conjunta surge a partir da vontade particular, isto é, de saber como surge uma conjunção das vontades que atua uniformemente. Platão não resolveu seu problema nem no que diz respeito à alma particular, nem no que diz respeito ao Estado. Ao contrário, assim como as suas partes da alma não formam uma unidade psíquica efetivamente real, suas três classes também não constituem uma sociedade una.

Como Platão não partiu dos interesses dos indivíduos, da realidade da natureza humana, tal como ela efetivamente se apresenta,[128] não surgiu para ele a estrutura de uma comunidade de interesses, que forma a base do Estado efetivamente real. Ao contrário, ele desprezou essa estrutura como o elemento mais baixo e não submeteu o trabalho, a fabricação e o comércio a nenhuma investigação. O direcionamento falsamente distinto que se encontra aqui na base é semelhante àquele que os gregos mostram por toda parte no âmbito do conhecimento da natureza. Assim, são o pensamento e a violência física que restam para manter coeso o Estado, e, em contrapartida, os interesses das classes divergem e acabam necessariamente por dilacerar o Estado. Com uma espécie de absolutismo do pensamento, os interesses reais dos indivíduos são tratados como um material meramente resistente para o artista político, ao invés de a estrutura de dependência e comunidade que se apresenta como uma vontade pública ser reconhecida como o efeito da unificação dos interesses. Com isso, um Estado é aqui construído no ar. Surge uma unidade maximamente concentrada, mas ao mesmo tempo impotente em relação ao jogo dos interesses. Esse homem em seu todo

---

[128] A dedução da πόλις a partir da divisão do trabalho e da circulação na *República* 369 e segs. apenas confirma isso. Pois ela mostra que Platão pondera a amplitude dos interesses particulares para a vida conjunta, mas acreditava que não era possível fundamentar a unidade da vontade em seu Estado sobre eles.

é um tropo; a unidade real do Estado afirmada nesse tropo não é apenas intangível – isto ela permanece sempre e por toda parte, uma vez que é justamente metafísica –, também não se tenta esclarecer o tropo por meio de conceitos. Falhas de conteúdo tão prenhes de consequências se articulam com um erro mais geral de um tipo metodológico. O Estado deve ser compreendido antes de os interesses e nexos finais serem analisados, interesses e nexos finais que formam a realidade do Estado no homem e em virtude dos quais o homem vive e tem força. Esse erro tem por consequência o fato de, no lugar do nexo entre fatos (nexos finais, interesses), entrar em cena o ser metafísico fabuloso chamado o homem em seu todo.[129]

Aristóteles tentou colocar uma fórmula no lugar desse tropo. Ele procura projetar o conceito da unidade real que o Estado é. Também aqui, sua teoria do Estado é justamente por isso tão instrutiva, que ela mostra como esse conceito fundamental da metafísica social compartilha com os outros conceitos metafísicos principais a propriedade de resistir à completa dissolução em elementos de pensamento simplesmente claros.

Expõe-se o fato de os sujeitos de enunciados sobre a realidade efetiva social serem dados nos indivíduos. Os sujeitos dos enunciados sobre a natureza nos são acessíveis, enquanto os sujeitos da vida social, em contrapartida, do fazer e do padecer tanto quanto das configurações relacionais nos dois, estão contidos na experiência interior.[130] Aristóteles determinou, então, *os seres racionais particulares como substâncias*. Por outro lado, no contexto de sua metafísica, ele viu o Estado, que é constituído a partir de tais seres individuais, como uma unidade, que não é uma conjunção ulterior desses seres. Em verdade, ele não inseriu o conceito do Estado em sua metafísica, uma vez que essa metafísica termina diante do mundo prático, e, por conseguinte, precisamente diante do grande problema da vontade, e uma vez que, em seu sistema, o âmbito da razão prática é separada do âmbito da ciência teórica. Mas as premissas de sua concepção da unidade do Estado são as seguintes. O *nexo teleológico* mostra no reino do ser orgânico uma elevação das funções; ela corresponde à elevação do elemento psíquico. O gênero do homem é, assim, o gênero mais elevado

---

[129] Cf. uma exposição do mesmo erro na *Filosofia da história*, p. 109 e segs.
[130] P. 130 e segs.

das formas substanciais na escala dos seres orgânicos. Os seres particulares nesse gênero humano, porém, ainda estão articulados de um modo diverso do que por meio do fato de realizarem uma forma substancial. Os homens particulares encontram-se em *totalidades sociais*, no interior das quais os indivíduos se comportam como partes. Tais totalidades já são constituídas pelas abelhas e por outros animais que vivem em rebanho. O homem, contudo, dotado da linguagem e do entendimento para esse fim pela natureza, vive em um liame muito mais estreito, o homem que possui a capacidade de distinguir entre justo e injusto. Essa comunhão (*koinonia*) é efetivamente dada como a família de uma maneira inseparável da existência humana; e, na medida em que a família se estende para a comunidade dos vilarejos e, em seguida, para a pólis, a aspiração comunitária estabelecida na natureza alcança na pólis a meta final da autarquia, isto é, da autossuficiência plena; a *pólis* é a *meta* das formas mais elementares de comunidade, que já é efetiva nas formas menos complexas. Nesse contexto, vem à tona a fórmula aristotélica, segundo a qual o *Estado* constitui *um todo que seria anterior às famílias* e *aos indivíduos como suas partes*.[131] Essa fórmula expressa o fato de o Estado não ser uma obra do arbítrio humano, mas um sistema fundamentado na *physis*. Na *physis*, na qual atua o fim, é estabelecido um nexo de determinações que só se realizam por meio dos indivíduos particulares e neles, mas que levam esses indivíduos à coordenação (τάξις) em uma *politeia*, uma vez que somente nessa *politeia* é alcançada a meta da *eudaimonia* de uma maneira autossuficiente. Tais determinações são, por exemplo, a desigualdade dos indivíduos, a oposição entre os dominantes e os dominados, a proporção entre desempenho e poder político. Elas possuem a necessidade do fim. E, em verdade, o sistema (σύστημα) no qual a massa é disposta na *politeia* por meio da finalidade é constituído a partir de componentes desiguais. O indivíduo também não é completamente absorvido nessa finalidade. A ação conjunta de particulares desiguais como partes em relação a um todo pode ser comparada com a ação conjunta das partes no interior de um organismo. O homem particular comporta-se em relação ao todo do Estado como os pés e as mãos em relação a um corpo.

---

[131] Cf. mais diretamente Aristóteles, *Política I*, 2 p. 1252b 30, p. 1253a 19.

Assim, prepara-se em Aristóteles a concepção do *Estado* como um *organismo*, uma concepção que desempenhou um papel tão fatídico na história das ciências políticas. O conceito de organismo é em seu modo de ser a última palavra dessa metafísica do Estado. E, em verdade, ele mesmo é, como todos os conceitos da unidade estatal que não esclarecem até certo ponto essa unidade analiticamente a partir da realidade efetiva da vida estatal, uma formação conceitual metafísica. Aquilo que é experimentado na vida social pode ser decomposto pela análise com uma certa abrangência, mas a análise nunca consegue expressar em uma fórmula a riqueza da vida.[132] Por isso, a realidade do Estado não é apresentável em um determinado número de elementos conceituais. Isso já se mostra aqui, em Aristóteles, na obscuridade da ideia por ele formada do Estado como um todo orgânico, e essa obscuridade, como uma obscuridade que reside na coisa mesma, nunca foi superada.[133]

Não obstante, a perspectiva aristotélica que pensou o Estado como um nexo final real se mostrou extremamente frutífera para um *estudo comparativo do Estado*. No âmbito do espírito, ela levou a termo um trabalho quase tão significativo para o estudo do Estado quanto a consideração aristotélica da finalidade no âmbito da natureza foi decisiva para as ciências biológicas. Sim, no âmbito político, essa perspectiva possui um direito ainda mais elevado. Em verdade, o Estado não pode ser concebido como a realização de um pensamento final uno; mesmo o conceito final desenvolvido por Aristóteles de uma maneira tão saudável, o conceito de *eudaimonia*,[134] não passa de uma fórmula abstrata. Na realidade efetiva, porém, vontade, interesses e finalidades formam a estrutura do Estado, e, por isso, o direcionamento assumido por Aristóteles na sociedade para a realização da *eudaimonia* pode ser considerado como uma abreviação imperfeita do estado de fato. A consideração a partir da finalidade empregada por Aristóteles alcança aqui, por isso, o solo da factualidade. Assim, ela pôde fixar por meio da análise comparativa dos Estados os traços fundamentais de sua estrutura e determinar as formas principais da

---

[132] Cf. p. 116 e segs.
[133] Cf. p. 88 e segs.
[134] A finalidade do Estado é a realização da *eudaimonia*, do εὐ ζῆν ou mesmo da ζωῆς τελείας καὶ αὐταρκους.

vida política. E realizou essa potencialidade de maneira tão plena, que os conceitos assim criados puderam ratificar o seu valor até hoje. Esse trabalho de Aristóteles e de sua escola foi a condição prévia para um método explicativo no âmbito das ciências políticas, assim como o seu trabalho foi a precondição do método explicativo no âmbito da biologia.

Com isso, a metafísica das formas substanciais também se mostrou frutífera aqui em um estágio da ciência no qual os *meios de uma decomposição* no nexo dos processos que acontecem segundo leis *ainda não estavam presentes*.

Todas as relações associativas, foi isso que a nossa própria discussão teórica mostrou,[135] consequentemente também o Estado, são, vistas psicologicamente, compostas a partir de relações de dependência e comunhão. Desse sistema das determinações passivas e ativas da vontade emerge a relação psicológica de mando e obediência, de autoridade e serviçalismo, sobre a qual está fundamentada a unidade volitiva do Estado. Mas esses sistemas de dependências e comunidades são apenas o lado extrínseco das relações reais dos interesses entre si. Os fatores de conteúdo da vida pública residem em particular nas finalidades e interesses, que não encontram satisfação por meio da livre interpenetração das ações dos indivíduos. Aqui deparamos com o lado real daquilo que, considerado segundo as meras relações volitivas, se apresenta como mecânica da sociedade e da vida pública e que se conclui na existência de uma vontade pública dominante. Podemos designar esse *status* das relações volitivas externas em um Estado como forma pública ou como constituição.

A esse estado de coisas corresponde o fato de a ciência política em Aristóteles ter determinado inicialmente por meio da aplicação do método comparativo as formas exteriores ou as constituições. A vida real do Estado é tão extraordinariamente complexa que mesmo a ciência moderna, verdadeiramente analítica, ainda se acha no início de seu tratamento científico. A Antiguidade, contudo, ainda não possuía de modo algum as condições de um tal procedimento verdadeiramente analítico. Faltavam-lhe uma psicologia desenvolvida e as ciências particulares que se encontram entre ela e a política. Em relação à

---

[135] P. 86 e segs.

reunião das finalidades reais na vida do Estado, ela ainda estava impedida de alcançar uma análise frutífera que só começou a se consumar muito mais tarte em ciências tais como a economia política e em autores como Niebuhr e Tocqueville. De acordo com isso, a *ciência política* grega alcançou o seu ápice na preferência aristotélica pela análise das *constituições*. Por meio dessa restrição da perspectiva condiciona-se o fato de, para Aristóteles, a constituição se transformar quando a constituição pública se altera. O Estado (πόλις) é uma comunidade (κοινωνία), a essência dessa comunidade (κοινωνία πολιτῶν) é designada por meio da constituição (πολιτεία); com isso, o Estado altera-se juntamente com a constituição. As pessoas permanecem nesse caso as mesmas, assim como as mesmas pessoas formam o coro trágico e entram a partir dele no coro da comédia. Aristóteles não percebe por detrás da mudança das formas estatais a comunidade de interesses duradoura do povo, que é o elemento constituinte do nexo político. Para ele, o essencial que constitui o Estado é muito mais a constituição pública.[136] A isso corresponde o fato de, para ele, o político se comportar em relação aos cidadãos como o artista em relação ao seu material. A massa constitui o material para a construção do Estado.[137] Assim, Aristóteles coloca uma oposição falsa entre matéria e forma no lugar do nexo real da sociedade, e essa oposição foi tão funesta para Aristóteles no âmbito da ciência política quanto no âmbito das ciências naturais. Na realidade, estão presentes por toda parte no Estado uma força plástica, um nexo final, relações de interesses, assim como está presente por toda parte matéria-prima: pois há por toda parte a pessoa. A vida do Estado também está fundada nas finalidades da vida do povo que o constitui. Aqui, porém, tal como já acontece em certo grau com o homem grego em geral, a consciência histórica do crescimento natural também desaparece completamente por detrás do sentimento de poder do homem político, que pretende modelar o Estado como um artista plástico. E, ao mesmo tempo, retrai-se a consciência de uma continuidade do direito; tanto quanto Aristóteles levanta no contexto acima a questão posterior de saber em que medida, segundo a transformação da

---

[136] Aristóteles, *Política III*, 3 p. 1276b 1.
[137] Aristóteles, *Política VII*, 4 p. 1325b 40.

constituição pública, continuam existindo ou em todo caso se interrompem as obrigatoriedades que o Estado anterior contraiu.

E, assim, *estabiliza-se* de maneira espantosa *no interior das ciências humanas* a *lei* por nós exposta do *desenvolvimento* da *ciência* europeia. Essa ciência procura conhecer de início diretamente a realidade efetiva desse modo bastante composta. Ela descreve, compara e retorna em seguida às causas supostas ou imputadas pela metafísica. Só paulatinamente isola círculos particulares de conteúdos parciais da realidade efetiva e os submete a uma investigação causal persistente e abstrata. Os fenômenos do movimento, por exemplo, formam um tal círculo, os fenômenos da vida econômica, um outro. Nas ciências abstratas, então, o curso do conhecimento desenvolve as propriedades fundamentais dos conteúdos parciais copertinentes no interior dos círculos particulares, substituindo, por exemplo, representações de finalidade, tal como Aristóteles as utilizou como razões explicativas, por conceitos apropriados. A *metafísica*, em sua posição dominante no interior das ciências, foi um *fato correlativo ao primeiro estágio da consideração*.

A *organização externa* da sociedade em *Estados* atraiu para si da maneira mais intensa possível a visão dos pesquisadores, que transformaram a realidade efetiva histórico-social em seu objeto. Pois aqui se ofereceu o fenômeno estranho de uma unidade volitiva que se alçou acima das vontades particulares. Esse fenômeno ainda precisou se mostrar para os gregos como muito mais espantoso do que para os povos monárquicos do Oriente. Pois a unidade volitiva apresentava-se para esses povos de maneira pessoal em seus reis. Nessas *politeias* gregas, em contrapartida, ela não possuía, por assim dizer, corpo algum. Esse problema da unidade volitiva no Estado ocupou os autores designados como sofistas. Estados em luta entre si constituem o objeto dos grandes historiadores gregos. O homem médio, tal como ele vive, trabalha, goza e sofre em um tempo dado, ainda era tão pouco visível para a história quanto a humanidade. O mesmo problema ocupou em primeira linha a escola socrática, e ele se tornou objeto de uma teoria da sociedade que correspondia ao ponto de vista metafísico do pensar europeu. Na ciência comparativa agora criada da estrutura e formas dos Estados vem à tona a correspondência entre um estudo descritivo muito feliz das formas políticas e a metafísica.

Essa ciência comparativa dos Estados parte, de acordo com o que foi exposto, da consideração da *relação de domínio*, tal como essa relação ganha expressão na constituição. A constituição é, para Aristóteles, a ordenação do Estado no que diz respeito ao governo dos poderes característicos das autoridades, em particular do poder soberano que se encontra acima de todos os outros.[138] Para ele, o cidadão é correspondentemente aquele que participa das funções da administração pública e da justiça.[139] E, em verdade, Aristóteles coloca na base da análise da constituição em seus componentes formais (a qual precisa ser distinta do conhecimento a partir dos fatores do Estado como uma realidade) tanto quanto da busca das formas principais de constituições públicas o conceito desenvolvido na escola socrática da *relação* entre a *potencialidade política* e a *parcela no domínio* assim como nos *bens*. Aristóteles amplia esse conceito de potencialidade com um espírito livremente realista que compara fatos. – A potencialidade encontra-se em relação com a *finalidade do todo político*, cuja vida e atuação se acham em questão. Em seu sistema, essa finalidade é determinada pela série ascendente das funções diferenciadoras dos tipos dos seres vivos e consiste na *eudaimonia* do todo e de suas partes, dos cidadãos particulares. De acordo com isso, o Estado precisa ser comparado com um ser vivo que atua em sintonia com um fim. A diversidade dos tipos de *eudaimonia* buscada pelo todo político vivo de acordo com as suas *condições vitais* determina a diversidade na avaliação das potencialidades, e isso exerce uma influência sobre o ponto de partida da proporção entre desempenhos e parcelas no domínio tanto quanto na utilidade. – Essas relações constituem *a estrutura de um todo político*. A imagem dessa estrutura de um ser vivo se consuma, na medida em que Aristóteles persegue retroativamente as ligações entre as potencialidades e as relações e as condições de vida que as fundamentam. Assim, surgem as bases para uma consideração morfológica, comparativa dos Estados tanto quanto para a teoria genial das perturbações da proporção e da gênese das revoluções.

A ciência política comparativa de Aristóteles tem o seu limite no fato de não poder usar conceitos causais para a análise oriundos de

---

[138] Aristóteles, *Política III*, 6 p. 1278b 8.
[139] Idem III, 1 p. 1275a 22.

ciências formadas, que remontam a um ponto ainda mais afastado no passado, mas depender no seu ponto principal de representações imperfeitas de fim. Assim, Aristóteles concluiu precipitadamente a necessidade natural da escravidão, porque supôs uma desigualdade entre os homens que estava estabelecida na *physis*, sem poderar sobre a sua origem em condições históricas e sobre a possibilidade dada por meio daí para uma superação da escravidão. Com isso, ele acabou inserindo mesmo na política a separação entre o naturalmente perfeito, correspondente ao nexo final, e os desvios, tal como esses desvios tinham provocado tantos males em sua física; sua distinção entre constituições perfeitas e constituições degradadas precisa ser rejeitada como uma construção arbitrária, que só apresenta graus. A unilateralidade, com a qual ele viu na constituição o Estado, porém, produziu na maioria das vezes um efeito fatídico. O formalismo político foi obstaculizante em um grau elevado para a autoconsideração realista.

Aristóteles e a escola aristotélica, contudo, continuam constituindo o ponto central para a atividade incomparável de reunião, historiografia e teoria, que se estende para além da ciência política. Ao lado das teorias sobre poesia, eloquência, pensar científico e vida ética, nós encontramos na escola aristotélica a historiografia das ciências, da atividade artística, das ideias religiosas. Sim, a "dikearquia"[140] já se transforma em meio à sua βίος Ἑλλάδος em uma perspetiva histórico-cultural; ele distingue a era fabulosamente áurea de um estado natural pacífico moderado, a aparição da vida nômade e, como um nível histórico ulterior, o sedentarismo que produz a agricultura; com as condições naturais da Grécia, ele articula uma imagem da vida grega na qual os hábitos, o gozo da vida, os festejos e as constituições são vistos em uma íntima ligação. Assim, as realizações da escola aristotélica para as ciências humanas não se acham de maneira algum aquém de suas realizações para as ciências naturais.

Designemos, por fim, a *posição do estudo da sociedade humana* no interior da *conexão* da *ciência* no espaço de tempo transcorrido. Assim como as teorias particulares sobre os sistemas da cultura e sobre a organização externa da sociedade surgiram da tarefa de fornecer

---

[140] Dilthey constrói um neologismo a partir dos termos gregos "*dikê*" (justiça) e "*archê*" (governo): a "dikearquia" é o governo da justiça. (N.T.)

instruções técnicas, elas mantiveram esse caráter prático, o que também deu à política a direção para a melhor constituição. Para esses filósofos, a ciência teórica em sentido rigoroso termina em seu todo, quando a vontade começa a construir o seu reino. Já desse modo de consideração emerge o fato de esse tempo não ter visto o problema de como a *liberdade da vontade* seria compatível com a subordinação de todos os fenômenos sob a lei causal. Mas mais duradoura do que uma tal restrição da metafísica, que só deveria ser passageira, atua nessa direção a *relação* de toda a *metafísica das formas substanciais com o problema da liberdade*. Essa metafísica só submeteu ao nexo do conhecimento as formas gerais da realidade efetiva. No entanto, a liberdade do indivíduo não foi tocada por essas formas. Com uma segurança invejável da consciência da liberdade dada na experiência interna, sem ser perturbado pela questão acerca da posição dessa consciência em relação ao nexo causal que é apresentado pela ciência, Aristóteles expressa o fato de tanto o agir quanto o deixar de agir, tanto a virtude quanto o vício estarem sob o nosso poder.

OITAVO CAPÍTULO

DISSOLUÇÃO DA METAFÍSICA NO CETICISMO.
OS POVOS ANTIGOS ENTRAM NA FASE
DAS CIÊNCIAS PARTICULARES

A posição que Aristóteles dá ao conhecimento em relação à realidade efetiva é aquela que a própria metafísica lhe prescreve. Por isso, a partir de então, a história explicativa da metafísica já fez a sua obra principal; só resta à sua frente a formação contínua da metafísica.

Entrementes, desde a época dos sofistas, o ceticismo continuou existindo. Imediatamente depois de Aristóteles surge Pirro, o fundador da escola cética. Os debates dessa escola, em particular, porém, os debates da nova academia, com um direcionamento cético, preencheram os séculos III e II a.C. e obtiveram sua conclusão na síntese das demonstrações contra todas as ciências que foi levada a termo por Sexto Empírico. Esses debates revelam, comparados com o relativismo de Protágoras, um progresso do pensamento cético, na medida em que, com base na lógica e na metafísica recém-fundadas, fazem uso da distinção entre percepção e pensamento, fenômeno e aquilo que se encontra objetivamente na base do fenômeno, silogismo e indução etc., para a execução do pensamento cético fundamental. Por meio daí, em verdade, vieram ainda mais claramente à tona os limites que tinham sido traçados para o ceticismo por meio do espírito grego; no interior dos pressupostos dos povos antigos, contudo, esse ceticismo se mostrou agora como totalmente irrefutável. Ele permaneceu vitorioso no amplo campo de luta da metafísica grega.

O ceticismo

Quais são os *limites na argumentação* das escolas céticas na Antiguidade? Se lermos o que restou de seus escritos, então esse material só se tornará compreensível se viermos ao auxíilo dos céticos a partir de nosso ponto de vista mais elevado, se alçarmos aquilo que, em sua posição, se achava abaixo de seu horizonte. Assim, mostra-se como eles só contestaram e *dissolveram* aquilo que seu campo de visão continha: o *conhecimento objetivo do mundo* próprio à Antiguidade; de tal modo, contudo, que essa sua crítica não viu nada diverso – e, por isso, também não tocou em nada diverso. O não saber socrático estava voltado para o futuro com o afeto do sentimento da verdade. Pirro encontra-se voltado para si mesmo no limite da Grécia. Ele constata tranquilamente que toda metafísica, que todo conhecimento positivo o qual o espírito grego tinha conseguido visualizar não possui uma verdade objetiva. Ainda estava por vir o tempo no qual se viu a partir de uma posição mais elevada algo diverso, algo que os céticos de Pirro até Sexto Empírico não tinham conseguido perceber. Seu juízo final sobre toda a posição do homem metafísico continuou válida: eles destruíram a metafísica. No entanto, a verdade não é mesmo a metafísica.

Portanto, completamos o quadro por meio de nossa intelecção, a fim de compreendermos fundamentalmente o cético. Eles falam de um estado perceptivo, que o homem acolhe passivamente,[141] e distinguem esse estado do conhecimento.[142] Mas eles não vislumbram de

---

[141] Diógenes IX, 103: περὶ μὲν ὧν ὡς ἄνθρωποι πάσχομεν, ὁμολογοῦμεν.
[142] Idem.

maneira alguma o fato de o aperceber-se de um tal estado, algo que eles não contestam, ser ele mesmo justamente um saber, e, em verdade, o saber mais seguro de todos, um saber a partir do qual todo conhecimento precisa portar sua certeza. Ao contrário, de acordo com o ponto de vista metafísico, eles buscam muito mais a verdade exclusivamente naquilo que, como base objetiva, está inserido pelo pensamento por debaixo do fenômeno dado à percepção exterior.[143] Por isso, eles reconhecem, em verdade, o ver, o pensar, como um estado de fato indubitável; mas esse estado de fato não encerra em si para eles um saber valioso, isto é, um saber dos fatos da consciência. Em consequência disso, eles não desenvolvem claramente o fato de o mundo exterior só ser fenômeno para a consciência, e, com isso, não chegam a uma visão consequente do mundo exterior nesse sentido,[144] mas apenas perguntam se a impressão sensorial dada na consciência pode ser usada como um sinal da base objetiva de tais fenômenos. E eles negam uma tal hipótese com razão. Rejeitam corretamente todo tipo de conhecimento dessa base objetiva dos fenômenos: da coisa-em-si kantiana.[145] Ou seja, eles só se enganam no fato de contestarem com base nisso a possibilidade do saber.

Assim, Sexto Empírico explica expressamente: o cético não suspende o que aparece; ele reconhece o estado passivo no qual se encontra na percepção e duvida apenas de toda afirmação sobre o que se encontra objetivamente na base desse estado.[146] Em Diógenes Laércio encontra-se indicado de maneira consonante com isso os limites do ceticismo, tal como esses limites foram constatados pelos céticos ante as deturpações do metafísico. Não se duvida de estados que vivenciamos, de fenômenos (τὰ φαινόμενα), mas muito mais de todo conhecimento daquilo que é verdadeiramente, ou seja, daquilo que se encontra na sua base no mundo exterior.[147] Essas explicações explícitas mostram que falta inteiramente aos céticos a utilização correta dos fe-

---

[143] Sexto Empírico, *Hypotyp. I*, 19 e segs.
[144] Idem tanto quanto Diógenes, op. cit.
[145] Καὶ γὰρ ὅτι ἡμέρα ἐστὶ καὶ ὅτι ζῶμεν καὶ ἄλλα πολλὰ τῶν ἐν τῷ βίῳ φαινομένων διαγινώσκομεν: περὶ δ'ὧν οἱ δογματικοὶ διαβεβαιοῦνται τῷ λόγῳ, φάμενοι κατειλῆφθαι, περὶ τούτων ἐπέχομεν ὡς ἀδήλων, μόνα δὲ τὰ πάθη γινώσκομεν. Diógenes IX, 103.
[146] Sexto, *Hypotyp. I*, 13. 20.
[147] Diógenes IX, 102-108.

nômenos de consciência por eles reconhecidos para o problema do saber. Por isso, eles negam todo saber de algo que verdadeiramente é, enquanto no fundo não refutaram senão um conhecimento do mundo exterior. Esse limite de seu pensamento fica maximamente claro por meio de uma estranha contenda. Se os céticos dizem: tudo é falso, então os metafísicos explicam: portanto, também essa afirmação; e, com isso, essa afirmação suspende a si mesma. A réplica mais minuciosa do cético em relação a essa objeção é: o cético só expressa com tais palavras seu próprio estado, sem projeção, sem enunciar qualquer coisa sobre aquilo que se encontra na base dos fenômenos para além dos seus fenômenos.[148] Nesse ponto, o teórico do conhecimento precisa se adiantar, a fim de resolver a contenda, e precisa explicar que: justamente nesse estado é dado um saber, e nele reside o ponto de partida de toda filosofia.

Depois de termos deixado claras essas barreiras do ceticismo, remeteremos a partir de agora de maneira decidida todo aquele que considere possível um conhecimento das bases objetivas do que aparece em nossas impressões ao alijamento definitivo de toda tentativa do tipo das que estão contidas nos resíduos que chegaram até nós da primorosa escola cética. O *relativismo* dos filósofos modernos não é diverso do de Sexto Empírico em nenhum ponto; e isso até o momento em que esse relativismo se refere à demonstração da impossibilidade de toda metafísica. Ele só vai além do relativismo de Sexto Empírico no que concerne à produção de uma teoria da conexão entre os fenômenos nos limites da compreensão de sua relatividade. E isso apesar de a teoria da probabilidade do mais famoso de todos os céticos, de Carneades, também já desenvolver o fato de que, depois da renúncia à verdade, continua possível a produção de uma conexão isenta de contradições entre os fenômenos com a finalidade da constatação do valor de uma impressão particular.

O relativismo dos céticos comprova a *impossibilidade* de reconhecer a conexão objetiva do *mundo exterior*, por meio da crítica à *percepção* tanto quanto por meio da crítica ao *pensamento*. Assim, ele prepara a grande condução da demonstração que foi dada pelo século XVII, na medida em que a escola empirista desde Locke decom-

---

[148] Sexto, *Hypotyp.* I, p. 15.

pôs a percepção, a fim de encontrar nela a possibilidade de um conhecimento objetivo, enquanto a escola racionalista, por outro lado, decompôs ao mesmo tempo com o mesmo objetivo o pensamento: tendo se evidenciado, então, que nem aqui nem lá se poderia descobrir uma fonte de um conhecimento metafísico da conexão objetiva dos fenômenos. A primeira questão é, com isso: qual é o valor cognitivo *do que é dado na percepção sensível*? As imagens fenomênicas são de início condicionadas pelos *órgãos dos sentidos*. A fundamentação protagoreica do relativismo por meio de observações sobre os sentidos foi aprofundada desde então por intermédio de um estudo biológico avançado. – Os instrumentos de visão dos *seres vivos* são muitos diversos e nos obrigam a concluir uma diversidade de imagens visuais condicionadas por eles. Aqui, essa escola aplica o método de observar fenômenos sensíveis subjetivos e de usar as condições entre as quais eles aparecem como analogias, a fim de formar para si uma representação acerca dos desvios das imagens visuais dos animais em relação às impressões visuais humanas normais. O mesmo procedimento também é perseguido através dos outros órgãos de sentido. Na experiência da língua seca em meio ao calor da febre, temos outras sensações gustativas do que em um estado normal, e, assim, podemos supor que as diversidades correspondentes na organização animal também sejam acompanhadas de uma diversidade das sensações gustativas. O resultado é resumido na bela imagem que se segue: assim como a pressão da mesma mão sobre a lira produz ora um tom grave ora um tom agudo, o jogo dos mesmos objetos atuantes, em consequência da sintonização sutil e múltipla das sensações, uma sintonização que reside na construção dos seres vivos, provoca o surgimento de fenômenos totalmente diversos. – Portanto, a mesma diversidade pode ser constatada no interior do *mundo humano*; os fenômenos visuais fantásticos tanto quanto as grandes diferenças na reação a impressões por meio de prazer e desprazer são uma prova disso. Além disso, porém, os objetos nos são dados *em cinco tipos de percepções sensíveis*; assim, a mesma maçã se apresenta para nós como lisa, como algo que cheira bem, como doce e amarela. Quem pode dizer, então, se ela possui apenas uma constituição, mas aparece diversamente segundo a disposição diversa dos órgãos dos sentidos? A imagem da pressão da mesma mão sobre a lira pode dar concretude plástica a essa possibilidade. E a maçã também não pode ter igualmente as cinco propriedades diversas, sim, ainda outras mais que nos são desconhecidas? Um homem que nasce ao mesmo tempo cego e surdo supõe que só estão presentes três classes dos objetos. Nesse caso, contudo, não há como pedir legitimamente o auxílio de tais ponderações em relação à natureza que torna os nossos órgãos dos sentidos correspondentes aos seus objetos. – Sim, mesmo no interior do *órgão de sentido particular*, as impressões são dependentes da mudança de seus estados. Quando jorra em locais encandecentes, a mesma água que é acolhida pela sensação térmica da pele como morna parece estar em ebulição. – É a esse ponto que a doutrina cética se aproxima da teoria das energias sensoriais, tal como Johannes Müller a fundamentou.[149]

A intelecção da relatividade das imagens sensoriais amplia-se, na medida em que percebemos como as *circunstâncias externas cambiantes* sob as quais um objeto é dado condicionam a diversidade das impressões. A mesma causa objetiva do tom produz no ar leve uma impressão diversa da que se tem no ar pesado; se rasparmos o chifre da cabra, o qual se mostra no revestimento do todo como preto, então se altera a impressão sensorial e ele se transforma em branco; um único grão de areia parece duro, um monte de areia se mostra como macio.[150]

Assim, o cético conquista a *fórmula geral* da *relatividade* de toda *imagem perceptiva* ou *impressão sensorial*. Todos os tropos apresentados por ele revelam-se finalmente como especificações de um único teorema abrangente acerca da relatividade das impressões.[151] Essas impressões são condicionadas pelo sujeito tanto quanto pelas condições externas, sob as quais o elemento objetivo entra em cena; e, assim, em contraposição a toda metafísica que afirma penetrar até o essencial, pode-se declarar que as percepções não podem expressar senão relações do objetivo.

---
[149] Os quatro primeiros tropos do Sexto, *Hypotyp.* I, p. 40-117, estão resumidos nesse parágrafo.
[150] Do mesmo modo o quinto até o sétimo tropo, op. cit., p. 118-134.
[151] Quanto ao oitavo tropo 135 e segs., cf. 39 assim como Gellius, N. A. XI, 5, 7 *omnes omnino res, quae sensus hominum movent,* τῶν πρός τι *esse dicunt.*

E o *entendimento*? O pensar? A refutação do conhecimento natural objetivo por meio dos céticos é nesse ponto muito mais incompleta do que na investigação sobre o valor cognitivo da percepção sensível. – A ciência racional de Platão e Aristóteles tinha caído em descrédito. Carneades parte do fato de o entendimento precisar criar sua matéria-prima a partir da percepção. Por isso, permaneçamos inicialmente no interior desse pressuposto. O problema recebe aqui a sua concepção mais geral por meio do conceito de *critério*. É claro que as percepções não portam um critério em si, que distinguiria as percepções falsas das verdadeiras. Não conseguimos separar as falsas das verdadeiras segundo uma característica interna que elas possuem em si. Portanto, o critério precisa ser buscado no pensar, no entendimento. O pensar, porém, está aqui na mesma situação que alguém que vê diante de si o retrato de uma pessoa desconhecida e é requisitado para julgar a semelhança desse retrato apenas a partir do próprio retrato; nosso entendimento não consegue deduzir a partir das imagens nos sentidos o elemento desconhecido que se encontra na base dessas imagens. – Em contrapartida, se supusermos juntamente com Platão e Aristóteles que o pensar teria um conteúdo próprio, então não poderemos constatar a relação desse conteúdo com a realidade. O *entendimento* no *interior* do homem não contém em si nenhum dado para a constatação daquilo que está *fora*. O procedimento conclusivo também não consegue auxiliar em tais dificuldades. Os céticos já reconhecem completamente o seguinte: se a premissa maior de um silogismo deve ser certa, sem ser apenas derivada de outros silogismos, então ela precisa ser comprovada por meio de uma indução completa, e, nesse caso, aquilo que é aparentemente conquistado na conclusão já está contido na premissa maior; com isso, não surge uma nova verdade na conclusão. Portanto, todo procedimento conclusivo já pressupõe uma verdade de última instância, que não está presente, contudo, para o homem nem na percepção nem no entendimento.

Essas demonstrações da impossibilidade de um conhecimento do elemento objetivo são inteiramente *exitosas ante toda e qualquer metafísica*, uma vez que a metafísica pretende demonstrar uma conexão objetiva do mundo fora de nós. Elas só não refutam o conhecimento em geral. Elas não veem naturalmente que é dada em nós mesmos uma realidade que não pode ser rejeitada. A disjunção: ou percepção exterior ou pensamento possui uma lacuna. Era isso que os céticos desconheciam e foi isso que mesmo Kant não viu.

O ceticismo, contudo, também descobre as *dificuldades nos conceitos reais*, que são os liames de toda construção metafísica do mundo, e, em verdade, essas dificuldades são em parte impassíveis de serem vencidas. – Assim, ele vê corretamente que o conceito de *causa* não expressa uma realidade, mas uma mera relação; como uma tal relação, porém, a causa não possui nenhuma existência real, mas é apenas adicionada ao efetivamente real.[152] Ele observa que a causa não pode ser pensada nem como precedendo o efeito, nem como coetâneo a ele. Nele se mostra que toda tentativa de pensar claramente a relação entre causa e efeito em seus componentes particulares é impossível de ser levada a termo. De acordo com isso, a pensabilidade da relação entre causa e efeito já experimentou por parte do ceticismo ataques ante os quais não há nenhuma possibilidade de defesa. O conceito de *Deus* como a *causa do mundo* é submetido por Carneades à dúvida, em uma contestação bastante superficial da teologia chã que vê no homem a finalidade da natureza, em seguida, contudo, por intermédio de um descortinamento da antinomia entre propriedades de um ser pessoal e da natureza do perfeito e infinito.[153] – Do mesmo modo, nos conceitos fundamentais matemáticos e físicos de *corpos*, extensão, *movimento*, *mistura*, as dificuldades conhecidas são comprovadas para o entendimento analítico.

A oposição das escolas céticas em relação à *filosofia prática* dos metafísicos concentra-se na contestação da teoria fundamental do *bem supremo*. Essa polêmica também mostra muito claramente o ponto fraco em sua posição. O seu argumento mais arguto é esse. Uma aspiração da vontade pelo bem como o seu objeto pressupõe que o bem já não esteja colocado nessa aspiração mesma, uma vez que queremos sair do estado de aspiração. Ao contrário, ele precisa estar em sua meta. Ora, essa meta não pode ser um estado de fato fora de nós, mas precisa ser o nosso próprio estado, nossa própria constituição de ânimo; mesmo um estado corporal só está presente para nós

---

[152] Sexto Empírico, *Adv. Math.* IX, 204 e segs.
[153] Não obstante, Carneades também não queria negar a existência de Deus. Cícero, N. D. III, 17, 44. *Haec Carneades aiebat, non ut deos tolleret, sed ut Stoicos nihil de diis explicare convinceret.*

como um bem na constituição do ânimo. Até esse ponto, a exposição é primorosa. Em seguida, porém, entra em cena uma vez mais a confusão constantemente atuante do saber imediato com um conhecimento abstrato. Não podemos reconhecer que constituição de ânimo seria a boa para nós, uma vez que não sabemos nem mesmo se e o que a alma é, a alma de cuja constituição se trata. Um sofisma tosco do ceticismo!

A metafísica pós-aristotélica e seu caráter subjetivo

A filosofia foi o poder organizatório a dirigir ainda uma última vez na escola aristotélica toda a quinta-essência das pesquisas científicas, assim como tinha acontecido na escola platônica com as pesquisas matemáticas e astronômicas. A história do espírito cético, tal como o descrevemos, mostra, contudo, que mesmo a consumação da metafísica em Aristóteles não conseguiu superar o ponto de vista epistemológico negativo que tinha se contraposto de início nos sofistas a uma metafísica mais imperfeita. Por outro lado, preparou-se desde então uma transformação por meio do fato de *as ciências da natureza e do espírito* terem *crescido* sob a influência organizatória da filosofia metafísica. Assim, *no grande processo de diferenciação* do espírito europeu, realizou-se uma outra *distinção*. As ciências particulares destacaram-se desde então até um certo grau da metafísica, da filosofia da natureza e da filosofia prática. Não obstante, essa cisão ainda não tinha acontecido de modo tão consequente quanto nos tempos modernos. Muitos dos pesquisadores mais significativos permaneceram em uma associação escolar ou então em uma relação interna com uma das escolas metafísicas. A esse curso do desenvolvimento correspondeu o fato de terem surgido ao mesmo tempo novos sectos metafísicos, que se colocaram a serviço da satisfação pessoal do ânimo.

Assim, separam-se uma metafísica que abandona a direção do movimento científico e as ciências particulares que se desenvolvem positivamente a partir de empiria e comparação. A metafísica estoica, epicurista e eclética foram poderes da cultura, da grande sociedade culta; a ciência particular, em contrapartida, apoiava-se exclusivamente na experiência e passou a servir àquela civilização que aspira ao domínio sobre a Terra.

Os *sistemas metafísicos* designados reuniram resultados de uma maneira mais simples e tornaram-nos passíveis de aprendizado; eles preservaram o máximo possível esses resultados dos ataques dos céticos por meio de exigências menores de rigor no procedimento demonstrativo e se aproximaram do espírito empírico crescente. Assim, sua meta reside em uma constituição do ânimo, sua conexão, na cultura geral, sua forma de apresentação, na simplificação. Por meio dos epicuristas, o *atomismo* não se tornou mais frutífero para a explicação dos fatos complexos da natureza do que no sistema de Demócrito. Pois a suposição dos epicuristas de que os átomos caem de cima para baixo no espaço vazio por força de seu peso, e, em verdade, com a mesma velocidade e com uma divergência em relação à linha perpendicular, era tão evidentemente inapropriada para a explicação do cosmos, que apenas a leviandade da escola e seus pontos de vista astronômicos atrasados podiam tornar compreensível essa parte do sistema. Ainda que a Estoa tenha aproximado o *monoteísmo* do empirismo ou o tenha matizado panteisticamente, o mononteísmo não superou a oposição entre uma força motriz que abarca em si as formas e a matéria-prima.

A história tem apenas de assinalar o fato de que, enquanto os povos antigos viveram, desde a aparição de Leucipo, persistiu a *oposição* entre uma explicação *mecânica, atomística* da natureza e uma *teística, teleológica*. O trabalho atomista de pensamento não foi interrompido um único dia. Para ele, o cosmos é um mero agregado; as partes encontram-se no cosmos cada uma por si, como se não houvesse nenhuma outra. O estado inicial do mundo, o estado do qual o mundo parte, é o primeiro estado da sociedade, aquele que os teóricos do direito natural tentaram comparar, um estado segundo o qual estão jogados no mundo indivíduos que só pensam em si e que, então, se entrechocam em sua própria estreiteza. E, em verdade, forma-se com uma unilateralidade cada vez mais clara essa orientação que elimina todo o problema: como podem surgir coisas particulares e exercer um efeito umas sobre as outras? E, assim, reproduz-se de geração para geração a luta entre a clareza que só reconhece o sensivelmente representável e a profundeza que gostaria de exprimir o intangível e, contudo, fático de uma conexão que não pode morar em nenhum elemento sensível particular. Goethe denominou essa luta certa vez a luta entre a descrença e a crença e declarou essa oposição como a mais profunda existente em toda a história. No interior do mundo antigo, a filosofia mecânica tanto quanto, por outro lado, a cética se subtraíram à recondução da ordem natural percebida particularmente junto ao mundo dos astros a uma causa intelectual. Em consequência de sua posição infrutífera, puramente negativa em relação aos fenômenos, o ceticismo negou a cognoscibilidade do ente em geral. A filosofia dos atomistas manteve ao menos vivo aquele problema, cujo tratamento científico nos povos modernos colocou, então, em questão a metafísica da causa intelectual: o problema de uma explicação mecânica do cosmos.

Ocorre em um ponto uma mudança, que se estende da metafísica até as grandes questões das ciências particulares e que possui consequências extremamente significativas para o desenvolvimento intelectual ulterior. As condições, sob as quais tinha se encontrado *a ciência política nacional grega*, tinham agora *passado*. No tempo de seu domínio, o importante era transformar o Estado particular em um atleta; a liberdade que existia nesses Estados tinha se mostrado como uma parcela de dominação, e um homem moderno consideraria a situação de um cidadão ateniense na época de Cleon em muitos aspectos como escravidão. Em contrapartida, em meio ao período do desenvolvimento nacional, já se tinha feito certamente notar uma contradição. Os escritos políticos daquele que até hoje ainda não foi suficientemente honrado, de Antístenes, assim como os escritos políticos de Diógenes, o primeiro um homem que não era plenamente cidadão e o outro, um exilado, fizeram valer a liberdade interior do sábio ante a pressão do Estado, sim, um sentimento de estranheza da vida interior em relação a todo o barulho oriundo do aparato político exterior. Do mesmo modo como o desenvolvimento nacional-grego chegou ao fim, como as tropas de Alexandre desbravaram o Leste e como em seguida o Império Romano se lançou em direção à realização de sua missão histórico-mundial de unificação de todas as nações cultas sob um direito e um governo, altera-se paulatinamente o sentimento vital do homem, que compara o grego e o itálico com os habitantes de cor escura dos países do Leste e sente o elemento humano comum; o laço que une o oriental que vive e ensina na Grécia, o grego nacional que se encontra sob o domínio de um príncipe macedônico ou mais tarde de optimates romanos com o Estado é um laço de um tipo totalmente diverso daquele que tinha ligado um Sócrates ao direito de sua cidade natal. Assim, surge uma filosofia política totalmente transformada. A *literatura* sobre o *Estado* crescia constantemente. Cícero fala com admiração da grande quantidade e da relevância espiritual das obras políticas da escola de Platão e Aristóteles. Nós conhecemos os títulos dos escritos políticos de Espeusipo de Atenas, de Xenócrates de Chalcedo, de Heráclides de Heracleia do Ponto, assim como os escritos de Teofrasto de Ereso (um grande número), de Demétrio de Falerum e de Dicaiarco de Messana. Ao lado do número evidentemente pequeno de escritos políticos dos epicuristas, escritos que se acham muito mais direcionados contra a vida política, surge uma rica literatura política estoica. Escritos de Zenão de Cítio, de Cleantes de Assus, de Heril de Cartago, de Perseus de Cítio, de Crisipo de Soli, de Esferus de Bosporus, de Diógenes de Seleucia e de Panécio de Rodes. Observa-se que na escola estoica a proveniência dos países bárbaros é significativamente preponderante. Zenão é designado como um fenício; Perseu parece ter sido inicialmente escravo de Zenão. Na medida em que a Estoa atrai para si os povos bárbaros, na medida em que, em seguida, tem lugar a transposição das especulações gregas sobre o Estado e o direito para os romanos, realiza-se uma ligação da ciência política, em particular da ciência política estoica, com as monarquias que se seguiram a Alexandre e com as suas necessidades vitais, e, então, com a vida política romana. A escola estoica *associa*, em seguida, uma *metafísica teleológica simplificada* com a ideia do *direito da natureza*; e nessa junção que se ajustou à necessidade prática residia um fator principal de seu efeito. Por meio dos *romanos* realiza-se, então, a ligação que marcou época entre as *especulações* sobre o *direito natural* e a jurisprudência positiva.

E nessa literatura elabora-se completamente um *sentimento social transformado* próprio ao homem dos últimos séculos antes de Cristo. Isso já é notável no modo como o quietismo egoísta dos epicuristas transforma o direito natural da época nacional mais antiga. Segundo essa escola, o Estado é fundado em um contrato de segurança, que é ditado pelo interesse; assim, o homem privado e seu interesse passam a ser o critério de seu valor. O sentimento social transformado, porém, encontra uma expressão mais digna na ciência política da escola estoica. A metafísica monoteísta desenvole aqui conclusões que tinham sido anteriormente bloqueadas pelo espírito nacional grego e por suas instituições. Agora, o conjunto de todos os seres racionais é considerado como um Estado, no qual estão contidos os Estados particulares, tal como casas em uma cidade. Esse Estado vive sob uma lei, que se acha como uma lei natural universal acima de todas as ordens jurídicas políticas particulares. Os cidadãos particulares desse Estado são dotados de certos direitos, que se baseiam naquela lei universal. O âmbito de influência do sábio é esse Estado mundial.

A autonomia das ciências particulares

Ao mesmo tempo, como mencionamos, os povos antigos entraram agora no estágio das ciências particulares. Transformações intelectuais de um tipo tão radical costumam estar associadas a alterações na posição das pessoas que são seus suportes, assim como na instalação das instituições científicas. Ao lado das escolas filosóficas entram em cena agora as instituições científicas fundadas por príncipes e Estados. Por meio das criações de uma política magnânima e sábia, Alexandria tornou-se o ponto central de um novo movimento espiritual; o domínio intelectual passou, então, de Atenas para lá. Pois se necessitava agora dos observatórios com um aparato cada vez mais rico de instrumentos, com os jardins zoológicos e botânicos, as anatomias e bibliotecas gigantescas, para permanecer no ápice dessas ciências positivas. O que aconteceu, então, não foi menos significativo do que aquilo que o movimento metafísico até então tinha criado. Se a entrada dos povos europeus modernos no estágio das ciências positivas a partir do século XV se mostra como Renascimento, então as investigações positivas são retomadas no ponto em que as ciências particulares dos Antigos tinham precisado abandonar o fio condutor de seu trabalho, e ninguém acreditou que o episódio do platonismo italiano ou que a renovação do Aristóteles puro na Itália e na Alemanha tinham constituído o cerne do Renascimento europeu, na medida em que este se mostra como um desenvolvimento intelectual.

Não obstante, a *aquisição do estágio metafísico* por parte dos povos antigos formou a base para as realizações desse tempo subsequente, no qual o fiel da balança do progresso intelectual caiu sobre as ciências particulares. – A primeira condição desse progresso foram os *conceitos* adquiridos. Assim, a metafísica grega produziu os conceitos de substância e de átomo, distintos dos conceitos de causa, condição ou fundamento, e levou o conceito de forma para o interior das regiões particulares. Ela tinha indicado relações fundamentais tais como a relação entre estrutura, função e finalidade em um organismo ou entre desempenho e parcela de domínio e de bens em um todo político. – A segunda condição residia no desenvolvimento de *princípios basilares*, ainda que de uma evidência desigual. Tais princípios eram: não há nenhuma passagem do nada para o ser ou do ser de volta para o nada; o mesmo não pode ser afirmado e negado segundo o mesmo sentido; o movimento espacial pressupõe o espaço vazio. – Por fim, havia uma condição importante na *consciência lógica*. O trabalho de submissão do real ao conhecimento levou os espíritos gregos durante a época sofística a um movimento revolucionário, em cujo turbilhão toda a ciência grega se viu certa vez ameaçada de sucumbir. A normatização científica da lógica aristotélica superou essa revolução e possibilitou pela primeira vez o progresso calmo das ciências positivas. Em uma tal normatização residia o pressuposto para a construção das ciências matemáticas, tal como o mostra um Euclides. Foi apenas graças ao seu apoio que pôde vir à tona no mesmo momento em que metafísicos e físicos discutiam a possibilidade de um critétio de verdade a obra elementar de Euclides, que parecia provocar no encadeamento inatacável de suas demonstrações a contradição de todo o mundo e que se tornou o modelo clássico de evidência.

As barreiras dessa metafísica também se fizeram valer nesse estágio das ciências particulares; as novas direções que foram em parte tomadas pelas ciências particulares não foram mantidas homogeneamente. Na matemática, o instrumento foi desenvolvido com vistas a uma ciência exata, que acabaria por possibilitar aos árabes e aos povos germano-romanos o desvendamento da natureza. O emprego de instrumentos, que possibilitam uma medição, assim como do experimento que não apenas observa fenômenos, mas os provoca arbitrariamente sob condições alteradas, cresce constantemente. Um caso excepcional de um tratamento experimental coeso de um problema é formado pelas investigações de Ptolomeu sobre a refração dos raios de luz ao atravessarem um meio de uma densidade desigual; aqui, os raios são dirigidos do ar para a água e do vidro e da água para o vidro sob ângulos de incidência diversos. As representações mais fundamentais, às quais chegam agora as ciências da natureza, estão contidas nos trabalhos estatísticos de Arquimedes. Ele desenvolveu por um caminho preponderantemente matemático, a partir do princípio de que corpos dotados do mesmo peso, quando exercem um efeito um sobre o outro a partir da mesma distância, se encontram em equilíbrio, o princípio universal da alavanca, lançando a base para a hidrostática. Mas a dinâmica permaneceu totalmente alheia a Arquimedes e ele não encontrou nenhum sucessor na Antiguidade.[154] Não menos caractetística é a ausência total de ciência química nesse estágio das ciências particulares nos povos antigos. A doutrina *aristotélica* dos assim chamados quatro elementos é derivada da mais fundamental das quatro propriedades fundamentais, por mais que os quatro elementos mesmos tenham sido uma herança de um tempo mais antigo. Portanto, o objeto dessa teoria eram apenas determinações predicativas e suas combinações; ela não decompõe em unidades subjetivas, ou seja, em substâncias. Assim, não atua diretamente sobre trabalhos experimentais, que teriam tentado resolver os objetos dados. A *doutrina dos átomos* tinha realizado apenas uma análise ideal da matéria, e sua representação de unidades qualitativamente iguais umas às outras precisava desempenhar um efeito antes obstaculizador em relação ao surgimento de representações químicas fundamentais. Das necessidades da arte *médica* surgiu a tentativa de Asclepíades de Bitínia de aproximar a representação de corpúsculos da consideração do organismo,[155] assim como a instrução para a produção de alguns preparados químicos dos quais os médicos se serviam, instruções tais como a que se encontra presente em Dioscórides. Em oposição a inícios tão isolados, as ciências naturais que foram guiadas pela construção geométrica ou pelas representações finais tal como a astronomia, a geografia e a biologia fizeram progressos regulares.

Assim, já para os povos antigos dessa época das ciências particulares surgiu uma *imagem do cosmos* dotada de uma amplitude imensa, e, contudo, ao mesmo tempo de uma exatidão científica que for-

---

[154] Cf. a excelente exposição nos *Recherches historiques sur le principe d'Archimède par M. Ch. Thurot* (*Revue Archéol*. 1868-1869).
[155] Quanto a Asclepíades, cf. Lasswitz, *Vierteljahrsschrift für wissenschaftliche Philosophie III*, p. 425 e segs.

mou o suporte para o seu estudo das ciências humanas. Eratóstenes, Hiparco e Ptolomeu abarcam as massas dos astros que giram em círculos e o globo terrestre. Uma primeira tentativa de medição de grau empenhou-se por definir de maneira aproximativa o perímetro da Terra; Eratóstenes fundamentou a geografia como ciência. A visão panorâmica das plantas que cobrem a Terra e do mundo animal sobre a Terra, tal como Aristóteles e Teofrasto a tinham alcançado, é completada agora pelos progressos na análise do corpo animal e humano, análises que penetram de modo particularmente profundo no conhecimento dos recipientes.

O conhecimento da distribuição da espécie humana sobre a Terra tanto quanto o conhecimento de suas diversidades foram extraordinariamente ampliados pelo ímpeto conquistador de Alexandre e pela expansão do Império Romano. Em consequência disso, a influência do solo e do clima sobre as diversidades relativas ao espírito e aos costumes da humanidade foram inseridas no campo de investigação. Com uma consciência crítica, a matéria das ciências humanas é investigada e reunida nos limites da vida grega que cabe agora à história. Sistemas particulares da cultura, sobretudo a linguagem, são submetidos a uma análise. A consideração comparativa dos Estados tornou-se uma sólida propriedade da ciência. Apoiado sobre ela, Políbio procura submeter à explicação o grande fenômeno histórico-mundial que preenche o horizonte de seu tempo: a ascensão de Roma e o seu domínio sobre o mundo. Em sua obra há uma tentativa de tornar a *ciência política*, tal como a caracterizamos em Aristóteles em sua força e em seus limites, a base de uma *ciência histórica explicativa*. Sua análise comparativa das constituições (tal como essa análise foi conservada nos fragmentos do livro 6) encontra realizado na constituição romana mista um equilíbrio de forças, por meio do qual cada uma dessas forças particulares se acha sob o controle das outras e é, assim, impedida de cometer transgressões. A isso aliam-se para ele como razões explicativas da ampliação do poder romano uma feliz organização do Estado em relação aos meios materiais, uma organização por meio da qual Roma alcançou aquilo que Esparta, por exemplo, apesar de sua constituição igualmente mista, não tinha conseguido alcançar, do mesmo modo que um sentido jurídico fundado na veneração aos deuses. Ao menos no que concerne ao seu plano e apesar da superficialidade da exposição, a descrição do mundo feita por Plínio pode ser considerada como a conclusão do grande trabalho dos povos antigos da Europa: Plínio procura abranger o cosmos desde os movimentos das massas no universo até a expansão e a vida espiritual da espécie humana sobre a Terra. E, em verdade, ele tem um prazer particular em seguir o efeito da conexão da natureza sobre a cultura humana. Na aurora da vida espiritual grega tinha despontado o conceito do cosmos; agora na velhice, nos grandes trabalhos de um Eratóstenes, de um Hiparco e de um Ptolomeu, de cujos espíritos abrangentes ainda sentimos um sopro no plano de Plínio, vemos realizados os sonhos de juventude desses povos.

Não obstante, a cultura do mundo antigo esfacelou-se, sem que as ciências particulares tivessem se associado e formado um todo, que tivesse podido preencher o lugar da metafísica. Havia com certeza o ceticismo, mas não havia nenhuma teoria do conhecimento que, para além disso, tivesse conseguido reorganizar pela primeira vez a conexão entre as ciências particulares, no momento em que a grande ilusão da fundamentação metafísica das ciências se dissolveu. Aquilo que o espírito não tinha conseguido conquistar em suas cruzadas através de todo o mundo, ou seja, uma fundamentação segura de seus pensamentos tanto quanto de seu agir, ele encontra agora, ao retornar, em si mesmo.

TERCEIRA SEÇÃO

ESTÁGIO METAFÍSICO DOS POVOS
EUROPEUS MODERNOS

PRIMEIRO CAPÍTULO

CRISTIANISMO, TEORIA DO CONHECIMENTO
E METAFÍSICA

Imaginemos o homem das épocas mais antigas de nossa espécie, o modo como ele, protegido pela caverna, cercado por noite e perigo, espera a manhã; o dia então irrompe e os primeiros raios do sol nascente o procuram: como ele experimentava a aproximação de uma força redentora! Foi assim que as populações do mundo antigo se sentiram quando os raios da luz emergente saíram de um mundo puro no cristianismo e o tocaram. Se elas se sentiram desse modo, não se tratou apenas de uma consequência do fato de a fé cristã ter comunicado a firme convicção de uma imortalidade bem-aventurada, nem tampouco do fato de ela ter oferecido uma nova comunidade, sim, uma nova sociedade civil em meio às ruínas dos Estados antigos.[156] Tanto uma coisa quanto a outra se mostraram como um componente importante da força da nova religião. Todavia, as duas não foram senão consequência de uma transformação mais profunda na vida psíquica.

Essa transformação por si só, e mesmo essa transformação apenas segundo o aspecto de que ela se volta para o desenvolvimento da conexão de fins do conhecimento, pode ser tratada nesse contexto. Uma crítica seca à consciência cristã atravessa a *Ética* de Espinoza; na sua base encontra-se o fato de que, para o próprio Espinoza, perfeição é apenas poder, de que a alegria vital é a expressão dessa perfeição crescente, de que toda dor, em contrapartida, não é outra coisa senão expressão de imperfeição e de impotência. A profunda vida anímica cristã partiu o laço entre as ideias de perfeição e aquelas de brilho, poder e felicidade da vida. Sim, o laço entre a consciência de Deus e a beleza racional do universo se retrai para um ponto por detrás da conexão entre esse sentimento humano de todos o mais sublime, um sentimento que não pode ser restrito por nenhum espaço, e as experiências do paupérrimo coração humano, que se movimenta irrequieto em uma esfera estreita por conta da natureza de sua existência. Tinha sido sobre esse laço que se baseara anteriormente a visão da ciência grega sobre o cosmos, assim como a construção engenhosa de uma contraimagem desse cosmos no mundo ético-social, tal como essa contraimagem tinha sido esboçada pela ciência política dos Antigos. Agora, a própria perfeição da divindade deve ser pensada em conjunto com a figura do servo e com o sofrimento, ou ela não deve ser de modo algum pensada: eles são um e o mesmo no interior

---

[156] Assim encontramos exposto em Jacob Burckhardt, o qual apresentou, da maneira mais profunda possível em sua obra sobre o tempo de Constantino, o Grande, os primeiros séculos depois do nascimento de Cristo, idem, p. 140 e segs.

da vivência religiosa. O perfeito não tem necessidade de ser radiante sob o brilho do mundo dos astros e de banhar-se em felicidade e poder. O reino de Deus não é desse mundo. Assim, a vontade não tem mais sua satisfação na produção de um estado de fato objetivo, na obra de arte ética visível da política, do estadista pleno ou do orador. Ao contrário, ela se recolhe em si mesma por detrás de tudo isso como meras formas do mundo. A vontade que dá forma a estados de fato objetivos no mundo permanece na região da consciência do mundo, uma região à qual pertencem suas metas. No cristianismo, a vontade experimenta seu próprio caráter *metafísico*. Com isso, tocamos o limite de nossa perspectiva voltada aqui apenas para o humano, para o histórico.

Essa profunda transformação na vida anímica do homem encerra em si as condições sob as quais podiam ser e foram paulatinamente rompidas as *barreiras da ciência antiga*.

Para o espírito grego, o saber era um retratar de algo objetivo na inteligência. A partir de então, a vivência transformou-se em ponto central de todos os interesses das novas comunidades; isso, porém, é um simples aperceber-se daquilo que é dado na pessoa, na autoconsciência; esse aperceber-se é marcado por uma segurança, que exclui qualquer dúvida; a experiência da vontade e do coração traga com seu interesse descomunal todos os outros objetos do saber, sim, a vontade e o coração se mostram em sua *certeza de si* como onipotentes em face de todos os resultados da consideração do cosmos, assim como em face de todas as dúvidas que provêm de ponderações sobre a relação da inteligência com os objetos a serem copiados por ela. Se essa fé das comunidades tivesse desenvolvido imediatamente outrora uma ciência que lhe fosse totalmente correspondente, então essa ciência teria precisado consistir em uma fundamentação que remonta à experiência interna.

Mas essa conexão interna que, no que concerne à fundamentação da ciência, subsiste entre o cristianismo e o conhecimento que parte de uma *experiência interior*, não produziu na Idade Média uma fundamentação correspondente da ciência. Isso aconteceu por conta da preponderância da cultura antiga, no interior da qual o cristianismo começou lentamente a se fazer valer. Em seguida, vindo de dentro e na mesma direção, a relação da experiência religiosa passou a exercer um efeito sobre o representar. Ora, mas mesmo a vida anímica mais intimamente religiosa só encontra a sua expressão em uma conexão de representações. Schleiermacher disse certa vez: "O desenvolvimento do cristianismo no Ocidente teve por apoio uma grande massa de consciência objetiva; considerado mais exatamente, porém, só podemos considerar essa massa como um meio de entendimento."[157] A certeza de si das experiências interiores da vontade e do coração, assim como o conteúdo dessas experiências e a transformação da mais profunda vida anímica: tudo isso não continha, então, apenas a exigência de uma fundamentação que remontasse à experiência interior, mas também *exerceu um efeito* em um outro aspecto sobre o *desenvolvimento* intelectual *ulterior*, e, em verdade, tanto no que diz respeito ao *conhecimento da natureza* quanto no que diz respeito às *ciências humanas*.

Por um lado, entrou em cena um desvio em relação à mera consonância do cosmos com o modo de ser do pensamento. Não era nessa beleza simétrica representável em conceitos universais que residia para o cristão a finalidade da totalidade do mundo; não era em sua contemplação que se mostrava para ele aquilo em que a razão humana goza de seu parentesco com a razão divina: a posição do homem em relação à natureza transformou-se para ele, e a representação da criação a partir do nada, a oposição entre espírito e carne, torna possível que se mensure a abrangência dessa transformação. Por outro lado, o estado alterado da vida anímica provocou o surgimento de toda uma *nova posição da consciência metafísica em relação ao mundo espiritual*. Nas ideias mais sublimes já pensadas sobre a conexão desse mundo espiritual associam-se as representações simplesmente grandiosas do reino de Deus, a fraternidade do homem e sua independência em suas relações mais elevadas ante todas as condições naturais de sua existência; o homem iniciou agora sua marcha da vitória. Essa marcha foi concretizada pela ordem social da comunidade cristã, que estava fundada no sacrifício e na qual o cristão singular se sentiu prontamente abrigado em um barco protetor em meio ao mar bravio. Em verdade, a consciência da liberdade interior do homem, a suspensão das desigualdades e das barreiras nacionais entre esses homens li-

---

[157] Schleiermacher, *Psychologie* (Psicologia), p. 195.

vres, também estava presente no transcurso mais amplo da filosofia antiga, em particular junto aos estoicos. Essa liberdade interior, porém, só era alcançável pelo sábio. Aqui, em contrapartida, ela passou a se mostrar como acessível para qualquer um por meio da fé. A tudo isso correspondiam as representações de uma conexão genealógica na história da espécie humana e um laço metafísico, que mantém coesa a sociedade humana. Tudo isso se encontrava na vivência do cristianismo. As *primeiras representações científicas* do cristianismo surgiram em uma época de luta entre as religiões antigas e as comunidades cristãs, nos primeiros séculos depois de Cristo. Revelação, religião e luta entre as religiões: nos primeiros séculos, essa foi a grande questão da humanidade. A filosofia do judaísmo helenista, tal como ela foi configurada por Filo, a gnose, o neoplatonismo como a restauração filosófica da fé nos deuses e a filosofia dos Padres da Igreja, todos esses movimentos têm em comum os traços fundamentais de uma *fórmula do mundo*, à qual mesmo o sistema de Espinoza e de Schopenhauer devem a coesão simples de sua construção. Nessa fórmula já se interpenetram *natureza* e *história*. Da divindade essa fórmula deduz o surgimento do finito como algo imperfeito e entregue à mutabilidade, mostrando, em seguida, o retorno desse finito a Deus. Assim, o ponto de partida dessa metafísica é a divindade captada na vivência religiosa, seu problema é o vir à tona do finito em seu caráter indicado; esse vir à tona aparece como um processo psíquico vivo, no qual, então, mesmo a pobre fragilidade da vida humana emerge: até que, em um transcurso por assim dizer inverso, se realiza o retorno à divindade.

    A filosofia do judaísmo desenvolveu-se em primeiro lugar, a filosofia pagã veio logo em seguida: acima das duas elevou-se de maneira vitoriosa a *filosofia do cristianismo*. Pois ela portava uma poderosa *realidade histórica* em si; uma realidade que se tocava na vida anímica com o cerne mais intrínseco de cada realidade efetiva, que existira anteriormente de maneira histórica, e a sentia em sua ligação interna consigo. Antes dela, os êxtases e as visões se dissipavam ao vento como fios de verão. Na medida em que o cristianismo lutou pela vitória, o dogma alcançou no combate entre as religiões a formulação conclusiva de que Deus, em oposição a todas as revelações parciais pretendidas pelos judeus e pelos pagãos, teria se imiscuído totalmente e sem qualquer resto na revelação por meio do Cristo e com sua essência. De acordo com isso, todas as revelações anteriores foram subordinadas a essa revelação como *estágios prévios*. Com isso, a essência de Deus, diferentemente do que acontecia em sua concepção ligada ao conceito de substância em si mesma fechada própria à Antiguidade, foi apreendida com uma vitalidade histórica. E assim, então, a palavra tomada em seu sentido mais elevado, surgiu pela primeira vez a *consciência histórica*.

Nós compreendemos, na medida em que, a partir de nossa própria vida profunda, restituímos à poeira do passado vida e ar. Necessitamos da transposição de nosso si-próprio de um lugar para o outro, quando o que está em jogo é compreender o prosseguimento do desenvolvimento histórico desde dentro e em sua conexão central. A condição psicológica geral para tanto está sempre presente na fantasia; mas somente quando o curso histórico contínuo é revivenciado pela fantasia em seus pontos mais profundos, nos pontos em que ocorre um afastamento, surge uma compreensão minuciosa do desenvolvimento histórico. Quando vemos em um Paulo, nos combates travados em sua consciência, a lei judaica, a consciência pagã do mundo e a fé cristã se entrechocarem, quando a fé na lei e a fé cristã são mantidas reunidas em sua vivência na mais íntima compreensão como duas experiências vivas, e, em verdade, a partir da experiência do Deus vivo: já estavam presentes aí na consciência um grande passado histórico e um grande presente histórico, os dois apreendidos em sua base mais profunda, a base religiosa. Uma transição interna é experimentada, e, assim, desponta a consciência plena de um desenvolvimento histórico de toda a vida da alma. Pois apenas o que é revivenciado pelas fatualidades da história é compreendido. E na medida em que o vivenciar desce e se estende até a base profunda e central da história, ele intermedeia compreensão; por mais que só compreendamos parcialmente o que se passou. A mais elevada vitalidade da fantasia, a maior riqueza vital do interior não são suficientes se a vida anímica mesma não é histórica nesse sentido. Desse modo, parte daqui uma linha que leva à ideia da educação da espécie humana em Clemens, dessa ideia para a *Cidade de Deus* em Agostinho e desse livro para cada nova tentativa de apreender a conexão interna da história da humanidade. A luta entre as religiões entre si na vida anímica cristã repleta de realidade histórica trouxe à tona a consciência histórica de um desenvolvimento de toda a vida da alma. Pois a vida ética perfeita não se mostrava para a comunidade cristã como representável em pensamento sob a fórmula de uma lei moral ou de um bem supremo: como algo insondavelmente vivo, uma tal vida foi experimentada por ela na vida de Cristo e na luta da própria vontade; assim, essa vida ética não entrou em contato com outros princípios, mas com outras figuras da vida ético-religiosa, que existiam antes dela e dentre as quais ela, então, apareceu. E essa consciência histórica encontrou um aparato estrutural externo fixo na conexão genealógica da história da humanidade, que tinha sido criada no interior do cristianismo.

Assim, para o desenvolvimento intelectual da humanidade europeia, tinham surgido condições totalmente diversas. Os impulsos da vontade emergiram da tranquilidade da vida particular e ganharam o primeiro plano da história do mundo, impulsos que a cindiram de toda a conexão da natureza: sacrifício de si mesmo, reconhecimento do divino na dor e na humildade, negação sincera daquilo que a vontade precisa rejeitar em si mesma. A relação das pessoas entre si nesse seu cerne essencial, que decide sobre todo o seu valor, constitui um reino de Deus, no interior do qual toda diferença dos povos, dos cultos e da formação são suspensos e que, em seguida, se desprendeu de todo tipo de laço político. E se a metafísica que a Antiguidade grega tinha criado devia continuar existindo, então ela precisava estabelecer uma relação com esse novo mundo da vontade e da história. Também havia na formação espiritual dos povos antigos decadentes tanto quanto no destino do processo religioso condições que decidiam sobre a direção em que isso aconteceu.[158]

SEGUNDO CAPÍTULO

AGOSTINHO

As comunidades cristãs foram as portadoras dos mais eficazes dentre uma pluralidade de movimentos semelhantes, que forneceram

---

[158] Cf. p. 209.

à vida espiritual dos povos que estavam envelhecendo durante o período imperial romano a sua marca distintiva.

Um estado anímico alterado reflete-se na literatura dos primeiros séculos depois de Cristo. Nós vimos esse estado sendo preparado na sociedade greco-romana; cada vez mais preponderaram nos gregos e, em seguida, nos romanos os interesses do homem privado, e, assim, na literatura alexandrina e em suas reproduções romanas, a apresentação da vida anímica destaca-se da conexão da ordem moral e política da sociedade. A interioridade do cristianismo encontrou na vida da alma o ponto central de sua apreensão e do tratamento de toda a realidade efetiva, sim, a entrada no mundo metafísico misterioso. Quadros psicológicos atraíram para si em um grau particular o interesse dos leitores nos primeiros séculos depois de Cristo; discussões sobre as vivências religiosas e os estados de ânimo ganham um largo espaço; o romance, a meditação que representa o interior, a lenda que recorre multiplamente a temas romanescos e satisfaz a necessidade de fantasia nos círculos cristãos, o sermão, a epístola e a elucidação das questões que dizem respeito à essência do homem e ao seu destino se encontravam no primeiro plano da literatura. – A filosofia também colocou cada vez mais exclusivamente o conhecimento adquirido do cosmos a serviço da formação do caráter e da produção de um estado de ânimo reconciliado em si. Se o valor das ciências naturais já estava estabelecido para Epicuro principalmente na libertação do ânimo em relação a falsas ideias e se a meta da filosofia para os estoicos era a formação do caráter, agora, nos séculos que vão desde a época de Cristo até o declínio da cultura antiga, as tarefas da ciência filosófica misturam-se totalmente com as necessidades da vida ético-religiosa. Morando sob o mesmo teto que o Império Romano, os gregos adaptaram seus pensamentos às representações e aos símbolos dos orientais sobre a vida, e os egípcios e os judeus entre outros transformaram ainda mais intensamente a imagem grega do mundo. Na sociedade tão multiplamente insatisfeita e ameaçada daqueles dias, venceu a orientação para o além. "É de profundezas insondáveis", diz Jacob Burckhardt, "que tais novas orientações costumam receber suas forças essenciais, elas não podem ser deduzidas de meras conclusões oriundas de estados precedentes". – Na vida religiosa à qual, nas experiências internas da vontade, dá-se Deus como vontade, uma pessoa em relação à pessoa, encontramos por toda parte entretecida a crença na revelação. A difícil tarefa de uma análise do conteúdo da religião monoteísta também não pode ser resolvida aqui; mas o profundo mistério dessa religião reside na relação da experiência de estados próprios com a atuação de Deus no ânimo e no destino; aqui, a vida religiosa tem o seu reino subtraído ao conhecimento universalmente válido, sim, à representabilidade em geral. Nesses tempos, então, vinda como que de profundezas invisíveis, do subsolo da vida religiosa, a crença na revelação penetrou na ciência da metafísica, no interior da qual ela sempre permanece estranha e precisa produzir um efeito perturbador. Assim, surgiu na metafísica uma sentença que teria contido um princípio totalmente novo da metafísica, se ele não residisse completamente para além dos limites do pensamento científico. Essa sentença afirmava que tinha acontecido uma comunicação imediata de Deus com a alma humana, que essa alma apreenderia imediatamente a revelação de Deus. Assim, na era de Cristo, apoiado no processo cético de demonstração,[159] Filo rejeitou a possibilidade de um conhecimento científico do cosmos; ao mesmo tempo, de maneira semelhante ao que aconteceria mais tarde com os positivistas, ele fez valer o seguinte contra a experiência interior: o olho percebe, em verdade, os objetos fora de si, mas não percebe a si mesmo. Do mesmo modo, a razão também não pode conceber a si mesma;[160] com isso, veio à tona para ele a necessidade de uma iluminação por meio da revelação divina. Nos círculos do paganismo, um autor tão brilhante e efetivo quanto Plutarco defendeu as mensagens vindas de um mundo de forças superiores. E Plotino introduziu no conteúdo de uma metafísica mais rigorosa a crença em um estado extático, no qual a alma se encontra em unidade com a divindade. Um elemento estranho transbordou os limites de uma ciência universalmente válida: pois experiências, que podem ser controladas por qualquer um, só são dadas nas percepções sobre o mundo e nos fatos da consciência. – Agora, então, também surgiu a metafísica emanatista, na medida em que a fantasia, animada pela essência fabulosa oriental, procurou dominar o mistério da proximidade e da distância de Deus e não estava em condições, contudo, senão de expressá-lo na escrita imagética do saber sobre a natureza:

---

[159] A passagem central encontra-se em Filo, *De ebrietate*, p. 382-388 (Mangey).
[160] Filo, *Legum allegor.* I, p. 62 M.

um construto hibrido infrutífero oriundo do casamento de religião e filosofia, poesia e pensamento, Oriente e Ocidente: nenhuma figura de pensamento com a qual uma história da metafísica teria de contar seriamente, apesar de suas repercussões atravessarem toda a Idade Média e se estenderem até a Idade Moderna. Em meio a esses movimentos espirituais, a Igreja antiga estava empenhada em dar ao conteúdo da experiência cristã uma formulação plenamente consciente e exaustiva na apresentação, assim como em fornecer uma demonstração da validade universal do cristianismo, uma demonstração que se mostrava como o correlato da pretensão cristã de domínio do mundo. A solução da tarefa designada nos *escritos dos Padres* da Igreja e nas declarações dos concílios preenche os séculos desde o fim da era apostólica até Gregório, o Grande, e o fim do seculo VI d.C. Esse tempo ainda faz parte da cultura dos povos antigos que, depois do declínio do Império Romano ocidental, continuaram produzindo apenas escritores científicos. E, em verdade, os Padres da Igreja podiam buscar a solução de sua tarefa seguindo duas orientações. – Se o significado da experiência cristã e de seu conteúdo tivesse de ser constatado, então isso remontaria para uma análise dos fatos da consciência. Pois na consciência cristã estava dada pela primeira vez uma constituição espiritual que tornava possível uma fundamentação epistemológica com a meta positiva de fundamentar a realidade do mundo interior. E o interesse de uma defesa efetiva do cristianismo tornou necessária uma tal fundamentação. O quão profundamente se estendia o trabalho de pensamento dos Padres da Igreja segundo uma tal orientação, isso é algo que podemos constatar junto aos maiores dentre eles. – Todavia, preponderou a outra orientação. O destino trágico do cristianismo foi introduzir as experiências mais sagradas do coração humano a partir da tranquilidade da vida particular e sob as forças impulsivas dos movimentos de massa histórico-mundiais, provocando, contudo, por meio daí, o surgimento de um mecanismo do plano ético e o despontar de uma hipocrisia hierárquica; no âmbito teórico, ele se viu vítima de uma maneira não menos pesada de um destino que sobrecarregou seu desenvolvimento ulterior. Se queria levar o conteúdo de sua experiência a uma consciência clara, ele precisava acolhê-lo na conexão de representações do mundo exterior, no qual esse conteúdo foi inserido segundo as relações de espaço, tempo, substância e causalidade. Assim, o desenvolvimento desse conteúdo no dogma significou ao mesmo tempo a sua alienação. Mas a possibilidade de desenvolver o dogma com um sistema autoritativo partindo da vontade de Deus também estava dada na crença na revelação e um tal sistema correspondia ao espírito romano, que introduziu as suas formas jurídicas até o interior da doutrina da fé cristã. Do gênio grego surgiu um outro tipo de alienação; nos conceitos cósmicos do *Logos*, da irradiação a partir de Deus, da conquista de uma parcela nele e em sua imortalidade, veio à tona um simbolismo grandioso, mas de qualquer modo aparentado com o mito, um simbolismo como linguagem da fé cristã. Assim, muitas coisas fizeram com que o conteúdo do cristianismo fosse representado em um sistema objetivo, derivado de Deus. Despontou uma contraimagem da metafísica antiga. É junto àquele escritor que designou os limites mais extremos daquilo que foi conquistado nesse espaço de tempo que representamos a conexão que assim se formou e que se alçou das profundezas da autorreflexão até o mundo transcendente.

Com isso, começamos com a seguinte questão. Nessa época dos Padres da Igreja, o quão amplamente se fez valer cientificamente ante a filosofia antiga o direito à nova certeza de si característica da fé e do coração? O mais profundo pensador desse novo período da metafísica, ao mesmo tempo o homem mais poderoso entre os escritores de todo o mundo cristão mais antigo, foi Agostinho, e tudo parecia indicar que ele abriria o seu caminho até chegar à base do conhecimento cristão que corresponderia à grande realidade do cristianismo. O que o espírito mais terno de Orígenes tinha tentado alcançar, para não falar de outros Padres da Igreja gregos cientificamente menores, a alma tempestuosa de Agostinho atingiu por longos séculos: ele reprimiu e suplantou a visão de mundo antiga por meio de um edifício doutrinário da ciência cristã. E até onde chegou Agostinho aqui?

Os *problemas do cosmos* se tornaram totalmente *indiferentes* para esse homem mergulhado na vivência religiosa. "O que tu queres, portanto, conhecer?" Assim nos interpela a razão no diálogo da alma consigo mesma. "Quero conhecer Deus e a alma." "E nada além disso?" "Absolutamente nada além disso." Desse modo, *autorreflexão* é o ponto central dos primeiros escritos de Agostinho, que irromperam de dentro, portanto com uma coesão interior, a partir do ano 386.

A autorreflexão, contudo, só se acha completamente segura da *vida interior*. Com certeza, o mundo também é certo para ela, mas apenas como aquilo que aparece para o si-mesmo, como o seu fenômeno. Todas as dúvidas da academia se dirigem, portanto, segundo Agostinho, somente contra o fato de que aquilo que aparece para o si-mesmo é tal como aparece; não obstante, não se pode duvidar de maneira alguma de que algo lhe aparece. Denomino, então, ele prossegue, esse todo que se apresenta aos meus olhos mundo.[161] De acordo com isso, a expressão mundo significa para ele um *fenômeno da consciência*. E o progresso no conhecimento da fenomenalidade do mundo, que se apresenta em Agostinho, está condicionado pelo fato de, para ele, todo o mundo exterior só interessar na medida em que significa algo para a vida da alma.

A refutação da academia é de início escrita a partir dessa certeza de si do eu. É para as profundezas do interior que conduzem consequentemente os solilóquios, que descobrem nessas profundezas a imortalidade da alma e a existência de Deus: uma daquelas meditações, cuja forma já permite que se perceba a vida da alma ocupada consigo mesma. Em seguida, o diálogo sobre a vontade livre busca na mesma interioridade a decisão sobre uma das grandes querelas do tempo. E no escrito sobre a verdadeira religião, o conteúdo da fé é desenvolvido a partir da certeza de si do sujeito, que se apercebe de si duvidando, pensando, vivendo. Por toda parte, o ponto de partida é aqui o mesmo: ele reside na *descoberta da realidade no próprio interior*. "Tu, que queres te conhecer, sabes que tu és?" "Eu o sei." "E a partir de onde?" "Não sei." "Tu te sentes simples ou múltiplo?" "Não sei." "Sabes que tu te moves?" "Não sei." "Sabes que pensas?" "Sei." "Portanto, é verdade que tu pensas?" "É verdade." E, com efeito, Agostinho, tal como mais tarde Descartes, associa a certeza de si com a própria dúvida. Na dúvida, dou-me conta de que penso, de que me lembro. Esse dar-se conta não abrange apenas o pensar, mas a totalidade do homem; por *vida* ele designa com uma expressão profunda e verdadeira o objeto da certeza de si. Mesmo a obra mais madura de Agostinho, o escrito *A cidade de Deus*, contém a mesma ideia, em uma expressão perfeita. O fato de que somos, de que sabemos, de que amamos nosso ser e saber, nos é certo.

---

[161] Agostinho, *Contra Acad. III*, c. 11.

"Pois não tocamos nisso como tocamos os objetos externos, por meio de um órgão sensível qualquer de nosso corpo, como as cores por meio do sentido da visão, os sons por meio da escuta etc. Ao contrário, independentemente de representações ilusórias oriundas da fantasia ou de imaginações, estou totalmente certo de que sou, de que sei disso e de que o abarco no sentimento do amor. Também não temo no que concerne a essas verdades as razões dos céticos acadêmicos, que declaram a possibilidade de que eu me engane. Pois se eu me engano, então eu sou. Quem não é não pode se enganar."[162]

A autorreflexão que, segundo pontos de partida semelhantes dos neoplatônicos, vem à tona em Agostinho é inteiramente diversa daquela que encontramos em Sócrates e nos socráticos. Aqui desponta finalmente em meio à autoconsciência uma realidade poderosa, e esse conhecimento devora todo interesse pelo estudo do cosmos. Essa autorreflexão não é, por isso, apenas uma recaída no fundamento cognitivo do saber, e, com isso, não emerge dela apenas uma doutrina da ciência.[163] Nessa reflexão desvela-se para o homem a essência de *si mesmo*, a convicção da realidade do *mundo* tem ao menos a sua posição determinada e sobretudo se apreende nela a essência *de Deus*. Ao mesmo tempo, até mesmo o mistério da trindade parece ser desvendado parcialmente por ela. As três questões da lógica, da física e da ética antigas – qual é o fundamento da certeza no pensar, qual é a causa do mundo e em que consiste o bem supremo?[164] – levam a uma condição comum, à ideia de Deus;[165] duas dessas questões, contudo, surgem na autorreflexão e encontram nela a sua resposta. E, em verdade, essa autorreflexão só chega ao seu resultado pleno quando o processo ético-religioso da crença já descerrou todas as profundidades da alma. O célebre *crede ut intelligas* significa inicialmente que a experiência plena precisa estar presente para a análise, se é que essa análise deve ser exaustiva. O elemento diferenciador do conteúdo dessa experiência cristã encontra-se sobretudo na humildade, que está fundamentada na seriedade da conscência que julga.[166]

---

[162] Agostinho, *De cive Dei XI*, c. 26.
[163] Cf. p. 209, 294.
[164] *A cidade de Deus* XI, c. 25, de Agostinho, se vale dessa introdução dos problemas filosóficos; cf. VIII, c. 6-8.
[165] Idem, XI, c. 25.
[166] Agostinho ep. 118, c. 3, *De cive Dei II* c. 7.

A autorreflexão de Agostinho, tal como ela se diferencia nesses traços fundamentais de toda tentativa científica anterior semelhante, submete de início o próprio saber à análise; uma das três questões centrais era a questão acerca do fundamento da certeza para o pensar. E, não obstante, uma *fundamentação epistemológica* também não vem à tona a partir dessa autorreflexão. A ciência cristã, que é projetada a partir desse ponto de partida, não resolve sua tarefa de maneira adequada. Por que isso não aconteceu? Nos anos em que a ideia de uma tal fundamentação ocupou Agostinho, seus pensamentos se cristalizaram ainda mais na orientação dada para ele pelos neoplatônicos; mais tarde, quando isso se lhe mostrou como fora de questão, as forças objetivas da Igreja Católica e do dogma católico se tornaram poderosas demais em sua consciência e os interesses das grandes lutas eclesiásticas e dogmáticas passaram a requisitá-lo todos os dias; decisivo para nós, porém, é o limite que residia em sua natureza.

Assim, por intermédio do *conceito platonizante da veritates aeternae*, surgiu inicialmente de sua autorreflexão uma vez mais metafísica.

Naquela passagem da *Cidade de Deus*, ele prossegue e diz: "O eu, que se iludiu, de qualquer modo existiria, mesmo que se iludisse; por isso, também não me engano sem dúvida alguma na medida em que reconheço: eu sou. Daí se segue, porém, que também não me engano quanto ao seguinte ponto: eu sei que sei. Pois do mesmíssimo modo que sei que sou, também sei que sei."[167] No sistema de Agostinho, associa-se imediatamente com essa ideia do saber a doutrina das verdades certas em si, de maneira totalmente similar à que se dá mais tarde com Descartes. E, em verdade, esse *progresso* da *certeza de si* para as *verdades certas em si* é apresentado detalhadamente nos escritos fundamentais. – Nós desenvolvemos inicialmente o primeiro elo do procedimento conclusivo lá presente. Eu encontro em minha própria dúvida um critério de medida, por meio do qual distingo o verdadeiro do falso. O caso mais claro de aplicação de um tal critério é o princípio de não contradição. E, com efeito, essa lei do pensamento é um elo de um sistema de leis da verdade. Esse sistema, que pode ser designado como "verdade", é imutável. Pertence a ele os números e as suas relações, e,

---

[167] *De civ. Dei XI*, c. 26.

de acordo com isso, a igualdade e a semelhança, sobretudo a unidade; pois a unidade não pode ser dada em nenhuma percepção sensível, ela não se encontra nos corpos, mas lhes é muito mais conferida por nosso pensamento. Desse modo, é própria ao pensamento. – Apesar de esse primeiro elo do procedimento conclusivo partir da experiência da realidade em nós, ele já mostra o poder que as massas de ideias herdadas em particular do neoplatonismo exerceram sobre o gênio de Agostinho. Pois esse procedimento utiliza a realidade psíquica, a experiência viva apenas como ponto de partida, a fim de alcançar elementos abstratos *a priori*, que tinham sido desenvolvidos pela ciência racional metafísica. Perdura a inversão fática do estado de fato verdadeiro, segundo o qual esse elemento abstrato é o que há de primeiro no espírito; e, com isso, não há como evitar que ele também seja o primeiro na conexão objetiva a ser exposta. – A partir desse primeiro elo, alcançamos o segundo elo da demonstração. Agostinho continua pensando com os platônicos. Esse sistema da verdade é apreendido pela atividade racional, que se mostra como uma visualização de um tipo puramente intelectual. A alma visualiza através de si o verdadeiro, não por intermédio do corpo e de seus órgãos dos sentidos. Há uma "ligação entre espírito visualizador e o verdadeiro que ele visualiza". Nós nos encontramos uma vez mais em meio à metafísica de Platão, que acreditávamos ter deixado para trás. Todo saber é o reflexo de um objeto que se encontra fora do espelho. E o objeto desse saber é a ordem imutável das verdades, que se lança para além do ir e vir dos indivíduos, de seus erros e de sua perecibilidade: essa ordem se acha em Deus. Em seus escritos tardios, Agostinho também aceita o mundo inteligível de Platão, seguindo a ampliação da escola neoplatônica segundo a qual Deus é o sujeito metafísico, no qual esse mundo das ideias está contido.[168] – É apenas em um nova modificação que toda essa demonstração contém a conclusão que vai do pensar humano para algo divino como a sua condição e ela só conquista o conceito de uma conexão lógica do mundo, não de Deus. Nela se apoia a conclusão a partir do caráter do mundo, a partir de sua

---

[168] Agostinho, *De div. Quaest. LXXXIII*, quaest. 46, define o conceito de ideia tal como esse conceito foi então transmitido para a Idade Média: *sunt ideae principales formae quaedam vel rationes* (por mais que ele observe expressamente que esse conceito ultrapassa a teoria das ideias original) *rerum stabiles atque incommutabiles, quae ipsae formatae non sunt, ac per hoc aeternae ac semper eodem modo sese habentes, quae in divina intelligentia continentur.*

beleza consonante a fins e, ao mesmo tempo, de sua mutabilidade, que conduz a Deus.

Na experiência interior de Agostinho estão *presentes, por outro lado*, elementos, que se estendem *para além dessa conexão platonizante* entre o intelecto do homem, o mundo e Deus nas *veritates aeternae*. Mas esses elementos também impelem Agostinho a sair da autorreflexão para uma metafísica objetiva. Por isso, ao lado da parte já apresentada da nova metafísica teológica que provém da Antiguidade, principalmente do neoplatonismo, eles constituem uma segunda parte dessa metafísica, uma parte que se lança para além do pensamento da Antiguidade. O progresso do princípio da certeza de si para uma metafísica objetiva é neles o seguinte.

Na experiência interior, estou presente diretamente para mim mesmo; para o espírito, todo o resto é algo ausente. Por isso, Agostinho exige que o espírito não procure conhecer a si mesmo nem por meio de um processo de pensamento, que utiliza imagens dos objetos externos produzidas pela imaginação, nem por meio dos elementos próprios ao curso da natureza; ao contrário, "o espírito não deve buscar a si mesmo como algo que lhe é estranho, mas dirigir a intenção da vontade, com a qual ele se movimentava de maneira errante entre as coisas exteriores, para si mesmo". "E ele não deveria conhecer a si mesmo como algo de que ele nada sabe, mas que só se diferenciaria daquilo que ele conhece como o outro." O espírito possui e sabe a si mesmo totalmente, e ainda na medida em que procura se conhecer, ele já se sabe totalmente. Esse seu saber dele mesmo corresponde mais às exigências da verdade científica do que o saber sobre a natureza exterior. – A profunda verdade epistemológica contida nessas sentenças é, então, utilizada por Agostinho para chegar à conclusão seguinte. Nós nos apercebemos de nós mesmos na medida em que concebemos o pensar, o lembrar, o querer como nossos atos, e, no aperceber-se desses atos, temos um saber verdadeiro sobre nós. Pois bem, ter um saber verdadeiro sobre algo significa conhecer a substância desse algo. De acordo com isso, conhecemos a substância da alma.[169] Se reside na introdução do conceito de substância uma utili-

---

[169] As passagens mais importantes encontram-se no livro X dos escritos *De Trinitate*. Cf. *De Genesi ad litt. VII*, c. 21.

zação insustentável e, nesse contexto, desnecessária da metafísica, então ele oferece, por outro lado, de maneira metodologicamente correta, a comprovação de que essa vida da alma não pode ser considerada como uma capacidade da matéria. Deduz-se da análise da vida da alma o fato de as propriedades dessa vida não poderem ser reconduzidas a elementos corporais.[170] Também se inscreve aqui imediatamente, porém, o conceito dogmático da substância anímica. – A partir do encadeamento dessas conclusões vem à tona finalmente o seguinte: a alma não pode ser reconduzida à ordem material da natureza, mas precisa ter como mutável um fundamento imutável. Assim, *Deus* se mostra como a *causa* da alma, assim como do mundo mutável em geral, a alma é criada por Deus; pois aquilo que não compartilha a imutabilidade de Deus não pode ser uma parte da substância de Deus.[171]

Em particular, contudo, Agostinho construiu a sua ordem metafísica a partir da autoreflexão sobre os fatos da vontade. Para ele, o comportamento teórico do homem retraiu-se cada vez mais para um ponto por detrás dessas experiências da vontade. Na medida em que acentua no juízo o elemento da concordância da vontade, ele subordina o saber mesmo à vontade:[172] o saber é, nesse sentido, crença. Por meio de tal crença, estamos inicialmente certos do mundo exterior, uma vez que nos comportamos de maneira prática;[173] em seguida, encontramo-nos na mesma conexão do comportamento prático, presente para nós como algo não presente na esperança.[174] Se, no contexto desenvolvido anteriormente, *Deus* era certo como o lugar das *veritates aeternae*, então Ele é certo aqui como o *Bem supremo*.[175] Por isso, nessa crença, estamos seguros daquela realidade do mundo tanto quanto da realidade de Deus.

Assim, a *autorreflexão* de Agostinho é apenas o *ponto de partida para uma nova metafísica*. E, no interior dessa metafísica, já há a luta

---

[170] *De Gen. ad. litt.*, c. 20. 21; *De vera religione*, c. 29; *De libero arbitrio II*, c. 3 e segs.
[171] *Sermo* 241, c. 2; *Epist.* 166; *De vera relig.* c. 30, 31.
[172] Agostinho, *De trinitate XI*, c. 6.
[173] *De civ. Dei* XIX, c. 18: *civitas Dei talem dubitationem dementiam detestatur... creditque sensibus in rei cuiusque evidentia, quibus per corpus animus utitur, quoniam miserabilius fallitur, qui nunquam putat eis esse credendum.*
[174] Cf. a bela apresentação da doutrina do Bem Supremo in: *De civ. Dei* XIX, c. 3 e 4.
[175] No que diz respeito a uma passagem indicada, idem VIII, c. 8.

entre as *veritates aeternae*, na qual o intelecto possui a consonância com o pensamento do mundo, e a vontade de Deus, que está certo do comportamento prático do homem. Pois onde há a vontade, há uma série de transformações que é determinada por uma meta. Agostinho gostaria de sondar[176] a relação viva de Deus com a humanidade, o plano divino na história; e, contudo, ao mesmo tempo reter a imperecibilidade de Deus: imbuído da ideia antiga de que toda perecibilidade envolve perecibilidade.

A situação histórica e o tipo de genialidade pessoal condicionam, assim, a *posição de Agostinho entre teoria do conhecimento e metafísica*. Se eles recusaram ao filósofo ser consequente, desculparam o escritor por isso por meio de um efeito histórico-mundial. Pois na medida em que reconheceu a realidade plena e exclusiva dos fatos da consciência, mas não submeteu esses fatos a uma análise coesa, mergulhando-os em sua imaginação, por assim dizer no entretecimento das mais ricas forças anímicas, isso o tornou, em verdade, um filósofo fragmentário, mas ao mesmo tempo um dos grandes escritores de todos os tempos.

A ciência grega tinha buscado um conhecimento do cosmos e desembocado no ceticismo com a intelecção de que todo conhecimento da base objetiva dos fenômenos seria impossível. Desse ponto, os céticos tinham deduzido de modo por demais apressado a impossibilidade de todo saber. Em verdade, eles não negavam a verdade dos estados que encontramos presentes em nós mesmos; mas menosprezaram esses estados como algo iníquo para nós. Agostinho retirou uma consequência epistemológica da transformação da direção dos interesses, que o cristianismo tinha imposto. Nem os *isights* de Tertuliano, nem o sincretismo dedicado a uma formação temporal neoplatônica em Clemente e Orígenes tinham conseguido isso. E em consequência disso Agostinho se constitui em um elo autônomo no progresso histórico tão lento e tão grave da metafísica objetiva para a teoria do conhecimento.

Mas ele deve a posição que assim assume não à sua capacidade analítica, mas à genialidade de seu sentimento vital pessoal. E esse fato faz-se valer segundo uma dupla orientação.

---

[176] *De civ. Dei* V, c. 10 e 11.

Agostinho é totalmente livre da inclinação dos metafísicos para substituir a realidade efetiva pela necessidade do pensamento, o fato psíquico pleno pelo componente representacional nele contido. Ele permanece no sentimento e na imaginação da vida plena. Assim, não designa aquilo que resta intocável pela dúvida exclusivamente como pensamento, mas também como vida. Nisso se anuncia sua natureza em contraposição à de um Descartes. Ele gostaria de expor aquilo que estaria contido no impulso vital pelo qual sua natureza afetiva seria mobilizada. Ele teve em primeiro lugar a necessidade e a ousadia de pôr às claras sua história tal como ela tinha emergido desse impulso vital e tal como ela reflete o seu destino interior. Como um elemento natural poderoso e livre, ele percorreu o mundo, sem se ver preso a restrições convencionais, um homem de força: sempre viveu aquilo que pensou. As *Confissões* cunharam sua imagem sobre a Idade Média: um coração ardoroso, que só encontra quietude em Deus. Por outro lado, ele lutou para expressar em uma descrição psicológica geral o impulso obscuro por bem-aventurança em seus traços essenciais, ele perseguiu esse impulso através do crepúsculo da consciência na qual tece, em meio ao reino das ilusões que daí emergem, até que esse impulso se perde no belo mundo de figuras de Deus. De qualquer modo, porém, sempre acompanhado da consciência de que a mudança dos estados que assim emergem não é o bem supremo alcançado.[177] Finalmente, seus escritos sempre retornaram uma vez mais à empatia e à meditação sobre os estados da alma. Eles pressentiram de maneira profunda a conexão dos fatos psíquicos, que tinham sido explicados até então preponderantemente a partir da vida da representação, com a vontade, com todo o homem; comparemos suas discussões sutis e argutas sobre os sentidos,[178] sobre a vida obscura da vontade na criança,[179] suas observações e especulações sobre o significado radical do ritmo na vida espiritual.[180] De maneira correspondente, além disso, seus escritos reconduziram conceitos que tinham sido tratados até então abstratamente na metafísica e decompostos em elementos representacionais às suas bases na totalidade da vida anímica: no que

---

[177] Cf. o excurso em sua autobiografia *Confissões* VII, c. 10-15.
[178] Agostinho, *De libero arbitrio* II, c. 3 e segs.
[179] *Confissões* I, c. 6.
[180] *De musica*, particularmente no livro 6.

concerne a esse ponto, as suas pesquisas sobre o tempo, por exemplo, sempre permanecerão exemplares.[181] Mas sua capacidade de análise não estava à altura dessa violência genial própria à atualização. Será que isso deveria causar espanto? Esse ânimo poderosamente natural, ao qual só Deus podia satisfazer, não tinha como se acostumar a dedicar uma vida à análise dos conceitos. Com efeito, como ninguém nos séculos que se seguiram a São Paulo, Agostinho soube apreciar com um sentido grandioso as forças de pensamento que ele encontrou presentes em seu tempo, e, em consequência disso, concebeu corretamente, envolto pelas ruínas da especulação antiga, a verdade do ceticismo grego ante a intelecção objetiva do mundo. Ele conseguiu encontrar, então, o ponto decisivo no qual a experiência cristã suspende o ceticismo antigo, e, com isso, pôde tomar um ponto de vista crítico semelhante. No entanto, ele não conseguiu levá-lo a termo; faltava-lhe o poder analítico para subordinar a esse ponto de vista a ciência da realidade efetiva exterior, para construir a ciência da realidade efetiva interior a partir dele, assim como para dissolver os conceitos falsos, que pretendem manter coesos em um todo objetivo os fatos espirituais tanto quanto os fatos da natureza. O que assim surgiu não foi nenhum sistema. Só se reconhecerá Agostinho em sua verdadeira grandeza como escritor, quando se desenvolver o nexo psicológico que se encontra nele e se abdicar da conexão sistemática que não podemos encontrar nele.

E nenhum homem medieval viu mais longe do que Agostinho. Assim, ao invés de uma apresentação epistemologicamente fundada e de sua expressão em representações, formou-se uma sistemática objetiva. Surgiu na *teologia* uma *segunda classe de metafísica*, mais profunda no ponto de partida. Todavia, de acordo com a sua relação com as tarefas práticas da vida, ela se mostrou em uma mistura impura com componentes positivos, fundados na autoridade: uma *metafísica da vontade* em todos os aspectos não crítica. Ora em contenda, ora em um equilíbrio externo, então, Agostinho, o representante da metafísica da vontade, e Aristóteles, o cérebro da metafísica do cosmos, atravessam a Idade Média. E, em verdade, Agostinho não vive apenas em união com Platão e com Aristóteles na *Escolástica*, mas,

---

[181] Agostinho, *Confissões XI*, c. 11-30.

na medida em que não procura subordinar o que é dado no saber imediato aos conceitos encontrados no mundo exterior, ele encontra os seus sucessores nos *místicos*. Já as formas literárias, nas quais a mística se enunciou, mostram essa conexão com Agostinho.[182] Em relação à fundamentação epistemológica de sua oposição à metafísica, a mística também não deu nenhum passo para além de Agostinho. Ao contrário, ela apenas se fechou mais puramente no elemento da experiência interior. Por isso, não se manteve por conta de sua fundamentação científica, mas foi sustentada por sua vida interior. Com isso, a independência da vida pessoal de fé foi salva por ela através do florescimento e do declínio da metafísica medieval, até que essa independência obteve em Kant e Schleiermacher uma fundamentação científica.

TERCEIRO CAPÍTULO

A NOVA GERAÇÃO DE POVOS E SEU ESTÁGIO METAFÍSICO

Existe mais de um século entre Agostinho e as épocas de Copérnico, Lutero, Galileu, Descartes e Hugo de Groot. Nos Estados medievais da Antiguidade desenvolvera-se a metafísica até aqui exposta; uma metafísica como fundamentação das ciências também foi legada, então, à nova geração de povos, que entrou em cena sob a herança dos Antigos.

Agostinho vivenciou o fato de os germanos terem assumido o lugar dos romanos como senhores do mundo, de ter cabido a eles o domínio no Ocidente. No Oriente, levantaram-se os árabes. Como esses povos tinham tido até então o conteúdo de sua vida intelectual preponderantemente a partir de representações religiosas, é natural que os problemas teológicos e metafísicos os tenham tocado intensamente. Um *desenvolvimento paralelo* realizou-se junto aos *povos do Islã*

---

[182] Mais significativa do que a forma literária extrínseca (confissões, solilóquios) é a forma autoral interna; Agostinho oscila entre monólogo, oração e interpelação, e a violência sedutora de seus escritos repousa concomitantemente nessa relação viva ora consigo mesmo, ora com a experiência anímica, ora com Deus. De mãos dadas com isso segue a sua falta de talento para compor grandes obras.

e na *cristandade*; notórias analogias relativas a esse desenvolvimento vêm à tona no longo período de tempo da metafísica teológica. Todavia, uma profunda oposição já tinha surgido aí: ao lado da metafísica dos gregos, os árabes acolheram os seus trabalhos nas ciências naturais e na matemática; a metafísica do Ocidente conquistou em um trabalho árduo uma apreensão mais profunda do mundo histórico humano, em conexão com a atividade autônoma dos povos germano-românicos na vida política.

O trabalho de pensamento dos árabes começou com o movimento teológico, e esse movimento constitui o primeiro período de sua vida espiritual. Os mutazilitas, os racionalistas árabes, trataram dos problemas que emergem independentemente de todo e qualquer estudo do mundo exterior sempre que as experiências da vida ético-religiosa buscam uma expressão claramente demarcada em determinadas representações. De maneira tão frequente quanto uma tal expressão é estabelecida no interior de uma fé monoteísta, vêm à tona as antinomias colocadas de maneira inexorável na representação religiosa entre a vontade livre e a predestinação, a unidade de Deus e suas propriedades. Assim, levantaram-se aqui no Oriente as mesmas questões que tinham mobilizado antes e ao mesmo tempo o Ocidente cristão. E, em verdade, havia aqui tanto quanto lá o impulso na própria vida religiosa, e a familiaridade com o pensamento antigo não confere senão alimento para esse movimento. A tentativa dos "irmãos mais ruidosos", daquela estranha irmandade secreta a serviço da pesquisa livre, de associar Aristóteles, neoplatonismo e Islã na unidade de uma conexão enciclopédica, forma um outro estágio desse desenvolvimento de pensamento. Também essa tentativa fracassou. "Eles cansam" – declarou o xeique Sagastani – "mas não nos satisfazem; eles erram por aí, mas não chegam a lugar algum: eles cantam, mas não divertem; eles tecem, mas em fios muito finos; eles penteiam, mas criam um emaranhado; eles presumem o que não é e nem pode ser".[183]

Para além da teologia, a nação espiritualmente ativa, argutamente observadora, mas carente da profundidade e da autonomia ética, apoiada pelo talento dos povos oprimidos, deu prosseguimento ao trabalho científico-natural e matemático dos gregos. E a metafísica dos árabes,

---

[183] Cf. Flügel na revista da *Deutsche Morgenländische Gesellschaft* v. XIII, p. 26.

uma renovação de Aristóteles com interpolações neoplatônicas, fez com que, contra uma conexão una, necessária e geral em termos de pensamento, se retraísse o elemento da vontade, sim, com que ele alcançasse em alguns dos defensores mais representativos de tais pressupostos, como Ibn Badja e Ibn Roschd, a negação da imortalidade pessoal. Os resultados da pesquisa metafísica e científico-natural dos árabes foram transmitidos para o Ocidente; contra o que a vitória da escola ortodoxa dos acharitas sobre os filósofos, decidida no século XII, juntamente com o despotismo morto da constituição política, acabou por esgotar toda a vida interior do próprio Islã.

No curso do desenvolvimento dos povos *germano-românicos*, tal como esses povos constituíram a conexão da cristandade europeia, a metafísica foi se esgotando muito mais lentamente. Ela mostrou-se como o longo sonho de juventude dessas nações. Pois elas ainda se encontravam, ao entrar na herança da metafísica, em seu período heroico. Elas achavam-se sob o comando da Igreja e da teologia. As representações de forças psíquicas, que imperavam inteiramente através de todo o mundo, eram para elas, tal como outrora para os gregos, a expressão natural de seu espírito, que continuava preso em muito à época mítica da representação. No interior da teologia que lhes tinha sido legada, elas se formaram a partir dos restos de seu sentimento e de seu pensamento mítico e a partir de componentes semelhantes, que se encontravam junto aos Antigos, um mundo rico e fantástico, repleto de santos, histórias maravilhosas, mágicos pérfidos e espíritos de todos os tipos. Era difícil para elas se aclimatarem à metafísica existente, tal como essa metafísica tinha chegado à sua conclusão em Aristóteles. Com o tempo, ampliou-se o seu conhecimento de Aristóteles, paulatinamente cresceram para elas as forças do pensar abstrato. Assim, surgiu um todo que reinava com violência imperial sobre as almas. Em tempo algum, o poder da metafísica foi tão grande quanto nesses séculos nos quais ela se associou com a Igreja e com a teologia. E nesse desdobramento, a metafísica aristotélica sofreu uma transformação essencial. Vieram à tona na nova metafísica elementos que já tinham afirmado há muito tempo seu domínio junto aos povos modernos e que ainda hoje o afirmam em muitos pontos, tal como no interior de amplas parcelas da população europeia. Pois, ao lado de muitas desvantagens, a situação histórica desses novos povos lhes conferiu também grandes vantagens em relação aos Antigos. A humanidade europeia tem desde então um passado atrás de si, que se encontra fechado. Povos e Estados viveram plenamente sobre o solo no qual um novo mundo se instaurou. Eles falavam na mesma língua romana, que ainda se mostrava como dominante, e o mais importante do desenvolvimento grego também foi salvo na literatura dessa língua. Por outro lado, porém, esses jovens povos romano-germânicos encontravam-se em luta contra o Oriente mobilizado poderosamente pelo Islã. A oposição política e militar foi sentida ao mesmo tempo como tal pelas duas grandes religiões do mundo, que brigavam pelo domínio, e persistiu até o cerne do âmbito da metafísica. Os metafísicos da cristandade depararam com sistemas argutos, que provinham do Islã e que eram internamente hostis à cristandade. Tudo isso deu à metafísica dos povos europeus modernos uma preponderância sobre a metafísica dos Antigos em dois pontos.

A situação transformada possibilitou, por um lado, aos metafísicos alcançar uma abstração que não tinha sido possível aos gregos em seu crescimento nacional natural. Eles chegaram a *abstrações de um grau extremo*. Pois a metafísica tanto quanto as verdades religiosas foram submetidas a partir de então a uma reflexão que, apesar das mais amargas falhas no conhecimento e na concepção do plano histórico, tinha de qualquer modo diante de si os restos desse passado como matéria-prima. E, em verdade, a reflexão metafísica não estava presa inicialmente à autoridade eclesiástica no que diz respeito à questão sobre que demonstrações poderiam ser trazidas para o entendimento e que conceitos poderiam ser dissolvidos em elementos inteligíveis. Por mais fatídica que pudesse ser para a filosofia que só prospera em independência a influência de representações eclesiásticas e do poder eclesiástico dos homens medievais: essa questão, a questão de saber que conteúdos dados pela metafísica tradicional e pela crença vigente seriam correspondentes e acessíveis ao entedimento, tinha sido deixada livre pela Igreja.

Por outro lado, a situação transformada possibilitou aos metafísicos estender seu sistema até o *mundo histórico*, um sistema que tinha surgido da pesquisa científica da natureza. O mundo histórico ampliou-se, então, diante de seus olhos como uma realidade abrangente. Por intermédio da ciência cristã, ele se encontrava em uma relação interna com os princípios mais profundos do mundo metafísico e formava, graças à relação com esses princípios, um todo em si mesmo coeso. Ao mesmo tempo, o dualismo cristão de espírito e carne se cindiu ainda mais intensamente de toda a natureza desse reino do espírito, como uma conexão fundada no transcendente. Assim, a metafísica medieval experimentou uma ampliação, por meio da qual apenas os fatos espirituais e a realidade efetiva histórico-social foram inseridos nela como um elo congênere com a natureza e com o conhecimento da natureza. Pela segunda vez começou, assim, o trabalho de pensamento da metafísica. A vontade de conhecer prosseguiu, do mesmo modo que a vontade de penetrar com o pensamento os sujeitos cuja ação e cujas propriedades se manifestam na natureza, na experiência de si e na história. Com isso, a vida que se encontrava na base dessa vontade de conhecimento ganhou profundezas que tinham se mostrado como inalcançáveis para a meditação metafísica da Antiguidade. Encontra-se fora de nossa esfera de discussão considerar como o trabalho de pensamento metafísico fez a tentativa de dissolver em componentes claros e demonstráveis a santíssima trindade e a humanidade de Deus e como ele precisou reconhecer, por fim, a indissolubilidade do dogma cristão para o entendimento. Todavia, o espírito humano experimentou além disso pela segunda vez o fato de ser absolutamente impossível um sistema metafísico natural. Diante da crítica do entendimento, a metafísica derrete como neve no momento em que o calor do Sol aumenta. E, assim, nesse aspecto, o segundo estágio metafísico também terminou como o primeiro, por mais rico em conteúdo que tenha sido o resíduo que ele deixou para trás.

Esse processo permite que olhemos mais profundamente para o interior da *essência da metafísica* tanto quanto para o interior da *impossibilidade* de sua *existência* duradoura; pois só a história nos diz o que contêm os grandes fatos de conteúdo do espírito em sua essência. A metafísica medieval encerrava em si uma ampliação da visão de mundo, que periste em certos limites até hoje. Ela continha uma vida anímica mais profunda do que tinha sido a vida anímida da Antiguidade. E quanto mais concentradamente ela se empenhava, o que se achava agora no interior do horizonte de reflexão metafísica, por conceber de maneira intelectiva, tanto mais claramente veio à tona a impossibilidade de tal concepção. Precisar-se-á atribuir nesse caso muito à formação intelectual imperfeita dos escritores que criaram a metafísica. A tarefa de unificar as grandes realidades do cristianismo e as representações nas quais essas realidades foram expressas com a metafísica grega, em particular com a metafísica aristotélica, foi compreendida por eles de forma extrínseca, porque lhes eram inacessíveis os motivos científicos mais profundos da metafísica grega. Assim como esses motivos tinha surgido do trabalho da ciência efetivamente real, esses motivos e seus conceitos e princípios deles oriundos só podiam ser compreendidos por aqueles que estavam com as mãos no mesmo trabalho. Os conceitos da forma substancial, da eternidade do mundo e do motor imóvel vieram à tona a partir das exigências do conhecimento que queria explicar o cosmos; exatamente como o conceito do átomo ou o do espaço vazio. Outros conceitos foram condicionados pela pesquisa positiva nas ciências naturais. Por isso, os conceitos dos Antigos junto aos estoicos assemelham-se às plantas arrancadas de seu solo em um herbário, plantas cujo lugar de origem e condições de vida são desconhecidos. Esses conceitos foram, então, associados a outros totalmente incompatíveis, sem apresentar uma resistência particular. Assim, encontramos a criação a partir do nada, o ato vivo e o caráter de pessoa de Deus associados com os conceitos que partem da imutabilidade da substância primeira ou do conceito aristotélico de movimento. No entanto, por mais que essa falta de um espírito efetivamente científico tenha necessariamente dificultado a solução da tarefa supracitada de unificar a vida do cristianismo com a ciência do cosmos em um sistema, essa falta não explica o colapso total dessa metafísica como ciência, um colapso que designa o fim do estágio metafísico dos povos modernos e a entrada no estágio das ciências efetivamente reais; ao contrário, a impossibilidade da própria tarefa vem aqui à tona. Na medida em que a metafísica parte em primeira linha do interesse pelas experiências da vontade e do coração, ela não pode ser resolvida pelo entendimento em meio a uma conexão de conceitos totalmente transparentes. Uma vez que as condições da natureza devem ser ligadas com as condições do mundo histórico, formando uma conexão objetiva, entra em cena no ponto central da metafísica a profunda *contradição* entre a *necessidade*, que é própria ao que é consonante com o pensamento, e a *liberdade*, que é a experiência da vontade: essa contradição esgarça o seu tecido essencial.

Todavia, essa segunda época da metafísica realizou ao mesmo tempo um *progresso duradouro positivo* no desenvolvimento intelectual europeu, um progresso que se manteve para o homem moderno e para a ligação livre entre teoria do conhecimento, ciência particular e crença religiosa. Acrescenta-se ao que já mencionamos o seguinte. Na Antiguidade, a ciência tinha se destacado como um nexo final independente e alcançado a autonomia. Nos grandes institutos de Alexandria, nos outros pontos de agrupamento científicos da Antiguidade tardia, ela também manteve uma organização externa, por meio da qual se tornou possível a continuidade de realizações positivas. Assim, em contraposição à vida pública alternante e esfacelada, a ciência entrou em cena como uma conexão que abrangia os povos. O poder e a soberania da consciência cristã corporificaram-se, então, durante a Idade Média, na construção constante da Igreja Católica, para a qual foram transplantados muitos resultados políticos do Império Romano. Se a liberdade individual da consciência cristã lhe foi de tempos em tempos sacrificada, as grandes ordens corporativas da crença e do saber prepararam de qualquer modo um futuro no qual, em meio à vida interior da alma, podiam ser levadas a termo a diferenciação e a divisão externa dos contextos finais particulares: um futuro que mesmo nós só olhamos hoje em seus contornos incertos. Em seguida, a vida religiosa e as escolas da mística mantiveram viva a consciência de que a essência meta-física do homem na experiência interior, como vida, é dada de uma maneira individual que exclui uma expressão científica universal. A metafísica acrescentou ao contexto conceitual que tinha sido desenvolvido junto ao mundo exterior o contexto que provinha da vida religiosa: criação a partir do nada, vitalidade interior e por assim dizer historicidade de Deus, destino da vontade. E quando a metafísica da Idade Média pereceu por conta da contradição interna que assim emergiu, a consciência pessoal, incapaz de qualquer fundamentação científica universal de nossa natureza meta-física estava e continuou presente aí como o coração da sociedade europeia; a batida desse coração foi sentida nos místicos, na Reforma, naquele poderoso puritanismo que vive tão bem em Kant ou Fichte quanto em Milton e Carlyle e que encerra em si uma parte do futuro.

QUARTO CAPÍTULO

PRIMEIRO PERÍODO DO PENSAMENTO MEDIEVAL

O ponto de partida do trabalho de pensamento da Idade Média foi constituído pelos problemas inerentes às três religiões monoteístas. Comecemos com a mais simples das três. O judaísmo, o cristianismo tanto quanto o Islã têm o seu ponto central em uma relação volitiva do homem com Deus. Por isso, eles encerram em si uma série de elementos, que pertencem à experiência interior. No entanto, como nossa representação está ligada às imagens da experiência exterior, aquilo que pertence à *vivência* só pode ser *representado* no contexto de nossa *imagem* do mundo exterior. A prova mais simples disso é dada pelo fracasso de todas as tentativas de, sem uma imagem da exclusão espacial mútua, isolar Deus do próprio si mesmo, de pensá-lo em relação com esse si mesmo sem um elemento do comportamento e da influência espacial, ou, por exemplo, de levar a termo a representação da criação sem imagens de um vir à tona, por mais acelerada que esse vir à tona se dê, e de uma configuração temporal. Por isso, a vivência religiosa nas religiões monoteístas também se apresenta em um mundo de representações, que não passa de véu e roupagem, por assim dizer, de uma *concretização plástica de uma experiência interior*, tal como tinha sido o caso nas religiões indo-germânicas, com cuja representação mítica do mundo vimos despontar a metafísica grega.[184] E o *pensamento* aspira necessariamente a esclarecer, *a decompor e a unir de maneira isenta de contradições* essas representações que dão concretude plástica à experiência religiosa.

Nesse contexto, o pensamento dogmático depara incessantemente com componentes representacionais que pertencem à imagem do mundo exterior. E como cristianismo, paganismo e Islã tinham diante de si a elaboração desses elementos por parte da ciência explicativa do cosmos, misturaram-se em sua teologia conceitos oriundos da ciência explicativa. Por isso, o desenvolvimento de fórmulas, que deveriam delimitar a experiência religiosa em uma associação de representações e justificar essas fórmulas em contraposição a outras fórmulas no interior da mesma religião tanto quanto em contraposição a

---

[184] P. 308 e segs.

outras religiões, não se realizou de maneira consequente a partir da certeza de si de uma experiência interior, uma certeza dada no cristianismo.[185] O rio violento e fresco dessas experiências interiores desembocava muito mais na corrente extensa, turva, que levava consigo elementos de tipos maximamente diversos, da metafísica ocidental. Um sincretismo na metafísica, tal como esse sincretismo encontrou sedimentação no longo desenvolvimento do pensamento greco-romano, parecia oferecer à representação religiosa meios de constituir um sistema e de se afirmar como tal. Assim surgiu a *teologia* cristã, e, de maneira semelhante, a *teologia* judaica e a maometana.

E, em verdade, foi apenas durante um tempo limitado que a tarefa da teologia se encontrou no centro de todo pensamento sistemático junto aos povos modernos. No Ocidente cristão, esse tempo durou mais do que nos povos islâmicos; de Alcuin e do século VIII, ela se estendeu aqui até o final do século XII.

Durante esses quatro séculos, fizeram-se valer para o entendimento as *posições possíveis do conteúdo de fé*, tal como essas posições perduram até hoje. O partido dominante na hierarquia considerava o conteúdo de fé como uma fatualidade inalcançável à razão e que se contrapunha de maneira autoritativa na revelação à nossa natureza degradada. De acordo com a relação exposta entre a crença na revelação e a experiência interior, esse ponto de vista foi associado com o segundo, que desenvolveu no cristianismo o conhecimento aplicado de que as experiências religiosas interiores não podem ser apresentadas em uma conexão intelectiva.[186] Todavia, essa segunda posição em relação ao conteúdo de fé também entrou em cena de maneira mais desprendida ante o princípio da autoridade, em particular nas escolas místicas. Um terceiro partido teve durante esse período o seu representante mais importante em Anselmo. Os pressupostos desse partido também residiam em Agostinho. Ele uniu em uma profundidade difícil de ser apreendida os dois lados do pensamento medieval: em todo mistério, mesmo no mais profundo mistério da fé, há um nexo

---

[185] Como mostramos em Agostinho, na p. 258 e segs.
[186] Essa ligação entre os dois pontos de vista (para os quais provas primeiras são supérfluas) é encontrada na conhecida sentença de Bernhard de Clairvaux: "*quid enim magis contra rationem, quam ratione rationem conari transcendere? Et quid magis contra fidem, quam credere nolle, quicquid non possis ratione atingere?*" – Quanto à segunda parte, cf., por exemplo, Hugo von St. Viktor de sacram I, pars 10 c. 2.

racional, e esse nexo poderia ser pensado em sintonia com a razão divina, se as ideias dos homens tivessem a força de alcançar o nexo de Deus; mas esse nexo só é visualizado sob o pressuposto da fé.[187] O último dentre esses partidos considerava o entendimento humano como critério de medida do conteúdo de fé, e as diferenças nesse partido foram condicionados preponderantemente pelo grau de autoconfiança com o qual esse entendimento veio à tona. Assim, ele pode ser designado como racionalismo. Ele não recebeu o seu poder apenas do impulso para o conhecimento, que cresceu e transformou-se em uma paixão sobretudo no século XII; mesmo a tensão existente entre as autoridades quanto aos mistérios da fé pôde ser aproveitada de maneira audaz e engenhosa por Abelardo em seu escrito "Sim e não" em favor da decisão de questões de fé pelo entendimento, e a contenda entre uma maioria de religiões monoteístas tornou a validade final dessas religiões dependente da sentença do pensamento. O diálogo entre os representantes das diversas religiões, tal como o Kusari e o diálogo abelardiano entre um filósofo, um judeu e um cristão, torna possível que reconheçamos o poder dessa relação fática. Assim, ao aperfeiçoamento do material em nome do conhecimento da lógica aristotélica seguiu-se um movimento dialético, cujos resultados negativos atemorizaram muitos contemporâneos.[188] O conteúdo de fé já foi visto como uma antecipação do conhecimento racional,[189] e a questão veio

---

[187] Anselmo *de fine trinitatis, praefatio* e c. I, 2; *de concordia praescientiae Dei cum libero arbitrio*, qu. III, c. 6. A resolução das contradições aparentes acha-se em Anselmo no pressuposto de que mesmo o mistério inalcançável da fé é um nexo racional em Deus. Assim como Anselmo se destaca dos místicos por meio daí, ele se aproxima, com isso, de Escoto Erigena e de Abelardo. Cf. Eadmer, Vita St. Anselmo il, c. 9.

[188] Para o significado indicado do escrito *Sic et non* de Abelardo, a conclusão do prólogo é decisiva. De resto, cf. a descrição retirada de Johann von Salisbury, Richard von St. Viktor e Abelardo, entre outros, das facções racionalistas em Reuter, *Geschichte der Aufklärung I* (História do esclarecimento I), p. 168 e segs.

[189] Essa foi a consequência da orientação que mencionamos por último. Ela pode ser deduzida da célebre fórmula de Escoto Erigena *De divisione I*, c. 66 p. 511B (Floß). Todavia, nem o racionalismo de Escoto Erigena nem o de Abelardo são irrestritos. A teoria que se encontra nos dois e que reduz a relação dos conceitos e juízos do entendimento à realidade efetiva finita, uma teoria que os dois tinham como tarefa designar (como, afinal, o princípio no verbo imprescindível incluiria a temporalidade como barreira), é uma tentativa de defender a transcendência efetivamente real contra os racionalistas. Cf. Abelardo, theologia christ. 1. III, p. 1246 B. 1247 B (Migne), ao lado das posições paralelas da *Introductio* e Escoto Erigena *De divisione I*, c. 15 e segs. 463B. C. 73, p. 518B.

à tona: se os princípios doutrinários do cristianismo são acessíveis a um tratamento racional, por que se careceria da revelação? A apreensão do conteúdo de fé por meio da razão, uma apreensão pela qual se luta nesses séculos, tem na *dialética* (lógica) o seu *instrumento*. Foi convincentemente demonstrado como é que o estado desse instrumento foi condicionado pela tradição originária bastante precária do material lógico e pela lenta ampliação do conhecimento da autêntica lógica aristotélica.[190] Mas a dialética desses séculos aparece sob uma luz mais favorável, quando se apreende o outro lado de sua história naquela época, sua relação com as tarefas da teologia, e quando se reconhece a dependência de seus traços mais importantes em relação a essa tarefa. Assim como a lógica aristotélica é condicionada pela situação e pela tarefa da metafísica do cosmos, a dialética da Idade Média também o é pela tarefa da teologia, como a sua doutrina da ciência. De maneira correspondente a essa relação, a lógica medieval estava ligada a discussões bem vivas sobre as relações entre as formas de pensamento e a consonância com o modo de ser do pensamento característica da realidade efetiva, uma consonância estabelecida em Deus. As sentenças da metafísica platônico-aristotélica sobre esse ponto, tal como foram desdobradas pelos neoplatônicos, formaram a base da teologia da maioria dos Padres da Igreja, em particular de Agostinho. Ao mesmo tempo, havia no material lógico legado pela tradição uma parca comunicação, a qual permite como que por uma estreita fresta que olhemos para as lutas da Antiguidade; lutas que, de resto, se achavam outrora subtraídas ao conhecimento.[191] Quando se considera o significado metafísico do problema, o único significado que realmente nos concerne, é possível reconhecer na multiplicidade das orientações, que tentaram uma solução do problema agora apaixonadamente discutido, o despontar de três classes específicas. A condição geral dessa formação partidária residia no fato de o estágio metafísico da ciência só possuir um nexo – consonante com o pensamento – dos fenômenos como um sistema de formas, que se apresentam em conceitos universais. Uns supunham um processo real de es-

---

[190] Cousin, Jourdain, Hauréau e Prantl têm o mérito principal dessa demonstração histórica.
[191] Cf. Hauréau, *Histoire de la philosophie scolastique I*, p. 42 e segs., Prantl sobre Porfírio na *Geschichte der Logik I* (História da lógica I), p. 626 e segs., sobre Boécio 679 e segs., sobre as querelas II, 1 e segs., 35 e segs.

pecificação lógica na substância das coisas, quer representassem essa substância segundo a fórmula de uma emancipação, como Escoto Eriugena, ou segundo a fórmula de uma criação. Assim, segundo Wilhelm von Champeaux, aliam-se em primeiro lugar à matéria-prima em si idêntica formas dos gêneros supremos. No interior de cada um desses gêneros, então, surgem tais formas que dividem o gênero em espécies, descendo até os indivíduos.[192] Os outros rejeitaram um tal processo real de especificação lógica e se satisfizeram com a suposição de uma relação real entre o entendimento divino, no qual moram as formas, a realidade efetiva, para a qual as formas são imaginadas por meio de um tal entendimento, e o entendimento humano, por meio do qual elas podem ser destacadas junto às coisas.[193] O nominalismo constituiu o caráter comum de uma terceira classe de dialéticos.

– O destino dessas três correntes estava essencialmente condicionado por sua relação com a tarefa da teologia. A primeira precisou conduzir de maneira consequente, como lhe foi demonstrado pela argúcia de Abelardo, para a unidade essencial da mesma substância e, com isso, para o panteísmo.[194] A última dessas correntes, a teoria nominalista, mostrou-se como totalmente incapaz de servir como base para a teologia, até que, em um estágio posterior, ela foi colocada em relação com a experiência interior. Essa foi a razão pela qual ela não pôde se afirmar nesse primeiro período do pensamento medieval. O nominalismo de Roscelino não rejeitou apenas a relação da coisa particular com o gênero, mas também recusou toda e qualquer validade objetiva à relação da parte com o todo. Mas repousava nesta última relação todo o nexo do plano divino de salvação, assim como esse nexo constituía a base da Igreja. O pecar em Adão, o ser redimido em Cristo, a ligação do singular com a Igreja não eram pensáveis sem essa conexão das partes em um todo. Do mesmo modo, a doutrina da triplicidade parecia pressupor uma real relação do singular com o conceito supraordenado. Assim, a visão medieval, tal como tinha sido defendida

---

[192] Escoto Erigena, por exemplo, *De divisione naturae I*, c. 29 e segs. p. 475B, IV, c. 4. p. 748; Wilhelm von Champeaux segundo o relato no escrito *De generibus* (*Ouvrages inédits d'Abélard p. Cousin*) p. 513 e segs. e em epist. I de Abelardo, c. 2, p. 119.
[193] A eles pertence Abelardo, cf. *Introductio ad theolog. II*, c. 13, p. 1070.
[194] Nas *Glossulae super Porphyrium* segundo o resumo de Rémusat, Abelardo II, p. 98. Além disso, veio à tona a insustentabilidade lógica desse realismo que o *De generibus* p. 514 e segs. desenvolvera.

em um primeiro momento de maneira feliz por Abelardo, se sagrou vitoriosa: ela correspondia da melhor maneira possível à tarefa da metafísica medieval; e isso até que o nominalismo conquistou um direito mais profundo na teoria da experiência interior e da vontade dada nessa experiência. Assim, se nessa luta do entendimento com o conteúdo de fé durante os quatro séculos citados se aspirou a uma fundamentação dialética, tudo isso não passou de qualquer modo de uma *preparação* para a teologia. E, em verdade, a primeira tarefa consistia no desenvolvimento contínuo da *condução da demonstração* da *existência* de um *mundo transcendente*; não obstante, na história da fundamentação do mundo transcendente com vistas a uma demonstração racional, as realizações desses séculos constituem um componente que não possui nenhum interesse para nós se o considerarmos isoladamente. Além disso, o entendimento procurava se orientar no mundo transcendente e *desenvolver* em sintonia com o pensamento a *conexão do conteúdo de fé*. Nesse caso, decidiu-se nesse período um destino do entendimento ocupado com essa tarefa, um destino que permite que olhemos para as condições vitais do pensamento metafísico. A partir dos pontos mais importantes surgiram, ao invés da posição duradoura em uma fórmula que satisfazia o entendimento, contradições atrás de contradições, e essa relação não se deu apenas no interior dos dogmas específicos das religiões monoteístas particulares, mas também se tornou visível nas sentenças que são comuns a essas religiões e que, de acordo com isso, se encontram em uma relação mais próxima com a metafísica.

Uma contradição apresenta-se em duas proposições, quando uma exclui a outra; ela consiste, portanto, em uma relação entre os predicados do mesmo sujeito, em virtude do qual elas se excluem ou se suspendem mutuamente em sua relação com o mesmo. Uma tal contradição entre duas proposições é uma antinomia, quando as duas proposições são inevitáveis, e antinomias são, por isso, proposições que enunciam algo contraditório em relação ao mesmo sujeito com a mesma necessidade. A Antiguidade tinha desenvolvido de início as antinomias que estão contidas inicialmente em nossa apreensão do mundo exterior; essas contradições possuem sua raiz na relação do conhecimento com as percepções exteriores. A segunda metade de todas as antinomias emerge, na medida em que as experiências internas são inseridas no nexo das representações exteriores e o conhecimento procura submetê-las à sua lei. No interior dessa classe surgiram em primeiro lugar historicamente as antinomias da representação religiosa, da teologia e da metafísica que abarca em si a experiência religiosa; o campo de batalha dessas antinomias era a teologia tanto quanto a metafísica da Idade Média, e elas tiveram um efeito igualmente dissolutor na dogmática do protestantismo antigo. A partir dessas antinomias, os primeiros a alcançarem a formação clássica na época dos Padres da Igreja foram aqueles que ainda não pressupunham a ciência do cosmos, mas provinham da relação da experiência religiosa com a representação e com a reflexão lógica.

Como a vida religiosa é impelida a se expressar em um nexo representacional e como as antinomias se mantêm presas a esse modelo representacional como tal, as antinomias despontam em formas paralelas umas ao lado das outras na teologia do cristianismo, do judaísmo tanto quanto do Islã. E, em verdade, a consciência dessas antinomias não pertence de maneira alguma ao tempo da dissolução dos dogmas; ao contrário, a representação e o pensamento religiosos lutam antes desde o início contra essas antinomias, de tal modo que elas se tornam um agente poderoso na formação dos próprios dogmas e eternizam os partidos e a contenda no interior das religiões particulares. Mas a religião não é ciência, sim, o que é ainda mais importante dizer, ela também não é representação. As antinomias da representação religiosa não dissolvem a experiência religiosa. Assim como as antinomias não podem nos determinar em nossa representação do espaço a abdicar de nossa visão espacial, as contradições presas à representação religiosa também não podem atenuar em nós a vida religiosa ou diminuí-la em seu significado para a nossa vida conjunta. O pintor não é perturbado pelas antinomias da representação do espaço, pois elas não perturbam as suas imagens espaciais. Exatamente do mesmo modo, as antinomias religiosas também não impedem o movimento livre da própria vida religiosa. No entanto, elas tornam certamente impossível a formação inteiramente consequente da representação religiosa, a sua decomposição e a associação dos conceitos assim emergentes na unidade de um sistema, tal como Schleiermacher ainda o tinha tentado alcançar.

A antinomia entre a representação do Deus onipotente e onisciente e a representação da liberdade do homem

A primeira e mais fundamental antinomia da consciência religiosa está fundada no fato de que o sujeito se acha *pura e simplesmente condicionado* a cada momento dado de maneira retroativa e se sente como dependente, mas se sabe ao mesmo tempo *livre*. Essa dupla relação é, como o indica a descrição da vida religiosa, por assim dizer o elemento impulsionador do trabalho constante do espírito religioso, um trabalho no qual a ideia de Deus conquista pela primeira vez uma formação plena. Assim, aparece no interior da vida representacional religiosa uma antinomia, que nenhuma fórmula conseguiu controlar. Deus é, por um lado, sujeito dos predicados bem, onipotência, onisciência; por outro lado, todos esses predicados aparecem Nele restritos por meio da liberdade da vontade e pela responsabilidade do homem, e sua restrição é sua suspensão. Talvez nenhuma questão tenha ocupado uma quantidade maior de homens sobre a superfície da Terra e atuado em naturezas tão poderosas quanto essa questão que abalou o mundo das representações do Islã e mobilizou Paulo, Agostinho, Lutero, Calvino e Cromwell. Quando avançamos sobre o extenso campo de ruínas dos sectos e escritos, que foram evocados por esse problema, sentimos de maneira mais intensa do que o normal o quão totalmente esvaziada a dogmática se encontra atrás de nós. Pois nenhuma dessas querelas ou distinções continua mobilizando hoje os corações dos homens. Seu tempo passou. E o silêncio da morte repousa hoje sobre o espaço extenso dessas ruínas.

O *Ocidente cristão*, apenas para tocar em algo totalmente conhecido, lutou em vão a partir dos Padres da Igreja contra as antinomias entre a imutabilidade de Deus e a reação das ações humanas sobre a vontade divina, entre o saber prévio das ações em Deus e a liberdade do homem de realizá-las ou não, entre a onipotência e a vontade humana.[195] O burburinho da contenda pelagiana ressoou durante muito tempo e a liberdade da vontade, a responsabilidade do homem, com

---

[195] Depois da contenda, na qual Gottschalk suspendeu a liberdade do homem por intermédio do conceito da imutabilidade de Deus e Escoto Erígena equiparou essa liberdade à necessidade, Anselmo tratou desse problema da maneira mais profunda possível em dois escritos: *De libero arbitrio* e *De concordia praescientiae et praedestinationis cum libero arbitrio*.

isso mesmo sua autonomia, se viram vítimas, até um resquício insuficiente, da tendência da Igreja Católica de representar tudo o que há de bom no mundo humano como fluindo de cima para baixo a partir de Deus através dos órgãos da Igreja. Ele ressoou até irromper nos países do Islã *a mesma contenda*. Os racionalistas do Islã, os mutacilitas,[196] também partiram dos problemas internos da religião, ao se valerem logo em seguida dos auxílios da ciência grega. Sim, eles talvez tenham sido concomitantemente influenciados pela teologia e pelos sectos cristãos.[197] Atravessa o Alcorão a contradição entre uma doutrina rígida da predestinação, segundo a qual Deus mesmo teria criado um número de homens incapazes de apreender Sua verdade e os destinado ao inferno, e a crença prática na liberdade da vontade, sobre a qual se baseia a responsabilidade do homem. Em seguida, os *mutacilitas* fizeram valer inicialmente um dos lados da antinomia, a certeza de si da experiência interior da *liberdade*. A vontade humana é vivenciada segundo eles como um princípio espontâneo, que coloca o corpo em atividade como um instrumento para movimentos, e sua liberdade encerra o fato de que é inerente a essa vontade um juízo sobre bom e mau.[198] A partir daí, eles desenvolvem princípios que se comportam exclusivamente em relação à doutrina da onipotência e da onisciência de Deus, em favor de uma representação consequente. O mal não pode ser reconduzido a Deus como causa do mal; pois o mal é um atributo essencial do ser mau (em contraposição à visão, segundo a qual esse atributo desaparece no interior de todo o nexo da ordem do mundo); se Deus fosse a causa do mal, então sua bondade seria suspensa por meio daí.[199] A liberdade não pode ser negada; pois com ela se negam a responsabilidade e, consequentemente, o exercício da jus-

---

[196] Mutacila é um termo para designar um grupo que se destacou de um conjunto maior, um secto. O nome foi transladado para o mais significativo dentre os sectos do Islã. Cf. Steiner, *Die Mutaziliten* (Os mutacilitas), p. 24 e segs. Visto segundo o conteúdo da contenda, os defensores da liberdade humana foram denominados *cardarija*. Cf. idem, p. 26 e segs. e Munk, *Mélanges de philosophie juive et arabe*, p. 310. Relatos sobre elas em Schahrastani, *Religionsparteien und Philosophenschulen* (Partidos religiosos e escolas filosóficas), traduzido para o alemão por Haarbrücker I, 12 e segs., 40 e segs., 84 e segs., II, 386 e segs., 393 e segs.

[197] A comparação da vida dos sectos de um lado e de outro impõe esse ponto de vista, e as relações históricas o tornam provável. Munk, *Mélanges*, p. 312.

[198] Schahrastani I, 55, 59. As diferenças dos partidos no interior da *mutacila* não são consideradas aqui.

[199] Idem I, p. 53 e segs.

tiça de Deus no que concerne ao prêmio e à punição. Enquanto os mutacilitas protegem assim, por um lado, a liberdade às custas da onipotência de Deus, aqueles sectos que desenvolveram de maneira consequente o impulso mais forte no Islã defendem, por outro, a *predestinação* às custas da liberdade. Os *djabarijas* negavam simplesmente que as ações do homem lhe pertenciam, e reconduziam essas ações a Deus. Eles só se distinguiam por meio do fato de uns recusarem total e completamente ao homem a capacidade para ações, enquanto outros não atribuíam de maneira alguma a essa capacidade reconhecida uma influência.[200] Entre os pensadores livres, Amr al Gahiz afirmou a necessidade das ações e só distinguiu a resolução das ações instintivas por meio do fato de pensarmos conscientemente junto à resolução.[201] Entre as dificuldades que surgem assim da mesma maneira, quando levamos a sério a liberdade ou a predestinação, Al Aschari soube se imiscuir com uma insuficiência. Por um lado, ainda há com certeza uma diferença entre movimentos involuntários e ações voluntárias na experiência interior; por outro, a mesma ação, vista a partir de Deus, é uma produção, provocada por Deus, considerada a partir do homem, uma "apropriação" daquilo que Deus efetuou.[202] Al Aschari tornou-se, então, quanto a esse ponto, a base para a escolástica ortodoxa posterior do Islã, que se enrijeceu em fórmulas secas e, contudo, insuficientes.

Com uma clareza intelectiva concludente, a antinomia que vem à tona *nessa luta entre sectos religiosos* foi exposta mais tarde por Ibn Roschd da maneira seguinte. Nessa questão, uma das mais difíceis da religião, as provas se acham mutuamente contrapostas e, "por isso, os muçulmanos se dividiram em dois grupos. Um grupo acredita que o mérito do homem seria causa do vício e da virtude e que o vício e a virtude têm por consequência para ele recompensa e punição. Esses são os mutacilitas. O outro grupo acredita no contrário, a saber, eles acreditam que o homem estaria impelido e coagido a suas ações". A "contradição entre as provas deduzidas pelo entendimento nessa questão" pode ser apresentada nos dois momentos seguintes, dos quais cada

---

[200] Idem I, p. 88 e segs.
[201] Schahrastani I, p. 77; cf. Steiner, *Wiedergabe des Inhaltes der schwer fassbaren Stelle* (Reprodução do conteúdo da passagem difícil de ser compreendida), p. 70.
[202] Schahrastani I, p. 98 e segs., em particular 102 e segs.; além disso, Steiner, p. 86.

um deles é ao mesmo tempo necessário e impossível. *Tese*: "Se supomos que o homem realiza e cria suas ações, então é necessário que haja ações que não acontecem segundo a vontade de Deus e segundo sua resolução livre, e, com isso, haveria um criador além de Deus. Nesse ponto, porém, todos os muçulmanos concordam que não há nenhum criador além de Deus" (e a unicidade de Deus é demonstrada metafisicamente por Ibn Roschd em uma outra passagem a partir da uniformidade no mundo[203]). *Antítese*: "Se supomos, porém, que o homem não conquista suas ações, então é necessário que ele seja coagido a elas: pois não há nenhum meio-termo entre coação e conquista; e se o homem é coagido a suas ações, então a responsabilidade pertence à categoria daquilo que é impossível ser realizado."[204] Entre os teólogos cristãos do primeiro período do pensamento medieval, Anselmo apresentou a nossa antinomia nas duas seguintes contradições. *Primeira contradição*: "Saber prévio de Deus e vontade livre parecem se contradizer. Pois aquilo que Deus prevê precisa se dar necessariamente no futuro, mas aquilo que acontece por meio da vontade livre não se dá com nenhuma necessidade." *Segunda contradição*: "O que Deus predetermina precisa ter lugar no futuro. Se, com isso, Deus predetermina o bem e o mal, o que acontece, então nada acontece por meio da vontade livre"; assim, se suspendem mutuamente a vontade livre e a predeterminação.[205]

Quaisquer que tenham sido as distinções que a metafísica teológica ofereceu no Oriente e no Ocidente contra essas antinomias, não há nenhuma escapatória por meio do *entendimento* no interior do *esquema representacional* e de sua análise e composição. Todo sujeito livre aparece como um poder não condicionado ao lado do poder de Deus. Quando, portanto, a ideia de uma vontade onipotente ganha a consciência, então se apagam diante dela, como estrelas diante do Sol nascente, todas as vontades particulares. A cada instante e em cada

---

[203] Em sua dogmática especulativa, cf. *Philosophie und Theologie des Averroes* (Filosofia e teologia de Averrós), traduzido para o alemão por Mueller, p. 45; cito com esse título e com essa numeração os dois ensaios unificados na transposição: harmonia da religião e filosofia e dogmática especulativa.

[204] *Philosophie und Theologie des Averroes* (Filosofia e teologia de Averrós), traduzido para o alemão por Mueller, p. 98 e segs.

[205] Anselmo, *De concordia*, quaest. I: Início; II: Início. Opp. P. 507A. 519C (Migne). – Além disso, Posições e oposições em Abelardo, *Sic et non*, c. 26-38. Opp. P. 1386C e segs. (Migne).

ponto, a onipotência de Deus condiciona a existência e a consistência da vontade particular, e onde quer que ela viesse a se retrair, a vontade também entraria em si mesma em colapso de maneira total e em sua consistência correspondente. Isso vem à tona de modo particularmente claro na fórmula da escolástica cristã, segundo a qual a conservação é um mero prosseguimento da criação.[206] Uma vez que Deus efetua tudo sozinho na criação, então Ele também se mostra para a vontade humana a cada momento e por assim dizer em cada ponto dessa vontade como a causa eficiente, que produz a conservação.

Essa região do entendimento enredado nas contradições do entendimento, em seus pretextos e distinções, é abandonada quando, no reino da *mística*, dos sufis, dos vitorianos e de seus sucessores, a clara distinção entre as vontades que se encontram mutuamente contrapostas, a vontade de Deus e a vontade do homem, desaparece no abismo da divindade. Mas mesmo a mística e a especulação panteísta que se articula com ela reencontram uma vez mais irresolvida na profundidade obscura de um fundamento vivo do mundo, um fundamento divino que abarca a vontade humana, o problema antiquíssimo. Pois se esse fundamento do mundo coabarca em sua unidade livre e fontal a vontade humana, então a liberdade é em verdade salva como um ato em Deus. No entanto, quanto mais seguramente cai a culpa do mal na divindade,[207] tanto mais inconcebível se torna o sentimento da autonomia do indivíduo.

Desse modo, por fim, só resta possível, então, uma solução a partir *de um ponto de vista epistemológico*. Aquilo que não pode ser pen-

---

[206] A conservação do mundo é simplesmente computada pelos escolásticos mais antigos à criação; a sentença acima desenvolvida é exposta de maneira convincente por São Tomás na *Suma teológica*, p. I, qu. 103. 104 *De gubernatione rerum* etc., em particular quaest. 104 art. 1: *conservatio rerum a Deo non est per aliquam novam actionem, sed per continuationem actionis, qua dat esse; quae quidem actio est sine motu et tempore, sicut atiam conservatio luminis in aere est per continuatum influxum a sole.*

[207] Por isso, sob esse ponto de vista, em contradição com a consciência ética, o mal precisa ser considerado como relativo e toda a realidade efetiva como boa. As palavras não devem nos iludir aqui. Assim o ensinam Escoto Erigena (algo divergente é seguramente acomodação), os mais significativos dentre os sufis tanto quanto o místico da Idade Média cristã; e de maneira muito bela Jacob Böhme: "Em tal consideração elevada encontramos o fato de que tudo isso provém de e a partir de Deus, e que seria próprio à sua essência mesma, a qual ele mesmo é, e ele mesmo teria criado a partir de si, e o mal pertenceria à formação e à mobilidade e o bem ao amor etc". *Beschreibung der drei Prinzipien* (Descrição dos três princípios), Prefácio, § 14.

sado em meio a uma conexão objetiva talvez possa ser reconhecido, como possuindo uma proveniência diversa, em sua diversidade impassível de ser suspensa e colocado em uma relação mútua em verdade extrínseca, mas normativa. Assim, a antinomia da metafísica antiga do cosmos entre o elemento constante da intuição e o elemento discreto do conhecimento intelectivo, entre a transformação junto ao efetivamente real e a composição de conteúdos parciais imutáveis no entendimento era insuperável no interior desse sistema metafísico natural; a intelecção epistemológica e a relação em verdade extrínseca, mas normativa desses elementos psíquicos, que são de uma proveniência diversa e não podem ser por isso reconduzidos uns aos outros, precisam se mostrar, porém, para nós suficientes.

Por que escombros e ruínas não seria preciso atravessar, se eu quisesse expor as *desculpas* particulares do *entendimento teológico* em relação a essa antinomia? O método é por toda parte o mesmo. Os efeitos de Deus são trazidos, por assim dizer, o mais perto e multiplamente possível em termos espaciais para junto dos pontos do mundo, nos quais a vontade livre entra em cena: eles os abarcam e os envolvem totalmente. Além disso, nesses pontos, por meio de determinações conceituais, a atuação causal de Deus nas ações dos homens e a escolha livre são aproximadas uma da outra tanto quanto pode acontecer. No entanto, na conexão do mundo, o quão estreitamente a atuação de Deus não enlaça a liberdade! Em cada ponto em que elas são pensadas como atuando conjuntamente, há uma contradição. E o quanto essa arte alquimista não se esforça por aproximar as propriedades da liberdade daquelas da necessidade e por transformar a liberdade pura e simplesmente na necessidade: elas permanecem frágeis uma fora da outra.

O primeiro desses dois métodos de atenuar a rigidez da contradição foi assim sintetizado por Ibn Roschd em uma estreita articulação com os predecessores árabes. Deus criou a força da vontade que está em condições de adquirir coisas opostas, mas também um nexo de causas por intermédio das quais apenas a vontade pode se aproximar e penetrar nas coisas exteriores que ela quer alcançar, e, ao mesmo tempo, essa vontade também está ligada internamente ao nexo causal, porque o posicionamento da meta é condicionado pela relação objetiva da concepção com os objetos.[208] Além dos árabes, os filósofos ju-

---
[208] Averrós, op. cit., p. 99.

deus se valem do mesmo método; eles compartilham a argúcia formal e a platitude sensível dessa exposição, mas são guiados de maneira mais radical do que os pensadores islâmicos pela consciência da liberdade.[209] Assim, o Kusari do célebre poeta judeu Jehuda Halevi parte do sistema das causas, um sistema fundado em Deus; transformações são provocadas nesse sistema ou bem diretamente ou bem por meio de causas intermediárias por Deus. Nesse encadeamento entram em cena as ações seletivas do homem, e onde elas aparecem, dá-se a passagem desse encadeamento necessário para a liberdade. "A escolha tem razões que remontam em um encadeamento até a causa primeira, mas esse encadeamento é sem coação, porque a alma se encontra entre uma resolução e seu contrário e pode fazer o que quiser."[210] E os teólogos cristãos da Idade Média têm o mérito de ter produzido na cooperação da atuação de Deus com a liberdade humana em cada ato de vontade um mecanismo, no qual atuam de maneira amistosa um A e um não A um ao lado do outro como forças motrizes.

O outro método para aplacar a agudeza da antinomia consiste em aproximar por meio de determinações conceituais a representação da dependência no interior do sistema causal fundado em Deus da representação da liberdade. Ora se tenta enfraquecer a causalidade de Deus em relação às ações do homem, ora se tenta diluir e volatilizar a liberdade do homem; tais determinações conceituais vão da doutrina dos ascharijas até os dogmáticos protestantes. Assim, vemos Anselmo volatilizar a vontade humana até o seu resíduo mais parco no qual ela se mostra como uma capacidade de reter a direção dada ao homem por Deus;[211] mas nesse resíduo estão contidos de qualquer modo um limite da vontade divina e o poder absoluto de uma criatura. Assim,

---

[209] Assim em Kusari, p. 414 (traduzido por Cassel): "A natureza do possível só é negada pelo hipócrita obstinado que fala quando não acredita. A partir de sua preparação para aquilo que ele espera ou teme, tu podes ver que (ele acredita que) a coisa é possível, ou seja, que vale a pena se preparar." Maimônides, More Nebochim T. III, 102 (traduzido por Schneider): "Trata-se de um princípio das leis de nosso mestre Moisés e de todos aqueles que o seguem o fato de o homem possuir uma liberdade perfeita, isto é, de ele fazer tudo o que consegue fazer graças à sua natureza com uma escolha livre e com autorreflexão, sem que seja produzido aqui algo novo nele. Da mesma maneira, todos os gêneros dos animais irracionais se movimentam segundo o seu arbítrio. Assim, se a divindade quisesse... Nunca se ouviu que esse princípio tenha sido algum dia refutado por homens de nossa nação e de nossa crença."
[210] Kusari, p. 416.
[211] Anselmo, dialog. *De casu diaboli* c. 4 Opp. t. I, p. 332Bs.; *De concordia* etc. quaest. III, c. 2 e segs. Opp. t. I, p. 522 e segs.

para São Tomás, a realidade na ação humana reconduz a Deus como causa, enquanto ele atribui, em contrapartida, o defeito presente na vontade, um defeito com base no qual ela é má, à criatura;[212] como se o impulso para o mal não fosse algo positivo! E como as coisas atuam conjuntamente com Deus de acordo com a sua natureza, como a natureza da vontade humana seria consonante com a liberdade, Tomás acha a vontade de Deus em sintonia com a liberdade do homem.[213] Escombros diversos do trabalho nessas contradições tornam-se visíveis, quando a precaução de Deus é determinada por Anselmo como um saber eterno e imutável mesmo do mutável, e, assim, o entendimento aspira a romper a forma de sua representação própria no tempo;[214] ou quando outros procuram pensar a providência divina apenas em relação com o universal e o entendimento aniquila, com isso, o conteúdo de fé, na medida em que se esforça por salvá-lo.

O ponto de partida da luta com essa classe de antinomias na Idade Média foi diverso nos teólogos do Islã e naqueles do cristianismo. Enquanto o Islã tende, por um lado, para o ocaso de toda liberdade individual em meio ao poder divino, ao Deus do despotismo e ao deserto raso, levanta-se, por outro, cada vez mais poderosamente na cristandade a consciência da liberdade pessoal do indivíduo. Ela tem sua sede na escola franciscana. Duns Scotus criou a primeira teoria fundamental da vontade em sua relação com o entendimento,[215] e em Ockham entra em cena a oposição epistemológica entre o saber imediato e o conhecimento que progride incessantemente com base no princípio de não contradição, a condição para a compreensão da liberdade. *Non potest probari (libertas voluntatis) per aliquam rationem. Potest tamen evidenter cognosci per experientiam, per hoc, quod homo experitur, quod, quantumcunque ratio dictet aliquid, potest tamen voluntas hoc velle vel nolle.*[216]

---
[212] Tomás, *Suma teológica*, p. I quaest. 49, art. 2: *effectus causae secundae deficientis reducitur in causam primam non deficientem, quantum ad id, quod habet entitatis et perfectionis, non autem quantum ad id, quod habet de defectu...* quicquid est entitatis et actionis in actione mala, reducitur in Deum sicut in causam; sed quod est ibi defectus, non causatur a Deo, sed ex causa secunda deficiente*; com o que os dogmáticos protestantes antigos concordam.
[213] Tomás, *Suma teológica*, p. II, I quaest. 10 art. 4.
[214] Anselmo, *De concordia* etc., quaest. I.
[215] Particularmente na apresentação de Duns Scotus em: sent. II dist. 42, 1ss.
[216] Ockham, *quodlibeta septem*, I qu. 16.

As antinomias na representação de Deus segundo suas propriedades

Uma segunda classe de antinomias emerge, na medida em que as experiências religiosas, tal como elas se encontram na base da ideia de Deus, são expressas em uma conexão representacional. A ideia de Deus precisa entrar na ordem das representações, na qual o nosso si mesmo e o mundo também possuem seu lugar, e, contudo, nenhum sistema pode corresponder às exigências que a vida religiosa apresenta a essa ideia na representação de fórmulas esboçadas. Entre a ideia de Deus, tal como ela é dada *na experiência religiosa*, e *as condições da representação* existe uma *heterogeneidade* interna, e essa heterogeneidade produz a antinomia na representação do ser supremo. A demonstração desse estado de fato reside inicialmente na apresentação do trabalho infrutífero do entendimento, um trabalho que foi realizado desde a Idade Média e poderá ser mais tarde completado pela consideração psicológica.

Toda a Idade Média luta também contra essa segunda classe de antinomias e uma consideração comparativa pode segui-las através da metafísica teológica do judaísmo, do cristianismo e do islamismo. – E, em verdade, tem lugar uma antinomia entre a *ideia de Deus* e sua *apresentação* sob as *fórmulas* da *representação* por meio de *propriedades*. A tese é formada por meio dos enunciados sobre as propriedades de Deus. Esses enunciados são necessários no interior da representação, e, se eles forem suspensos, então a própria representação de Deus é suspensa com eles. A antítese consiste nas proposições: como em Deus sujeito e predicado não estão cindidos, mas as propriedades de Deus seriam seus predicados, então é preciso recusar as propriedades de Deus; como Deus é simples, mas a diversidade das propriedades estabeleceria nele algo múltiplo, também não se pode enunciar, por essa razão, nenhuma propriedade de Deus; e como Deus é perfeito, mas cada propriedade expressaria algo limitado, resulta daí uma vez mais a impropriedade da suposição de propriedades de Deus.[217] – Uma série de ou-

---

[217] A tese é exposta com tanta frequência que provas são supérfluas. A antítese foi transmitida particularmente da escola neoplatônica por meio de Dioniso Aeropagita para Escoto Erigena e outros autores medievais mais antigos; cf. Escoto Erigena, *De divisione I*, c. 15 e segs. p. 463B, c. 73 e segs. p. 518A. Abelardo, theolog. Christ. Lib. III, p. 1241Bss. Anselmo, Monolog. C 17p. 166A. – A antinomia é muito claramente formulada a partir do material mais antigo por São Tomás, *Suma teológica*, p. I, quaest. 13 art. 12.

tras antinomias surge por meio das *relações* que se dão *em termos de conteúdo* entre os *componentes particulares da representação de Deus*. Nossa representação de Deus em sua relação com o mundo e conosco mesmo está ligada às condições de relações espaciais e temporais, sob as quais o mundo e nós mesmos nos encontramos, mas a ideia de Deus exclui determinações espaciais e temporais. Nossa vida religiosa possui Deus como uma vontade. Todavia, só podemos representar uma vontade como pessoa e essa pessoa como limitada por outras pessoas. Por fim, é a causalidade incondicionada de Deus, isto é, sua onipotência, que é mesmo a causa do mal no mundo, o que está em contradição com o ideal ético nele, ou seja, com sua bondade. E, assim, emerge o problema insolúvel da teodiceia.[218]

Tal como as antinomias anteriormente tratadas, toda essa classe de antinomias também é dada juntamente com a representação religiosa e já é pressentida junto ao trabalho por expressá-las em formas. Do mesmo modo, logo se tenta resolvê-las. Agostinho expôs esse elemento antinômico da representação de Deus com a energia expressiva que lhe era própria: "grande sem uma determinação qualitativa, onipresente sem assumir um lugar, causalidade das transformações sem transformação em si etc.".[219] A consciência dessas contradições vem à tona no Islã, com toda a claridade nos mutacilitas, e leva à negação das propriedades de Deus.[220] Sim, por um membro dessa escola que ia certamente mais longe do que os outros na suspensão das propriedades em Deus, o saber chegou mesmo a ser recusado a Deus; pois ou bem esse saber teria Deus por objeto, por meio do que, então, se estabeleceria uma cisão entre aquele que sabe e o que é sabido, e, com isso, teríamos a suspensão de sua unidade plena tão rigorosamente captada pelo Islã, ou bem ele teria um objeto além de si, e, nesse caso, em relação a essa sua propriedade, Deus seria condicionado pela existência desse objeto fora dele.[221] Em seguida, os mutacilitas

---

[218] Cf., além das passagens seguintes, Abelardo, *Sic et non* c. 31-38, p. 1389C e segs.
[219] Agostinho, *De trinitate V*, c. I: *ut sic intelligamus Deum, si possumus, quantum possumus, sine qualitate bonum, sine quantitate magnum, sine indigentia creatorem, sine situ praesidentem, sine habitu omnia continentem, sine loco ubique totum, sine tempore sempiternum, sine ulla sui mutatione mutabilia facientem...*
[220] Schahrastani I, 13: "Os mutacilitas exageram tanto, porém, na afirmação da unidade, que eles chegam por meio da contestação das propriedades ao esvaziamento total."
[221] Assim o relata com uma expressão viva de desaprovação Schahrastani I, p. 69 e segs.

colocam em questão a localidade de Deus, tal como essa localidade é inevitável para a representação; sim, eles colocam em questão os traços sensíveis em geral que surgem com a representação.[222] E os *filósofos árabes* concluem: toda representação realiza-se na distinção de um sujeito, que deve ser conhecido, em relação aos predicados, por meio dos quais deve ser conhecido; mas uma distinção entre um suporte de propriedades e essas propriedades mesmas, entre uma substância e os atributos, tal como ela entraria em cena com isso, suspenderia a simplicidade de Deus,[223] e, portanto, a essência de Deus é incognoscível. Também encontramos, então, os *teólogos cristãos* da *baixa Idade Média* em uma estranha concordância com os sectos do Islã no que diz respeito a essa antinomia. Escoto Erigena e Abelardo mostram a impossibilidade de todo enunciado adequado sobre Deus; uma vez que um tal enunciado se constituiria a partir de conceitos, mas esses conceitos só são encontrados para a designação das coisas relativas e finitas; uma vez que ele se encontraria entre categorias, mas mesmo as categorias da substância excluem de si acidentes, portanto, limitam Deus; uma vez que ele seria composto a partir de conceitos, mas Deus é simples; e uma vez que ele incluiria no verbo um movimento, mas Deus está para além da oposição entre movimento e repouso.[224]

A essa crítica às propriedades de Deus associou-se bem cedo uma reflexão sobre a origem de nossos conceitos dessas propriedades e essa reflexão também levou a resultados negativos. Uma intelecção da *origem das determinações acerca de Deus* acabou por permitir uma decisão de última instância quanto a que valor cognitivo se atribuiria a essas determinações. A teologia dos árabes distinguia entre atributos relativos e negativos de Deus, a teologia judaica isolava por

---

[222] Cf. a discussão de Ibn Roschd com os mutacilitas sobre isso no "Ensaio sobre a região" em sua "dogmática especulativa", *Philosophie und Theologie* (Filosofia e teologia), p. 62 e segs. e Schahrastani I, p. 43.

[223] Averróes, *Philosophie und Theologie* (Filosofia e teologia), p. 53 e segs.; a apresentação correspondente de Maimunis em Kaufmann, *Geschichte der Attributenlehre* (História da doutrina dos atributos), p. 431 e segs. Segundo essa apresentação, só a existência de Deus pode ser conhecida, mas não sua essência, uma vez que o conceito de todo objeto se compõe a partir de gênero e diferença específica, mas não há algo assim para Deus; do mesmo modo, acidentes de Deus são excluídos.

[224] Cf. p. 330 Obs. I.

vezes com uma modulação nada significativa os atributos oriundos da atividade,[225] enquanto a teologia cristã colocou, seguindo uma distinção que surgiu com os neoplatônicos já no século II e se tornou frequente a partir daí,[226] uma ao lado da outra as "três vias" nas quais se chega às propriedades de Deus: *viam eminentiae, causalitatis* e *remotionis* ou, como esta foi a partir de então mais frequentemente demominada, *negationis*.[227] Esta última distinção não pode ser sustentada ante a divisão dos métodos por meio dos quais se ascende à ideia de Deus; mas se a restrição tiver apenas o seu outro lado na negação, então a *via eminentiae* pode ser cindida da *via negationis*. Se reconduzirmos, corrigindo-as, as propriedades de Deus a tais propriedades nas quais a negação suspende o finito no ideal religioso, e a tais nas quais Deus se torna representável por meio de sua atuação criadora no mundo: então essa investigação da origem das representações também leva das propriedades de Deus para o reconhecimento de seu caráter inadequado. Pois onde está, afinal, o limite no processo da suspensão? E onde está, afinal, o direito de concluir a partir daquilo que percebemos no mundo a constituição de sua causa, uma vez que essa causa do mundo pode ser totalmente heterogênea?

Assim, o trabalho da Idade Média, em seu anseio por determinar a essência de Deus por meio de suas propriedades, termina com a intelecção fundamental do caráter impróprio dessa representação de Deus em meio ao ideal religioso. *Todo subterfúgio* também é *vão* aqui. A tarefa é insolúvel: fixar o conteúdo do ideal em nós, suspendendo, contudo, a forma humana, finita, tanto quanto a multiplicidade. A frase dura de Espinoza em relação a toda e qualquer tentativa como tal, a frase segundo a qual o intelecto e a vontade de Deus não seriam mais semelhantes aos nossos do que a constelação de leão em relação ao animal que late, não faz outra coisa senão desenvolver

---

[225] A divisão em Maimuni I, c. 58 (Munk, *Le guide des égarés I*, 245); em contrapartida, Jehuda Halevi aplica uma tripartição, que é naturalmente muito imperfeita, cf. Kaufmann, *Attributenlehre* (Doutrina dos atributos), p. 141 e segs., assim como Kusari (tradução de Cassel), p. 80 e segs.; entre os árabes de maneira semelhante em Emunah Ramah von Abraham ben David (tradução de Weil), p. 65 e segs.
[226] Freudenthal, *Hellenistische Studien III* (Estudos helenistas III), p. 285 e segs.
[227] Durandus in Lombardi I, dist. 3, p. 1 qu. I: *triplex est via investigandi Deum ex creaturis: scilicet via eminentae, quantum ad primum; via causalitatis, quantum ad secundum, via remotionis, quantum ad tertium.*

princípios da teologia do judaísmo. É isso que esclarece Abraham ben David: "A vontade de Deus é especificamente diversa da nossa; pois nossa vontade se baseia em um cobiçar e esse cobiçar consiste no desejo de possuir algo que não se tem. Deus, porém, não carece de nada. Ao contrário, todas as coisas é que necessitam Dele. Além disso, segundo a finalidade, a sua vontade é precisamente o oposto daquilo que imaginamos por nossa vontade."[228] E Maimuni chega à questão: "Tem lugar, afinal, entre o nosso saber e o saber de Deus uma outra igualdade além da do nome?"[229] Quando em relação a uma outra dificuldade Padres da Igreja e escolásticos explicam que as propriedades em Deus seriam idênticas entre si,[230] essa identidade dos diversos é um ferro de madeira. Quando São Tomás diz que o múltiplo das propriedades por meio das quais conhecemos Deus estaria fundado no reflexo de Deus no mundo, assim como na apreensão por meio de nosso intelecto, e, então, em conexão com a sua metafísica teológica, afirma que a perfeição múltipla da criatura deve ser pensada como contida na essência simples de Deus, então se *reconhece* que toda expressão seria apenas *inadequada*, sim, careceria do complemento pelas outras, e, contudo, *não se prescinde do conhecimento de Deus*.[231] Se São Tomás acentua com um olhar profundo que o conteúdo do enunciado não seria dependente do modo como enunciamos, ou seja, que por meio da distinção na proposição não seria estabelecida nenhuma diferença em Deus:[232] obtém-se a partir daí tanto mais claramente a impossibilidade de representar de maneira simples o conteúdo apreendido pela distinção. Assim, nenhuma distinção da metafísica teológica medieval conduz para além do significado meramente simbólico da representação de Deus: com isso, porém, abdica-se de um conhecimento objetivamente correspondente das propriedades de Deus e todas as determinações finitas relativas possuem apenas o sen-

---

[228] Emunah Ramah, tradução de Weil, p. 70.
[229] Maimuni, More Nebocbim, tradução de Scheyer, v. III, p. 130.
[230] Assim já encontramos em Agostinho, *De trinitate VI*, c. 7: *Deus multipliciter quidem dicitur magnus, bonus, sapiens, beatus, verus: sed eadem magnitudo ejus est, quae sapientia* etc.
[231] A posição contraditória de São Tomás nessa questão vem à tona da maneira mais clara possível na *Suma teológica*, p. I, quaest. 3 e quaest. 13, assim como no escrito *Contra gentiles*, I, c. 31-36; cf. em particular no primeiro escrito quaest. 13, art. 12.
[232] *Contra gentil. I*, c. 36. *Suma teológica*, p. I, quaest. 13 art. 12.

tido de uma escrita composta a partir de imagens para o suprafinito e para aquilo que se estende para além de todas as relações.[233]

QUINTO CAPÍTULO

A TEOLOGIA É ASSOCIADA COM O CONHECIMENTO DA NATUREZA E COM A CIÊNCIA ARISTOTÉLICA DO COSMOS

A teologia estava entretecida desde a sua origem com componentes oriundos da ciência antiga. Do mesmo modo como se introduziam ruínas de mármores nas igrejas daqueles dias, onde se as encontravam, ela utilizou esses componentes para a resolução de seus problemas, quer eles proviessem da filosofia platônica, da aristotélica ou da estoica. Fórmula, defesa, tentativa de demonstração e de tratamento dialético encontravam-se no interior dessa esfera. Ela tinha seus esclarecedores, seus pensadores livres tanto no Oriente quanto no Ocidente.[234]

Na continuidade da ciência, porém, o *conhecimento do cosmos* criado pelos gregos manteve e desenvolveu a outra metade totalmente diversa daquela teologia da vida intelectual. Essa ciência do cosmos, a criação dos gregos, encontrou-se com a teologia em meio a uma contenda, complementando-a: assim surgiu pela primeira vez a visão de mundo metafísica da Idade Média. E, em verdade, teve início com os árabes a transformação na qual o saber sobre a natureza conquistou lentamente o seu lugar e que foi a mais radical no interior do desenvolvimento intelectual do Ocidente na Idade Média. Partimos, portanto, dos árabes.

A oposição do pensamento metafísico dos árabes tanto quanto dos judeus aos povos clássicos tornou-se consciente para eles mesmos. A visão abrangente das opiniões metafísicas e teológicas sobre a espécie humana, tal como a tentou conquistar Schahrastani, alude em

---

[233] *Occam, quodlibeta septem III, quaest. 2: attributa (divina) non sunt nisi quaedam praedicabilia mentalia, vocalia vel scripta, nata significare et supponere pro Deo, quae possunt naturali ratione investigare et concludi de Deo.*
[234] No que diz respeito a impulsos dissolutores dos sectos céticos do Islã, cf. Renan, *Averróes*, p. 103 e segs.

seu início a uma distinção utilizada pelos árabes, segundo a qual os gregos (ao lado dos persas) se dedicaram principalmente à determinação da natureza exterior das coisas e à ocupação com os objetos corporais. Em contrapartida, os árabes e os judeus se voltaram para as coisas espirituais e para a peculiaridade interna dos objetos.[235] E Kusari observa correspondentemente que os gregos rejeitam, por um lado, aquilo que não pode ser encontrado a partir do mundo visível, enquanto os profetas tinham, por outro, o ponto de partida de um saber mais seguro naquilo que "eles tinham visto com os olhos do espírito" e filósofos não gregos acolheram essas intuições internas na esfera da especulação.[236] Não importa como as coisas podem se dar no que concerne à orientação originária ou constante desses diversos povos, tais posições designam corretamente a oposição entre a ciência grega do cosmos e a orientação dominante de uma metafísica teológica nos árabes e nos judeus, tal como essa orientação perdurou até a entrada em cena da pesquisa científico-natural e, então, da metafísica aristotélica junto aos árabes. No caso dos judeus, porém, ela atravessou toda a Idade Média sem interrupção. De maneira ainda mais clara, foi sendo paulatinamente reconhecida a unilateralidade da ciência cósmica dos gregos no interior do Ocidente cristão.

Assim, no interior do mesmo período transcorrido, a *teologia* (em certa medida uma metafísica da experiência religiosa) tinha dominado, de início, o interesse predominante dos árabes, dos judeus e dos povos ocidentais. Com certeza, ela dependia multiplamente dos conceitos formados pelos gregos, e os mutacilitas tanto quanto Agostinho ou Scotus Eriugena se serviram desses conceitos em larga escala; esse mundo de representações teológicas também foi disciplinado pela lógica antiga e pela doutrina das categorias. Não obstante, toda a esfera de ideias durante esse período ganhou forma em torno do ponto central das experiências e representações religiosas; esse interesse central se valeu dos fragmentos do saber grego e subordinou-os a si. Uma alteração na vida intelectual da Idade Média só entrou em cena quando do os *árabes* descobriram no *conhecimento da natureza próprio aos gregos* e em sua *especulação cósmica* um *segundo centro* de trabalho

---

[235] Schahrastani I, p. 3.
[236] Jehuda Halevi, Kusari, p. 323 e segs.

intelectual, e começou a se formar em torno desse centro uma esfera de conhecimento natural.

No Oriente, Aristóteles e alguns escritos matemáticos, astronômicos e médicos importantes dos gregos nunca chegaram efetivamente a se perder. Depois do ocaso da filosofia grega, as escolas dos sírios cristãos tornaram-se a sede principal do conhecimento de língua, de metafísica e de conhecimento natural gregas; traduções sírias dos escritos gregos fizeram a mediação do conhecimento desses escritos e serviram como base para uma série de traduções em árabe.[237] E, em verdade, o Aristóteles sírio, tal como ele chegou até os árabes, já era muito diverso do Aristóteles original; naturalmente, a relação próxima entre o Aristóteles sírio e as teorias dos filósofos árabes, tal como elas se mostraram pela primeira vez em al Kindi e al Farabi, ainda não pode ser constatada segundo o estado presente de nosso conhecimento.[238] Com a mudança da residência do califa para Bagdá, uma cidade que ficava na metade do caminho entre as duas sedes do saber sobre a natureza, entre a Índia e as escolas da ciência grega, os árabes tornaram-se suportes dessa tradição e de seu prosseguimento. Não se tinham passado muito mais do que cem anos desde que os beduínos árabes tinham ultrapassado os limites de seu país e se apoderado da Palestina e da Síria, e a história não tem nenhum outro exemplo de uma passagem tão incrivelmente rápida de um estado espiritual relativamente baixo para o estado de uma civilização refinada. A arte dos médicos sírios, da qual precisavam esses beduínos que estavam ascendendo ao domínio sobre a Ásia, foi introduzida por Hipócrates e Galeno, e o saber sobre a natureza tanto quanto a teologia apontavam para Aristóteles; culto e administração tornaram o conhecimento matemático e astronômico necessários: uma nova avidez científica nobre apoderou-se da nação. De Constantinopla, sob os auspícios de al Mamun (813-833), um grande número de manuscritos gregos chegou como um presente do imperador; uma atividade regulada estabelecida pelos califas tomou conta do século nono e estendeu-se até o século X; traduções dos escritos de Aristóteles, Hipócrates, Galeno, Dioscorides, Euclides, Apolônio Pergueu, Arquimedes e Ptolomeu colo-

---

[237] Munk, *Mélanges de philosophie juive et arabe*, p. 313 e segs.
[238] Só suposições indeterminadas em Renan, Averróes, p. 92 e segs.

caram os árabes em condições de retomar o trabalho científico a partir do ponto onde os gregos o tinham interrompido.

O movimento científico-natural assim surgido no interior do Islã promoveu a formação contínua das ciências positivas, que tinham sua base em Alexandria, e reteve a diferenciação da ciência, tal como ela tinha sido realizada outrora. O significado dos árabes para o desenvolvimento desse saber natural positivo ainda não pode ser, em verdade, constatado com uma segurança suficiente.[239] Todavia, a importância da *mediação* não foi jamais colocada em dúvida, uma importância que lhes coube por sua posição geográfica e por sua extensão por um reino tão amplo. Com isso, o Ocidente deve ao seu papel de mediadores o sistema indiano de posição das cifras e a ampliação da álgebra grega.[240]

E, em uma dupla orientação, eles prepararam, sem dúvida alguma, por meio de *progressos autônomos* o surgimento da moderna ciência da natureza.

Os árabes acolheram de Alexandria a *arte alquimista* juntamente com uma outra ciência. Infelizmente, não conhecemos de maneira suficiente o estado no qual a alquimia foi transmitida para eles. Essa arte, que estava dirigida para o enobrecimento do metal, autonomizou o experimento químico que tinha ficado anteriormente a serviço ora da medicina ora da técnica. Ela atiçou, assim, um poderoso afã pela *análise real* dos *objetos naturais*, depois que as análises ideais dos métodos metafísicos tinham iludido por tanto tempo a humanidade. Ela alimentou essa paixão por meio da mais misteriosa esperança, fundada na teoria da metamorfose do homem, a esperança de apresentar o preparado que possibilitaria transformar metal vulgar em prata e, finalmente, em ouro. Com isso, ela desenvolveu o germe de uma visão teórica que não estava fundada como a concepção aristotélica dos quatro elementos na intuição e na especulação, mas na separação efetiva, na doutrina do mercúrio e do sulfureto. Por esses nomes não se compreendiam simplesmente mercúrio e enxofre, mas subs-

---

[239] Sédillot, *Matériaux p. s. à l'histoire comparée des sciences mathématiques I*, p. 236.
[240] Quanto aà transposição do sistema Wöpcke designado expressamente pelos árabes como "indiano", Mémoire sur la propagation des chiffres indiens. *Journal Asiatique*, 1863, I, 27; sobre as possibilidades de determinar o futuro da álgebra, Hankel, *Zur Geschichte der Mathematik*, p. 259 e segs. Cantor, *Geschichte der Mathematik* I, p. 620 e segs.

tâncias cujo comportamento ante o experimento, em particular ante o efeito do fogo, as inseria em uma ou outra dessas duas classe. Por uma tal via surgiu pela primeira vez o problema verdadeiro de descobrir nas matérias-primas apresentadas por meio de análise química os componentes da matéria. E por mais imperfeitos que possam ter sido os resultados dessa época alquimista em um aspecto teórico, eles prepararam de qualquer modo investigações quantitativas e uma representação adequada sobre a constituição da matéria. Ao mesmo tempo, essa arte alquimista produziu pela primeira vez uma grande quantidade de preparados e levou a novas manipulações químicas.[241]

A outra orientação, na qual os árabes preparam por meio de um progresso autônomo o surgimento do conhecimento moderno da natureza, consistia no desenvolvimento e na utilização da matemática como um instrumento para a apresentação de *determinações quantitativas* sobre a natureza. O uso inventivo de instrumentos de medição, o aprimoramento incansável dos meios da medição de graus grega, apoiado pela ampliação dos conhecimentos da Terra, além da ação conjunta de observatórios astronômicos para o aprimoramento e o aperfeiçoamento do material astronômico e da ação conjunta de muitos pesquisadores e de meios abundantemente distribuídos segundo um plano grandioso produziram uma rede de determinações quantitativas sobre a base alexandrina, uma rede que acabou por prestar um serviço inestimável para uma época criadora em termos da ciência natural. Assim, cm meio às tábuas alfonsinas, que foram produzidas pelo trabalho conjunto de astrônomos mouros, judeus e cristãos a serviço do rei Alfonso de Castilha (tudo isso também ao modo dos califas), as conquistas da astronomia árabe foram transmitidas, e essas tábuas foram, então, a base dos estudos astronômicos.[242]

---

[241] Indicações mais precisas sobre os conhecimentos práticos dos químicos árabes em Kopp, *Geschichte der Chemie I* (História da química), p. 51e segs.
[242] Algo mais detalhado sobre as realizações dos árabes na matemática pode ser encontrado em Hankel, *Zur Geschichte der Mathematik* (Para a história da matemática), p. 222-293; quanto às realizações na geografia matemática, Reinaud, *Géographie d'Aboulféda*, t. 1, introdução; no que diz respeito às realizações na astronomia, Sédillot, *Matériaux, p. s. à l'histoire comparée des sciences mathématiques chez les Grecs et les Orientaux*. Em relação a este último trabalho, é preciso levar em conta as objeções de Biot referentes à antecipação afirmada por Sédillot da descoberta de Tychon da variação do curso da Lua por meio de Abul Wefa.

Assim, entraram em cena na nova geração de povos que se encontravam em uma viva troca mútua, em particular por meio da mediação dos judeus, um conhecimento do legado científico-natural dos gregos e o aumento autônomo dessa herança. À experiencia religiosa interior e à teologia contrapõe-se um conhecimento natural como um segundo ponto central independente de trabalho intelectual e satisfação. No reino do Islã, essa luz despontou, e já bem cedo, como a figura de um Gerbert o mostra, seus raios incidiram também sobre o Ocidente cristão.

Todavia, assim como o *conhecimento da natureza próprio aos alexandrinos*, esse *conhecimento da natureza próprio aos árabes* também não estava em condições de *substituir* o *nexo descritivo* e *teológico* existente do saber do cosmos por uma tentativa, por mais imperfeita que ela fosse, de *explicação causal*. – O funcionamento predominante das ciências formais e descritivas e o poder de uma metafísica das forças psíquicas e das formas substanciais foram reconhecidos por nós como fatos históricos correlatos.[243] As ciências formais da matemática e da lógica, a astronomia descritiva e a geografia, que estão inseridas nos limites da ciência descritiva: esses eram os conhecimentos que alcançaram junto aos árabes um alto grau de formação e constituíram o ponto central do interesse intelectual mais elevado. A conexão externa imediata dessas ciências consistia na imagem conjunta do cosmos, que já tinha sido aspirada por Erastóstenes, Hiparco e Ptolomeu. Por isso, a orientação enciclopédica da ciência alexandrina é visível no saber da Idade Média naturalmente em um grau ainda mais elevado. Ela se mostra na enciclopédia das irmandades, assim como nos trabalhos ocidentais de um Beda, de um Isidoro, sim, de um Alberto Magnus, em ligação com a fundamentação metafísica e teológica. – Em contrapartida, mesmo no conhecimento árabe da natureza, ciências como a mecânica, a ótica, a acústica, que tratam de uma esfera de conteúdos parciais copertinentes da experiência da natureza e, por isso, possibilitam uma dedução de uniformidades compostas do todo da natureza, ainda não tinham sido suficientemente desenvolvidas, para permitir a tentativa de uma explicação causal dos fenômenos naturais a partir de leis naturais. Sim, a perspectiva de explicação causal da natureza, que o átomo de Demócrito, na aplicação de um

---

[243] P. 243.

método arbitrário,[244] parecia oferecer outrora no interior de uma esfera estreita de fatos naturais conhecidos, precisou de início se retrair mais com o conhecimento crescente do enredamento do tecido natural; encontramos, com isso, junto aos árabes, um extremo de visão atomística da natureza a serviço dos *mutakalimun*. A ciência fundamental de todo conhecimento explicativo da natureza, a mecânica, não fez nenhum progresso junto aos árabes. Do mesmo modo que junto aos alexandrinos, as ideias sobre o movimento, a pressão, o peso etc. também não foram suficientes para substituir as ficções metafísicas das essencialidades psíquicas e das formas substanciais. Os progressos na ótica para além de Ptolomeu, tal como o mostra a obra que foi conservada de al Hazen, não tiveram de início nenhum efeito sobre o todo da visão da natureza. As realizações da química ainda não permitiam dissolver a matéria em componentes efetivamente reais e constatar a sua relação, e, assim, é possível notar certamente em Ibn Roschd uma tendência para aproximar a doutrina aristotélica da matéria da doutrina de Anaxágoras, mas essa doutrina ainda não tem como ser substituída por uma teoria fundamentada no conhecimento efetivamente real da natureza. Na astronomia árabe-moura surgem dúvidas quanto à complicada hipótese epicíclica de Ptolomeu,[245] mas não se alcança nenhum sucesso em substituí-la por uma mais adequada. Por fim, as formas orgânicas que parecem se manter inalteradamente apesar da chegada e partida dos indivíduos na terra não foram nem reconhecidas pela paleontologia em seu caráter passageiro, nem submetidas a uma consideração causal. Ao contrário, elas só se tornaram acessíveis por meio de uma consideração teleológica.

Assim, a situação das ciências naturais em todo o tempo que vai desde sua aparição junto aos árabes até o desaparecimento da cultura científica desse povo ainda não tinha tornado dispensáveis para a explicação da natureza as representações metafísicas das causas psíquicas e de suas manifestações nas formas do todo da natureza.

---

[244] Cf. a oposição entre esses homens mais antigos e Platão, p. 211 e segs.
[245] Já Gabir ben Ablah coloca-se mais livre em relação às hipóteses de Ptolomeu; o astrônomo designado pelos latinistas como Alpetragis combate, então, a teoria dos epiciclos de Ptolomeu (Delambre, *Histoire de l'astronomie du moyen âge*, p. 171 e segs.), e o mesmo se dá em Ibn Roschd.

E, em verdade, a figura particular que essa metafísica teleológica tinha conservado no sistema e na escola de Aristóteles correspondia continuamente à situação do conhecimento natural. – Os árabes depararam com a escola peripatética em florescimento junto aos cristãos sírios. É inútil perguntar se essa circunstância externa foi decisiva ou não para o estudo de Aristóteles entre os árabes.[246] No estágio de seu saber sobre a natureza, havia as causas positivas que deixaram vir à tona para eles a forma mais adequada possível da ciência do cosmos. Com certeza, a ciência positiva da natureza dos alexandrinos e dos árabes não estava por toda parte em consonância com o sistema aristotélico. Sem dúvida alguma, a tradição da ciência matemática da natureza não fluía, além disso, de maneira alguma junto aos árabes incessantemente em consonância com o desenvolvimento de sua escola peripatética. A partir de um caso excelente, Turot demonstrou como prosseguiu o isolamento relativo da ciência positiva da natureza em relação à metafísica, um isolamento que se mostrou como o resultado do desenvolvimento da ciência antiga: o teorema hidrostático, que leva de seu descobridor o nome de princípio de Arquimedes, era conhecido pelos matemáticos na história ulterior tanto grega quanto árabe da ciência e se manteve em sua tradição. Para os metafísicos, em contrapartida, ele permaneceu desconhecido.[247] De qualquer modo, porém, mesmo a ciência positiva não chegou a abalar a metafísica aristotélica em seu cerne. Ao contrário, havia consonância entre os grandes traços do saber sobre a natureza e aqueles da metafísica de Aristóteles. O telescópio ainda não tinha mostrado transformações nos outros corpos celestes, ainda não havia acontecido nenhum início de uma física universal do edifício do mundo, e, assim, a doutrina aristotélica de um mundo duplo se manteve: a ordem perfeita e imutável dos astros e a alternância de gênese e corrupção no mundo sublunar. Por isso, o caráter racional do cosmos não foi representado por uma razão do mundo panteisticamente representada, mas o mundo dos astros permaneceu muito mais a sede de uma inteligência consciente, que se irradiava a partir daí e que se manifestava em um mundo inferior. Sim, a metafísica teológica, para a qual essa oposição no

---

[246] Quanto a essa pergunta, cf. Renan, *Averróes*, p. 93.
[247] Turot na *Révue archéologique n. S. XIX*, 11 e segs. (*Recherches historiques sur le principe d'Archimède*).

cosmos era o símbolo de uma oposição dada na experiência interna, deu a esse esquema um poder mais violento do que ele tinha podido possuir no mundo antigo. E a conexão que se estende desde o mundo dos astros até a Terra mutável, sua cobertura vegetal e seus habitantes, acolheu em si como completamente correspondente a ela a ciência descritiva do cosmos. Assim, ao lado da apropriação do saber sobre a natureza dos gregos, houve as traduções de Aristóteles. Essas traduções começaram entre al Mamum e foram completamente completadas durante os séculos IX e X. Sobre essa base, em ação alternante com o estudo vivo da natureza, a filosofia árabe conquistou em Ibn Sina e Ibn Roschd sua figura consumada: como um prosseguimento autônomo da escola peripatética.

Com isso, enquanto os árabes cultivam, por um lado, desde o século IX, ao lado da teologia, tanto o conhecimento da natureza quanto a ciência aristotélica, no *Ocidente cristão*, onde tudo se desenvolveu em quantidades mais extensas, a *teologia dominou*, por outro, por muito tempo de maneira quase exclusiva. No século X, Gerbert traz da Espanha algo da luz do conhecimento árabe da natureza. Em seguida, Constantino, o africano, retorna de suas viagens no Oriente com escritos médicos. Adelardo de Bath, por sua vez, também adquire igualmente conhecimentos científico-naturais dos árabes. Então, sucedem-se de modo mais imediato traduções de Aristóteles, de seus comentadores e dos físicos árabes.[248] Mas é só esparsamente que se iluminam as trevas que se abatem sobre o conhecimento da natureza. A vida intelectual do Ocidente pulsou até o fim do século XII na teologia e na consideração metafísica com ela associada da história e da sociedade humanas. Também não houve qualquer alteração nesse ponto pelo fato de se ter utilizado a lógica de Aristóteles como um instrumento poderoso de dialética teológica e de uma ousada subjetividade ter feito valer em Abelardo de forma mais arguta do que jamais tinha acontecido o direito do entendimento. Ao contrário, o impulso negativo dos dialéticos teológicos daqueles dias decompôs a consistência da dogmática tradicional; tal como nos fenômenos correspon-

---

[248] É possível ver isso mais detalhadamente em Jourdain, ao lado das *Recherches* em sua *Philosophie de St. Thomas I*, p. 40 e segs.

dentes do Islã, desenvolveu-se irresistivelmente a partir das antinomias da representação religiosa a dúvida até o desespero do entendimento, e foi em vão que Berhard von Clairvaux e os vitorianos buscaram na mística a paz do espírito. A metafísica teológica, porém, só deixou de ser o ponto central de todo o pensamento europeu quando o saber sobre a natureza e a filosofia da natureza dos Antigos e dos árabes se alçaram sobre o horizonte da cristandade ocidental e se tornaram aos poucos totalmente visíveis. Essa é a grande transformação que ocorreu no curso do desenvolvimento intelectual da Europa durante a Idade Média.

Essa *transformação no Ocidente* não foi detida pela repetida proibição aos escritos metafísicos e científico-naturais de Aristóteles. Já na primeira terça parte do século XIII, todo o corpo dos escritos aristotélicos já se encontrava praticamente traduzido. Os sistemas de Ibn Sina e Ibn Roschd tornam-se conhecidos e passam a ameaçar a fé cristã. A metafísica ocidental da Idade Média surge para proteger essa fé a partir da articulação entre a teologia do cristianismo e a filosofia da história metafísica que parte dela, por um lado, e o Aristóteles árabe e o conhecimento da natureza ligado com seu estudo, por outro. A universidade de Paris torna-se, como sede dessa metafísica, o ponto central do movimento espiritual da Europa. Ao longo de um século, a partir da metade do século XIII, enquanto ensinam Alberto Magno e seu aluno do mosteiro dominicano de Colônia São Tomás de Aquino, Duns Scotus e o mais ousado e mais poderoso dentre todos os escolásticos, o inimigo do papa Guilherme de Ockham, os olhos de toda a Europa estavam voltados para essa nova ciência da razão. – Ao mesmo tempo, então, fornece-se o material para o prosseguimento autônomo do trabalho dos cristãos ocidentais nas ciências da natureza. Lenta, ampla e profundamente desenvolve-se esse trabalho. As condições externas sob as quais as ciências se encontram nos monastérios e nas instituições dirigidas pela Igreja apoiam a preponderância do interesse metafísico-teológico, e a ocupação da corte de Frederico II com as ciências naturais, tal como ela tinha sido evocada por meio do modelo do califa, não encontrou nenhum sucessor. A constituição política da Europa deu aos problemas da história e do Estado tanto quanto aos escritos sobre eles um peso que esses problemas não possuíam no reino despótico do Islã. O curso das questões públicas no Ocidente já tinha sido poderosamente influenciado naquela época por ideias, e essas ideias atraíram particularmente para si o interesse público. O prosseguimento autônomo, sim, genial do trabalho do Ocidente cristão no conhecimento particular encontrou-se de início, durante os séculos XIII e XIV, no âmbito das ciências humanas. Assim, a ampliação do saber sobre a natureza foi utilizada em primeira linha para produzir uma unidade enciclopédica do saber suportada pela metafísica. A essa direção do espírito correspondiam o escrito sobre a natureza das coisas de Tomás de Cantiprato, o espelho da natureza de Vicente de Beauvais, o livro da natureza de Conrad von Megenberg, a imagem do mundo de Pierre d'Ailly. Além disso, toda a atividade de Alberto Magno foi determinada por ela. Ainda não podemos julgar suficientemente o que dentre os resultados particulares que vêm ao nosso encontro pela primeira vez com Alberto Magno emergiu de um estudo autônomo da natureza; não obstante, o fomento da ciência descritiva da natureza em uma observação e investigação próprias não pode ser negado a ele. Em seguida, a consciência da matemática como um "alfabeto da filosofia" e da ciência experimental como a "rainha das ciências especulativas" surgiu em Roger Bacon. Ele pressentiu o poder de um conhecimento das causas eficientes baseado na experiência em oposição à pseudociência silogística, e sua poderosa imaginação adiantou-se aos resultados de seu trabalho em raras antecipações de futuras descobertas. Por outro lado, vieram paulatinamente à tona no Ocidente as invenções em parte herdadas, em parte autonomamente realizadas, que prepararam a época das descobertas.[249]

SEXTO CAPÍTULO

SEGUNDO PERÍODO DO PENSAMENTO MEDIEVAL

Distingue-se da tradução do saber árabe sobre a natureza e da filosofia aristotélica o novo estágio do pensamento medieval, e esse estágio perdura até o fim da Idade Média. O período anterior tinha criado uma dialética como base da teologia, a demonstração esboçada pelos Padres da Igreja, em particular por Santo Agostinho, da existência de

---

[249] Cf. de maneira mais minuciosa nas investigações fundamentais de Libri, *Histoire des sciences mathématiques*, v. II.

uma ordem transcendente de essencialidades imateriais. Além disso, ele realizou a tarefa de conquistar uma conexão intelectiva do conteúdo da fé em uma teologia que, contudo, ainda não separava metodologicamente o que é apreensível pelo pensamento do intangível. Já essas tarefas mesmas alcançam, então, sob novas condições, uma versão mais madura. A comparação de cristianismo, Islã e judaísmo difundiu a sua luminosidade sobre o campo da teologia; a comparação da ciência racional de Aristóteles com a teologia das religiões iluminou os limites do demonstrável e do mistério religioso; a ligação do saber sobre a natureza com a teologia ampliou o horizonte da ciência da razão. Como é que foram, então, apreendidos e como se buscou resolver sob essas novas condições as tarefas que destacamos no período anterior?

1. Conclusão da metafísica das formas substanciais

Na medida em que a ciência do cosmos se ligou agora com a teologia das religiões monoteístas, emergiram, em verdade, outras dificuldades insolúveis que produziram a dissolução da metafísica medieval. Não obstante, enquanto essa dissolução pôde ser ocultada e o bem da vontade pôde ser unificado com o elemento racional do pensamento, o elemento cristão com a ciência grega da razão, resultou daí a validade de uma *fórmula* brilhante, que *consumou a metafísica até aí e produziu uma unidade sistemática*.

De início, substituíram-se os resultados analíticos de Platão e Aristóteles, resultados que continham pressupostos últimos do cosmos: substitui-se o pensamento construtivo filônico-neoplatônico. Segundo esse pensamento, as *ideias* possuem em Deus seu *lugar*, e é desse mundo inteligível que se irradiam as forças que atuam integralmente no todo. Agostinho, tal como o fizeram outros Padres da Igreja, acolheu esse pensamento na filosofia do cristianismo[250] e o colocou

---

[250] Agostinho, *Retractat. I*, c. 3. *Nec Plato quidem in hoc erravit, quia esse mundum intelligibilem dixit, si non vocabulum, quod ecclesiasticae consuetudini in re illa non usitatum est, sed ipsam rem velimus attendere. Mundum quippe ille intelligibilem nuncupavit ipsam rationem sempiternam atque incommutabilem, qua fecit Deus mundum. Quam qui esse negat, sequitur ut dicat, irrationabiliter Deum fecisse quod fecit, aut cum faceret, vel antequam faceret, nesciset quid faceret, si apud eum ratio faciendi non erat. Si vero erat, sicut erat, ipsum videtur Plato vocasse intvlligibilem mundum.* Cf., além disso, a passagem citada na p. 331. Cf. também a *Monadologia* de Leibniz, §§ 43.44: as "verdades eternas ou as ideias, das quais elas dependem" precisam ter sua base em algo real, existente.

em ligação com a doutrina da criação. Segundo ele, as coisas são criadas pela divindade como expressão do mundo inteligível que existe nela, do mundo das ideias imutáveis; assim, a metafísica como ciência da razão conquista, então, uma concepção mais simples e mais sistemática de sua conexão: o *mundo inteligível* em Deus é *atribuído à criação* e os princípios que correspondem a essa conexão objetiva são *inseridos no espírito individual criado por Deus*.[251]

Assim, construiu-se na altura desse desenvolvimento a seguinte teoria, que Tomás de Aquino levou adiante de maneira sutil e engenhosa. De acordo com ele, Platão pressupôs equivocadamente que o objeto do conhecimento precisaria existir em si do modo como existe em nosso saber, portanto, de maneira imaterial e imóvel. Na realidade, a abstração consegue isolar aquilo que no objeto encontra-se sem ser isolado e considerar por si um componente nesse objeto, abstraindo-se dos outros. O componente que nosso pensar destaca no conceito universal junto ao objeto é, com isso, real, mas ele é apenas uma parte da realidade do objeto. Por isso, uma realidade correspondente aos conceitos universais é dada nas coisas particulares: "os *universalia* não são coisas por si subsistentes, mas têm seu ser apenas no particular". Todavia, algo essencial é, por outro lado, destacado nos universais pelo intelecto humano, pois eles estão contidos no intelecto divino e são atribuídos por ele aos objetos. Assim, Tomás de Aquino pode se servir de uma fórmula aparentemente concludente em relação à contenda sobre os universais. Os *universais* são *antes* das *coisas* particulares, nelas e *depois* delas. Eles são antes delas no entendimento divino, modelar; eles são nas coisas como seus conteúdos parciais, como conteúdos que constituem sua essencialidade universal; e eles são depois delas como conceitos, que são produzidos por meio do entendimento abstrativo. Essa fórmula pode, portanto, ser facilmente ampliada no sentido da ciência moderna e uma tal ampliação ocorreu; ela já estava preparada na Idade Média: em Deus não estão apenas os conceitos universais, mas as verdades universais, as leis das transformações do universo.[252]

---

[251] Cf. p. 225 e segs.
[252] No que diz respeito ao surgimento dessa fórmula segundo o seu lado lógico, cf. detalhadamente Prantl, *Geschichte der Logik II* (História da lógica II), p. 305 e segs., p. 347 e segs., III, p. 94 e segs. – Sobre a introdução das *rationes* nessa fórmula, por exemplo, do princípio de não contradição, cf. p. 331.

A metafísica como ciência da razão encontrou nessas sentenças a forma mais perfeita que lhe foi dada durante a Idade Média. Essa ciência da razão procura tornar claro e concebível o elemento racional do universo; seu problema são a natureza dessa racionalidade, a sua origem no mundo e a origem do saber dessa racionalidade na consciência. A resolução do problema também é inserida nessa fórmula em um âmbito transcendente; pois ela contém uma relação entre três elos, nos quais retorna para cada um deles o mesmo X, a forma irresoluta, universal, das coisas particulares. A inteligência, a conexão do mundo e Deus são esses elos. E, em verdade, Deus não é apenas a causa motriz e final do mundo, mas também a sua causa modelar. Ou, como Scotus indica, Deus é a condição derradeira de uma conexão do mundo necessária e interna: a conexão do mundo contém um encadeamento das causas, uma ordem dos fins, uma série gradual da perfeição; todas as três séries levam a um ponto inicial, que não é condicionado por um outro elo que se encontra mais atrás da mesma série, e, em verdade, na mesma essencialidade: pois, tal como conclui mais tarde Espinoza, o *necesse esse ex se* só pode advir a uma essencialidade. Assim, Deus é nessa conexão metafísica a causa necessária.[253]

O número das verdades, que essa ciência da razão acreditava poder constatar, diminuiu para ela constantemente durante o seu trabalho; até à época do próprio Ockham a fórmula mesma, segundo a qual em Deus o mundo é estabelecido em conceitos universais, foi *dissolvida* e a experiência do singular fez valer o seu direito; não apenas no que concerne ao mundo exterior, mas, tanto em Roger Bacon quanto em Ockham, também em relação ao mundo interior.

2. A fundamentação intelectiva do mundo transcendente

Como residia na consciência divina o ponto central da metafísica medieval e como se vislumbrava a partir de Deus o mundo e o homem, essa ciência da razão buscou constatar inicialmente a existência de Deus durante o segundo período da filosofia ocidental, de acordo com a sua aspiração de submeter tudo à necessidade de pensamento. Ela desenvolveu as propriedades de Deus e difundiu-se a partir Dele sobre os seres espirituais criados. Isso teve por consequência o fato de provas

---
[253] Duns Scotus em sentent. I, dist. 2 quaest. 2 e 3.

particulares da existência de Deus terem entrado em cena no ápice da metafísica e terem sido fixadas em favor da subsistência de um reino espiritual, ao qual pertenciam também os homens. Com base na ontologia, a metafísica abstrata da escola de Wolff também tratou de maneira equivalente a teologia racional, a cosmologia e a psicologia como as três partes da ciência metafísica, e Kant procurou deduzir de modo correspondente a partir da essência una da razão as ideias nessas três regiões. A consideração histórica da Idade Média mostra que a teologia racional e a psicologia, como remontando com suas conclusões a um mundo transcendente da fé, assumem uma posição totalmente diferente na conexão humana de pensamento do que a cosmologia, que só aspira a consumar os conceitos da realidade efetiva.

Consideraremos inicialmente as provas da existência de Deus, a *teologia racional*.

O cristianismo teve no resultado monoteísta da ciência antiga do cosmos o seu pressuposto histórico,[254] e os Padres da Igreja consideraram obrigatória a conclusão que, partindo do caráter do mundo como algo que se mostra ao mesmo tempo como de uma beleza consonante a fins e, contudo, mutável, leva a Deus. Durante os longos séculos da *Idade Média*, a *remissão* do mundo a *Deus*, em particular a conclusão que deduz da rotação da abóbada celeste um primeiro motor dessa abóbada, não foi *rejeitada por nenhum pesquisador sério*, ainda que o grau de sua evidência tenha sido submetido à investigação; todas as outras verdades da fé, em contrapartida, caíram mais ou menos em discussão. – Desde o ano 1240, a autoridade eclesiástica lutou por décadas contra um partido da universidade de Paris, que difundiu consequências extremas da doutrina de Averróes. Assim, no interior da universidade, defendeu-se a eternidade do mundo, uma vez que o "primeiro início" como um milagre rompia radicalmente a conexão necessária da ciência; a criação a partir do nada foi atacada como incompatível com as exigências da ciência; assim como a suposição de um primeiro homem sem pais e, com isso, a doutrina do juízo final. O ponto central desse movimento cético residia na contestação da perduração da alma particular, uma vez que essa alma não podia ser deduzida da doutrina das formas substanciais. A partir desses

---

[254] Carta aos Romanos I, 19 e segs. História dos apóstulos 14, 15 e segs., 17, 22 e segs.

pressupostos seguiu-se, então, a ousada sentença: *quod sermones theologi sunt fundati in fabulis*, e a ela correspondeu uma outra: *quod sapientes mundi sunt philosophi tantum*. Mas dentre todas as sentenças que circulavam outrora entre estudantes e professores da universidade de Paris e que foram submetidas à censura eclesiástica não há nenhuma que tivesse colocado em questão a existência de Deus. – Um segundo foco do espírito cético encontrava-se durante o século XIII[255] no Sul, trata-se da corte de Frederico II. O sentido supersticioso do povo inferior envolveu a figura poderosa em termos de pensamento do grande imperador em narrativas, nas quais vêm à tona como o que mais chama a atenção seu ceticismo e sua inclinação para a resposta experimental a perguntas, que se estava acostumado a abandonar às discussões silogísticas. Dizia-se que ele tinha aberto corpos de homens para estudar a digestão; que ele tinha alimentado crianças sem qualquer contato com os homens, a fim de resolver a questão da língua originária; uma tal tentativa lembra o romance filosófico de Ibn Tofail, que experimentou grande sucesso no século XIII e que tinha por objeto o desenvolvimento natural de um homem. Os escritos que foram elaborados na luta da cúria contra o imperador tanto quanto a opinião pública o acusaram de negar a imortalidade e encontraram a motivação derradeira de seu terrível domínio no império siciliano nessa rejeição materialista de toda representação de uma vida no além. Em verdade, a sentença terrível sobre os três impostores, os três fundadores das três religiões do Ocidente, não pode ser atribuída ao imperador; mas a ideia de que a verdade filosófica estaria envolta por fábulas nas três religiões precisa ser considerada como um bem comum dos homens esclarecidos nessa corte multicolorida, que residia ora no Oriente ora no Ocidente entre populações religiosamente misturadas. E, contudo, dentre todo o anedotário que envolvia outrora Frederico, não nos é legada nenhuma história que tivesse contestado a conclusão de Deus como a causa do mundo.[256] – Se investigarmos as

---

[255] A crônica de Fr. Salimbene Parmensis (Parma, 1857) fala, na p. 169, *da desctructio credulitatis Friderici et sapientum suorum, qui crediderunt, quod non esset alia vita, nisi praesens, ut liberius carnalitatibus suis et miseriis vacare possent. Ideo fuerunt epycurei...*
[256] Na bela descrição que se baseia em uma visão pessoal da crônica citada, p. 166, diz-se o seguinte de Frederico II: *de fide Dei nihil habebat*, mas essa *fide Dei* precisa ser evidentemente compreendida no sentido da fé em Deus de um cristão.

declarações de ceticismo oriundas de outros círculos, escárnios repulsivos e toscos de Deus tais como os de Alberich de Romano pressupõem completamente a existência de Deus.[257] As dúvidas dos nominalistas contra cada ponto de uma ciência religiosa racional também prosseguiram em verdade em Ockham, que submeteu os fundamentos da existência de Deus a uma crítica incisiva; sim, Ockham já tinha expresso ousadamente a possibilidade de que *o mundo movesse a si mesmo*; mas mesmo ele reconheceu, porém, a força preponderante das demonstrações da existência de Deus.[258]

O fundamento desse fato de o espírito metafísico da Idade Média ter na evidência da existência de Deus um ponto de apoio inabalável, por mais que nenhuma outra verdade da fé tenha permanecido sem ser tocada pela dúvida, não pode ser alcançado no poder das convicções religiosas; pois essas convicções foram, como acabamos de ver, multiplamente abaladas. Ele não residia na tradição da conexão da história do mundo, que estava ligada com seu começo e fim; pois, por mais importante que essa história tenha sido para o sentimento de vida e para o modo de pensar do homem medieval, ela foi colocada em dúvida ao menos por espíritos ousados, ainda que não tivesse sido ainda submetida à investigação. Esse fundamento não se encontra tampouco de maneira alguma nos argumentos ontológicos; pois a força desses argumentos foi contestada pelos pesquisadores crentes mais excepcionais. Ele residia na conclusão que, com base no estado do saber sobre a natureza de outrora, partia das vias regulares e harmonicamente interpenetrantes dos astros tanto quanto da conformidade a fins que imperava nas formas da natureza e retornava a Deus. Essa conclusão não vem à tona como um argumento particular, mas constitui, como em Aristóteles, a conexão de toda a visão da natureza. Com certeza, os escolásticos desse período expuseram em um primeiro momento um número fechado de provas particulares independentes entre si e também mantiveram ao menos a distinção entre prova cos-

---

[257] Idem, p. 182.
[258] Quanto aos debates escolásticos sobre a existência de Deus nos monastérios, cf. São Tomás de Aquino, *de Eccleston de adventu fratrum minorum in Angliam* (Monum. Francisc. Lond. 1858), p. 50: *cum ex duobus parietibus construatur aedificium Ordinis, scilicet moribus bonis et scientia, partiem scientiae fecerunt fratres ultra coelos et coelestia sublimen, in tantum, ut quaerent an Deus sit.*

mológica e teleológica (físico-teleológica) na metafísica escolar; todavia, não era nessa versão escolar fragmentada que residia o poder dos fundamentos que chegam à conclusão de Deus a partir do mundo sobre o espírito medieval.[259]

A física da Terra permaneceu em seus momentos iniciais e não foi aplicada à explicação dos fenômenos do mundo dos astros; nem os recursos do cálculo, nem a arte do instrumento estabeleceram uma ponte entre os acontecimentos na Terra e aqueles no além, no universo. A gravidade foi concebida como um fato terrestre, as transformações ainda não tinham sido demonstradas em nenhum ponto como presentes para além da atmosfera terrestre, no universo, e esse isolamento do mundo dos corpos celestes em relação àqueles do mundo sublunar foi usado para uma atualização representacional, espacial, da grande oposição na qual o cristianismo via toda a mudança terrena e toda imperfeição terrena em contraposição àquilo que não é deste mundo. O significado dessa transcendência astronômica para o espírito do homem medieval é mostrado pelo poema de Dante, cujas três partes, cada um em uma direção diversa, terminam não casualmente com uma outra visada para o céu de estrelas, a última com as célebres palavras: *l'amor che muove il sole e l'altre stelle*.

A própria conclusão partia da uniformidade dos movimentos no céu e de sua conformidade a fins, uma uniformidade e uma conformidade por intermédio das quais toda a administração do mundo terreno até o homem era regulada, para uma essencialidade perfeita e espiritual. Ela baseava-se para a maioria dos escolásticos na construção astronômica que eles encontraram em seu Aristóteles e, mais raramente, naquela construção que eles criaram a partir de Ptolomeu. Essa conclusão ora se serviu do princípio auxiliar aplicado por Anaxágoras, Platão e Aristóteles de que todo movimento de um corpo no espaço pressupõe uma causa do movimento para além do corpo, ora da distinção dos movimentos sobre a Terra, que são retilíneos e chegam

---

[259] No ápice da *Suma teológica* de São Tomás de Aquino encontra-se p. I, quaest. 2 de Deo, an Deus sit quaest. I tratado apenas o conceito da ciência cristã; em seu terceiro artigo são isoladas cinco provas particulares: a partir do movimento, a partir do encadeamento de causas e efeitos, a partir da relação do possível, que pode, mas não precisa ser, surge, se altera e perece, com o necessário (a prova posterior a *contingentia mundi*), a partir da relação do grau nas coisas com um absoluto e a partir da conformidade a fins. Quanto a isso, cf. Duns Scotus em sent. I, dist. 2, quaest. 2.

ao repouso em uma meta, em relação aos movimentos no céu, que são circulares e contínuos e, com isso, remontam a um princípio inteligente de uma força infinita. Ela pode ser encontrada tanto em Alberto Magno quanto em São Tomás, em Boaventura tanto quanto em Duns Scotus.[260] Enquanto lhe foi atribuída uma evidência rigorosa, a maioria dos teólogos assumiu a probabilidade da suposição de que a divindade provocava por meio dos espíritos criados e dotados de um modo de ser supra-humano esses movimentos no céu, e de que o número de anjos motrizes poderia ser determinado pelo número das esferas móveis. Com base na teoria aristotélica, a doutrina dos anjos foi associada com a visão de mundo astronômica e, por isso, também foram aqui, por fim, *relações psíquicas* que ofereceram, *ao invés de uma conexão mecânica da natureza*, o último fundamento explicativo para os movimentos no cosmos. A metafísica europeia dominante prosseguiu na tarefa de fixar uma conexão volitiva mítica de forças psíquicas como o fundamento explicativo derradeiro da conexão externa do mundo.

Demonstrou-se na Terra em meio ao ser orgânico uma conformidade a fins que reconduzia a Deus. Quem dotou uma tal conclusão do maior material demonstrativo foi Alberto Magnus, que também nesse ponto se encontrava particularmente próximo de Aristóteles. "Por meio do modo e da amplitude de seu ser, por meio da essência específica que lhe conferiu uma posição determinada na série do restante das criaturas, por meio do peso ou da ordem, na qual essa essência se acha em harmonia com as outras essências segundo o seu aproveitamento e exerce uma influência sobre a realização da finalidade do mundo, o criado demonstra visivelmente o poder de um autor vigoroso, sábio e bom."[261]

A prova da existência de Deus a partir do nexo racional dos acontecimentos no todo do mundo acompanhou-nos desde Anaxágoras. E, em verdade, alteraram-se os elos centrais por meio dos quais se chega à conclusão no todo, a partir da visão do mundo, da ideia de

---

[260] Alberto Magno, *De causis et processu universitatis* lib. I, tract. 4, c. 7. e 8. lib. II, tract. 2, c. 35-40. Tomás, *Contra gentilis III*, c. 23 sq. Boaventura em lib. II sententiarum, particularmente dist. 14. p. 1 (os pressupostos da conclusão estão presentes o mais claramente possível em: art. 3, quaest. 2: *an motus coeli sit a propria forma vel ab intelligentia*). Duns Scotus qu. subt. in met. Arist. Lib. XII, q. 16-21.
[261] Alberto Magnus, *Suma teológica* II, tract. I qu. 3, m. 3, art. 4, part. 1, p. 28a.

Deus. Pois esses elos foram constituídos em cada época por meio daqueles conceitos relativos ao nexo da natureza que tinham sido desenvolvidos pelo estado das ciências positivas. A função dessa prova no corpo da metafísica de uma época é, portanto, dependente da visão da natureza desenvolvida na mesma época. O espírito a-histórico de Kant desconheceu essa relação fundamental, assim como buscou empreender, então, a tentativa efetivamente vã de retirar uma metafísica em si dos sistemas. No entanto, ele normalmente se contentou aí em, por meio de uma decisão arbitrária, declarar os compêndios de Wolff como essa metafísica em si. Na realidade, todas as formas da prova que remontam do cosmos à sua condição só possuem um valor cognitivo relativo para uma causa racional do mundo, a saber, somente em sua relação com os outros conceitos de natureza de uma época; e mesmo a fundamentação completa, que só se realiza no nexo do próprio sistema e associa a prova escolar cosmológica por si totalmente insuficiente com a prova físico-teológica, não possui nenhuma amplitude que se estenda para além desse ponto. Ela não pode senão mostrar que, sob o pressuposto dos conceitos que se encontram na base da explicação da realidade efetiva em uma dada época, o retorno a uma causa primeira que atua em consonância com fins é necessário. O conceito de Deus é nessa época apenas um elo no interior do sistema das condições que se coloca na base dos fenômenos para a sua explicação em um determinado nível do conhecimento; e o caráter imprescindível desse elo depende da relação entre uma suposição e outras suposições já presentes. Assim, além da gravitação, Newton precisou de um impulso inicial, ele precisou de um fundamento para a consonância a fins em meio às dimensões das relações entre os percursos dos planetas; nesse caso, a gravitação era apenas uma expressão para uma parte das condições, e Deus, do qual ele declarou necessitar ao lado da gravitação, também era apenas a expressão para uma outra parte dessas condições, que se mostraram para ele como necessárias para a explicação da realidade efetiva sob a suposição de matéria, espaço, tempo, causa e substância. Desse modo, uma *prova* rigorosa da *existência de Deus* a partir do *cosmos* é *impossível* enquanto não se puder colocar na base dessa prova a *validade objetiva* de um *sistema* fechado de *conceitos de natureza*. Nós destacamos ainda particularmente algumas considerações. Uma tal prova estaria sob o pressuposto da aplicabilidade do conceito de causa à conexão do mundo; assim como os filósofos medievais já haviam constatado, ela não admitiria a conclusão de um criador do mundo, mas apenas, de acordo com a expressão de Kant, "de um arquiteto do mundo, que se veria cada vez mais restrito pelo caráter apropriado do material com o qual ele trabalha"; ela não levaria para além de uma causa proporcional à unidade racional conhecida, e passo a passo na época moderna os conceitos de natureza sobre essa unidade consonante com o pensamento foram se transformando tanto, que deixou de existir a coercitividade da conclusão de um ser pessoal autônomo, diverso do mundo.

Diversa de todas as provas particulares como essas é a consciência que se encontra na base de todas elas da consonância com o pensamento que está associada com a consideração das vias e das dimensões dos astros, assim como com as formas do mundo orgânico: essa consciência expressa apenas o fato de olharmos para além de nós mesmos em direção a algo análogo ao pensamento humano, a algo que lhe corresponde no mundo. Trata-se, de um lado, da consciência inesgotável de Deus própria à humanidade, e assim como ela produz provas particulares, ela permanece existindo depois que essas provas se dissolveram. Por si, porém, ela não contém a certeza de um ser pessoal diverso do mundo.[262]

Além desse modo de concluir, há apenas um outro que designamos como o modo *psicológico*. Ele tem seu ponto de partida na *análise da experiência interior*; nessa experiência, ela encontra componentes psicológicos ligados com uma convicção viva e pessoal, componentes que asseguram, independentemente de todo conhecimento da natureza, a existência de Deus aos castos. Assim, a *moralidade* livre e capaz do sacrifício do próprio si mesmo de um ser que não consegue se considerar como seu próprio criador conduz esse ser para além de todos os conceitos de natureza e estabelece como sua condição uma vontade divina. O modo como *sentimos a perecibilidade em nós*, e, por meio daí, o *erro* tanto quanto a *imperfeição* daquilo que somos, encerra em si, visto psicologicamente, o fato de existir um critério para nós, que se lança para além disso tudo; se não coubesse ne-

---

[262] O pressuposto das conclusões que partem do mundo para um Deus diverso do mundo, o pressuposto de que um *regressus in infinitum* seria impossível, foi dissolvido por Ockham.

nhuma realidade a esse critério, então o sentimento de imperfeição e culpa seria uma sentimentalidade vazia, que avaliaria a realidade efetiva a partir de nossas ilusões irreais. A *consciência viva dos valores éticos* exige que eles não sejam acolhidos na consciência como uma ocorrência paralela ao nexo da natureza, mas como uma realidade poderosa, para a qual a configuração do mundo está dirigida e para a qual está assegurada a vitória na ordem do mundo. Se o pensamento antigo tinha apresentado o aspecto de nossa reflexão metafísica desenvolvido na prova estabelecida a partir da uniforme consonância ao pensamento do cosmos, o pensamento cristão orientou-se preferencialmente por esse outro aspecto: ele se empenhou por apreender as profundezas de nosso si mesmo avaliando-o inteiramente e as experiências da vontade francamente no interior. Com certeza, o cristianismo tem o seu pressuposto histórico no resultado monoteísta da ciência antiga do cosmos, assim como ele tem na consciência da consonância com o pensamento do todo do mundo um componente permanente de sua ideia de Deus; mas a certeza de Deus, que para ele é mais do que uma causa inteligente, reside em primeira linha nas experiências do ânimo e da vontade, e toda a literatura dos Padres da Igreja e da Idade Média está eivada de conclusões que levam à existência de Deus a partir dessas experiências internas, conclusões dentre as quais as três indicadas anteriormente se destacam particularmente.[263]

Assim como muita coisa é simbólica na Idade Média, esse nexo da ordem ética era outrora visível em Deus na hierarquia em que graça e violência fluem de Deus para o mundo; todo sacrifício de ação de graças torna possível que se perceba a presença de Deus no aquém.

Assim, o que era certo para o casto de uma maneira subjetiva e pessoal e o que os Padres da Igreja tanto quanto os escritores medievais tinham enunciado de inúmeras formas, a *metafísica cristã* procurou elevar a uma *conclusão impositiva para todos*. E, em verdade, essa fundamentação psicológica recebeu a concepção de todas a mais

---

[263] A partir do grande material não há como destacar nenhuma prova particular. Tomás só alija expressamente essa fundamentação de sua demonstração, porque ela não permite que se estabeleça nenhuma apreensão universalmente válida, *Suma teológica*, p. I, quaest. 2 art. 1. O progresso da aspiração por um bem supremo até a satisfação em Deus é apresentado normalmente na Idade Média segundo Agostinho (cf. p. 333); com ele articulam-se os místicos, dentre os quais Hugo von St. Viktor já distingue a prova a partir do *mundo em sintonia com a fundamentação da vivência religiosa*.

abstrata na prova ontológica. Anselmo estabeleceu para si a tarefa pensada de maneira profunda de encontrar uma fundamentação de Deus, que não tivesse por pressuposto a existência e a constituição do mundo. Por meio da análise lógica, ele deduziu do conceito de Deus a intelecção de sua existência. A insustentabilidade da prova ontológica assim emergente mostrou-se convincente de Gaunilo até São Tomás de Aquino e de São Tomás de Aquino até Kant: não é no conceito abstrato de Deus, mas no nexo vivo da ideia de Deus com a totalidade da vida psíquica que está fundamentada uma certeza de Deus independente da ciência do cosmos. Esse nexo vivo e natural é expresso de modo mais apropriado na prova anterior de Anselmo; aqui, como base de nossa consciência de diversos graus do bem e do perfeito, indica-se a consciência de um bem supremo, de uma perfeição incondicionada. Assim, conclui-se a existência de Deus como o bem supremo, de uma maneira diversa da conclusão que leva até ele como causa inteligente.[264] Raymond von Sabunde tentou, como se sabe, dar uma forma concludente à prova moral.

Todavia, todas as tentativas de dar ao nexo das experiências interiores, particularmente éticas, a forma de um procedimento metafísico demonstrativo com a fé em Deus também foram de uma significação tão passageira quanto o esforço por descobrir a partir do cosmos um Deus pessoal. Pois os *elementos da experiência interior*, a partir de cuja análise se seguiram essas tentativas, *não são capazes de uma apresentação universalmente válida*. Seu objeto é justamente uma religião prática, e essa religião se baseia em uma vida pessoal. Sim, essa crença prática é tão independente de sua apresentação teórica, que um homem consegue por assim dizer viver Deus, apesar de sua situação intelectual lhe ter imposto o destino de duvidar de Deus. Por isso, foi só no protestantismo, depois de uma metafísica da Idade Média ter se dissolvido, que a fé prática reconheceu a verdadeira constituição de sua certeza.

---

[264] O pressuposto da prova ontológica que parte do *esse in intellectu* para a essência, *quo magis cogitari non potest*, que descerra *esse et in re*, está o mais claramente possível exposto em Anselmo, *Apologeticus*, c. I e 3. – Na prova anterior de Anselmo, é particularmente notável a sentença em *Monologicum* c. 1: *quaecunque justa dicuntur ad invicem, sive pariter magis vel minus, non possunt intelligi justa nisi per justitiam, quae non est aliud et aliud in diversis*. Articula-se, com o procedimento demonstrativo anterior de Anselmo, o quarto argumento da *Suma teológica* de São Tomás, p. I, quaest. 2 art. 3.

A partir da teologia racional, do ponto central do pensamento medieval em geral, nós nos voltamos para a *psicologia racional*. A psicologia racional já tinha recebido dos metafísicos da *época da luta entre o cristianismo, o judaísmo e a crença nos deuses gregos e romanos* sua *figura sistemática perene*. Expôs-se como entraram em cena as experiências do coração, o estudo da vida anímica nos primeiros séculos depois de Cristo. Já a preponderância da vida privada atuou nessa direção. Em seguida, o domínio dos imperadores dirigiu todas as atenções da sociedade romana com uma tensão febril para *um* homem, e se observa em Tácito que transformações experimentou a partir de então a visão histórica; seus retratos da alma dos imperadores são a expressão dos interesses transformados da sociedade. Motivações mais profundas se adicionaram a essas; a nostalgia da imortalidade é o traço fundamental do paganismo que estava se envelhecendo. Os epitáfios daquela época mostram que a representação de uma vida onírica impotente no submundo retraiuse completamente e assumiu uma posição atrás da expectativa de uma vida mais elevada. "Ó almas mui decantadas dos castos", encontra-se escrito em um desses epitáfios, "vós conduzis a inocente magnólia pelo bosque e pelos campos elísios para vossas moradas". O conto de fadas de Eros e Psyché e a exposição que se tornou tão adorada da Psyché sob o símbolo da borboleta são imagens sensíveis dessa nostalgia. Os cultos voltados para os mistérios apontaram os caminhos, nos quais essa exigência fervorosa buscou o coração da divindade. Na bela obra de Boécio sobre o "Consolação da filosofia" temos a última visão de tal confiança: quando a alma de boa-fé, liberada da prisão terrena, aspirar livre ao céu, então todo fazer terreno se mostrará para ela como nada, diante do gozo das alegrias do céu. O coração da literatura cristã é o sentimento do valor infinito da pessoa moral de Deus. A fundamentação da *doutrina de um reino de substâncias anímicas individuais eternas* é apenas a *expressão científica* dessa *transformação da vida anímica*. Agora, o mundo dos espíritos e seu reino elevam-se acima do horizonte da reflexão metafísica. A expressão literária desse fato reside nas formas estilísticas das meditações, dos solilóquios, dos monólogos, e o trânsito solitário do espírito consigo mesmo se mostra, então, como o ponto fontal profundo do pensamento científico.

Plotino, o mais puro e nobre defensor do paganismo que se bate em uma luta mortal com o cristianismo, apresenta em seu sistema a constituição do ânimo do novo tempo, totalmente estranho à autêntica vida grega e romana. Anônimo, seu professor, crescera, porém, na nova vida anímica das comunidades cristãs. Ora, mas se a tradição insegura ainda torna possível reconhecer que já Anônimo tinha tentado provar a imaterialidade da alma,[265] então encontramos em Plotino essa prova desenvolvida em uma metafísica plena que se volta contra as teorias dos epicuristas e dos estoicos. Com cla sc toca cm alguns pontos Orígenes em seu escrito sobre os princípios. Orígenes resolve para as comunidades cristãs imersas em lutas contra os gnósticos a mesma tarefa que Plotino resolvera para o mundo pagão.

Plotino mostra, por meio de uma longa série de razões, que a alma existe como um ser imaterial. – Destacamos de início o seguinte argumento: o conhecimento está fora de condições de deduzir das relações dos elementos corporais entre si um estado de fato espiritual. Nenhuma composição consegue explicar o aparecimento da consciência que não estava presente nos componentes; não há como conquistar razão para o ser sem razão por nenhum artifício.[266] Essa condução da demonstração só tem a amplitude capaz de mostrar a vida psíquica como um fato totalmente diverso para o nosso conhecimento do estado de fato material, jamais recondutível a ele.[267] Plotino, porém, prossegue nessa conexão em direção àquela prova, que assumiu a primeira posição no interior da metafísica europeia. Ela tinha sido preparada por Platão e Aristóteles. Platão destacou com uma visão profunda o seguinte: se estamos em condições de comparar o que é dado nos diversos sentidos, de exprimir semelhança ou dissemelhança, então isso só pode acontecer em uma instância diversa dos próprios órgãos dos sentidos, na alma mesma.[268] Foi nesse contexto que Aristóteles reconheceu que um juízo como "doce não é branco" seria impossível, se essas sensações estivessem distribuídas em sujeitos diversos e não

---

[265] Nemésio, *De natura hominis*, c. 2. 3.
[266] Plotino, Enn. IV, 1. 7 p. 456 e segs., orientado contra os epicuristas (p. 457), alguns peripatéticos (p. 458) e os estoicos (p. 458 e segs.) e uma demonstração primorosa da impossibilidade de uma derivação de fatos psíquicos, se esses fatos já não estivessem pressupostos nos fundamentos explicativos.
[267] Cf. p. 9 e segs.
[268] Platão, *Teeteto*, 185 e segs.

subsistissem juntas no mesmo sujeito.[269] Plotino procura demonstrar universalmente que: se a alma fosse material, então não poderia existir nem percepção, nem pensamento, nem saber ou o ético e o belo. Se algo deve perceber um outro algo, assim ele conclui nesse caso, então ele precisa ser uma unidade; se as imagens que entram em cena, em virtude da maioria dos órgãos dos sentidos, são algo múltiplo, sim, se elas encerram em si algo múltiplo no interior da esfera de sensação *de um órgão do sentido*, então elas precisam ser ligadas ao *objeto por meio de uma unidade idêntica a si mesma*; as impressões dos sentidos precisam vir ao nosso encontro em uma unidade indivisível. Ele o expressa em uma imagem pertinente: as percepções precisam se encontrar a partir de toda a periferia da vida sensível tal como os raios de um círculo no centro indivisível da vida anímica. De outro modo, muitas percepções surgiriam internamente umas ao lado das outras; pois a parte A da alma material e extensa teria suas impressões por si, assim como a parte B e C; portanto, tudo se daria por fim de tal modo, como se percebesse um indivíduo A e, ao lado dele, um indivíduo B. Além disso, se estamos em condições de *comparar* duas *impressões* entre si, *diferenciando*-as uma da outra, então isso pressupõe que elas são *mantidas juntas* em uma *unidade*. Nessa como em outras provas mais subordinadas, o grande princípio da imperecibilidade da capacidade da consciência foi completamente pensado por Plotino juntamente com aquilo que colocamos como processo na base das transformações no mundo exterior. Esse princípio tinha naturalmente para ele de maneira equivocada um poder demonstrativo metafísico positivo; mas um tal poder também continuou sendo atribuído a esse princípio em todo o desenvolvimento ulterior até Leibniz, Wolff, Mendelssohn, sim, mesmo Lotze; enquanto na realidade ele possui um *valor negativo*, em relação a todo tipo de metafísica materialista ou assim chamada monista.[270]

---

[269] Aristóteles, *De anima III*, 2 p. 426b 15.
[270] Plotino, Enn. IV, 1.7 p. 461 e segs. É digno de nota também o argumento paralelo estabelecido a partir do sentimento sensível, p. 462. Se pensássemos na posição particular para a qual transponho a dor, sentindo-a e ocorrendo uma comunicação desse estado, então sentiríamos a dor de todas as posições colocadas em compaixão, ou seja, sentiríamos algo múltiplo. Mais fraca é a demonstração a partir do pensamento, da virtude etc. – Quanto ao *valor meramente negativo da conclusão*, cf. p. 9 e segs., 383 e segs.

Essa fundamentação da doutrina das substâncias anímicas foi aprofundada e fortalecida por *Agostinho* por meio de seu *ponto de vista epistemológico*. Ele esclarece: "ouso afirmar que não tenho apenas uma crença em relação à imaterialidade da alma, mas mesmo um saber rigoroso".[271] Vimos seu saber fundado no fato de que todo o conhecimento do mundo exterior precisa sucumbir ao ceticismo que se liga a esse conhecimento, enquanto a certeza de si, em contrapartida, irrompe na experiência interior. A experiência interior é reconhecida por ele como um saber, no qual toda a vida da alma já nos é dada, quando vem à tona a intenção de conhecer sua essência. A diferença específica dessa experiência interior em relação a todo conhecimento do curso exterior da natureza é expressa e a inferioridade desse conhecimento para o nexo do conhecimento é desvelada. – E, em verdade, o conteúdo da experiência interior também mostra para Agostinho a incomparabilidade da vida espiritual com o curso da natureza e, com isso, a impossibilidade de uma remissão dos processos espirituais a processos materiais. A vida espiritual não pode ser concebida como qualidade no sujeito corpo, pois não se podem reconduzir as realizações da vida espiritual às realizações de um todo material. Em particular, é distintivo do espírito o fato de que ele está totalmente presente em cada ponto do corpo e consegue transformar as sensações dos sentidos em objeto da consciência, da comparação e do juízo.[272]

A metafísica das substâncias anímicas fundamentada pelos neoplatônicos e por Agostinho que se articula com os neoplatônicos foi, então, *ampliada pelos filósofos medievais*. Esses filósofos se articulam com fontes matizadas de maneira neoplatônica, assim como com Agostinho, e concluem, a partir da constituição de processos espirituais, que esses processos não podem ser derivados da matéria ou concebidos em um sentido qualquer como materiais.[273] Eles partem em todas as provas mais rigorosas da imortalidade da comparação das capacidades da vida psíquica com as propriedades de algo espacial e corporal, concluindo, com isso, a subsistência de uma substância anímica, e, a partir desta, revelando a imortalidade. Se a condução da de-

---

[271] Agostinho, *De Gen. ad. Litt. XII*, c. 33.
[272] Indiquei referências a partir de Agostinho na p. 263; a principal exposição está no primeiro livro de *De libero arbitrio*.
[273] Tomás, *Contra gentil. II*, c. 49 e segs., p. 197 e segs.

monstração é desenvolvida de maneira mais sutil e multifacetada pelos peripatéticos árabes, então seu ponto de partida é deslocado ao mesmo tempo de uma maneira desvantajosa no que concerne ao poder demonstrativo. Não se parte dos fatos da percepção e da comparação, mas dos fatos de uma ciência abstrata e dos conceitos universais dados nessa ciência. Isso pode ser constatado nas mais importantes das provas árabes, que estão reunidas em Ibn Roschd na apresentação insigne da *Destructio destructionum*. A razão principal aqui é: a ciência abstrata é uma unidade indivisível e só pode advir, portanto, a um sujeito que seja do mesmo modo uma unidade indivisível.[274] No Ocidente, as mesmas razões retornam uma vez mais: é preciso que haja uma substância anímica indivisível, e o indivisível é indestrutível.[275] Esses argumentos foram completados, então, por argumentos dotados de um caráter diverso.[276] A ordem ética exige penas, mas essas penas não se inscrevem regularmente no aquém; nós encontramos em nós uma aspiração natural à bem-aventurança, e essa bem-aventurança precisa chegar a ser satisfeita; a partir do nexo teleológico do mundo em Deus se segue que a criação precisa retornar a seu princípio, e como ela partiu do intelecto divino, ela alcança no ser espiritual sua conclusão.[277]

O poder demonstrativo próprio à conclusão da existência de substâncias imateriais permaneceu inabalado durante toda a Idade Média. Pois os conceitos dogmáticos de natureza dos metafísicos medievais ofereceram um fundamento para que se chegasse a algo espiritual distinto da natureza. Em contrapartida, a outra conclusão relativa à perduração individual das almas particulares já tinha sido reconhecida pelos pensadores medievais como insustentável. Assim como Ibn Roschd

---

[274] Averróes, *Destructio destructionum II*, disputatio 2 e 3 fol. 135Hss. 145Css. (Ven. 1562). *O argumento central na forma dada a ele por Ibn Sina* encontra-se indicado de maneira particular nas contraobservações de Ibn Roschd em relação à *ratio prima* para a substância anímica imaterial. Outras provas concluem a partir da impensabilidade daquilo que se seguiria às suposições, que um órgão corporal, por exemplo, o cérebro, pensaria; nesse caso, um saber sobre o nosso saber, por exemplo, seria impossível. – Uma reunião bastante danificada das provas habituais junto aos árabes encontra-se na carta de Ibn Sabin ao imperador Frederico II, que também responde a questões do imperador sobre a imortalidade.
[275] Assim, Tomás, *Contra gentil. II*, c. 49-55, p. 197 e segs.
[276] Essa classe de argumentos é bem sintetizada em Boaventura, em lib. II, sententiarum dist. 19 art. 1, quaest. 1.
[277] Tomás, *Contra gentil. II*, c. 46 p. 192a.

coloca em questão no Oriente a imortalidade individual, Amalrich von Bena e David von Dinanto também prosseguiram no Ocidente cristão, provavelmente influenciados por mestres árabes, em direção à negação da perduração individual. E, em verdade, eles retiraram a consequência da ciência natural, ao representarem no ser, que corresponde ao conceito supremo, as diferenças dos gêneros, espécies e indivíduos por assim dizer como apenas assinaladas. Assim, toda existência individual era para eles apenas a modificação passageira da mesma substância. E Duns Scotus serve-se, em verdade, de uma perspectiva similar àquela que se encontra exposta anteriormente, a fim de evitar todo tipo de representação materialista. No entanto, ele já não reconhece mais que a perduração individual se seguiria dela.[278]

De acordo com o seu interesse menor pela formação científica dos conceitos relativos à realidade efetiva, a Idade Média só desenvolveu o sistema dos princípios *cosmológicos* de maneira extremamente imperfeita; e o que ela acrescentou às aquisições da Antiguidade foi um problema que provinha do interesse pelo mundo transcendental. Pois as antinomias que as críticas dos eleatas, dos sofistas e dos céticos tinham mostrado ante a representação do mundo, tal como as antinomias entre finitude e infinitude espaciais, constância da realidade efetiva exterior e decomponibilidade em partes discretas, foram agora esquecidas ou a agudeza de seus conceitos atenuada. Em contrapartida, veio à tona aquela antinomia que constitui o eixo de todas as lutas da Idade Média tardia em torno da fundamentação da ideia cristã de Deus. Trata-se da antinomia entre o teorema da eternidade do mundo e o teorema da criação, isto é, da origem do mundo no tempo a partir da mera vontade de Deus. A consequência da conexão do mundo segundo as relações pertinentes ao mundo exterior dos movimentos uns ante os outros, cujos representantes foram Aristóteles e Ibn Roschd, o Aristóteles dos árabes, encontrava-se em contradição com o mundo da fé cristão, e essa foi a parte mais importante da assim chamada luta entre a crença e a descrença na Idade Média.

---

[278] Sobre Almarich von Bena e David von Dinanto, cf. Hauréau, *Histoire de la philosophie scolastique II*, 1 p. 73 e segs.; cf. acima p. 304 e segs. – Em relação à contestação importante da demonstrabilidade da perduração pessoal, tal como ela foi introduzida por Duns Scotus na escolástica cristã, cf. em Duns Scotus, *Reportata Paris I. IV*, dist. 43 e apresentação correspondente em sent.

3. Contradição interna da metafísica medieval emergente da ligação da teologia com a ciência do cosmos

Caráter dos sistemas assim emergentes

A partir da união de duas correntes, das quais uma tinha surgido na Europa, enquanto a outra tinha vindo à tona no Oriente, despontou a metafísica medieval. Na medida em que ela abrangeu mais completamente sua tarefa nesse estágio, a antinomia entre a experiência interna e a representação e o conhecimento se fez valer nela de maneira muito mais fundamental. Essa antinomia aparece, então, como contradição entre o nexo da natureza, cujos conceitos são constatados a partir da percepção exterior, e a ordem moral-religiosa do mundo, cuja certeza surgiu na humanidade a partir das experiências internas da vontade e sempre irrompeu novamente de maneira indestrutível a partir delas. A partir do ângulo da visão de mundo natural, tal como Aristóteles a tinha fundamentado e tal como a escolástica a tinha assumido, uma visão de acordo com a qual uma ordem tanto quanto outra ordem do mundo se mostra como uma conexão objetiva, a antinomia não tinha como ser resolvida. Ela ora provocou a formação de sentenças e contrassentenças nas diversas escolas, ora trabalhou nos sistemas particulares, decompondo esses sistemas por meio de contradições. Ela se associou, então, com as contradições sob o domínio das quais já tinham sofrido a ciência do cosmos e a teologia, e, assim, *o caráter universal determinado por antinomias da metafísica medieval* veio cada vez mais à tona. Esse caráter manifestou-se sob a forma de sua apresentação e dissolveu todos os sistemas em questões, nas quais a sentença e a contrassentença se combateram em todas as posições. E a principal contradição emergiu em essência em pontos completamente diversos do sistema medieval como uma sombra secreta, na contenda entre a vontade de Deus e seu entendimento, entre o mundo eterno e a criação a partir do nada, entre as verdades eternas e a economia da graça. Sim, ela estendeu-se, por fim, em seus efeitos até o interior da construção do grande dualismo social do mundo medieval.

Antinomia entre a representação do intelecto divino e a representação da vontade divina

A metafísica como ciência racional, tal como ela encontrou sua conclusão em Aristóteles, tinha determinado a divindade como "pensamento do pensamento". Em Aristóteles, corporificou-se para a Idade Média a tese segundo a qual o mundo, tal como é dado na experiência exterior, constitui uma conexão apropriada ao pensamento; uma conexão que é reconhecida como conformidade ao pensamento, como consonância, como conformidade a fins e reconduzida a uma inteligência suprema.

Os *peripatéticos do Islã* encontravam-se, como vimos, em uma conexão com a escola peripatética mais antiga e sob a influência do conhecimento progressivo da natureza. Eles retiraram uma consequência do modo como a conexão metafísica vem à tona a partir do estudo do mundo exterior – uma consequência que levou a ciência racional de Aristóteles um passo além na direção de Espinoza e do panteísmo intelectualista.[279] Se permanecermos no interior do estudo da realidade efetiva exterior, então é válido dizer o seguinte: *ex nihilo nihil fit*.[280] A partir desse pressuposto, Ibn Roschd manteve-se preso à eternidade aristotélica do mundo. A conexão consonante com o pensamento desse mundo eterno encontra-se agora em relação com o entendimento de Deus e, ao mesmo tempo, com o intelecto humano. Essa relação fundamental para a ciência racional recebe nos peripatéticos árabes, em particular em Ibn Roschd, uma outra formulação, na medida em que ele, seguindo o curso prévio de Ibn Badja, não separa umas das outras as inteligências humanas particulares, mas as considera como contidas no entendimento universal. Assim, surge a primeira fórmula daquilo que aparece posteriormente em Espinoza como o intelecto infinito de Deus e, na especulação alemã, como razão do mundo.

Essa *unidade* do *intelecto* eficaz no *conhecimento puro* aparece sob um determinado ponto de vista como uma consequência justificada da ciência racional aristotélica.

Se nos abstrairmos das experiências da vontade, então residirá de fato no intelecto considerado isoladamente uma conexão que se es-

---

[279] O terceiro livro da psicologia de Aristóteles tornou-se o ponto de partida para a doutrina do intelecto uno: Alexandre de Afrodisia, Temístius e a teologia pseudoaristotélica a desenvolveram, e os peripatéticos árabes utilizaram as teorias do entendimento que sofre os efeitos da ação e age em Alexandre e Temístius.

[280] A validade restrita da sentença *ex nihilo nihil fit* já tinha sido reconhecida por São Tomás. A sentença não tem nenhuma validade para a causa transcendental, *Contra gentil. II*, c. 10. 16. 17. 37.

tende para além do indivíduo; uma conexão em virtude da qual as premissas do pensamento de Aristóteles remontam ao pensamento de Platão e, mais além, de Parmênides, e a validade universal das sentenças aspiram a suspender o elemento individual. Esse elemento impessoal do pensamento obtém para a visão de mundo metafísica um peso maior, no momento em que o sistema dos conceitos e verdades universais se autonomiza no espírito. Se a essência do espírito humano é encontrada no pensamento, então falta um princípio que assegure ao espírito particular o seu ponto central autônomo; pois um tal reside apenas no sentimento vital e na vontade.

Apliquemos esses princípios universais. O intelectualismo dos peripatéticos árabes, tal como esse intelectualismo atingiu o seu ápice em Ibn Roschd, encontra em processos do saber o laço da conexão do mundo, e mesmo a unificação da alma com Deus se realiza para ele na ciência. Para ele, portanto, *falta*, em uma conexão consequente com as ideias fundamentais da ciência racional aristotélica, um *princípio de individuação para o mundo espiritual*; uma vez que na matéria um tal princípio só é dado para as existências particulares sensíveis. Sim, Ibn Roschd tem uma clara consciência das *propriedades do pensamento*, que *ligam* internamente os atos pensantes nos diversos indivíduos em uma conexão racional. Ele conclui a partir daí que o pensar precisa ter o imperecível por seu objeto, que ele mesmo precisaria ser eterno.[281] Na conexão da ciência que se lança para além do surgimento e do perecimento dos indivíduos, a aparição desse ou daquele pensador não é senão casual, o próprio entendimento é eterno.[282] O entendimento uno corresponde à mesmidade da verdade racional nos muitos indivíduos.[283] Somente assim é explicável o fato de o intelecto conseguir conhecer o universal, e, em verdade, não na relação de uma

---

[281] Averróes, *De animae beatitudine* c. 3, fol. 150 e segs.
[282] *Destructio destructionum II*, disp. 3 fol. 144K. Averróes em relação à ratio décima: *igitur necesse est ut sit non generabilis, nec corruptibilis, nec deperditur, cum deperdatur aliquod individuorum, in quibus invenitur ille. Et ideo scientiae sunt aeternae et nec generabiles nec corruptibiles, nisi per accidens, scilicet ex copulatione earum Socrati et Platoni... quoniam intellectui est individuitatis.*
[283] *Destr. destr. I*, disp. 1, fol. 20M: *et anima quidem Socratis et Platonis sunt eaedem aliquo modo et multae aliquo modo : ac si diceres ex parte formae, et multae ex parte subjecti earum... anima autem prae caeteris assimilatur lumini, et sicut lumen dividitur ad divisionem corporum illuminatorum, deinde fit unum in ablatione corporum, sic est res in animabus cum corporibus.*

posição final que lhe cabe por meio da matéria.[284] Por isso, a ciência humana como um todo em si conexo é um componente fundado em Deus, necessário e eterno da ordem do mundo. Ela é independente da vida do homem particular. *Ex necessitate est, ut sit aliquis philosophus in specie humana.*[285] – No interior dessa constituição panlogicista do sistema vêm à tona uma vez mais em Ibn Roschd as consequências panteístas daquela ciência racional que vê a consonância do mundo com o pensamento na conexão real dos gêneros e espécies. A doutrina de Ibn Roschd do entendimento eterno e universal emergiu antes da visão aristotélica dos princípios da individuação. O ser individual é constituído de matéria e forma; ora, não há como atribuir matéria aos espíritos ou às almas, mas a sua forma ou essencialidade é idêntica; de acordo com isso, elas mesmas precisam ser idênticas.[286] – E a isso corresponde a transposição do ponto de partida das provas para a imortalidade, que destacamos em sua exposição dessas provas. É na unificação com o "espírito atuante" que irradia a partir de Deus que consiste aquela imortalidade do espírito humano, que Ibn Roschd reconhece como fundada na ciência racional.[287]

O que ainda separa essa teoria da concepção do intelecto divino infinito de Espinoza ou do panlogismo da filosofia da identidade alemã? No interior do pensamento científico-natural temos a construção astronômica do mundo, que separa Deus espacialmente do mundo, cindindo ainda a região dos movimentos perfeitos, imutáveis, da mutabilidade, do surgimento e do perecimento. Assim, surge junto aos peripatéticos a forma *emanatista* do *panlogismo*, uma forma que precede a forma panteísta. Emerge, por um lado, o esquema segundo o qual um sistema de movimento se modula descensionalmente no mundo, e, por outro, um saber. Da ciência de Deus irradia-se o saber

---

[284] Alberto Magnus, *De unitate intellectus contra Averroem* c. 4. – Os argumentos são reapresentados livremente no texto, uma vez que pressupõem em sua versão exata as especialidades da metafísica averroeísta. – Cf. aliás Leibniz, *Considérations sur la doctrine d'un esprit universel*, que já coloca em ligação Averróes e Espinoza.
[285] Averróes, *De anim. Beat.* C. 2, fol. 149G.
[286] Averróes, *Destr. II*, disp. 3, fol. 145 e segs.
[287] Ver mais minuciosamente quanto a esse ponto Renan, Averróes, p. 152 e segs. e, mais exatamente, Munk, *Le guide des égarés, traité de théologie et de philosophie I*, p. 434 nota 4. – A transposição das demonstrações, segundo a qual Ibn Roschd parte fundamentalmente do fato, é indicada e comprovada na p. 316.

e, como a luz que brilha no interior da atmosfera turva, esse saber de Deus se dispersa e se atenua, na medida em que se propaga de uma esfera do mundo do movimento para outra. Com isso, as inteligências cindem-se mutuamente na representação emanatista de Ibn Roschd, até chegarem embaixo ao intelecto separado, que se associa no pensamento humano à alma. Essa é a parte totalmente perecível da célebre teoria de Ibn Roschd sobre o intelecto uno separado, que colocou em movimento tantas penas no Ocidente cristão.

Entre essa *ciência da conexão racional* do cosmos e a doutrina de uma *vontade* real *em Deus* existe uma *contradição indissolúvel*. A argúcia implacável de Ibn Roschd reconheceu essa contradição e excluiu a vontade livre em Deus por meio da seguinte demonstração.[288] O mundo é ou bem possível no sentido de que da escolha de Deus também poderiam ter surgido outras propriedades das coisas, ou nele é relizada uma finalidade suprema em função dos meios apropriados e em uma conexão que não pode ser pensada de maneira diversa. Somente no último caso existe para nós uma conexão racional, que leva a um primeiro pensamento. "Se não se percebe que há entre os inícios e os alvos nas coisas produzidas elos intermediários, sobre os quais a existência dos alvos é construída, então não há nenhuma ordem e nenhuma série sequencial, e se não há essa série, então não existe nenhuma prova de que esses seres têm um agente volitivo e sapiente. Pois a ordem, a sequência e o ser fundado das causas com vistas aos efeitos provam que eles provêm de um saber e de uma sabedoria." Reconhecer a conexão racional até o seu primeiro princípio, portanto, é para ele reconhecer Deus, e considerar as coisas como contingentes significa para ele negar Deus. A impossibilidade da liberdade de escolha em Deus também provém do fato de que a representação da finalidade mais perfeita coloca em movimento em Deus uma conexão necessária da causação. E é isso que Ibn Roschd denomina a bondade de Deus!

Se São Tomás de Aquino produz aqui incessantemente apenas um equilíbrio artificial entre as sentenças e as contrassentenças com

---

[288] *Philosophie und Theologie des Averroes* (Filosofia e teologia de Averróes – Müller), p. 79 e segs.

as quais a escolástica se debate,[289] Duns Scotus[290] concebeu, em contrapartida, essa antinomia com uma clara consciência, e não buscou, como Ibn Roschd, eliminá-la colocando de lado a vontade. Ao contrário, seu sistema designa o ponto no pensamento medieval no qual com a mesma agudeza enérgica do espírito a conexão intelectiva no mundo e o vigorar da liberdade que se subtrai ao entendimento são reconhecidos. Por isso, seu sistema é dilacerado no centro por essa contradição. O componente da concepção do mundo, que reconhece uma conexão racional necessária e a reconduz a uma causa pensante, é totalmente cindido do outro, que constata uma fatualidade indedutível, a qual também poderia ser muito bem diversa, e uma vontade livre, a qual pode querer ou não querer. Além disso, os dois são reconduzidos a um princípio da vontade. Daí surgiu a condição segundo a qual Duns Scotus pôde empreender uma primeira análise fundamental da liberdade da vontade; essa análise atravessa toda a sua atividade como escritor. Ele se coloca autonomamente diante de Aristóteles, que não tinha tratado suficientemente do problema da diferença entre vontade e pensamento,[291] e dá o passo para uma apreensão clara da *espontaneidade que determina a si mesma*.[292] Essa espontaneidade é uma fatualidade imediatamente dada.[293] Tal fatualidade não pode *ser negada*; pois a contingência do curso do mundo é evidente: quem a contestasse precisaria ser torturado até admitir que também seria pos-

---

[289] Na concepção da *vontade*, Tomás de Aquino permanece sob o poder do *intelectualismo*; cf. *Contra gentil.* I, c. 82 e segs. p. 112a. No entanto, ele transpõe a antinomia para o interior da vontade do próprio Deus, na medida em que distingue a necessidade, com a qual Deus quer seu próprio conteúdo como fim, da liberdade, com a qual Ele procura seus meios no mundo contingente, uma vez que Ele também poderia possuir sua perfeição sem esses meios; cf. *Suma teológica*, p. I, qu. 19 art. 3. E, em verdade, uma tal vontade não contém segundo ele nenhuma imperfeição, porque ela sempre tem em si mesma o seu próprio objeto; cf. idem, art. 2. Assim, Deus quer eternamente o que ele quer, a saber, sua própria perfeição, portanto de uma maneira necessária; ibidem art. 3. De acordo com isso, é evidente que a vontade de Deus segundo São Tomás é em seu cerne necessária, assim como seu saber.

[290] Uso particularmente Duns Scotus em sent. I, dist. 1 e 2; dist. 8 quaest. 5; dist. 3, em particular quaest. 5; II, dist. 25. 29. 43.

[291] Duns Scotus em sent. I, dist. 2 quaest. 7.

[292] Comparar com Aristóteles, p. 268, Duns Scotus em sent. II, dist. 25 quaest. I.

[293] Duns Scotus em sent. I, dist. 8 quaest. 5: *et si quaeras, quare igitur voluntas divina magis determinatur ad unum contradictorium, quam ad alterum, respondeo: indisciplinati est, quaerere omnium causas et demonstrationem.. principii enim demonstrationis non est demonstratio:* immediatum autem principium est, voluntatem velle hoc.

sível que não fosse torturado; essa contingência aponta, porém, para uma causa livre. O fato da vontade livre *não* pode ser, por outro lado, *explicado*; pois o fato de tal vontade livre não ser acessível à dissolução em um contexto racional constitui justamente o seu caráter. De acordo com isso, o pensar em Deus e a vontade em Deus são duas *razões explicativas últimas* e nenhuma das duas pode ser reconduzida à outra.[294] Em verdade, o intelecto é a condição da vontade, mas a vontade pode querer ou não aquilo que é representado pelo intelecto, de maneira totalmente independente dele. Assim, no sistema de Duns Scotus, o dualismo é a expressão da antinomia pela qual ele é movido. Ele visualizou a tal ponto essa antinomia que seus conceitos só precisam ser repensados no âmbito psicológico e epistemológico. Pois o entendimento é, segundo ele, uma força natural que atua segundo a lei da necessidade. Na vontade, porém, mas apenas nela, a conexão natural necessária é ultrapassada, e, em verdade, a vontade é justamente livre na medida em que nela termina a busca de uma *ratio*.[295] Por fim, Duns Scotus perseguiu a hipótese da liberdade cindida do entendimento em Deus até a sentença segundo a qual mesmo leis éticas lhe parecem fundadas tão somente nesse ato arbitrário de Deus.

Assim, o pensamento medieval reconhece a impossibilidade de projetar uma relação interna entre vontade e intelecto nesse ser divino supremo (a imagem da oposição entre o nosso pensamento científico do cosmos e nossas experiências volitivas em uma medida descomunal); pois ele não pode nem negar a vontade em Deus, nem o entendimento Nele. Ao mesmo tempo, ele também não consegue subordinar um ao outro e ainda menos pode colocá-los um ao lado do outro coordenadamente como fatos objetivos últimos e heterogêneos entre si, tal como o tinha feito Duns Scotus.

E assim como um lado dessa ordem antinômica do mundo tinha sido desenvolvido em Ibn Roschd de maneira unilateral, encontramos no progresso da metafísica do Ocidente cristão, em particular por meio de Ockham, o outro lado levado adiante em suas últimas conse-

---

[294] Duns Scotus em sent. I, dist. 2.
[295] Em sent. II, dist. I. qu. 2: *sicut non est ratio, quare voluit naturam humanam in hoc individuo esse et esse possibile et contingens: ita non est ratio, quare hoc voluit nunc et non tunc esse, sed tantum quia voluit hoc esse, ideo bonum fuit illud esse.* Cf. quanto a esse ponto e quanto a toda a doutrina da vontade de Duns Scotus, *Quaestiones quodlibetales*, quaest. 16.

quências.[296] O primeiro lado precisou findar em seu percurso ulterior no panlogismo, este segundo lado precisou *destruir a metafísica* e abrir espaço para a *experiência interna* tanto quanto para *a vontade que é dada nela*. Aquele primeiro lado levou a Espinoza e Hegel, este segundo aos místicos e aos reformadores. No entanto, na medida em que na própria metafísica o princípio da vontade, sim, do arbítrio se fez valer, a contradição aí presente entre a forma e o conteúdo da metafísica é deslocada para o interior da metafísica, cuja essência é a consequência dedutiva, e ela aparece em Ockham e em seus discípulos como frivolidade e como fuga para um *supranaturales asylum ignorantiae*, enquanto se faz valer em Ockham ao mesmo tempo uma seriedade mais profunda na afirmação do grande princípio da pessoalidade volitiva e de seu livre poder.

Porquanto Ockham desenvolveu de maneira igualmente unilateral a antítese da antinomia, do mesmo modo como Ibn Roschd tinha formado a tese, *o nominalismo recebeu a partir de então um conteúdo vital*. Com uma negatividade infrutífera, o nominalismo tinha negado em Rocelino os conceitos que exprimem algo universal ou um todo, enquanto toda a teologia dogmática como doutrina da economia da graça se baseava, por outro lado, precisamente nesses conceitos. Atuou agora de modo positivo e construtivo o princípio que tinha sido até aqui uma lembrança vã da Antiguidade e um jogo morto do entendimento. Esse princípio fundou em Roger Bacon o estudo do mundo exterior e em Ockham a consideração autônoma da experiência interna. Ockham é a personalidade pensante mais poderosa da Idade Média desde Agostinho. Assim como ele anunciou a independência da vontade, ele também a apresentou combativamente em sua vida. Anima-o o princípio moderno do poder independente constitutivo da vontade da pessoa. O objeto do saber são as coisas particulares; os conceitos universais são sinais; o laço entre eles e o intelecto divino, que tinha mantido coesa toda a ciência racional, se dilacerou; e a própria teologia prática é decomposta pela oposição entre a explicitação escolástica do entendimento como sua forma e a experiência da vontade como o seu conteúdo.

---

[296] Também não falta nesse caso um fenômeno paralelo no Oriente. Os mutacálimos colocaram no lugar da conexão causal da natureza atos particulares imediatos de Deus e reconduziram assim o curso do mundo como contingente à vontade divina.

Quando Lutero, um leitor fervoroso de Ockham, expôs a independência das experiências da vontade e separou a crença pessoal de toda metafísica mesmo no que diz respeito à forma, a metafísica da Idade Média tinha sido dissolvida por uma figura mais livre da consciência. Mas a verdade trabalha tão lentamente na história que a dogmática do antigo protestantismo permitiu que reaparecessem como em um jogo de sombras os conceitos da metafísica teológica medieval. A consonância com o pensamento própria ao mundo exterior é o pressuposto fundamental da ciência, e o sistema dos fenômenos segundo o princípio de razão é o seu ideal; todavia, onde começam as experiências da vontade e do ânimo, um tal conhecimento não tem mais nenhum lugar.

Antinomia entre a eternidade do mundo e sua criação no tempo

A antinomia que dilacera a metafísica medieval prossegue na concepção da relação de Deus com o mundo. Para a ciência do cosmos, o mundo é eterno; para a experiência da vontade, ele é criação a partir do nada no tempo. Os peripatéticos árabes são os representantes da primeira doutrina, e, assim como a negação da imortalidade, a convicção da eternidade do mundo e da independência da matéria também transformou para a Idade Média ocidental a figura de Ibn Roschd em uma tipologia da descrença metafísica. A partir de Alberto, a metafísica ocidental passou a combater essa convicção com razões elucidativas. Ela procura por seu lado em vão tornar representável a criação do mundo a partir do nada no tempo e determinar para ela um lugar em uma ciência do cosmos.

A *doutrina da eternidade do mundo* era necessária no interior da ciência aristotélica.[297] No interior da visão cósmica do sistema dos movimentos, não há nenhum caminho para a ideia de um estado imóvel ou mesmo para uma ausência da matéria; esse sistema precisa ser pensado como eterno. A sentença: do nada, nada provém exige a eternidade do mundo e exclui toda doutrina da criação.[298]

---

[297] Cf. p. 248.
[298] Renan (Averróes, p. 108 e segs.) discute Ibn Roschd a partir do grande comentário de Ibn à metafísica de Aristóteles (Livro XII) em uma tradução que expõe suficientemente sobre essa tese.

A *doutrina cristã* da criação era a expressão representacional para a experiência interna da transcendência da vontade ante a ordem natural, assim como ela tem sua experiência mais elevada na capacidade de se autossacrificar. Ela negou o processo natural da explicação do mundo, independentemente do fato de esse processo ser pensado em termos emanatistas ou naturalistas,[299] assim como a restrição da capacidade divina por meio de uma matéria. No entanto, ela só conseguiu expressar o seu conteúdo positivo por meio de fórmulas impassíveis de serem acompanhadas pela representação: "*ex nihilo*", "não a partir da essência de Deus", "no tempo".[300]

A partir da *oposição entre esses dois conceitos* surge uma antinomia, na medida em que a consciência religiosa se acha impelida de algum modo a conhecer a relação de Deus com o mundo a partir de um ponto de vista não crítico. Pois, a partir das condições da representação e do conhecimento, o mundo precisa ou bem ser eterno, ou bem ter surgido no tempo; e ele precisa ser pensado como tendo sido ou bem formado a partir da matéria, ou bem criado a partir do nada. E, em verdade, cada um desses dois lados pode ser estabelecido por meio da suspensão do outro.

A *luta da Idade Média com essa antinomia* apresenta-se no fato de tanto a tese quanto a contratese serem aniquiladas por razões decisivas, mas as tentativas de uma apresentação positiva satisfatória serem vãs. Essa contenda existe desde o início do século VIII entre os teólogos e filósofos árabes, mas é em particular a época de Ibn Roschd, Alberto Magno e Tomás de Aquino que é marcada por ela. – Por um lado, a existência da matéria e a eternidade do mundo são refutadas pela *filosofia cristã*. Lentamente foi surgindo desde Ibn Sina entre os peripatéticos árabes a doutrina da formação da matéria; em Ibn Roschd, ela encontrou a sua forma mais tenaz, uma vez que, segundo ele, as formas residem na matéria em germe e são extraídas

---

[299] Tomás, *Contra gentiles* I, c. 81sq. p. 111a; IV, c. 13, p. 540a: *Deus res in esse producit non naturali necessitate, sed quasi per intellectum et voluntatem agens*.

[300] A fórmula *ex nihilo* é a tradução de 2. Makk. VII, 28: na passagem, é bem provável que o que estivesse em questão fosse o não ente no sentido platônico; já *Hermas mandatum* I (Pastor, org. por Gebh. e Harn. p. 70): ὁ ποιήσας ἐκ τοῦ μὴ ὄντος εἰς τὸ εἶναι τὰ πάντα. – A fundamentação da *antítese*, a saber, da doutrina da criação, por exemplo, Tomás, *Contra gentil.* II, c. 16 p. 145a.

pela divindade (*extrahuntur*). E como essas doutrinas penetram no Ocidente, Alberto Magno começa a combatê-las. A impossibilidade da eternidade do mundo é demonstrada por Alberto a partir do fato de que um tempo infinito não pode fluir retroativamente a partir do momento temporal presente, uma vez que, nesse caso, esse momento temporal não entraria em cena.[301] E a impossibilidade de uma matéria além de Deus é indicada por meio do fato de que ela limitaria Deus e, com isso, suspenderia sua ideia. – Por outro lado, os árabes apontam para o fato de que, na conexão da visão de mundo natural, a criação não pode ser pensada. Pois, como conclui Ibn Roschd corretamente, o surgimento a partir do nada no tempo suspende o princípio fundamental da ciência: *ex nihilo nihil fit*. Uma transformação, para a qual não se acha presente de fora um fundamento e que não segue internamente uma outra transformação, não pode ser pensada.[302] Se Alberto Magno e São Tomás se defendem contra esse argumento por meio da distinção entre o sistema de movimento natural e a causa transcendente:[303] encontramo-nos aqui em meio a uma passagem do suprassensível para os processos naturais, uma passagem que se subtrai à representabilidade. Por isso, então, já a partir de São Tomás, a criação foi entregue à fé e excluída da metafísica.

Uma outra antinomia está ligada a essa, mas já conduz para o tratamento metafísico das ciências humanas. No entendimento de Deus, a realidade efetiva é dada em verdades eternas e sob a forma do *uni-*

---

[301] Alberto Magno, *Suma teológica II*, tract. I, qu. 4, m. 2, art. 5, part. I, p. 55a segs. Cf. Kant 2, 338 e segs. (Rosenkr.). Uma boa apresentação em Kusari, no qual a última tese dos Medabberium (ou seja, dos teólogos árabes filosofantes) é formulada da seguinte forma: "Primeiro, é preciso constatar o caráter criado do mundo e ratificar isso por meio da refutação da crença no fato de seu caráter incriado. Se esse tempo não tivesse início, então a quantidade dos indivíduos que existiram até agora nesse tempo seria infinita; o que é infinito, porém, não ganha a realidade efetiva, e como é que aqueles indivíduos ganharam a realidade efetiva, uma vez que são infinitos em número?" ... "o que entra em cena na realidade efetiva precisa ser finito, mas o que é infinito não pode ganhar a realidade efetiva". Portanto, o mundo tem um início. Kusari, traduzido por Cassel, p. 402. Já em Saadja Emunot vemos a mesma determinação, trad. por Fürst, p. 122, e formulado de maneira diversa em Maimuni, *More Nebochim I*, c. 74, 2 (Munk I, 422).

[302] Averróes, Destrct. destr. I, disp. I, fol. 15 e segs.

[303] Em particular São Tomás, *Contra gentil*. II, c. 10, p. 140b; c. 16 e segs. P. 145a; c. 37, p. 177a e *Suma teológica I*, qu. 45, art. 2: *antiqui philosophi non consideraverunt nisi emanationem effectuum particularium a causis particularibus, quas necesse est praessupponere aliquid in sua actione. Et secundum hoc erat eorum communis opinio, ex nihilo nihil fieri. Sed tamen hoc locum non habet emanatione ab universali rerum principio.*

versal; em Sua vontade, como história; e na conexão entre os dois, é justamente com a pessoa particular que a vontade divina se relaciona.

Essas antinomias não podem ser resolvidas em nenhuma metafísica

Assim, vem à tona o caráter internamente contraditório da metafísica medieval. A conexão objetiva e necessária em termos de pensamento que é própria ao mundo contrapõe-se à vontade livre em Deus, cuja expressão são o mundo histórico, a criação a partir do nada e a ordem moral-religiosa da sociedade. Aqui deparamos com a primeira forma ainda imperfeita de uma oposição que acabou por destruir a metafísica por dentro e por contrapor uma ciência humana autônoma à ciência natural. Sim, a crítica kantiana à metafísica recebeu seu direcionamento por meio dessa tarefa de pensar conjuntamente a conexão causal necessária e o mundo moral.

Ou como é que a imperecibilidade objetiva de uma conexão de ideias que precedem os fatos particulares e expressam atemporalmente seu significado poderia consistir em uma vontade que é história viva, cuja providência se direciona para o particular e cujos feitos são uma realidade particular? Com uma habilidade formal, Alberto Magno e São Tomás erigiram uma compatibilização desses conceitos entre si. Duns Scotus a dilacera. Ele reconhece ao lado do intelecto uma vontade livre em Deus, que também poderia ter produzido um mundo totalmente diverso,[304] e, com isso, a conexão metafísica necessária em termos de pensamento é suspensa até o ponto em que alcança essa vontade livre que exclui a conexão racional. – E se surge ulteriormente a tarefa de colocar em uma conexão psicológica entendimento e vontade em Deus, essas abstrações que se combatem, então encontramos uma tal representação guiada naturalmente de maneira secreta pela analogia imprópria da consciência humana; imagens especulares romanescas de nossa própria vida anímica, extraídas umas das outras em grande medida, vêm ao nosso encontro. Tão certo como

---

[304] Duns Scotus em sent. I, dist. 8, qu. 4. 5. A *voluntas* é *voluntas* justamente por meio do fato de não poder ser apresentada uma *ratio* para a conexão da qual provém o ato de vontade; cf. ibidem II, dist. 1, qu. 2. A distinção de um primeiro e de um segundo entendimento em Deus (ibidem I, dist. 39) não resolve a antinomia que assim emerge.

a pessoalidade de Deus é dada em nossa vida como realidade, porque nós somos dados a nós mesmos, só podemos nos transpor por meio de uma tradução lúdica para o interior da divindade, por meio do que entra em cena, então, a contradição entre um tal ser imaginado por nós e o criador do céu e da Terra. Sonhos vãos! – Ockham não deixa mais nenhum esconderijo em Deus para a conexão racional.

Depois que os conceitos universais são reconhecidos como criações da abstração, como é que a sua existência poderia ser pensada separadamente no entendimento de Deus da vontade como o fundamento explicativo das coisas particulares? Uma tal hipótese não faz outra coisa senão repetir o erro de um sistema de leis e ideias que, precedendo a realidade efetiva, impõe a ela seus mandamentos. Leis não passam de expressões abstratas de uma regra das transformações, conceitos universais são expressões daquilo que permanece no ir e vir dos objetos. Em contrapartida, se transpusermos a origem desse sistema de ideias e leis para a ação de Deus, então surge o outro disparate de que a vontade criaria verdades. Não há justamente aqui nenhuma solução metafísica, mas apenas uma solução epistemológica. A proveniência daquilo que denomino coisa, realidade efetiva, é diversa da proveniência daquilo que desenvolvo como conceitos e leis, e, com isso, como verdade no pensamento, a fim de explicar essa realidade efetiva. Na medida em que parto dessa diversidade da origem psicológica, não posso resolver, em verdade, as dificuldades, mas explicar sua irresolubilidade e comprovar o modo de questionamento no qual elas surgem como um modo incorreto.

Como é que pode ser resolvida a contenda sobre se Deus criou o mundo tal como é porque esse mundo é bom ou se esse mundo é bom porque Ele o criou? Toda discussão dessas questões pressupõe um Deus que quer, mas no qual o bem ainda não se encontra, ou um tal no qual há o mundo inteligível do bem, mas que ainda não quer. Nem esse nem aquele são um Deus efetivamente real, e, assim, essa metafísica é apenas um jogo de abstrações.

SÉTIMO CAPÍTULO

A METAFÍSICA MEDIEVAL DA HISTÓRIA E DA SOCIEDADE

A metafísica da Idade Média comprovou em sua época clássica que as almas humanas são substâncias imateriais imortais. Quando, então, a demonstrabilidade da imortalidade começou a ser contestada por Duns Scotus, a discussão sobre esse tema permaneceu uma querela das escolas e não conquistou nenhuma influência sobre as convicções; a negação do fato de o indivíduo perdurar só veio à tona na esfera estreita de um esclarecimento radical, uma esfera que se encontrava preponderantemente sob a influência árabe. Assim, substâncias imateriais de diversos tipos são um *reino metafísico* para o homem medieval; anjos, espíritos maus e homens. Sob Deus como seu governante, eles constituem uma hierarquia dos espíritos, cuja ordem hierárquica foi ricamente descrita e se achou firmada no texto surgido pouco antes da metade do século VI sob o nome de Dioniso Aeropagita acerca da hierarquia celeste. Essa hierarquia estende-se do trono de Deus até a última choupana e forma a realidade descomunal palpável para o espírito medieval, que se encontrava na base de todas as especulações metafísicas sobre a história e sobre a sociedade.

Não havia mais nenhuma hesitação em *estender a demonstração metafísica* para esse *mundo espiritual e social*. Por intermédio das razões apresentadas primeiramente pelos neoplatônicos, Tomás de Aquino mostrou de maneira mais abrangente a partir do nexo teleológico do mundo em Deus que existe um reino de espíritos finitos e que a criação nesse reino retorna a seu princípio: assim como ela partiu do intelecto divino, ela precisa atingir sua conclusão na essência espiritual.[305] Sim, ele deduz por meio de um outro procedimento conclusivo metafísico a divisão do mundo dos espíritos, divisão essa segundo a qual Deus está cindido do reino dos anjos e esse reino do das almas humanas.[306] E, assim, a filosofia medieval criou uma metafísica completa das substâncias espirituais, que impôs o seu poder por muito

---

[305] Tomás, *Contra gentil. II*, c. 46, p. 192a; c. 49 e segs., p. 197, 198.
[306] Desenvolvido a partir da p. 199b na mesma conexão da argumentação.

tempo no pensamento dos povos europeus; e isso mesmo depois que, a partir de Duns Scotus, os ataques contra ela ganharam constantemente em extensão e peso.

Nós nos aproximamos da concepção sublime da Idade Média, que se colocou, então, ao lado da metafísica da natureza como a criação do espírito grego. Ela consiste na filosofia da história e da sociedade fundada na doutrina das substâncias espirituais. Por mais multiplamente que o pensamento medieval tenha se mostrado como dependente do pensamento dos povos antigos: aqui ele é criativo e a maioria dos traços distintivos na atividade política do homem medieval são cocondicionados por esse sistema de representações; ainda que se possa considerar o caráter teocrático da sociedade medieval ou o poder da ideia imperial nessa sociedade ou mesmo o poder da unidade da cristandade tal como esse poder veio à tona da forma mais vigorosa possível nas cruzadas. Assim, mostra-se novamente o quão significativa foi a *função* que a *metafísica* acabou por exercer no interior da sociedade europeia. Torna-se ao mesmo tempo visível como diante dela, enquanto ela avançava, foi se abrindo uma antinomia indissolúvel, uma vez que ela não deixou para trás nenhuma antinomia realmente resolvida. Ela se assemelha àqueles heróis lendários que, quanto mais lutam, tanto mais firmemente se encontram enredados nos fios dos quais procuram se libertar.

As substâncias espirituais que constituem o Reino de Deus são concebidas por essa metafísica em seu ponto central como vontade e, com isso, a vida humana e histórica consiste segundo ela na *atuação conjunta* do querer *dessas substâncias criadas com a providência divina*, que leva em seu poder volitivo todas elas ao encontro de sua meta. Esse esquema da vida é totalmente diverso da perspectiva dos Antigos. Os Antigos tinham formado junto ao cosmos a sua concepção da divindade, e mesmo seus sistemas teológicos não conheciam senão uma consonância do nexo do mundo com o pensamento. É aqui que Deus entra na história e dirige os corações para a realização de sua finalidade. Por isso, o conceito da consonância do mundo com o pensamento é substituído aqui pelo conceito da realização de um plano no mundo, um plano para o qual toda a consonância com o pensamento não seria senão meio, instrumento. Uma meta do desenvolvimento é afixada e, com isso, a ideia da meta adquire um novo sentido.

Na medida em que esse plano de Deus deve ser pensado juntamente com a liberdade do homem, vem à tona no ponto central da metafísica cristã da história o problema que é formado pela *antinomia entre a liberdade* e uma *conexão objetiva do mundo* que determina o homem. No interior do mundo histórico real, esse problema corresponde àquilo que vimos aparecer durante a Idade Média na representação de Deus a partir da antinomia entre a conexão necessária em termos de pensamento e a vontade livre.[307] Ele assumiu múltiplas formas desde a oposição dos Padres da Igreja gregos e latinos e desde a contenda pelagiana. Mas assim como a relação da subsistência das ideias com a existência das coisas individuais não teve como ser pensada outrora sem contradições, só a ligação interna da vontade criadora, conservadora e diretriz com a liberdade, a culpa e a infelicidade das vontades humanas foi capaz de ser esclarecida por meio de uma fórmula mágica conceitual qualquer. Como era impossível lá construir um sistema objetivo e não contraditório com base no conceito de substância, esse sistema não chegou a conquistar para o conceito de causalidade uma relação interna real entre os componentes do sistema de causas e efeitos que tivesse deixado espaço para a vontade. A fórmula à qual o pensamento metafísico da Idade Média chegou nesse ponto foi a seguinte. Toda atuação de um sujeito finito, seja ele uma coisa natural ou uma vontade, recebe a cada instante da causa primeira a força para a sua realização. Todavia, a atuação das substâncias finitas se relaciona com a causa primeira simplesmente como o elo médio de uma cadeia de causas que remontam retroativamente à causa ou à substância primeira. O efeito que uma criatura finita, e, por isso, mesmo a vontade, produz é totalmente condicionado por sua constituição e, do mesmo modo, totalmente pela constituição da causa primeira. Na ordem teleológica, o real finito é por assim dizer um instrumento na mão de Deus, e Deus utiliza esse instrumento de acordo com a natureza desse *real*, ainda que em *seu* contexto. Assim, Deus utiliza a vontade do homem de acordo com a constituição humana, que inclui liberdade, e na direção de sua última meta, que abarca em si a semelhança consigo mesmo e, com isso, uma vez mais a liberdade.[308]

---

[307] P. 364 e segs.
[308] Tomás, *Contra gentil. III*, c. 66-73, particularmente p. 364a, 367a, 371a, 375a.

Mas as fórmulas esboçadas por São Tomás buscam em vão encontrar um caminho através do deísmo, que requisita para Deus, por exemplo, a perfeição da capacidade que advém ao construtor de uma máquina, de tal modo que seu mundo não carece de um auxílio constante, e o panteísmo, segundo o qual a causação total de todos os efeitos que provêm dele se seguem da conservação constante do ser individual conjunto. Irrompem por toda parte contradições logo que, ao invés de mostrar epistemologicamente a origem desses diversos compostos de nossa representação da vida, e, assim, esclarecer o significado meramente psicológico dessa antinomia, se procura harmonizar o incompatível por meio de realizações artificiais. Não podemos pensar uma conexão causal onde pensamos a liberdade. Também não podemos isolar a conexão causal e a liberdade extrinsecamente uma em relação à outra. E qualquer que seja o tipo de delimitação extrínseca que possamos tentar, ela não consegue tornar apreensível a criação dos seres finitos por Deus de tal modo que Deus possa ser declarado inocente da autoria do mal; ela não consegue resolver a contradição entre o saber prévio de Deus e a liberdade do homem.

A visão transformada do Reino de Deus reflete-se na poesia medieval criada pelos povos romano-germânicos que se tornaram cristãos, nas epopeias cavaleirescas tanto quanto na comédia divina de Dante. Não são mais apenas tipos fechados em si, tipos que entram em relações efetivas uns com os outros, que aparecem nessa poesia, mas uma história da vida psíquica, em particular da vontade, tal como Agostinho o diz: *imno omnes nihil aliud quam voluntates sunt*; portanto, uma concepção dessa história da vontade segundo as suas relações com a vontade providencial de Deus. Nessa concepção, porém, há uma tensão não resolvida entre o desenvolvimento interno livre e o pano de fundo obscuro de forças de todos os tipos, que o influenciam.

O *reino dos espíritos individuais concretiza*, então, uma *conexão metafísica de fins*, que é expressa na *revelação*. Com isso concorda toda a Idade Média, e apenas a questão sobre quanto desse conteúdo de toda a história é conhecido em conceitos é decidida de modo desigual.

A metafísica do transcurso da história e da organização da sociedade tem durante a Idade Média seus fundamentos últimos na consciência de que o *conteúdo* ideal desse transcurso e dessa organização está *estabelecido em Deus, anunciado em sua revelação* e realizado segundo o plano divino na história da humanidade. Em relação à Antiguidade realizou-se aqui um progresso de grande significado. A vida segundo fins da humanidade, tal como ela se desdobra nos sistemas da cultura e atua por meio da organização externa da sociedade, foi reconhecida como um sistema uno e reconduzida a um princípio explicativo. Assim, o conhecimento da conexão interna nos acontecimentos da sociedade humana conquistou um interesse que era totalmente independente do intuito da instrução técnica para a vida profissional.[309] Esse conhecimento foi ora buscado agora no quarto do monge por meio de um aprofundamento nas ideias da providência de Deus, ora empregue pelos publicistas da cúria tanto quanto da corte imperial a serviço dos partidos.

Mas mesmo o método da ciência política aristotélica já tinha sido insuficiente, na medida em que não pôde utilizar para a análise conceitos causais oriundos das ciências inteiramente conformadas que se achavam muito atrás, e, com isso, não conseguiu explicar as conexões particulares tais como a vida econômica, o direito, a religião etc. por meio de um conhecimento analítico, mas apenas por meio de representações de uma consonância a fins estabelecida na *physis*:[310] a Idade Média ainda estava muito menos inclinada a analisar metodicamente as conexões tal como elas se apresentam nos sistemas culturais particulares e, por fim, tal como se encontram na base da organização externa da sociedade, utilizando os conteúdos parciais assim conquistados da realidade efetiva social para a explicação. Além disso, a realidade efetiva social, tal como ela se mostrava para a Idade Média, *ainda continha o caráter de conteúdo da vida social em um nível inferior de diferenciação*. O olhar do observador via outrora naquele conteúdo espiritual a conexão com a lei de Deus ou a contenda contra essa lei. Religião, verdade científica, eticidade e direito não foram concebidos como conexões relativamente autônomas do pensamento medieval. Ao contrário, havia para esse pensamento um *conteúdo ideal* neles e só sua realização sob as condições da natureza e da ação do homem parecia produzir a diversidade dessas formas de vida. Assim, via-se em Deus, na medida em que contém o ideal da razão em si, a

---
[309] Cf. p. 271.
[310] Cf. p. 269 e segs.

fonte do direito natural, que foi concebido como norma obrigatória e, em verdade, como a norma mais elevada, portanto, como direito real e efetivo.[311] Por isso, o caráter de conteúdo da vida social não foi realmente analisado e apresentado tal como ele se encontra presente nessa vida, como direito, eticidade, arte etc., mas foi antes buscado com uma indeterminação uniforme e sublime em Deus, e todas as explicações mais diretas foram relegadas ao sistema de condições, sob as quais se realiza esse conteúdo ideal no palco da Terra. Com isso, essa metafísica medieval da sociedade colocou o problema das ciências humanas com um espírito global. No entanto, ao invés de despontar a sua resolução metodológica, a metafísica medieval apenas projetou um esquema teológico grandioso da divisão da vida histórica.

Por isso, a Idade Média não possui nenhum outro *estudo* das *propriedades universais do direito, da eticidade* etc. senão esse estudo *metafísico*. E assim como a fundamentação da metafísica é dilacerada internamente pela *contradição* entre a vontade de Deus e a conexão necessária do cosmos em seu entendimento, entre a economia da graça e as verdades eternas, essa contradição continua presente na metafísica da sociedade. A antinomia assim emergente alia-se à antinomia entre a liberdade humana e a providência divina. O mandamento da vontade e o ato de vontade em Deus, a instituição e a factualidade estabelecida por eles estão em um conflito, que se mostra ora como tácito, ora como ruidosamente irrompendo, com a construção a partir da necessidade do pensamento. O que vem em seguida mostrará que a vontade e o plano de Deus constituíam a parte mais poderosa dessa metafísica teológica; assim como eles mantiveram, por fim, a última palavra.

A luz que ilumina para essa metafísica medieval da sociedade a *conexão interna da história do mundo* parte da consciência comunicada pela revelação do conteúdo ideal do curso do mundo e da história.

---

[311] Desenvolvido da maneira mais clara possível em São Tomás de Aquino, *Suma teológica II*, I quaest. 90 e segs. (onde começa a sua filosofia do direito): 1. *lex = quaedam rationis ordinatio ad bonum commune, ab eo qui curam communitatis habet, promulgata* (quaest. 90 art. 4); 2. *lex aeterna* = (uma vez que Deus governa o mundo como monarca) *ratio gubernationis rerum in Deo sicut in principe universitatis existens* (quest. 91 art. I); essa *lex aeterna* é uma *norma obrigatória* de um tipo supremo e *origem* de todas as outras normas obrigatórias; 3. *lex naturalis = participatio legis aeternae in rationali creatura*; por meio de uma participação do homem na lei eterna surge da *lex aeterna* em Deus a *lex naturalis*, que forma a lei por toda parte idêntica das ações humanas (quaest. 91 art 2).

A *unidade da história do mundo* reside no *plano de Deus*. "Não há como acreditar", diz Agostinho, "que Deus, o qual não quis deixar sem uma adequação de suas partes e sem uma harmonia pacífica não apenas anjos e homens, mas também o interior do pequeno animal, tão facilmente desprezado, a azinha do pássaro, a pequena florescência da grama e a folha da árvore, tivesse querido excluir da normatização de sua providência suas relações de domínio e de dependência".[312] Essa conexão do plano da providência encontra-se firmada no início, no meio e no fim por meio da revelação. O ancestral dos homens, no qual todos pecaram, Cristo, no qual todos são redimidos, e o retorno, no qual sobre tudo será julgado, são os pontos fixos entre os quais, então, a interpretação dos fatos da história retira seus fios. Essa interpretação é exclusivamente *teleológica*. Os elos do transcurso histórico não são considerados como elos de uma série causal, mas como elos de um plano. A questão que é consequentemente colocada aos fatos históricos particulares não é a questão acerca de sua relação causal com outros fatos ou com relações mais universais, mas a questão acerca da relação final com esse plano. Por isso, os historiógrafos medievais se servem, em verdade, do pragmatismo para a explicação das ações das pessoas particulares, mas *a massa dos fenômenos* históricos nunca entra para eles em uma *conexão causal*. Essa metafísica da história do mundo busca um sentido nessa história como explicação de sua conexão, assim como nós buscamos tal sentido na epopeia de um poeta.

E, em verdade, a reflexão cristã viu-se impelida inicialmente para uma tal interpretação teleológica da história por conta das objeções dos adversários. Por isso, a metafísica da história já surgiu na época dos Padres da Igreja e da luta entre cristianismo, crença antiga nos deuses e judaísmo por meio do poder das coisas mesmas e só foi ulteriormente desenvolvida pela Idade Média. Por que, assim perguntaram os adversários do cristianismo, a lei dada por Deus através de Moisés precisava ser aprimorada, uma vez que só aprimoramos aquilo que foi feito de uma maneira ruim?[313] Por que o romano deve aban-

---

[312] Agostinho, *A cidade de Deus* V, c. 11, cf. Orígenes c. Cels. II, c. 30. Em Agostinho, *A cidade de Deus*, essa ideia sempre se reapresenta, por exemplo, IV, c. 33; V, c. 21.
[313] Inquirição de Marcelino a Agostinho, em sua correspondência, epístola 136.

donar as convicções religiosas, nas quais se baseia a sociedade, e a formação comum que une aqueles que foram educados para a humanidade?[314] Por que, assim perguntam juntos Celso e Porfírio em seus escritos polêmicos contra o cristianismo, só veio à cabeça de Deus depois de um tão longo transcurso da história redimir o homem?[315] E desde o momento em que os bárbaros começaram a acossar o Império Romano, sim, desde que os ídolos cristãos se apossaram de Roma e a desertificaram, surgiu a questão que conduzia ainda mais profundamente para o interior da interpretação da história mundial: o cristianismo não é a causa de todos os mais recentes infortúnios do Império, ou como é que, em oposição a objeções para aí dirigidas, uma tal crise política gigantesca deve ser interpretada?[316] As primeiras dessas questões evocavam uma interpretação da história interna das ideias religiosas e filosóficas que já estava estabelecida na consciência histórica cristã.[317] A última questão obrigou a inserir o Império Romano na esfera dessa consideração metafísica da história, e para a sua resposta surgiram os primeiros esboços de uma filosofia da história mais abrangente: o escrito de Agostinho sobre a Cidade de Deus e as histórias de seu aluno Orósio.

O espírito cristão meditou sobre esses enigmas historicamente em sua essência, olhando retrospectivamente para as figuras desde então consumadas da vida espiritual que tinham passado internamente. Além disso, ele foi impelido para uma consideração histórico-universal, uma vez que a noite do barbarismo parecia irromper sobre o Império Romano. Assim, veio à tona a solução desse enigma por

---

[314] Assim encontramos multiplamente Celso em Orígenes contra Cels. V, c. 35 e segs.
[315] Celso em Orígenes contra Cels. IV, c. 8, Porfírio em Agostinho epístola 102 (*sex quaestiones contra paganos expositae*, quaest. 2: *de tempore christianae religionis*).
[316] A obra capital de Agostinho, *A cidade de Deus*, é dirigida contra essa objeção. Cf. livros I e II, c. 2. Do mesmo modo, também se relacionam com ela os sete livros *historiarum adversum paganos* de Orósio. Cf. I, prol.: corresponde à prescrição de Agostinho combater a ideia de uma ruína do mundo e da sociedade humana em consequência do cristianismo; por isso, arrasta conjuntamente todos os infortúnios. *Praeceperas ergo, ut ex omnibus, qui haberi ad praesens possunt, historiarum atque annalium fastis, quecumque aut bellis gravia aut corrupta morbis aut fame tristia aut terrarum motibus terribilia aut inundationibus aquarum insolita aut eruptionibus ignium metuenda aut ictibus fulminum plagisque grandinum saeva vel etiam parricidiis flagitiisque misera, per transacta retro saecula repperissem, ordinato breviter voluminis textu explicarem*. Esse foi um modelo funesto para a historiografia da Idade Média.
[317] P. 292 e segs.

meio da ideia de um *desenvolvimento interior da espécie humana como uma unidade em uma série gradual*, na qual cada nível anterior é a condição necessária do posterior. Os níveis não são condicionados em uma conexão causal como efeitos, mas são estabelecidos no plano de Deus como componentes. E a ideia do progresso através deles permanece no limite de um esquema, segundo o qual o progresso é provocado por uma adequação da educação divina aos estados da espécie humana. – Tertuliano considera a espécie humana com vistas à sua educação religiosa como um homem particular que, aprendendo e progredindo nas diferentes fases da vida, atravessa os níveis necessários de seu desenvolvimento. O progresso religioso na espécie humana mostra, segundo ele, um crescimento orgânico. A imagem do organismo, que tinha sido utilizada como fio condutor para a compreensão da relação das partes com o todo na sociedade, é empregada por ele, a fim de esclarecer o modo como aqui o anterior suporta e condiciona o posterior.[318] Clemens, por intermédio de sua doutrina do *logos*, também inseriu a filosofia grega nesse curso gradual da educação;[319] não obstante, uma doutrina tão genorosa não teve nenhuma consequência para o transcurso imediato da metafísica da história. E Agostinho encontra as transformações, que ocorrem no interior da religião da revelação, condicionadas por um desenvolvimento da humanidade que é comparável com a sequência das fases da vida.[320] – Assim, esse e outros Padres da Igreja dominam a mesma concepção. A humanidade é uma unidade, por assim dizer um indivíduo que precisa atravessar um desenvolvimento vital; um indivíduo ao qual, porém, como um aluno, as regras desse desenvolvimento vêm preponderantemente do educador que atua de acordo com um plano. Ao lado dessa divisão mais profunda da história da humanidade provém a divisão mais extrínseca, que analisa essa divisão nas idades do mundo que correspondem aos dias da criação.

---

[318] Tertuliano, *De virginibus velandis*, c. I.
[319] Clemens, stromat. I, c. 5, p. 122 (Sylb.) da filosofia: ἐπαιδαγώγει καὶ αὐτὴ τὸ Ἑλληνικόν, ὡς ὁ νόμος τοὺς Ἑβαίους εἰς Χριστόν.
[320] Agostinho, epístola 138, c. 1, para a resolução do problema apresentado por Marcelino (p. 333 observação 1): *quoties nostrae variantur aetates! Adolescentia pueritia non reditura cedit; juventus adolescentia non mansura succedit; finiens juventutem senectus morte finitur. Haec omnia mutantur, nec mutatur divinae providentiae ratio, qua fit ut ista mutentur... aliud magister adolescenti, quam puero solebat, imposuit.*

A ideia da conexão interna da história da humanidade que, de maneira tão fugidia e intangível como ela era, parecia precisar se diluir entre os fatos duros da história, recebeu contornos fixos e uma corporeidade por meio da conexão entre *representações religiosas e mundanas*, a qual ela adentrou. Era na independência da experiência religiosa e da vida comum religiosa fundada nela, que também se manteve ante o domínio mundial romano e que se afirmou no sentimento de sua invencibilidade, que se encontrava fundamentada a *cisão da esfera religiosa da sociedade* em relação à mundana: dai ao imperador o que é do imperador e a Deus o que é de Deus. Por meio dessa cisão, a lei e a cidade de Deus, que tinham sido a última palavra da filosofia antiga na escola estoica, foram decompostas em uma ordem mundana da sociedade e em uma conexão religiosa. De maneira análoga, a representação mais imediata da conexão da história e da sociedade apoiou-se em *duas esferas de representações históricas*, das quais uma tinha por objeto a *Igreja*, enquanto a outra tinha por objeto o *império mundial romano*, seus precursores e seu destino. Como essa doutrina da sociedade partia da vontade e do plano de Deus, ela não conseguiu deduzir a conexão da história puramente a partir do conteúdo racional, mas precisou interpretar o plano de Deus a partir das grandes relações históricas dessa vontade. A construção especulativa só se adicionou ulteriormente a essa interpretação religiosa, como o mostram suas lacunas. Essa interpretação, porém, trabalhou com um material miserável. O caráter não científico do espírito medieval e o domínio da superstição sobre esse espírito só podem ser compreendidos a partir de sua posição em relação aos fatos históricos e à tradição histórica. Pois se encontrava em contraposição a ele uma tradição reduzida e falsificada sobre o mundo antigo como autoridade, sem levar em conta as causas que o determinaram a um comportamento tão a-crítico. E na medida em que essa sua situação em relação às ciências históricas se encontrou com o estado de seu pensamento científico-natural, espalharam-se a partir daí sombras profundas e seres fabulosos sobre a Terra.

Dentre os elementos a partir dos quais se compõe a explicação da organização externa da sociedade na Idade Média, o mais importante era a visão da *Igreja*. Essa visão determinou o caráter teocrático da concepção social medieval. As substâncias espirituais estão ligadas na Igreja com um corpo místico, que se estende em movimento descensional desde a trindade e os anjos que se acham maximamente próximos dela até o mendigo nos batentes da porta da igreja e o servo que, humildemente ajoelhado no último canto da igreja, acolhe o sacrifício da missa. O cerne criativo dessa visão reside nas cartas do apóstolo Paulo. Paulo designa os cristãos individuais como membros do corpo de Cristo; abaixo de Cristo como a cabeça, os membros particulares da comunidade se encontram ligados em um organismo pela unidade do espírito. No interior desse organismo, os membros particulares da comunidade possuem funções diversas, mas necessárias para a vida do todo. Por isso, com cada membro, todos os outros membros sofrem concomitantemente. Nessa visão paulina da vida comunitária cristã, a transposição do conceito de um organismo é um tropo, e Paulo nunca pensou em reduzir a conexão da vida religiosa da comunidade à vinculação natural da vida orgânica. Mas esse tropo expressa aqui o estado de fato de uma unidade que é de uma natureza totalmente diversa da que se acha em um todo político. Pois o pneuma é na comunidade uma unidade real, um laço real, tal como a *psyche* em um corpo humano. E, por isso, nesse emprego, o tropo do organismo conquista um sentido mais exato.

Ora, na medida em que, a partir das comunidades com as quais se relacionava a visão profunda de Paulo, cresceu a organização jurídica e política da Igreja católica, surgiu um conceito no qual essa cidade de Deus foi representada como mantida por um laço real, ao qual se atribuiu uma espécie de existência por assim dizer ao lado e entre os indivíduos. Podemos reconhecer os momentos que configuraram esse conceito. A ideia da Igreja como um corpo animado pelo espírito uno de Deus recebe inicialmente um apoio na concepção da ceia, uma concepção que vê na ceia o *sacramento da incorporação* à Igreja. Essa concepção, tal como ela se encontra consumada em Agostinho, é intermediada pelo fato de que a Igreja é compreendida sob o corpo de Cristo; por isso, na ceia ocorre a participação nesse corpo de Cristo, a participação na Igreja que é a única a tornar os homens venturosos, a incorporação do particular à Igreja.[321] A ideia do laço real que man-

---

[321] Segundo Agostinho tardio, sermão 57; sermões 227 e 272; *A cidade de Deus* XXI, c. 19 e segs.

tém unida a Igreja recebeu um outro apoio por meio da representação de uma tradução de um tipo factual; uma tradução por meio da qual seriam transmitidas de cima nas consagrações forças do mundo suprassensível para o clero, sim, por meio da qual essas forças por assim dizer fluiriam gradualmente para baixo. Assim, com a ordenação emerge a capacitação espiritual que diferencia os clérigos dos não versados, uma capacitação em virtude da qual o clérigo exerce sua função. Dessa maneira, a ideia da Igreja como o *corpus mysticum Christi* alcança uma representabilidade sensível. No entanto, como essa Igreja se torna ao mesmo tempo uma *civitas Dei*, um todo semelhante a uma cidade que se mostra como portador de extensas jurisdições, o conceito da unidade do organismo eclesiástico é transposto, então, para esse corpo político. Isso tem por consequência o fato de que o espírito que atua de cima aparece como portador de jurisdições que são exercidas por meio de seu corpo na Igreja. O ofício conferido ao clérigo pelas consagrações contém segundo esse aspecto o direito e o compromisso de exercer o poder eclesiástico em um espectro material determinado e no interior de um âmbito espacial definido com base na missão que lhe é constantemente atribuída. As jurisdições da Igreja no interior da sociedade são por um lado, enquanto jurisdições, representáveis segundo princípios jurídicos e, de acordo com isso, divididos em uma ordem jurídica, no direito canônico, a instância de validade suprema na sociedade humana. Assim surgiu a visão do conjunto constituído a partir de cabeça e membros, no qual, como em seu corpo, habita a unidade transportada para esse conjunto a partir do mundo transcendente que realiza uma ordem divina da graça: como alma desse corpo, a unidade realiza o fim mais elevado com as jurisdições mais elevadas; do mesmo modo que, comparados com esse fim, todos os interesses dos quais vivem as ordens políticas não são senão meios. Todas as ordens políticas são subordinadas a essa unidade.

Essa é a ideia fundamental da ordem teocrática da sociedade na Idade Média. – Os *teólogos*, sobretudo Santo Agostinho, apresentaram teoricamente essa ideia fundamental. Na medida em que eles se articularam com a associação do direito natural criado pelos estoicos com uma metafísica teleológica,[322] o direito natural continuou coinci-

---

[322] Cf. p. 283 e segs.

dindo para eles com o direito divino, cujo portador é a Igreja, e, assim, eles contrapuseram o direito eclesiástico como um direito que fluía do plano eterno de Deus para a graça e que, por isso, era válido em si de maneira imutável, os estatutos humanos.[323] Eles consideravam as instruções e as leis do Estado que se chocavam com as leis da Igreja como não obrigatórias.[324] Em conexão com toda a teologia cristã que acabamos de apresentar, eles subordinavam ao corpo místico de Cristo ou à Igreja o Estado como meio, como um instrumento auxiliar.[325] – Mas enquanto os teólogos desenvolviam essa teoria, a força estatal monárquica do Império Romano se manteve junto às bases do direito romano tradicional; foi só paulatinamente que as ideias cristãs eclesiásticas penetraram na vida jurídica e só os *canonistas* as introduziram com uma força criadora na conexão científica da jurisprudência positiva. Destacamos agora a ideia fundamental. A corporação da Igreja baseia-se na intervenção divina imediata; ela é regida pelo imperador celeste; a partir dessa vontade transcendente, o espírito de Deus flui através da corporação; e, em verdade, o modo como ele atua na Igreja é constatado pela intervenção divina e, por isso, determinado em formas jurídicas com as quais estão ligados o anúncio da graça tanto quanto a jurisdição de poder fundada nesse anúncio que é própria da Igreja; a forma dessa constituição é a expressão jurídica do fato de que nela a vontade de Deus é dirigida do mundo transcendente para o terreno, e de que, no interior desse mundo terreno, ela é guiada pelo representante de Cristo de maneira gradual e descensional. Percebe-se aqui que corresponde internamente *ao sistema da hierarquia um modo de representação emanatista*, assim como a apresentação da hierarquia celeste e terrena por meio de Aeropagita e o efeito dessa

---

[323] Agostinho, Tract. IV, 25 ad c. I, João v. 32: *divinum jus in scripturis divinis habemus, humanum jus in legibus regum*; epístola 93, c. 12. Cf. Isidoro, Etymol. V, c. 2: *omnes autem leges aut divinae sunt humanae. Divina natura, humanae moribus constant; ideoque hae discrepant, quoniam aliae aliis gentibus placent.* – Para o conceito da *lex naturalis*, que abarca como legislação de Deus tanto o campo ético quanto o jurídico, é particularmente importante entre Agostinho e São Tomás de Aquino Abelardo em seu diálogo *Inter philosophum, Judaeum et Christianum.*

[324] Agostinho, epístola 105, c. 2; sermão 62, c. 5. – Sobre o conceito da lei natural em Tomás de Aquino e sua distinção entre *lex aeterna* e *lex naturalis*, cf. p. 333.

[325] No interior da exposição de Agostinho no livro XIX de *A cidade de Deus*, c. 14: a meta da *terrena civitas* é a *pax terrena*. Em contrapartida, a meta da *coelestis civitas* é a *pax aeterna*; e a finalidade do homem reside nesta última meta.

apresentação na Idade Média ratifica tal conexão; a ideia de Deus é dissolvida em um rio e em um processo vivos; a partir de Deus estende-se uma conexão volitiva até o interior da conexão natural.

Essa ordem social teocrática da Idade Média coloca no lugar dos princípios políticos do Ocidente até então o princípio da *autoridade* que provém de *Deus*. A visão atuante nela transformou toda a concepção da sociedade na Idade Média. Na jurisprudência surgiu, então, um conceito de corporação, de acordo com o qual os indivíduos naturais que estão ligados nessa corporação só representam o sujeito jurídico efetivamente real, que só consegue agir como incorporal e invisível através de seus membros; os conceitos importantes em termos de direito público, os conceitos de representação e de função pessoal se constituíram. Na ciência política, despontou a fundamentação teológica dos conceitos de Estado e, ligada a ela, uma primeira metafísica da sociedade, que estava fundamentada na metafísica geral e que abarcava toda a realidade efetiva outrora conhecida dos fenômenos históricos e sociais.

Mas justamente isso forneceu e reteve para essa doutrina teocrática da sociedade o seu poder, assim como a sua ideia fundamental se associou com os elementos mais plurais. Desde a Antiguidade, ela se associou com os conceitos da filosofia grega e do direito romano tanto quanto com os fatos do imperialismo romano; a partir da vida dos povos germânicos, com as ideias e instituições jurídicas e políticas. Foi aqui que se fundou uma esfera de representações mundanas, que foi em parte projetada pelo sistema teocrático e, com isso, amalgamada com ele, e que, em parte, atuou na direção contrária a ele.

Quando ainda havia o *Império Romano*, ainda que ele já estivesse abalado pelos bárbaros germânicos que se precipitavam sobre ele, *Agostinho* escreveu sua obra sobre a *Cidade de Deus*, na qual ele contrapôs a cidade mundana à cidade de Deus. Segundo essa obra, o Império Romano universal é um representante da *civitas* terrena em seu estágio derradeiro e mais poderoso. Os romanos receberam de Deus o domínio sobre o mundo, porque eles subordinaram às paixões terrenas mais elevadas, sobretudo ao desejo de fama póstuma, "por meio da qual eles também queriam por assim dizer continuar vivendo depois da morte", todas as paixões inferiores; todo sacrifício em nome da cidade terrena é para os cristãos um modelo do sacrifício que eles devem à cidade celeste.³²⁶ Segundo as discussões político-filosóficas de Políbio, a ideia do Império Romano universal tinha sido fixada na literatura histórica do período imperial por meio dos precários manuais de um Floro e de um Eutropo; Agostinho determinou, então, em sua construção o significado que caberia ao Império Romano universal no plano da providência e, ao mesmo tempo, os seus limites, tal como ele acreditava poder apreendê-los a partir do ponto de vista do cristianismo. Quando a Igreja colocou em seguida finalmente a coroa imperial na cabeça do grande imperador germano, a ideia da monarquia universal romana entrou em uma relação com o conceito de uma cristandade una abrangida pela Igreja. Poucos anos depois (829), dois concílios desenvolveram em Paris e em Worms, com base na doutrina do corpo uno da cristandade, o fato de esse corpo dever ser regido, por um lado, pelo clero e, por outro, pela monarquia.³²⁷ Um fato e um contexto conceitual encontram-se, assim, na construção da monarquia universal. E, retroativamente, perseguiu-se a ideia dessa monarquia sob a influência da passagem no livro de Daniel acerca dos quatro impérios no Oriente: imagens envoltas em fábulas das quatro monarquias universais tornaram-se o esquema da história política.

Essas realidades históricas e políticas, misturadas com fábulas relativas a tais realidades, conquistaram o seu lugar no sistema teórico tanto quanto uma interpretação que estava em conexão com os seus princípios mais profundos. Já os estoicos tinham relacionado a monarquia de Deus com a cidade universal romana; agora, deduziu-se do plano uno de Deus e da unidade da espécie humana como o seu objeto a *monarquia* no entendimento de Dante, isto é, a cidade universal, de maneira correspondente à cidade espiritual una da Igreja. Dante apresentou essa conexão da forma mais comovente possível, em uma pluralidade de argumentos cujo centro nervoso permanece o mesmo. A espécie humana, uma parte do universo dirigido por

---

[326] Agostinho, *A cidade de Deus V*, c. 12 e segs.
[327] Concílio parisiense 829 (Mansi t. XIV, p. 537 e segs.). Const. Worm. (*Monum. German. Legum I*, p. 333 rescr. c. 2. 3): 2. *Quod universalis sancta Dei ecclesia unum corpus ejusque caput Christus sit.* Isso é demonstrado por meio da passagem de Paulo da qual tratamos na p. 338. 3. *Quod ejusdem ecclesiae corpus in duabus principaliter dividatur eximiis personis. Principaliter itaque totius sanctae Dei ecclesiae in duas eximias personas, in sacerdotalem videlicet et regalem, sicut a sanctis patribus traditum accepimus, divisum esse novimus.*

Deus, possui um fim uno, que consiste na atuação de todas as forças intelectuais e práticas da natureza humana. Em seguida, uma multiplicidade é guiada da maneira mais segura possível para um fim por meio de uma força una, assim como a razão dirige todas as forças da natureza humana, o cabeça da família, sua casa, o príncipe particular, seu burgo, e, por fim, Deus, o mundo, no qual está contida a espécie humana. É somente assim que se realiza a paz entre os homens e que se produz a semelhança com o que há de mais perfeito, o domínio de Deus sobre o mundo. É somente assim que se concretiza a condição externa para a produção da justiça, uma vez que um sistema de cidades em litígio não possuiria nenhuma instância suprema para a decisão pelo direito. É somente assim, por fim, que se cria o pressuposto interno de que carece a justiça, uma vez que o imperador por si só, o imperador cuja jurisdição só encontra seus limites no oceano, não pode ter mais nenhum desejo e, com isso, nenhum anseio nele obstaculiza a justiça. Com todo luxo do artesão silogístico daqueles dias, o grande poeta descobre que só o imperialismo como cidade universal poderia produzir um estado satisfatório da espécie humana.[328] Assim como todas as deduções da metafísica medieval da sociedade, essa dedução também pôde ser facilmente combatida por interesses opostos e substituída por outras deduções. Os defensores do direito das monarquias particulares puderam interpretar a vontade de Deus a partir da diversidade das condições vitais, dos costumes tanto quanto do direito dos povos particulares no sentido da ideia de nacionalidade.[329]

A inserção mais direta da cidade na conexão teocrática apresentada sempre assumiu um modo de ser diverso de acordo com a avaliação alternante do império, da vida pública em geral. *Três modos* diversos de determinar o valor da *cidade do mundo* podem ser distintos aqui.

---

[328] Dante dedica todo o primeiro livro de seu escrito *De monarchia* ao desenvolvimento desses princípios. – Aqui também se encontra em Ockham uma ponderação perspicaz de razões e contrarrazões que não reconhece mais a consequência da construção metafísica. Ockham, *Dialogus*, p. III, tract. 2 1. I c. 1-9.

[329] São Tomás de Aquino também destaca em seu comentário sobre a política de Aristóteles, lib. VII, lect. 3, que uma abrangência módica do Estado seria necessária para que houvesse ordem nele; cf. João Parisiense, *De potestate regia et papali*, c. 3 (em *Golfast monarchia II*, p. 111) e o tratamento mais completo do problema em Ockham, *Dialogus*, p. III tract. 2 l. I c. Iss; Ockham rejeita toda solução metafísica do problema e só concede uma solução segundo a situação histórica, c. 5.

Agostinho só considerou a "cidade cujo rei é Cristo", isto é, cujo rei é a Igreja, como instituição de Deus e como expressão da ordem ética universal fundada nele. Em contrapartida, ele deduz a propriedade e as relações de domínio do pecado original. Por isso, quando não se coloca a serviço da cidade celeste, a cidade do mundo era para ele uma criação do egoísmo: *civitas diaboli*.[330] Assim, ele fundamentou a concepção da vida pública, de acordo com a qual a cidade era um instrumento em si sem valor a serviço da Igreja para a proteção da verdadeira crença e para o combate dos descrentes. Gregório VII e os representantes de sua política papal mantiveram o mesmo ponto de vista;[331] e no partido papal extremo, ele teve durante toda a Idade Média os seus defensores. No entanto, em conexão com o estudo de Aristóteles, junto aos mais excepcionais metafísicos políticos da Idade Média, há uma outra avaliação da vida pública. Tomás de Aquino e Dante se mostram como o ápice dessa metafísica política; os dois estão muito distantes do ponto de vista de Agostinho; por mais diversamente que eles mesmos se comportem em relação a essa questão, os dois rejeitam a derivação da vida pública do pecado original e encontram essa vida muito mais fundamentada na natureza ética do homem.

E, em verdade, Tomás de Aquino é o principal representante da segunda orientação em relação à avaliação da vida pública. Ele determinou a sua tarefa com vistas ao fato de que ela realizaria o sistema de condições com as quais está ligado o fim religioso da existência humana. Essa concepção corresponde à concepção medieval mais geral da vida mundana como um meio e como uma base para a concretização da vida religiosa, tal como ela encontrou na ética de Alberto Magno e de São Tomás de Aquino a sua expressão clássica. O fim último da sociedade humana é, segundo o escrito de Tomás de Aquino sobre o *Regimento dos príncipes*, chegar ao gozo de Deus por meio de uma vida virtuosa. Essa meta não pode ser alcançada pelas forças da natureza humana, mas apenas pela graça de Deus. Por isso, a realização da

---

[330] Agostinho, *De civ. Dei XIV*, c. 28, XV, c. 1-5, XVI, c. 3. 4, XIX, c. 15-23. – A comparação da cidade com um animal selvagem, tal como encontramos em Platão e Hobbes, também é empregada por Agostinho, em associação com o apocalipse, *De civ. Dei* 20 c. 9.
[331] Gregório VII. Em: Jaffés Bibliotheca II (1865) lib. VIII, ep. 21 a. 1081 p. 457: *quis nesciat, reges et duces ab iis habuisse principium qui, deum ignorantes, superbia rapinis perfidia homicidiis, postremo paene sceleribus, mundi principe diabolo videlicet agitante, super pares, scilicet homines, dominari caeca cupidine et intolerabili praesumptione affectaverunt?*

vida virtuosa na comunidade pública é o meio para alcançar um fim, que se encontra para além daquilo que pode ser levado a cabo pela cidade e que é realizado pelo rei divino tanto quanto por meio da tradução pelo clero. Desse modo, o domínio mundano está subordinado a essa hierarquia.[332] Acolhendo uma comparação que já tinha provindo do tempo dos Padres da Igreja, multiplamente empregada pelos pensadores medievais, Tomás encontra na relação da cidade mundana com a Igreja uma imagem da relação do corpo com a alma.[333] Essa determinação do valor da vida pública era a mais difundida entre os autores medievais, e Tomás, o mais sábio dentre todos os mediadores, também expôs aqui de maneira feliz a fórmula capaz de produzir equilíbrio.

Um terceiro ponto de vista surgiu de uma avaliação mais elevada da vida pública. Esse ponto de vista considerou o *imperium* e o *sacerdotium* como duas forças que também provinham de maneira imediata de Deus, forças que desempenhavam cada uma delas uma função autônoma no mundo ético. Portanto, ele reconhece à cidade e à Igreja a mesma soberania. Os representantes literários das pretensões imperiais desde Henrique IV tentaram fundamentar essa avaliação do *imperium*.[334] Ela é desenvolvida de maneira profundamente perspicaz por Dante em seu escrito sobre a monarquia, a partir de proposições de Aristóteles e São Tomás. Esse desenvolvimento, porém, não se deu apenas em uma linguagem mais violenta, mas também em um estilo mais grandioso de pensamento do que o mostrara Tomás. A finalidade de cada parte da criação reside na atividade que lhe é própria. Pois bem, um homem particular não consegue levar a cabo o que está contido na capacidade racional, mas só a espécie humana pode levar a termo totalmente a capacidade teórica da razão e, em segunda linha, a sua capacidade prática. A condição para que se alcance essa meta reside na paz universal, e essa paz é assegurada pela monarquia; ela mantém a justiça e dirige a atuação dos particulares para a única

---

[332] Tomás de Aquino, *De regimine principium I*, c. 15. Nesse ponto, em concordância com a *Suma teológica II*, I qu. 93, em particular art. 3 e 6.
[333] Assim, já nas Constituições apostólicas II, c. 34, p. 681 C (Migne) e na orat. 17 de Gregor de Nazianz c. 8, p. 976 B (Migne), em seguida em muitos autores medievais e também em Tomás, *Suma teológica II*, 2 qu. 60 art. 6: *potestas saecularis subditur spirituali, sicut corpus animae*.
[334] Passagens em Gierke, *Deutsches Genossenschaftsrecht III* (Direito corporativo alemão III), p. 534.

meta.[335] Assim, a monarquia entra na seguinte relação com a ordem teocrática da sociedade. Dentre tudo aquilo que existe, só o homem se encontra no ponto central entre o mundo perecível e o mundo imperecível. Por isso, na medida em que ele é perecível, possui uma meta diversa daquela que se mostra, na medida em que ele é imperecível. Na venturança dessa vida, por um lado, a providência inesgotavelmente profunda entregou-lhe como uma meta derradeira uma venturança que consiste em levar a termo a virtude que lhe é própria; na venturança da vida eterna, por outro, ela lhe apresentou como a outra meta uma venturança que consiste no gozo da visão de Deus. Nós alcançamos a primeira meta pela via de uma visão filosófica por intermédio de suas virtudes intelectuais e morais, e atingimos o outro fim derradeiro pela via da revelação por intermédio das virtudes religiosas. A direção da aspiração à primeira meta cabe ao imperador e a direção da aspiração à segunda, ao papa. Por intermédio da intelecção filosófica, o império dirige a espécie humana para a sua venturança temporal, o papa a conduz para a vida eterna por intermédio das verdades reveladas.[336] – Essa avaliação autônoma da cidade, tal como ela vem ao nosso encontro em Dante, continuou levando mais além nessa direção em uma cabeça como Marsílio de Pádua, de acordo com a necessidade de superar tal dualismo, de ver o *sacerdotium* como um componente e uma função da cidade. Marsílio retira as consequências do conceito antigo de cidade: ele combate no fundo o avanço que estava contido na pretensão de Cristo sobre o direito do imperador e sobre o direito de Deus.[337]

Essa distribuição da valoração entre o poder espiritual e o poder mundano tem a sua expressão nas *fábulas próprias à história do direito* acerca da transferência do poder divino, tal como essas fábulas constituem um componente importante da metafísica histórica da Idade Média. Pois onde a vontade de Deus atua conjuntamente com as vontades dos homens para a realização de um plano acompanhado atentamente pela providência surge o conceito da *instituição* que está

---

[335] Dante, *De monarchia I*, c. I e segs.
[336] Idem no terceiro livro.
[337] Marsílio de Pádua, *Defensor pacis I*, c. 4: a determinação da tarefa da cidade segundo a política de Aristóteles; então c. 5. 6: inserção do *sacerdotium* segundo uma determinação cristã na cidade; ele é designado como uma *pars civitatis*.

fundado em um *ato divino particular* e no qual uma parte da tarefa do governo do mundo é *transferida* para uma pessoa terrena como o representante de Deus. A hierarquia funda sua jurisdição no pleno poder dos representantes do Estado. Do mesmo modo, na Idade Média, a monarquia é considerada preponderantemente como um ofício instituído por Deus. E, então, surge a questão de saber se a violência estatal possuiria o seu poder pleno diretamente de cima ou por meio de uma transferência que teria partido do poder espiritual. Nesse ponto, a demonstração de Dante da origem legítima da monarquia universal romana destaca-se das discussões conhecidas sobre isso, porque Dante se aproxima de modo totalmente particular de uma fundamentação histórica da legitimidade. Essa demonstração encontra a legitimidade fundada na vontade de Deus, mas não busca essa vontade em atos particulares teocráticos. Ao contrário, assim como a vontade de um homem só pode ser conhecida a partir de sinais, Dante interpreta a história como um sistema de sinais da vontade de Deus.[338]

Assim como o sistema teocrático atribui à cidade o seu lugar na organização externa da sociedade, ele também confere um apoio para determinar a natureza da cidade. A partir do corpo místico da Igreja, a *representação do organismo* foi transposta para a cidade em um novo sentido, que ia além de Aristóteles. A realização certamente mais antiga ainda acessível para nós da comparação entre os membros do corpo e as partes da cidade sob o pressuposto de que os traços fundamentais da estrutura orgânica retornam realmente na cidade estava contida no Instituto de Trajano imputado a Plutarco, que ainda conseguimos reconhecer parcialmente no estranho *Policrático* de Johannes de Salysbury.[339] Essa harmonia da totalidade do mundo, uma harmonia segundo a qual a estrutura da cidade como um *corpus morale et politicum* se reflete na estrutura de suas partes, na estrutura dos indivíduos, constitui o pano de fundo do conceito medieval, orgânico de cidade. E já os autores daquela época empregam engenhosamente relações, que

---

[338] Dante, *De monarchia*, no começo do segundo livro.
[339] Cf. em particular livro V, lá c. 2: *est autem res publica, sicut Plutarcho placet, corpus quodda, quod divini muneris beneficio animatur, et summae aequitatis agitur nutu, et regitur quodam moderamine rationis. Ea vero qua cultum religionis in nobis instituunt et informant, et Dei (ne secundum Plutarchum deorum dicam) ceremonias tradunt, vicem animae in corpore reipublicae obtinent.* Aqui se percebe diretamente a transposição a partir do conceito da Igreja.

percebemos no corpo orgânico, para o esclarecimento do organismo político.

Para além de toda essa concepção teocrática de história e de ordem social veio à tona cada vez mais poderosamente no progresso da Idade Média uma concepção totalmente oposta, que provinha das comunidades citadinas livres da Antiguidade: a *derivação da unidade política da vontade* e do *direito ao domínio* a partir das *vontades particulares* das pessoas associadas em uma organização. Essa teoria não explicou o surgimento da unidade da vontade na organização externa da sociedade a partir da transposição do direito de domínio divino, mas por meio de um *pactum subjectionis* que parte das vontades particulares e, por conseguinte, por meio de uma construção de baixo, a partir dos elementos da vida pública. Ela deu prosseguimento à ideia fundamental do direito natural grego. Mas se esse direito natural tinha representado de maneira totalmente universal o problema de uma explicação mecânica da unidade política da vontade a partir da anarquia dos átomos sociais e pudemos designá-lo com isso como uma metafísica da sociedade, a Idade Média perseguiu o procedimento assumido pelos romanos de colocar essas especulações gregas em relação com a jurisprudência positiva. Sob a mão dos canonistas e dos legalistas, o conceito da corporação tornou-se o conceito dominante no âmbito da organização externa da sociedade e foi empregado para a cidade tanto quanto para a Igreja. A construção jurídica desse conceito deixou que surgisse de um ato constituidor a subjetividade jurídica una da corporação, em virtude da qual ela se mostra como pessoa. Assim, a construção da unidade da vontade em um todo político tornou-se por meio de um tal ato o ponto central de toda teoria publicista, e o efeito conjunto ou a efetividade exclusiva das vontades unidas no ato por meio do qual o Estado surge entregaram a esse Estado o caráter de um contrato. Representações fundamentais do direito alemão mais antigo, em seguida às fábulas jurídicas de um ato constituidor no qual o povo romano teria transferido o domínio para o imperador, mais além o efeito das teorias gregas, e, por fim o autogoverno das comunas livres na Itália, no país mais importante da teoria política daquela época: tudo isso fez com que a corrente do direito natural crescesse. A partir da virada do século XIII para o século XIV, formou-se sistematicamente a construção jurídica a partir das vontades particulares e de seu contrato. Contrato social, soberania do povo, restrição do direito positivo por meio do direito natural entraram no direito público. Esse desenvolvimento contínuo jurídico-positivo do direito natural fortaleceu sua força revolucionária para um tempo futuro, mas inicialmente teve por consequência durante a Idade Média a adaptação da Idade Média às outras ideias sociais da época. É somente com um Marsílio de Pádua que esse ponto de vista radical se libertou das outras ideias sociais da Idade Média, e isso designa a aurora das ideias políticas modernas. O desdobrameto completo do poder do direito natural começou, então, nos povos mais recentes, com o declínio das ordens feudais. Assim, atingiu-se o ponto no desenvolvimento da sociedade mais recente, no qual se pôde levar a sério a soberania dos indivíduos, correspondendo ao ponto no desenvolvimento da sociedade grega no qual o direito natural dos sofistas tinha se feito valer.[340]

Assim, a doutrina social teocrática encontrou na doutrina social própria ao direito natural seu limite, e essa última doutrina ainda carecia, por sua parte, da apreensão geral e dos expedientes da análise, que teriam viabilizado para ela uma explicação suficiente da sociedade.

Consideremos e coloquemos, por fim, à prova a ligação entre as sentenças desenvolvidas nessa metafísica teocrática da sociedade. – Essa teoria era superior a todas as anteriores, na medida em que partia do contexto abrangente da vida social da humanidade e em que toda sentença sobre as jurisdições de um poder político tanto quanto toda afirmação sobre o conceito de uma virtude ou de um compromisso estavam condicionadas por esse contexto. – Todavia, os fatos compostos que se oferecem à história e à observação política não foram decompostos pelos pensadores medievais em conexões particulares mais simples. Ao contrário, eles foram antes articulados em um todo por meio de uma interpretação teleológica. A partir daí não poderia ter surgido uma vez mais outra coisa senão um jogo arbitrário, se não tivesse estado à disposição desses termos cifrados da história e da sociedade a chave na revelação: foi a revelação que fixou o início, o meio e o fim do curso da vida da humanidade e determinou o seu conteúdo. Por isso, ela formou o traço fundamental dessa metafísica da socieda-

---

[340] Obtivemos uma primeira apresentação fundamental e referências dessa segunda formação histórica do direito natural no direito corporativo de Gierke, III, 627 e segs., em seu *Althusius*, p. 77 e segs., 92 e segs., 123 e segs.

de: toda construção em conceitos é apenas a tentativa ulterior de representar e demonstrar conceitualmente aquilo que a tradição e a perspicácia religiosa possuem. – E, em verdade, a doutrina da sociedade medieval dominante é um sistema teocrático. No entanto, esse sistema não vigorava sem contradição. A vida das corporações continha um outro elemento, um direito da coletividade, que parecia remeter a uma relação contratual. Esse componente não foi explicado pela doutrina social teocrática; e, assim como a doutrina da sociedade própria ao direito natural se desenvolveu, essa doutrina assinalou para o sistema teocrático um limite de sua utilidade e uma lacuna em suas premissas. – Internamente, essa metafísica teocrática da sociedade é dilacerada pelas antinomias que se estendem desde a doutrina metafísica dos princípios até o cerne da filosofia da sociedade. A mais profunda dessas antinomias atua na doutrina da sociedade como a contradição entre a concepção de Deus como um intelecto para o qual só há o eterno e o universal e como uma vontade que passa por transformações em direção à sua meta, se anuncia em atos temporais e é movida a reações pelos atos da vontade livre. Para a Antiguidade, como *princípios da ordem social*, as *verdades eternas* têm o *mesmo significado* no interior do mundo dos homens do que as *formas substanciais* no interior da natureza. Quando Aristóteles transpôs as ideias platônicas para o interior do mundo, ele dotou esse mundo de eternidade tanto no que diz respeito à sua consistência quanto no que concerne às suas formas. Em identidade imutável consigo mesmo, surge no interior desse mundo a partir do germe orgânico o ser vivo, e o próprio germe emerge retroativamente da vida. Segundo Aristóteles, o transcurso da história não conquista nenhum conteúdo mais profundo para a alma e para a *eudaimonia* realizada por ela. Um conjunto firme de conceitos, que contém a lei sempre igual a si mesma da vida pública, é desenvolvido por sua ciência descritiva da política e não tem nas condições de vida transformadas da sociedade senão a sua matéria-prima alternante. Por mais profundamente que Aristóteles tenha concebido a relação entre as condições de vida das cidades e as formas políticas: segundo ele, o desenvolvimento das conexões finais não carece de uma expressão sempre nova nas constituições políticas, uma expressão que corresponda respectivamente ao conteúdo transformado. Ao contrário, as condições da sociedade possibilitam, por assim dizer como a matéria da formação do Estado, aqui uma configuração menor, lá uma mais elevada da forma ideal. Para o *cristianismo, Deus se torna histórico*. A doutrina medieval da sociedade que é sustentada pelo cristianismo utiliza primeiramente a ideia de uma vontade divina, que contém uma série crescente de transformações como finalidade e que concretiza essa meta na série temporal dos atos particulares da vontade, nas ações alternantes com outras vontades. A divindade entra no tempo. Pois bem, por mais frequentemente que a metafísica medieval queira unificar o sistema grego das verdades eternas com o plano de Deus, sempre se mostra a insolubilidade da contradição. Pois a experiência pessoal viva da vontade, que inclui carência e transformação, não pode ser compatibilizada com o mundo imutável das ideias eternas, nas quais o intelecto possui a verdade necessária e universalmente válida.[341] Em termos epistemológicos, a construção especulativa a partir de conceitos contradiz a factualidade conceitual, que é própria às decisões de uma vontade divina livre. Por isso, a doutrina da vontade de Ockham dissolveu a metafísica da Idade Média, e o *nominalismo* em seu primeiro estágio acabou perecendo por conta de sua negatividade infrutífera ante as tarefas do pensamento medieval: aqui, então, no interior da doutrina social, esse nominalismo também encontrou a sua justificação mais elevada na poderosa realidade da vontade. Os escritos político-eclesiásticos espiritualmente poderosos de Ockham destruíram em uma exposição pormenorizada de razões e contrarrazões toda a parte da conexão racional de uma filosofia da história e da sociedade.[342] E com razão; pois a demonstração foi realmente incapaz de fundamentar em alguma medida a doutrina medie-

---

[341] Agostinho, *A cidade de Deus XI*, c. 10: *neque enim multae sed una sapientiae est, in qua sunt immensi quidam atque infiniti thesauri rerum intelligibilium, in quibus sunt omnes invisibiles atque incommutabiles rationes rerum etiam visibilium et mutabilium*; *De trinitate IV*, c. I: *quia igitur unum verbum Dei, per quod facta sunt omnia, quod est incommutabilis veritas, ibi principaliter et incommutabiliter sunt omnia simul*. Não é senão em vão que Agostinho busca uma solução no princípio *trinitate II*, c. 5: *ordo temporum in aeterna Dei sapientiae sine tempore est.*

[342] O princípio de Ockham, que coloca a ordem ética em uma relação psicológica com a vontade e que separou de maneira clara aquilo que é valioso para a vontade daquilo que é verdadeiro para o entendimento, suspendendo, assim, toda metafísica do mundo ético, entrou em cena inicialmente em uma versão exagerada, por exemplo, em sent. II, quaest. 19: *ea est boni et mali moralis natura ut, cum a liberrima Dei voluntate sancita sit et definita, ab eadem facile possit emoveri et refigi*: *adeo ut mutata ea voluntate, quod sanctum et justum est possit evadere injustum*. Por meio daí, então, o supranaturalismo de Ockham se viu condicionado.

val da sociedade. Permanece sem ser alcançada a consequência da conclusão, quando se deduz do princípio teocrático o dualismo de Estado e Igreja ou quando se procura decidir por meio de silogismos questões controversas como a relação entre Estado e Igreja, monarquia universal e Estado particular.

QUARTA SEÇÃO

A DISSOLUÇÃO DA POSIÇÃO METAFÍSICA DO HOMEM EM RELAÇÃO À REALIDADE EFETIVA

PRIMEIRO CAPÍTULO

AS CONDIÇÕES DA CONSCIÊNCIA CIENTÍFICA MODERNA

A segunda geração dos povos europeus experimentou, então, uma transformação que é similar àquela que despontou na Grécia a partir da dissolução da antiga constituição das gerações. Na medida em que as ordens feudais, a divisão da cristandade sob o papa e o imperador, se desprenderam, surgiu a sociedade europeia mais recente e, em meio a ela, o homem *moderno*. Esse é o resultado do desenvolvimento interno paulatino, que ocorreu no tempo de juventude dessa segunda geração dos povos europeus ou na Idade Média. O que buscamos nesse resultado é a batida do nosso próprio coração, comparado com aquilo que conseguimos ler nas almas dos homens de épocas mais antigas e que nos são estranhos. Por isso, nada é para nós mais relativo, por mais que consideremos o caráter paulatino com o qual ele se fez valer, ou a diversidade do sentimento pessoal no historiógrafo a partir do qual um tipo histórico é determinado. Não obstante, o historiógrafo vê uma realidade efetiva, logo que ele vê emergir os primeiros exemplos do homem moderno em determinados pontos; em meio a um desenvolvimento contínuo, ele concebe o resultado em fenômenos históricos intuitivamente apresentáveis e o fixa. Nesse caso, também não o impede o fato de o ponto no qual entra em cena na via

401

de desenvolvimento de um povo um tal tipo se achar muito atrás em relação ao ponto no qual isso ocorre em um outro povo. Não o confunde o fato de os traços particulares dessa forma em um povo divergirem bastante em um outro povo. Um tal tipo é evidentemente Petrarca, que é concebido com razão como o primeiro representante do homem moderno, tal como este já se apresenta no século XIV em traços claros. Não é fácil reencontrar o mesmo tipo no homem moderno do Norte, em Lutero e em sua independência da consciência, em Erasmo e naquela liberdade pessoal do espírito investigativo, que avança em um mar ilimitado de tradição, ávido por esclarecimento. Todavia, tanto aqui como lá, há algo que determina toda a sabedoria desses homens, algo que compartilhamos com eles e que se distingue de tudo o que foi outrora desejado, sentido ou pensado.

A partir do contexto daquilo que constitui o homem moderno, distinguimos *um traço* que vimos se desenvolver lenta e arduamente no transcurso da história intelectual e que, então, se mostra como *decisivo* para o *surgimento* tanto quanto para o *direito* da *consciência científica moderna* em sua oposição à posição metafísica do homem. – A conexão final do conhecimento na Europa se destacou na ciência de sua base na totalidade da natureza humana, assim como além dela a arte ou, de uma outra maneira, o direito. Não é apenas a consumação técnica do grande sistema de fins da sociedade humana que se baseia nessa diferenciação, mas, tal como o cerne mais interno do processo, também a autolibertação de todas as forças na alma particular ante a sua vinculação inicial; a alma torna-se senhora de suas capacidades de se comparar a um homem que aprendeu a utilizar cada movimento dos membros independentemente dos movimentos dos outros membros e em meio a um cálculo mais preciso e mais seguro com vistas ao efeito. Por meio do trabalho, o vínculo originário das forças da alma desprende-se da história. Pois é só por intermédio da arte que o sentimento possui sua vida múltipla, alternante e rica; como em um espelho maravilhoso, as obras dos artistas refletem elevadamente o seu mundo interior em imagens, percepções e representações. É só no trabalho da ciência que o intelecto reconhece seus meios e a amplitude desses meios, seu método e o poder desse método, utilizando, então, com o virtuosismo técnico por assim dizer do atleta lógico, as forças que residem nele.

O *homem medieval* reteve de maneira apenas imperfeita a diferenciação alcançada no mundo antigo. Com certeza, ele tinha desenvolvido de maneira profunda a experiência cristã. No sistema eclesiástico católico, ele encontrou o poder autônomo da vida religiosa e da consciência social com ela ligada que une, consolida e defende todos os povos, ainda que com meios terríveis e violentos. Sob a proteção e infelizmente também sob o poder desse sistema eclesiástico, a conexão final da ciência nas universidades cresceu do mesmo modo e se transformou em uma organização maior. Além disso, em meio à vida corporativa da Idade Média, ela também lutou por uma esfera de autonomia jurídica. O domínio da religião, contudo, que forneceu uma rara segurança e profundidade na Idade Média a todos os sentimentos e ideias mais elevados, vinculou até certo grau todas as conexões finais autônomas. A mistura do cristianismo com a ciência antiga prejudicou a pureza da experiência religiosa. O vínculo corporativo e autoritativo dos indivíduos impediu a relação livre das atividades das pessoas entre si em áreas que, como a ciência e a religião, tinham seu sopro vital na liberdade. Assim, as condições de vida da Idade Média teceram a riqueza de uma existência mais elevada e formaram um nexo dirigido pela Igreja, um nexo no qual o cristianismo se perdeu em meio a uma ciência metafísica na qual a ciência e a arte foram agrilhoadas interna e externamente. Esse contexto da formação teve o seu corpo na organização externa da Igreja. Em contraposição a esse corpo, tudo aquilo que de algum outro modo se fez sentir na Idade Média foi assumido como mundaneidade, que precisava ser aniquilada ou subjugada. Com isso, também atravessou a sua alma a mesma dissonância que tinha esgarçado a sociedade daqueles dias em meio à violência imperial e eclesiástica. O crescimento natural da vida pública, a permanência dos indivíduos nas relações com o solo, a particularidade, a relação pessoal e o vínculo pessoal, juntamente com a retração de regras jurídicas gerais, e, além disso, um ímpeto juvenil na raça germânica e nos povos mais antigos vivificados com um sangue novo: tudo isso teve por consequência no homem daquela época uma vida insinuante dos sentidos e da vontade. Mas em sua alma lutava contra essa vida a crença em um reino transcendente que atuava por meio da Igreja, dos clérigos e do sacramento sobre o aquém e do qual se irradiam constantemente forças divinas. O poder desse sistema objetivo foi intensificado pela ordem da sociedade medieval. Nessa sociedade, o indivíduo estava totalmente inserido em associações, das quais a Igreja e a ordem feudal eram apenas as mais poderosas. Os conteúdos finais da sociedade, que parecem carecer ao máximo da liberdade, eram suportados e unidos pela autoridade e pela corporação. Essa dependência do homem medieval foi ampliada por sua posição em relação a todo o legado histórico, que manteve seu pensamento como em uma densa floresta de tradições. E não era a mais iníqua das razões, uma razão que impedia uma atividade própria dos indivíduos e um desdobramento independente dos fins particulares da vida na sociedade, que consistia em uma metafísica que se afirmou vitoriosamente segundo a situação das ciências em seus traços fundamentais e propiciou um ponto de apoio firme para a ordem transcendente defendida pela Igreja. Assim, os pensadores medievais intelectualmente mais poderosos também se mostraram apenas como representantes dessa visão de mundo e dessa ordem da vida, comparável com as grandes cabeças feudais e hierárquicas da sociedade daqueles dias. O que era neles individual subordinou-se a esse sistema, e nisso estava baseado o fato de que o pensador era um poder mundial. Por mais solitária e sombriamente que um Dante possa ter seguido seu caminho, toda a sua grande alma estava devotada a essa conexão objetiva, tanto quanto a alma de um Anselmo, de um Alberto ou de São Tomás. Por meio daí, ele se tornou a "voz de dez séculos silenciosos".

A transformação essencial que designamos como a entrada em cena do *homem moderno* é o resultado de um processo complexo de formação. Com isso, sua explicação exigiria uma investigação abrangente. – Aqui, na medida em que o que está em questão é o surgimento e o direito da consciência científica moderna, o mais importante é o fato de que a diferenciação e a autonomização da conexão de fins da sociedade, uma diferenciação e uma autonomização que foram alcançadas anteriormente de maneira singular pelos povos do mundo antigo, sejam realizadas no interior da nova geração dos povos europeus. A formação espiritual desses povos baseia-se na certeza de si da experiência religiosa, da autonomia da ciência, da libertação da fantasia na arte, em oposição à vinculação religiosa anterior. Uma tal constituição nova do contexto interno da cultura é um estágio mais elevado no desenvolvimento da nova geração dos povos europeus, uma vez que essas nações tinham começado naturalmente em meio à vinculação das forças anímicas. No entanto, ela é ao mesmo tempo uma reprodução do que foi atingido por meio do trabalho dos gregos e conquistado no cristianismo, e, por isso, humanismo e reforma são componentes excepcionais do processo no qual surgiu a nossa consciência moderna. – A essa diferenciação aliou-se como um outro aspecto do movimento histórico, que deu vida à moderna consciência científica, a transformação na organização externa da sociedade, que desencadeou todas as forças individuais e autonomizou o indivíduo. Foi no interior das cidades que se realizou pela primeira vez essa transformação social e política. No contexto de nossa exposição insere-se harmonicamente a imagem clássica, que Jacob Burckhardt esboçou da primeira aparição do homem moderno na Itália do Renascimento. "Na Idade Média", diz ele, "os dois aspectos da consciência – o aspecto voltado para o mundo e o voltado para o interior do próprio homem – se achavam como que sob um véu comum, sonhando e semi-acordados. Pela primeira vez na Itália, esse véu se dissipa no ar; desperta uma consideração e um tratamento objetivos do Estado e das coisas conjuntas desse mundo em geral; ao lado disso, porém, alça-se com todo o poder o *elemento subjetivo*; o homem torna-se um *indivíduo* espiritual e se reconhece como tal". O que é aqui designado como tratamento objetivo é de início condicionado pela autonomização relativa dos círculos particulares da existência; na medida em que a ciência abandona a subordinação ao esquema medieval da representação religiosa, rompe-se o laço entre as ideias religiosas como meios da construção e da realidade efetiva; desperta-se em uma concepção livre, e, assim, surge uma consideração objetiva e uma *ciência positiva*, onde outrora uma derivação metafísica tinha mantido preso o fenômeno ao mais profundo da vida espiritual conjunta. Por outro lado, a situação transformada do indivíduo na organização externa da sociedade provocou uma liberação das forças individuais e da autoestima individual. Assim, surgiu uma *nova posição do sujeito cognoscente* em relação à *realidade efetiva*. Por fim, com o crescimento da autoestima individual e da formação da consideração objetiva, foi acrescentada uma *multiplicidade livre própria à visão de mundo*. No pensamento metafísico tanto quanto na meditação poética, todas as possibilidades de consideração do mundo foram constituídas. – Se a luz plena desse novo tempo se abateu primeiramente sobre a Itália, a sua primeira aurora no Norte já foi de qualquer modo um fenômeno poderoso. Em Ockham, encontramos uma base mais profunda da consciência moderna do que em seu contemporâneo mais jovem Petrarca: a certeza de si da experiência interior. Ante a autoridade, a condução da demonstração literal, o silogismo que se lança para além da experiência percebe-se aqui na vontade uma realidade poderosa, uma essencialidade sincera e verdadeira. Com isso, transformações em todo o *status hominis* no interior do desenvolvimento intelectual relativamente autônomo também vêm à tona como operantes, sim, determinantes. Trata-se de uma consideração extrínseca, quando se remete a transformação radical do espírito científico desde o século XIV ao humanismo. Ao longo de toda a Idade Média temos o crescimento constante dos conhecimentos dos livros e dos recursos da Antiguidade.[343] Se uma nova compreensão interior do espírito dos escritores antigos só despontou pela primeira vez no século XIV na Itália, e, mais tarde, em outros povos, então isso foi a consequência de causas mais profundas. Formaram-se nos povos modernos, em particular nas cidades, condições sociais e políticas que eram análogas àquelas das cidades-estados antigas; isso teve por consequência um sentimento vital pessoal, humores, interesses e representações, que tornaram possível por meio de seu parentesco com aqueles dos povos antigos uma nova compreensão do mundo antigo. Pois o homem que deve renovar em si o passado precisa ser preparado para tanto por uma afinidade seletiva interior.

Essa constituição transformada da formação espiritual, tal como ela aparece na crescente autonomia da religião, da ciência e da arte tanto quanto na liberdade crescente do indivíduo ante a vida gregária da humanidade, é a razão mais profunda, que se encontra na própria constituição psíquica do homem moderno, para o fato de agora a *metafísica* ter colocado em jogo *seu papel histórico até aqui*. A religião cristã, tal como Lutero e Zwingili a estabeleceram na experiência interior, a arte, tal como Leornardo a ensinou, abarcando a profundidade misteriosa da realidade efetiva, a ciência, tal como Galileu a reme-

---

[343] Para um ramo particular da literatura científica, Prantl introduziu de maneira exaustiva em sua *Geschichte der Logik im Abendlande* (História da lógica no Ocidente), 1.855 e segs., a demonstração dessa sentença importante.

teu à análise da experiência, constituem a consciência moderna na liberdade de suas manifestações vitais.

Metafísica como teologia foi o laço real que manteve juntas na Idade Média a religião, a ciência e a arte, os diversos lados da vida espiritual: agora, esse laço foi partido. A vida intelectual dos novos povos tinha crescido tanto e seu entendimento foi tão disciplinado pela escolástica para a pesquisa pela pesquisa, que tarefas mais restritas começaram a ser colocadas e resolvidas por intermédio de métodos mais rigorosos. O tempo de um *desenvolvimento autônomo* das *ciências particulares* tinha chegado. Os resultados da época positiva do mundo antigo podiam ser acolhidos. Onde um Arquimedes, um Hiparco e um Galeno tinham deixado cair o fio da pesquisa positiva, esse fio podia ser agora reconectado uma vez mais. A Antiguidade e a Idade Média tinham buscado na ciência a resposta para o enigma do mundo, na realidade efetiva a corporificação das ideias mais elevadas; assim, a consideração do significado ideal dos fenômenos foi misturada com a decomposição de seu nexo causal. Agora, na medida em que a ciência se libertou da religião sem substituí-la, a pesquisa causal saiu dessa articulação falsa e se aproximou das necessidades da vida. Estava-se farto da conclusão abstrata com vistas a objetos transcendentes, das teias de aranha metafísicas que tinham se estendido do aquém para o além, e, contudo, continuou existindo a luta aberta pela verdade por detrás dos fenômenos. Com isso, o latino se voltou para as experiências da natureza exterior e da vida mundana, enquanto o homem nórdico se dedicou a princípio à experiência religiosa viva.

E, agora, nessa virada do desenvolvimento intelectual, também surgiu como suporte da nova orientação uma *nova classe de pessoas*: o clérigo abriu lugar para o literato, para o escritor ou mesmo para o professor em uma das universidades fundadas ou reestruturadas pelas cidades ou pelos príncipes esclarecidos. Nas cidades em que esses homens apareceram não havia diferença entre uma grande massa de escravos ativos e sem educação e uma pequena quantidade de cidadãos livres, que consideravam indigno de si mesmos todo tipo de trabalho corporal. Enquanto essa situação tinha impedido em larga medida nas cidades gregas o progresso das invenções, surgiram em conexão com a indústria nas cidades modernas invenções de grande espectro. O amplo espetáculo de nossa parte da Terra e os meios descomunais desse mundo moderno produziram uma conexão ininterrupta de muitos trabalhos. Em contraposição a essa conexão, contudo, a natureza não se encontrava como uma florescência em si divina: a mão do homem atravessou-a, a fim de apreender as forças por detrás de suas formas. Nesse movimento surgiu o caráter da *ciência moderna*: estudo da realidade efetiva, tal como ela é dada na experiência, por intermédio da conexão causal, e, de acordo com isso, por meio da análise da realidade efetiva composta em seus fatores, em particular por meio do experimento. A tarefa de constatar o elemento constante nas transformações da natureza foi resolvida pela busca das leis naturais. A lei natural abdica de expressar a essência das coisas, e, na medida em que vieram à tona assim limites da ciência positiva, o estudo da realidade efetiva foi completado por uma *teoria do conhecimento*, que mediu o campo das ciências.

Com isso, como os produtos particulares da ciência moderna, surgiram uma pesquisa das leis causais da realidade efetiva na área da natureza tanto quanto do mundo histórico-social e uma teoria do conhecimento. Essa pesquisa e essa teoria conduzem desde então uma guerra de aniquilação contra a metafísica; e, agora, é sua tendência produzir, com base na teoria do conhecimento, uma conexão das ciências particulares da realidade efetiva.

E se *se buscou defender* nesse mundo moderno, em cujo início nos encontramos, a *metafísica*, então *se alteram* de qualquer modo paulatinamente o seu *caráter* e a sua *situação*. – A *posição*, que busca afirmá-la no contexto das *ciências*, é uma posição diversa. Pois na medida em que as ciências positivas analisam a realidade efetiva e procuram fixar as condições mais gerais dessa realidade em um sistema de elementos e leis, se conscientizando criticamente da posição dessas proposições em relação à realidade efetiva tanto quanto em relação à consciência: a metafísica perde o seu lugar como base da explicação da realidade efetiva nas ciências particulares, e só lhe resta como tarefa possível concluir os resultados das ciências positivas em meio a uma visão geral do mundo. O grau de probabilidade, que é alcançável para uma tal tentativa, não pode ser senão um grau modesto. – Da mesma forma, altera-se a *função* de tais sistemas metafísicos na *sociedade*. Onde quer que a metafísica tenha continuado a existir, ela se transformou em um mero sistema privado de seu autor e daquelas pessoas que se encontravam atraídas por esse sistema privado em virtude de uma mesma constituição da alma. Isso foi condicionado pela situação transformada. Essa situação quebrou o poder de uma metafísica monoteísta una. Os conceitos fundamentais físicos e astronômicos transformados destruíram as chaves da metafísica monoteísta. Uma *livre multiplicidade de sistemas metafísicos*, dos quais nenhum era comprovável, formou-se então. Assim, a metafísica permaneceu apenas a tarefa de criar centros, nos quais os resultados das ciências positivas puderam se reunir em um nexo geral satisfatório dos fenômenos em uma concepção de valores relativos. De acordo com a visão dos metafísicos, a ciência positiva só produz os termos particulares e as regras de articulação desses termos que, então, só se tornam sob as suas mãos um poema. Um poema, porém, não possui nenhuma verdade universalmente válida. Ouviu-se aproximadamente na mesma época, um ao lado do outro, Schelling demonstrar a sua filosofia da revelação, Hegel a sua razão universal, Schopenhauer a sua vontade do mundo e os materialistas a sua anarquia dos átomos; todos com razões que eram igualmente boas ou ruins. Será que se trata, por exemplo, de encontrar sob esses sistemas o verdadeiro? Essa seria uma estranha superstição; de maneira tão audível quanto possível, essa anarquia metafísica ensina a relatividade de todos os sistemas metafísicos. Cada um deles representa tanto quanto abarca em si. Ele tem tanta verdade quanto fatos e verdades limitados se encontram na base de suas generalizações ilimitadas. É uma tarefa fazer ver, aprofundar os indivíduos por meio de ideias e manter em relação com o nexo invisível. Isso e muitas coisas semelhantes são formadas pela *nova função da metafísica na sociedade moderna*. Por isso, esses sistemas são a expressão de pessoas mais significativas, que interferem muito mais amplamente ao seu redor em seus pensamentos. Os verdadeiros metafísicos viveram o que eles escreveram. Descartes, Espinoza, Hobbes, Leibniz foram apreendidos cada vez mais pelos historiógrafos mais recentes como individualidades centrais, em cuja alma ampla se reflete a situação das ideias científicas de uma maneira relativa. Justamente esse seu caráter representativo demonstra a relatividade do conteúdo veritativo em seus sistemas. A verdade não é algo representativo.

Mas mesmo *essa função* dos sistemas metafísicos na sociedade moderna não pode ser *senão passageira*. Pois esses castelos mágicos brilhantes característicos da imaginação científica não podem mais, depois que a relatividade de seu conteúdo veritativo é reconhecida, iludir o olhar sóbrio. E não importa por quanto tempo ainda os sistemas metafísicos podem exercer uma influência sobre os círculos dos eruditos, a possibilidade de que um tal sistema de verdades relativas que se encontra ao lado de muitos outros com o mesmo conteúdo de verdade seja utilizado como base para as ciências se perdeu irremediavelmente.

SEGUNDO CAPÍTULO

AS CIÊNCIAS NATURAIS

Na conexão geral apresentada *surgiu a moderna ciência da natureza*. O espírito dos povos modernos foi disciplinado nas corporações científicas da Idade Média. A ciência como profissão que se transmitiu em grandes corporações, a ciência acionada, elevou suas exigências por uma consumação técnica e restringiu-se àquilo que procurou dominar. E, em verdade, ela se viu fomentada nesse caso por fortes impulsos que encontrou previamente dados na sociedade. Na mesma medida em que se libertou da investigação pelos fundamentos últimos, ela recebeu suas tarefas das finalidades práticas progressivas da sociedade, do comércio, da medicina e da indústria. O espírito inventivo na burguesia trabalhadora que unificou manejos com uma reflexão meditativa criou para a ciência experimental e calculadora recursos de um significado imensurável. E vindo do cristianismo viveu nesses povos latinos e germânicos um sentimento poderoso de que tinha sido conferido ao espírito o domínio sobre a natureza, tal como o formulou Francis Bacon. Assim, uma ciência da natureza positiva e segura de suas metas limitadas se libertou cada vez mais claramente do todo da formação espiritual, que tinha retirado o seu alimento da totalidade das forças do ânimo. O conhecimento da natureza destaca-se da vida anímica conjunta. Um número cada vez maior de pressupostos que são dados nessa totalidade é eliminado pelo conhecimento da natureza. Suas bases são simplificadas e restritas cada vez mais exatamente àquilo que é dado na percepção exterior. A ciência natural do século XVI ainda trabalhava com as fantasias de relações físicas nos processos naturais; Galileu e Descartes começaram a luta vitoriosa contra essas representações sobreviventes que ainda eram oriundas da época metafísica. E paulatinamente mesmo a substância, a causa e a força se tornaram meros conceitos auxiliares para a resolução da tarefa metódica de buscar as condições para os fenômenos dados na experiência exterior, condições sob as quais sua justaposição e sua sequência podem ser explicadas e sua inserção predita. Essa moderna ciência da natureza *dissolveu* paulatinamente *a metafísica das formas substanciais*.

A conexão necessária em termos de pensamento, que é buscada pela moderna ciência da natureza como o fundamento explicativo da realidade efetiva dada, de acordo com aquilo que foi desenvolvido na metafísica e com o mesmo ideal de conhecimento prelineado por ela, tem por seu material os mesmos conceitos de substância e de causalidade (causa eficiente) que foram desenvolvidos cientificamente e abstraídos do mesmo modo na metafísica da vivência de toda a natureza humana. Quando surgiram os conceitos de fundamento do conhecimento ou de necessidade racional no desenvolvimento da metafísica, eles encontraram previamente dadas essas duas representações fundamentais que guiaram o pensamento humano retroativamente do dado para os fundamentos. De maneira correspondente, vemos a pesquisa sobre a natureza empenhada em dissolver a imagem plástica das transformações e dos movimentos junto aos objetos no encadeamento de causas e efeitos, em apreender nos objetos as regularidades por meio das quais eles são passíveis de ser dominados pelo pensamento e em construir como suportes desse processo substâncias que não estão submetidas como objetos sensíveis à geração e corrupção. Até esse ponto o trabalho de pensamento da moderna ciência natural não se distingue de maneira alguma do trabalho dos gregos de buscar os primeiros fundamentos do universo dado. No que consiste, então, aquilo que mais diferencia a pesquisa da natureza junto aos povos modernos? No que consiste o artifício por intermédio do qual eles destruíram o antigo edifício doutrinário do cosmos?

Já na alquimia se faz valer a orientação pelos verdadeiros fatores da natureza. A doutrina aristotélica dos elementos tinha colocado na sua base propriedades que se ofereciam à simples percepção: calor, frio, umidade e secura. O estágio da química, tal como se encontra representado por Paracelso, serve-se da análise química para penetrar por detrás dessas perspectivas descritivas até esses fatores reais e efetivos a partir dos quais a matéria se compõe. Por isso, três corpos fundamentais (três *primas substantias*) distinguem aquilo que entra em combustão: súlfur, aquilo que fumega e se sublima; mercúrio, aquilo que resta como cinza inincinerável; e sal. A partir desses três corpos fundamentais, que não podem ser em verdade representados isoladamente, mas que são distintos pela arte química no processo da combustão, Paracelso deduz pela primeira vez os elementos aristotélicos. Assim, trilhou-se o caminho no qual se deu a aproximação dos elementos químicos por meio da análise factual da matéria no experimento; justamente o processo da combustão do qual partiu Paracelso permitiu a Lavoisier a entrada no modo de investigação qualitativo. Não obstante, muito tempo antes de a química ter alcançado uma fundamentação mais segura, a mecânica se tornou por meio de Galileu uma ciência exata. No que diz respeito a essa realização de Galileu, Lagrange destacou que não foi necessário senão o telescópio e a aplicação para encontrar os satélites de Júpiter, as fases de Vênus e as manchas solares. Em contrapartida, somente um espírito extraordinário conseguiu deslindar as leis da natureza nos fenômenos, que tinham estado sempre diante dos olhos, mas que não tinham podido ser explicados até então. As representações simples, determinadas tanto conceitual quanto quantitativamente, que ele colocou na base, pressupõem uma decomposição do processo do movimento em componentes abstratos, e esses componentes possibilitaram por meio justamente da simplicidade das relações fundamentais a submissão dos movimentos à matemática. O princípio aparentemente tão evidente da inércia atravessa toda a teoria metafísica apresentada por nós, uma teoria segundo a qual um movimento só se fixa por meio da atuação constante das causas que o produzem; e, por conseguinte, precisou ser estabelecida para os movimentos que persistem de maneira uniforme uma causa que atuasse de modo uniforme. É sobre essa teoria, recomendada pela aparência sensorial de corpos impulsionados que retornavam ao estado de inércia, que, por um lado, estava fundamentada a suposição das essencialidades psíquicas como causas de uma esfera ampla de transformações na natureza, assim como, por outro, essa suposição recebeu do caráter racional dos movimentos a sua força mais persistente. A partir de então, o princípio de Galileu mostrou o fundamento de um movimento na necessidade de preservação do objeto no estado de seu movimento; de acordo com essa necessidade, o objeto atravessa cada diferencial seguinte de seu percurso, porque percorreu o anterior. A base da consideração metafísica foi aniquilada.

A primeira aplicação da mecânica sobre um sistema intrincado de fatos, ao mesmo tempo a mais brilhante e a mais sublime da qual a mecânica foi capaz, foi a aplicação sobre os grandes movimentos das massas no universo. Assim, surgiu a mecânica dos corpos celestes. Ela foi possibilitada pelos progressos da matemática na geometria analítica e no cálculo diferencial. Agora, por meio da teoria da gravitação, o mecanismo intrincado dos astros que circulam no universo, como o laço invisível do mundo das estrelas, foi subordinado à perspectiva mecânica. Com isso, os fantasmas astrais da concepção metafísica da natureza se dissiparam e se transformaram em contos de fadas de uma época esvaecida.

A imensa transformação da visão de mundo humana que assim se realizou começou no momento em que Copérnico, articulando-se com as investigações dos gregos em busca da mesma coisa, colocou o Sol no centro do mundo. "Pois quem é que poderia", assim ele o diz, "pretender atribuir um outro lugar no divino templo da natureza a esse archote celeste?". As três leis de Kepler projetaram descritivamente as figuras e as relações numéricas dos movimentos heliocêntricos dos planetas, movimentos nos quais Kepler, seguindo os rastros da escola pitagórica, vislumbrou a harmonia do céu. Newton buscou a explicação para os movimentos assim determinados segundo a sua forma. E, em verdade, ele os explicou por meio da decomposição em dois fatores. O primeiro fator reside em um impulso, que os movimentos retiveram na direção de uma tangente em sua via atual; o outro reside na gravitação. Assim, a curvatura de suas vias pôde ser deduzida. De tal maneira, o mecanismo comparável ao mecanismo de um relógio gigantesco entra no lugar do ser espiritual, cuja força representativa e relação espiritual interior mútua tinham sido o fundamento explicativo das formas intrincadas das vias aparentes e de suas engrenagens desconectadas, depois que, por meio do ponto de vista heliocêntrico de Copérnico, o problema

413

obteve uma concepção mais simples, uma concepção que, por meio de Kepler, se mostrou como exatamente precisa. E o meio foi a análise, que reconduziu a forma à atuação conjunta de fatores que servem à explicação, enquanto essa forma tinha sido até então objeto de uma consideração estética e teleologicamente descritiva.

Nós não perseguimos o significado da química e da física em progresso para toda a transformação da metafísica até aqui; em particular na química, o procedimento analítico parecia querer agora provocar experimentalmente a descoberta das substâncias que estão unidas no cosmos; mas as formas da vida orgânica eram o segundo ponto de apoio principal para a metafísica das formas substanciais, e a metafísica acabou por perder até mesmo esse apoio. A metafísica das formas substanciais resistiu por intermédio do conceito de uma alma do mundo, da *anima vegetativa*, ainda por um tempo à exigência de também reconduzir as formas orgânicas e as realizações, como o mais complexo de todos os fenômenos, ao mecanismo físico e químico. Em seguida, a biologia dessa alma do mundo controlou ao menos a utilização das forças químicas e físicas: até que, por fim, a maioria dos biólogos, em particular na Alemanha, suspendeu a força vital como infrutífera para o progresso da pesquisa e empenhou-se por eliminá-la completamente. Aqui também foi a análise da *forma naturae* considerada anteriormente como um todo vivo, desenvolvido a partir de algo psíquico, que levou à derrocada a antiga metafísica. – Assim, o *procedimento analítico*, não a mera decomposição em pensamentos, mas a análise *factualmente interveniente*, se lançou em direção às primeiras causas e dissolveu, com isso, essencialidades psíquicas tanto quanto formas substanciais.

Se a *doutrina monoteísta* tinha constituído o ponto central da metafísica até aqui e possuía no interior da ciência rigorosa seu ponto de apoio principal na *conclusão a partir de fatos da astronomia*, agora mesmo o caráter rigoroso dessa conclusão foi dissolvido.

No caso ainda de Kepler, suas descobertas só o tinham levado a transpor a força divina que produz os movimentos dos planetas para o Sol como o ponto central de todas as vias de tais movimentos e, assim, a acolher já uma força central no Sol.

"Precisamos pressupor uma das duas coisas: ou o fato de que os espíritos móveis, quanto mais afastados se encontram do Sol, tanto mais fracos se tornam, ou o fato de que haveria *um* espírito móvel no ponto central de todas as suas vias, a saber, no Sol, que transpõe cada corpo celeste para o interior de um movimento tanto mais rápido quanto mais próximo ele se encontra do Sol. Junto aos corpos mais distantes, porém, por causa da extensão e da atenuação da força, ele esmorece."[344]

Em seguida, mesmo para Newton, um fundamento explicativo para a forma dos movimentos dos planetas também só foi pensado no âmbito da matéria; além desse fundamento, Newton precisou supor que o planeta estaria lançado em uma certa direção com uma determinada velocidade. Assim, o primeiro motor, ainda que para uma questão subordinada, continuou sendo necessário. Sim, ainda mais, Newton explica que planetas e cometas perseveravam em verdade em suas vias segundo as leis da gravidade, mas que eles não podiam alcançar a sua situação originária e regular por meio dessas leis. "Essa conjunção perfeita do Sol, dos planetas e cometas só pôde surgir a partir da resolução e do domínio de uma essência inteligente e poderosa."[345] Sua substância espiritual é portadora do efeito alternante das partes no universo. Assim, perdurou por um tempo, ainda que de maneira enfraquecida, o poder da parte astronômica da demonstração cosmológica da existência de Deus. Uma quantidade de cabeças significativas, que conduziram além disso uma luta apaixonada contra as crenças da Igreja, encontrou se convencida mesmo desse argumento tão enfraquecido. Na medida, porém, em que a teoria mecânica de Kant e Laplace foi aplicada para explicar o surgimento do sistema planetário, o mecanismo, em meio à nova hipótese, entrou no lugar da divindade.

A *condução metafísica da demonstração*, que nos acompanhou através de toda a história da metafísica, foi *destruída* como tal a partir de então. Além disso, a distinção de um mundo imutável mais elevado em relação ao mundo das mudanças no âmbito sublunar foi suspensa a partir de agora pelas descobertas sobre as transformações nos astros, assim como por meio da mecânica e da física celeste. O que resta é o *afeto metafísico*, é aquele sentimento metafísico fundamen-

---

[344] Kepler, *Mysterium cosmographicum*, c. 20.
[345] A partir da célebre observação geral ao terceiro livro dos *Princípios matemáticos* de Newton.

tal do homem que o acompanhou durante o longo tempo de sua história, desde a época em que os povos pastoris do Leste olharam para as estrelas, a época em que os sacerdotes uniram o culto dos astros e sua contemplação aos observatórios astronômicos dos templos do Oriente. Esse sentimento metafísico fundamental está por toda parte entretecido na consciência humana com a origem psicológica da crença em Deus; ele repousa na imensurabilidade do espaço que é um símbolo da infinitude, na luz pura dos astros que parece indicar um mundo mais elevado, mas sobretudo na ordenação racional que também coloca em uma relação misteriosa, mas sentida como viva, a via que um astro percorre no céu com a nossa visão geométrica do espaço. Tudo isso está articulado em uma atmosfera, a alma acha-se ampliada, uma conexão racional divina expande-se à sua volta em meio ao imensurável. Esse sentimento não é capaz de ser dissolvido em uma demonstração qualquer. A metafísica emudece. Mas a partir das estrelas também ressoa para nós, quando chega o silêncio da noite, aquela harmonia das esferas, da qual os pitagóricos disseram que só o barulho do mundo a abafava; uma atmosfera metafísica indissolúvel, que se encontrava na base de toda e qualquer condução da demonstração e que sobreviveu a todas elas.

Se, então, dessa forma, a moderna ciência da natureza dissolveu até o seu cerne mais próprio toda a metafísica exposta até aqui das formas substanciais e das essencialidades psíquicas, um cerne que é constituído pela causa espiritual una do mundo, então surge a pergunta: *no que ela a dissolveu?*

O que a decomposição das formas compostas da natureza coloca no lugar dessas *formae substantiales*, que tinham sido outrora o objeto de uma concepção e de uma remissão descritivas a essencialidades que se assemelhavam a espíritos? Diz-se com certeza: uma nova metafísica. E de fato: até onde alcança um ponto de vista, tal como o descrito recentemente por Fechner como a visão noturna, um ponto de vista para o qual o átomo e a gravitação são entidades metafísicas, assim como eles eram anteriormente formas substanciais, apenas se trocou naturalmente uma metafísica pela outra; e não se pode nem mesmo dizer: uma pior por uma melhor. O materialismo era uma tal metafísica nova, e justamente por isso o monismo científico-natural atual é o seu filho e herança, porque também para ele o átomo, a molécula e a gravitação são entidades, realidades efetivas, tanto quanto qualquer objeto, que pode ser visto e tocado. Mas a relação dos pesquisadores verdadeiramente positivos com os conceitos por meio dos quais eles conhecem a natureza é uma relação diversa da dos monistas metafísicos. Newton mesmo viu na força de atração apenas um conceito auxiliar para as formas das leis, não o conhecimento de uma causa física.[346] Tais conceitos como força, átomo e molécula são para a maior parte dos pesquisadores excepcionais da natureza um sistema de construções auxiliares, por intermédio do qual as condições para o dado são desenvolvidas e se transformam em um contexto claro para as representações e utilizável para a vida.

Coisa e causa não podem ser indicadas como componentes das percepções nos sentidos. Elas também não resultam da exigência formal de um nexo necessário para o pensamento entre os elementos da percepção, nem muito menos a partir de meras relações desses elementos em coexistência e sucessão. Para o pesquisador natural faltam-lhes, por isso, a legitimidade da origem. Elas constituem as representações de conteúdo fundadas na vivência, representações essas por meio das quais existe uma conexão sob nossas sensações, e, em verdade, elas aparecem em um desenvolvimento que se acha antes da lembrança consciente.

A partir delas, vimos surgir no transcurso dessa visão panorâmica histórica os conceitos abstratos de *substância e causalidade*. Agora, ao lado das distinções que são corretamente deduzidas dela pelo conhecimento e que são dadas com os conceitos de substância e de causalidade, a distinção entre a coisa e o agir, o padecer o efeito da ação e o estado também determina a forma do juízo. Portanto, podemos naturalmente eliminar esses conceito em sentido terminológico, mas não na representação efetivamente real, e a pesquisa natural só pode estar dirigida para aí por intermédio dessas representações e conceitos que encerram em si o único nexo que nos é possível, o nexo pró-

---

[346] Newton, *Principia def. VIII*: *Voces autem attractionis, impulsus vel propensionis cujuscunque in centrum, indifferenter et pro se mutuo promiscue usurpo; has vires non physice, sed mathematice tantum considerando. Unde caveat lector, ne per hujusmodi voces cogitet me speciem vel modum actionis causamve aut rationem physicam alicubi definire vel centris (quae sunt puncta mathematica) vires vere et physicae tribuere, si forte aut centra trahere, aut vires centrorum esse dixero.*

prio à nossa consciência: construir um sistema suficiente e em si fechado das condições para a explicação da natureza.

Só retiraremos uma vez mais uma conclusão de nossa visão panorâmica histórica se continuarmos de início afirmando: o conceito de *substância* e o conceito construtivo que parte dele do *átomo* surgiram a partir das exigências do conhecimento em face daquilo que precisaria ser estabelecido na mutalidade da coisa como algo firme que se encontra na sua base; eles são resultados históricos do espírito lógico que luta com os objetos; portanto, eles não são essencialidades dotadas de uma dignidade mais elevada do que a coisa particular, mas criações da lógica que buscam tornar pensável a coisa e cujo valor cognitivo se acha sob a condição do vivenciar e do intuir, nos quais a coisa é dada. Inseriram-se no esquema desses conceitos as grandes descobertas que evidenciaram nos limites de nossas experiências químicas a imutabilidade das matérias-primas segundo massa e propriedades em meio à mudança das ligações e das separações químicas. Assim, surge a possibilidade com a qual está ligada toda pesquisa natural positiva de colocar retroativamente os estados de fato e as relações dadas na intuição na base daquilo que é subtraído à intuição, e, de tal modo, levar a termo uma visão una da natureza. As representações claras de massa, peso, movimento, velocidade, distância, que são formadas a partir dos grandes corpos visíveis e que se confirmaram no estudo das massas no universo, também são utilizadas aí onde os sentidos precisam ser substituídos pela força da representação. Por isso, mesmo a tentativa do idealismo alemão de reprimir essa representação fundamental da constituição da matéria permaneceu um episódio infrutífero, enquanto a atomística avançou em seu desenvolvimento constante, ainda que por vezes por meio de suas representações bastante barrocas sobre as partículas de massa. Essas representações barrocas não procuram corresponder, em verdade, às nossas exigências ideais pelos primeiros fundamentos do cosmos, mas são do mesmo tipo dos fenômenos visíveis, e possibilitam um nexo conceitual mais apropriado segundo a situação da ciência na época para a explicação desses fenômenos. Em contrapartida, por meio de seu parentesco com a vida espiritual, as representações da filosofia idealista da natureza pareciam, em verdade, extremamente dignas para formar o ponto de partida da explicação da natureza. No entanto, na medida em que construíram uma interioridade heterogênea em relação aos objetos visíveis por detrás desses objetos, elas eram por outro lado incapazes de explicar realmente esses objetos visíveis, e, por isso, totalmente infrutíferas.[347] A mesma consequência é obtida, então, em relação ao valor cognitivo do conceito de força e dos conceitos dele vizinhos de *causalidade* e de *lei*. Enquanto o conceito de substância foi formado na Antiguidade, o conceito de força só recebeu a sua configuração atual em conexão com a ciência mais recente. Uma vez mais olhemos para trás; nós ainda apreendemos a origem desse conceito na representação mítica como vivência. A natureza dessa vivência será mais tarde objeto de investigação epistemológica. Apenas destaquemos aqui o seguinte: assim como nos encontramos em nossa vivência, a vontade pode dirigir as representações, colocar os membros em movimento. Essa capacidade lhe é inerente, ainda que ela nem sempre faça uso dela; sim, no caso de uma obstrução exterior, em verdade, ela pode ser mantida em repouso por meio de uma força igual ou maior, mas é de qualquer modo sentida como presente. Assim, concebemos a representação de uma capacidade de atuação (ou de uma faculdade), que antecede ao ato particular de atuar; a partir de uma tal espécie de reservatório de força atuante emergem os atos volitivos particulares e as ações. O primeiro desenvolvimento científico dessa representação encontramos na série de conceitos aristotélicos *dynamis, energeia* e *entelecheia*. Não obstante, a força produtora ainda não tinha sido isolada no sistema aristotélico do fundamento da forma final de sua realização, e nós reconhecemos precisamente aí um traço característico e um limite da ciência aristotélica. Somente esse isolamento possibilitou a visão de mundo mecânica. Essa visão cindiu o conceito abstrato de qualidade da força (energia, trabalho) do fenômeno natural concreto. Toda máquina mostra uma força impulsionadora mensurável, cuja quantidade é diferente da forma na qual a força aparece, e ela mostra ao mesmo tempo como se consome a força impulsionadora por meio da realização; *vis agendo consumitur*. O ideal de um nexo objetivo das condições para o dado, um nexo apreensível para o pensamento, é concretizado nessa direção por meio da

---

[347] Cf. Fechner, *Über die physikalische und philosophische Atomlehre* (Sobre a doutrina física e filosófica dos átomos), Leipzig, 1864.

descoberta do equivalente mecânico do calor e por meio da apresentação da lei da conservação da força. Também não temos aqui nenhuma lei *a priori* diante de nós. Ao contrário, as descobertas positivas aproximaram a ciência natural do ideal indicado. Na medida em que uma força natural depois da outra é dissolvida em movimento, mas em que esse movimento é subordinado à lei abrangente de que toda atuação seria efeito de uma atuação anterior de igual grandeza, de que cada efeito seria causa de um outro efeito de igual grandeza, fecha-se o nexo. Assim, em relação com a utilização da representação da força, a lei da conservação da força possui a mesma função que o princípio da imutabilidade da massa no universo em relação à matéria-prima. Juntos eles isolam, em meio à experiência, a constante nas transformações do universo, uma constante que a época metafísica tinha buscado apreender em vão.

Ao menos o seguinte está claro: não se pode compreender pior a explicação mecânica da natureza tal como ela se mostra como o resultado do trabalho admirável do espírito de investigação da natureza na Europa do que concebendo-a como uma nova espécie de metafísica, por exemplo, como uma metafísica com base indutiva. Naturalmente, foi só muito paulatina e lentamente que se destacou da metafísica o ideal de um conhecimento explicativo do nexo natural, e só a pesquisa epistemológica esclarece toda a *oposição* que há entre o *espírito metafísico e o trabalho da ciência natural moderna*. Essa oposição pode determinar esse nexo provisoriamente, antes da exposição de nossa teoria do conhecimento, da seguinte forma:

1. *A realidade efetiva exterior* não está dada na totalidade de nossa autoconsciência como um mero fenômeno, mas como realidade efetiva, na medida em que ela atua, resiste à vontade e está presente para o sentimento em meio ao prazer e à dor. No impulso volitivo e na resistência volitiva, nós nos apercebemos de um si mesmo no interior de nosso contexto representacional, e, apartado dele, de um outro. Esse outro, porém, só existe com as suas determinações predicativas para a nossa consciência, e as determinações predicativas clarificam apenas relações com nossos sentidos e com a nossa consciência: o sujeito e os sujeitos mesmos não estão em nossas impressões sensíveis. Assim, talvez saibamos o fato de que esse sujeito está aí, mas com certeza não o que ele é.

2. Para esse fenômeno da realidade efetiva exterior, a *explicação mecânica da natureza* busca, então, *condições necessárias para o pensamento*. E, em verdade, a realidade efetiva exterior foi todo o tempo, porque ela nos foi dada como algo atuante, objeto da investigação em relação à sua substância e à causalidade que se encontra na sua base para o homem. Por meio do juízo como sua função, o pensamento também permanece ligado à distinção entre substância e fazer, por um lado, e, por outro, padecer, propriedade, causalidade e, por fim, lei. A distinção entre as duas classes de conceitos, que separa e liga o juízo, só pode ser suspensa com o juízo, por conseguinte com o próprio pensamento. Justamente por isso, contudo, para o estudo do mundo exterior, os conceitos desenvolvidos sob tais condições não podem ser senão sinais que, como recursos da conexão na consciência, são aplicados para a tarefa do conhecimento do sistema das percepções. Pois o conhecimento não consegue colocar no lugar da vivência uma realidade independente dele. Ele só consegue remeter o dado na vivência e na experiência a uma conexão de condições na qual ele se torna compreensível. Ele pode constatar a relação constante de conteúdos parciais que retornam nas figuras múltiplas da vida da natureza. Por isso, se abandonarmos o campo da experiência, não estaremos lidando senão com conceitos inventados, mas não com a realidade, e os átomos não são melhores, sob esse ponto de vista, se é que eles pretendem ser entidades, do que as formas substanciais: eles são criações do entendimento científico.

3. As condições que *a explicação mecânica da natureza* busca esclarecem apenas um *conteúdo parcial da realidade efetiva exterior*. Esse mundo inteligível do átomo, do éter, das vibrações é apenas uma abstração intencional e extremamente artificial daquilo que é dado na vivência e na experiência. A tarefa era construir condições que permitissem deduzir as impressões sensíveis na exatidão precisa de determinações quantitativas e, com isso, predizer impressões futuras. O sistema dos movimentos de elementos, no qual essa tarefa é resolvida, é apenas um setor da realidade. Pois já a hipótese de substâncias imutáveis desprovidas de qualidades é uma meta abstração, um artifício da ciência. Ela é condicionada pelo fato de que toda transformação efetivamente real do mundo exterior é trazida para o interior da consciência, algo por meio do que, então, o mundo exterior é liberado

das transformações pesadas das propriedades sensíveis. O meio da clareza, no qual pairam os conceitos diretrizes de força, movimento, lei, elemento, é apenas a consequência de que os estados de fato são liberados de tudo aquilo que é inacessível à determinação de medida. E, por isso, essa conexão mecânica da natureza é de início seguramente um símbolo necessário e frutífero que expressa em relações de quantidade e movimento a conexão do acontecimento conjunto na natureza. No entanto, nenhum pesquisador da natureza pode enunciar algo sobre o que ele é além disso, sem abandonar o solo da ciência rigorosa.

4. A *conexão das condições*, uma conexão apresentada pela explicação mecânica da natureza, *ainda não* pode ser por enquanto apresentada em todos os pontos da *realidade efetiva exterior*. O corpo orgânico constitui um tal limite da explicação mecânica da natureza. O vitalismo precisou reconhecer que as leis físicas e químicas não deixam de se mostrar como efetivas no limite do corpo orgânico. Mas se a pesquisa natural se colocou o problema abrangente de deduzir, sob a eliminação da força vital da conexão mecânica da natureza, os processos da vida, sua forma orgânica, suas leis de formação e seu desenvolvimento, por fim, o modo da especialização do orgânico em tipos, então esse problema continua hoje sem ser resolvido.

5. Da natureza desse procedimento de busca de condições para a realidade efetiva exterior obtém-se uma outra consequência. Não se *pode assegurar* se não estão ocultas nos fatos *outras condições*, cujo conhecimento tornaria necessária uma construção totalmente diversa. Sim, se possuíssemos uma esfera mais ampla de experiências, então esse produto do pensamento construído por nós talvez fosse substituído por um produto dotado de uma constituição que se encontraria bem atrás, um produto por assim dizer mais primário. É para aí que nos dirige positivamente até mesmo o *resto ainda inexplicado* que determinou os *metafísicos* a partir do *todo*, das *ideias*. Pois se considerarmos os elementos como dados originários, então a consideração acabará por cair em um abismo de dúvidas quanto a se esses elementos atuam uns sobre os outros, se mostram um comportamento comum e se atuam conjuntamente por intermédio do mesmo organismo que se move de maneira consonante a fins em direção à construção. A explicação mecânica da natureza não pode ver por enquanto a ordem

originária da qual provém a conexão de pensamento senão como casual. O acaso, porém, é a suspensão da necessidade de pensamento, uma necessidade cuja busca coloca em movimento a vontade de conhecimento na ciência natural.

6. Assim, a ciência natural não alcança uma *conexão una das condições do dado*, uma conexão em busca da qual, porém, ela tinha partido. Pois as leis da natureza sob as quais todos os elementos materiais conjuntamente se encontram não podem ser explicadas pelo fato de esses elementos serem atribuídos ao elemento material particular como seu comportamento. A análise chegou aos dois pontos finais, ao átomo e à lei, e assim como o átomo é utilizado no pensamento científico-natural como uma grandeza particular, não há nada nele que possa ser colocado em uma conexão cognitiva com o sistema de uniformidades na natureza. O fato de uma partícula de massa mostrar o mesmo comportamento que uma outra no sistema das relações não é explicável a partir de seu caráter como grandeza particular, sim, se mostra como difícil de ser apreendido a partir desse caráter. E é mesmo completamente irrepresentável saber como deve ocorrer entre grandezas particulares imutáveis uma conexão causal. Nosso entendimento precisa analisar o mundo como uma máquina para conhecê-lo; ele o decompõe em átomos, mas não tem como deduzir desses átomos o fato de que o mundo é uma totalidade. Nós, por outro lado, retiramos uma consequência da exposição histórica. Esse último resultado da análise da natureza na ciência natural moderna é análogo àquele ao qual vimos a metafísica da natureza aceder junto aos gregos: às formas substanciais e à matéria. A *lei natural* corresponde à *forma substancial*, a *partícula de massa* à *matéria*. E, em verdade, apresenta-se por fim nesses resultados isolados apenas a diferença entre *propriedades*, que se abrem para a unidade da consciência em uniformidades, e aquilo que se encontra na sua base como *positividade* particular, em suma, a natureza do juízo, por conseguinte do pensamento.

Assim, mesmo para a consideração isolada da natureza, o *monismo* é apenas um *arranjo* no qual a relação das propriedades e do comportamento com aquilo que se relaciona é necessária, uma vez que ela é retirada corretamente da natureza do fenômeno de consciência "realidade efetiva", mas a produção dessa relação só junta um ao outro aquilo que não se copertence internamente: a grandeza particular do átomo e a conexão uniforme consonante com o pensamento, que remete a uma unidade. Não obstante, se o monismo científico-natural ultrapassa os limites do mundo exterior e traz até mesmo o elemento espiritual para o âmbito de sua explicação, então a pesquisa natural suspende sua própria condição e pressuposição; da vontade do conhecimento, ela retira sua força, mas suas explicações não podem senão negar essa vontade em sua plena realidade.

O resíduo que assim permanece para a explicação científica está de fato ligado na consciência com toda a relação com a natureza, uma relação que está fundada na totalidade de nossa vida espiritual e da qual se diferencia e se autonomiza a perspectiva científica moderna da natureza. Nós demonstramos o fato de que, no espírito de Platão e Aristóteles, de Agostinho ou de São Tomás de Aquino, essa diferenciação ainda não existia; em sua consideração das formas da natureza ainda estava entrelaçada de maneira indissolúvel a consciência da perfeição, da beleza racional do universo. Foi o isolamento da explicação mecânica da natureza dessa conexão da vida na qual a natureza nos é dada que expeliu pela primeira vez a ideia de fim da ciência natural. Todavia, essa conexão permanece contida na conexão da vida para a qual a natureza é dada, e se a teleologia é reconhecida no sentido dos gregos como essa consciência da bela conexão racional que corresponde à nossa vida interior, essa ideia da consonância a fins é indestrutível na espécie humana. Nas formas, gêneros e espécies da natureza permanece contida uma expressão dessa consonância imanente a fins e ela mesma não é senão empurrada ainda mais para trás pelos darwinistas. Essa consciência da consonância a fins também se encontra em uma relação interna com o conhecimento da racionalidade da natureza, um conhecimento em virtude do qual são trazidos à tona na natureza tipos segundo leis. Essa racionalidade, contudo, é rigorosamente demonstrável. Pois não importa do que nossas impressões são sinais, o curso de nosso saber sobre a natureza consegue dissolver em um sistema a coexistência e a sucessão desses sinais que se acham em uma relação fixa com os outros sinais dados na vontade. E esse sistema, por sua vez, corresponde às propriedades de nosso conhecimento.

Com o poder do fenômeno natural irresistível, juntamente com a execução da explicação mecânica da natureza se exprimiu ao mesmo tempo na poesia a consciência da vida na natureza, tal como essa consciência é dada na totalidade de nossa vida própria; não como uma espécie de bela aparência ou de forma (como representantes da estética formal suporiam), mas como um poderoso sentimento vital; de início na sensação da natureza de Rousseau, cujas tendências diletas foram tendências científico-naturais, em seguida, porém, na poesia e na filosofia da natureza de Goethe. Goethe combateu com um sofrimento apaixonado, em vão, sem o recurso de uma discussão clara, os resultados mais seguros da explicação mecânica da natureza dada por Newton, na medida em que considerou essa explicação como uma filosofia da natureza, não como aquilo que ela era: o desenvolvimento de uma conexão parcial dada na natureza como um recurso abstrato do conhecimento e como uma utilização da natureza. Sim, mesmo Schiller contrapôs à análise científica que disseca e mata a síntese de uma consideração artística como um procedimento de um grau mais elevado e de uma verdade por assim dizer metafísica; e, de maneira correspondente em sua estética, atribuiu ao artista a apreensão da vida autônoma na natureza. Assim, no processo de diferenciação da vida anímica e da sociedade, o sagrado, o indestrutível e o onipotente, aquilo que é dado de fato ao nosso conhecimento como natureza, foi amado e exposto pelo poeta e pelo artista, enquanto ele não, por outro lado, é acessível a um tratamento científico. E não se pode repreender aqui nem o poeta que se acha imbuído por aquilo que não pode se fazer de modo algum presente para a ciência, nem o pesquisador que não sabe nada daquilo que a verdade mais bem-aventurada é para o poeta. Na diferenciação da vida da sociedade, um sistema tanto quanto a poesia modificou constantemente a sua função. Desde a produção da concepção metafísica da natureza, a poesia manteve o grande sentimento da vida na natureza, um sentimento fechado em si, inacessível a toda explicação, assim como ela protegeu incessantemente aquilo que é vivenciado, mas que não pode ser concebido: o fato de que o sagrado não se dilui nas operações analíticas da ciência abstrata. Nesse sentido, aquilo que Carlyle e Emerson escreveram é nos dois casos uma poesia desprovida de figura. Por isso, enquanto aquelas apresentações populares da natureza que se inseriram de maneira sentimental nas representações claras e rígidas do entendimento que disseca o sensível eram um jogo ilusório, um hermafroditismo deplorável; enquanto a filosofia da natureza confundia o conhecimento da natureza por meio de uma inserção do espírito e rebaixava o espiritual por meio de um mergulho na natureza, a poesia manteve sua tarefa imortal.

>Sublime espírito, tu me deste, me deste tudo
>Pelo que pedi. Não foi em vão que
>Em fogo viraste para mim tua face.
>Tu me deste a divina natureza como reino,
>Força de senti-la, de gozá-la. Não é apenas
>Uma visita que olha fria e embasbacada que tu permites,
>Tu me concedes em seu profundo peito,
>Como nos seios de uma mulher, olhar.
>Tu conduzes a série dos viventes
>Passando ao meu largo e me ensinas, meus irmãos
>No bosque silencioso, no ar e na água conhecer.

TERCEIRO CAPÍTULO

AS CIÊNCIAS HUMANAS

Além das ciências naturais, também se destacou da metafísica um segundo conjunto de ciências, que também têm do mesmo modo por objeto uma realidade efetiva dada em nossa experiência e que a explicam a partir dela mesma. Também aqui a análise destruiu para sempre os conceitos por meio dos quais a época metafísica tinha interpretado os fatos. Assim, a construção metafísica da sociedade e da história que a Idade Média tinha criado não pereceu apenas por conta das contradições e das falhas apresentadas na condução da demonstração. Ao contrário, ela sucumbiu na medida em que suas representações universais começaram a ser substituídas nas ciências particulares do espírito (nas ciências humanas particulares) por uma análise real.

Entre a criação de Adão e o declínio do mundo, essa metafísica tinha estendido os fios de sua rede de representações gerais. Na época humanista teve início a produção de um material histórico suficiente, uma crítica das fontes e um trabalho segundo o método filológico. Assim, a vida real dos gregos tornou-se uma vez mais visível por intermédio de seus poetas e historiógrafos. Sim, do mesmo modo como fomos percebendo ascensionalmente paisagens e cidades que se encontravam situadas em regiões cada vez mais afastadas, a visão panorâmica histórica se estendeu cada vez mais até os povos mais recentes em seu progresso constante, e o início mítico da espécie humana despareceu, então, diante de uma pesquisa que buscou os traços históricos na mais antiga tradição. A isso aliou-se a ampliação do horizonte espacial, geográfico da realidade efetiva social. Já os aventureiros, que avançaram em direção às partes do mundo situadas além do oceano, depararam com povos de um nível cultural mais baixo e de um tipo divergente. Sob o poder dessas novas impressões, distinguiu-se por vezes entre um Adão preto, um vermelho e um branco. O aparato histórico da metafísica da história entrou em colapso. Por toda parte, a crítica histórica destruiu o tecido das sagas, dos mitos e das fábulas jurídicas, por meio dos quais a doutrina social teocrática associara as instituições com a vontade de Deus.

Não restou, contudo, uma *construção metafísica* que produziu a partir de então com os *fatos constatados* de maneira pura pelo trabalho de uma *crítica filológica e histórica* um *todo dotado plenamente de sentido*? A representação medieval tinha explicado a unidade da espécie humana por meio de um laço real, assim como se supunha que tal laço reunia como a alma as partes de um organismo; e uma tal representação não foi destruída pela crítica histórica do mesmo modo que a representação da doação de Constantino. A partir de sua ideia teocrática, ela tinha submetido a conexão da história a uma interpretação teleológica, e mesmo essa interpretação não foi diretamente destruída pelos resultados da crítica. Mas depois que as premissas fixas dessa interpretação teleológica sobre o início, o meio e o fim da história começaram a se dissolver no interior da tradição histórica tanto quanto na determinação positivamente teológica de seu sentido, veio à tona, então, a *plurissignificância* ilimitada da *matéria-prima histórica*. Por meio daí comprovou-se a *inutilidade* de um *princípio teológico do conhecimento histórico*; e isso assim como dogmas caducos se veem na maioria das vezes menos sujeitos aos argumentos diretos do que ao sentimento de ausência de concordância com aquilo que foi conquistado em outras áreas do saber. A investigação causal e a lei foram transladadas pela pesquisa natural para as ciências humanas; com isso, quando se compararam as descobertas de Galileu e

Newton com as afirmações de Bossuet, ficou muito mais clara do que por meio de qualquer argumento toda a diferença do valor cognitivo de interpretações teleológicas e de explicações efetivamente reais. E, no particular, a aplicação da análise aos fenômenos espirituais complexos e às representações gerais deles abstraídas foi dissolvendo passo a passo essas representações gerais e a metafísica das ciências humanas tecida a partir delas.

No entanto, no campo das ciências humanas, o curso dessa dissolução das representações metafísicas e da produção de uma conexão autônoma do conhecimento causal fundado na experiência livre foi *muito mais lento* do que no campo das ciências naturais, e é preciso que mostremos por que isso se deu dessa forma. A relação dos fatos espirituais com a natureza induziu a tentativa de submeter em particular a psicologia à ciência mecânica da natureza. E o anseio justificado por conceber a sociedade e a história como um todo só se separou lenta e penosamente dos recursos metafísicos provenientes da Idade Média para a resolução dessa tarefa. Essas duas coisas explicam os fatos históricos seguintes, mas mostram ao mesmo tempo como foi que, progredindo um ao lado do outro, o estudo do homem, o estudo da sociedade e o estudo da história destruíram os esquemas do conhecimento metafísico e começaram a colocar por toda parte um conhecimento cheio de vida e vigoroso em seu lugar.

O próprio homem é dado à análise da sociedade humana como uma unidade vital,[348] e a *decomposição dessa unidade vital* constitui, por isso, seu *problema fundamental*.[349] A perspectiva da metafísica mais antiga é inicialmente afastada nessa área por meio do fato de, por detrás dos agrupamentos teleológicos de formas gerais, se remontar a *leis explicativas*.

A psicologia moderna aspira, portanto, a reconhecer uniformidades segundo as quais um processo na vida psíquica é condicionado por outro. Por meio daí, ela comprovou o significado subordinado da psicologia formada na época metafísica, uma psicologia que tinha procurado encontrar conceitos de classe para os processos particulares e que tinha colocado esses conceitos sob o domínio de faculdades

---
[348] P. 29 e segs., p. 42 e segs., p. 50 e segs.
[349] P. 42 e segs.

e capacidades. É extremamente interessante ver se levantar essa psicologia na segunda terça parte do século XVII em meio às inúmeras obras classificatórias. E, em verdade, ela se encontrava de início naturalmente sob a influência da explicação dominante da natureza; uma explicação no interior da qual foi levado a termo pela primeira vez um método frutífero. Por isso, à introdução da *explicação mecânica da natureza* por meio de Galileu e Descartes logo se seguiu imediatamente a *extensão desse modo de explicação* para o *homem* e para o *Estado* por meio de Hobbes e, depois, por meio de Espinoza.

A proposição de Espinoza: *mens conatur in suo esse perseverare indefinita quadam duratione et hujus sui conatus est conscia*[350] provém dos princípios da escola mecanicista;[351] salta aos olhos o fato de que ela subordina ao conceito de inércia, um conceito proveniente das ciências naturais, o elemento vivo de uma vontade que não faz senão se expandir. A construção ulterior de uma mecânica dos estados psíquicos totais (*affectus*) em Espinoza é realizada segundo os mesmos princípios. Espinoza apela a leis de acordo com as quais estados psíquicos totais são reconduzidos às suas causas e restabelecidos com vistas a semelhança e dissemelhança e estados de ânimo alheios são transpostos para a nossa vida própria com base na simpatia. Com certeza, essa teoria era extremamente imperfeita. O conceito morto e rígido da autoconservação não expressa suficientemente o impulso vital; se substituirmos essa teoria pela proposição segundo a qual os sentimentos são uma apercepção dos estados da vontade, então só uma parte dos estados de sentimento pode ser submetida a esse pressuposto; e a simpatia só é deduzida da autoconservação por um sofisma falacioso.[352] No entanto, o significado extraordinário da teoria de Espinoza residia no fato de, no espírito das grandes descobertas da mecânica e da astronomia, ter feito a tentativa de submeter os estados totais aparentemente desregrados e dirigidos de maneira arbitrária da

---

[350] Em latim no original: "o espírito aspira a permanecer em seu ser por uma duração indeterminada e ele é consciente dessa sua aspiração". (N.T.)
[351] A fundamentação na proposição 4 mostra claramente essa origem da *Ética III*, prop. 6-9: *nulla res nisi a causa externa potest destrui* [Cada coisa só pode ser destruída por uma causa externa. (N.T.)], uma proposição que só pode ser válida para o que é simples, e, portanto, não é simplesmente transferível para a *mens* e só é demonstrada por meio da transposição do lógico para o metafísico de acordo com o pressuposto fundamental falso de Espinoza.
[352] Espinoza, *Ética III*, prop. 16 e 27.

vida psíquica à lei simples da autoconservação. Isso acontece na medida em que a unidade vital, o modo de ser do homem que busca se conservar, é por assim dizer inscrita no sistema das condições que são constituídas por seu meio. Pelo fato de, quando se trata de sua autoconservação, o homem receber incitações de fora e ver-se-lhe opor obstáculos nesse contexto; pelo fato de as afecções que assim surgem serem colocadas sob as leis fundamentais do encadeamento de estados psíquicos, vem à tona um esquema do sistema causal dos estados psíquicos. Posições fixas são designadas, nas quais as vivências psíquicas particulares são inseridas na conexão mecânica assim projetada. As definições dos estados totais são apenas tais determinações das posições desses estados na construção do mecanismo, e lhes faltava apenas a determinação quantitativa para que possam fazer frente externamente às exigências de uma explicação.

David Hume, que duas gerações depois deu prosseguimento à obra de Espinoza, se comporta em relação a Newton da mesma forma que Espinoza em relação a Galileu e Descartes. Sua teoria da associação é uma tentativa de projetar segundo o modelo da teoria da gravitação leis relativas à adesão de representações. Assim ele explica:

> "Os astrônomos tinham se satisfeito muito tempo em demonstrar os verdadeiros movimentos, a verdadeira ordem e grandeza dos corpos celestes a partir dos fenômenos visíveis, até que apareceu um filósofo que parece ter determinado por meio de uma reflexão feliz também as leis e forças pelas quais o curso dos planetas é dominado e dirigido. O mesmo foi realizado em outros campos da natureza. E não se tem nenhuma razão para duvidar de um mesmo sucesso em meio às investigações das forças e da disposição da alma, contanto que essas investigações sejam estabelecidas com a mesma capacidade e com a mesma precaução. É provável que uma força e um processo na alma dependa do outro."[353]

Assim, a psicologia explicativa deu início à submissão dos fatos espirituais à conexão mecânica da natureza, e essa submissão produziu um efeito que perdurou até o presente. Dois teoremas constituíram a base da tentativa de projetar um mecanismo da vida espiritual. As representações que restam das impressões são tratadas como grandezas fixas, que se inserem em ligações sempre novas, mas que per-

---

[353] Hume, *Inquiry concerning human understanding*, Sect. 1.

manecem sempre as mesmas nessas ligações. Do mesmo modo, são apresentadas leis de seu comportamento mútuo, leis a partir das quais se precisa deduzir os fatos psíquicos da percepção, da fantasia etc. Por meio daí possibilita-se uma espécie de atomística psíquica. Não obstante, mostraremos que tanto uma quanto a outra dessas pressuposições são falsas. Do mesmo modo que a nova primavera não faz com que as velhas folhas se tornem uma vez mais visíveis nas árvores, as representações do dia de ontem também não são redespertas no dia de hoje, só que um pouco mais obscuras. Ao contrário, a representação renovada constrói-se muito mais a partir de um ponto de vista interno determinado, assim como a percepção se constrói a partir de um externo. E as leis da reprodução de representações designam, em verdade, as condições sob as quais a vida psíquica atua; todavia, é impossível deduzir desses processos que constituem o pano de fundo de nossa vida psíquica uma ocorrência conclusiva ou um ato de vontade. A mecânica psíquica sacrifica aquilo que percebemos em uma percepção interior a um raciocínio que joga com as analogias da natureza exterior. E, assim, a psicologia explicativa que se deixa guiar pela ciência natural, uma psicologia em cujos caminhos também se movimentou mais tarde Herbart, destruiu a psicologia classificatória das escolas metafísicas mais antigas e mostrou a verdadeira tarefa da teoria psíquica no sentido da ciência moderna; no entanto, onde ela mesma foi influenciada pela metafísica das ciências naturais, ela não conseguiu sustentar suas afirmações. Mesmo nesse campo, a ciência aniquila a metafísica, a antiga tanto quanto a nova.

O próximo problema das ciências humanas é formado pelos sistemas da cultura, que estão entretecidos entre si na sociedade, assim como pela organização externa desses sistemas, e, por conseguinte, pela *explicação e condução da sociedade*.

As ciências que tratam desse problema abarcam em si classes completamente diversas de enunciados: juízos que exprimem a realidade efetiva e imperativos tanto quanto ideais que procuram guiar a sociedade. O pensamento sobre a sociedade tem sua tarefa na ligação de uma classe de enunciados com a outra. Os princípios metafísicos e teológicos da Idade Média tinham possibilitado uma tal sociedade por intermédio do laço através do qual a divindade e a lei nela imanente estavam ligadas com o organismo do Estado, com o corpo místico da cristandade. A situação oportuna da sociedade, a soma das tradições que tinham sido reunidas nela e o sentimento de ser transpassado por uma autoridade de uma proveniência mais elevada estavam em uma ligação totalmente harmônica nessa metafísica com a ideia de Deus. Essa ligação foi, então, gradualmente afrouxada. Isso aconteceu também aqui, na medida em que a análise *remontou agora a um ponto por detrás da conexão teleológica exterior segundo conceitos formais e buscou uma conexão segundo leis*. Esse acontecimento foi possibilitado pela aplicação da psicologia explicativa e pela formação das ciências abstratas, que desenvolveram as propriedades fundamentais dos conteúdos parciais copertinentes no interior dos círculos vitais particulares (direito, religião, arte etc.). Assim, as representações de fins próprias a Aristóteles e aos escolásticos foram substituídas por conceitos causais apropriados, as formas universais pelas leis, a fundamentação transcendente por uma fundamentação imanente e conquistada no estudo da natureza humana. Com isso, superou-se a posição da metafísica mais antiga em relação aos fatos da sociedade e da história.

Na medida em que elucidamos como a ciência moderna destruiu a concepção teológica e metafísica da sociedade, restringimo-nos à primeira fase que se acha concluída atrás de nós com o século XVIII. De início, surgiu justamente o sistema natural[354] do conhecimento da sociedade humana, de suas conexões finais tanto quanto de sua organização externa, tal como esse sistema tinha sido constituído nos séculos XVII e XVIII: uma criação não menos grandiosa, ainda que menos sustentável do que a fundamentação da ciência natural.

Pois esse *sistema natural* significa que a sociedade será compreendida futuramente a partir da natureza humana: a partir da natureza humana da qual ela surgiu. Foi nesse sistema que as ciências do espírito (as ciências humanas) encontraram pela primeira vez o seu centro próprio – a *natureza humana*. Em particular, a análise remontou agora às verdades psicológicas (tal como as denominamos). Ela descobriu na vida anímica do indivíduo até mesmo os motores do compor-

---

[354] Com esse nome designamos as teorias que se anunciam como direito natural, teologia natural, religião natural etc., cuja característica comum era a dedução dos fenômenos sociais do nexo causal no homem, sem levar em conta se o homem foi estudado segundo um método psicológico ou explicado biologicamente a partir do nexo natural.

tamento prático, superando, assim, a antiga oposição entre filosofia teórica e filosofia prática. A expressão dessa revolução científica na divisão sistemática é o fato de, no lugar da oposição entre filosofia teórica e filosofia prática, entrar a oposição entre uma *fundamentação para as ciências da natureza* e uma fundamentação para as ciências do *espírito* (ciências humanas). No caso dessas ciências, o estudo das razões explicativas dos juízos sobre a realidade efetiva está associado com as razões explicativas para enunciados valorativos e para imperativos, tal como esses enunciados e esses imperativos são determinados para regular a vida do particular e da sociedade.

O método, segundo o qual o sistema natural tratava a religião, o direito, a eticidade, o Estado, era *imperfeito*. Ele era preponderantemente determinado pelo procedimento matemático, que tinha produzido resultados tão extraordinários para a explicação mecânica da natureza. Condorcet estava convencido de que os direitos do homem poderiam ser descobertos por um procedimento tão seguro quanto o da mecânica. Sieyès acreditava ter levado a termo a política como ciência. A base do procedimento foi formado por *um esquema abstrato da natureza humana*, que apresentou em poucos conteúdos parciais gerais o fundamento explicativo para os fatos da vida histórica da humanidade. Assim, um método metafísico falso se misturou com os princípios de uma análise frutífera. Por mais pobre que nos possa parecer hoje esse sistema natural, porém, o *estágio metafísico do conhecimento da sociedade* foi *superado* definitivamente por essas parcas proposições da teologia natural sobre a religião, dos teóricos do sentido moral sobre a eticidade, da escola fisiocrática sobre a vida econômica etc. Pois essas proposições desenvolvem as propriedades fundamentais dos conteúdos parciais copertinentes no interior desses sistemas da sociedade. Elas colocam essas propriedades fundamentais em relação com a natureza humana e, assim, abrem o espaço para uma primeira visualização da atuação interna dos fatores da vida social.

O último e mais complicado problema das ciências humanas é constituído pela *história*. As análises contidas no sistema natural foram aplicadas agora ao transcurso histórico. Na medida em que esse transcurso foi perseguido de maneira correspondente nas diversas esferas da vida relativamente autônomas, a unilateralidade teológica e o dualismo tosco da Idade Média desapareceram. Uma vez que os impulsos do movimento histórico na própria humanidade foram buscados, findou-se a concepção transcendente da história. Uma consideração mais livre e mais abrangente veio à tona. Por meio do trabalho das ciências humanas no século XVIII, destacou-se da metafísica da história medieval um *ponto de vista histórico-universal*, cujo cerne é *a ideia de desenvolvimento*. A alma do século XVIII é, unida de maneira indissolúvel, esclarecimento, progresso do gênero humano e ideia de humanidade. Nesses conceitos, a mesma realidade, tal como é animada pelo século XVIII, é vista e expressa de acordo com diversos aspectos. – O poder da consciência da *conexão da espécie humana*, tal como a Idade Média a tinha exprimido metafisicamente, perdura. No século XVII, a consciência da copertinência da espécie humana ainda era fundamentada de maneira preponderantemente religiosa e não foi senão estendida até a comunidade científica. Em contrapartida, vigorava no âmbito mundano o *homo homini lupus*,[355] assim como essa oposição atravessa tão estranhamente o sistema de Espinoza; agora emergiu, em particular sustentada pela escola dos economistas e pelo interesse comum do esclarecimento e da tolerância, nos diversos países, uma solidariedade até mesmo dos interesses mundanos. Assim, a fundamentação metafísica da conexão no gênero humano converteu-se no conhecimento paulatinamente crescente das ligações reais, que encadeiam o indivíduo com o indivíduo.[356] – Por outro lado, a consciência histórica continuou se formando. *A ideia do progresso do gênero humano* dominou o século. Ela também estava estabelecida na consciência histórica da Idade Média, que tinha reconhecido um avanço interno e central no *status hominis*. Mas foram necessárias transformações significativas nas representações e sentimentos para que ela se desenvolvesse livremente. Já no século XVII, a representação de um estado histórico de perfeição no início da história da humanidade tinha sido rejeitada. Em conexão com o progresso em direção a uma

---

[355] Em latim no original: o homem é o lobo do homem. (N.T.)
[356] Quando Condorcet entrou em 1782 na Revolução Francesa, ele declarou: "*Le véritable intérêt d'une nation n'est jamais séparé de l'intérêt général du genre humain, la nature n'a pu vouloir fonder le bonheur d'un peuple sur le malheur des ses voisins, ni opposer l'une à l'autre deux vertus qu'elle inspire également; l'amour de la patrie et celui de l'humanité*" (Condorcet, *Discours de réception à l'académie française 1782*, Oeuvres VII, 113).

literatura e ciência autônomas, em oposição à época do Renascimento, foi outrora vivamente discutida a ideia de que os povos modernos seriam superiores no que diz respeito às ciências e à literatura. Agora aconteceu o mais importante: para a fé eclesiástica medieval e, em grau atenuado, para a fé própria ao antigo protestantismo, os sentimentos mais sublimes do homem, o círculo de suas representações sobre as coisas mais elevadas, sua ordenação da vida tinham se mostrado como algo em si pronto, fechado; na medida em que essa crença retrocedeu, tudo aconteceu como se tivéssemos arrancado uma cortina que tinha impedido até então a visão do futuro do gênero humano; o forte e arrebatador sentimento de um desenvolvimento imenso do gênero humano veio à tona. Com certeza, os Antigos já possuíam uma consciência clara do progresso histórico da humanidade no que concerne às ciências e às artes.[357] Bacon é imbuído da mesma consciência e acentua o fato de que o gênero humano entrou a partir de agora em uma época de maturidade e experiência e, por isso, a ciência dos modernos seria superior à ciência da Antiguidade.[358] Pascal tinha a mesma passagem em vista ao escrever: "o homem se instrui incessantemente em seu movimento progressivo; pois ele não tira proveito apenas de sua própria experiência, mas também da experiência de seus antecessores. Todos os homens juntos constituem nas ciências uma única conexão progressiva, de tal modo que toda a série dos homens durante o curso de tantos séculos precisa ser vista como um único homem, que sempre subsiste e constantemente aprende". Turgot e Condorcet, contudo, ampliaram essa ideia, na medida em que consideraram a ciência como o poder diretriz na história e colocaram em conexão com o seu progresso o progresso do esclarecimento e do sentimento de comunidade. E na Alemanha alcançou-se finalmente o ponto em que a concepção da sociedade segundo o sistema natural passou para o interior de uma verdadeira consciência histórica. Na constituição do homem particular, Herder encontrou aquilo que se altera e que constitui o progresso histórico; o órgão por meio do qual a natureza desse progresso foi estudado na Alemanha foi a arte, em particular a

---

[357] Παρὰ μὲν γὰρ ἐνίων παρειλήφαμέν τινας δόξας, οἱ δὲ τοῦ γενέσθαι τούτους αἴτιοι γεγόνασιν. Assim temos em Pseudo Aristóteles, Metafísica II (a), I, p. 993b 18, cf. todo o capítulo.

[358] Bacon, *Novum organum I*, 84.

poesia; e o esquema que assim surgiu ampliou-se no espírito de Hegel para uma consideração universal do desenvolvimento cultural.

Assim, o *progresso das ciências humanas* atravessa o sistema natural até a visão *histórico-desenvolvimentista*. "Procura-se", assim diz Diderot, "conhecer uma história curta de quase toda a nossa miséria? Aqui está ela; havia um homem natural; em seu interior introduziu-se um homem artificial. Com isso, desencadeou-se entre os dois uma guerra civil e essa guerra dura até a morte". Uma tal contraposição do natural e do histórico mostra sob uma forte luz os limites do método construtivo do sistema natural. E quando Voltaire escreve: *il faudra bouleverser la terre pour la mettre sous l'empire de la philosophie*,[359] então a unilateralidade do entendimento histórico no qual o sistema natural foi contraposto à realidade efetiva desdobra nele suas consequências destrutivas. Mas o mesmo sistema natural submeteu pela primeira vez o grande objeto do mundo espiritual a uma análise, que estava dirigida para certos fatores. Esse sistema se lançou para além dos conceitos de classe por meio de uma verdadeira decomposição, como o mostra da maneira mais clara possível a análise da representação da riqueza nacional na economia política. E a decomposição levou o espírito científico por si mesmo para além dos limites do sistema natural e preparou a consciência histórica moderna.

O espírito metafísico enrolou naturalmente os fatos da história e da sociedade em inúmeros pontos com fios ainda muito mais finos: esses fios provêm da representação e do pensamento natural. Pois no estudo da sociedade repete-se a mesma relação que tínhamos percebido no estudo da natureza. A análise toca, por um lado, nos indivíduos como sujeitos, por outro, nas determinações predicativas que precisam ser gerais enquanto tais. Por isso, aquilo que está contido nas determinações predicativas se mostra como uma essencialidade entre e por detrás dos indivíduos e é substancializada enquanto tal em conceitos como direito, religião, arte. Essas ilusões mais sutis e inevitáveis do pensamento natural são dissolvidas pela primeira vez de maneira completa pela teoria do conhecimento. Ela mostrará: a relação dos sujeitos com as determinações predicativas gerais é aqui onde,

---

[359] Em francês no original: será necessário revolucionar a Terra para colocá-la sob o império da filosofia. (N.T.)

em nossa autoconsciência, estamos certos desses sujeitos e de sua autonomia, sim, onde conhecemos as forças que se encontram na base das determinações predicativas, diversa da relação que existe entre os elementos e as leis na ciência natural; os conceitos que são formados aqui a partir das determinações predicativas são dotados de uma constituição diversa da das ciências naturais. Quando a cinza teia de essencialidades abstratas e substanciais é dilacerada, resta por detrás dela o *homem*, nas diversas situações um em relação ao outro, no interior do meio ambiente natural. Cada escrito, cada série de ações está estabelecida na periferia de um homem, e nós buscamos penetrar no centro. Suponhamos que esse homem fosse Schleiermacher e que sua dialética se achasse diante de mim. Qualquer que seja a ideia que esse livro contenha em particular, encontro nele a sentença sobre o presente do sentimento de Deus em todos os atos psíquicos juntamente com os discursos sobre a religião. Assim, passo de obra para obra. Não consigo, em verdade, reconhecer o centro para o qual apontam todas essas manifestações periféricas, mas posso compreendê-lo. – Ora, acho que Schleiermacher pertence a um grupo no qual se encontram Schelling, Friedrich Schlegel, Novalis, entre outros. Um tal grupo comporta-se analogamente a uma classe de organismos; se um órgão se altera em uma tal classe, então também se alteram os órgãos correspondentes; se um deles se eleva, então se estiolam outros. Avanço de grupo em grupo, até círculos cada vez mais amplos. – A vida anímica diferencia-se em arte, religião etc., e, então, surge a tarefa de encontrar a base psicológica desse processo e, com isso, conceber tanto o transcurso na alma quanto o transcurso na sociedade, um transcurso no qual essa diferenciação se realiza. – Além disso, em uma média através da história humana, posso estudar em geral ou em um povo determinado a sociedade de uma determinada época. Posso manter tais médias juntas uma à outra e comparar o homem da época de Péricles com o homem do tempo de Leão X. Aqui me aproximo do problema mais profundo: o problema relativo ao que é imutável na essência humana na história. – Por toda parte, contudo, em todas essas viradas do método, é sempre o homem que constitui o objeto da investigação, ora como um todo, ora em seus conteúdos parciais tanto quanto em suas relações. Na medida em que esse ponto de vista é levado a termo, a sociedade e a história chegam ao tratamento que, nesse âmbito autônomo, corresponde à explicação mecânica no interior do estudo de fenômenos naturais. Nesse momento, a metafísica da sociedade e da história efetivamente perece.

Será que as ciências humanas que reprimiram a metafísica de um reino dos espíritos por meio de uma investigação analítica encontram *no homem*, no ponto inicial e final de sua análise, a *entrada em uma nova metafísica*? Ou será que uma metafísica dos fatos espirituais se tornou impossível em todas as suas formas? Metafísica como ciência: sim. Pois o transcurso do desenvolvimento intelectual mostrou que os conceitos de substância e causalidade se desenvolveram paulatinamente a partir das experiências vivas sob o domínio das exigências de um conhecimento do mundo exterior. Por isso, para aquele que se imiscuiu no mundo da experiência interior, esses conceitos não podem dizer mais nada sobre essa experiência senão aquilo que foi haurido dela mesma: o que eles dizem a mais é uma construção auxiliar para o conhecimento do mundo exterior e, desse modo, não é aplicável ao psíquico. A sentença sobre a psicologia metafísica que afirma a consistência substancial e indestrutível autônoma da alma também não pode ser nem demonstrada, nem refutada. Ao contrário, a demonstração a partir da unidade da consciência não tem senão uma amplitude negativa. A unidade da consciência acha-se na base de todo juízo comparativo, uma vez que precisamos possuir nela diversas sensações, por exemplo, duas nuanças de vermelho, ao mesmo tempo e na mesma unidade indivisível: como é que poderíamos perceber de outro modo a diferença? Ora, esse fato da unidade da consciência não pode ser derivado da construção do mundo, tal como ela é descortinada pela ciência natural mecânica. Se pensássemos nós mesmos as partículas de massa da matéria como dotadas com uma vida psíquica, então não poderia provir para o todo de um corpo composto a partir desse estado uma consciência uniforme. De acordo com isso, obtém-se o fato de que a ciência natural mecânica precisa considerar a unidade da alma como algo autônomo que é contraposto à alma, mas não está fora de questão que uma conexão da natureza que exista por detrás desses conceitos auxiliares formados para o mundo fenomênico contenha em si a origem da unidade da alma: essas são questões totalmente transcendentes.

Mas resta o elemento metafísico de nossa *vida* como uma experiência pessoal, isto é, como verdade moral e religiosa. A metafísica – aqui temos o direito de levar até o fim um longo fio tecido – que reconduziu a vida do homem a uma ordem mais elevada não tinha adquirido o seu poder, como Kant supôs em seu modo de pensar abstrato e não histórico, graças às conclusões de uma razão teórica. A ideia da alma ou da divindade pessoal jamais teria surgido dessas conclusões. Ao contrário, essas ideias estavam antes fundadas na experiência interior; e, apesar precisamente da necessidade de pensamento que só conhece uma conexão de ideias, e, portanto, no máximo pode alcançar um paralogismo, elas se mantiveram. – Agora, porém, as experiências da vontade se subtraem na pessoa de uma representação universalmente válida que seria coercitiva e imperativa para qualquer outro intelecto. Esse é um fato que a história apregoa com mil línguas. De acordo com ele, essas experiências também não podem ser empregadas para estabelecer conclusões metafísicas impositivas. Enquanto a ciência psicológica pode constatar comparativamente pontos em comum característicos da vida anímica nas unidades psíquicas, a determinação de conteúdo da vontade humana continua de qualquer modo na liberdade civil da pessoa. Nenhuma metafísica poderia modificar algo nesse ponto. Todas tiveram muito mais de lutar contra o protesto da experiência religiosa clara nesse contexto; desde os primeiros místicos cristãos que se contrapuseram à metafísica medieval e, por isso, não eram pura e simplesmente cristãos, e isso até Taulero e Lutero. Sem estarmos coagidos pela consequência lógica, assumimos uma conexão mais elevada, na qual nossa vida e aspiração estão entretecidas; se nos mostrará em seguida para onde conduz essa consequência lógica, se ela é estendida para tal conexão; emerge muito mais da profundeza da autorreflexão, que encontra a vivência da entrega, da livre negação de nossa egoidade, e, assim, prova nossa liberdade em relação à conexão natural, a consciência de que essa vontade não pode ser condicionada pela ordem natural a cujas leis sua vida não corresponde, mas apenas por algo que deixa essa ordem natural para trás. Essas experiências, contudo, são tão pessoais, tão próprias à vontade, que o ateu consegue por um lado *viver* esse elemento metafísico, enquanto a *representação de Deus* em um convertido, por outro, pode ser uma mera casca sem valor. A expressão desse estado de fato é a liberação da fé religiosa de sua vinculação metafísica por meio da Reforma. Nela, a vida religiosa alcançou sua autonomia. E, assim, ao lado da visão do espaço imensurável dos astros, um espaço que mostra a racionalidade do cosmos, resta o olhar que se lança sobre a profundidade do próprio coração. Os livros subsequentes mostrarão o quão amplamente a análise consegue penetrar aqui. Não obstante, como quer que seja, onde um homem rompe em sua vontade a conexão entre percepção, prazer, impulso e gozo, onde ele não se quer mais: aí temos o metafísico que apenas se refletiu em inúmeras imagens na história da metafísica que acabamos de expor. Pois a ciência metafísica é um fenômeno historicamente limitado, enquanto a consciência metafísica da pessoa é eterna.

QUARTO CAPÍTULO

CONSIDERAÇÃO FINAL SOBRE A IMPOSSIBILIDADE DA POSIÇÃO METAFÍSICA DO CONHECIMENTO

Nessa conclusão da história da posição metafísica do espírito, da história de uma ciência metafísica ainda não quebrada pela posição epistemológica do espírito, buscamos unificar por meio de uma consideração geral os fatos que foram paulatinamente vindo à tona nessa história.

A conexão lógica do mundo como ideal da metafísica

Está fundado na unidade da consciência humana o fato de as experiências que essa consciência contêm serem condicionadas pela conexão na qual elas vêm à tona. Daí resulta a *lei geral da relatividade*, sob a qual se encontram nossas *experiências sobre a realidade efetiva exterior*. Uma sensação de gosto é evidentemente condicionada por aquela sensação que a antecedeu, a imagem de um objeto espacial é dependente da posição no espaço daquele que vê. Por isso, surge a tarefa de determinar esses dados relativos por meio de uma conexão que seja fundamentada e sólida em si. Para a ciência emergente, essa tarefa estava por assim dizer envolta pela orientação no espaço e no tempo tanto quanto pela busca da causa primeira. Além disso, ela estava repleta de impulsos ético-religiosos. Assim, a expressão "princípio" (ἀρχή) abarcou em si sem distinção a causa primeira e o fundamento explicativo dos fenômenos. Se partimos do dado para as suas causas, então um tal retrocesso só pode receber a sua segurança da necessidade de pensamento do procedimento conclusivo. Por isso, sempre esteve ligado com a busca científica de causas algum grau de consciência lógica do fundamento. Foi só a dúvida dos sofistas que teve por consequência uma consciência lógica do método de encontrar causas ou substâncias, e esse método foi determinado agora a partir do dado para as condições racionalmente necessárias do dado. Como, portanto, o conhecimento de causas está ligado com a conclusão e com a necessidade racional nele presente, esse conhecimento pressupõe que vigore na conexão natural uma necessidade lógica, sem a qual o conhecer não teria nenhum ponto de abordagem. Por conseguinte, corresponde à crença livre no conhecimento das causas, uma crença que se encontra na base de toda metafísica, um *teorema sobre a conexão lógica na natureza*. Em verdade, enquanto a forma lógica continua sendo dissolvida em partes integrantes formais particulares como seus componentes, mas não é ainda perseguida retroativamente por meio de uma investigação verdadeiramente analítica, o desenvolvimento desse teorema só pode consistir na apresentação de uma relação extrínseca entre a forma do pensamento lógico e a forma da conexão natural.

Assim, na *metafísica monoteísta* dos Antigos e da Idade Média, o logicismo na natureza foi considerado como um dado e a lógica humana como um segundo dado. Ao mesmo tempo, o terceiro dado era constituído a partir da correspondência entre os dois primeiros. Para todo esse estado de fato, então, foi possível encontrar uma condição em um contexto que articula essa condição. Isso já tinha sido realizado pelo ponto de vista esboçado por Aristóteles em seus traços fundamentais, um ponto de vista segundo o qual a razão divina produz a conexão entre o logicismo da natureza nela fundado e a lógica humana dela emergente.

No momento em que a conjuntura do saber da natureza dissolveu cada vez mais a força impositiva da fundamentação teísta, surgiu a fórmula mais simples de Espinoza, uma fórmula que eliminou a razão divina como um elo médio. A base da metafísica de Espinoza é a pura

441

certeza de si do espírito lógico que submete a si cognitivamente com uma consciência metodológica a realidade efetiva, assim como essa certeza de si designa em Descartes o primeiro estágio de uma nova posição do sujeito em relação à realidade efetiva. Visto em termos de conteúdo, a concepção cartesiana da conexão mecânica do todo da natureza entrou aqui em uma visão panteísta de mundo, e, com isso, uma animação geral da natureza transformou-se na identidade dos movimentos espaciais com os processos psíquicos. Considerado em termos epistemológicos, o saber foi explicado aqui a partir da identidade da conexão mecânica da natureza com a ligação lógica do pensamento. Por isso, essa teoria da identidade também contém a explicação dos processos *psíquicos* segundo uma conexão mecânica e, por conseguinte, lógica em si: o significado metafísico *objetivo e universal* do *logicismo*. Nesse aspecto, a doutrina dos atributos expressa a identidade *imediata* da conexão causal na natureza com a associação lógica das verdades no espírito humano. O *elo médio* dessa ligação que tinha sido anteriormente formado por um Deus diferente do mundo *foi expelido*: ordo et connexio idearum est ac ordo et connexio rerum.[360,361] Em uma tensão dessa identidade, a direção da sequência nas duas séries é até mesmo concebida como correspondente: *effectus cognitio a cognitione causae dependet at eandem involvit*.[362,363] Esboça-se uma conexão de axiomas e definições, a partir da qual a conexão do mundo pode ser construída. Isso acontece por meio de sofismas falaciosos que saltam aos olhos; pois uma multiplicidade de essencialidades autônomas pode ser deduzida dos pressupostos de Espinoza tanto quanto a unidade na substância divina. A unidade da conexão do mundo e a multiplicidade de átomos-coisa fixos colocados na sua base são de qualquer modo apenas os dois lados da mesma conexão mecânica, isto é, da mesma lógica do mundo. Portanto, Espinoza precisou trazer consigo o seu panteísmo, a fim de poder deduzi-lo. Sem se importar com até que ponto isso acontece, destaca-se

---

[360] Em latim no original: A ordem e a conexão das ideias é a mesma que a ordem e a conexão das coisas. (N.T.)
[361] Espinoza, *Ética II*, proposição 7.
[362] Em latim no original: O conhecimento do efeito depende do conhecimento da causa e o encerra. (N.T.)
[363] Idem I, Axioma 4.

nesse contexto a consequência do princípio metafísico da razão suficiente em uma completude que ainda não tinha sido encontrada junto aos Antigos. Se os Antigos tinham deixado a vontade humana vigorar como um *imperium in imperio*, a fórmula do panlogismo passou a suspender agora essa soberania da vida espiritual. *In rerum natura nullum datur contingens; sed omnia ex necessitate divinae naturae determinata sunt ad certo modo existendum et operandum.*[364,365]

No *princípio da razão suficiente*, a metafísica projetou com Leibniz uma fórmula que exprime a conexão necessária na natureza como um princípio do pensamento. Na exposição desse princípio, a metafísica alcançou a sua conclusão formal. Pois o princípio não é um princípio lógico, mas um princípio metafísico, isto é, ele não expressa uma mera lei do pensamento, mas ao mesmo tempo uma lei própria à conexão da realidade efetiva e, com isso, também a regra da relação entre pensar e ser. Sua fórmula derradeira e mais profunda, porém, é certamente aquela fórmula que veio à tona na correspondência de Leibniz com Clarke, não muito tempo antes da morte de Leibniz. *"Ce principe est celui du besoin d'une raison suffisante, pour qu'une chose existe, qu'un événement arrive, qu'une vérité ait lieu"* (Esse princípio é aquele da necessidade de uma razão suficiente, para que uma coisa exista, que um acontecimento se dê, que uma verdade ocorra).[366] Esse princípio sempre entra em cena em Leibniz ao lado do princípio de não contradição, e, em verdade, o princípio de não contradição fundamenta as verdades necessárias, enquanto o princípio da razão suficiente fundamenta os fatos e as verdades factuais. Justamente aqui, contudo, mostra-se o significado metafísico desse princípio. Apesar de as verdades factuais remontarem à vontade de Deus, essa vontade mesma é dirigida finalmente segundo Leibniz pelo intelecto. E, assim, desponta uma vez mais por detrás da vontade a face de um fundamento lógico do mundo. É isso que Leibniz expressa de maneira totalmente clara: *"Il est vrai, dit on, qu'il n'y a rien sans une raison suffisante pourquoi il est, et pourquoi il est ainsi plutôt qu'autrement.*

---

[364] Em latim no original: Na natureza das coisas não há nada de casual, mas tudo é determinado a partir da necessidade da natureza divina a existir e a operar de determinada maneira. (N.T.)
[365] Idem I, proposição 29.
[366] Na quinta carta de Leibniz para Clarke, § 125. Passagens menos completas se encontram em Teodiceia, § 44, e Monadologia, § 31e segs.

Mais on ajoute, que cette raison suffisante est souvent la simple volonté de Dieu; comme lorsqu'on demande pourquoi la matière n'a pas été placée autrement dans l'espace, les mêmes situations entre les corps demeurant gardées. Mais c'est justement soutenir que Dieu veut quelque chose, sans qu'il y ait aucune raison suffisante de sa volonté, contre l'axiome ou la règle générale de tout ce qui arrive" (É verdade, se diz, que não há nada sem uma razão suficiente em virtude da qual ele é e é de tal modo e não de outro. Mas se acrescenta que essa razão suficiente é frequentemente a simples vontade de Deus; como quando perguntamos por que a matéria não foi disposta de maneira diversa no espaço, por que as mesmas relações entre os corpos são mantidas. Mas isso significa precisamente sustentar que Deus quer alguma coisa, sem que haja qualquer razão suficiente para a Sua vontade, contra o axioma ou a regra geral de tudo o que acontece).[367] De acordo com isso, o princípio da razão suficiente significa a afirmação de uma conexão lógica sem lacunas, que abarca em si todos os fatos e, consequentemente, todos os princípios: essa conexão é a fórmula para o princípio exposto por Aristóteles com uma abrangência mais restrita, o princípio da metafísica,[368] que abarca em si a partir de agora

---

[367] Terceira carta a Clarke, § 7. E, em verdade, Leibniz rejeita expressamente a suposição de que na mera vontade de Deus a causa de um estado de fato se encontraria no mundo. "*On m'objecte qu'en n'admettant point cette simple volonté, ce serait ôter à Dieu le pouvoir de choisir et tomber dans la* fatalité. *Mais c'est tout le contraire: on soutient en Dieu le pouvoir de choisir, puisqu'on le fonde sur la raison du choix conforme à sa sagesse. Et ce n'est pas cette fatalité (qui n'est autre chose que l'ordre le plus sage de la Providence), mais une fatalité ou nécessité brute, qu'il faut éviter, ou il n'y a ni sagesse, ni choix)*" (Objeta-se que, ao não se admitir de maneira alguma essa simples vontade, se estaria retirando de Deus o poder de escolher e cair na *fatalidade*. Mas o que acontece é justamente o contrário: sustenta-se em Deus o poder de escolher, na mesma medida em que se funda um tal poder sobre a razão da escolha conforme à sua sabedoria. E não é essa fatalidade (que não é outra coisa senão a ordem mais sábia da providência), mas uma fatalidade ou necessidade bruta que se deve evitar, ou não haveria nem sabedoria, nem escolha) (§ 8). Se Clarke se reportava ao fato de que a própria vontade poderia ser vista como uma razão suficiente, Leibniz responde de maneira peremptória: "*une simple volonté sans aucun motif (*a mere will*), est une fiction non-seulement contraire à la perfection de Dieu, mais encore chimérique, contradictoire, incompatible avec la définition de la volonté et assez réfutée dans la Théodicée*" (uma simples vontade sem nenhum motivo (*a mere will*) é uma ficção não somente contrária à perfeição de Deus, mas ainda quimérica, contraditória, incompatível com a definição da vontade e suficientemente refutada na Teodiceia). (Quarta carta a Clarke, § 2). É claro que Leibniz chega, com isso, a uma violência executiva, que leva a termo o pensamento, não a uma vontade efetiva.

[368] 224 e segs.

não apenas a conexão do cosmos em conceitos, isto é, em formas eternas, mas também o fundamento de toda transformação e, em verdade, mesmo no mundo espiritual.

Christian Wolff reconduziu esse princípio ao fato de algo não poder surgir do nada, e, por conseguinte, ao princípio do conhecimento, um princípio do qual vemos desde Parmênides a metafísica deduzir suas proposições. "Se uma coisa A contém em si algo a partir do qual se pode compreender B, quer B seja algo em A ou fora de A, então se denomina aquilo que é para ser encontrado em A o fundamento de B; A mesmo significa a causa, e B diz-se que ele estaria fundado em A. Portanto, o fundamento é aquilo por meio do que se pode compreender por que algo é, e a causa é uma coisa que contém em si o fundamento de uma outra coisa." – "Onde temos algo presente a partir do qual se pode compreender por que algo é, temos uma razão suficiente. Por isso, onde não há nenhuma razão, não há nada a partir do que se possa compreender por que algo é, a saber, por que ele realmente pode vir a ser, e, portanto, ele precisa surgir do nada. Por conseguinte, aquilo que não pode surgir do nada precisa ter uma razão suficiente pela qual ele é, assim como ele precisa ser em si possível e ter uma causa que pode levá-lo até a realidade efetiva, quando falamos de coisas que não são necessárias. Na medida, porém, em que é impossível que algo venha a ser a partir do nada, então tudo o que é também precisa ter a sua razão suficiente pela qual ele é." Assim reconhecemos, então, retroativamente no princípio de razão a expressão do princípio que dirigiu o conhecimento metafísico desde a sua origem.[369]

E se olharmos para frente a partir de Leibniz e Wolff, então veremos como o pressuposto contido no princípio de razão sobre a conexão lógica do mundo foi finalmente desenvolvido no sistema de Hegel com um desprezo ante todo receio de que o paradoxismo seja um princípio real de toda a realidade efetiva. Não faltaram pessoas que colocassem essa pressuposição em questão e quisessem manter, em contrapartida, uma metafísica; foi isso que fez Schopenhauer em sua doutrina da vontade como o fundamento do mundo. Toda metafísica, contudo, está condenada desde o princípio a uma contradição interna

---

[369] Wolff, *Vernünftige Gedanken von Gott usw* (Pensamentos racionais sobre Deus etc.), §§ 29 e 30.

em sua base. Aquilo que se encontra para além de nossa experiência não pode se tornar elucidativo nem mesmo por analogia, para não falar de ser demonstrável, se se retira a validade ontológica e a amplitude do meio da fundamentação e da demonstração, da conexão lógica.

A contradição da realidade efetiva ante esse ideal e a insustentabilidade da metafísica

O "grande princípio" de razão (assim o denomina reiteradamente Leibniz), a fórmula derradeira do conhecimento metafísico, não é, porém, *nenhuma lei do pensamento* sob a qual se encontraria nosso intelecto como sob um fato. Na medida em que *a metafísica persegue sua exigência de um conhecimento* do sujeito do transcurso do mundo nesse princípio até o seu *primeiro pressuposto*, ela *comprova a sua própria impossibilidade*.

O princípio de razão, no sentido de Leibniz, não é uma lei de pensamento. Ele não pode ser colocado *ao lado da lei de pensamento relativa à não contradição*. Pois a lei de pensamento relativa à não contradição é válida em cada ponto de nosso conhecimento; onde quer que afirmemos algo, esse algo precisa estar em consonância com ela, e no que encontramos uma afirmação em dissonância com ela, então essa afirmação se acha suspensa para nós. De acordo com isso, todo saber e toda certeza encontram-se sob o controle dessa lei de pensamento. Nunca se trata para nós de se queremos ou não empregá-la, mas tão certo quanto afirmamos algo, submetemos a ela essa afirmação. Pode acontecer de não notarmos em um determinado ponto a contradição de uma afirmação com a lei de pensamento relativa à não contradição; não obstante, logo que mesmo os indivíduos mais ignorantes são alertados quanto a essa contradição, mesmo eles não se subtraem à consequência de que entre afirmações que entram desse modo em contradição umas com as outras só uma pode ser verdadeira, e uma precisa ser falsa. É evidente, porém, que o princípio de razão, em contrapartida, no sentido concebido por Wolff e Leibniz, não possui a mesma posição em nosso pensamento, e, por isso, não foi correto quando Leibniz justapôs os dois princípios como equivalentes. Isso se nos revelou a partir de toda a história do pensamento humano. O homem na época da representação mítica contrapôs-se a poderes volitivos que eram acionados com uma liberdade incalculável.

Teria sido inútil, se tivesse aparecido um lógico diante desse homem preso à representação mítica e tivesse deixado claro para ele o seguinte: a conexão necessária do curso do mundo é suspensa onde vigem seus deuses. Uma tal visão jamais teria perturbado as convicções relativas a seus deuses. Ao contrário, ela não teria deixado claro senão aquilo que se lança para além da conexão lógica do mundo, aquilo que estava coimplicado em uma tal crença como uma força poderosa. O homem na aurora da ciência buscou, então, uma conexão interna no cosmos, mas a crença no poder livre dos deuses em meio ao cosmos perdurou nele. O homem grego, no tempo de florescimento da metafísica, considerava sua vontade como livre. O que lhe era dado aqui em termos de um saber vivo e imediato não se tornou incerto para ele por meio do fato de a consciência da necessidade de pensamento também estar presente para ele; ao contrário, parecia-lhe compatível com essa consciência lógica a retenção daquilo que ele possuía em um conhecimento imediato como liberdade. O homem medieval mostra uma inclinação excessiva para considerações lógicas, mas essa inclinação não o determinou a abandonar o mundo histórico-religioso, no qual vivia e que fazia com que se sentisse por toda parte a falta de uma conexão necessária em termos de pensamento. – E as experiências da vida cotidiana confirmam aquilo que a história mostrou. O espírito humano não acha insuportável ver quebrada a conexão lógica, por intermédio da qual ele vai além do que é dado imediatamente, lá onde experimenta com um conhecimento vivo e imediato uma configuração livre e um poder volitivo.

Se o princípio de razão, na concepção de Leibniz, não possui a validade incondicionada de uma lei de pensamento, como é que conseguimos determinar sua posição na conexão da vida intelectual? Na medida em que procuramos *seu* lugar, o *solo de direito* de toda e qualquer *metafísica realmente consequente* é colocado à prova.

Se distinguirmos o fundamento lógico do fundamento real, a conexão lógica da conexão real, então o fato da conexão lógica em nosso pensamento, um pensamento que se apresenta em meio ao procedimento conclusivo, pode ser expresso por meio da proposição: com o fundamento, a consequência é estabelecida; e com a consequência o fundamento é suspenso. Essa necessidade da ligação acha-se de fato em todo silogismo. Agora é possível mostrar que só podemos *conce-*

ber e *representar* a *natureza* na medida em que *buscamos nela essa conexão própria à necessidade do pensamento*. Não podemos nem mesmo representar o mundo exterior, a não ser que conheçamos sem buscar nela de maneira conclusiva uma conexão necessária em termos de pensamento. Pois não podemos reconhecer por si como realidades efetivas objetivas as impressões particulares, as imagens particulares que formam o dado. Elas são relativas no interior da conexão de fato na qual se encontram na consciência graças à sua unidade, e elas só podem ser com isso usadas nessa conexão, a fim de constatar um estado de fato externo ou uma causa natural. Toda imagem espacial está relacionada com a posição dos olhos tanto quanto da mão tateante, para os quais essa imagem se faz presente. Toda impressão temporal está relacionada com a medida das impressões naquele que concebe e com a conexão dessas impressões. As qualidades da sensação são condicionadas pela relação, na qual os impulsos do mundo exterior se encontram com nossos sentidos. Não conseguimos avaliar diretamente as intensidades da sensação e expressá-las em valores numéricos, mas só designamos a relação de uma intensidade de sensação com a outra. Assim, a produção de uma conexão não é um processo que se segue à apreensão da realidade efetiva. Ao contrário, ninguém chega a captar uma imagem instantânea isoladamente como realidade efetiva: nós a possuímos em uma conexão por intermédio da qual nós, ainda antes de toda ocupação científica, buscamos constatar a realidade efetiva.

A ocupação científica traz o método para o interior desse procedimento. A partir do eu móvel e mutável, ela transpõe o ponto médio do sistema de determinações, no qual são introduzidas as impressões, para esse sistema mesmo. Ela desenvolve um espaço objetivo, no interior do qual a inteligência particular se encontra em um determinado lugar, um tempo objetivo em cujas linhas o presente do indivíduo assume um ponto, tanto quanto uma conexão causal objetiva e unidades elementares fixas entre as quais essa conexão ocorre. Toda a direção da ciência aponta para o seguinte fato: por intermédio das relações perseguidas pelo pensamento, relações nas quais essas imagens se encontravam na consciência, no lugar das imagens instantâneas nas quais algo múltiplo acaba se juntando coloca-se uma realidade objetiva e uma conexão objetiva. E todo juízo sobre a existência e a constituição de um objeto externo é finalmente condicionado pelo conexão de pensamento, na qual essa existência e constituição são estabelecidas como necessárias. A conjunção casual de impressões em um sujeito mutável constitui apenas o ponto de partida para a construção de uma realidade efetiva universalmente válida. De acordo com isso, a proposição segundo a qual todo dado se encontra em uma conexão necessária em termos de pensamento, uma conexão na qual ele seria condicionado e ao mesmo tempo condicionante, domina inicialmente a solução da tarefa de constatar juízos universalmente válidos e sólidos sobre o mundo exterior. A *relatividade*, na qual o dado entra em cena no mundo exterior, é apresentada pela análise científica na *consciência das relações* que condicionam o dado na percepção. Desse modo, cada concepção dos objetos do mundo exterior já se encontra sob o princípio de razão.

Esse é um aspecto da coisa. Por outro lado, porém, a *aplicação crítica do princípio de razão* precisa abdicar de *um conhecimento metafísico* e se contentar com a concepção de relações extrínsecas de dependência no interior do mundo exterior. Pois, em virtude de sua *proveniência diversa*, os *componentes daquilo que é dado* são de um tipo peculiar, isto é, incomparáveis. De acordo com isso, eles não podem ser reconduzidos uns aos outros. Uma cor não pode ser colocada em uma conexão interna direta com a impressão de espessura. Por isso, o estudo do mundo exterior precisa deixar sem solução a relação interna daquilo que é dado na natureza e se contentar com a apresentação de uma conexão fundada no espaço, no tempo e no movimento, uma conexão que liga as experiências e forma um sistema. Assim, em verdade, surge a concepção e o conhecimento do mundo exterior sob a seguinte lei: tudo aquilo que é dado na percepção sensível se encontra em uma conexão necessária em termos de pensamento, na qual ele é condicionado e ao mesmo tempo condicionante, e só nessa conexão ele serve à concepção do existente. Mas o emprego dessa lei foi restrito pelas condições da consciência à mera produção de uma conexão exterior de relações, por meio das quais é determinado para os fatos o seu lugar no sistema das experiências. Justamente a necessidade da ciência de produzir uma tal conexão necessária em termos de pensamento levou a que as pessoas se abstraíssem da conexão essencial interna do mundo. Uma conexão de natureza mecânico-matemática foi substituída por essa e só por meio daí as ciências do mundo exterior se tornaram positivas. Assim, a partir da necessidade interna dessas ciências, a metafísica foi rejeitada como infrutífera, ainda antes de o movimento epistemológico de Locke, Hume e Kant ter se voltado contra ela.

E, então, a *posição da lei do conhecimento expressa no princípio de razão* em relação às *ciências humanas* é diversa da posição em relação às ciências do mundo exterior: isso também torna impossível uma subordinação de toda a realidade efetiva a uma conexão metafísica. Aquilo de que me dou conta não é relativo como estado de mim mesmo, tal como o é um objeto externo. Não há uma verdade do objeto externo como consonância da imagem com uma realidade, pois essa realidade não é dada em nenhuma consciência e se subtrai, portanto, à comparação. Não se pode pretender saber como o objeto se parece, quando ninguém o acolhe na consciência. Em contrapartida, aquilo que vivencio em mim está presente para mim como fato de consciência, porque eu me dou conta dele: fato de consciência não é outra coisa senão aquilo de que me dou conta. Nossa esperança e aspiração, nosso querer e desejar, esse mundo interior é como tal a coisa mesma. Não importa que visão alguém possa alimentar dos componentes desses fatos psíquicos – e toda a teoria kantiana sobre o sentido interno só pode se mostrar como justificada como um tal ponto de vista –: não se altera com isso em nada a existência de tais fatos da consciência.[370] Por isso, aquilo de que nos damos conta não nos é dado de maneira relativa enquanto estado de nós mesmos, como nos é dado o objeto exterior. É somente quando conhecemos claramente esse saber imediato ou queremos comunicá-lo a outros que surge a questão de saber até que ponto vamos por meio daí para além daquilo que é desdobrado na percepção interior. Os juízos que enunciamos só são válidos sob a condição de que os atos de pensamento não alterem a percepção interior, que esse decompor e ligar, julgar e concluir mantenha os fatos como os mesmos sob as novas condições da consciência. Por

---

[370] Kant, *Crítica da razão pura I*, I § 7: "o tempo é seguramente algo efetivamente real, a saber, a forma efetivamente real da intuição interna. Portanto, ele tem realidade subjetiva no que concerne à experiência interna, isto é, tenho efetivamente a representação do tempo e minhas determinações nela". Nessas proposições, aquilo que afirmei inicialmente acima é reconhecido apenas em ligação com uma teoria sobre os componentes da percepção interior.

450

isso, o princípio de razão, segundo o qual todo dado se encontra em uma conexão necessária na qual é condicionado e ao mesmo tempo condicionante, nunca teve a mesma posição em relação à esfera dos fatos psíquicos que ele tinha o direito de requerer ante o mundo exterior. Ele não é aqui a lei, sob a qual toda representação da realidade efetiva se encontra. Somente na medida em que os indivíduos assumem um espaço no mundo exterior, aparecem em um ponto no tempo e produzem efeitos manifestos no mundo exterior, eles são coinseridos na rede dessa conexão. Só assim, em verdade, a representação plena dos fatos espirituais pode pressupor sua introdução externa na conexão criada pela ciência natural. No entanto, independentemente dessa conexão, os fatos espirituais estão presentes como realidade efetiva e têm a plena realidade dessa realidade efetiva.

Assim, reconhecemos no princípio de razão a raiz lógica de toda metafísica consequente, isto é, da ciência da razão, e na relação do ideal lógico que assim surgiu com a realidade efetiva, a origem das dificuldades dessa ciência da razão. Essa relação torna a partir de agora compreensível para nós uma grande parte dos *fenômenos expostos até aqui da metafísica* sob um *ponto de vista maximamente universal*. Consequentemente, é só a metafísica que é, segundo a sua forma, ciência da razão, isto é, que busca uma conexão lógica do mundo. Por isso, a ciência da razão era por assim dizer a espinha dorsal da metafísica europeia. Mas o sentimento da vida no homem verdadeiro, naturalmente forte, e o conteúdo dado para ele do mundo não se deixaram esgotar na conexão lógica de uma ciência universalmente válida. Os conteúdos particulares da experiência que são separados uns dos outros em sua proveniência não podem ser convertidos pelo pensamento uns nos outros. Toda tentativa, porém, de indicar uma conexão diversa da conexão lógica acabou por suspender a forma da ciência em favor de seu conteúdo.

Toda a fenomenologia da metafísica mostrou que os conceitos e proposições metafísicos não emergiram da pura posição do conhecimento em relação à percepção, mas a partir do trabalho do conhecimento junto a uma conexão criada pela totalidade do ânimo. Nessa totalidade é dado juntamente com o eu um outro, algo independente dele: juntamente com a vontade à qual ele resiste e que não pode alterar as impressões, juntamente com o sentimento que sofre por ele. Portanto, imedia-

451

tamente; não por meio de uma conclusão, mas como vida. É esse sujeito diante de nós, essa causa atuante, que a vontade do conhecimento gostaria de penetrar e controlar. Ele não está inicialmente consciente da conexão do sujeito do transcurso natural com a autoconsciência. Essa autoconsciência se lhe encontra autonomamente contraposta na percepção exterior e aspira a concebê-la, então, com os meios dados a ela em termos de conceito, juízo, conclusão, e, de acordo com isso, como conexão necessária em termos de pensamento. Mas o que nos é dado na totalidade de nossa essência nunca pode ser convertido em pensamentos. O conteúdo da metafísica seria ou bem insuficiente para as exigências da natureza humana, ou bem as demonstrações se revelariam como insuficientes, na medida em que aspiram a ultrapassar aquilo que o entendimento consegue constatar na experiência. Assim, a metafísica tornou-se um campo de falácias.

O que no dado possui uma proveniência autônoma tem um cerne indissolúvel para o conhecimento, e conteúdos da experiência, que são cindidos um do outro pela origem, não podem ser convertidos uns nos outros. Por isso, a metafísica tinha estado repleta de falsas conclusões e antinomias. Assim, emergiram inicialmente as antinomias entre o intelecto que calcula com grandezas finitas e a intuição que pertence ao conhecimento da natureza exterior. Seu campo de batalha já tinha sido a metafísica da Antiguidade. O elemento constante no espaço, no tempo e no movimento não pode ser alcançado pela construção em conceitos. A unidade do mundo e sua expressão na conexão racional de formas e leis universais não podem ser explicadas por meio de uma análise que decompõe em elementos e de uma síntese que compõe a partir desses elementos. O caráter concluso da imagem intuitiva é suspenso uma vez mais por toda parte por meio da ilimitação da vontade de conhecimento que se lança para além desse caráter. A isso aliam-se outras antinomias, na medida em que a representação procura acolher em sua conexão as unidades vitais psíquicas implicadas no curso do mundo e em que o conhecimento procura submetê-las a seu sistema. Com isso surgiram inicialmente as antinomias teológicas e metafísicas da Idade Média, e, quando o tempo mais recente procurou conhecer o acontecimento psíquico mesmo em sua conexão causal, adicionaram-se as contradições entre o pensamento calculador e a experiência interna em meio ao tratamento metafísico da psicologia. Essas antinomias não podem ser dissolvidas. Para a ciência positiva, elas não existem; e, para a teoria do conhecimento, sua origem subjetiva é transparente. Por isso, elas não perturbam a harmonia de nossa vida espiritual. Mas elas trituraram a metafísica.

Se, apesar de tais contradições, o pensamento metafísico procura conhecer realmente o sujeito do mundo, então essa busca não pode significar outra coisa para ele senão – logicismo. Toda metafísica que pretende conhecer o sujeito do transcurso do mundo, mas busca nesse transcurso algo diverso de uma necessidade racional, cai em uma contradição entre sua finalidade e seus meios. O pensamento não tem como encontrar uma *conexão diversa de uma conexão lógica na realidade efetiva*. Pois como só nos é dado imediatamente o resultado de nossa autoconsciência e como não podemos olhar consequentemente de maneira direta para o interior da natureza, quando procuramos formar uma representação desse interior independentemente do logicismo, dependemos de uma transposição de nosso próprio interior para a natureza. Isso, porém, não pode ser outra coisa senão um jogo poético de uma representação análoga, que ora introduz os abismos e as forças obscuras de nossa vida anímica, ora a sua harmonia silenciosa, no sujeito do transcurso natural. Os sistemas metafísicos que seguem essa orientação só possuem, portanto, quando levados a sério cientificamente, o valor de um protesto contra a conexão necessária em termos de pensamento. Assim, eles preparam a intelecção do fato de que, no mundo, há mais e há algo diverso dessa conexão. É só nisso que residia o significado fugaz da metafísica de Schopenhauer e de escritores semelhantes a ele. Trata-se no fundo de uma metafísica do século XIX e de um protesto vital e vigoroso contra toda metafísica como ciência consequente. Em contrapartida, quando o conhecimento está decidido a se apoderar segundo o princípio da razão suficiente do curso do mundo, ele só descobre uma necessidade racional como o cerne do mundo. Por isso, não existe para ele nem o Deus da religião, nem a experiência da liberdade.

Os laços da conexão metafísica do mundo não podem ser determinados de modo inequívoco pelo entendimento

Prossigamos. A metafísica só consegue produzir o encadeamento das experiências internas e externas por meio de representações sobre uma conexão interna de conteúdo. E se visualizamos essas representações, resulta daí a impossibilidade da metafísica. Pois essas representações são inacessíveis a uma determinação inequívoca clara.

O processo de diferenciação, no qual a ciência se destacou dos outros sistemas da cultura, se nos mostrou como em constante progresso. Não foi de uma vez que a conexão final do conhecimento se libertou da vinculação de todas as forças do ânimo. Quanta semelhança não tinha ainda a natureza, que sai de um estado interior para o outro segundo uma vitalidade interna, ou o princípio limitador no ponto central do mundo, um princípio que se estabelece e configura, com as forças divinas da *Teogonia* hesiódica! E por quanto tempo não permaneceu dominante a visão que reconduziu a ordem racional do universo a um sistema de essencialidades! Foi penosamente que o intelecto se libertou desse conjunto interior. Paulatinamente, ele se habituou a administrar cada vez menos vida e alma na natureza e a reconduzir a conexão do universo a formas cada vez mais simples da ligação interna. Por fim, mesmo a conformidade a fins foi colocada em questão como forma de uma conexão interna de conteúdo. Continuaram se mostrando como os dois *laços internos* que mantinham coeso o universo em todas as suas partes *a substância e a causalidade*.

Na medida em que evocamos o destino dos conceitos substância e causalidade, vem à tona o seguinte: metafísica como ciência é impossível.

A conexão necessária ao pensamento coloca a substância e a causalidade como grandezas fixas no encadeamento de impressões que se seguem umas às outras e que existem umas ao lado das outras. Agora, a metafísica experimenta algo espantoso. Nessa época de sua confiança ainda não quebrada pela teoria do conhecimento, ela ainda estava convicta de saber o que precisaria ser pensado por substância e causalidade. Na realidade, sua história mostra uma constante mudança na determinação de seus conceitos e tentativas vãs de desenvolvê-los com uma clareza desprovida de contradições.

Já a nossa representação da coisa não pode se mostrar com clareza. Como é que a unidade, da qual são inerentes múltiplas propriedades e estados, a ação e o sofrer os efeitos da ação, pode ser delimitada ante uma tal multiplicidade? O elemento que persiste nas transformações? Ou como é que consigo constatar quando uma transformação da mesma coisa acontece e quando a coisa deixa antes de ser? Como é que consigo isolar o que nela permanece daquilo que nela muda? Como é que essa unidade persistente pode ser finalmente pensada como se encontrando em alguma separação espacial? Tudo o que é espacial é divisível, não contendo, portanto, em lugar algum uma unidade coesa indivisível. Por outro lado, todas as qualidades sensíveis da coisa desaparecem com o espaço, quando subtraio delas o espaço em pensamento. Não obstante, essa unidade não pode ser explicada a partir da mera junção de impressões (na percepção e associação); pois justamente em oposição a isso se expressa algo que se copertence internamente.

Impelido por essas dificuldades surge o *conceito de substância*. Tal como demonstramos historicamente, ele surgiu da necessidade de apreender em termos de pensamento o elemento fixo que supomos na coisa como uma unidade persistente, empregando-o para a solução da tarefa de ligar as impressões alternantes a algo permanente no qual elas estão associadas. Mas como o conceito de substância não é outra coisa senão a elaboração científica da representação da coisa, ele acaba apenas por desdobrar de maneira ainda mais clara as dificuldades presentes nessa representação. Vimos mesmo o gênio metafísico de Aristóteles lutando em vão para resolver essas dificuldades. Também foi em vão que se transpôs a substância para o átomo. Pois também se transpõem com ela para esse elemento espacial indivisível, para essa coisa em miniatura, as suas contradições, e a ciência da natureza precisa se contentar, na medida em que forma o conceito de algo que não pode ser ulteriormente decomposto em nosso percurso natural, em apenas afastar de si essas dificuldades: ela abdica de sua solução. Assim, o conceito metafísico do átomo transforma-se em mero conceito auxiliar para o controle das experiências. Do mesmo modo, as dificuldades também não são resolvidas, quando a substância das coisas é transposta *para a sua forma*. Foi em vão que vimos toda a metafísica das formas substanciais lutar contra as dificuldades desse conceito, e a ciência também precisa se satisfazer aqui, por fim, guardando seus limites contra o insondável, em tratar desse conceito como um mero símbolo para um estado de fato que se oferece ao conhecimento, quando este busca a conexão dos fatos, como unidade objetiva dos fatos, mas que permanece, contudo, completamente insolúvel em seu conteúdo real.

E no cerne do próprio conceito de substância, quer o associemos com átomos ou com formas naturais, resta uma dificuldade que não tem como ser enfrentada. A ciência de uma conexão do mundo exterior necessária em termos de pensamento nos impele a tratar a substância como uma grandeza fixa e a transpor, com isso, a mudança, o devir e a transformação para o interior das relações entre esses elementos. Mas logo que esse procedimento se supõe como sendo mais do que uma construção auxiliar das condições para a pensabilidade da conexão natural, logo que se busca retirar daí uma determinação sobre a essência metafísica do substancial, entra em cena uma espécie de jogo de distorções. A transformação interna é inserida no acontecimento psíquico, aqui reluz agora a cor, ressoa o tom. Em seguida, temos apenas a escolha entre contrapor um mecanismo rígido da natureza à vitalidade interna do acontecimento psíquico e, assim, abdicar da unidade metafísica da conexão do mundo, unidade essa que buscávamos, ou conceber os elementos imutáveis em seu valor verdadeiro como meros conceitos auxiliares.

Seria cansativo, se quiséssemos mostrar agora como o conceito de *causalidade* está sujeito a dificuldades semelhantes. Aqui também, a mera associação não consegue explicar a representação do laço interno, e, contudo, o entendimento não pode projetar uma fórmula na qual seria composto a partir de elementos sensível ou intelectivamente claros um conceito que representasse o conteúdo da representação causal. E, assim, a causalidade também se torna do mesmo modo um mero recurso para o domínio das experiências exteriores. Pois a ciência da natureza só pode reconhecer como componentes de sua conexão cognitiva aquilo que pode ser comprovado por meio dos elementos da percepção externa e de operações do pensamento.

Se substância e causalidade não podem ser concebidos, portanto, como formas objetivas do transcurso da natureza, então o que seria de esperar da ciência que trabalha com elementos abstratos intelectivamente preparados é que ela retivesse neles ao menos *formas* a priori *da inteligência*. A teoria do conhecimento de Kant, que utilizou as abstrações da metafísica com um intuito epistemológico, acreditava poder parar por aqui. De acordo com isso, esses conceitos possibilitariam ao menos uma conexão firme, apesar de subjetiva, dos fenômenos.

Se eles mesmo eram tais formas da inteligência, então eles precisariam ser como tais totalmente transparentes para ela. Casos de tais transparências são a relação do todo com as partes, o conceito de identidade e diferença; neles não há nenhuma querela sobre a interpretação dos conceitos: B só pode pensar sob o conceito de identidade o mesmo que A. Os conceitos de causalidade e substância não são evidentemente desse tipo. Eles possuem um cerne obscuro de uma factualidade que não é passível de ser dissolvida em elementos sensíveis ou inteligíveis. Eles não podem ser decompostos inequivocamente como conceitos numéricos em seus elementos; sua análise levou de qualquer modo a uma contenda sem fim. Ou como é que podemos representar uma base permanente na qual propriedades e atividades se modificam, sem que esse elemento ativo mesmo experimentasse transformações em si? Como é que ele poderia se tornar apreensível para o entendimento?

Se a substância e a causalidade fossem tais formas da inteligência *a priori*, por conseguinte, se eles fossem dados com a própria inteligência, então não se poderia prescindir de nenhum desses componentes e eles não poderiam ser trocados por nenhum outro. Na realidade, como vimos, a representação mítica supunha a existência nas causas de uma vitalidade livre e de uma força anímica, que não há mais como encontrar em nosso conceito de uma causa no curso da natureza. Os elementos, que foram originariamente representados na causa, experimentaram uma atenuação constante, e outros entraram em seu lugar em um processo de ajuste da representação originária ao mundo exterior. Esses conceitos possuem uma história de seu desenvolvimento.

A própria razão pela qual as representações de substância e causalidade se mostram como não sendo capazes de uma determinação clara e inequívoca só pode ser apresentada no interior dessa consideração lógica da metafísica como uma possibilidade que a teoria do conhecimento tem, então, de comprovar. Na totalidade de nossas forças de ânimo, na autoconsciência vital preenchida que experimenta a produção de um efeito por um outro, reside a origem viva desses dois conceitos. Não precisamos supor aqui uma tradução ulterior da autoconsciência para o mundo exterior em si inanimado, uma tradução por meio da qual o mundo exterior ganharia vida em uma representação mítica. O outro pode ser dado de maneira tão originária quanto o si mesmo como realidade viva atuante. No entanto, o que é dado na totalidade das forças do ânimo nunca pode ser esclarecido totalmente pela inteligência. O processo de diferenciação do conhecimento na ciência em progresso pode ser visto, por isso, como a ocorrência da abstração de cada vez mais elementos desse vivente: não obstante, o cerne indissolúvel permanece. Assim, explicam-se todas as propriedades que esses dois conceitos de substância e causalidade mostraram no transcurso da metafísica, e podemos perceber que mesmo futuramente cada artifício do entendimento será impotente ante tais propriedades. Por isso, uma autêntica ciência da natureza tratará desses conceitos como meros sinais como um X que precisa ser calculado. O complemento desse procedimento reside, então, na análise da consciência, que mostra o valor originário desses sinais e as razões a partir das quais eles são necessários no cálculo científico-natural.

As ciências humanas se acham em uma relação totalmente diversa com esses conceitos. Elas só mantêm dos conceitos de substância e causalidade aquilo que se achava legitimamente dado na autoconsciência e na experiência, e elas abdicam de tudo aquilo que provinha nesses conceitos da adaptação ao mundo exterior. Por isso, não podem fazer nenhum uso direto desses conceitos para a designação de seus objetos. Um tal uso trouxe frequente prejuízos para elas e nunca se mostrou como proveitoso em ponto algum. Pois esses conceitos abstratos nunca permitiram aos pesquisadores da natureza humana dizer mais do que aquilo que era dado na autoconsciência da qual tinham provindo. Mesmo que o conceito de substância tenha sido aplicado à alma, ele não conseguiu fundamentar nem mesmo a imortalidade de uma ordenação religiosa das representações. Se reconduzimos o surgimento da alma a Deus, então aquilo que surgiu também pode perecer, ou aquilo que se separou em um processo de emanação também pode se retrair na unidade. Mas se se deduz a hipótese de uma criação ou de uma irradiação de substâncias anímicas a partir de Deus, então a substância anímica exige uma ordem ateísta do mundo: nesse caso, indiferentemente de se as almas são sozinhas sem Deus ou independentes ao lado de Deus, elas são deuses que não vieram a ser.

*Uma representação de conteúdo da conexão
do mundo não pode ser comprovada*

Na medida em que a metafísica continua perseguindo sua tarefa, novas dificuldades surgem das condições dessa tarefa; dificuldades que tornam impossível uma solução da tarefa. Uma *determinada conexão interna objetiva* da realidade efetiva, com a *exclusão de todas as outras possíveis, não é comprovável*. Por isso, constatamos em um outro ponto: a metafísica como ciência não é possível. Pois ou bem essa conexão é deduzida de verdades *a priori*, ou é apresentada no dado. – Uma *dedução* a priori *é impossível*. Kant retirou a última consequência da metafísica na direção de abstrações progressivas, na medida em que desenvolveu efetivamente um sistema de conceitos e verdades *a priori*, uma possibilidade que já pairava diante do espírito de Aristóteles e de Descartes. Ele demonstrou, porém, de maneira irrefutável, que mesmo sob tais condições "o uso de nossa razão só se estende até os objetos da experiência possível". Todavia, pode ser que a coisa da metafísica não esteja nem mesmo em uma posição tão favorável quanto Kant supôs. Se causalidade e substância não são nem mesmo conceitos determináveis de maneira inequívoca, mas a expressão de fatos de consciência indissolúveis, então eles se subtraem totalmente à utilização para a derivação necessária em termos de pensamento de uma conexão do mundo. – Ou a metafísica parte *retroativamente do dado para as suas condições* e, em seguida, surge uma concordância em relação ao curso da natureza no que concerne ao fato de que, se se abstrai dos *insights* arbitrários da filosofia da natureza alemã, a análise desse curso reconduz tanto às partículas de massa que atuam umas sobre as outras segundo leis quanto às condições últimas necessárias para a ciência natural. Agora reconhecemos que entre a consistência desses átomos e os fatos de sua ação recíproca, entre a consistência da lei natural e das formas da natureza para nós, não há nenhum tipo de ligação. Vimos que não tem lugar nenhuma semelhança entre tais átomos e as unidades psíquicas que entram em cena como indivíduos incomparáveis no curso do mundo, unidades que experimentam de maneira vital transformações internas nesse curso e desaparecem dele uma vez mais. De acordo com isso, os conceitos últimos, aos quais as ciências do efetivamente real acedem, não contêm a unidade do curso do mundo. – Nem os átomos, nem os sujeitos, contudo, são sujeitos reais do processo natural. Pois os sujeitos que constituem a sociedade nos são dados. Em contrapartida, o sujeito da natureza ou a maioria dos sujeitos da natureza, não. Ao contrário, nós só possuímos a imagem do curso da natureza e o conhecimento de sua conexão interior. Agora, porém, esse curso natural mesmo, juntamente com a sua conexão, se mostra apenas como fenômeno de nossa consciência. Os sujeitos, que colocamos sob ela como partículas de massa, também pertencem, do mesmo modo, à fenomenalidade. Eles são apenas conceitos auxiliares para a representação da conexão em um sistema das determinações predicativas, que constituem a natureza: o sistema das propriedades, relações, transformações e movimentos. Por isso, eles são apenas uma parte do sistema de determinações predicativas, cujo sujeito real permanece desconhecido.

Uma *metafísica* que sabe abdicar e só pretende juntar os *conceitos derradeiros aos quais chegam as ciências empíricas em um todo representável* jamais consegue superar seja a relatividade da esfera da experiência que esses conceitos apresentam, seja a relatividade do ponto de vista e da constituição da inteligência, que unifica as experiências em um todo. Na medida em que demonstramos isso, vem à tona a partir de dois novos aspectos o seguinte: a metafísica como ciência é impossível.

A metafísica *não supera a relatividade da esfera da experiência*, a partir da qual seus conceitos são conquistados. Nos conceitos derradeiros das ciências são apresentadas condições para a quantidade determinada de fatos fenomenais dados que constituem o sistema de nossa experiência. Ora, a representação dessas condições se alterou com o acréscimo de nossas experiências. Assim, uma conexão das transformações segundo leis, uma conexão que hoje liga as experiências e as unifica em um sistema, não era conhecida pela Antiguidade. Por isso, uma tal representação de condições não possui jamais senão uma verdade relativa, isto é, ela não designa uma realidade, mas *entia rationis*, coisas de pensamento, que possibilitam o domínio do pensamento e da intervenção sobre uma conexão de fenômenos restrita dada. Se representarmos uma ampliação repentina da experiência humana, então os *entia rationis* que devem expressar as condições dessas experiências precisariam se adaptar a essa ampliação; quem pode dizer até que ponto a transformação se ateria? E se buscarmos, então, uma conexão unificadora para esses conceitos, então o valor cognitivo das hipóteses que assim emergirem não poderá ser maior do que o de sua base. O mundo metafísico, que se abre por detrás dos conceitos auxiliares da ciência da natureza, é, portanto, por assim dizer de segunda potência – um *ens rationis*. Isso não é confirmado por toda a história da metafísica moderna? A substância de Espinoza, os átomos dos monistas, as mônadas de Leibniz, os reais de Herbart confundem as ciências naturais, na medida em que carregam elementos para o curso da natureza a partir da vida psíquica interior; e eles reduzem a vida espiritual, na medida em que buscam uma conexão natural na vontade. Eles não conseguem suspender a dualidade que atravessa a história da metafísica, a dualidade entre a visão de mundo mecânico-atomística e a que parte do todo.

A metafísica *também não supera* a *subjetividade* restrita *da vida anímica*, que se encontra na base de toda articulação metafísica dos conceitos científicos derradeiros. Essa afirmação contém duas proposições em si. Uma representação una do sujeito do curso do mundo só chega a termo por meio da mediação daquilo que introduz a vida anímica. E essa vida anímica, porém, em seu desenvolvimento constante, é incalculável em seus desdobramentos ulteriores, historicamente relativa em cada ponto, restrita e, por isso, incapaz de ligar os conceitos derradeiros das ciências particulares de uma maneira objetiva e definitiva.

Pois o que significa a *representabilidade ou a pensabilidade* daqueles estados de fato em direção aos quais avançam as ciências particulares, uma representabilidade e pensabilidade que a metafísica aspirava a produzir? Se a metafísica quer unificar esses estados de fato em uma representação tangível, então só se encontra inicialmente à sua disposição para esse fim o princípio de não contradição. No entanto, onde há uma contradição entre condições do sistema das experiências, carece-se de um princípio positivo para que se possa decidir entre as proposições contraditórias. Quando um metafísico afirma que é só com base nesse princípio da não contradição que se podem articular de maneira pensável os fatos derradeiros aos quais a ciência acede, então é sempre possível comprovar a presença de ideias positivas que conduzem secretamente suas decisões. Portanto, a pensabilidade precisa significar aqui mais do que ausência de contradição. De fato, os sistemas metafísicos produzem sua conexão por meios dotados de uma potência totalmente diversa em termos de conteúdo. Pensabilidade é aqui apenas uma expressão abstrata para representabilidade, mas essa representabilidade não contém outra coisa senão o fato de o pensar, quando *abandona o solo firme da realidade efetiva, continuar sendo apesar disso guiado pelos resíduos daquilo que está contido nela*. No interior dessa esfera da representabilidade, o oposto se mostra, então, como igualmente possível, sim, como obrigatório. Uma frase conhecida de Leibniz diz: as mônadas não têm janelas; Lotze observa quanto a isso com razão: "Não me espantaria nada se Leibniz nos tivesse ensinado com a mesma expressão plástica o contrário, que as mônadas teriam janelas, por meio das quais seus estados internos entrariam em contato uns com os outros, e essa afirmação teria tido mais ou menos tanta razão e talvez mesmo mais razão do que a que ele preferiu."[371] Alguns metafísicos consideram suas partículas de massa, cada uma por si, como capazes de produzir um efeito ou de sofrer as ações de um efeito; outros acreditam que a ação recíproca só seria pensável sob leis comuns em uma consciência que une todos os seres particulares. Por toda parte, a metafísica, como a rainha de um reino de sombras, só trata aqui de sombras de verdades de outrora, dentre as quais umas impedem que ela pense algo, enquanto as outras, porém, impõem a ela um tal pensamento. Essas sombras de essencialidades, que guiam veladamente a representação e possibilitam a representabilidade, são ou bem imagens da matéria dada nos sentidos ou representações oriundas da vida psíquica dada na experiência interior. As primeiras foram reconhecidas em seu caráter fenomenal pela ciência moderna, e, por isso, a metafísica materialista, como tal, caiu nas graças do tempo. Quando o que está em questão é realmente o sujeito da natureza e não apenas determinações predicativas, tal como o movimento e as qualidades sensíveis as oferecem, quem na maioria das vezes decide de maneira velada ou consciente sobre aquilo que seria ou não pensável como uma conexão metafísica são as representações da vida psíquica. Não importa se Hegel pode transformar a razão do mundo no sujeito da natureza, Schopenhauer, uma vontade

---

[371] Lotze, *System der Philosophie II* (Sistema da filosofia II), p. 125.

cega, Leibniz, mônadas representativas, ou Lotze, uma consciência que medeia todas as ações recíprocas; não importa nem mesmo se os monistas mais recentes deixam reluzir a vida psíquica em cada átomo: foram imagens do próprio si mesmo, imagens da vida psíquica, que guiaram o metafísico quando ele decidiu quanto à pensabilidade e quando a força secretamente atuante dessas imagens transformou para ele o mundo em um reflexo fantástico de seu próprio si mesmo. Pois este é o momento final: o espírito metafísico preserva a si mesmo em uma ampliação fantástica, por assim dizer em uma segunda face.

Assim, a metafísica encontra-se no ponto final de seu caminho com a teoria do conhecimento, que tem por seu objeto o próprio sujeito que concebe. A transformação do mundo no sujeito que concebe por meio desses sistemas modernos é por assim dizer a eutanásia da metafísica. Novalis narra um conto de fadas sobre um jovem que é tomado pela nostalgia dos segredos da natureza; ele abandona a amada, perambula por muitos países, a fim de encontrar a grande deusa Ísis e olhar para a sua face maravilhosa. Por fim, ele se encontra diante da deusa da natureza, levanta o fino véu brilhante e – a amada cai em seus braços. Quando a alma parece ter conseguido perceber o sujeito do próprio curso da natureza sem o envólucro e o véu, ela encontra nesse curso – a si mesma. Essa é de fato a última palavra da metafísica; e pode-se dizer que, depois de essa palavra ter sido proferida nos últimos séculos em todas as línguas, ora na língua do entendimento, ora na da paixão, ora na do mais profundo ânimo, parece que a metafísica também não tem mais nada significativo a dizer quanto a isso.

Prossigamos com o auxílio da segunda proposição. Em uma transformação histórica constante, esse conteúdo pessoal da vida anímica tornou-se agora incalculável, relativo, restrito, e, por isso, não pode possibilitar uma unidade universalmente válida das experiências. Essa é a mais profunda visão à qual chegou nossa fenomenologia da metafísica, em oposição às construções das outras épocas da humanidade. Todo sistema metafísico é representativo apenas da situação, na qual uma alma vislumbrou o enigma do mundo. Ele tem a capacidade de presentificar para nós uma vez mais essa situação e esse tempo, o estado das almas, o modo como os homens viam a natureza e a si mesmos. Ele faz isso de maneira mais fundamental e mais universal do que obras poéticas, nas quais a vida do ânimo se comuta segundo sua lei com pessoas e coisas. Não obstante, com a situação histórica da vida anímica, altera-se o conteúdo espiritual que dá a um sistema unidade e vida. Não podemos nem determinar essa alteração nem segundo seus limites, nem calculá-lo previamente em sua direção. O grego do tempo de Platão e Aristóteles estava ligado a um determinado modo de representar as causas primeiras; a visão de mundo cristã desenvolveu-se, e, assim, retirou-se por assim dizer uma parede por detrás da qual se vislumbrou uma nova maneira de representar as primeiras causas do mundo. Para uma cabeça medieval, o conhecimento das coisas divinas e humanas estava fechado em seus traços fundamentais, e nenhum homem do século XI na Europa imaginava que a ciência fundada na experiência estaria determinada a transformar o mundo; então aconteceu aquilo que ninguém poderia prever, e surgiu a ciência empírica moderna. Assim, nós também precisamos dizer a nós mesmos que não sabemos aquilo que se encontra por detrás das paredes que nos cercam hoje. A vida anímica mesma transforma-se no interior da história da humanidade, não apenas essa ou aquela representação. E essa consciência dos limites de nosso conhecimento, tal como ela se segue da visão histórica do desenvolvimento da vida anímica, é algo diverso e mais profundo do que aquilo que Kant tinha. Para Kant, no espírito do século XVIII, a consciência metafísica não tinha história.

O ceticismo, que acompanhou a metafísica como sua sombra, tinha comprovado que nós estamos por assim dizer presos em nossas impressões e, por isso, não conhecemos as causas dessas impressões e não podemos enunciar nada sobre a constituição real do mundo exterior. Todas as sensações oriundas dos sentidos são relativas e não permitem que cheguemos a nenhuma conclusão sobre aquilo que as produz. Mesmo o conceito de causa é uma relação inserida por nós nas coisas, de tal modo que não há nenhuma legitimidade em aplicá-lo ao mundo exterior. Além disso, a metafísica mostrou que, sob uma relação entre o pensamento e os objetos, não pode ser pensado nada claro, quer essa relação seja pensada como identidade ou paralelismo, como copertinência ou correspondência. Pois uma representação nunca pode ser igual a uma coisa, porquanto essa coisa é concebida como realidade independente da representação. Ela não é a coisa introduzida na alma e não pode ser equiparada com um objeto. Se atenuarmos o conceito de identidade e o transformarmos no conceito de semelhança, então mesmo esse conceito não pode ser empregado em seu entendimento exato: a representação da concordância se evade, então, em direção ao indeterminado. O sucessor de direito do cético é o teórico do conhecimento. Chegamos aqui ao limite no qual se inicia o próximo livro: nós nos encontramos diante do ponto de vista epistemológico da humanidade. Pois a consciência científica moderna está, por um lado, condicionada pelo fato das ciências particulares relativamente autônomas, e, por outro, pela posição epistemológica do homem em relação a seus objetos. O positivismo construiu sua fundamentação filosófica preponderantemente sobre o primeiro aspecto dessa consciência; a filosofia transcendental, sobre o segundo. No ponto da história intelectual em que chega ao fim a posição metafísica do homem, iniciar-se-á o próximo livro e expor-se-á a história da consciência científica moderna em sua relação com as ciências humanas, tal como essa consciência é condicionada pela posição epistemológica ante os objetos. Essa exposição histórica ainda mostrará como os resíduos da época metafísica só são superados lentamente e, assim, como é só muito paulatinamente que são retiradas as consequências da posição epistemológica. Ela tornará visível como foi só mais tarde e até hoje de maneira bastante incompleta que, no interior da própria fundamentação epistemológica, foram afastadas as abstrações que a história apresentada da metafísica deixou para trás. Assim, a exposição deve conduzir ao ponto de vista psicológico que procura resolver o problema do conhecimento não a partir da abstração de uma inteligência isolada, mas a partir da totalidade dos fatos de consciência. Pois em Kant realiza-se apenas a autodecomposição das abstrações que a história por nós descrita da metafísica criou; agora, o que importa é apreender de maneira livre a realidade efetiva da vida interior e, partindo dessa realidade, constatar aquilo que a natureza e a história são para essa vida interior.

ADIÇÕES ORIUNDAS DOS MANUSCRITOS

OBSERVAÇÃO PRÉVIA

Oriundos dos anos 1904-1906, quando Dilthey pensou em uma reedição do primeiro volume da *Introdução às ciências humanas*, encontramos na obra póstuma esboços para um prefácio e para adições que estamos imprimindo aqui. As adições relativas ao primeiro livro do presente volume contêm, por um lado, indicações sobre o modo como Dilthey procurou justificar sua própria posição metodológica ante Windelband e Rickert; por outro lado, elas tornam mais precisa a sua recusa à sociologia no que concerne a Simmel. Para a discussão com Windelband, que aqui só se acha concebida de maneira sintética, é possível encontrar na obra póstuma uma outra exposição proveniente de uma época anterior (1896), uma exposição que foi publicada na obra completa no volume V (*Die geistige Welt* – O mundo intelectual). As adições ao segundo livro fornecem de início uma disposição de dois novos períodos históricos, que Dilthey gostaria de introduzir ("A fusão da filosofia grega com a visão de mundo e os conceitos vitais dos romanos" e "A fusão da filosofia greco-romana com a crença oriental na revelação"). No curso ulterior de suas pesquisas históricas, Dilthey tinha reconhecido cada vez mais o significado autônomo da visão de vida romana para o desenvolvimento espiritual do Ocidente; ele redigiu as suas ideias sobre isso no ensaio publicado em 1891 no *Arquivo para a história da filosofia*: "Concepção e análise do homem nos séculos XV e XVI", e as expôs em parte mais amplamente em suas preleções. Elas deveriam, então, ser inseridas de maneira mais elaborada no texto da nona edição da *Introdução*, a fim de completar a imagem do desenvolvimento medieval em um ponto essencial. O plano não foi realizado. A disposição é impressa aqui com uma referência ao ensaio editado no volume II da obra completa. – As outras adições trazem complementos a pontos particulares da parte histórica.

I

PREFÁCIO[372]

Como esse livro já está há alguns anos em falta nas livrarias, me mostrei solícito à vontade do editor de realizar uma segunda edição antes mesmo de que possa surgir o seu prosseguimento. O primeiro livro introdutório do presente volume aparece sem alterações. Ele surgiu de fato do anseio de reconhecer a autonomia das ciências humanas, sua conexão interna, sua vida haurida de suas próprias forças. E, assim, algumas expressões nessa polêmica poderiam hoje ser certamente moderadas, hoje quando combatentes robustos e mais jovens anseiam por resolver a mesma tarefa. Todavia, não me pareceu aconselhável apagar a coloração da época da qual toda a tentativa tinha provindo. Com isso, gostaria aqui apenas de afastar algumas incompreensões, que surgiram na discussão com esse volume, confessando que dei algum ensejo a elas por meio da paixão empregada na expressão.

O segundo livro, que abarca a história da concepção metafísica do espírito, da sociedade e da história no mundo antigo e na Idade Média, talvez tenha sido aprimorado e ampliado. Foram acrescentadas duas partes totalmente novas. Tanto mais rigorosamente, porém, precisei manter os limites necessários no contexto do todo. Não se trata aqui efetivamente de uma história da filosofia. Queria mostrar como o espírito humano concebeu o mundo histórico-social em um determinado ponto de seu desenvolvimento como problema, como ele trouxe consigo a partir de diversos pressupostos, por assim dizer, antecipações da concepção desse mundo. Dentre esses pressupostos, o maior e o mais influente foi a concepção metafísica do mundo espiritual em suas diversas modificações.

No final desse período, ele se libertou da aparência que justamente a concepção metafísica do mundo histórico-espiritual-social traz consigo como a concepção do mundo físico. Por detrás dessa aparência escondem-se verdades, que ganham expressão no ponto de vista das ciências humanas de uma maneira mais adequada. Pois nisso o pesquisador se equipara ao artista: vivenciar e viver exatamente as-

---

[372] Nos manuscritos, fascículo C7: 58-62.

sim o estilo do artista como a expressão de força, de personalidades, de épocas e de direções e acolher precisamente essas impressões sentimentais da realidade efetiva é sempre algo unilateral ante a realidade efetiva insondável. Mas o estilo do artista possibilita um novo vivenciar, ver e representar. Trata-se sempre do fato de um determinado tipo de movimento da alma deixar perceber lados determinados da realidade efetiva das coisas e descortinar possibilidades de impressão dessas coisas. Mesmo na pesquisa há essa ambiguidade dos métodos e modos de procedimento. E as ciências humanas, tal como foram condicionadas pela situação geral do espírito científico, foram os instrumentos que viabilizaram ao espírito vislumbrar pela primeira vez certos lados das coisas. Não quis apresentar senão esse contexto, no qual paulatinamente o mundo histórico se levanta sobre o horizonte do espírito humano e no qual pontos de vista são percorridos, que tornam visíveis lados determinados desse mundo. Também servem a essa finalidade, então, os dois capítulos acrescentados. E, apesar do interesse e da abrangência do objeto, seu pequeno tamanho se deve ao fato de eles só buscarem servir a esse intuito metodológico e epistemológico.

II

ADIÇÕES AO PRIMEIRO LIVRO[373]

O ponto de vista do primeiro livro da *Introdução às ciências humanas* foi multiplamente discutido em tom polêmico e em tom de aprovação na bibliografia sobre o tema. A partir de bases lógico-epistemológicas diversas foram dadas desde então soluções novas para as questões sobre o conceito e a interpretação das ciências humanas. As mais significativas dentre elas, as de Windelband e Rickert, estão, em verdade, em consonância comigo no anseio por fazer valer a autonomia das ciências humanas em contraposição à sua subordinação às ciências da natureza ou, ao menos, ao método dessas ciências. Também há concordância entre nós em dois outros pontos. Eles também

---

[373] Último manuscrito do início. Nos manuscritos, fascículo C 47: 126-129.

buscam alcançar o reconhecimento do significado do singular e do individual na ciência humana.[374] E eles também veem na ligação entre fatos, teoremas e juízos de valor uma outra característica distintiva das ciências humanas (p. 26 [32 e segs.]).[375] No entanto, como nossos pontos de partida lógico-epistemológicos são totalmente diversos, surge para os dois excepcionais pesquisadores um conceito completamente diverso das ciências humanas e uma determinação totalmente diversa de sua tarefa. Assim, parece-me necessário expor minha própria fundamentação epistemológica, até o ponto em que é possível fazer isso aqui, resumidamente, de maneira clara. Esse acréscimo contém, portanto, um complemento daquilo que está contido no primeiro livro da presente obra. Lá, a história das ciências humanas deveria ser preparada. Essa história precisa se construir junto a seus leitores com base em certos conceitos fundamentais sobre a tarefa das ciências humanas, sua delimitação, seu conceito e suas partes. O intuito do primeiro livro era fornecer essa base. E, agora, vejo-me obrigado também diante de meus leitores a defender e esclarecer minhas colocações até o ponto em que isso é indispensável para a história das ciências humanas.

Se precisei adentrar nesse caso os problemas da lógica e da teoria do conhecimento, então isso favorecerá a apresentação histórica. Abre-se mais claramente a visão do processo no qual a consciência forma a partir das condições de sua concepção todo o mundo histórico-social-humano.[376]

---

[374] "A concepção do singular, do individual, constitui nas ciências humanas (uma vez que elas são a constante refutação do princípio de Espinoza: '*omnis determinatio est negatio*') um fim último tanto quanto o desenvolvimento de uniformidades abstratas" (p. 26 [33]).
[375] O primeiro número diz respeito à presente edição; o segundo, à primeira edição do texto.
[376] Aqui o manuscrito se interrompe.

O CONTEXTO DA INTRODUÇÃO ÀS CIÊNCIAS HUMANAS[377]

I

1

O ponto de partida de minha obra é a suma conceitual das pesquisas que se embrenham no homem, na história e na sociedade. Não parto de um objeto, de uma realidade efetiva histórico-social-humana e de uma relação do conhecimento com esse objeto. Essas são abstrações conceituais, que em seu lugar são necessárias; e, em verdade, essa realidade efetiva é apenas um conceito ideal, que designa uma meta do conhecimento, uma meta que nunca pode ser totalmente alcançada. O elemento factual, que é dado como base de toda teoria, é composto por trabalhos intelectuais que surgiram a partir da finalidade de conhecer o homem, a história, a sociedade ou as relações desses fatores entre si. Cada uma dessas teorias é condicionada pela relação de um sujeito cognoscente e de seu horizonte histórico com um determinado grupo de fatos, que também é igualmente condicionado em sua abrangência por um horizonte determinado. Para cada uma delas, o objeto só está presente a partir de um ponto de vista determinado. Portanto, cada teoria se mostra como possuindo um modo relativo determinado de ver e de conhecer seu objeto. Para aquele que entra nesses trabalhos, elas se encontram contrapostas como um caos de relatividades. *Subjetividade da perspectiva moderna.*

2

Assim, surge a tarefa de nos elevarmos a uma consciência histórica, na qual se esclarece a conexão segundo a qual as tarefas particulares se encontram articuladas, as soluções se transformam em pressupostos de novos questionamentos de questões, os questionamentos penetram cada vez mais profundamente e entram em cena ligações entre diversas questões, ligações que possibilitam generalizações dos problemas. A conexão, na qual são apreendidas de

---
[377] Fascículo, C 47: 12-46.

maneira paulatinamente mais segura e mais geral proposições encontradas por meio da ligação com novas experiências, uma vez que o horizonte das experiências acessíveis é de início um horizonte menor; na qual proposições são generalizadas com base em sua ligação etc. A conexão, na qual a aparência e as antecipações, que também impedem o conhecimento nesse campo tanto quanto no campo das ciências naturais, são paulatinamente dissolvidas – uma tal aparência é em particular a ligação de conceitos ontológicos e conceitos valorativos no pensamento metafísico, a construção *a priori* dessa conexão. Por fim, a conexão, na qual a análise decompõe paulatinamente o elemento complexo do tecido nesses campos diversos, e, por meio da análise nos campos isolados, são apreendidas necessidades próprias à coisa mesma, na existência justaposta dos fatos tanto quanto de sua sucessão.

Nesse transcurso tanto quanto nas ciências naturais, realiza-se uma seleção por meio de uma prova constante. Pressupostos e métodos são colocados inteiramente à prova, e o critério imanente de seu valor é justamente o sucesso do conhecimento: e isso em nada difere do que acontece nas ciências naturais. A especialização viabiliza um conhecimento rigoroso, a combinação fornece tarefas e visões amplas. A conexão com a natureza ensina leis de desenvolvimento, o aprofundamento nos fenômenos mais elevados traz consigo conceitos valorativos. Comparação, consideração causal, visão valorativa possuem sua força própria na percepção de realidades efetivas. Todos esses pressupostos, porém, com os quais nos aproximamos desse tipo de realidades efetivas, se encontram em relações internas uns com os outros. Isso condiciona sua sequência na história dessas ciências. O aprofundamento do conhecimento lhes dá paulatinamente sua posição na conexão do conhecimento dessa realidade efetiva.

3

Faço uma comparação não apenas para elucidar isso, mas também para apontar o problema mais profundo que se encontra por detrás daí.

Personalidade, estilo e forma interior do artista como meio de novas percepções, possibilidades de impressão etc. Nenhuma única obra vê a natureza tal como ela é, mas algo nela. A ilusão constante de uma apreensão última é condicionada pelo horizonte subjetivo, e justamente essa barreira fornece a energia.

Há, então, no campo da ciência, uma possibilidade de utilizar essa relação que também existe aqui para um conhecimento objetivo? A história mostrará que nós nos aproximamos de fato paulatinamente de um conhecimento objetivo, e que cada vez mais recursos são criados para colocar o conhecimento diante desses objetos de maneira mais segura, universal e objetiva.

O mais importante recurso é a formação de conceitos nas ciências particulares do espírito. Nessa formação reside a possibilidade para a cabeça histórica de ter presente em sínteses o produto do pensamento e da pesquisa até aqui e empregá-lo em relação aos problemas e grupos de fatos. Portanto, a história dessa formação conceitual é uma parte importante.

Por outro lado, cresce o conhecimento criticamente colocado à prova dos fatos, a escolha daqueles fatos que assumem uma posição na conexão produtora de valores – em suma, a história universal.

4

Precisamos reconhecer agora, porém, as formas mais importantes nas quais a conexão produtora de valores do mundo histórico-social-humano foi concebida isoladamente pela pesquisa. Aqui se acha o cerne propriamente dito da história dessas ciências. Aqui também se acha o centro do esclarecimento sobre a demarcação dessa ciência, suas partes, sua conexão interior.

(*Introdução às ciências humanas*, p. 132 [163] e segs.)
1. A história precisa ser decomposta analiticamente em conexões particulares.
2. As leis de formação no interior dessas conexões, que mostram a necessidade da coisa no *transcurso*.
3. As relações entre fatos coetâneos em determinados campos.

II

1

Esses métodos, as sentenças descobertas positivamente, a dissolução da aparência nesse mundo negativamente, a intelecção da direção e da tendência de toda essa classe de trabalhos, o conhecimento crescente da conexão e da divisão interna desse conhecimento: tudo isso constitui, então, o resultado da história compreensiva, que deve possibilitar a construção sistemática. O conceito concreto realizado na história, o conceito de um tal complexo de pesquisas e conhecimentos, é a quinta-essência propriamente dita da experiência, na qual a teoria pode ser instituída. A teoria precisa satisfazer essa quinta-essência da experiência. A divisão, a determinação do limite, a articulação, a resposta do problema da possibilidade do conhecimento nesse campo têm aqui sua base empírica.

A meta é a fundamentação e a organização das ciências humanas. Essa meta só pode ser alcançada com base naquilo que a história desse conhecimento trouxe paulatinamente à luz.

Exatamente como a fundamentação e a organização das ciências da natureza, tal meta só pode ser produzida com base na intelecção das leis naturais encontradas, da história do desenvolvimento do universo tanto quanto da doutrina das formas da natureza. Só pesquisadores naturais com uma força filosófica ou filósofos com um conhecimento abrangente da natureza podem resolver essa tarefa.

É nisso, porém, que consiste a diferença entre as ciências humanas e as ciências naturais. Esses valores possuem, em geral, um outro caráter, uma indissolubilidade própria em relação ao sujeito, ao ponto de vista e ao objeto, e, de acordo com isso, em relação à história e ao sistema. A história precisa dar no mínimo isso para viabilizar o conhecimento da dissolução da aparência, dos momentos mais importantes da formação conceitual etc.

2

No entanto, na medida em que esse desenvolvimento histórico mostra em cada nível uma relação dessas pesquisas com as grandes posições da consciência humana e, fluindo a partir daí, uma fundamentação e uma organização das ciências em questão; na medida em que as pesquisas são dependentes dessas grandes posições da consciência e encontram em sua expressão, que são as visões de mundo, seu lugar, surge pela primeira vez a tarefa de todas a mais importante, a tarefa que a história aqui buscada tem de preencher. Como esse desenvolvimento tinha, por seu lado, por seu grande pano de fundo a apreensão dessas posições da consciência, a apreensão das possibilidades nelas contindas de conquistar pontos de vista e métodos de pesquisa, também emergem de uma tal história a percepção da necessidade de uma fundamentação, dos níveis dessa fundamentação e, por fim, a apreensão da situação na qual se tornou possível atualmente uma tal fundamentação e divisão. Assim, essa história também precisa apresentar a partir do curso do espírito filosófico aqueles momentos, que possibilitam o aprofundamento crescente nas condições e na conexão entre essas ciências, na medida em que elas estão estabelecidas para além de si mesmas nos pontos de vista filosóficos gerais. E em lugar algum a parte negativa do trabalho científico conquista uma tal significação como nesse âmbito. Trata-se aqui, de qualquer modo, da dissolução gradual da aparência de uma metafísica que articula formas ontológicas e formas valorativas da conexão e da meta do mundo, de uma metafísica que foi por muito tempo estabelecida como uma névoa entre os objetos em questão e o espírito humano.

3

O leitor de tal história, porém, se sentirá muito fomentado, se ele tiver inicialmente clareza quanto a certos traços fundamentais que estão estabelecidos na natureza dessa classe de ciências; e isso de acordo com a medida própria ao grau de formação atual dessas ciências. Essa é a intenção do primeiro livro introdutório. Ele delimita as ciências humanas em relação às ciências naturais. Ele torna possível vislumbrar a autonomia das ciências humanas em relação a essas ciências. Ao mesmo tempo, contudo, ele mostra a base das ciências humanas nas ciências naturais (p. 29 [38] e segs.), e, em seguida, a posição do conhecimento em relação a esse material e o modo de procedimento, por meio do qual a análise decompõe e isola os fenômenos complexos das ciências humanas, a divisão das ciências particulares que vem à tona nessa análise e sua relação mútua. Por fim, contrapõe-se às falsas construções metafísicas dessas ciências que querem resolver o próprio problema fundamental a intelecção modesta de seu desenvolvimento, que se lança para além de nós mesmos, assim como da tarefa de sua fundamentação epistemológica.

Na página 14 (15), temos a explicação expressa de que o conceito das ciências humanas só pode ser definitivamente exposto e fundamentado na própria obra, de que só se utiliza aqui o conceito de fato que está contido nessas ciências em questão, a fim de constatar a demarcação do espaço das ciências humanas.

III

1

Fundamentação e organização como sistema não podem fornecer senão a justificação, a organização e, a partir dessas duas, a crítica imanente cautelosa desse modelo de trabalho, que penetrou nos homens, na história e na sociedade.

A principal sentença sobre esse procedimento se encontra na página 5:

> "Esses fatos espirituais, que se desenvolveram historicamente na humanidade e para os quais a designação de ciências do homem, da história e da sociedade foi aduzida segundo um uso linguístico comum, formam a realidade efetiva, da qual não nos assenhoreamos, mas queremos inicialmente compreender. O método empírico exige que, nesse conjunto das ciências, mesmo o valor dos modos particulares de procedimento, dos quais o pensamento se serve para a resolução de sua tarefa, seja desenvolvido histórico-criticamente, que junto à intuição desse grande processo, cujo sujeito é a própria humanidade, a natureza do saber e do conhecimento seja esclarecida nesse âmbito."

2

Explicito isso junto às ciências naturais. Sua fundamentação tem de tratar da questão de saber se uma relação com uma realidade efetiva objetiva seria estabelecida em nossas imagens perceptivas de corpos. Essa questão exige obviamente investigações lógicas e epistemológicas, e eu afirmo com grande ênfase a necessidade de tais investigações. A resolução da questão mesma, contudo, só é possível a partir do ponto mais íntimo das próprias ciências naturais. Essas ciências revelam como o elemento objetivo alcançável por nós uma ordem objetiva segundo leis, que torna possível os fenômenos.

3

Assim, a questão acerca da delimitação das ciências humanas só pode ser resolvida com base em constatações lógico-epistemológicas; por fim, porém, ela depende da penetração que acontece sobre essa base na conexão interna na qual essas pesquisas se requisitam mutuamente e se relacionam umas às outras. Se Rickert tivesse razão em dizer que o pensamento histórico não teria nenhuma relação com a psicologia sistemática, então a exclusão da psicologia sistemática do complexo das ciências humanas estaria obviamente justificada. Por outro lado, precisamos concordar com ele que a primeira questão é se uma tal psicologia pode ser exposta com uma certeza suficiente.

A intelecção da conexão estrutural da vida anímica é a chave constante até mesmo para a compreensão da conexão entre as funções em um todo orgânico, histórico. Se ela puder ser claramente conceptualizada, então se fornece com isso obviamente ao historiador um meio importante para tornar compreensíveis para si em uma associação de conceitos relativamente simples formas da conexão em um tal todo.

Do mesmo modo, só há realmente como resolver a questão de saber se o objeto das ciências humanas seria o singular (o caráter idiográfico dessas ciências) ou se seriam cognoscíveis aqui para além delas nexos causais gerais oriundos da necessidade da coisa mesma, nexos que podem ser apresentados conceitualmente (o caráter nomotético dessas ciências), porquanto se constatasse se essa última possibilidade já teria sido concretizada em alguma medida. Se essa pergunta for respondida afirmativamente, então a coisa está com isso decidida. E somente se ela é respondida negativamente se precisaria remontar a condições epistemológicas universais.

A mesma coisa acontece com a questão acerca do sentido e do valor da história.

IV

A partir desse ponto de vista, a fundamentação da filosofia adquire um caráter que se opõe às facções dos teóricos do conhecimento ligados a Fichte. Esse caráter, em contrapartida, se apresenta como um prosseguimento da orientação fática de Kant. A possibilidade de algo assim reside no fato de se suspender a equivocada doutrina das categorias de Kant, segundo a qual realidade efetiva, ser e realidade são categorias do entendimento. De maneira correspondente, suspende-se a hipótese de uma disposição da consciência na qual a relação entre sujeito e objeto seria posicionada originariamente como psicológica. A suspensão de tal hipótese, contudo, só é possível, na medida em que se parte da vida e da totalidade em deduções psicológicas. Riehl (Kantstudien IX, p. 511, 512) vê em Kant corretamente a distinção, de acordo com a qual em certo ponto, e, em verdade, onde o dado é colocado em questão, entra em cena uma análise psicológica.

1

A regra suprema da fundamentação é que só são aplicadas nessa fundamentação proposições que podem ser demonstradas de maneira elucidativa e que todas as proposições dotadas de uma tal constituição, sem levar em consideração se elas pertencem às ciências empíricas, à teoria do conhecimento ou à lógica, podem ser empregadas. Surgem tanto erros na fundamentação pelo fato de proposições certas não serem empregadas quanto pelo fato de proposições incertas alcançarem emprego. A sistemática epistemológica, que parte de condições da consciência e procura delimitar por meio dessas condições o campo de validade da experiência e, além disso, do conhecimento, só prosseguindo em direção às ciências empíricas na medida em que assume sua existência agora pela primeira vez como assegurada, é o erro fundamental de toda a facção fichtiana no interior da teoria do conhecimento. O próprio Kant se achava livre dessa unilateralidade, pois admitia tanto uma existência do que afeta quanto uma existência das condições da consciência. Essa existência do que afeta, contudo, repousava para ele na quinta-essência da ciência matemática da natureza.

2

A dedução correta a partir da análise da consciência, uma análise que busca construir primeiramente a experiência, a fim de utilizar, então, seus resultados, é a ilusão da teoria do conhecimento, ilusão essa que precisa ser dissolvida.

Um tal procedimento é impossível, pois:
1. Círculo do pensamento.
2. Pressuposto das experiências.
3. Verdadeiro e falso só são no juízo. Todo juízo já contém, contudo, conceitos que pressupõem uma divisão qualquer da matéria-prima dada, uma eliminação dessa matéria dada por meio de disjunções (a dialética de Schleiermacher). Assim, não há nenhum início legítimo, nenhum juízo empírico fundado em si, mas todo início é arbitrário. Os diversos pontos de vista epistemológicos portam sempre em si este traço característico: eles sempre têm pressupostos aos quais eles remontam.

Concluo: a teoria do conhecimento nunca é algo definitivo. Ela nunca terá mais validade do que aquela advinda do fato de ela satisfazer por seu início aquilo que é conquistado nas ciências empíricas.

Regra: o rigor extremo da teoria do conhecimento em relação a toda ilusão nas experiências, a fundamentação mais rigorosa do valor dos conceitos de realidade, objeto, dado imediato etc. precisam agir conjuntamente com o sentido para aquilo que é constatado como realidade nas ciências empíricas.

De maneira unilateral, o rigor extremo da teoria do conhecimento conduz a um idealismo que é ou bem subjetivo, ou bem um sujeito transcendental universal que é efetivo nas normas do pensamento, construído como o unicamente válido.

3

Todo pensamento consiste em relacionar, todo relacionar pressupõe conteúdos que são relacionados. Por meio daí se fixa a diferença entre o pensamento e algo que é dado a esse pensamento como uma atividade discursiva: os conteúdos = forma e matéria kantianas.

"O dado" é considerado aqui no sentido de que ele é dado ao pensamento discursivo. Imediatamente, desse modo, é dado aquilo com que o pensamento discursivo, como uma intuição exterior ou como apercepção, depara, aquilo que se acha diante dele na percepção interior. Esse é o ponto de vista a partir do qual a lógica, como doutrina do pensamento discursivo, realiza essa distinção.

Esse conceito do imediatamente dado, então, contém o problema: uma vez que se mostra o fato de que esse dado chega ele mesmo a termo por meio de operações lógicas, o que se dá se retrai. Assim, torna-se necessário um segundo conceito de "dado" e de "imediato".

Esse problema, porém, só pode ser resolvido se se efetua primeiramente a doutrina das capacidades do pensamento relacionador para além do pensamento discursivo. E, em verdade, não se trata de uma questão psicológica sobre qual é a natureza dos processos, por meio dos quais o dado chega a termo. Essa questão admite atualmente uma resposta diversa. Portanto, ela não pode ser empregada na fundamentação.

SOCIOLOGIA[378]

I

1

Minha polêmica contra a sociologia concernia ao estágio de seu desenvolvimento, tal como esse desenvolvimento foi alcançado por Comte, Spencer, Schäffle e Lilienfeld. O conceito contido nos trabalhos de tais autores era o conceito de uma ciência da convivência social dos homens, uma ciência que também encerrava em si como seus objetos o direito, os hábitos e a religião. Portanto, ela não era uma teoria das formas, que a vida psíquica assume sob as condições das relações sociais dos indivíduos. Um tal conceito de sociologia foi exposto por Simmel. A sociologia tem nesse caso por objeto a forma social como tal, uma forma que permanece a mesma independentemente das variações. Segundo Simmel, essa forma social se apresenta em uma quantidade de modos de ligação entre os homens, modos que são cindíveis uns dos outros. Tais modos de ligação são a anteposição e a subordinação, a imitação, a divisão do trabalho, a concorrência, a au-

---

[378] C 7: 22; 24-30.

toconservação dos grupos sociais, a formação de hierarquias, a representação e a formação partidária. E o importante é agora fixar indutivamente essas formas e interpretá-las psicologicamente. A sociedade é apenas a soma dessas forças particulares de ligação, que ocorrem entre esses elementos. A sociedade como tal não existiria mais se se suprimissem essas forças de ligação.

Preciso naturalmente reconhecer o destaque de um tal campo científico: esse destaque baseia-se no princípio segundo o qual relações que permanecem constantes como formas da convivência, apesar da variação das finalidades dessa convivência e de seus conteúdos, podem ser estudadas por si. Eu mesmo já caracterizei antes de Simmel em minha *Introdução* a organização externa da sociedade como um campo particular; como um campo no qual, visto psicologicamente, relações de domínio e de dependência tanto quanto ligações comunitárias se mostram como efetivas. Minha concepção distingue-se da de Simmel inicialmente pelo fato de eu não poder reconduzir simplesmente essas forças associativas a fatores psíquicos indicados, mas precisar remetê-las à conexão natural da comunidade sexual, à geração, a uma homogeneidade assim surgida da família, da raça, e, por outro lado, considerar igualmente importante o fato de se morar espacialmente junto.

Minha rejeição à sociologia, portanto, não pode se relacionar a uma tal disciplina. Ao contrário, ela diz respeito a uma ciência que pretende sintetizar *em uma* ciência aquilo que de fato ocorre na sociedade humana. O princípio que reside na base dessa síntese seria: aquilo que transcorre na sociedade humana no curso de sua história precisa ser sintetizado na unidade do mesmo objeto.

Isso estaria precisamente estabelecido da seguinte maneira: uma vez que na natureza estão associados processos vitais mecânicos, físicos e químicos e uma vez que esses processos transcorrem no mesmo mundo físico material, então eles precisam ser sintetizados *em uma* ciência. De fato, as ciências naturais não retiram senão a consequência: as ciências naturais sempre precisam estar prontas para subordinar as verdades universais por elas encontradas, por exemplo, as verdades astronômicas às verdades mecânicas, as verdades fisiológicas às verdades químicas; ou, inversamente, buscar aplicações das verdades mecânicas na astronomia etc. Uma ciência da natureza universal, porém, nunca é senão uma perspectiva problemática, não um ponto de partida. E, do mesmo modo, as ciências humanas também aspiram a constatar as relações entre as verdades por elas encontradas por meio de subordinação e aplicação, mas elas não conseguem começar com a constituição de uma ciência universal, ainda completamente problemática.

2

Se imaginarmos agora uma tal ciência funcionando, então ela se mostrará ou bem como uma síntese, sem um princípio uno, de todas as ciências humanas que, como ciências particulares, se destacaram do tecido da vida na sociedade. Nesse caso, tal como Simmel observa corretamente, ela é a grande panela na qual se cola a etiqueta sociologia: um novo nome, mas não um novo conhecimento. Ou bem ela é a enciclopédia coligida sob pontos de vista metodológico-lógico-epistemológicos das ciências particulares que se alçaram com base na psicologia. Nesse caso, a sociologia designa apenas a filosofia das ciências humanas em sua segunda parte.

Assim, contudo, não se visa aqui à sociologia tal como a têm em vista Comte, Spencer etc. Essa sociologia vê muito mais na sociedade, na diferenciação e integração efetivas nela, na solidariedade dos interesses, em seu progresso para uma ordem que corresponda à utilidade comum, o princípio a partir do qual são explicáveis a religiosidade, a arte, os hábitos e o direito. Foi nesse sentido que designei a sociologia como "metafísica".

Os erros que existem aqui são os seguintes:
1. Dados nos são os indivíduos em relações sociais. Esse fato fundamental tem dois lados. O indivíduo constitui por meio de sua unidade estrutural um todo em si fechado. Nem o fundamento, nem a finalidade da existência individual podem ser reduzidos por uma demonstração qualquer à sociedade. A partir daí fica claro: trata-se de um hipótese metafísica, quando se lança mão desta última suposição.

2. Muita coisa nas conexões finais da sociedade pode ser deduzida da mera socialidade. Já uma conexão como o desenvolvimento da filosofia, porém, está estabelecida em si no indivíduo segundo o fundamento e a finalidade tanto quanto na sociedade. Ainda mais claramente se mostra essa ambiguidade na religiosidade e na arte. Se pudéssemos pensar um único indivíduo avançando na Terra, então esse

indivíduo desenvolveria por si, em uma duração de vida suficiente para o desenvolvimento, essas funções em uma completa solidão.
3. Mas mesmo no direito está contido um princípio da vinculação ao reciprocamente constatado, que não atua apenas por meio da compulsão social e cuja dedução utilitária é apenas uma hipótese pouco satisfatória. E o mesmo vale para a eticidade.
4. De acordo com isso, essa sociologia não é de modo algum conhecimento científico, que seria definido por meio de uma região. Ao contrário, ela é um determinado direcionamento da concepção, tal como esse direcionamento se fez valer no século XIX em uma situação dada. E determinado por esse direcionamento, ela é um método que, a partir de um princípio explicativo hipotético, o maior número possível de fatos está submetido à sua explicação. Um tal método é heuristicamente valoroso, e a teoria evolucionista da sociedade atuou de fato de maneira vivificadora. Mas como essa teoria se choca com os fatos citados, que podem ser tão bem explicados individualmente quanto socialmente, mostra-se aí a sua incapacidade de constituir uma ciência. Assim, a sociologia é, por fim, o nome para uma quantidade de obras que trata dos fatos sociais segundo um grande princípio explicativo, o nome para uma orientação do procedimento explicativo: ela não é o nome para uma ciência.

III

ADIÇÕES AO SEGUNDO LIVRO[379]

Adendo à página 147 (180).52[380] Divisão.
1. Metafísica objetiva dos gregos. Sua contribuição é criar as principais categorias metafísicas. Essas categorias não são óbvias. Elas são encontradas junto ao elemento objetivo como substância e como aquilo que é enunciado categorialmente dela. Ao mesmo tempo encontramos em Platão a mais profunda fundamentação no *Parmênides*. Subordinação das categorias do comportamento sentimental e do comportamento volitivo ao comportamento objetivo.

---

[379] Fascículo C7: 17-18; 15; 12; 7; 8-11; 5; 2-4.
[380] O primeiro número refere-se à página da nova edição; o número entre parênteses, à página da antiga edição.

2. A metafísica da vontade dos romanos. A visão de mundo romana surge na medida em que os conceitos vitais são remetidos a disposições *a priori* de um tipo prático. Por isso: a consciência do direito, a liberdade da vontade etc. são inatas. Elas possuem um outro mundo, porque a relação de subordinação das categorias e, com isso, sua determinação são diversas. Agora se decide o fato de que o homem nasceu para agir; de onde se segue, então, a natureza prática de suas disposições. A objetivação metafísica mais elevada de seu nível de vida não é a comunidade ética, na qual os indivíduos estão ligados por meio da vontade divina bem determinada em termos de conteúdo?

3. A metafísica da vivência religiosa só foi possível com base no ceticismo. Somente assim, a subjetividade da intuição religiosa pôde convencer os cultos como sendo a única coisa possível.

Na vivência das religiões reveladas, o homem gera a verdade intuitivamente a partir da necessidade de satisfação de seu sentimento (bem-aventurança). A garantia da unificação da vida (= bem-aventurança) reside na conexão amorosa com o eterno. Suspensão das distâncias em relação a Deus na relação com a lei e com a obediência, na relação com o compromisso etc. por meio dos sentimentos fundentes da unificação.

Adendo à página 210 (214): os pitagóricos também são formalmente os fundadores da orientação grega dominante de pensamento. Pois eles constroem a partir de unidades matemáticas.

Adendo à página 209 (268): em Platão, então, entra em cena o momento decisivo da construção conceitual. Esse momento consiste em uma construção conceitual a partir de elementos matemáticos, uma construção que é diversa da dedução temporal. Cosmicamente temos o procedimento que é subjetivo em Kant. Assim, Euclides constrói mais tarde a partir do ponto matemático e avança até os corpos singulares que, então, se encontram na base da física e da astronomia.

Adendo à página 250 (313). É preciso distinguir: concepção da ciência do espírito (ciência humana) segundo o conceito de causalidade, por exemplo, Demócrito, e o conceito espiritual da finalidade na filosofia antiga.

Razões mais profundas pelas quais os áticos encontraram os conceitos cardinais de um organismo histórico. Nos dois níveis metafísicos.

Início das ciências humanas. Época metafísica. Quando Aristóteles saiu vitorioso, essa vitória foi concomitantemente fundamentada pelo fato de sua metafísica ter alcançado aplicabilidade nas ciências humanas, que tinham crescido de maneira poderosa desde os tempos dos sofistas. Pois o conceito de uma forma, que é uma causa eficiente como finalidade e, assim, porta em si a sua lei de formação – um conceito infrutífero no campo da natureza –, correspondia à estrutura do homem, uma estrutura que é teleológica, e às conexões finais fundadas nela. E, do mesmo modo, o método da comparação, que estava dirigido para as leis de formação, revelou-se como capaz etc. Finalmente, residia nesses conceitos metafísicos mesmos a possibilidade de distinguir claramente e de produzir uma ligação interna entre as conexões finais, que tinham se diferenciado com base na vida profissional.

Política. A ciência da política tem suas bases em Aristóteles. Nele, porém, se acham ao mesmo tempo as barreiras, que impediram até o dia de hoje a constituição dessa ciência como uma ciência historicamente comparativa. De acordo com Aristóteles, o ponto de partida está no Estado particular. Esse Estado é uma abstração tanto quanto o homem particular. Os Estados só vivem nas relações de pressão, expansão, oposição, equilíbrio; mesmo a paz não é senão um obstáculo passageiro à energia vital de expansão, que sempre é muito forte em qualquer Estado. E o desenvolvimento interno do Estado particular é condicionado por essa relação. Essa é, então, a condição mais geral sob a qual se encontra a dinâmica das conjunturas internas do Estado particular. A lei suprema dessa dinâmica interna reside no fato de que, em meio à concorrência entre os Estados particulares e seus interesses, o Estado é mantido coeso por forças que são suficientemente fortes nos Estados particulares para se mostrar como motivações capazes de manter a ordem pública existente e o poder estatal. Não se trata em primeira linha de saber que forças produziram a vida estatal, mas que forças podem ser demonstradas atualmente como causando a sua conservação. Como em todas as coisas humanas, essas forças são múltiplas. Obediência habituada e consciência da autoridade, interesse econômico no poder do Estado, consciência das vantagens que advêm às classes particulares a partir da ordem existente e, no que concerne à razão de todas a mais profunda, a copertinência entre as pessoas unidas pela língua e pela ascendência, elementos que se fazem valer cada vez mais como a única base inabalável; pois nas crises extremas de um todo político, essa razão foi todo o tempo ratificada, e ela é intensificada pela história, que foi ligando por fim cada vez mais estreitamente uns aos outros os indivíduos de um todo político. Adendo à página 280 (349): Sobre o ceticismo. Causa. A crítica ao conceito de causa é fundamental no pensamento cético. Ela também é aplicada, então, à gramática e à história. Aqui surge o problema de saber se a justificação do conceito de causa, que as escolas estoicas utilizaram contra os céticos, também pode ser acolhida pelos historiadores. Em germe, a realização do conceito de causa no conceito estoico de mundo é a resposta fática ao ceticismo. Para a história, portanto, a obra de Políbio. É de se perguntar se ele possui uma consciência doutrinal disso.

Adendo à página 288 (362):

Terceira Seção
(Visão de mundo e conceitos de vida dos romanos). A fusão da filosofia grega com a visão de vida e os conceitos de vida dos romanos. (Archiv IV, p. 612-623).[381]
1. Oposição à metafísica grega (p. 612-615).
2. Os conceitos dominantes no espírito romano.
3. A partir dessa posição prática em relação ao mundo vem à tona a incapacidade para a sistemática das visões de mundo (p. 616).
4. Religiosidade romana, surgindo a partir da posição de vida prática dos romanos; a teologia, porém, por meio dos gregos.
5. Filosofia romana.
a) História da transposição da filosofia grega para Roma (Plano fundamental,[382] p. 50-58).
b) A sociedade romana em torno do jovem Sípio (Archiv, p. 619).

---

[381] *Archiv für Geschichte der Philosophie*, v. IV, 1891: concepção e análise do homem nos séculos XV e XVI. Impresso na obra completa no v. II, p. 1 e segs. As páginas citadas acima correspondem no v. II às páginas 7-16.

[382] O plano impresso como manuscrito da história geral da filosofia para as preleções de Dilthey.

6. As três orientações da filosofia romana (Plano fundamental, p. 58 e segs.).
7. Os elementos fixos etc. como fundamentação (Archiv, p. 619 e segs.).
8. Construção filosófica, jurídica, política.
9. O historiógrafo.

Quarta Seção
Fusão da filosofia greco-romana com as crenças orientais na revelação.
(Plano fundamental, p. 64 e segs.: ele precisa ser associado com a divisão nas ciências humanas, p. 250-267 (315-338).
No início do Archiv IV, 4 p. 604 e segs.,[383] como introdução geral que mostra o significado religioso-universal dos conceitos agora usados.

---
[383] Escritos conjuntos, v. II, p. 1 e segs.

RIO DE JANEIRO: Travessa do Ouvidor, 11 – Centro
Rio de Janeiro – RJ – CEP 20040-040
Tel.: (0XX21) 3543-0770 – Fax: (0XX21) 3543-0896
e-mails: bilacpinto@grupogen.com.br / analuisa@grupogen.com.br
Endereço na Internet: http://www.forenseuniversitaria.com.br

A marca FSC é a garantia de que a madeira utilizada na fabricação do papel com o qual este livro foi impresso provém de florestas gerenciadas, observando-se rigorosos critérios sociais e ambientais e de sustentabilidade.

Serviços de impressão e acabamento
executados, a partir de arquivos digitais fornecidos,
nas oficinas gráficas da EDITORA SANTUÁRIO
Fone: (0XX12) 3104-2000 - Fax (0XX12) 3104-2016
http://www.editorasantuario.com.br - Aparecida-SP